집단상담

천성문 · 함경애 · 박명숙 · 김동원 공저

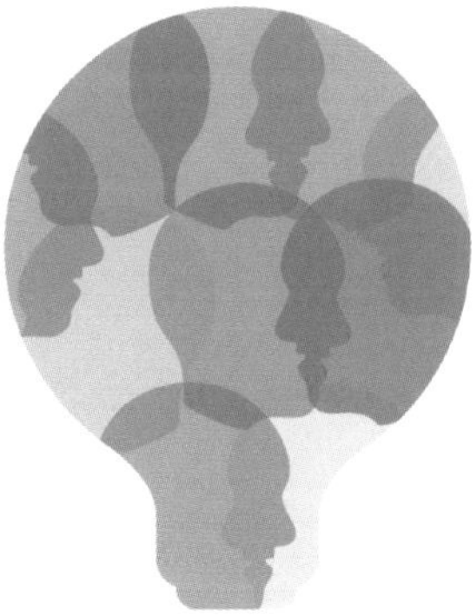

Group Counseling

학지사

머리말

‘집단상담’을 어학사전에서 검색하면 “비슷한 문제에 처해 있는 여러 사람을 대상으로 하여 그들의 상태를 파악하고 심리가 안정될 수 있도록 적절하게 조언 등을 하는 일”이라고 기술되어 있다. 이처럼 집단상담은 개인상담과 다르게 집단상담자와 집단에 참여한 구성원들과 함께 다양한 감정과 의견을 나누면서 서로의 다름과 같음을 이해하고 의사소통 기술과 문제해결력을 높여 나가는 좋은 경험의 장이 될 수 있다. 따라서 집단상담은 개인상담과 더불어 상담전공자들에게 중요한 치료방법으로 굳건히 자리 잡고 있다.

집단상담은 경험과 체험이 중요하다. 즉, ‘내가 어떤 집단상담을 경험했느냐’가 ‘내가 어떤 집단상담을 운영할 수 있느냐’를 결정하는 중요한 기준이 된다. 왜냐하면 집단상담의 많은 치료적 요소의 효과를 느끼게 되면 집단상담 훈련에 대한 동기가 한층 향상되어 좀 더 전문적인 훈련을 하게 되고, 이런 경험을 통해 자신이 집단상담자가 되었을 때 열정적으로 집단을 이끌게 되어 결과적으로 효과적인 집단상담을 만들 수 있기 때문이다. 따라서 이러한 경험 과학인 집단상담을 딱딱한 활자로 기술하는 것은 여간 까다롭고 곤란한 일이 아니다. 그러나 저자들은 이론이 실제 집단상담 장면에서 효과적으로 구현될 수 있도록 하였고, 집단상담 사전 계획 및 평가, 집단상담의 역동 및 수퍼비전 등의 집단상담 실제와 관련된 내용을 포함하려고 노력하였다. 또한 집단상담 프로그램을 구성하고 개발할 때 필요한 모델을 제시하였고, 최근의 집단상담 관련 연구들을 통해 집단상담의 연구 동향이나 과제를 다루고자 하였다. 이러한 구성의 중요한 포인트는 학부생 및 석사과정생들이 집단상담의 이론과 실제를 경험하고 접하도록 하는 데에 있다.

한편, 그동안 『집단상담: 이론과 실제』(학지사, 2017)에 대한 많은 교수님의 긍정적인 피드백이 있었음에도 불구하고 절판하게 된 것은 집단상담 이론에 들어가는 프로그램의 내용이 이론에 부합하지 않는다는 의견과 집단상담 연구 동향 및 과제의 내용을 학부생이나 석사과정생이 이해하는 데에 어려움이 있어 간명하게 기술할 필요성이 있었기 때문이다. 또한 집단상담 연구들을 최신의 자료로 보강하고 대상별 프로그램을 실제 적용할 수 있는 최신의 프로그램으로 교체해 달라는 요구도 있었다. 따라서 저자들은 이러한 의견에 감사함을 느끼며 요구에 최대한 부응하고자 하는 노력의 일환으로 기존 책을 절판하고 새로운 교재를 출간하게 되었다.

이 책은 크게 4부로 구성하였다. 제1부 '집단상담 기초'에서는 집단상담을 개관하고, 집단상담의 진행이 주로 어떤 과정으로 이루어지는지를 알아보고, 집단상담에서 보이는 역동과 치료적 요인에 대해 살펴보았다. 제2부 '집단상담 이해'에서는 집단상담자와 집단원에 대해 알아보고, 이들이 만들어 내는 집단상담에서 지켜야 할 윤리에 대해 살펴보았다. 제3부 '집단상담 이론과 기법'에서는 집단상담 이론을 두 부분으로 나누어 이론과 그 이론에 기반한 프로그램을 살펴보고, 집단상담 진행 시 사용할 수 있는 다양한 집단상담 기법에 대해 정리하였다. 끝으로, 제4부 '집단상담 실제'에서는 현장에서 집단상담을 진행할 때 필요한 집단상담 계획과 평가, 집단상담 수퍼비전, 대상별 집단상담 프로그램을 차례로 살펴보았다. 또한 집단상담 프로그램을 개발하고자 할 때 중요한 요소 및 절차를 예시와 함께 살펴보고, 지금까지 연구된 집단상담 관련 연구 동향과 과제에 대해 논의하였다.

책을 구성하는 과정에서 저자들이 주안점을 두고 수정한 부분은 다음과 같다.

첫째, 책에 수록된 다양한 집단상담 프로그램을 전체적으로 수정하였다. 각 집단상담 이론의 특징과 기법이 잘 반영된 프로그램을 찾기 어렵기에, 저자들은 기존에 개발된 프로그램을 발췌 · 수정하여 프로그램 구성 및 진행에 이론이 어떻게 적용되는지 볼 수 있도록 하였다. 또한 대상별 프로그램을 좀 더 최신의 프로그램으로 교체하여 대상에 맞게 활용할 수 있도록 수정하였다.

둘째, 집단상담 운영에 있어서 현실성을 반영하였다. 예를 들면, 집단원 부분에서 집단원의 모집과 선별 그리고 집단상담 시 집단원의 역할 및 집단상담의 개입에 대해 현장감을 높였다. 집단상담 윤리에서는 실제 집단상담 진행 시 고려되어야 하는 윤리를 집단원, 집단상담자 및 상담관계에 대한 내용으로 나누어 기술하여 상담윤리 문제를 강조하였다.

셋째, 집단상담의 내용을 독자가 쉽게 이해할 수 있도록 복잡한 부분을 삭제하고 최신 자료를 추가하였다. 예를 들면, 집단상담 프로그램 개발 부분에서 내용을 간소화하고 최신 논문을 예로 들어 간명하게 서술하였다. 또한 집단상담 연구 동향에서는 2020년까지 학술지에 실린 연구를 대상으로 최신 연구 동향 및 과제를 추가하면서 연구에 대한 복잡한 내용을 삭제하고 중요한 내용만을 수록하고자 하였다.

넷째, 편집 부분에서 가독성을 높였다. 예를 들면, 줄글이 많은 부분은 요약 · 정리하고 글상자를 활용하여 핵심 내용을 익힐 수 있도록 하였고, 글자 크기를 키우고 행간을 넓혀 독자가 편안하게 읽을 수 있도록 수정하였다.

이렇게 구성된 집단상담 교재를 통해 집단상담 기초 및 이론에 대한 전반적인 지식을 습득하고, 이를 바탕으로 집단상담 실제가 어떻게 적용될 수 있는지를 알도록 돕고자 하였다. 한발 더 나아가 집단상담 프로그램 운영 및 개발 시 목표를 체계적으로 구현하는 데 도움을 주고자 하였다.

이 책을 집필하는 과정에 많은 분의 도움이 있었다. 일일이 나열할 수 없지만, 『집단상담: 이론과 실제』로 수업을 지도하면서 책의 부족한 점에 대해 피드백을 해 주신 많은 교수님과 전체적으로 글의 흐름을 살펴봐 주시고 내용의 질을 높이기 위해 자료를 찾아 준 부경대학교 대학원의 엄형준, 송주연 선생님께 감사의 마음을 전한다. 아울러 책이 출간되기까지 많은 지지와 독려를 보내 주신 학지사 김진환 대표님과 원고를 책으로 만드는 편집 과정에서 섬세하고 빠르게 작업을 진행해 주신 편집부 관계자 여러분께도 고마운 마음을 전한다.

2022년

저자 일동

차례

제1부
집단상담 기초

제2장 집단상담의 발달단계 · 55

제3장 집단상담의 역동과 치료적 요인 · 91

제2부
집단상담 이해

제3부
집단상담 이론과 기법

제9장 집단상담 기법 · 301

제4부
집단상담 실제

제10장 집단상담 계획과 평가 · 339

제11장 집단상담 수퍼비전 · 387

제12장 대상별 집단상담 프로그램 · 439

제13장 집단상담 프로그램 개발 · 477

제1부

집단상담 기초

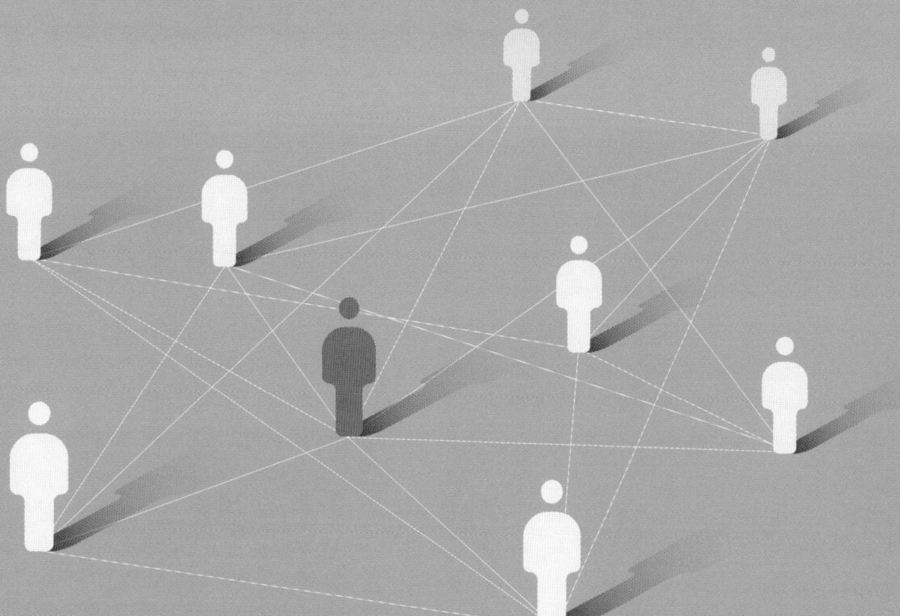

제1장

집단상담의 개관

읽기 전 나누기

- 집단상담이란 무엇이라고 생각하는가?
- 자신이 경험한 집단상담은 어떤 것이 있는가?
- 집단상담이 다른 상담과 다른 점은 무엇인가?

읽고 나면

- 집단상담에 대해 자신만의 정의를 내릴 수 있다.
- 집단상담의 특징을 설명할 수 있다.
- 다양한 집단상담의 종류와 특징을 안다.

인간은 누구나 혼자 살지 못하고, 다른 대상을 통해서 자신의 존재를 인식한다. 최근에는 SNS와 같은 가상세계를 통해서도 관계의 형성과 소통, 단절과 화해 등의 인간관계를 경험하는 것이 같은 맥락이라 할 수 있다. 이처럼 관계를 중요하게 생각하는 태도는 우리나라에서 특히 강하게 드러난다. 그 이유는 예전부터 혈연을 중요하게 여기고, 공동체를 형성하여 강한 응집력을 형성하면서 생활해 온 우리 민족의 문화적 영향 때문이다.

이러한 민족적 · 문화적 특성으로 인해 집단상담은 비교적 짧은 시간에 우리나라 상담의 중요한 한 영역으로 자리 잡을 수 있었으며, 그 필요와 요구 역시 사회가 발달할수록 증가하고 있는 추세다.

따라서 이 장에서는 우리나라의 문화적 배경을 바탕으로 집단상담에 대한 정의와 필요성, 역사, 특징 등을 비롯한 집단상담의 전반적인 내용을 개관하고자 한다.

1 집단상담의 정의와 필요성

1) 집단상담의 정의

우리는 단순히 사람들이 모여 있다고 해서 그들을 집단이라고 하지 않는다. 길을 걸어가고 있는 많은 사람을 집단이라고 하지 않는 것과 같다. 그들은 다수이기는 하나 공동의 목적을 달성하기 위한 협조적인 관계가 아니기 때문이다. 집단은 일반적으로 같은 시공간 안에서 상호작용이 이루어지는 사람들의 무리를 일컫는 말이다.

따라서 집단상담은 같은 시간과 공간에 머물면서 서로 간의 상호작용을 중요하게 여기는 상담활동이다. 집단상담은 학자들과 이론에 따라 강조하는 측면과 접근하는 방법이 다르기 때문에 그 의미도 조금씩 다르게 정의되므로 간단하게 정의 내리는 데 어려움이 있다. 집단상담의 정의를 내리기에 앞서 몇몇 대표학자의 집단상담에 대한 정의를 살펴보면 다음과 같다.

- 집단상담은 보다 깊은 수준의 자기이해와 자기수용을 촉진시키기 위해 집단 상호작용을 이용하는 하나의 과정이다. 여기에는 상호 존경과 수용의 분위기가 요구된다. 그렇게 되면 개인들은 행동의 의미와 새로운 행동방식을 탐색하기에 충분할 정도로 자신의 방어를 늦출 수 있게 된다. 취급하는 문제들은 병적 장애나 현실의 왜곡보다 오히려 각 집단원의 발달적 과업에 집중된다(Mahler, 1969).
- 집단상담이란 태도와 행동을 변화시키려는 의도에서 그들 스스로와 그들의 조건들을 탐구·조사하는 한 사람의 상담자와 몇 사람의 집단원이 관련되는 하나의 대인 간의 과정(process)이다(Hansen, Warner, & Smith, 1976).
- 집단상담은 생활과정의 문제를 해결하고 보다 바람직한 성장·발달을 위하여, 전문적으로 훈련된 상담자의 지도와 집단원들과의 역동적인 상호 교류를 통해 각자의 감정, 태도, 생각 및 행동양식을 등을 탐색·이해하고 보다 성숙된 수준으로 향상시키는 과정이다(윤관현, 이장호, 최송미, 2012).
- 집단상담은 심리적 문제가 심각하지 않은 사람들이 모여 집단을 형성하고, 그들이 전문적인 상담자와 함께 서로를 신뢰하고, 허용적인 분위기 속에서 자기이해와 수용 및 개방을 촉진하는 상호작용을 함으로써 개인의 태도와 행동을 변화시키고, 문제를 해결하며, 나아가 잠재 능력의 개발을 꾀하는 활동이다(천성문, 이영순, 박명숙, 이동훈, 함경애, 2015).

이 정의들을 살펴보면 국외 학자들은 집단원들의 사고와 행동에 집중하면서 집단상담의 치료적 기능을 강조하였다. 반면, 국내 학자들은 신뢰할 만하고 수용적인 분위기를 더욱 강조하여 개인의 성장 및 인간관계의 발달을 강조하고 있다. 이러한 차이는 치료의 목적으로 집단상담이 시작된 외국의 경우와 집단원의 성장과 발달을 중심으로 집단상담이 시작된 우리나라의 경우가 그 출발점과 시작이 달랐기 때문이라고 할 수 있다.

이처럼 학자들이 강조하는 측면에 따라 집단상담의 정의에는 차이가 있지만, 국내외 학자들에게서 공통적으로 나타나는 집단상담의 대상, 과정, 기능, 목적 등을 중심으로 집단상담의 정의를 살펴보고자 한다.

(1) 집단상담의 대상

집단원은 심각하지 않은 문제를 가지지 않은 개인으로 자신에 대한 탐색과 이해가 가능하고 정신병리적 징후가 없어야 한다. 또 집단원은 집단상담자나 다른 집단원과의 상호작용이 가능해야 하므로 심각한 수준의 치료가 필요한 개인보다는 성장과 발달, 당면한 현재 문제를 해결할 수 있는 개인이어야 한다. 그래야 집단원은 다른 사회적 집단과 달리 집단상담이라는 장면에 집중할 수 있고, 그 안에서 있는 그대로의 모습을 노출할 수 있으며, 효율적인 자신의 변화를 위해 훈련하고 연습하는 장으로 집단상담을 온전히 경험할 수 있기 때문이다.

(2) 집단상담의 과정

집단상담은 상호교류가 이루어지는 하나의 연속적인 과정이다. 어느 한 순간에 의해 개인의 변화가 이루어지는 것이 아니라 지속적인 과정을 통해서 집단상담의 목표가 이루어져 나간다. 그 과정에서 그 집단만의 고유한 분위기가 형성되며, 집단상담자와 집단원끼리의 응집력이 발달해 나간다. 집단상담이 형성되어 진행되는 그 과정 자체가 집단원들에게 성장을 촉진할 수 있는 하나의 자극제가 되며, 상호 간의 교류가 이루어지는 집단상담의 과정이 치료의 과정이라 할 수 있다.

(3) 집단상담의 목적

집단상담은 바람직한 개인의 성장과 발달을 위하여 개인의 내면을 탐색하거나 개인의 태도와 행동의 변화를 목적으로 하는 활동이다. 집단원들은 집단 내에서 자신의 생각, 감정, 행동 등을 탐색하고, 더 나은 방법으로 연습하고 훈련하면서 인간관계에 대한 여러 가지 경험을 학습하게 된다. 이를 통해 집단원들은 다른 곳에서 하기 힘든 자기이해와 자기탐색 등의 개인적인 성장을 경험하게 된다.

(4) 집단상담의 기능

집단원은 적극적인 상호교류를 통해 함께 협력하는 과정을 통해 수용, 이해, 상호존경, 지지 등을 경험하게 된다. 이로써 집단의 공통 목표 달성을 통한 성취감의 경험뿐만 아니라 그 과정에서 집단원의 자기 탐색과 이해, 나아가 자신의 잠재력을 발견하게 됨으로써 집단원 개인의 성장과 발달도 경험하게 된다.

앞에서 제시된 내용을 살펴보면 집단상담의 정의에 포함되어야 할 내용을 짐작할 수 있다. 결국 어떤 사람을 대상으로, 어떤 과정을 거쳐, 어떤 사람으로 변화시킬 것을 목적으로 하는가, 그러한 목적을 달성하기 위해 집단상담은 어떤 기능을 해야 하는가에 대한 내용이 포함되어야 명확한 집단상담의 정의가 될 것이다. 이러한 원리에 따라 집단상담에 대한 정의를 내려 보면 다음과 같다.

먼저, 집단상담은 다른 집단원들과 의사소통이 가능하고, 자신과 타인에 대한 이해와 탐색이 가능해야 하므로 정신병리적 징후가 없는 개인을 대상으로 하는 것이 적절하다. 이들을 대상으로 집단상담은 집단상담자와 집단원, 집단원과 집단원 간의 인지적·정서적·행동적 교류가 언어적·비언어적으로 이루어지는 과정의 연속으로 이러한 교류의 과정을 통해 개인의 인지, 정서, 행동의 변화를 목적으로 한다.

이를 요약하여 집단상담의 정의를 내린다면, 집단상담은 타인과의 교류가 가능한 비교적 건강한 일반인을 대상으로 상호 간의 인지적·정서적·행동적 교류를 통해 자신에 대한 탐색, 이해, 개방, 수용의 과정을 거쳐 자신의 성장과 변화를 지향하는 상담 경험이라고 할 수 있다.

2) 집단상담의 필요성

집단상담은 자신에 대해 이해하고 인간관계 속에서 경험하는 여러 가지 어려움을 해결할 수 있도록 도와줌으로써 참여한 집단원이 심리적 · 정서적으로 성숙할 수 있도록 돕는 기회를 제공한다. 그래서 최근에는 상담 장면뿐만 아니라 기업이나 학교 등에서도 일반인과 학생을 대상으로 개인의 심리적인 성장과 발달을 위해 집단상담이 이루어지고 있다. 이는 개인적으로나 사회적으로 집단상담의 필요성이 대두되고 있음을 의미한다. 집단상담의 필요성을 구체적으로 살펴보면 다음과 같다.

(1) 성장에 대한 요구

사회의 성장과 발달은 사람들에게 이전보다 경제적 여유와 신체적 편안함을 가져다주었고, 사람들은 그 시간적 · 경제적 여유를 자신의 성장과 발달을 위해 사용하게 되었다. 그 방법으로 사람들은 자기개발 도서를 읽거나 관련 강의를 들으면서 성장과 발달을 꾀하였지만 이는 지식적인 부분은 충족시켜 줄 수 있으나 기대만큼 쉬운 일이 아니며, 혼자서 해결할 수 있는 문제에는 한계가 있다. 그래서 의도적인 훈련, 지속적인 노력, 직접적인 경험을 할 수 있는 집단상담이 필요한 것이다.

(2) 자기이해에 대한 요구

사회의 성장 이면에는 사회나 집단에 소속되지 못하는 사람들의 소외감과 성공에 대한 불안 등이 생겨난다. 대인관계에서도 자신의 단점이나 부족한 점이 드러나지 않도록 노력하거나 타인과의 관계 형성을 위해 원래 자신이 가지고 있는 모습이 아닌 보이기 위한 자신을 만들어 가기도 하는데 이러한 삶은 자신의 정체성을 잃어버리게 한다. 그뿐 아니라 진정한 자기 자신과 겉으로 드러나는 자기 자신이 차이가 날수록 괴리감을 경험하여 심리적인 문제를 유발할 수 있다.

집단상담은 자신이 어떤 사람인가를 생각하게 하는 계기이자, 자신의 참모습을 탐색해 보는 과정이다. 집단상담 과정 안에서 아무런 조건이나 제약 없이 다른 사람들과 진솔한 대화를 나누는 것은 자신의 참모습을 알아 가는 중요한 경험이 된다. 집단상담은 자신의 참모습을 탐색해 보는 프로그램이자 집단원들과 진솔한 대화를 나누는 과정에서 자신에 대한 이해는 물론 타인에 대한 이해를 경험하며 성숙한 자신을 가꾸는 활동의 무대가 된다.

(3) 문제해결을 위한 탐색과 훈련

사회생활을 하면서 대인관계를 형성하다 보면 평소에 예상하지 못했던 다양한 문제를 경험할 수 있다. 예를 들면, 자신은 항상 열심히 하지만 타인들의 평가가 다르거나 자신이 한 말이 다른 의도로 오해받는 경험 등이다. 그런 경우 상대방에게도 문제가 있다고 생각하거나 살다 보면 한두 번은 그럴 수도 있다고 생각하고 넘어가지만 이런 일이 여러 번 반복되면 '나에게 무슨 문제가 있는 것은 아닌가' 하는 고민을 하게 된다. 집단상담은 대인관계에서 발생할 수 있는 문제들에 대해 살펴보면서 그 원인을 탐색해 보고, 문제를 해결하기 위한 다양한 방법을 찾아보고 시도해 보는 경험의 장이 된다. 서로 다른 특성을 가진 사람들이 자신이 생각하고 느끼는 내용을 서로 주고받는 과정을 통해서 변화를 체험하는 집단상담은 짧은 시간이지만 자신의 문제를 해결하기 위한 훈련의 과정이 될 수 있다.

집단상담은 개인의 생각과 느낌을 중심으로 표현을 확대해 나가면서 개인의 성격이나 심리적인 문제뿐만 아니라 대인관계 등에서도 긍정적인 변화를 경험하도록 한다. 이런 집단상담의 긍정적인 효과는 현대인에게 집단상담의 필요성을 느끼게 하고 있다.

2 집단상담의 역사

이름은 이야기를 담고 있는 경우가 많다. 태조 이성계가 한양으로 천도한 다음 경복궁을 짓고 도성을 쌓으려 할 때 그 경계를 어디까지 할지 고민하던 중 큰 눈이 내린 경계를 따라 선을 그었는데 사람들은 눈이 한양의 울타리를 만들었다고 하여 눈 '설(雪)' 자와 울타리의 '울' 자를 써서 '설(雪)울'이라고 불렀고, 지금은 서울이라고 부른다는 이야기가 있다.

이처럼 이름에 대한 이야기에는 역사와 바람이 함께 담긴 경우가 많다. 집단상담도 마찬가지다. 지금은 너무 익숙하지만 그 역사를 살펴보면 집단상담이라고 이름 붙여진 이유를 알 수 있고, 그 의미나 역할이 더 선명하게 와 닿을 수 있다.

우리는 집단상담의 역사를 통해 그 의미와 변화의 과정을 살펴보고자 한다. 단, 우리나라 집단상담의 역사를 살펴볼 때 먼저 기억해야 할 것은 우리나라 집단상담의 역사는 미국의 정신치료 역사에 그 뿌리를 두고 있다는 점이다.

따라서 미국의 집단상담 역사를 먼저 살펴보는 것이 집단상담의 의미와 변화 과정을 이해하는 데 도움이 된다. 따라서 이 장에서는 미국 집단상담의 역사를 먼저 살펴본 후, 우리나라 집단상담의 역사를 간략하게 살펴보고자 한다.

1) 미국 집단상담의 역사

미국 집단상담은 병원을 중심으로 질병 예방과 교육의 목적으로 시작되었다. 그러던 것이 교육의 대상이 특수화되고, 교육의 목적이 성장과 치료로 확장되면서 더욱 다양하게 발전되었다.

(1) 집단상담 형성기: 병원을 중심으로 시작된 집단교육

미국 집단상담은 집단교육에서 출발하였다. 1905년 미국의 내과의사였던 Pratt(1872~1956)이 신체적 문제를 가진 사람들을 대상으로 치료방법에 대한 집단교육을 실시한 것을 집단상담의 첫 시작으로 본다. 당시는 심리적인 문제에 대한 접근이 아니었으므로 지금의 집단치료나 집단상담과는 동떨어진 시작이었지만 이를 바탕으로 1920년대 정신분석학회 창시자인 Burrow(1875~1950)가 소집단을 대상으로 토론 집단을 시행하면서 집단분석(group analysis)이라는 용어를 사용하였다. 이후 Adler(1870~1937)와 Dreikurs(1897~1972)가 대인관계에서 오는 열등감을 주제로 한 집단을 실시하면서 단체로 모아 치료활동을 실시한다는 의미에서 그 집단을 집합치료(collective therapy)라고 부르게 되면서 집단상담의 개념이 교육이 아닌 치료와 훈련을 목적으로, 개인이 아닌 다수를 대상으로, 신체적인 문제가 아닌 심리적인 문제를 다루는 수단으로 명료화되었고, 집단분석, 집합치료, 집단치료 등으로 불리면서 지금의 집단상담 형태로 틀을 갖추어 나가기 시작했다.

(2) 집단상담 성장기: 결정적 계기를 맞으며 성장한 집단상담

미국의 집단상담은 제2차 세계대전(1939~1945)의 발발, Kennedy 대통령의 「지역사회정신보건센터 건립법」 제정, 만남집단운동의 활성화 등 몇 번의 계기를 거치면서 성장하였다.

먼저, 제2차 세계대전으로 인해 심리적인 충격과 상처를 받은 군병사를 대상으로 집단적인 접근법을 적용하여 집단정신치료가 실시되었으며, 특히 미국과 영국의 군병원에서 많은 집단정신치료가 이루어졌다. 이를 계기로 미국집단정신치료학회(American Group Psychotherapy Association)와 미국집단정신치료-사이코드라마협회(American Society of Group Psychotherapy and Psychodrama) 등이 창립되었고, 더불어 현재 우리가 알고 있는 다양한 이론과 학파가 발달하고 정착하였다.

이후 Kennedy 대통령이 제정한 「지역사회정신보건센터 건립법」(1963)은 심각한 성격장애와 정신병 환자들의 관리, 치료 및 예방을 위한 조치였다. 이 법의 제정으로 훈련된 집단치료 전문가의 양성이 절실하게 필요해졌고, 이는 집단정신치료의 활성화를 가져오는 계기가 되었다.

초기 집단상담은 성장보다는 치료에 초점을 맞추어 진행되었는데, 이러한 초점의 변화를 가져오게 된 계기가 바로 만남집단운동의 활성화다. 만남집단운동은 기존의 심리적 장애나 정신적 질환을 가진 사람이 대상이 되는 것이 아니라 일반인을 대상으로 하여 이루어졌기 때문에 집단상담의 대상과 집단상담의 주체가 누구인가에 대한 혼란이 있었으나 일반인의 폭발적인 지지와 인기를 바탕으로 성장하게 되었다. 이런 발달의 중심에는 인간중심치료의 창시자인 Rogers(1902~1987)가 있으며, 만남집단운동은 각 국가에 확산되었고 이후 우리나라에도 **참만남집단**이라는 이름으로 소개되었다. 이 시기부터 특정인이 아닌 일반 대중이 집단상담의 대상이 되며, 치료의 개념이 아닌 성장과 발달, 교육의 개념으로 확산되면서 그 명칭도 집단치료에서 집단상담으로 발전한다. 즉, 심리적 장애를 경험하는 사람을 대상으로 **치료**를 목적으로 하는 집단치료와 일반인을 대상으로 개인의 **교육**과 **성장**을 목표로 하는 집단상담으로 양분화되어 발전한다. 이처럼 집단치료 또는 집단상담의 대상자가 확대됨에 따라 집단상담을 실시하기 전에 집단원을 선별하고, 동의서를 작성하고, 집단상담자를 훈련시키는 등 집단상담의 과정, 윤리에 대한 요구도 커지게 되면서 오늘날의 집단상담 형태로 성장하게 되었다.

이후 집단상담은 다양한 이론이 등장하고 광범위한 임상 분야에서 실제적으로 적용되면서, 효과적이고 실용적인 상담 방법의 하나로 정착된다.

앞서 살펴본 것처럼 미국집단상담은 처음에는 치료방법에 대한 교육에서 출발하여 점차 치료와 훈련을 목적으로 한 집단치료, 집단분석으로 불렸으며, 몇 번의 사건을 계기로 활성화되면서 소수를 대상으로 한 치료나 훈련에서 일반인을 대상으로 한 성장과 교육 목적의 집단상담으로 발전하였다.

2) 우리나라 집단상담의 역사

우리나라 집단상담은 미국 집단상담에 비해 도입 시기나 발달과정을 명확히 정리하기 어렵다. 그 이유는, 첫째, 미국 집단상담이 어떤 성장과정을 밟아 조금씩 꾸준히 변화하고 발전해 가며 틀을 잡았다면, 우리나라는 어느 정도 발전한 형태로 집단상담이 도입되었기 때문에 성장이나 발달의 개념보다는 정착과 확산의 개념이 더 적절하기 때문이다.

둘째, 집단상담이 우리나라에 도입된 시기나 발전과정에 대한 분명한 기록을 찾기 어렵기 때문이다. 집단상담이 실시된 지역, 모임, 인물, 행사 등에 대한 간단한 기록은 남아 있으나 전반적인 역사적 흐름을 설명하기에는 부족한 실정이라 전체적인 발달과정으로 연결 지어 살펴보는 데는 한계가 있다.

따라서 이 장에서는 우리나라 집단상담의 정착과 확산에 영향을 미친 기관을 중심으로 우리나라 집단상담의 역사를 간략하게 살펴보고자 한다.

(1) 대학교 및 학생생활연구소를 중심으로 한 집단상담의 보편화

우리나라 집단상담은 주로 대학교에 있는 학생생활연구소(현 학생상담센터)를 중심으로 발달하였다. 그 이유는 집단상담을 국내에 도입한 전문가들이 대부분 대학교수로 재직하고 있었으며, 거의 모든 대학에 상담 전담기구인 학생생활연구소가 개소되어 집단상담을 실시할 수 있는 여건이 비교적 잘 갖추어져 있었기 때문이다.

① 동료상담

학생생활연구소에서는 동료상담을 실시하여 자기성장과 인간관계 훈련을 돕는 동료상담 프로그램을 진행하였다. 동료상담은 상담 교육과 훈련을 받은 학생이 또래에게 상담을 통해 도움을 주도록 하는 제도로, 대학생들에게 집단상담을 보급하는 데 크게 기여하였다. 뿐만 아니라 집단상담이 전국적으로 확산되어 감에 따라 대학뿐만 아니라 중등학교에서도 많이 실시하는 계기가 되어 오늘날 또래상담자 양성 프로그램의 시초가 되었다.

② 집단상담 관련 교양과목의 개설

각 대학에서는 '집단역학' '인간관계' 등의 교양과목이 개설되어 학생들에게 집단상담을 소개하거나 직접 집단상담을 경험하도록 하였다. 집단상담과 관련된 교과목의 개설은 이후 국내 여러 형태의 구조적 집단상담의 표준 모형이 되는 다양한 집단상담 프로그램 개발을 촉진하였고 우리나라 집단상담 발전에 기여하였다.

(2) 상담 관련 학회를 중심으로 한 집단상담의 전문화

우리나라에서 상담과 관련된 많은 학회가 있고, 이들 단체는 집단상담의 발전과 보급에 여러 형태로 기여하였다.

① 집단상담 관련 논문 발간

학회들은 집단상담, 집단활동의 방법 등에 대한 논문들을 발간하였다.

② 연수회 개최

1970년대 후반부터 학회에서는 본격적으로 기존의 개인상담의 한계를 극복할 수 있는 대안으로서 예방과 적응 중심의 집단상담을 강조하였고, 집단상담 분과 워크숍과 시범 워크숍을 진행하였다.

③ 자격제도 시행

학회를 중심으로 전문집단상담자 자격제도를 마련하여, 상담현장에서 집단상담을 보급하고 집단상담의 질을 높이기 위해 수련과정과 자격시험과정을 두었다.

④ 정부기관의 상담기관 설립을 중심으로 한 집단상담의 보급

정부에서는 청소년 문제의 심각성이 날로 커져 감에 따라 전문적인 상담기관을 설립하였다.

● 전국적인 상담원 개설

정부에서는 1991년에 청소년 전문 상담기관인 '청소년대화의 광장'(2012년 한국청소년상담복지개발원으로 이름을 바꿈)을 개설하여 전문적인 상담 업무를 보게 하였다. 이와 함께 전국적으로 시 · 도 청소년 상담실이 설립되어 개인상담과 함께 집단상담이 널리 실시되고 보급되는 기회가 늘어나게 되었다.

또한 교육부, 문화체육부, 보건복지부, 노동부, 법무부 등에 소속된 상담 관련 기관들에도 집단상담이 널리 보급되어 실시되고 있다.

⑤ 사회 단체 및 기관의 집단상담 실시를 중심으로 한 집단상담의 확산

집단상담 관련 프로그램을 운영한 사회단체로는 '한국인성개발연구원'이 그 시작이라 할 수 있다. 그리고 이듬해인 1972년부터는 '한국인간교육원'이 산업체를 중심으로 감수성 훈련 위주의 인간관계 훈련을 폭넓게 실시하였다. 이때 많은 수련생이 이 단체를 통해 집단상담을 경험한 것으로 알려져 있는데, 이것이 집단상담 운동이 사회적으로 확산되는 계기가 된 것으로 평가할 수 있다(설기문, 1998).

한편, 1980년 전남 강진군 성전면에 있는 무위사에서 시작된 '동사섭 법회'는 상담전공자뿐만 아니라 일반인에게도 새로운 집단 경험을 제공해 많은 관심을 불러일으켰다. 동사섭 법회는 원래 불교적인 입장에서 출발했으나 교리적인 표현은 거의 이루어지지 않아 종교와 무관하게 많은 사람이 참여하면서 '동사섭 훈련'으로 불리게 되었다.

동사섭 훈련은 점차 이론과 형식을 가미해 가는 구조적 형태로 변화 · 발전하면서 다수의 연구자에 의해 훈련의 효과를 검증하는 연구가 이루어졌다. 이는 동사섭 훈련이 집단상담 경험의 보급과 확산에도 기여해 왔음을 보여 줄 뿐 아니라 불교를 중심으로 한 우리나라의 문화적인 전통에 바탕을 둔 집단상담이라는 점에서 한국적 집단상담 모형 개발의 가능성을 제시했다고 볼 수 있다.

⑥ 산업체를 중심으로 집단상담의 보급과 발전

산업체에서는 1970년대 초부터 감수성 훈련을 도입하여 실시함으로써 집단상담이 보급되기 시작했다. 감수성 훈련은 산업 현장과 기업체에 감수성 훈련만이 아니라 인간관계 훈련을 중심으로 한 집단상담의 보급과 발전에 크게 기여하였다.

1980년대 이후 정치적 · 사회적 격변기를 맞으면서 산업체에서 노사분규가 발생하기 시작하였다. 이 과정에서 노사관계 문제의 해결과 산업 환경을 변화시키고자 하는 차원에서 대기업을 비롯한 산업체에서는 감수성 훈련, 자기성장 집단, 인간관계 훈련과 같은 집단상담을 통해 문제해결에 접근하고자 하였다. 이러한 변화와 더불어 산업체에서는 상담을 전공한 전문 인력과 집단상담이 빠르게 보급되었다. 이후에는 대기업에서 자체 상담실을 설치하고 상담전문가를 채용하여 운영을 맡기는 사례가 생기기도 하였다.

3) 우리나라 집단상담의 발전적 특징과 발전 요인

앞에서 언급한 것처럼 우리나라는 상대적으로 짧은 시간에 집단상담이 빠르게 보급되고 성장하였다. 하지만 어느 정도 발전한 형태의 집단상담이 보급되었다 하더라도 그것이 뿌리내리고 자리 잡는 데는 많은 요인이 긍정적인 영향을 미쳤음을 간과해서는 안 된다.

(1) 우리나라 집단상담의 발전적 특징

우리나라에 상담이 도입된 시기는 한국전쟁이 끝난 후 미국이 본격적으로 우리나라의 정치, 경제, 교육 등에 영향을 미치기 시작한 때부터다. 집단상담은 그보다 조금 늦은 1970년대 대학교를 중심으로 발달하기 시작했다. 따라서 우리나라 집단상담이 가지는 몇 가지 특징이 있다.

첫째, 우리나라 집단상담은 미국 집단상담이 형성기와 갈등기를 거쳐 어느 정도 안정된 형태의 집단상담이 도입되면서 시작되었고, 미국에 비해 그 역사도 짧기 때문에 미국 집단상담처럼 뚜렷하고 특징이 강한 발달과정을 가지지 않는다.

둘째, 우리나라 집단상담의 경우 이론과 학파들이 발달한 미국 집단상담의 영향을 그대로 받아들였기 때문에 우리나라만의 집단상담에 대한 이론, 학자, 학파 등이 형성되지 못하였다.

하지만 이러한 상황에서도 집단상담이 우리나라에 발전하고 보급될 수 있었던 것은 우리나라만의 발전 요인들이 있었기 때문이다.

(2) 우리나라 집단상담의 발전 요인

우리나라 집단상담의 발전 요인은 다양하겠지만 여기에서는 사회적 · 문화적 · 경제적 · 교육적 요인으로 나누어 살펴보고자 한다.

① 사회적 요인

우리나라는 농경사회에서 산업사회를 거쳐 정보화사회로 진행하는 놀라운 속도의 변화를 겪었다. 가장 큰 변화는 사회 구성의 핵심 단위인 가족 형태의 변화다. 먼저, 가족 형태의 변화와 더불어 가족 안에서의 인간관계도 수직적 인간관계에서 수평적이고 상호 독립적인 인간관계로 변화하였다. 반면, 맞벌이 부부의 증가로 가족 간의 만남과 대화의 시간이 크게 줄어들어 가족구성원 간의 유대감이 부족하게 되고 정서가 불안정하게 되었다.

주거 문화 역시 아파트로 변해 친밀한 이웃관계를 맺기보다 독립을 넘어 고립된 삶을 살게 되었다. 한 가정 안에서도 대부분 각자의 방이 따로 있어 사생활을 간섭받지 않으려 하고 속을 잘 드러내지 않으려 한다.

가정의 변화를 중심으로 한 사회적 변화는 사람들의 정서적 · 심리적 문제 발생과 더불어 집단상담에 대한 요구를 증가시켰다.

② 문화적 요인

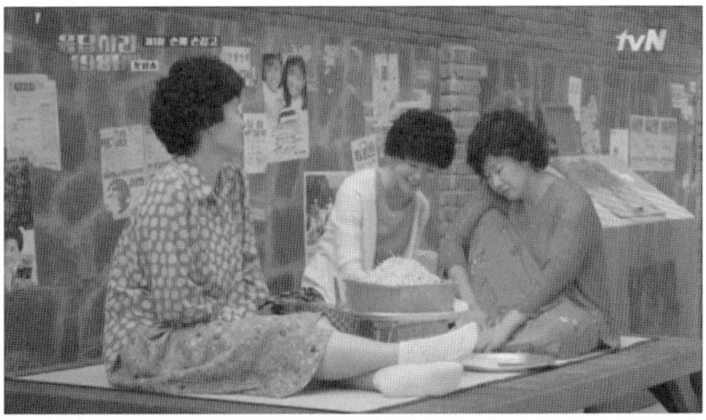

[그림 1-1] 우리나라의 골목 문화

출처: tvN 〈응답하라 1988〉 중 한 장면

전통적으로 우리 조상들은 계, 두레, 향약 등을 통해 함께 모여 소통하고 협력하는 집단활동을 중요하게 생각해 왔다. 어떤 특정한 활동에 가입하지 않더라도 내 일과 남의 일을 구분하지 않았고, 고민이나 걱정이 생기면 털어놓고 이야기를 나누는 골목 문화가 있었다. 이때 이웃은 좋은 상담자였고, 이웃 어른들은 훌륭한 모델링이 되었다. 이런 문화적 요인은 집단상담에 대한 거부감을 줄이고, 함께 모이고 함께 나누는 일에 익숙해짐과 더불어 정서적 유대감을 형성하는 데 도움이 되었을 것이다.

③ **경제적 요인**

경제가 발전하면서 삶의 여유가 생긴 사람들은 정신적인 가치를 추구하기 시작했다. 한때 많은 사람이 이야기했던 웰빙(well-being)도 단순히 육체적 건강과 외모가 초점이 아니라 내면적 안정과 평화 추구에 초점이 맞추어진 이야기다. 다른 일보다 내면적 성장과 평화를 위한 일에 시간과 물질을 사용하는 것이 현대사회에 와서 집단상담이 좀 더 빠르게 발달하게 된 요인이라고 할 수 있다. 한편, 집단상담이 개인상담에 비해 시간과 물질에 대한 부담이 적고, 심리적인 부담이 적은 것 역시 같은 의미로 설명할 수 있다.

④ **교육적 요인**

사회의 변화와 더불어 학교 현장도 많은 변화를 가지고 왔다. 교육부는 학교 현장에서 발생하는 다양한 문제에 대한 해결방안으로 각급 학교에 진로상담부서를 활성화하고, 전문상담교사와 진로상담교사를 선발하여 배치하였다. 이들이 상담자로서의 전문성을 향상하기 위해 집단상담에 적극적으로 참여하고, 또 일반 교사들이 담임학급이나 교과 수업 중에 활용하기 위해서 집단상담에 참여하는 경향이 높아진 것도 집단상담이 좀 더 활발하게 이루어지도록 도운 요인이라 할 수 있다.

3 집단상담의 목적과 목표

사람이 하는 모든 말과 행동에는 목적이 있다. 우리가 알아차리지 못하는 순간에 하는 본능적인 행동에도 사실은 자신을 보호하고자 하는 목적이 있다. 이처럼 사소한 행동에도 목적이 있는 것처럼 집단상담 역시 목적과 목표를 가지고 있다. 이때 목적은 집단상담을 통해 무엇을 이루고자 하는지에 가깝고, 목표는 목적 달성을 위해 세부적으로 해야 할 내용에 해당한다. 다시 말해, 목적은 결과적으로 추구하는 것을 의미하고, 목표는 목적을 달성하기 위한 세부적인 과정이라는 의미다. 즉, 목표들이 모여서 목적이 이루어진다.

집단상담의 목적과 목표는 여행에서의 지도와 같은 역할을 하여 집단의 방향을 분명히 하는 데 도움을 주고 불필요한 혼란과 비생산적인 활동을 줄여 줌으로써 집단원들의 상호작용과 집단상담 경험이 보다 유의미한 과정이 될 수 있도록 한다.

따라서 집단상담의 목적과 목표를 구체적으로 살펴보면 다음과 같다.

1) 집단상담의 목적

사람들이 집단상담을 하는 목적은 대체로 자신이 가지고 있는 내면 문제의 원인을 알아차리고, 그 문제해결을 위해 자신을 좀 더 깊이 있게 탐색하고 통찰하기 위한 것이다. 또 때로는 자신과 타인에 대한 이해를 토대로 타인과의 관계를 바르게 형성하고 유지해 나가는 것 역시 집단상담의 중요한 목적이 될 수 있다. 그렇기 때문에 집단상담의 목적을 효과적으로 달성하기 위해서는 집단상담 내에서 오고 가는 이야기들의 방향이 다음과 같은 내용에 초점이 맞추어져야 한다.

집단상담은 여러 명이 함께 모여 나누는 단순한 넋두리가 아니라 자신의 문제를 해결하고 더욱 성장하기 위한 교육적 · 발달적 경험이므로 학습 단계처럼 하나씩 단계별로 알아차리고 해결할 수 있도록 해야 한다. 이러한 과정을 통해 건강한 상태에 있는 집단원들은 자신의 성장과 발전, 치유와 극복을 위해서 자신의 생각, 감정, 행동에 대해 좀 더 민감하게 알아차리게 되고 변화를 꾀하게 된다.

이러한 관점을 토대로 정리해 보면 집단상담은 공통적으로 개인의 성장과 변화를 그 목적으로 한다는 것을 알 수 있다. 개인의 성장과 변화에 대한 측면을 좀 더 구체적으로 살펴보면 생활 장면에서의 문제해결, 개인의 태도와 행동의 변화 혹은 한층 높은 수준의 개인의 성장, 집단원들의 삶의 질 향상, 집단원의 변화 가능성 탐색, 변화와 관련된 것을 집단 내에서 연습하고 실행에 옮기는 것이라고 정리할 수 있다.

❖ 집단상담의 목적 예시
- 자신에 대한 행동을 변화시키기 위한 구체적인 계획을 세우고 실천할 수 있다.
- 현재 자신이 경험하고 있는 갈등을 해결할 수 있는 대안을 찾는다.
- 사회 기술을 학습하여 긍정적인 대인관계를 형성할 수 있다.
- 자신과 타인의 요구와 느낌에 좀 더 민감해진다.

2) 집단상담의 목표

집단상담을 실시하기 전에 목표를 정하는 일은 집단상담의 효과와 그 과정에 대한 평가를 하기 위해 필수적이다. 이는 교사들이 효과적인 수업을 실시하기 위해 학습목표를 정하는 것과 동일하다. 목표가 분명하게 설정되어야 ① 집단상담 과정에서 무엇을 어떻게 할 것인지를 명확하게 결정할 수 있으며, ② 집단상담자나 집단원들이 그 목표를 달성하기 위해 어떠한 노력을 하였는지 확인하고 평가할 수 있다. 또 집단상담이 변화나 성장을 가지고 왔다면 ③ 어떤 성과와 변화를 가지고 왔는지를 확인하고 평가할 수 있는 잣대가 된다. 그렇기 때문에 목표가 분명하게 설립되어 있으면 집단상담자와 집단원들은 목표 달성을 위해 함께 노력할 수 있을 뿐 아니라 집단상담 진행에 대한 공동의 책임을 지게 된다.

집단상담의 목표를 설정하는 방법은 집단상담의 목적을 중심으로 설정되며, 집단 전체가 달성해야 할 목표와 집단원 개인들이 달성해야 할 목표로 나누어 볼 수 있다. 특히 집단 전체가 달성해야 할 목표는 집단상담 자체의 목적 달성과 집단원들의 발달을 돕는 데 도움을 줄 수 있는 것이어야 한다. 집단상담의 목표를 예로 들면 다음과 같다.

❖ 집단 전체 목표 예시
- 자신의 내면을 탐색하고 가치관을 명료화한다.
- 타인의 정서와 요구에 대해 민감성을 발달시킨다.
- 자신의 요구와 선택을 인식하고 효율적으로 선택한다.
- 타인에 대한 이해, 수용, 신뢰, 존중의 경험을 학습한다.

- 자신에 대한 이해, 수용, 신뢰, 존중의 경험을 학습한다.
- 자신의 생각과 감정을 효율적으로 전달하는 사회적 기술을 연습한다.
- 자신의 행동을 변화시키기 위해 계획을 구체적으로 세우고 연습한다.

집단상담에서 집단 전체가 가지는 목표는 주로 훈련과 연습, 선택과 명료화 등이 된다. 집단 전체의 목표가 있다 하더라도 집단원 역시 집단상담을 통해 달성할 자신만의 목표를 설정해야 한다.

❖ 집단원 목표 예시

- 나에게 느껴지는 감정이 정확하게 무엇인지 알 수 있다.
- 나의 부정적인 측면과 긍정적인 측면을 알아차린다.
- 집단이 진행되는 동안 나 자신에게 집중한다.
- 나의 마음에 일어나는 감정을 그대로 인정하고 받아들인다.
- 마음을 열고 다른 사람의 이야기에 귀를 기울인다.
- 집단상담을 통해 인간관계를 연습한다.
- 다른 사람의 감정을 상하지 않게 하면서 나의 생각을 드러낼 수 있다.
- 다른 사람의 감정을 상하지 않게 하면서 나의 감정을 표현할 수 있다.

집단상담에서 집단원들의 개인 목표는 크게 자기이해, 자기수용, 자기개방, 자기주장 등으로 나누어 볼 수 있다.

자기이해는 자신의 인지적 · 정서적 · 행동적 부분에 대해서 알아차리는 것이다. 그것이 부정적이든 긍정적이든 그것이 자신의 것임을 알아차리는 것이다. 자기이해에 대한 작업이 이루어지면 자신처럼 타인도 다양한 인지적 · 정서적 · 행동적 경험을 하고 있고 또 할 수 있다는 것을 알게 된다. 이러한 경험은 타인과의 문제를 해결하는 데 큰 도움을 준다.

자기수용은 자기이해에서 드러난 자신의 것을 인정하고 받아들이는 것이다. 자기수용은 자신이 믿어 왔던 생각이나 느껴 왔던 감정의 원인을 이해하고 받아들이는 것이며, 더불어 이전까지는 몰랐으나 집단상담을 통해 알게 된 자신의 생각이나 감정까지 포함하여 자신의 것으로 받아들이는 것이다. 자신에 대한 수용은 타인과 환경에 대한 수용으로 확대될 수 있는 큰 시작점이 될 수 있으므로 매우 중요하다.

자기수용이 이루어지면 자기개방이 이루어진다. 자기개방은 수용한 자신을 그대로 나타내 보이는 것이다. 자기이해, 자기수용, 자기개방은 순차적으로 이루어지기 때문에 앞서 자기이해나 자기수용에 대한 목표가 달성되지 못하면 자기개방도 어려움을 경험하게 된다. 자기개방이 이루어지면 집단원들 사이에 이해의 폭이 넓어져 신뢰감 형성과 새로운 대인관계를 경험할 수 있다.

자기주장은 상대방에게 피해를 주지 않으면서 자신이 나타내고자 하는 바를 드러내는 것이다. 다른 사람의 권리나 감정을 불쾌하게 만들지 않는 상태에서 자신의 생각, 의견, 요구, 감정 등을 전달하는 것을 학습한다.

집단원들은 자기이해, 자기수용, 자기개방, 자기주장 등을 통해 자신의 성장을 꾀하게 되며, 자신의 문제해결에 대한 실천적 과제를 해결하게 된다. 그리고 실제 현실 사회에서 해결할 수 있도록 대인관계에 필요한 기술을 습득하게 된다.

4 집단상담의 특징

[그림 1-2] 집단상담의 한 장면

집단상담과 개인상담 중 어느 것이 효과적인가 하는 질문은 엄마와 아빠 중 어느 사람이 좋은가와 같이 어리석은 질문이다. 그 이유는 내담자의 특성과 내담자가 경험하는 문제에 따라 접근할 수 있는 상담적 접근이 다르기 때문이다. 따라서 집단상담의 특징을 개인상담과 비교하여 살펴보고, 집단상담의 장단점을 중심으로 살펴보고자 한다.

1) 집단상담과 개인상담

개인상담에 비해 집단상담은 여러 사람이 함께 상담에 참여하기 때문에 대인관계에서 경험하는 문제를 해결하기에 적합한 구조를 가진다. 따라서 대인관계에서 바람직한 태도나 행동, 의사 표현 등을 연습할 수 있는 기회를 제공받을 수 있다. 그리고 집단상담은 상담이 진행되는 과정에서 집단원 간의 상호작용도 이루어지기 때문에 집단상담의 진행과정 중에 일어나는 문제나 역동에 대해서도 관심을 가지고 해결해 나가야 한다. 그래서 집단상담은 집단상담 그 자체가 개인의 문제를 해결하기 위한 하나의 도구가 될 수 있을 뿐 아니라 대인관계 문제를 해결하기 위한 하나의 중요한 도구가 될 수도 있다. 집단상담과 개인상담을 참여대상, 상담자의 역할과 관계 등을 중심으로 살펴보면 〈표 1-1〉과 같다.

표에서 제시한 것과 같이 개인상담과 집단상담이 서로 완전히 다른 것은 아니다. 개인상담과 집단상담 모두 개인의 감정을 이해하고, 스스로 그 감정의 원인과 과정에 대해 알아차릴 수 있도록 탐색하는 경험을 제공한다. 그러기 위해서

〈표 1-1〉 집단상담과 개인상담의 비교

구분	집단상담	개인상담
참여 대상	• 사회적 기술 습득이 필요한 집단원 • 타인의 이해나 지지가 필요한 집단원 • 타인과 자신의 관계에 관심이나 조언이 필요한 집단원	• 위급한 문제를 경험하는 내담자 • 불안, 강박, 공포 등 행동이나 태도에서 어려움을 경험하는 내담자 • 자신에 대한 탐색, 통찰이 극히 제한된 내담자
상담의 초점	• 집단원 간의 관계, 응집력	• 내담자 개인의 심리적 문제나 행동
상담자의 역할	• 집단원들의 참여 촉진 • 집단원들의 경험과 정보 공유	• 정보 제공 • 의사결정 훈련 • 장애 극복
상담자와의 관계	• 집단상담자와 집단원의 복합적 관계	• 상담자와 내담자 일대일 관계
상담활동	• 지지와 이해를 바탕으로 한 수용 • 새로운 행동 연습	• 개인의 문제 탐색

두 상담 모두 자기이해를 바탕으로 한 자기개방과 자기수용이 필요하며, 상담에 참여하는 사람들, 즉 집단상담자와 집단원, 집단원과 집단원, 집단원과 집단상담자 사이에 자유롭게 소통할 수 있는 허용적인 분위기가 형성되어야 한다. 두 상담 모두 집단원(내담자) 스스로 자신의 문제를 해결하고 자신의 강점을 발휘할 수 있도록 상담자가 기다려 주고, 집단원(내담자) 개인의 비밀유지를 한다는 측면에서도 집단상담과 개인상담은 유사한 면이 많다.

2) 집단상담의 장단점

동전의 양면처럼 모든 대상과 상황에는 긍정적인 부분과 그렇지 않은 부분이 있다. 집단상담 역시 그렇다. 앞서 개인상담과의 비교에서 본 것처럼 각각이 서로 다른 성질의 상담이므로 그 특성이 드러날 수밖에 없다. 따라서 집단상담의 장점과 단점에 대해 살펴보는 것은 집단상담의 성질을 이해하는 데 도움이 될 것이다.

(1) 집단상담의 장점

먼저, 집단상담이 가지고 있는 다양한 장점을 다양한 측면에서 살펴보면 다음과 같다.

① 경제적 측면

집단상담은 한 번의 집단상담을 통해 여러 명의 집단원(내담자)을 만날 수 있어 경제적이다.

집단상담자가 부족한 현실적인 상황을 고려하고, 일상생활에 큰 불편함을 주지 않는 문제해결을 목적으로 한다면 집단상담이 가지는 경제성은 매우 중요한 장점 중 하나다. 여러 사람이 상담 장면에 함께하기 때문에 반드시 상담자만 긍정적인 영향을 주는 것이 아니다. 집단상담에 참여하는 집단원들과 일 대 다수의 주고받는 언어적 또는 비언어적인 메시지를 통해 다양한 정보 수집과 사회적 경험,

사회적 기술 훈련과 연습을 할 수 있다.

② 경험적 측면

집단상담에 참여하는 집단원들은 다른 집단원들을 통해 다양한 현실적 문제를 경험한다.

집단상담은 현실을 반영하므로 집단상담 안에서 다양한 현실적 문제를 경험할 수 있다. 예를 들어, 집단상담을 경험하는 동안 의사소통 문제, 대인관계 문제, 의사결정 문제 등을 집단상담 밖에서와 유사하게 경험할 수 있다. 그리고 그 문제 상황을 경험하면서 자신뿐만 아니라 다른 집단원도 유사한 어려움을 경험한다는 점에서 위로를 받게 된다. 이런 점에서 집단원은 타인과의 동질감, 자신만 문제가 있는 사람이 아니라는 위로, 자신에 대한 보편적인 시각, 자신의 문제에 대한 안도감 등을 경험하고 이를 통해 자신의 문제를 좀 더 객관적으로 볼 수 있는 계기와 문제해결의 의지를 가질 수 있다.

③ 심리적 측면

집단상담은 대화 참여를 집단원이 스스로 조절할 수 있으므로 심리적 부담이 적다.

개인상담이 내담자를 중심으로 하여 상담자와 내담자 두 사람이 한 시간가량 동안 온전히 그 시간을 채워 나가는 것에 비해 집단상담에서는 아직 마음이 개방되지 않았거나 자신이 바라보기 힘든 문제나 이야기를 다룰 때 집단원 스스로 자신의 심리적인 개방 정도에 따라 집단의 대화에 참여할 수 있고, 반대로 자신을 스스로 보호하며 물러나 있을 수도 있다. 또 집단원이 이야기에 참여하지 않고 물러나 있다고 해서 전혀 참여하지 않고 있는 것은 아니다. 비록 언어적인 표현은 하지 않지만 다른 사람의 이야기를 들으며 자신의 생각이나 감정을 점검하고 정리할 수 있다. 그렇게 자신의 내면을 바라보고 정리하는 것만으로도 집단상담은 효율적으로 집단원을 변화시킨다.

④ **실천적 측면**

집단상담은 그 과정 동안 다양한 문제해결을 위한 시도를 할 수 있어 실천적이다.

집단상담은 여러 명의 다양한 개성을 가진 집단원으로 구성되어 있기 때문에 개인상담에서 경험하기 어려운 여러 가지 경험을 제공한다. 집단을 구성하는 다수의 집단원은 나이, 성별, 흥미, 성장 배경, 사회적 · 경제적 지위까지 차이가 많다. 즉, 다양한 문화적 차이를 가진 집단원들이 모여 있으므로 외부에서 연습하기 어려운 대인관계의 기술이나 대화의 기법을 연습할 수 있다. 더군다나 신뢰할 수 있는 분위기가 형성된 집단이라면 집단원은 연습의 과정을 반복하면서 변화의 가능성을 경험할 수 있으며, 집단상담이 끝난 후의 실생활에 대해서도 자신감을 획득할 수 있어 효과적이다.

⑤ **기능적 측면**

집단상담은 상담 장면과 현실 문제를 이어 주는 징검다리 역할을 한다.

집단상담은 모든 집단원에게 두렵고 떨리는 경험이다. 아마 자신의 문제를 타인에게 노출해야 한다는 부담감과 불안감 때문일 것이다. 하지만 집단상담에 참여한 경험과 집단상담 과정 중에 문제해결을 위한 시도는 자신의 문제나 현실의 상황 등에 대한 이미지나 인식을 바꾸어 놓을 수 있다. 그래서 집단상담에 참여해 본 집단원들은 상담에 대한 새로운 인식과 자신의 문제를 좀 더 심층적으로 바라보고 적극적으로 해결해 보고자 하는 실천적 의지를 가질 수 있다. 따라서 집단상담은 현실 문제를 해결하기 위한 징검다리 역할을 한다.

(2) 집단상담의 단점

집단상담은 집단상담자나 집단원 모두에게 긍정적인 영향을 미치지만, 집단상담 역시 동전의 양면처럼 상담적인 접근으로서 한계점을 가질 수밖에 없다.

① **경제적 측면**

집단상담은 경제적인 대신 개인의 문제가 충분히 다루어지지 않을 가능성이 있다.

일반적으로 집단상담은 개인의 문제를 깊이 다루기보다는 집단상담 전체의 목표를 두고 공통적인 문제해결을 위해 진행되는 경우가 많다. 그래서 한 집단원 개인의 문제에 대해 깊이 있게 탐색하거나 분석할 시간적인 여유가 없다. 그렇다 보니 한 사람에 대한 깊이 있는 탐색보다는 여러 사람이 가지고 있는 공통된 문제를 다루게 되어 개인에 대한 심층적 접근에 한계가 있다.

② **경험적 측면**

집단원들이 집단상담에 적극적으로 참여하지 않고 집단상담 그 자체를 즐기는 경우가 생길 수 있다. 집단상담 과정 자체를 즐기는 집단원들은 자신의 내면을 탐색하고 자신의 문제를 해결하고자 하는 개인적인 목적을 가지지 못한 채 집단상담을 사람에 대해 관찰하는 공간으로 생각하거나 집단상담 자체를 경험하는 것이 목적이 되어 여러 집단을 경험하면서 집단상담의 경험을 남용한다. 그러는 과정에서 개인의 탐색과 성장보다는 집단상담자나 집단상담 프로그램에 대한 평가자가 되어 버리는 경우가 발생하기도 한다. 이러한 집단원의 모습은 집단원이 집단상담 장면이 아닌 다른 현장에서 어떻게 적응하며 문제를 해결해 나가고 있는가를 짐작할 수 있는 계기가 되기도 한다. 하지만 자신은 이러한 문제에 대해 인식하지 못하므로 적극적으로 참여하지 않는 집단원에게 집단상담은 더 이상의 긍정적인 기회가 아닌 자신과 자신의 문제를 회피하려는 도구가 될 수 밖에 없다.

③ **심리적 측면**

집단상담은 집단원이 다른 집단원들로 하여금 대화에 참여하라는 압력을 받아 심리적 부담을 느끼게 할 수 있다.

집단의 어떤 주제에 대해 함께 이야기를 나누는 시간에 한 집단원이 지속적으로 집단에 참여하지 않게 된다면, 다른 집단원으로부터 "왜 말하지 않고 듣기만

해요?" "집단원으로서의 역할에 충실하세요." 등의 피드백을 경험할 수 있다. 아무도 압력을 주지 않더라도 본인 스스로 말하지 않고 집단을 경험하는 것에 대한 부담과 압력을 경험할 수도 있다. 다른 집단원은 집단상담을 잘 경험하고 자신의 생각이나 느낌을 분명하게 잘 정리하는 것을 본 집단원이 '다른 사람은 다 잘하는데 나는 이것도 못하는구나.' 하는 패배감과 실패감을 갖게 될 경우 집단상담은 그 집단원에게 치료와 성장의 도구가 아니라 아픔과 실패의 도구가 될 수 있다.

④ 실천적 측면

집단상담은 다양한 개성을 가진 여러 명의 집단원이 모여 있기 때문에 개인상담에서 경험하기 어려운 여러 경험을 할 수 있는 대신 그것이 어려움이 될 수도 있다.

집단원들은 대체로 편안하고 신뢰로운 분위기를 형성하기 위해 노력하지만 언제나 원하는 대로 이루어지는 것은 아니다. 너무나 개성이 다른 집단원들이 모여 있거나 이들이 서로에게 부정적인 영향을 미치거나 집단상담의 공동 목표 달성을 위해 협조적이지 않은 경우, 집단원들은 집단원끼리의 응집력을 경험하기 어려울 뿐 아니라 부정적인 상호교류로 인해 집단상담의 진행 자체가 어려울 수도 있다.

때로 응집력 등의 문제로 동질 집단을 구성하여 동질 문제를 해결하려고 하는 경우 동질감과 목적의식은 함께할 수 있으나 자극이 적거나 동질하다는 점이 도리어 단점으로 작용하여 집단상담이 원활하게 이루어지지 않을 수 있다. 같은 사무실이나 학교에서 생활하는 사람들을 대상으로 집단상담을 하는 경우 동일하거나 유사한 문제로 인해 서로 공감은 충분히 이루어지지만 그에 대한 조언이나 비판적 사고, 문제해결을 위한 적극성, 비밀유지에 대한 두려움, 동료의 평가에 대한 부담 등으로 실천적이고 문제해결적인 접근에 어려움을 경험할 수 있다.

⑤ 기능적 측면

집단상담은 개인상담으로 이끄는 징검다리 역할을 하지만 모든 집단원에게 적용되는 것은 아니다.

집단원 중에서 지나치게 타인에 대한 적대감이나 의심이 많은 사람은 여러 사람과 함께 하는 집단상담이 어려울 수 있다. 그리고 심한 정서적 장애나 낮은 지능, 낮은 참여 동기를 가진 사람은 집단상담에 적합하지 않다. 이처럼 집단상담에 적합하지 않은 집단원이 포함된 집단상담의 경우 집단 전체가 원활하게 진행되지 않을 수도 있다.

앞에서 살펴본 집단상담의 장단점을 표로 정리하면 〈표 1-2〉와 같다.

〈표 1-2〉 집단상담의 장단점

구분	장점	단점
경제적 측면	여러 명이 상담에 참여	개인의 문제를 충분히 다루지 못함
경험적 측면	집단원들을 통해 다양한 경험	집단상담을 회피 도구로 사용
심리적 측면	개인상담에서 경험하기 힘든 경험을 제공	부정적인 상호교류나 경험
실천적 측면	집단상담에 참여 조절 가능	집단 참여에 대한 압력과 좌절감 경험
기능적 측면	개인 문제를 심층적으로 다룰 수 있는 계기	집단상담에 적합하지 않은 집단원이 집단상담 진행을 방해

5 집단상담의 유형

집단상담이 발전하면서 목표, 집단원들의 관심사, 집단상담자의 기법과 역할, 집단의 주제 등에 따라 다양하게 발전해 왔으므로, 집단의 유형을 결정할 때 특정한 기준을 두고 다양하게 나눌 수 있다. 여기에서는 집단의 구조와 형태, 집단의 기능에 따라 집단의 유형을 구분해 보고자 한다.

1) 집단의 구조와 형태에 따른 분류

집단상담은 구조화의 정도에 따라 구조화 집단과 비구조화 집단, 진행 중 개방 여부에 따라 개방 집단과 폐쇄 집단, 시간의 연속성에 따라 집중 집단과 분산 집단, 인구통계학적 배경에 따라 동질 집단과 이질 집단, 참여 동기에 따라 자발적 집단과 비자발적 집단으로 구분해 볼 수 있다.

분류 기준에 따른 집단상담의 유형은 〈표 1-3〉과 같다.

〈표 1-3〉 집단상담의 유형 – 구조와 형태에 따른 분류

분류 기준	집단 유형
구조화의 정도	구조화 집단, 비구조화 집단
진행 중 개방 여부	개방 집단, 폐쇄 집단
시간적 연속성	집중 집단, 분산 집단
인구통계학적 배경	동질 집단, 이질 집단
참여 동기	자발적 집단, 비자발적 집단

(1) 구조화의 정도에 따른 분류: 구조화 집단과 비구조화 집단

집단상담은 그 과정을 촉진하기 위해 구조화되고 정형화된 프로그램이 사용되었는지의 여부에 따라 구조화 집단과 비구조화 집단으로 나누어 볼 수 있다.

구조화 집단(structured groups)은 어떤 특정 목표나 주제를 위해 진행되는 집단상담으로, 집단상담자가 집단의 목표, 과정, 내용, 절차, 활동방법 등에 대해 체계적으로 구성해 두고 주도적으로 집단을 이끌어 가는 형태다.

비구조화 집단(unstructured groups)은 집단상담의 목표는 설정되어 있지만 집단의 과정, 내용과 활동방법 등에 대해 순차적으로 구성하지 않은 상태에서 집단원들 간에 일어나는 상호작용에 초점을 두는 집단의 형태다. 그래서 구조화 집단은 매 회기에 무엇을 어떻게 할 것인지에 대한 회기별 활동이 체계적으로 조직되어 있는 데 반해 비구조화 집단에서는 회기별 활동이 구체적으로 고정되어 있지 않다. 비구조화 집단의 이런 특징은 집단원들에게 애매모호함과 부담감을 줄 수 있기 때문에 일반적으로 집단상담을 처음 경험하는 사람에게는 구조화 집단상담을 먼저 경험하게 한 후 비구조화 집단상담을 경험하게 하거나, 비구조화 집단상담을 경험하기 전에 비구조화 집단의 특성, 집단 규범, 목표 등에 대해 교육한 후에 비구조화 집단을 진행한다.

(2) 진행 중 개방 여부에 따른 분류: 개방 집단과 폐쇄 집단

집단의 진행 중 개방 여부에 따라 집단상담은 개방 집단과 폐쇄 집단으로 분류할 수 있다. 이때 개방은 집단상담 진행 중의 다른 집단원의 수용에 대한 개방 여부다.

개방 집단(open groups)은 이미 집단상담이 진행되었다 하더라도 집단이 허용하는 범위 내에서 새로운 집단원을 받아들이는 집단 형태를 말한다. 개방 집단은 생소한 집단원들의 참여로 좀 더 다양한 사람과 상호작용할 수 있는 기회가 증가하지만, 한꺼번에 너무 많은 집단원이 합류하거나 떠날 경우 집단상담 첫 회부터 형성해 두었던 집단의 응집력, 의사소통, 각 집단원들이 나눈 이야기 등에서 문제가 발생할 수 있다. 집단상담은 의사 교류를 통한 문제해결이 큰 장점이므로 개방 집단이 가지는 이러한 문제에 대해서는 반드시 사전에 고려되어야 하며, 집단상담자는 타인에 대한 개방 여부에 대해 집단원들과 사전에 논의해야 한다. 집단상담자는 물론이고, 집단원들까지 개방 집단의 불안정성을 극복할 수 있는 전략을 지니고 있어야 개방 집단의 단점을 극복하고 긍정적으로 활용할 수 있다.

반면, 폐쇄 집단(closed groups)은 집단상담이 시작될 때 참여했던 사람들로만 끝까지 운영되는 집단으로, 중도에 참여하지 못하는 집단원이 생기더라도 새로운 집단원을 받아들이지 않고 집단상담을 그대로 유지하는 집단의 형태다. 폐쇄 집단은 집단상담의 회기 도중에 새로운 집단원이 참여할 수 없으므로 집단의 응집력과 진행과정에 안정성이 높고, 상담진행에서도 일관성을 유지할 수 있다.

(3) 시간적 연속성에 따른 분류: 집중 집단과 분산 집단

집단상담은 진행시간을 연속적으로 하느냐의 여부에 따라 집중 집단과 분산 집단으로 나누어 볼 수 있다.

집중 집단(marathon groups)은 일정한 기간 동안 집중적으로 집단상담을 실시하는 형태다. 예를 들면, 동사섭 집단상담이나 아리랑 풀이처럼 3박 4일이나 5박 6일 기간 동안 집중적으로 집단상담을 경험하는 형태다. 집중 집단은 일상에서 벗어나 하루 중 많은 시간을 집단상담에 할애하기 때문에 집단상담을 경험하는

데 몰입할 수 있고, 자신에 대한 탐색과 통찰에 집중할 수 있다.

반면, **분산 집단**(weekly groups)은 보통 주 1회 정도 일정한 시간을 정해 놓고, 미리 계획된 전체 회기가 마무리될 때까지 집단을 실시하는 형태를 말한다. 집중 집단만큼 집단상담 경험 자체에 깊이 몰입하기는 어려울 수 있지만, 집단상담에 참여하고 난 후 나머지 일주일 동안 일상생활 장면에서 집단에서 배운 것을 숙고해 보고 적용하거나 실천해 볼 수 있다는 장점이 있다.

(4) 인구통계학적 배경에 따른 분류: 동질 집단과 이질 집단

집단상담은 집단을 구성하는 집단원들의 인구통계학적 배경에 따라 동질 집단과 이질 집단으로 분류할 수 있다. 여기서 인구통계학적 배경이라는 것은 집단구성원들이 서로 공유할 수 있는 속성, 즉 나이, 성별, 전공, 사전 경험 등이다. 이러한 공통된 경험의 유무는 집단원의 개방 정도, 공감 수준, 집단에서 다루어지는 문제에 대한 관심 수준, 학습 내용의 다양성 등에 중요한 영향을 미칠 수 있기 때문에 집단상담에서 중요하게 취급된다.

서로 공통된 특질을 가지고 있는 집단을 **동질 집단**(homogeneous groups)이라고 한다. 동질 집단은 '고등학생들의 학습 관련 집단' '학교폭력 피해자의 자존감 향상 집단' 등을 예로 들 수 있는데, 이처럼 유사하거나 동일한 경험을 가진 집단원들은 집단상담을 통해 자신의 아픔과 상처를 쉽게 공개하고 공감할 수 있다.

반면, **이질 집단**(heterogeneous groups)은 참여 동기, 학력, 연령, 사전 집단 경험 유무, 개인적 · 경험적 배경 등이 서로 다른 집단원끼리 구성된 집단을 말한다. 이질 집단이라고 해서 동질 집단에 비해 도움이 되지 않거나 어려움이 있을 것이라고 생각해서는 안 된다. 일반적인 대인관계 향상을 위한 집단상담이라면, 성별, 연령, 경험이 서로 다른 집단원이 참여함으로써 다양한 인간관계에 대해 학습할 수 있을 것이다. 따라서 집단상담자는 집단상담을 계획할 때 집단상담의 목적을 분명히 설정하고, 그 목적을 달성하는 데 동질 집단과 이질 집단 중 어느 것이 더 적합할지 충분히 숙고해야 한다.

(5) 참여 동기에 따른 분류: 자발적 집단과 비자발적 집단

집단상담을 분류하는 또 하나의 기준은 집단구성원이 집단에 참여하는 동기가 자발적인가 그렇지 않은가에 따른 분류다.

자발적 집단(voluntary groups)은 집단상담에 대한 안내나 홍보 등을 통해 본인이 참여하기를 스스로 희망하고 결정한 사람들로 구성된 집단이다. 자발적 집단은 집단원들이 집단에 대한 동기와 필요를 가지고 있기 때문에 집단활동에 적극적으로 참여하고 자신의 성장과 발전을 위해 의미 있는 상호작용을 기대할 수 있다.

비자발적 집단(involuntary groups)은 자신의 생각이나 동기 없이 의무적으로 또는 타인의 요구나 필요에 의해 집단에 참여한 사람들로 구성된 집단이다. 예를 들면, 보호관찰 명령 등으로 자신의 의지나 동기와는 상관없이 의무적으로 집단에 참여한 사람들로 구성된 집단을 말한다. 비록 비자발적 집단이라 하더라도 집단상담자의 전문성과 다른 집단원과의 의미 있는 상호작용이 뒷받침된다면 집단상담 과정 중에 집단원들은 성장과 치유의 경험을 통해 참여 동기가 향상될 수 있다.

2) 집단의 기능에 따른 분류

집단상담은 무엇을 과제와 목표로 정하였는가, 집단을 통해 집단원들이 무엇을 얻어 갈 수 있는가, 집단이 집단원들에게 무엇을 제공하는가 등의 기준에 따라 몇 가지로 나누어 살펴볼 수 있다. 이러한 기능에 따른 분류는 너무나 다양하여 정확하게 몇 가지라고 분류하기도 어렵고, 그 기능이나 역할에서 일부분은 중복되기도 한다. 일반적인 집단의 유형을 제시하면 〈표 1-4〉와 같다.

표에서 살펴볼 수 있듯이 각 집단상담은 집단원의 호소 문제에 따라 집단상담의 목표, 접근방법, 형태, 기간 등이 모두 다르다. 그리고 그 유형에 따라 집단상담자가 교육자의 역할을 하기도 하지만 치료자로서의 역할을 수행하기도 한다.

〈표 1-4〉 기능에 따른 집단상담의 유형

구분	교육 집단	과업 집단	성장 집단	상담 집단	치료 집단
호소 문제	개인 생활				성격 문제, 이상행동
목적	정보 제공, 건강한 생활 태도				성격 재구성, 이상행동 감소
접근 형태	교육적 구조화		⟶		치료적 비구조화
기간	단기				장기
상담자	교사, 상담자				상담자, 정신과 의사
부가활동	과제 (독서, 계획 수립 등)				약물치료, 개인상담

최근에는 다양한 사회구성원과 집단원의 특성을 존중한 다문화적 접근이 이루어지고 있다. 이 장에서는 집단의 기능에 따라 분류한 다양한 집단 중에서 대표적인 몇 가지를 토대로 설명하고자 한다.

(1) 교육 집단

교육 집단(education groups)은 이름에서 드러나는 대로 집단원들에게 어떤 내용에 대한 교육을 목적으로 하는 집단이다. 교육 집단의 일반적인 절차는 먼저, 상담자가 강의나 발표 형식으로 집단원들에게 필요한 정보를 제공한다. 그런 다음 발표 내용과 정보 및 자료에 대해 질문을 받고, 각자의 소감을 나누면서 주제와 관련된 토의를 한다.

따라서 교육 집단을 진행하는 집단상담자는 집단원의 학습 효과를 극대화하기 위해 교육자와 촉진자 역할을 동시에 수행한다. 이러한 역할을 원활하게 수행하기 위해 상담자는 집단원들이 필요로 하는 정보를 준비하는 한편, 상호작용을 촉진시킨다. 교육 집단의 상담자는 이러한 이중적인 역할을 잘 이해하고 있어야 한다. 게다가 교육 집단의 회기 수나 회기 시간의 길이에 대해서도 일정한 공식이 없으므로 집단상담자는 집단에서 다루어야 할 주제, 집단원들의 주제에 관한 지식 수준, 할애 시간 등에 따라 집단의 회기와 시간을 균형 있게 조정해야 한다.

(2) 과업 집단

과업 집단(task groups)은 집단원들에게 당면한 과제를 해결할 목적으로 운영되는 집단으로 과제해결 집단이라고 하기도 한다. 이 집단은 주어진 과제에 대한 토의를 통하여 문제를 해결해 나가며, 성취해야 할 과업에 초점이 맞추어진다.

과업 집단에서 집단상담자의 역할은 집단원들이 과업을 지속적으로 수행해 나가고, 집단원들의 협의와 상호작용을 촉진하는 것이다. 집단의 논의가 주제나 과업에서 벗어나거나 집단원들 사이에 갈등이 빚어지는 경우, 집단상담자는 즉시 개입하여 집단이 다시 정상적으로 진행될 수 있도록 돕는 역할을 한다.

(3) 성장 집단

성장 집단(growth groups)의 집단원은 집단 경험을 통해서 자기 자신에 대해 더 많은 것을 배우려는 동기를 가진 사람들로 구성된다. 집단원들은 다양한 집단활동 체험을 원하거나, 자신에 대해 좀 더 알기를 원하거나, 자신의 잠재력 개발에 관심 있는 사람들로 성장과 발달을 희망하는 사람들이다. 이들의 성장과 발달을 촉진하기 위해 집단상담자는 주로 구성원들의 상호작용을 촉진할 수 있는 프로그램을 활용하여 집중적 체험 기회를 제공한다. 이를 위해 집단상담에서는 주로 발달상의 문제, 즉 집단원들이 삶에서 겪는 개인적인 관심사와 문제 및 갈등을 다룬다.

성장 집단에 참여하는 집단원들은 또한 자신과 다른 구성원들의 지각을 비교하여 어떤 정보가 자신에게 적합한 것인지를 선별하여 취한다. 그래서 성장 집단은 집단의 방향을 구성원들이 직접 결정하는 집단에서부터 특정 분야에 초점을 맞추는 집단에 이르기까지 그 범위가 매우 넓다. 이러한 성장 집단을 예로 들면, 참만남집단, 자기성장 집단, 감수성 집단이 대표적이다.

(4) 상담 집단

개인상담과 마찬가지로 집단에 참여한 집단원들의 대인관계 문제, 자기이해 증진, 부적응 행동의 극복 등을 도와주는 상담 집단(counseling groups)은 일상생활에서 어려움을 경험하는 일반인을 대상으로 한다. 상담 집단은 대략 4~12명 정도의 집단원으로 구성되는 소집단 경험 중심으로 이루어지며, 집단원의 사고와 감정, 행동을 강조하여 대인관계와 문제해결 전략을 강구하는 데 초점을 맞춘다. 따라서 성장, 발달, 문제 예방, 자기자각 또는 의식 증진, 적응 기술 개발 등을 목표로 하며 과거의 문제나 관계의 역동보다는 현재의 생활, 느낌, 사고 등에 초점을 둔다. 또한 발달 과업이나 스트레스 대처방안을 탐색하는 데 관련된 문제가 많고 비교적 잘 기능하는 집단원들에 의해 집단의 초점이 결정되는 특징이 있다.

(5) 치료 집단

치료 집단(therapeutic groups)은 집단상담을 통한 치료의 목표, 상담자의 역할, 개입 전략, 심리과정에 의존하여 집단원들의 변화를 꾀한다는 점 등에 있어서 일반적인 상담 집단과 공통점이 많지만, 집단원들이 우울, 분노, 불안, 공포 등 심각한 정도의 정서행동 문제나 정신장애를 치료하기 위한 목적으로 구성되는 것이 특징이다. 이에 따라 집단상담자도 심리치료에 대한 지식과 임상 경험을 고루 갖추어야 한다.

따라서 치료 집단은 정신장애, 성격장애 등 주로 임상 환자들을 대상으로 운영되는 집단을 의미하며, 정신의학적 배경이나 임상심리학적 배경에 대한 전문성을 가진 전문가가 집단을 이끌게 된다. 치료 집단의 주된 목적은 병리적인 증상의 제거 및 완화를 위한 정신장애 치료, 심리치료에 있다. 예를 들면, 사회공포증 극복을 위한 심리치료 집단, 우울증 치료를 위한 환자 집단 등이 여기에 해당한다.

이 외에도 공통의 문제나 관심을 가지고 있는 사람들이 모여 문제로 인한 스트레스를 해결하고 자신의 생활양식을 바꾸거나 효율적으로 대처해 나갈 수 있도록 동기를 갖게 하는 지지 체제를 형성하는 자조 집단(자기조력 집단, self-help groups)이 있다. 자조 집단은 집단원들 간에 서로를 돕는 특성이 강하기 때문에 집단원들은 서로에 대한 이해와 수용, 격려, 문제의 보편성에 대한 인식, 문제해결에 대한 의지를 보여 준다. 집단을 구성한 집단원들이 힘이 되어 준다는 점에서 자조 집단은 지지 집단과 비슷한 점을 가진다. 지지 집단(support groups)은 집단원들 간의 정서적 및 심리적 지지, 사회적 지지를 통해 특정 관심사나 문제에 대해 다른 사람들은 어떻게 대처하고 있는가를 들어볼 기회를 제공한다.

상담에 대해 이야기할 때 집단상담을 빼놓고 이야기하기 어려울 정도로 집단상담은 우리나라 상담학의 중요한 부분으로 자리 잡아 가고 있다. 이제 우리는 '집단상담의 연구와 활성화'라는 주어진 과제를 성실히 이루어 나가야 한다. 실현 가능한 미래를 현실로 바꾸는 것은 집단상담의 연구와 활성화에 책임감을 느끼고 있는 우리 모두가 함께 이루어 가야 할 일이라고 생각한다.

요 약

1. 집단상담의 정의와 필요성

1) **집단상담의 정의:** 비교적 건강한 정상인이 서로 간의 역동적인 상호작용 과정을 통해 자기이해, 자기수용, 자기개방 및 자기주장을 통한 자기성장과 변화를 지향하는 상담 경험

2) 집단상담의 필요성
- 성장에 대한 요구
- 자기이해에 대한 요구
- 문제해결을 위한 탐색과 훈련

2. 집단상담의 역사

1) 미국 집단상담의 역사

① 집단상담 형성기: 병원을 중심으로 시작된 집단교육

② 집단상담 성장기: 제2차 세계대전의 발발, Kennedy 대통령의 「지역사회정신보건센터 건립법」 제정, 만남집단운동의 활성화 등 결정적 계기를 맞으며 성장

2) 우리나라 집단상담의 역사

① 대학교 및 학생생활연구소를 중심으로 동료상담, 집단상담 관련 교양과목의 개설 등을 통한 집단상담 경험

② 상담 관련 학회를 중심으로 집단상담 관련 논문 발간, 연수회 개최, 자격제도 시행 등을 통한 집단상담의 전문화

③ 정부기관의 상담기관 설립을 중심으로 한 집단상담의 보급

④ 사회단체 및 기관의 집단상담 실시를 중심으로 한 집단상담의 확산

⑤ 산업체를 중심으로 집단상담의 보급과 발전

3) 우리나라 집단상담의 발전적 특징과 발전 요인

(1) 우리나라 집단상담의 발전적 특징
- 우리나라 집단상담은 어느 정도 안정된 형태의 집단상담을 도입함
- 미국 집단상담처럼 뚜렷하고 특징이 강한 발달과정을 가지지 않음
- 이론과 학파들이 발달한 미국 집단상담의 영향을 받음

(2) 우리나라 집단상담의 발전 요인

- 사회적 요인: 정보화사회, 가족 형태의 변화, 맞벌이 부부 증가, 주거 문화의 변화로 집단상담의 필요성 증가
- 문화적 요인: 공동체 문화, 골목 문화로 정서적 유대감 증가
- 경제적 요인: 경제적 발전으로 내면적 안정과 평화 추구
- 교육적 요인: 교육 환경의 변화로 집단상담 참여 경험 증가

3. 집단상담의 목적과 목표

1) **집단상담의 목적**: 생활 장면에서 문제해결, 개인의 태도와 행동의 변화, 높은 수준의 개인의 성장, 집단원들의 삶의 질 향상, 집단원의 변화 가능성 탐색

2) **집단상담의 목표**: 개인의 성장과 발달, 훈련과 연습, 선택과 명료화, 대인관계에 필요한 기술 습득

4. 집단상담의 특징

1) 집단상담과 개인상담

구분	집단상담	개인상담
참여 대상	• 사회적 기술 습득이 필요한 내담자 • 타인의 이해나 지지가 필요한 내담자 • 타인과 자신의 관계에 관심이나 조언이 필요한 내담자	• 위급한 문제를 경험하는 내담자 • 불안, 강박, 공포 등 행동이나 태도에서 어려움을 경험하는 내담자 • 자신에 대한 탐색, 통찰이 극히 제한된 내담자
상담의 초점	• 집단원 간의 관계, 응집력	• 내담자 개인의 심리적 문제나 행동
상담자의 역할	• 집단원들의 참여 촉진 • 집단원들의 경험과 정보 공유	• 정보 제공 • 의사결정 훈련 • 장애 극복
상담자와의 관계	• 집단상담자와 집단원의 복합적 관계	• 상담자와 내담자 일대일 관계
상담활동	• 지지와 이해를 바탕으로 한 수용 • 새로운 행동 연습	• 개인의 문제 탐색

2) 집단상담의 장단점

구분	장점	단점
내용	• 여러 명이 집단상담에 참여하여 경제적 • 집단원들을 통해 다양한 현실적 문제 경험 • 개인상담에서 경험하기 힘든 경험을 제공 • 집단상담에 참여 조절 가능 • 개인 문제를 심층적으로 다룰 수 있는 계기	• 개인의 문제를 충분히 다루지 못함 • 집단상담을 회피도구로 사용 • 부정적인 상호교류나 경험 • 집단 참여에 대한 압력과 좌절감 경험 • 집단상담에 적합하지 않은 집단원의 방해

5. 집단상담의 유형

1) 구조와 형태에 따른 분류

- 구조화의 정도에 따른 분류: 구조화 집단과 비구조화 집단
- 진행 중 개방 여부에 따른 분류: 개방 집단과 폐쇄 집단
- 시간적 연속성에 따른 분류: 집중 집단과 분산 집단
- 인구통계학적 배경에 따른 분류: 동질 집단과 이질 집단
- 참여 동기에 따른 분류: 자발적 집단과 비자발적 집단

2) 집단의 기능에 따른 분류

- 교육 집단: 집단원들에게 어떤 내용에 대한 교육을 목적으로 하는 집단
- 과업 집단: 집단원들에게 당면한 과제가 있고, 그 과제를 해결할 필요가 있을 때 운영되는 과제해결 집단
- 성장 집단: 집단 경험을 통해서 자기 자신에 대해 더 많은 것을 배우려는 동기를 가진 사람들로 구성된 집단
- 상담 집단: 집단에 참여한 집단원들의 대인관계 문제, 자기이해 증진, 부적응 행동의 극복 등을 도와주는 집단
- 치료 집단: 집단상담을 통한 치료의 목표, 상담자의 역할, 개입 전략, 심리과정에 의존하여 집단원들의 변화를 꾀하는 집단

제2장

집단상담의 발달단계

읽기 전 나누기

- 집단은 어떻게 발달하는가?
- 집단이 발달단계에 따라서 해결해야 할 과제는 어떤 것일까?
- 집단상담자가 집단원들에게 어떻게 개입하면 집단이 잘 발달할 수 있을까?

읽고 나면

- 집단의 발달단계를 이해하고 각 단계에서 나타나는 특징을 설명할 수 있다.
- 집단의 발달단계에 따른 발달과제를 성취하는 개입방법을 설명할 수 있다.
- 집단상담자로서 집단의 발달단계에 적합한 촉진 전략을 활용할 수 있다.

다양한 배경과 문제를 가지고 있는 집단구성원들이 신뢰할 만하고 수용적인 분위기에서 자신을 드러내고 탐색하고 집단구성원들과 지지와 공감을 주고받는 과정에서 집단은 마치 살아 있는 유기체처럼 발달하게 된다. 집단에서 이루어지는 구체적인 내용이 상당히 다양할지라도 집단이 변화·발전하는 추세와 과정은 매우 유사하다. 즉, 집단의 성질이나 상담자의 이론적 방향과 무관하게, 시간이 흐름에 따라 대부분의 집단에서는 다소 일반화된 발달 경향이 나타난다. 이러한 발달 경향을 세밀히 보면 몇 단계로 나누어 볼 수 있다. 각 단계에는 특징이 있고 해결해야 할 과업이 있다. 물론 집단이 발달하는 단계를 분명하게 나누기에는 어려움이 있다. 왜냐하면 상당히 중복되는 부분이 있기도 하고, 집단이 한 단계 더 앞으로 진전할 때 한동안 정체되거나 일시적으로 전 단계로 돌아가기도 하기 때문이다.

학자들은 집단과정에서 일어나는 현상을 이해하고 효과적으로 발달시키기 위해 집단상담의 발달단계를 다양하게 제시해 왔다(〈표 2-1〉 참조).

학자마다 제시하고 있는 집단의 발달과정에 대한 표현방법은 다르지만 시작단계인 초기를 지나 다양한 저항이나 갈등을 겪으면서 배우고 생산·작업하는 활동을 거쳐 종결하는 일정한 맥락을 가진다는 공통점을 찾을 수 있다. 이러한 공통 요소에 초점을 두고 하나의 통합된 집단상담 발달과정에 대한 모형을 도출한다면 Corey(2009)가 제시한 '초기-과도기-작업-종결'의 네 단계로 설명할 수 있다. 이러한 집단상담의 발달단계는 고정된 지식으로 습득하기보다 건강한 집단 발달을 위해서 추구해야 하는 방향을 이해하는 도구로 활용되어야 할 것이다.

갓난아기에게 바로 밥을 먹일 수 없는 것처럼 집단의 발달단계를 고려해서 발달단계에 맞게 과제를 다루지 않으면 집단은 정체되고 효율적으로 작업을 충분히 하지 못한 채로 종결될 수도 있다. 따라서 집단의 각 발달단계에서 나타나는 전형적인 패턴에 대한 이해는 집단상담자에게 유익한 관점을 제공하고, 집단상담자가 문제를 예상하여 시의 적절하게 적합한 방식으로 개입할 수 있도록 도움을 줄 것이다. 이 장에서는 집단의 발달단계를 초기, 과도기, 작업, 종결 단계로

〈표 2-1〉 **학자별 집단의 발달단계 구분**

학자명	집단의 발달단계
Napier & Gershenfeld (1973)	• 시작 단계 • 맞닥뜨림을 향한 움직임의 단계 • 정서와 과제의 연합을 통한 재평가 단계 • 해결과 재순환의 단계
Corey & Corey (2007)	• 초기 단계 • 과도기 단계 • 작업 단계 • 종결 단계
Rogers (1970)	• 혼돈과 무질서 • 사적 자기노출에의 저항 • 과거 느낌의 진술 • 부정적 느낌의 표현 • 개인에게 의미 있는 자료의 노출과 탐색 • 집단 내에서의 즉시적 표현 • 집단 내에서의 치료적 능력의 발달 • 자기수용 및 변화의 시작 • 가면의 파괴 • 피드백 주고받기 • 맞닥뜨림 • 집단 밖에서의 조력관계의 발달 • 참만남 • 긍정적 느낌과 친근감의 표현 • 집단 내에서의 행동 변화

나누고 각 단계의 특징과 과업을 알아보고, 과업에 도달하기 위해 집단원과 집단상담자의 역할을 이해하여 보도록 한다.

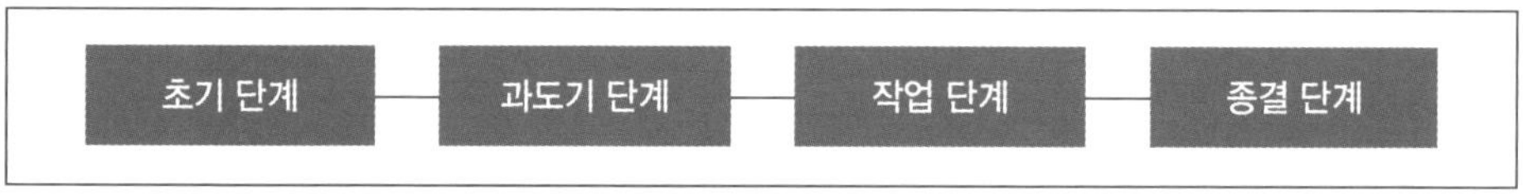

[그림 2-1] **집단상담 발달단계**

1 초기 단계

초기 단계는 집단상담의 발달단계에서 맨 처음 단계로, 낯선 집단원들이 서로를 알아 가는 시간이다. 집단상담의 성패가 좌우된다고 할 만큼 집단상담에서 가장 중요하고 집단상담자가 가장 준비를 많이 해야 하는 중요한 단계다. 초기 단계에서 집단원들은 낮은 신뢰감과 높은 불안감을 가지며, 자신에의 초점 회피, 지금-여기에 초점 맞추기, 소극적 집단 참여와 같은 행동을 보인다. 이 단계의 가장 중요한 집단발달과제는 초기 집단 응집성의 형성이라고 할 수 있다. 응집성 형성은 이후 집단 발달의 바탕이 되기 때문이다. 더불어 집단상담의 구조화, 집단상담 문제 및 목표 설정도 앞으로의 과정을 위해 중요한 과제다. 이 같은 과제를 달성하기 위하여 집단상담자는 집단 규범을 발달시키고, 집단 응집성을 촉진하는 전략을 사용할 수 있다.

1) 초기 단계의 특징

집단의 초기 단계에서 중심 주제는 신뢰 대 불신이다. 어떤 집단원들은 집단에 대한 기대와 소망을 가지고 있으며, 집단원들 간의 인간관계가 다소 피상적이고 자신의 좋은 점만을 보이려고 한다. 반면, 어떤 집단원들은 새로운 사람들과의 만남으로 인해 어색함을 느끼거나 자기개방에 부담을 느낀 나머지 불안해하거나 집단 참여를 주저하기도 한다(강진령, 2009).

(1) 막연한 기대와 모호한 목표

집단상담의 초기 단계에 참여하는 집단원들은 불확실성 속에서도 일반적으로 집단의 긍정적인 성과에 대한 기대를 가지고 있다. 이러한 기대는 집단원마다 개인차가 있고, 현실적이고 합리적인 것도 있지만 비현실적인 것도 있다.

이 단계에서 집단원들은 집단 경험에서 얻고 싶어 하는 것, 즉 집단 참여의 목표가 대체로 잠정적이고 모호한 상태다. 게다가 집단에서 기대되는 행동에 대해 잘 모르기 때문에 혼란을 느끼고 막막해한다. 따라서 집단원들은 이 집단이 어떤 집단인지, 어떤 활동 내용이 전개될 것인지, 어떤 행동은 수용되고 어떤 행동은 거부되는지 등에 대해 민감하게 반응하면서 혼란감을 벗어나기 위해 탐색하게 된다. 집단의 방향이나 목표, 내용, 규범 등이 명확해지기까지 집단원들은 혼란감을 경험하게 된다.

❖ 초기 단계에서 혼란감을 경험하는 집단원의 태도

- 집단의 분위기를 파악하고 다른 사람들을 살핀다.
- 집단에 적응적으로 참여하기 위해서 어떤 규준이 있는지 배우려고 한다.
- 다른 집단원들이 받아들일 수 있는 모습만을 보이며 행동하려고 한다.
- 다른 집단원들의 반응에서 집단에 참여하는 기본적인 태도를 배운다.

(2) 낮은 신뢰감과 두려움

인간은 새로운 사람과 낯선 환경에서 만날 때 불안과 두려움을 경험한다. 집단상담의 초기 단계에도 이러한 경험을 하게 된다. 집단원들 사이, 집단원과 집단상담자 사이에 신뢰감이 낮기 때문에 집단원은 자신이 있는 그대로 수용되는지, 자신의 관심사가 진지하게 받아들여지는지, 느끼고 생각한 것을 표현하기에 안전한지, 계속 참여할 것인지 말 것인지를 끊임없이 탐색하게 된다. 또한 집단원들은 마음속 깊은 곳의 소망, 욕망, 욕구를 있는 그대로 드러냈을 때 느끼게 될 내면의 거부감, 수치심, 소외감, 배척감에 대한 두려움 때문에 내면의 갈등을 겪게 된다.

❖ 집단원이 경험하는 내면의 두려움

- 나는 집단에 적합한가? 이 집단에 적응할 수 있을까?
- 새로운 사람과 낯선 환경에서 나를 드러내는 것이 안전한가?
- 나의 문제는 무엇이며 그 문제를 집단을 통해서 해결할 수 있을까?
- 내 이야기를 다른 사람이 들어 줄까? 다른 집단원이 나를 좋아할까, 싫어할까?
- 다른 사람들이 나에 대해 알게 되면 무척 실망할 거야.

(3) 소극적 집단 참여와 자신에의 초점 회피

일반적으로 신뢰감이 낮을 때 집단원들은 즉각적인 느낌 표현을 억제하고, 추상적으로 상호작용하며 수동적인 자세로 참여하고 다른 집단원이나 집단상담자에 대해 적대감이나 의구심을 가진다. 따라서 신뢰감이 낮은 초기 단계에서는 집단활동에 소극적으로 참여하는 집단원이 많다. 특히 집단 참여 경험이 적거나, 아는 사람이 적거나 혹은 너무 많거나, 나이가 어린 경우 집단에서 기대되는 행동에 대해 잘 모르기 때문에 모호함이나 혼란을 겪으며 말이 없고 어색하게 행동하는 집단원들이 많다. 또한 표현을 할 때 자신의 직접적인 이야기보다는 다른 사람의 사건이나 상황을 이야기하거나, 자신의 일이지만 다른 사람의 일을 말하듯이 표현하면서 자신에게 초점을 두지 않으려고 회피하기도 한다.

❖ 소극적인 집단원의 행동

- 무엇인가 일어나기를 수동적으로 기다린다.
- 자신의 불신감과 두려움을 방어하기 위해 저항을 보이기도 한다.
- 의미 있는 상호작용보다는 피상적이고 의례적인 상호작용을 한다.
- 자신의 문제를 탐색하기보다는 다른 참가자의 문제에 조언하는 경향을 보이기도 한다.

2) 초기 단계의 집단발달과제

초기 단계의 집단발달과제는 집단상담의 구조화, 목표의 설정, 집단 응집성의 형성, 적극적인 참여 분위기다. 이런 발달과제가 달성되면 다음 단계인 과도기 단계로 집단이 발달하게 된다. 다음은 초기 단계에 달성되어야 할 집단발달과제에 대한 설명이다.

(1) 집단상담의 구조화

집단의 초기 단계에서 혼란스러운 집단원에게 집단상담의 구조화가 필요하다. 집단상담의 구조화란 '소정의 성과를 낳게 하는 집단상담의 구조적 틀을 집단상담자가 주도적으로 만들어 나가는 과정'이며 집단상담의 방향과 목표, 내용,

절차, 방법, 역할, 행동규범 등을 설명하거나 요구하는 것을 말한다(정성란 외, 2013). 이를 통해 집단상담자는 집단의 성과를 낳게 하는 구조적인 틀을 구축할 수 있다. 흔히 비구조화 집단이라고 부르는 집단상담은 이러한 과정이 없다는 것이 아니라 집단상담자가 일방적으로 틀을 제시하지 않는 형태다.

구조화는 집단의 발달을 유용하게 할 수도 있고 억제할 수도 있다. 구조화가 지나치게 적으면 참가자들이 지나치게 불안해할 수 있으며, 이들의 자발성을 억누르는 결과를 초래한다. 반면에, 너무 많이 구조화되고 지시가 많으면 의존적인 태도나 행동을 조장할 수 있다. 집단원들은 집단에서 어떻게 할지 스스로 탐색하는 대신에 상담자가 '무언가를 해 주길' 기다릴지도 모른다. 집단을 구조화할 때는 집단에 생산적으로 참여할 수 있는 일반적인 지침과 참가방법에 대해서 집단상담자가 알리고 그 외는 집단원들이 논의하여 규범을 정하는 것이 효과적이다.

일반적으로 다음과 같은 내용을 기본 규칙에 포함해야 한다(부록 9-3 '집단상담 동의 및 규칙' 참고). 첫째, 비밀유지에 대한 것이다. 집단원 모두에게 비밀유지가 요구되지만 비밀이 절대적으로 지켜지는 것을 보장할 수 없다는 것을 알려서 자기개방의 정도를 스스로 결정하도록 하게 한다. 또한 법적으로 집단상담자가 비밀유지를 위반해야 하는 상황도 있음을 안내하도록 한다. 둘째, 참석에 관한 것이다. 모든 회기에 제시간에 오는 것을 원칙으로 한다. 셋째, 참여 태도에 관한 것이다. 집단 진행 중에 마시고 먹지 않기, 휴대폰의 사용 여부, 술을 먹거나 마약을 하고 참여하지 않기 등이 포함될 수 있다. 마지막으로, 미성년자의 경우 부모의 동의를 받도록 한다. 또한 상호작용을 위한 집단의 규범에는 다음과 같은 내용이 포함될 수 있다.

❖ 집단 규범의 예

- 지적인 방식으로 내용을 전달하기보다는 감정에 초점을 두고 표현한다.
- 사고와 감정 표현에 있어서 '지금-여기'에 초점을 맞춘다.
- 다른 집단원을 무비판적으로 수용한다.
- 자기 자신에게 일어나는 생각과 감정에 초점을 맞추고 자신의 변화를 위해 작업한다.
- 피드백은 직접적이지만 공격적이지 않은 방식으로 솔직하게 한다.
- 다른 집단원과의 갈등은 집단 내에서 다룬다.

(2) 목표의 설정

집단의 초기 단계에서 전체적인 집단의 목적을 구조화하고 나면 집단상담자는 집단원들이 열중하도록 의미 있는 목표를 발전시키고, 확인하고, 분명히 하도록 도와주어야 한다. 분명한 목표를 지녔을 때, 집단원들은 비로소 무슨 이유로 집단에 참여하고 있으며 집단에서 무엇을, 어떻게 할 것인지를 명확히 알 수 있게 될 뿐 아니라 어느 정도의 성과 또는 행동 변화를 가져왔는가에 대한 평가도 할 수 있게 된다.

집단의 목표에는 과정적 목표와 개인적 목표의 두 가지가 있다. 과정적 목표는 집단원들이 그들 개인의 목표를 성취하기 위하여 상호작용하는 데 도움이 되는 목표다. 즉, 집단원들이 어떻게 행동하면 집단이 활성화되고 신뢰관계가 형성되어 깊이 있게 발달하겠는가에 관련된 목표다. 예를 들면, 지금-여기에 초점을 두기, 자신을 집단에 노출하기, 피드백 주고받기 등 집단 내에서나 밖에서 새로운 행동을 적용해 보는 것들이다. 개인적 목표 설정에서는 그 개인이 도움을 받고자 하는 특정 문제나 집단상담에 응하고자 하는 주된 이유를 탐색할 수 있다. 집단원의 목표 설정을 돕기 위해 집단상담자는 다음과 같은 말을 사용할 수 있다.

❖ **목표 설정을 위한 촉진방법**

- 이 집단에 어떤 기대를 갖고 오셨습니까?
- ○○ 씨는 이 집단에서 무엇을 가장 얻고 싶은가요?
- ○○ 씨가 지금 말한 것을 얻기 위해서 무엇을 해야 한다고 생각하십니까?
- 생활 중의 어떤 점을 이번에 변화시키고 싶습니까?

(3) 집단 응집성의 형성

지속적인 집단의 발달을 위해서는 신뢰감의 형성이 중요하다. 집단원이 자기 자신과 다른 집단원, 그리고 집단상담자나 공동집단상담자에 대해 불안을 가지게 되는 경우 이 불안이 신뢰를 불러일으키는 하나의 방법으로 탐색되기도 한다. 집단원의 두려움이 비밀스럽게 감추어져 있는 경우에는 불안이 계속 확대될 수 있지만 다음의 사례에서처럼 불안이 탐색되고 솔직하게 인정된다면, 불안은 가라앉는다. 적어도 불안 때문에 집단원이 집단과정에서 작업을 방해받지는 않게 될 것이다.

❖ 집단원의 두려움에 대한 탐색

햇살: 저는 여기에 지금 앉아 있는 것이 불편해요.

상담자: 어떤 불편함인지 좀 더 자세히 말씀해 주시겠어요?

햇살: 다른 사람들은 서로 잘 알고 편안한 것 같은데 저만 외톨이처럼 느껴지고 어쩔 줄 모르겠어요. 이런 저의 모습이 바보처럼 보일 것 같아요.

상담자: 햇살님, 집단원을 둘러보세요. 누가 가장 당신이 생각하는 방식으로 반응할 것 같아서 의식이 되나요?

집단의 초기 단계에 집단상담자와 다른 집단원들에 대한 신뢰감이 부족한 집단원에게 집단 응집성을 형성하기 위한 노력이 필요하다. 집단 응집성이란 집단 안에서 '우리' '우리가 함께하는 것' '공동체'라는 느낌을 말한다. 우리는 집단 응집성을 통해 소속감이나 유대감을 느낄 수 있다. 초기 단계에서는 서로 어색하고 낯설기 때문에 어느 정도만 자기를 개방한다. 그래서 진정한 의미의 응집성은 대체로 갈등을 경험하고 고통을 함께 나눈 뒤에 형성된다. 이러한 응집성을 형성하는 기초가 되는 시기가 바로 초기 단계다.

초기 단계의 집단 응집성은 시간의 흐름에 따라 저절로 형성되는 것이 아니라 자발적 참여, 시간 엄수, 상호 신뢰나 보살핌을 위한 노력 등을 통해 차츰 형성된다. 집단 응집성은 신뢰감 형성, 자신의 중요한 측면 나누기, 협력하여 개인과 집단의 목표 설정하기, 집단원을 작은 지도자로서 기능하게 하기, 갈등을 수용하고 솔직하게 다루기, 개인의 관심사 존중하기, 솔직하게 표현할 수 있도록 수용적인 분위기 형성하기 등을 통해 형성될 수 있다. 이는 집단 전체 과정을 통해 조금씩 자라는 것이며 집단원과 집단상담자가 함께 노력할 때 가능하다.

(4) 적극적인 참여 분위기

중요한 응집성 촉진 전략 중 하나는 일어나는 생각과 느낌을 자유롭게 표현하게 함으로써 모든 집단원의 적극적인 참여 분위기를 만드는 것이다. 이를 위해 집단상담자는 다음과 같은 말을 사용할 수 있다.

❖ 참여를 유도하기 위한 개입방법

- ○○ 씨는 지금 이 방 안에 있다는 것이 어떻게 느껴지십니까?
- 혹시 이 집단에 대한 어떤 두려움이나 의심이 있으신가요?
- 자신의 가장 어려운 고민거리를 지금-여기서 공개한다면 어떤 일이 일어날 것이라고 생각하십니까?

적극적 참여가 되지 않는 집단원에 대해 개입하기 전에 집단상담자는 집단원이 집단에서 보이는 태도와 집단에 대해서 무엇을 들었는지 탐색하는 것이 중요하다. 집단원이 저항하는 수동적인 태도를 보인다면 그 집단원은 집단이 어떻게 기능하는지 또는 집단에 참가해서 그들이 얻을 수 있는 것이 무엇인지에 대해 많이 듣지 못했기 때문일 수 있다. 그러므로 집단상담자는 이러한 비자발적인 집단원에게 그들이 진정으로 원하는 것과 그것을 얻기 위해 집단을 이용할 수 있는 방법에 대해 더 분명하게 교육해야 한다.

집단상담자는 집단원의 저항이 확인되면 저항을 드러내는 작업을 해야 한다. 이는 집단상담자가 집단원의 저항을 이해하고 존중하고 있다는 것과 저항을 없애려 하지 않고 기꺼이 다루려고 한다는 것을 집단원에게 전달하기 때문에 집단원들은 집단에 대해 신뢰감을 가질 수 있다. 예를 들면, 자신의 의사와 관계없이 집단에 의무적으로 출석해야 하는 청소년의 저항에 대해서 집단상담자는 상황을 직면시켜야 한다. 비록 그들이 회기에 반드시 참석해야 하지만, 그들의 제안에 집단상담자가 개방적인 태도를 가지고 받아들일 수 있다는 것과 집단에서의 시간 사용은 전적으로 그들에 의해 영향을 받는다는 것을 알려 주는 것이다. 다른 한편으로는 누구나 집단에 대한 선택권을 가지기 때문에 집단 참여를 거부할 수 있음을 알리고, 대신에 학교에서 별도의 과제나 부모로부터의 반응에 부딪치는 것에 대해서 책임을 져야 한다는 점을 직면시켜야 한다. 또 다른 방법으로는 개인적으로 그들에게 관심을 보이고 간단한 접촉을 하여 그들을 알아 가는 것이다.

이러한 접촉은 신뢰 형성의 시작이 될 수 있다.

3) 초기 단계의 촉진 전략

초기 단계의 촉진 전략으로 집단상담자에 의한 모델링, 집단의 결과에 대한 책임의 분배, 자발성과 신뢰감을 형성하는 집단활동의 활용 등이 있다. 다음은 초기 단계의 촉진 전략에 대한 설명이다.

(1) 모델링

초기 단계에서 저항을 극복하는 가장 좋은 기법은 집단상담자에 의한 모델링을 들 수 있다. 집단상담자는 자신의 감정을 솔직하게 말하거나 집단원들에 대한 깊은 관심을 표현함으로써 집단에 대한 진지한 태도와 집단원들에 대한 깊은 관심을 전달하여 모델이 될 수 있다. 집단원으로부터 저항을 경험하고 있을 때에 그들을 비난하지 않고 반응함으로써 집단원들에게 모범을 보일 수 있다. 또한 집단상담자는 저항이 집단상담자에게 어떤 영향을 미치는가에 대해 말할 수 있으며 집단원으로 하여금 현재 그들이 경험하고 있는 것을 말하도록 권유할 수 있다. 이러한 모델링은 집단에서의 상호작용 과정에서 자신의 감정을 표현하는 방법과 적절하게 반응하는 방법을 학습시키는 집단 초기에 유용한 방법이다.

(2) 집단의 결과에 대한 책임의 분배

초기에 오리엔테이션을 할 때 집단원들은 집단상담자가 지시하고 충고하고 평가해 주기를 기대하며 집단상담자에게 의존하려는 경향을 가지게 된다. 이때 집단상담자가 매우 지시적으로 자신이 생각하는 생산적이라고 여겨지는 방향으로 나아가기 위해 심하게 개입하게 되면 집단원들은 집단에 대한 책임을 집단상담자에게 미루고 수동적이게 된다. 집단상담자는 집단원들이 의존적으로 묻고 반응을 요청할 때 직접 반응하기보다는 기다리면서 집단원 전체에게 반응할 수 있도록 촉진함으로써 집단의 자원을 이끌어 낼 수 있다. 집단상담자가 개입을 자제하고 집단원들에 대한 신뢰를 가지고 집단에 대한 책임을 나누게 되면 집단 초기에 집단원들의 적극성을 키울 수 있다. 따라서 집단의 초기 단계에서 집단 지도에 대한 책임이 집단원들에게도 있음을 알려야 한다.

(3) 자발성과 신뢰감을 형성하는 집단활동의 활용

집단의 초기 단계에서 '집단원 소개하기'는 어떤 종류의 집단에서든 중요하게 다루어지는 활동의 하나다. 집단의 종류에 맞게 여러 가지 접근이 시도되는데 집단원의 자발성과 신뢰감을 형성하는 활동들이 주로 활용된다. 특히 집단이 열릴 때마다 집단원이 들어오기도 하고 나가기도 하는 개방 집단에서는 새로운 집단원이 들어올 때 꼭 집단원의 소개가 있어야 한다. 집단 초기에는 다음과 같은 집단활동을 통해서 집단원의 자발성과 신뢰감을 이끌어 낼 수 있다.

❖ 집단 초기에 활용되는 집단활동
- 이름이나 별칭에 얽힌 사연 등 자신을 소개하는 활동
- 자기의 생각, 느낌, 인생사 등 자기개방을 통한 활동
- 신체활동을 통한 신뢰감 형성 활동
- 짝활동과 소집단을 활용한 활동

2 과도기 단계

집단의 과도기 단계는 초기 단계를 지나 작업 단계로 가는 중간 단계다. 이 시기에 집단원들은 초기 단계에 형성된 신뢰감과 응집성을 바탕으로 좀 더 자유롭고 솔직한 표현을 할 수 있게 된다. 이 시기에는 이제 막 자신을 표현한 집단원들이 표면에 있는 부정적인 감정들부터 표현하면서 불안이 고조된다. 또한 표현하지 못하고 있는 내면적 갈등 때문에 저항이 표출된다. 이러한 불안과 저항으로 인해 집단원들 사이에 갈등이 일어나고, 때로는 집단원과 집단상담자 사이에도 갈등이 일어난다.

집단원들은 과도기 단계에서 자연스럽게 갈등을 경험하고, 저항을 자각하고, 안전과 능력에 대한 신뢰감을 형성한다. 이를 바탕으로 작업 단계에서 생산적인 활동이 이루어지게 된다. 이때 집단상담자는 집단원의 말과 행동을 신뢰하고 수용하여 격려해 주는 태도와 반응을 보여야 하며, 집단원들의 부정적 감정을 표현하는 방법과 갈등 상황을 정확하게 인식하고 직면하여 해결하는 것을 습득하도록 도와야 한다. 이를 위한 촉진 전략으로는 집단원들의 모험 시도 독려, 시의 적절한 해석의 제공, 적절한 통제 유지, 비언어 행동에의 적극적 반응이 있다.

1) 과도기 단계의 특징

이 단계에서 집단원들은 아직도 매우 사적인 문제와 관심사를 기꺼이 공개할 준비가 되어 있지 않은 특징이 있다. 이러한 이유로 집단원들은 불안, 방어, 저항, 통제, 집단원 사이의 갈등, 집단상담자에 대한 도전 등과 같은 다양한 행동을 보이게 된다.

(1) 저항 표출

집단이 규준과 목표가 명료화되어 구조화되고 나면 상호작용의 초점은 개인에게로 모아진다. 그러면 집단원들은 부담감과 불안감을 경험하게 되어 자신을 방어하고, 예상되는 상처를 피하기 위해 저항을 표출한다. 이러한 저항은 침묵이나 어색한 웃음 등 방어기제를 사용하거나 자기개방을 주저하고 안전한 문제나 집단 밖의 이야기를 함으로써 자신은 도움을 받을 문제가 없는 것처럼 행동하는 것으로 나타난다. 이러한 저항 반응은 자신을 보호하고자 하는 노력의 일환이라고 이해할 수 있다.

(2) 갈등 야기

저항이 어느 정도 처리되고 나면 집단원은 일종의 가면을 벗고 본래의 모습을 드러내며 부정적인 감정을 표출하게 된다. 집단상담자에게 도전하거나 집단원들을 판단하고 비난하며 경쟁적이고 갈등적인 모습을 보이기도 한다. 갈등은 모든 관계가 가까워지기 위해서 필연적으로 발생하지만 사람들은 갈등에 맞닥뜨리기보다 피하고 싶어 한다. 집단과정에서는 갈등을 피하기보다 어떻게 해결해야 하는지 집단 속에서 직접 체험함으로써 배워야 한다. 집단상담자와 집단원들이 공동작업에 의해 갈등을 해결하게 되면 집단 응집성이 강해지는 효과를 볼 수 있다.

(3) 집단상담자에 대한 도전

어떤 집단원들은 이 시기에 도전을 통해 집단상담자의 권위와 능력을 시험한다. 집단상담자가 역할을 제대로 하지 않는다, 너무 권위적이다, 리더십이 없다 등의 이유를 들며 집단상담자에게 실망감을 표현하고 공격하고 집단의 목적과 효과에 대해 의문을 제기하기도 한다. 이때 집단상담자는 불쾌감이나 분노를 경험할 수 있다. 특히 초심자의 경우에는 자신이 집단에서 유능함을 나타내고 필요한 인물이어야 한다는 생각 때문에 집단원들의 도전에 방어적인 태도를 보일 수 있다. 또 자신의 불안을 억제하고 부정적인 감정을 다루지 못한 채 집단에서 위축되거나 분노를 다른 집단원들에게 돌리며 전이 반응을 할 가능성도 있다. 이러한 상황에서는 집단원들이 부정적인 감정을 다루는 방법을 집단상담자로부터 배울 수 없다. 따라서 집단상담자는 방어적인 태도를 지양하고 집단원이 도전하고 불만을 표현하는 것을 허용하고 직접 다루어서 집단원의 비판에 개방적인 태도와 반응의 모범을 보이고 생산적으로 처리하는 기회로 삼아야 한다.

2) 과도기 단계의 집단발달과제

과도기 단계의 가장 큰 집단발달과제는 저항과 갈등을 잘 처리하는 것이다. 이를 통해 집단원들은 안전과 능력에 대한 신뢰감을 확보하고 보다 고차원적인 응집성을 형성하게 된다. 더불어 집단상담자는 기능적인 구조를 유지하기 위해 힘써야 한다.

(1) 저항의 처리

저항은 자연스러운 반응으로 이해되고 존중되어야 하며 나아가 집단상담자는 집단원이 자신의 저항을 인정하고 처리할 수 있도록 격려하고 집단의 개방적인 분위기를 조성해야 한다. 저항의 이면에는 그 사람의 방어기제, 안전과 효과에 대한 불안, 자신의 신념이나 과거 경험이 존재하기 때문에 저항을 다루는 것은 이면의 깊은 곳을 다룰 수 있는 중요한 기회가 된다. 또한 저항을 보이는 것은 과도기 단계로 진입했음을 나타내는 신호이기도 하다. 저항을 처리할 때는 지금-여기에서 일어나고 있는 저항행동 및 상호작용을 허용하고 촉진하며 객관적으로 인식하게 한다. 그런 후 솔직하고 직접적으로 감정을 표현하고 새롭게 알게 된 것을 나눌 기회를 갖고 대안행동과 긍정적 상호작용이 증진되도록 한다.

(2) 자연스러운 갈등 촉진

집단상담 과정에서 일어나는 갈등은 순기능적 갈등과 역기능적 갈등으로 나눌 수 있다. 순기능적 갈등은 잘 다루면 집단 발달에 도움을 주기 때문에 자유롭게 표현되도록 촉진해야 하고, 역기능적 갈등은 집단 발달을 저해하는 요인으로 최대한 억제되어야 한다.

집단원의 본래 모습이 드러나면서 개인적 성격 특성이나 고유의 상호작용 양식, 방어기제 등이 표현되어 갈등을 야기하는 것은 순기능적 갈등이라고 할 수 있다. 이것은 치료적으로 의미 있는 사건이며 이에 대한 촉진이 잘될 경우에 자기자각, 자기이해, 행동의 선택, 감정의 조절 등이 이루어지고 행동양식을 변화시킬 기회가 된다. 또한 집단원 사이에 힘 겨루기도 의미 있는 사건인데, 이를 통해 집단원 간 갈등과 역기능적 상호작용들을 점검하고 대안적 경험을 하거나 행동을 배울 수 있는 계기가 된다. 물리적 환경이나 문화 또는 사회환경적 차이 때문에 갈등을 겪을 수도 있는데, 이는 서로 다름을 이해하는 중요한 기회가 된다.

역기능적 갈등이란 상담자의 부적절한 프로그램 구성, 사전 준비 부족, 역기능적 개입, 사후 관리 부족 등으로 인해 겪게 되는 것들을 의미한다. 역기능적 개입에는 지나친 통제나 방임, 폐쇄형 질문, 이중질문, 지나친 자기노출이나 자기과

시, 투사적 공감, 무식함, 이른 해석, 비난, 경멸, 위협적 언어, 차별, 비윤리성, 둔감성, 불안행동 등이 있다. 이들은 최대한 억제되어야 마땅하지만 이미 생겼다면 터놓고 불편함을 충분히 표현하게 하여 해결해야 한다.

(3) 안전과 능력에 대한 신뢰감 형성

안전에 대한 신뢰감은 자신의 취약한 부분을 드러내도 집단에서 안전할 것이라는 믿음이며, 능력에 대한 신뢰감은 집단원과 집단상담자가 능력이 있어서 이런 자신의 취약한 부분을 개방하면 해결을 위한 도움을 받을 수 있다는 믿음이다. 안전과 능력에 대한 신뢰감은 초기의 친밀감에 비해 천천히, 그리고 갈등을 필연적으로 겪으면서 점진적으로 발달한다.

(4) 기능적인 집단상담 구조 유지

초기 단계에 형성한 집단의 구조를 유지하는 것은 집단의 성과에 주요한 영향을 미친다. 과도기 단계는 집단상담의 구조가 발달하고 있는 과정이기 때문에 초기에 형성된 집단 구조가 도전받는 시기다. 집단상담자는 집단의 규칙이나 행동규범에 대해 왜 그래야 하냐고 도전하는 집단원에 대해 유연성과 개방성을 갖추고 대해야 한다. 이때 집단상담자는 이러한 도전이 집단 진행 상황에 도움이 되고 집단의 목적에 부합하는지 아닌지를 판단하여 기능적인 집단상담 구조를 유지할 수 있어야 한다.

3) 과도기 단계의 촉진 전략

과도기 단계의 촉진 전략으로는 집단원들의 모험 시도를 독려하고, 시의 적절한 해석을 사용하며 통제를 유지하고 비언어행동에도 적극적으로 반응하는 것 등이 있다. 다음은 과도기 단계의 촉진 전략에 대한 설명이다.

(1) 집단원들의 모험 시도 독려

과도기 단계의 적극적인 모험 시도는 깊은 수준의 자기탐색으로 이어지고 새로운 행동을 시도해 볼 수 있기 때문에 집단의 발달에 긍정적인 영향을 미친다. 예를 들면, 분노 감정을 표현하지 못하는 집단원이 적절하게 분노를 표현하는 모험을 시도하고 수용되는 경험을 한다면 적절한 분노 감정을 표현하는 것이 위험하거나 파괴적이지 않다는 점을 배울 것이다. 모험은 집단역동을 통해 자연스럽게 이루어질 수 있지만, 만약 그렇지 않다면 우선 모험 시도에 대한 두려움을 터놓게 하거나 먼저 용기 있게 시도한 집단원을 격려하면서 분위기를 전환할 수도 있다. 또한 집단상담자가 적절히 구조화된 활동을 통해서 모험을 시도해 보게 할 수 있다. 예를 들면, 뜨거운 의자 기법(교대로 사적인 질문에 솔직하게 대답), 편한 사람을 찾아가서 이야기 나누기 등을 통해 자기 자신을 좀 더 안전하게 노출시켜 볼 수 있다. 이러한 활동을 통해 집단의 응집성은 높아진다. 집단상담자는 집단원들의 모험 시도를 독려하기 위해 다음과 같은 말을 활용할 수 있다.

❖ 집단원의 모험 시도 독려를 위한 개입방법

- 이 집단에서 어려움을 겪고 있다면 혼자만 생각하지 말고 그것을 표현하려고 애쓰기 바랍니다.
- 이것이 당신의 생활을 변화시킬 수 있는 기회라고 생각하십시오.
- 이런 경험은 어렵고 불편하다는 것을 압니다. 포기하지 말기를 바랍니다. 이야기를 더 계속하면 지금보다 명확해지고 이해가 깊어지게 될 것이라고 믿습니다.

(2) 초점의 유지

집단상담자는 논의가 집단 목적에 합당한 주제로 진행되도록, 초점에서 벗어나지 않도록 관리 감독해야 한다. 그렇지 않을 경우, 편안하고 안전한 주제에만 머물며 집단 발달이 정체되거나 일부 집단원이 초점에서 벗어나 다른 집단원들에게 공격적인 행태를 보일 수 있다. 주제를 벗어나 있을 때 집단상담자는 주제 옮기기나 요약을 요구하는 질문을 사용할 수 있다.

❖ 초점의 유지를 위한 개입방법

• 이 시점에서 우리의 집단이 어디로 진행해 가고 있는지를 점검해 보고 싶습니다.

• 오늘 우리가 무엇에 대해 이야기를 나누었는지 누가 정리해 볼까요?

(3) 갈등의 중재

집단상담자는 집단에서 일어난 갈등을 중재할 때 갈등에 관련된 집단원 각자의 입장에서 심정을 반영하고, 의사소통 내용을 재진술 · 명료화하며 서로 공통적이거나 일치하는 부분은 연결시켜 주어야 한다. 초기에 집단상담자가 이런 기술을 주로 사용하였다면, 점차 집단원들 사이에서 사용할 수 있도록 다른 집단원의 참여를 독려하고 갈등 상황에 있는 집단원들이 서로 직접적으로 말할 수 있도록 한다. 또한 공격적이고 무감각한 반응들은 적절히 소거한다. 예를 들어, 갈등이 있는 집단원 두 사람이 집단원들 앞으로 나와서 서로에게 직접 말하면서 갈등을 표현할 때 집단상담자는 다음과 같이 개입할 수 있다.

❖ 두 집단원의 갈등에 대한 개입 반응

상담자: 축복 님의 이야기를 듣고 용기님의 얼굴이 굳어졌는데 지금 어떤 느낌이세요?

용기: 축복 님의 말을 듣고 너무 가식적이라는 생각이 들어서 화가 나요.

상담자: 가식적이라고 생각되어서 화가 났군요. 축복 님은 용기님의 이야기를 듣고 어떤 느낌이세요?

축복: 저도 화가 납니다. 무엇이 가식적이라는지 이해가 되지 않아요.

상담자: 무엇이 가식적이라는 것인지 알고 싶다는 뜻인가요? (네.) 그러면 축복 님과 용기 님이 앞으로 나와서 두 분이 직접 이야기해 보면 좋을 것 같아요. 그럴 수 있으신가요? [(두 사람이) 네.] 그러면 두 분이 마주 앉아서 상대가 표현한 감정을 비판 없이 반영하고 자신의 감정도 표현해 보시기 바랍니다. 공격을 하거나 무반응을 보이는 것은 자제해 주세요. 축복 님부터 이야기해 볼까요?

3 작업 단계

작업 단계는 집단상담 과정 중 가장 핵심 부분이라고 할 수 있다. 집단원들의 집단원 상호 간 신뢰를 바탕으로 생산적인 활동이 이루어지는 단계로 가장 많은 통찰과 행동의 변화가 시도된다. 작업 단계에서는 집단원들이 자기의 감정을 개방하여 충분히 이해받고 수용받는 경험을 하면서 감정의 정화가 일어난다. 비효과적인 행동 패턴에 대해서는 효과적인 피드백과 직면이 필요하며 바람직한 대안행동이 탐색되고 시도되어야 한다. 집단상담자는 집단원의 문제를 지금-여기에서의 문제로 전환하여 피드백을 활성화하고 문제행동에 대해서 적극적으로 직면시킬 필요가 있다.

1) 작업 단계의 특징

불안정한 초기 단계와 저항과 갈등의 과도기 단계를 거친 후 작업 단계에 이르면 집단원들은 상담시간에 자신이 꺼내 놓는 중요한 문제들을 집중적으로 탐색하며 집단 내의 반응에 주의를 기울이게 된다.

(1) 높은 응집성

집단원들이 자신의 취약한 문제행동을 드러내어 탐색하고, 대안행동을 찾고, 이를 배우고 실천하도록 이끌기 위해서는 친밀하고 안전한 사회적 지지체계, 즉 집단 응집력이 필요하다. 또한 집단 응집성 경험은 점차 집단원 내부로 통합되면서 내재화된다. 즉, 집단으로부터 받은 지지 경험은 세상에 대한 신뢰감과 자기존중감의 일부로 통합되어 나간다. 작업 단계에서의 집단원들은 집단 초기부터 집단원들 사이에 형성되어 온 깊은 신뢰감을 토대로 하여, 서로에 대해 지지와 격려를 아끼지 않게 된다. 뿐만 아니라 집단원들은 실제로도 다른 사람들로부터 진정으로 지지받고 있음을 느끼게 된다. 이렇게 형성된 신뢰감은 비판, 조롱, 실수에 대한 두려움을 없애 주는 작용을 한다. 신뢰감은 또한 집단원들이 자기 자신을 있는 그대로 수용할 수 있게 하는 한편, 자신을 기꺼이 개방하게 하는 원동력이 된다. 또한 집단원들은 성별, 학력, 출신학교, 출신지역, 직업, 사회경제적 지위, 인종, 민족 등에 대한 편견과 차별을 용납하지 않는 동시에 개개인의 문화적 배경이 서로 다르다는 사실을 인정하고 개인차를 존중하게 된다. 작업 단계에서 집단원들의 상호 신뢰를 바탕으로 한 응집성이 없으면 문제행동에 대한 변화를 촉진하는 생산적인 활동이 어렵다.

(2) 높은 생산성

작업 단계는 집단원 모두가 집단 목적을 달성하기 위해 책임을 공유하며, 집단에 적극적으로 참여한다는 특징을 갖고 있다. 집단 목표를 성취하기 위해 집단 규범을 적극적으로 실천한다. 작업 단계를 지나면서 집단원들이나 집단상담자 사이의 갈등이 인식되고, 논의를 통해 이를 해결하는 경험을 가진 집단원들은 여러 집단원과의 상호작용에 익숙해지면서 갈등을 다루는 법을 터득하게 된다. 집단원들은 서로 다른 생각과 견해를 가질 수 있다는 점을 인정하는 동시에 이로써 발생하는 갈등을 직면을 통해 적극적으로 해결하려고 노력한다.

또한 새로운 행동을 시도하고 변화하려는 노력을 지지·격려하는 분위기가 고조된다. 이 단계에서는 집단에서 습득한 새로운 행동을 실생활에 적용해 보는 한편 변화와 성장의 가능성을 깨닫게 됨으로써 집단원들의 희망이 자연스럽게 고조되는 특징이 있다.

2) 작업 단계의 집단발달과제

작업 단계의 집단발달과제는 자기개방과 감정의 정화, 역기능적인 행동 패턴의 탐색과 수용, 생산적인 대인행동의 선택과 실행 등이다. 다음은 이러한 작업 단계의 집단발달과제에 대한 설명이다.

(1) 자기개방과 감정의 정화

자기개방은 목표와 욕심, 기대와 두려움, 즐거움과 고통, 강함과 약함, 개인적 경험, 고민하는 문제들을 드러내는 것을 수반한다. 자기개방은 집단 내 치료적 작업이 이루어지기 위한 필수 요소로 집단원들은 자기개방을 통해 보다 깊은 자아인식을 하게 된다. 자기개방을 한 집단원은 보다 상세하고 통합된 자아상을 발전시키며 자신이 남들에게 미치는 영향을 인식한다. 일반적으로 집단원들 간에 보편적인 주제에 대해 이야기를 나누면 집단 응집력이 증가한다. 예를 들면, 한 집단원이 거부당하는 것에 대한 두려운 감정을 개방하여 비슷한 경험을 한 집단원들 사이에서 보편적인 경험으로 수용받게 되면 집단의 응집성이 커진다. 또한 집단원 개인은 자신의 부정적인 감정에서 자유로워지는 치료 효과를 얻게 된다. 이처럼 표출되지 못했던 감정이 집단에서 표출되어 다루어지고 공감을 얻으면서 감정을 억누르는 데 쓰였던 에너지를 분출하여 감정의 정화(catharsis)가 일어나고 신체적 · 정신적 해방감을 느끼게 된다. 이때 집단상담자가 주의해야 할 점은 집단원들의 '과잉 노출이나 개방, 과잉 주장, 과잉 도전' 등이다. 특히 나중에 후회할 수 있는 자기개방과 지나친 도전은 원하지 않는 정신적 피해나 심각한 갈등을 유발할 수도 있다. 따라서 집단원이 준비되지 않은 상태에서 압력에 의해 자기개방을 하지 않도록 집단상담자가 보호하는 것은 집단원의 자기개방과 감정의 정화만큼 중요한 과제다.

(2) 역기능적인 행동 패턴의 탐색과 수용

집단원은 자기개방과 감정의 정화를 통해 심리적으로 여유를 가지게 되면 문제를 만들어 내는 역기능적인 행동 패턴에 대해서 탐색해야 한다. 주로 타인이나 환경을 탓해 왔다면 문제의 초점을 자기 쪽으로 돌려서 스스로의 행동을 탐색해 보아야 한다. 이때 효과적인 피드백이나 직면이 역기능적인 행동 패턴을 탐색하는 데 도움이 된다. 사람들은 자신의 변화를 원하고 더 나아지기를 원하면서도 누군가로부터 자신의 문제행동에 대해 지적받거나 평가받는 것을 두려워하고 회피한다. 따라서 집단상담자는 지지적인 분위기 속에서 문제행동에 대한 피드백을 진실한 관심의 표현으로 받아들일 수 있도록 해야 한다. 그러기 위해 집단원이 피드백을 할 때 다른 집단원의 행동을 관찰한 것에 대한 자신의 느낌과 반응으로 표현할 수 있도록 도와야 한다. 예를 들어, 자신의 이야기를 여러 가지 주제로 왔다 갔다 하면서 말하는 집단원에게 "당신의 말을 주의 깊게 듣고 그 마음에 공감하고 싶지만 초점이 무엇인지 몰라서 안타깝습니다."라고 자신의 심정을 이야기하는 것이 효과적이다.

역기능적인 행동 패턴을 탐색하는 것에만 그쳐서는 안 된다. 역기능적인 생각, 감정, 행동, 대인관계 등을 직면하고 역기능적인 행동 패턴이 나타난 배경을 이해하고 수용하는 것이 바람직하다. 예를 들어, 동생과 차별한다고 느끼는 집단원이 자신의 어머니가 동생과 또 어떻게 차별하는지 두고 보자는 식으로 앙심을 품고 있다면 그런 마음을 옹졸하다고 비난하기보다는 서운하고 원망스러운 마음을 이해하면서 앙심을 품은 행동에 대해서 '그럴 수 있겠다.'고 수용하는 것이 바람직하다. 이 단계에서 집단원들은 서로 정서적 지지와 돌봄의 상호작용을 통해 집단원들에게 수용받는 경험을 하게 되고 이를 토대로 '심리치료, 문제해결, 학습 및 성장'이 일어난다.

(3) 생산적인 대안행동의 선택과 실행

생산적인 성과를 산출하는 것은 가장 중요한 집단발달과제라고 할 수 있다. 생산적인 성과란 집단원들의 역기능적인 행동이나 상호작용이 감소하고 대안행동이나 상호작용이 증가하는 것이다. 집단원은 역기능적인 행동 패턴이 자신에게 고통을 주고 문제를 야기한다는 것을 이해하고 수용하면 그 고통과 문제를 벗어날 수 있는 대안행동을 찾게 된다.

대안행동은 집단에서 브레인스토밍을 활용하여 자유롭게 논의하고 찾을 수 있다. 이때 적절하고 생산적인 대안행동을 집단의 지지 속에서 실행해 볼 수 있도록 한다. 집단상담은 새로운 행동을 시도해 볼 만한 안전한 장소를 제공한다. 집단원은 새로운 행동을 마음껏 실험하여 자신이 원하는 바를 깨닫게 되고 새로운 행동을 시도하는 데 느껴지는 두려움을 감수하게 되며 새로운 행동에 대한 검증을 통해 변화하게 된다. 집단원의 실험을 촉진하는 집단상담자의 개입 반응은 다음과 같다.

❖ 대안행동을 촉진하는 개입 반응

- "나는 ……할 수 없다."라고 말하는 대신, "나는 ……하지 않겠다."라고 말해 보세요.
- 이 상황에 대해서 말만 하지 말고, 그것이 실제로 일어나고 있다고 생각하고 한번 행동으로 따라해 보세요.

미세하지만 긍정적인 방향으로 움직임이 보일 때 격려하고 보다 확고한 의지를 가지고 변화를 시도할 수 있도록 해야 한다. 대안행동은 집단 밖에서 실행될 수 있도록 과제로 부여하고 다음 모임에서 그 결과에 대해서 보고하도록 하여 실천 가능성을 높이는 것이 효과적이다. 예를 들어, 아버지가 무서워서 대화를 회피할 뿐 아니라 꼭 필요한 말조차도 어머니를 통해서 전달하는 청소년 집단원에게 아버지에게 말 걸어 보기, 자신이 원하는 것을 주장해 보기와 같은 과제는 바람직한 행동을 학습하는 데 도움이 된다.

3) 작업 단계의 촉진 전략

작업 단계에서 집단상담자는 집단원이 자신을 더 깊이 탐색하고 특정 행동의 원인을 이해할 수 있도록 적절한 때에 해석해 주며, 피드백을 활성화하여 집단원들을 변화시키기 위해 지속적으로 노력해야 한다. 이를 실천하기 위해서 집단상담자는 집단원들이 집단에서 바라는 것을 지속적으로 명료하게 정리하고, 적절하고 생산적인 직면을 통해 집단원들의 자기탐색의 깊이와 강도를 높이고, 집단원들이 바라는 목표에 초점을 맞추도록 도와야 한다. 또한 새로운 행동을 습득하고자 기꺼이 모험하려는 집단원들에게 아낌없는 지지와 격려를 보냄으로써 집단에서 습득한 새로운 행동을 일상생활에서도 실천할 수 있게 해야 한다.

(1) 피드백의 활성화

작업 단계에서 집단원들은 자발적인 자기개방을 통해 다른 사람의 피드백을 받고 싶어 한다. 피드백은 즉시성, 즉 지금-여기에 초점을 두고 직접적인 상호작용 방식을 기초로 이루어진다. 집단원들 간에 주고받는 피드백은 집단상담에서 배움을 얻을 수 있는 가장 중요한 방법 중 하나다. 상대를 배려하는 진심 어린 피드백은 집단원들로 하여금 자신이 타인에게 미치는 영향을 이해하고 대인관계에서 무엇을 바꾸고 싶은지 결정하게 한다. 다음은 효과적인 피드백 작업을 위한 지침이다.

❖ 효과적인 피드백
- 분명하고 직접적인 태도로 말하는 간결한 피드백
- 집단원이 자신에게 어떤 영향을 미치는지에 대해 알려 주는 피드백
- 집단에서 나타나는 특정한 행동에 대한 피드백
- 적절한 시기에 비판적이지 않은 방식의 피드백

효과적으로 피드백하기 위해서는 분명하고 직접적인 태도로 구체적 행동에 대해 비판적이지 않은 방식으로 말해야 한다. 집단원 사이의 상호작용에 대한 피드백이 가장 의미가 있다. 흔히 집단 내의 통제, 권위, 상호 간 갈등이 주요 소재가 되며 깊은 수준까지 탐색할 수 있는 단서를 제공한다. 따라서 작업 단계에서 집단상담자는 적절한 피드백의 모델을 제공하고 집단원들 상호 간의 피드백을 격려하고 강화하여 활성화해야 한다.

❖ 피드백의 예
- 나는 당신이 ……할 때가 좋아요.
- 내 개인적인 이야기를 할 때 당신이 미소 짓는 걸 보고 불쾌했어요. 당신이 내 말을 진지하게 받아들이는 건지 의심스럽더라고요.

(2) 문제행동에 대한 직면

효과적인 직면은 활발한 집단활동의 기본 요소다. 신중한 직면은 집단원들이 자신의 말과 행동의 차이를 알게 하고, 자신의 자원 및 잠재력을 인식하게 하며 깨달음을 행동으로 옮기는 방법을 터득하게 한다. 그리고 집단상담에서 배운 것을 일상생활의 문제에 적용하는 데 도움이 되게 한다. 다음은 직면을 위한 집단상담자의 개입 반응의 예다.

❖ 문제행동에 대한 직면 예

- 당신은 동생이 밉다고 하면서도 동생의 문제를 많이 걱정하시네요.
- 당신은 다른 집단원을 잘 돕지만 자신의 요구는 거의 하지 않더군요. 집에서와 마찬가지로 집단에서도 당신 스스로가 똑같은 환경을 만들고 있으시네요.

(3) 의미의 해석

단순한 감정의 분출, 즉 정화만으로는 치료적 한계가 있다. 따라서 정화 후에는 그러한 감정 또는 경험이 갖는 의미를 인지적으로 이해하는 작업이 뒤따라야 한다. 인지적으로 이해시키기 위한 집단상담자의 개입 반응은 다음과 같다.

❖ 의미 해석의 예

상담자: 이번 회기 동안에 희망 님은 많은 감정을 경험했을 것 같아요. 지금 기분은 어떠세요?

희망: 처음엔 기분이 분명 좋아졌는데 지금은 미안한 마음이 있어요.

상담자: 어떤 것이 미안한가요?

희망: 처음에 아버지에 대한 화나고 억울했던 감정만 표현했는데 생각해 보니 꼭 그것만 있었던 것은 아니었어요. 제가 취직을 못해서 고민하고 있을 때 아버지가 제 마음을 편안하게 해 주려고 눈치 보고 지금은 아버지가 저를 많이 존중해 주시는데 원망하는 말만 해서 아버지께 미안했어요.

상담자: 희망 님은 지금 혹시 뭔가 자신에 관해 깨달은 것이 있습니까?

희망: 제가 너무 안 좋았던 과거에 매여 살고 있다는 생각이 듭니다.

(4) 유머 사용

효과적인 피드백은 때때로 유머러스하게 주어질 수 있으며, 웃음은 치료 효과가 매우 강하다. 웃는다는 것은 문제를 새롭게 다른 시각으로 본다는 것을 의미하며 그것은 집단원으로 하여금 상황에 휘말리지 않고 통제할 수 있도록 해 준다. 더불어 유머는 집단원에게 현재 자신의 상황에서 불합리하고 아이러니한 면을 찾아내도록 도와주는 데 효과적인 전략이다. 다만, 유머 사용을 집단상담자가 가지고 있는 긴장이나 두려움, 갈등을 넘기기 위한 수단으로 사용하면 안 되고, 유머를 너무 자주 사용해서 작업을 위한 촉진적인 집단 분위기를 방해해서도 안 된다.

4 종결 단계

종결 단계는 그동안 자기개방을 통해 기쁨과 슬픔을 함께 나누어 온 집단원들이 작별을 하고 각자의 소속된 터전으로 흩어지는 단계다. 또한 집단의 종결 단계는 집단 경험을 통해 변화되고 학습한 것들을 총체적으로 정리하고, 공고히 하며, 일상생활에 보다 효율적으로 적용할 수 있도록 돕는다는 점에서 매우 중요한 시기다.

1) 종결 단계의 특징

집단의 종결 단계에 이르면, 이제까지 배운 것을 종합해서 통합적으로 일상생활에 연결하고 확장하는 방법을 다루게 된다. 종결 단계의 특징은 집단원들이 복합적 감정을 갖게 된다는 것과 집단활동에 소극적으로 참여하게 된다는 것의 두 가지다.

(1) 복합적 감정

종결 단계는 집단원들이 집단을 떠나야 하는 데서 오는 분리감 또는 상실감을 경험하는 어려운 시기다. 이 시점에서는 집단원들의 분리감이나 상실감을 완전히 완화시킬 수는 없을지라도, 감정에 초점을 맞추고 이를 확인 · 탐색한다.

분리감이나 상실감 외에도 집단원들은 전형적으로 집단에서 습득한 새로운 행동을 실생활에 잘 적용할 수 있을 것인가에 대한 의구심과 두려움을 갖기도 한다. 그러면서 동시에 집단 경험을 통해 얻은 것에 대한 성취감과 새로운 삶에 대한 기대감 등과 같은 복합적 감정을 갖게 된다. 게다가 긍정적인 감정과 부정적인 감정이 뒤섞이면서 집단원들은 혼란을 경험하기도 한다.

집단상담자는 집단원들이 집단에서 성취한 인식과 사고의 변화 그리고 새로운 행동을 실생활에 적용하는 것에서 용기를 잃지 않도록 지지와 격려를 아끼지 않아야 한다.

❖ 집단원의 복합적 감정 처리를 돕기 위한 진술

- 여러분은 다른 집단원들과 어떤 감정을 나누었습니까?
- 집단의 종결을 앞두고 함께 소감을 나누어 보기로 할까요?
- 이제 집단 종결이 일주일 앞으로 다가왔는데, 어떤 느낌이 듭니까?
- 집단을 떠나게 되면서 느껴지는 슬픔을 과거에도 느껴 본 적이 있다면 그 경험에 대해 이야기해 보기로 할까요?

(2) 소극적 참여

집단의 종결 단계에서 집단원들은 집단의 종결을 예상하여 집단활동에 냉담해지는 한편, 집단 참여에도 소극적인 자세를 취하게 된다. 이러한 현상은 집단 종결에 대한 저항의 일종으로, 집단원들이 새롭게 탐색할 문제 제시를 꺼리기 때문에 나타난다.

집단상담자는 집단원들이 이별을 받아들이고 집단 종결이 새 출발을 하는 시기라고 인식할 수 있도록 돕는다. 뿐만 아니라 집단상담자는 집단원들이 집단에서 습득한 경험과 새로운 기술을 자신의 현실 세계에서도 지속적으로 확장해 나

갈 수 있도록 도움을 아끼지 않아야 한다.

2) 종결 단계의 집단발달과제

종결 단계에서의 집단발달과제는 집단의 발달과정에 대한 요약, 집단원의 성장과 변화에 대한 평가, 이별 감정과 미해결 과제 다루기, 작별인사 등이다. 다음은 이와 같은 종결 단계에서 달성되어야 할 집단발달과제에 대한 설명이다.

(1) 집단의 발달과정에 대한 요약

집단과정에서 인상 깊었거나 의미 있는 경험을 떠올려 보고 상호 간에 나누면서 집단원들은 집단에서의 경험을 통해 얻은 학습의 결과를 정리할 수 있다. 집단상담자가 이를 요약 · 정리함으로써 집단원들은 집단상담에서의 성과를 확인하고 긍정적인 시각으로 집단을 떠날 수 있게 된다.

(2) 집단원의 성장과 변화에 대한 평가

집단원들이 집단 시작 시점과 현재의 차이를 비교해 보고 개별 집단원이 무엇을 학습하였고 어떤 행동의 변화와 성장이 있는지 평가해 본다. 집단원의 변화에 대한 격려와 지지는 긍정적인 변화를 강화하는 효과가 있다. 다음은 집단원의 성장과 변화에 대해 알아보기 위한 질문의 예다.

❖ 평가를 위한 질문의 예

- 집단 경험이 여러분에게 어떤 영향을 미쳤습니까?
- 생활방식이나 태도, 대인관계에 대해 구체적으로 깨닫게 된 것은 무엇입니까?
- 집단에 참여함으로써 삶에서 중요한 사람들에 대한 태도에 변화가 있다면 어떤 것입니까?
- 만약 집단에 참가하지 않았다면 현재 자신의 삶이 어떻게 다를 것이라 생각합니까?
- 집단에 참여하면서 자신에게 일어난 변화나 경험에 대해서 하고 싶은 말이 있습니까?

(3) 이별 감정과 미해결 과제 다루기

집단원들은 집단과정을 통해 친밀한 관계를 맺었기에 이별에 대한 아쉬움을 경험하게 된다. 이러한 아쉬움을 공유할 수 있도록 돕는 것이 종결 단계의 중요한 과제다. 이별의 아쉬움을 공유하는 한편, 종결은 집단 안에서 학습한 대안행동을 집단 밖에서 실행하는 새로운 시작이라는 점을 일깨워서 새로이 시도할 행동에 대한 희망을 가지게 하는 것이 필요하다. 또한 집단원 상호 간에 부정적인 감정을 가지고 있는지, 개인적인 문제해결을 마무리하지 못해서 아쉬운 사람이 없는지 확인하여 미해결 과제를 효과적으로 취급하여 집단원이 홀가분하게 집단을 떠날 수 있도록 도와야 한다.

(4) 작별인사

마지막 인사는 집단을 성공적으로 마무리하는 중요한 요소라 할 수 있는데, 집단원이 차례로 상호 간에 언어와 비언어로 작별의 인사를 교환하면서 마무리하게 된다. 이때 집단상담자는 집단이 이룬 성과와 개인이 성취한 긍정적인 학습에 대해서 진심으로 치하하는 반응을 하여 집단을 떠나는 집단원들에게 위로와 희망을 가지게 한다.

3) 종결 단계의 촉진 전략

집단의 종결 단계에서는 집단원들이 집단에서 그동안 배웠던 것들을 일상생활에 적용할 수 있는 방법들을 생각해 보고, 아직 완결되지 않은 작업들이 무엇인지 검토하고, 이별과 관련된 느낌을 토로하는 것 등이 중요하다.

이 단계에서는 집단원들이 원하는 자신의 목표를 달성했는지 확인하고 미해결 과제가 있다면 집단구성원의 변화된 상태에 대해 피드백을 제공해서 해결할 수 있도록 조력해야 한다. 또한 추수 면담을 통해 새로운 신념과 행동을 스스로 강화해 나갈 수 있는 방법을 모색하도록 해야 한다.

(1) 행동 변화의 실습

집단상담을 통해 새로운 행동을 실습하고, 집단 밖에서도 그리고 종결 후에도 그런 작업을 계속하도록 격려한다. 역할극이나 예상된 반응에 대한 시연을 통해 집단원들은 자신이 원하는 대로 행동할 수 있는 구체적 기법들을 습득한다. 집단상담자는 집단원들에게 다른 사람을 변화시키려 하기보다는 자기 자신이 원하는 방향으로 변화하라고 말한다.

❖ 행동 변화의 실습을 위한 개입 반응

- 역할극을 통해 남편에게 자신의 마음과 원하는 바를 진지하게 대화하게 한다.
- ○○ 씨가 어떻게 달라졌다고 생각하세요? 직접 보여 줄 수 있으세요?

(2) 피드백 주고받기

집단상담 내내 집단원들은 피드백을 주고받는데 그것은 타인에 대한 자신의 실험적 행동을 평가하는 데 도움이 된다. 종결 단계는 다양한 것을 분명하게 피드백하는 과정이 따른다. 집단을 통해 배운 것, 분리에 대한 감정, 중요한 핵심 갈등, 작업 결과 변화의 방향, 각 집단원에 대한 느낌과 생각을 묻고 피드백을 준다. 긍정적 피드백뿐 아니라 걱정 등과 같은 부정적 감정 또한 표현하게 한다. 그리고 상담 후반기의 피드백은 유익해야 하며 마무리 지을 기회를 주어야 한다. 작업할 시간이 없는 부정적 생각이나 갈등을 풀어 놓는 것은 바람직하지 않다. 종결 단계는 집단을 마무리하는 단계이므로 긍정적인 것에 초점을 맞추어 집단 과정에서 성취한 것에 대해 구체적이고 가시적인 행동 용어로 피드백하는 것이 도움이 된다.

(3) 배운 것을 실천하는 방법

집단상담은 집단원에게 개인적 변화의 시작이므로 집단상담자의 가장 중요한 역할 중 하나는 집단원으로 하여금 배운 것을 행동으로 옮기도록 도와주는 것이다. 종결 단계에 도달한 집단원은 자신의 문제를 다룰 수 있는 새로운 지침을 얻었고 개인적 성장을 도모할 수 있는 도구와 재료를 지니게 된다.

❖ 배운 것을 실천하게 하는 개입 반응

- 이 집단에서 ○○ 씨 자신에 관해 배운 것들 중 가장 중요한 것은 무엇입니까?
- ○○ 씨는 여기에서 배운 것들을 어떤 식으로 연습할 건가요?
- 이 연습을 더 효과적으로 하기 위해 다르게 할 수 있을까요?

(4) 다짐하기

집단원들이 상담을 통해 시작된 새로운 시작을 계속해 나가도록 돕는 유용한 방법 중의 하나는 마지막 시간에 앞으로의 다짐을 하도록 하는 것이다. 이 다짐은 상담이 끝난 후에도 집단원들이 자신의 목적을 성공적으로 달성하기 위한 것으로 너무 거창한 계획을 짜지 않도록 한다. 집단원들이 동의하면 집단원들 앞에서 큰 소리로 다짐하고, 집단원들의 피드백을 받거나 지지를 구한다.

❖ 행동 변화를 다짐하게 하는 개입 반응

상담자: 우리 모임이 끝나고 다시 직장으로 돌아간다면 어떻게 행동할 것인지 각자의 다짐을 들어 보고 싶군요.

장미: 저는 앞으로도 수업시간에 계속 발표할 것이고, 학기가 끝날 때마다 최소한 두 명의 집단원에게 전화를 해서 저의 진척 상황을 알리겠어요.

(5) 집단상담에서 배운 것을 실생활에 옮기는 지침

종결 단계에서 집단상담자는 집단원들이 각자 배운 것을 공고히 하고 그것을 일상생활에 활용할 수 있도록 가르쳐야 한다. 상담이 후반기에 접어들수록 집단원들은 자신이 배운 것을 어떻게 넓혀 갈 것인지 진지하게 고민한다.

❖ 집단상담에서 배운 것을 실생활에 옮기는 지침

- 집단상담은 목표가 아니라 하나의 수단이라는 것을 인식하기
- 변화는 천천히, 눈에 띄지 않게 일어난다는 사실을 깨닫기
- 한 번의 집단상담으로 인생이 달라지기를 기대하지 않기
- 자신이 깨달은 사실을 어떻게 할 것인지 결정하기
- 스스로 생각하기

4) 추수 단계

상담이 끝나고 약 3개월에서 6개월 후에 갖는 추수 모임은 매우 중요한 의미를 갖는다. 추수상담 시간에는 상담이 끝난 후로 그들이 계속 직면했던 어려움을 이야기하고 아울러 상담하는 동안 겪었던 가장 긍정적 경험을 잊지 않기 위해 어떻게 했는지도 이야기한다. 또한 집단상담에서의 경험과 관련된 생각 및 감정을 표현하고 작업할 기회도 갖는다. 자신에 대한 새로운 깨달음을 외부 세계와의 관계에도 적용했는지, 했다면 어떻게 했는지도 이야기한다. 물론 추수상담이 늘 가능한 것은 아니다. 추수상담을 못할 경우, 집단에 대한 집단원들의 생각과 집단상담이 그들의 삶에 미친 영향을 평가하는 간단한 설문지를 보낸다. 또는 개인적으로 추후 면담을 가질 수도 있다.

추수상담은 집단원이나 상담자 모두에게 도움이 된다. 집단원에게는 상담이 끝난 후 다시 작업할 기회를 주고 상담자에게는 자신이 이끈 집단이 얼마나 효과적이었는지 평가할 수 있는 귀중한 정보를 준다.

집단의 발달단계를 초기 단계, 과도기 단계, 작업 단계, 종결 단계로 구분하여 각 발달단계별 특징과 주된 발달과제 그리고 단계별 촉진 전략에 대해 알아보았다. 집단상담의 발달단계는 단계별로 명확하게 구분되는 것이 아니다. 그러나 집단의 발달단계별 특징은 대체로 분명하게 드러나며, 이러한 발달단계는 집단의 시작에서 종결에 이르기까지 집단역동을 관찰할 수 있는 유용한 틀을 제공한다. 집단상담자가 단계별 특징, 과제, 개입방법, 촉진 전략 등에 대해 잘 이해한다면 더 성공적인 집단으로 이끌어 갈 수 있을 것이다. 집단 발달단계에 대한 지식은 집단상담자가 집단원들이 각 단계에서 직면하는 과업을 성공적으로 달성하도록 돕는 데 유용한 지침이 된다.

요 약

집단상담의 발달단계는 고정된 지식으로 습득하기보다 건강한 집단 발달을 위해서 추구해야 하는 방향을 이해하는 도구로 활용되어야 함

1. 초기 단계

1) 초기 단계의 특징

① 막연한 기대와 모호한 목표: 집단의 방향이나 목표, 내용, 규범 등이 명확해지기까지 집단원들은 혼란감을 경험

② 낮은 신뢰감과 두려움: 내면의 거부감, 수치심, 소외감, 배척감에 대한 두려움 때문에 내면의 갈등을 겪음

③ 소극적 집단 참여와 자신에의 초점 회피: 자신의 직접적인 이야기를 회피

2) 초기 단계의 집단발달과제

① 집단상담의 구조화: 집단상담의 방향과 목표, 내용, 절차, 방법, 역할, 행동규범 등을 정함

② 목표의 설정: 집단에서 무엇을, 어떻게 할 것인지를 명확히 알 수 있게 함

③ 집단 응집성의 형성: 집단 안에서 '우리' '우리가 함께하는 것' '공동체' 느낌

④ 적극적인 참여 분위기: 일어나는 생각과 느낌을 자유롭게 표현

3) 초기 단계의 촉진 전략

① 모델링: 집단상담자가 자신의 감정을 표현하는 방법과 적절하게 반응하는 방법을 보여 줌

② 집단의 결과에 대한 책임의 분배: 집단 지도에 대한 책임이 집단원들에게도 있음을 알림

③ 자발성과 신뢰감을 형성하는 집단활동의 활용: 집단의 종류에 맞는 활동 활용

2. 과도기 단계

1) 과도기 단계의 특징

① 저항 표출: 부담감과 불안감을 경험하게 되어 자신을 방어하고, 예상되는 상처를 피하기 위해 저항을 표출

② 갈등 야기: 부정적인 감정을 표출하며 경쟁적이고 갈등적인 모습을 보이기도 함

③ 집단상담자에 대한 도전: 집단상담자에게 실망감을 표현하고 공격하고 집단의 목적과 효과에 대해 의문을 제기하기도 함

2) 과도기 단계의 집단발달과제

① 저항의 처리: 집단원이 자신의 저항을 인정하고 처리할 수 있도록 격려하고 집단의 개방적인 분위기를 조성

② 자연스러운 갈등 촉진: 갈등은 잘 다루면 집단 발달에 도움을 주므로 자유롭게 표현되도록 촉진

③ 안전과 능력에 대한 신뢰감 형성: 자신의 취약한 부분을 드러내도 안전할 것이라는 믿음과 집단의 문제해결 능력에 대한 신뢰감 형성

④ 기능적인 집단상담 구조 유지: 초기 단계에 형성한 집단의 구조 유지

3) 과도기 단계의 촉진 전략

① 집단원들의 모험 시도 독려: 집단원이 새로운 행동을 시도해 볼 수 있도록 함

② 초점의 유지: 논의가 벗어나지 않도록 집단 목적에 합당한 주제로 진행되도록 함

③ 갈등의 중재: 갈등에 관련된 집단원 각자의 입장에서 심정을 반영하고, 서로 공통적이거나 일치하는 부분은 연결

3. 작업 단계

1) 작업 단계의 특징

① 높은 응집성: 상호 신뢰를 바탕으로 응집성을 형성하고 문제행동에 대한 변화를 촉진

② 높은 생산성: 집단 목적을 달성하기 위해 책임을 공유하며, 집단에 적극적으로 참여

2) 작업 단계의 집단발달과제

① 자기개방과 감정의 정화: 보다 깊은 자아인식을 하고 신체적 · 정신적 해방감을 느낌

② 역기능적인 행동 패턴의 탐색과 수용: 피드백이나 직면을 통해 역기능적인 행동 패턴에 대한 탐색과 수용

③ 생산적인 대안행동의 선택과 실행: 집단의 지지 속에서 생산적인 대안행동을 실행

3) 작업 단계의 촉진 전략

① 피드백의 활성화: 구체적 행동에 대해 비판적이지 않은 방식으로 상호작용해야 함

② 문제행동에 대한 직면: 집단원들이 자신의 말과 행동의 차이를 알게 하고, 자신의 자원 및 잠재력을 인식하게 함

③ 의미의 해석: 경험이 갖는 의미를 인지적으로 이해하는 작업

④ 유머: 문제를 새롭게 다른 시각으로 보게 함

4. 종결 단계

1) 종결 단계의 특징

① 복합적 감정: 집단을 떠나야 하는 데서 오는 분리감 또는 상실감을 경험

② 소극적 참여: 집단의 종결을 예상하여 새로운 문제 제시를 꺼림

2) 종결 단계의 집단발달과제

① 집단의 발달과정에 대한 요약: 집단에서의 경험을 통해 얻은 학습의 결과를 정리

② 집단원의 성장과 변화에 대한 평가: 집단원의 변화에 대한 격려와 지지

③ 이별 감정과 미해결 과제 다루기: 집단원이 홀가분하게 집단을 떠날 수 있도록 도움

④ 작별인사: 상호 간에 언어와 비언어로 작별의 인사를 교환하면서 마무리

3) 종결 단계의 촉진 전략

① 행동 변화의 실습: 시연을 통해 원하는 대로 행동할 수 있는 구체적 기법들을 습득

② 피드백 주고받기: 긍정적인 것에 초점을 맞추고 성취한 것에 대해서 피드백

③ 배운 것을 실천하는 방법: 문제를 다룰 수 있는 새로운 지침을 얻음

④ 다짐하기: 앞으로의 다짐을 함으로써 새로운 시작을 하게 함

⑤ 집단상담에서 배운 것을 실생활에 옮기는 지침: 집단원들이 배운 것을 어떻게 확장해 나갈 것인지 고민

4) 추수 단계: 3개월에서 6개월 후에 갖는 추수 모임은 긍정적 경험을 잊지 않게 함

제3장

집단상담의 역동과 치료적 요인

읽기 전 나누기

- 집단역동이란 무엇이라고 생각하는가?
- 집단에서 역동이라고 느낄 수 있었던 요인에는 어떤 것이 있는가?
- 집단상담의 성과를 가져오는 요인에는 어떤 것이 있는가?

읽고 나면

- 집단역동에 대해 자신만의 정의를 내릴 수 있다.
- 집단역동에 영향을 주는 요인을 설명할 수 있다.
- 집단역동을 다루는 기본적인 관점을 안다.
- 집단의 치료적 요인을 집단역동에 활용할 수 있다.

인간은 대부분 집단 속에서 생활하며 삶을 영위한다. 집단은 가족, 학교, 직장, 동아리, 특정한 목적을 둔 조직 등 다양한 모습으로 이루어진다. 우리는 자신이 속한 집단에서 물리적 · 인적 · 사회적 환경의 상호작용 과정을 경험한다. 집단상담에서의 '집단'은 개인들의 집합체로서의 일반적인 의미와는 달리 상호작용을 통한 변화의 추구라는 목적을 두고 있는, 집단구성원들 간의 상호작용과 상호의존성이 전제된 역동적인 집단을 말한다.

집단과정에는 집단의 역동과 발달단계라는 두 가지 측면이 포함된다. 집단의 성격과 방향에 영향을 미치는 복합적인 힘은 집단의 역동이며, 이 복합적인 힘들의 상호작용에 의하여 변화하고 발전하는 것은 집단의 발달단계다. 집단상담자는 집단상담의 성과를 높이고 집단의 효율적인 진행을 위해 제2장에서 살펴본 집단의 발달단계와 더불어 집단에서 일어나는 역동을 잘 이해하고 활용할 수 있어야 한다.

이 장에서는 효율적인 집단상담을 할 수 있도록 집단역동의 정의와 이해, 집단역동에 영향을 미치는 요인, 집단역동 다루기, 집단상담의 치료적 요인에 대해서 살펴보고자 한다.

1 집단역동의 이해

1) 집단역동의 정의

집단역동(group dynamic)이란 집단(group)과 역동(dynamics, 力動)의 합성어로, 집단 내에 어떠한 역동적인 힘이 존재한다는 관점에서 비롯된 개념이다. 집단은 단순히 몇 사람이 모인 숫자의 합이 아니라 그 사람들의 관계와 상호작용을 통해서 더 큰 힘을 생산할 수 있으며 이러한 힘은 집단원들 간의 상호작용 과정에서 비롯된다(Lewin, 1948). 집단에 들어간 이상 집단원은 친교가 있든 없든, 형식적이든 참여적이든 상호작용을 한다. 집단역동이라는 단어를 최초로 사용한 Lewin(1948)은 "변화하는 상황 속에서 집단과 개인이 행동하고 반응하는 방식이 집단역동이며, 소집단 안에서 일어나는 모든 것을 의미한다."라고 했다. 이형득, 김성희, 설기문, 김창대, 김정희(2002)는 "집단의 성격과 방향에 영향을 미치는 복합적인 힘"이라고 정의하였다. Jacobs, Masson과 Harvill(1994)은 집단역동이 "집단원들과 집단상담자 사이에 일어나는 상호작용과 에너지의 교환"이라고 하였다.

여러 학자의 개념을 통해 살펴보면 집단역동은 집단구성원들 간의 상호작용에 작용하는 힘이라고 할 수 있다. 집단구성원들의 상호작용의 힘은 집단 전체, 집단상담자, 집단원, 집단과정, 집단 내용 등 집단의 성격과 방향에 영향을 미쳐서 집단의 분위기를 만든다. 이러한 집단의 분위기, 즉 집단역동은 집단의 발달에 긍정적으로 작용해야 하지만 경우에 따라서는 참여자에게 해를 끼칠 가능성도 있다. 따라서 집단상담자는 집단에서 일어나는 중요한 역동에 대해서 민감하게 느끼고 이를 생산적인 방향으로 활용할 수 있어야 한다.

2) 집단역동의 차원

집단 안에서는 심리 내적 역동, 대인 간 역동, 집단 전체 역동의 세 가지 차원(level)의 역동이 일어난다.

첫째, 심리 내적 역동은 개인상담에서 보통 탐색하게 되는 심리적 역동으로 동기, 감정, 방어, 어린 시절의 기원 등을 포함한다. 둘째, 대인 간 역동은 집단 안의 두 사람 혹은 그 이상의 사람들 사이의 관계에서 일어나는 역동으로, 정서적 반응, 친밀함, 주장, 경계 등을 포함한다. 셋째, 집단 전체 역동은 집단의 발달단계, 집단 규범, 집단 역할, 대표적 리더십 유형, 희생양 만들기, 집단 수준의 저항 등을 포함한다.

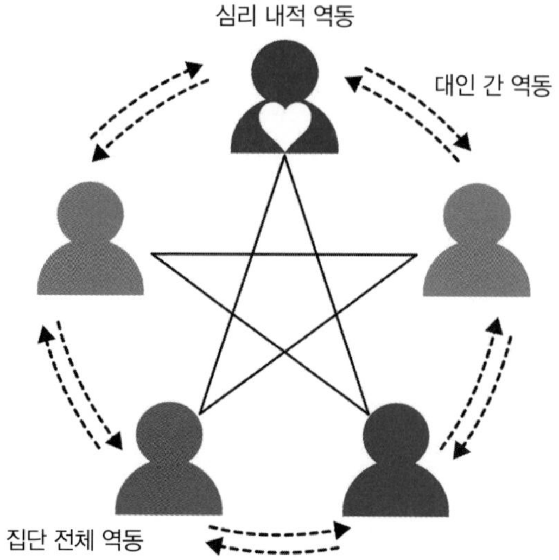

[그림 3-1] 집단역동의 세 가지 차원

❖ **집단역동의 차원 예시**

똑똑이는 집단상담 회기를 지나는 동안 끊임없이 자신의 이야기를 한다. 다른 집단원들에게도 자신의 불편한 감정을 이야기하거나 지시와 훈계를 하려고 한다. 그런 모습을 보던 초록이 불편한 감정을 표현하자 목소리가 커지고 설득하려고 한다.

심리 내적 수준	똑똑이는 부모에게 거부당하며 성장했다. 똑똑이의 공감받지 못한 경험은 다른 집단원들이 자신을 거부할 것이라는 무의식적인 믿음을 갖게 하여 공감을 얻으려는 노력보다 자신의 생각과 감정을 주장하고자 한다.
대인 간 수준	똑똑이는 거부받은 자신의 상처를 다루기 위해 개방하거나 도움을 요청하기보다 공격적이고 지시적인 태도의 관계 패턴을 가지고 있다.
집단 전체 수준	집단은 신뢰감과 존중의 규범을 지키지 못하며, 집단 규범을 발달시키지 못하고 있다. 영향력을 행사하려는 힘으로 인해서 집단 응집력이 형성되지 않고 있다.

Freud(1921)는 "개인심리학은 다른 사람들과의 관계를 무시하고는 존재할 수 없다. 개인의 정서적인 삶에는 누군가 모델로서, 대상으로서, 협조자로서, 반대자로서 반드시 개입되어 있다. 그러므로 개인심리학의 출발은 동시에 집단심리학의 시작이다."라고 말하며 심리 내적 역동이 대인 간 역동과 관련이 있다는 것을 언급했다. Bion(1961)은 "집단 현상은 개인 안에 실재한다. 각 개인은 혼자 고

립되어 있거나 또한 활발한 집단 현상이 일어나고 있지 않다 하더라도 절대로 집단으로부터 유리되지는 않는다."라고 했다. 이는 전체로서의 집단이 가지는 역동이 개인에게 영향을 끼친다는 주장이다. 즉, 심리 내적 역동과 대인 간 역동, 집단 전체 역동은 구별되지 않고 연속선상에 있다는 것을 의미한다.

초창기의 집단상담에서는 심리 내적 정신역동을 강조하였고, 구성원 간의 상호작용이나 집단 전체 역동은 무시되었다(이후경, 2003). 그러나 Lewin 이후부터는 집단역동을 제대로 파악하지 못하고 집단을 이끌 때의 위험이 경고되면서 집단원의 심리 내적 역동과 집단 전체 역동을 똑같이 중시하고 둘 사이에서 유연하게 대처해야 한다는 주장이 제기되고 있다.

3) 집단역동의 내용과 과정

집단역동은 내용(content)적 측면과 과정(process)적 측면의 두 가지 요소를 포함하고 있다. 집단상담의 참여자들은 상호작용의 과정에서 강한 감정적인 경험을 하게 된다. 내용적 측면이 감정을 일어나게 한 내용에 초점을 둔 것이라면, 과정적 측면은 지금-여기에서의 감정 경험에 집중하고 감정을 일어나게 한 대인관계의 패턴이나 무의식적인 동기를 검토하고 이해하는 데 초점을 둔다. 즉, 과정적 측면의 관심사는 언어적 내용이 아니라 구성원이 어떻게 그리고 왜 그런 말을 했는가에 관한 것이다(Yalom, 1985).

예를 들어, 한 집단원이 집단에서 충분히 따뜻하게 돌봐 주지 않았던 냉담한 어머니와의 관계 경험을 이야기하면서 무의식적으로 어머니와 닮았다고 느껴지는 집단상담자에게도 거부당한다고 느끼며 위축된 모습으로 이야기하고 있다고 하자. 이 장면에서 집단역동의 내용적 측면을 다룬다는 것은 어머니로부터 돌봄을 받지 못했던 과거의 경험에 대해서 이야기하는 것이다. 과정적 측면을 다룬다는 것은 어머니와의 관계 경험과 집단상담자에게로 향하는 감정의 관련성에 대해서 논의하는 것이다. 내용적 측면의 이해는 언어로 표현된 내용을 잘 파악하면 되지만 과정적 측면의 이해는 구성원들의 말 이면에 있는 무의식적인 동기나 의도를 이해해야 하기 때문에 간단하지 않다. 따라서 과정적 측면을 이해하기 위해서는 말의 내용 자체에 대해 파악하기보다는 뒤에 있는 숨겨진 의도에 대한 이해가 필요하기 때문에 언어적 의사소통보다는 시선, 동작, 몸짓, 태도 등으로 표현되는 비언어적 의사소통에 주의를 집중해야 한다.

집단상담이 감정이 일어나게 한 내용에 치우쳐서 진행되는 경향이 있을 때 집단상담자는 집단원들이 미처 인식하지 못한 무의식적인 감정과 반응에 대해서 언급함으로써 과정에 대해서도 놓치지 않도록 주의를 기울여야 한다. 과정적 측면의 조명이 필요한 이유는 집단에서 지금-여기에서의 감정 경험과 함께 감정 경험의 의미를 검토하고 이해하는 인지적인 통찰이 동반되어야 삶을 변화시킬 수 있기 때문이다. 따라서 집단상담자는 누가, 왜, 그런 말을 얼마나 많이, 또 누구를 향해서 하고 있는지 관찰하고 정확히 이해하여 집단원들이 대인관계에서 필요한 학습을 하고 자기이해를 할 수 있도록 도와야 한다.

2 집단역동에 영향을 미치는 요인

집단 운영에서 집단상담자의 중요한 역할 중 하나는 집단원들과 집단 발달에 영향을 주는 요인을 면밀하게 관찰하여 집단의 역동을 촉진하는 것이다. 이형득 등(2002)은 집단의 배경, 집단의 참여 형태, 의사소통의 형태, 집단의 응집성, 집단의 분위기, 집단행동 규준, 집단원들의 사회적 관계 유형, 하위집단의 형성, 주제의 회피, 지도성의 경쟁, 숨겨진 안건, 제안의 묵살, 신뢰 수준과 같은 집단역동과 관련된 열세 가지 요인을 꼽았다. 이러한 요인이 바람직한 방향으로 형성될 때 집단은 발달하고 집단의 목적을 효율적으로 달성할 수 있을 것이다. 만약 그렇지 못하다면 집단은 방향성을 잃고 참여자들은 집단 참여의 목적을 달성하지 못한 채 집단에 실망할 수도 있다. 따라서 집단상담자는 집단역동에 미치는 요인을 생산적인 방향으로 활용할 수 있어야 한다. 사실, 집단에서 일어나는 모든 요소는 집단역동과 관련되어 있다고 볼 수 있다. 여기서는 집단역동에 영향을 주는 요인을 집단의 사전 계획, 집단활동, 집단원의 상호작용 구조로 나누어서 살펴보고자 한다.

1) 집단의 사전 계획

집단상담자는 성공적인 집단상담을 위해서 사전 계획을 하게 된다. 이때 사전 계획 시에 집단역동에 영향을 줄 수 있는 요인을 잘 활용하면 효율적인 진행으로 집단상담의 성과를 높일 수 있다.

〈표 3-1〉 사전 계획 시 집단에 영향을 주는 요인

집단원의 구성	성별, 연령, 출신지역, 학력, 결혼 여부, 직업, 사회경제적 지위, 종교 등
집단 목적의 명료성	집단상담자와 집단원들이 집단 목적을 명확하게 이해하고 있는가의 여부
집단의 크기	상호작용하는 집단원의 수
집단회기의 길이	집단원이 자신의 관심사를 언급할 수 있는 시간
장소의 환경적 요인	접근의 용이성, 방음시설 여부, 편안함 및 안전성, 탁자 사용 여부, 좌석 배열 등
모임의 빈도수	집단 목적에 합당한 모임의 빈도수
모임 시간	상황에 적절한 시간대
집단 참여 동기	집단 참여의 자발성 여부

(1) 집단원의 구성

집단상담자는 '집단원이 어떤 사람으로 구성되었는가?', 즉 '집단원의 집단 경험이 풍부한가? 집단원의 참여 동기가 높은가? 그들의 성별, 연령, 출신지역, 학력, 결혼 여부, 직업, 사회경제적 지위, 종교 등은 어떠한가?'와 같은 집단원들의 특성을 파악하고 집단역동을 촉진시키기 위한 방안을 강구해야 한다.

(2) 집단 목적의 명료성

집단상담자와 집단원들이 집단 목적을 명확하게 이해하고 있는가는 집단의 성공을 좌우한다. 집단상담자는 자신과 집단원들이 집단 목적을 성취하고자 하는 방향으로 집단작업에 참여하고 있는가에 대해 지속적으로 평가해야 한다.

(3) 집단의 크기

한 집단에 집단원 수가 너무 많으면 집단의 상호작용이 원활하지 못하고 산만해지는 한편, 집단원들이 자신을 드러내는 데 주저하게 되어 응집력 향상이 저해된다. 반면, 집단 크기가 너무 작은 경우에는 집단원들이 집단 참여에 부담을 갖게 되어 소극적인 태도를 보일 수 있다.

(4) 집단회기의 길이

집단회기의 길이는 집단원 개개인의 개인적인 관심사를 매우 심도 있게 다룰 수 있을 만큼 충분하지는 않더라도, 최소한 언급할 수 있을 정도는 되어야 한다.

(5) 장소의 환경적 요인

집단 환경은 조용하고, 편안하며, 외부로 쉽게 노출되지 않는 곳이어야 한다. 긍정적인 집단역동을 촉진하는 환경은 그냥 만들어지는 것이 아니다. 집단의 기능은 궁극적으로 환경에 의존하기 때문에 환경은 신중하게 선택되어야 한다. 탁자의 사용 여부도 집단역동에 영향을 주는데, 구조화 집단의 경우 집단원들이 글씨를 쓴다거나 그림을 그리는 등의 활동을 하기 위해 탁자가 필요하다. 그러나 그 외에는 가급적 탁자를 사용하지 않는 것이 좋다. 집단회기가 시작되면서 집단상담자는 집단원들이 서로 잘 보이도록 앉았는가를 먼저 확인하며, 필요한 경우 앉은 위치를 조정한다.

(6) 모임의 빈도수

모임의 빈도수는 집단 목적에 합당하게 결정해야 한다. 집단회기를 너무 자주 갖는 경우, 집단원들은 자칫 지루함을 느낄 수 있는 반면, 회기의 간격이 너무 떨어져 있으면 다시 만날 때 생소한 느낌이 들 수 있다. 집중적으로 이루어지는 집단은 일주일에 두 번이나 다섯 번까지도 만나지만, 대개 일주일에 한 번 만난다. 실제로 문제의 심각성이나 집단의 목표에 따라 모임의 빈도수를 증감시킬 수 있으며 때로는 불가피한 주위 여건 때문에 일정이 변경될 때도 있다.

(7) 모임 시간

집단 모임을 하루 중 어떤 시간대에 갖는가도 집단역동에 영향을 준다. 대학생 및 성인 집단은 보통 하루 일과가 끝나는 늦은 오후나 저녁 시간에 갖는다. 점심 시간 직후나 늦은 밤 시간에는 집단원들이 쉽게 피로감을 느껴 집단역동에 부정적으로 작용할 수 있다. 반면, 초 · 중 · 고등학생 집단은 수업시간을 활용하는 것과 방과 후에 갖는 것 사이에 집단역동이 다를 수 있다. 그러므로 집단상담자는 이러한 점들을 충분히 고려하여 가장 효과적이면서도 소속기관의 상황에 적절한 시간대를 선정해야 한다.

(8) 집단 참여 동기

집단 참여가 자발적으로 이루어졌는가, 아니면 어떤 강제 조치에 의해 비자발적으로 이루어졌는가에 따라 집단역동이 달라질 수 있다. 가장 이상적인 것은 집단원이 스스로 필요에 따라 자발적으로 집단에 참여하는 것이다. 학칙을 위반한 학생, 초범 혹은 경범죄를 저지른 미성년자, 교정기관이나 행형시설에 수용된 사람들이 교정 · 교화를 목적으로 강제적 혹은 반강제적으로 집단에 참여할 경우는 집단 참여에 대한 동기 수준이 다를 수 있다. 이렇게 비자발적 참여자들로 구성된 집단의 상담자는 이러한 집단의 독특한 역동을 잘 이해하고 집단 계획과 준비를 철저하게 해야 한다. 집단상담자의 노력에도 비자발적 집단원들 중에는 집단 참여에 대해 부정적인 태도로 일관하는 경우도 있다. 이러한 상황에 직면하게 될 때, 집단상담자는 자신의 무능함을 탓하기보다 현실을 있는 그대로 받아들일 필요도 있다.

2) 집단활동

집단상담자는 집단의 구체적인 목표를 달성하기 위해 집단상담 중에 구조화 활동을 활용하기도 한다. 활동의 예에는 글, 언어, 예술, 행동 그리고 이들의 조합과 같은 다양한 형태가 포함될 수 있다. 다양한 활동은 응집력 형성, 통찰의 자극, 적극적인 상호작용을 가져와서 집단역동의 촉진에 핵심 역할을 할 수 있다. Jacobs, Masson과 Harvill(2003)은 집단활동(group activities)이 다음과 같이 다양한 이점을 가지고 있다고 한다. 이러한 이점은 집단역동에도 영향을 줄 것이다.

(1) 안정 수준 증가

집단활동은 집단원들이 편안하게 느끼는 정도를 증가시키며 그들이 긴장을 늦추고 즐길 수 있도록 돕는다. 집단상담에는 일반적으로 정해진 토의 주제나 진행 절차가 없기 때문에, 처음 참여하는 집단원들은 어리둥절해하고 불안해하며 위협감을 느낄 수 있다. 그러므로 구조화된 활동이 집단원들의 안정감을 증가시키는 데 도움이 될 수 있다. 특히 집단원들은 글로 쓴 내용을 공유하기를 꺼리지 않기 때문에 쓰기활동은 안정감을 가지는 데 도움이 된다.

(2) 집단에서 토론 및 초점에 집중

집단활동은 토론과 참여를 만들어 내어 구성원들의 활동 수준과 상호작용을 자극할 수 있다. 어떤 활동은 집단원들이 일반적인 문제나 주제에 초점을 두는 데 사용된다. 예를 들면, 집단상담자가 활동지를 나누어 주고 "최근에 가장 기뻤던 일과 슬펐던 일을 적어 보세요."라고 하면 최근의 자기 감정에 초점을 두고 집단에서 자기 경험을 토론할 수 있다.

(3) 경험 학습의 기회

집단 게임과 활동은 경험 학습을 촉진한다. 활동은 집단원들이 단순히 주제에 대해 말하는 것에 비해 주제들을 시연(rehearsal)하는 것이 보다 깊이 탐구하는 데 도움을 준다. 또래에게 수용되지 않은 것들에 대해 토론할 때, 상담자는 언어가 아닌 행동을 수반하는 활동을 통해 집단원에게 학습을 촉진할 수 있다. 예를 들어, 한 명을 제외한 모든 집단원이 서서 팔을 걸어 원을 만들게 한다. 원 밖에 있는 한 명은 가능한 모든 방법을 동원해 원 안으로 들어가도록 노력하는 반면, 다른 집단원들은 그 사람이 들어오는 것을 막아야 한다. 이 활동은 집단 따돌림을 간접 경험하게 하는 활동으로 학교폭력 가해 청소년들에게 많이 활용되고 있다.

(4) 재미와 긴장의 완화

신체활동이나 게임은 웃음이나 재미를 가져와서 집단의 긴장을 풀게 한다. 재미있는 활동은 집단의 흥미와 에너지를 증진시키고, 불안을 감소시키고, 집단이 응집성을 가지는 데 도움이 된다.

집단활동에는 이러한 이점들이 있지만, 집단원들에게 적절하지 않은 시점에서 불명확하게 사용된 활동은 응집력, 통찰, 활동을 촉진시키는 대신에 집단을 저해할 수도 있다. 그러므로 집단상담자들은 활동을 주의 깊게 사용하여야 한다.

3) 집단의 상호작용 구조

집단의 상호작용 구조는 집단의 물리적 구조와 집단원 간의 상호작용 모두를 의미한다. 이 두 가지 구조는 집단이 얼마나 성공적이고 조화로울지 그리고 개인 또는 집단의 목표가 충족될지 아닐지에 영향을 미친다.

(1) 집단의 물리적 구조

물리적 구조는 주로 집단구성원의 배치 구조로서 집단을 구성할 때 가장 먼저 고려되어야 할 요소 중 하나다. 물리적 구조는 집단이 어떻게 작동하는지에 강력한 영향을 미친다. 만약 구성원들이 집단으로부터 물리적으로 멀어졌다고 느끼거나 집단의 중심에 있다고 느낀다면, 그들은 그에 따라 행동하게 될 것이다. 그러므로 집단에서 자리 배치가 매우 중요하다.

자유로운 상호작용을 위해서 많은 집단은 원형 구조를 사용한다. 이러한 형태 속에서, 모든 구성원은 서로 직접적으로 연결된다(Yalom, 2005). 원형 구조는 집단 작업을 수행하는 데 민주적인 구조를 제공해 주며, 모든 집단구성원에게 동일한 발언 시간을 보장해 주는 최적의 구조다(권경인, 2011). 주로 집단 초기에는 집단 내 의사소통이 집단상담자에게 집중되어 있고 집단상담자를 통해 이루어지지만 집단 내에 응집력이 높아지면서 점차 집단상담자를 거치지 않고 집단원들 간에 자유롭게 이루어지게 된다. 집단상담에서는 원형 구조를 이상적으로 생각하지만 집단의 유형에 따라 배열 구조는 달라질 수 있다. 교육적인 내용이 많다면 강의식 좌석이 효율적일 것이다. 그러나 구성원의 상호작용이 중요한 치료 집단이나 성장 집단이라면 원형 구조를 택하는데, 이는 물리적으로 쉽게 상호작용할 수 있는 이점이 있기 때문이다. 물리적으로 상호작용이 쉽도록 자리 배치가 되었다 하더라도 실제 집단원의 상호작용이 어떻게 이루어지느냐에 따라 집단의 역동은 달라진다.

(2) 집단원 간 상호작용의 요인

집단원들은 집단에 의해 받아들여지기를 원하고, 기대되는 것을 알고 싶어 하며, 소속감을 갖고 싶어 하고, 안전감을 느끼기를 원한다. 이러한 욕구가 좌절될 때, 집단원들은 부정적 · 적대적 · 소극적 자세로 집단작업에 무관심해지는 경향이 있다. 이형득 등(2002)은 집단역동에 영향을 주는 집단원 간 상호작용의 요인을 다음과 같이 제시하였다. 이러한 요인을 살펴보는 것은 집단상담자가 집단 발달을 저해하는 역동을 미리 감지하고 집단이 생산적인 방향으로 발달할 수 있도록 촉진하는 데 도움이 될 것이다.

① 집단의 배경

집단원들이 어떤 배경에서 모였는가는 그 집단의 역동에 많은 영향을 미친다. 처음 모이는 새로운 집단과 이미 계속해서 모였던 집단은 집단의 역동이 달라질 수 밖에 없다. 집단상담자는 어떤 유형의 사람들이 어떤 기대를 가지고 집단에 참여하게 되었는지 정확하게 이해할 필요가 있다.

② 집단의 참여 형태

모든 집단원이 서로 이야기를 주고받으며 참여가 적극적이고 광범하게 이루어지는 집단일수록 집단에의 흥미와 관여가 더욱 깊어진다. 그러나 언제나 적극적이고 광범위한 참여가 이루어지는 것은 아니다. 집단상담자만 집단원들에게 일방적으로 이야기하는 경우, 집단원들이 특정한 집단원을 차단하는 경우, 집단상담자 없이 집단원끼리는 직접적인 의사소통이 되지 않는 경우 등 집단의 참여 형태에 따라 집단역동은 달라진다.

③ 의사소통의 형태

집단에서 의사소통은 언어적인 방법뿐 아니라 표정이나 태도 등 비언어적인 방법으로도 이루어진다. 의사소통은 집단활동을 통해서 얻고자 하는 궁극적인 목표를 달성하는 기본적인 수단이어서 의사소통의 양상이나 내용이 그 집단의 역동에 결정적인 영향을 미친다. 의사소통이 효과적이기 위해서는 표현이 솔직하고 진실하고 신뢰할 수 있어야 한다.

④ 집단의 응집성

집단의 응집성은 집단원들이 하나의 공동체로 묶여 자신이 참여하는 집단을 우리 집단 또는 나의 집단으로 인식하는 것이다. 집단의 응집성이 강할수록 집단원들은 집단에 대해서 책임감을 느끼고 상호 의존적인 협동적 관계로 효과적인 집단활동을 할 수 있게 된다.

⑤ 집단의 분위기

집단 분위기는 집단원들의 집단에 관한 느낌으로 따뜻하다, 친절하다, 느슨하다, 허용적이다, 형식적이다, 자유롭다, 긴장된다, 적대적이다 등으로 표현된다. 이러한 분위기는 집단원들의 참여도에 영향을 준다. 따라서 집단상담자는 집단 분위기에 대한 민감성을 개발하고 집단원이 마음 놓고 이야기할 수 있는 자유롭고 허용적인 분위기를 조성하는 데 힘써야 한다.

⑥ 집단행동의 규준

집단에서 허용되는 행동의 규준은 집단이 자체의 활동을 수행해 나가는 방법에 대한 약속으로 명문화되어 있는 경우와 암시적으로 통용되는 경우가 있다. 어떤 규준이 실제로 집단활동의 진행에 도움을 주고 있는가, 반대로 방해하고 있는 규준은 없는가, 집단원들은 규준을 잘 알고 이해하고 있는가, 집단규준에서 이탈하는 집단원은 누구인가 등의 질문은 집단행동의 규준이 집단역동에 어떤 영향을 주고 있는지를 파악할 수 있게 한다.

⑦ 집단원들의 사회적 관계 유형

집단원 간의 사회적 관계 유형은 그 집단의 역동관계의 형성에 중요한 영향을 미친다. 집단에서 서로 더 좋아하는 집단원과 싫어하는 집단원이 있을 때 그들의 우정과 반감의 미묘한 정서적 관계에 의해 집단은 영향을 받는다.

⑧ 하위집단의 형성

하위집단은 보통 셋 혹은 그 이상의 집단원들이 공통적인 우정과 반감에 기초해서 형성되며 표면적으로 나타나지 않는 경향이 있다. 그러나 하위집단은 집단활동에 큰 영향력을 암암리에 행사하기도 하고, 또한 이들로 말미암아 일어나는 집단 감정이 집단의 문제해결이나 바람직한 대인관계의 발달에 도움이 되지 않는 경우가 종종 있어서, 집단상담자는 물론 모든 집단원은 하위집단의 생성과 여러 작용에 대하여 항시 유의해야 한다.

⑨ 주제의 회피

어색하고 다루기 힘든 주제라도 무조건 회피하면 그 문제를 해소할 수 없기 때문에 전체 집단의 발달에 도움이 되기 위해서는 충분한 시간을 들여서 다루어야 한다. 그럼에도 불구하고 집단에서 무의식적으로 회피하는 경우에 집단상담자는 주제를 다루기 위해 노력해야 한다.

⑩ 지도성의 경쟁

집단에는 집단에 대해서 분명한 책임을 지고 지도성을 발휘하는 집단상담자가 있다. 그러나 집단상담자가 지도성을 나누어 가질 수 있는 여지를 보이거나 분명하게 지위를 확립하지 못했을 때 지도성의 경쟁이 일어난다. 생산적인 수준에서 경쟁은 바람직하지만 그 경쟁이 중요한 과업을 성취하는 데 방해가 되거나 집단에 부정적인 영향을 주는 경우에는 문제가 된다. 집단원이 집단상담자와 집단을 지배하려고 서로 경쟁하는 것을 알아차리고 서로의 지도성을 인정하고 수용한다면 그 집단의 문제해결에 도움이 될 것이다.

⑪ 숨겨진 안건

표면화되지 않고 있는 집단원의 숨겨진 안건은 집단의 참여에 영향을 미치고 전체적인 집단역동에도 지장을 초래할 수 있다. 숨겨진 안건이 집단 전체와 관련이 있거나 혹은 비록 몇 사람만의 것이라도 심각해서 먼저 다루어야 할 필요성이 있는 경우, 이 문제를 우선 취급할 필요가 있다.

⑫ 제안의 묵살

여러 제안이 묵살되는 경험을 한 집단원은 자신이 집단에서 거부당했다는 느낌으로 상심하기 쉽다. 집단에서는 그 문제를 취급하여 제안이 묵살당할 때 집단의 역동에 대해서 학습하고 집단원이 적절한 내용의 제안을 적절한 시기에 할 수 있는 능력을 기르도록 도울 필요가 있다.

⑬ 신뢰 수준

집단원은 상호 간에 이해력과 수용력, 개방성과 신의를 지킬 수 있는 능력에 대해서 서로를 시험한다. 그리고 서로에 대한 신뢰 수준에 따라서 어느 정도 깊이 사귈 수 있는지 가늠한다. 집단의 신뢰 수준이 낮을 경우에 성공적인 집단상담은 이루어지기 어렵다. 특히 집단의 초기에 서로를 믿고 깊은 관련성을 맺을 준비가 되어야 집단은 순조롭게 집단의 성과를 얻을 수 있다.

3 집단역동 다루기

집단상담자는 집단의 목표와 집단원 개인의 목표가 효과적으로 달성될 수 있도록 집단역동을 다룰 수 있어야 한다. 집단상담 과정에서 발생하는 심리 내적 역동, 대인 간 역동, 집단 전체 역동을 어떻게 다루어야 하는지에 대한 기본적인 관점을 가지게 되면 집단원의 변화와 성장을 이끄는 데 유용하다.

1) 심리 내적 역동

집단원들은 자신의 욕구와 감정, 인지와 가치관, 행동 등에 기반한 심리 내적 역동을 가지고 있고 이를 바탕으로 집단에서 각자의 역할을 한다. 예를 들어, 어린 시절 공주로 떠받들어진 사람은 무의식적으로 다른 집단원들에게 대접받기를 기대한다. 그러나 그런 기대가 좌절될 경우에 분노하고, 경우에 따라서는 집단에서 역기능적인 관계방식을 유지하면서 집단의 역동에 영향을 줄 수도 있다. 집단원은 자신의 심리 내적 역동에 따라 집단을 형성·유지하는 기능을 할 수도 있고 방해하는 기능을 할 수도 있다. 이를 파악하기 위해서는 집단원들 사이에 주고받는 언어적·비언어적 행동에 주의를 기울여야 한다.

심리 내적 역동을 다루고자 하는 집단상담자는 집단원에게 자기 자신의 행동을 돌아보고 자신의 감정과 반응을 탐색하게 하는 것이 필요하다(Earley, 2004). 예를 들어, 상대를 비난하는 경우에 비난 뒤에 숨겨진 자신의 욕구가 무엇인지 자기탐색을 하도록 해야 한다. 마찬가지로 다른 사람을 돕고자 위로나 조언을 하는 경우에도 그것이 자신에게 어떤 의미인지 깨닫도록 자기탐색 쪽으로 방향을 잡아 주어야 한다. 그러면 집단원은 자신의 잠재적 동기, 정서, 내적 갈등의 의미 등을 알아차리고 자신을 좀 더 이해하게 된다. 그러기 위해서 집단에서 자신의 욕구와 감정에 따라서 행동하는 것을 허용하고 장려하는 것이 필요하다. 자신의 문제행동을 드러낼 수 있도록 함으로써 집단상담자는 집단원의 핵심 문제를 관찰하여 개입할 수 있게 된다.

❖ 자기탐색을 촉진하는 예

지난 회기에 결석한 집단원이 침묵하고 조용히 앉아 있다가 지난 회기에 결석한 이유를 궁금해하는 다른 집단원들의 관심과 시선을 받고 있다.

상담자: 지금 여름 님은 당황스러워 보여요. 지금 어떤 심정인가요?

여름: 저는 지금 집단원들의 시선이 저에게로 향하니까 몸 둘 바를 모르겠고 부담스러워요.

상담자: 관심이 집중되면 부담스러우시군요. 지난 회기에 집단원들이 여름 님에게 매력을 느끼고 친밀감을 표현했을 때도 쑥스러워하셨는데 다른 사람의 관심을 받는다는 것이 여름 님에게는 어떤 의미인가요?

여름: '나는 별로 영향력이 있거나 중요한 사람이 아닌데…… 나를 알면 실망할 텐데…….' 하는 생각 때문에 다른 사람이 가까이 오는 것이 불편하고 두렵기도 해요. 지난 회기에 결석한 이유를 설명하고 싶기도 했지만 나는 중요한 사람이 아닌데 지난 회기에 결석한 이유를 설명하면 나에게로 시선이 집중되고 집단에 방해가 될 것 같아서 그냥 있었어요.

상담자: 스스로를 중요한 사람이 아니라고 생각하시는군요. 회사나 집에서도 그런가요?

집단원이 집단에서의 자기 경험을 이해하고자 하는 마음으로 매 순간 머무르면 자신의 감정과 대인관계 패턴, 그것의 기원이 되는 어린 시절의 경험을 인지적으로 이해하고 통찰할 수 있다. 따라서 집단상담자는 개인의 심리 내적 역동을 다루기 위해서 집단원이 자기탐색을 할 수 있도록 해야 한다. 이때 집단상담에서 개인의 심리 내적 역동을 다루는 것이 개인상담과 다른 점은 집단 밖의 문제가 아니라 집단 안에서 일어난 문제에 대해서 다룬다는 점이고, 서로를 알 수 있는 기회를 줄 뿐 아니라 다른 집단원의 자기탐색을 보면서 스스로 통찰할 수 있는 시사점을 얻을 수 있다는 점이다.

2) 대인 간 역동

집단원 사이의 대인 간 상호작용은 집단 상황에서 가장 치유적인 지렛대를 제공한다(Earley, 2004). 집단에서 누군가에게 느끼는 감정이나 관계에 대해 이야기할 때 대인 간 역동이 일어난다. 집단에서 일어나는 대인 간 역동은 그 양상이 다양하지만, 보편적으로 집단 내에서 자주 일어나는 일곱 가지 유형의 대인 간 역동을 살펴보면 다음과 같다(Donigian & Malnati, 1997).

● 전염(contagion)

집단과정에서 집단원의 행동이 다른 집단원에게 유사한 감정을 이끌어 낸다. 예를 들어, 한 집단원이 최근에 어머니를 잃은 슬픔에 대해서 집단에서 이야기를 한다면 다른 집단원이 울거나 더 집중하여 들으려고 몸을 앞으로 기울이는 것과 같은 감정적이고 신체적인 반응이 일어난다. 이는 어떤 감정에 대한 집단의 관심을 촉진하여 집단이 공통으로 그 문제를 탐색하게 하고 한 사람이 작업하고 있는 동안에 다른 집단원들도 그 문제를 깊이 있게 생각해 볼 수 있는 기회를 제공한다. 이렇게 해서 집단원들은 공감과 돌봄, 동일시를 통해서 서로가 자신을 깊게 탐색하도록 도울 수 있게 된다.

● 갈등(conflict)

갈등과 관련된 문제들은 권위, 친밀감, 성장, 변화, 자율, 힘 그리고 상실과 같은 인간 삶에서의 의미 있는 주제와 관련이 있다. 모든 집단원과 집단상담자는 집단상담이 진행되는 동안 갈등을 경험한다. 갈등이 파괴적으로 전개되지 않도록 하기 위해 집단상담자는 집단원들의 갈등 뒤에 숨은 문제를 탐색하도록 격려하며 집단원이 이러한 문제를 스스로 해결하도록 도울 필요가 있다.

● 불안(anxiety)

집단에서 불안과 그에 수반되는 불편한 감정을 포함하는 긴장은 보편적이다. 불안에 대한 해결책은 집단원이 공개적으로 자신에게 존재하는 불안을 이야기하고 나누는 것이다. 집단원이 불안을 공개적이고 솔직하게 직면한다면 집단과정을 촉진하는 계기가 될 수 있다.

● 합의적 타당화(consensual validation)

한 사람의 행동을 집단의 다른 사람들과 함께 체크해 보는 것이다. 이러한 상호작용에서 사람들은 질문을 받고 자신의 행동 패턴을 직면하거나 서로의 감정과 생각에 대한 승인을 주고받으면서 자신의 경험이 정상적인지 혹은 비정상적인지를 알게 된다.

● 보편성(universality)

집단 내에서 다른 집단원들도 비슷한 경험과 감정을 가지고 있다는 것을 아는 것이다. 그러한 통찰이 일어나면 집단원들은 안도감을 느낄 수 있다. 집단의 발달 초기에 보편성이 발생하면 집단은 보다 생산적으로 상호작용할 수 있다.

● 가족의 재현(family reenactment)

집단이 가족과 여러모로 닮아 있기 때문에, 다양한 원가족의 문제를 집단에서 경험할 수 있다. 예를 들면, 집단상담자는 부모로서 경험되고 다른 집단원은 형제자매 혹은 다른 가족원으로 지각되어 배척, 관심, 형제의 라이벌 의식, 질투, 경쟁 등의 문제가 제기된다. 만약 집단원이 원가족에서 외면당했다면 그는 집단에서도 똑같은 것을 기대하여 관심을 끌기 위한 노력을 하거나 혹은 위축되어 있으면서 눈에 띄지 않으려는 반응을 할 것이다. 집단에서 가족이 재현되면서 집단원은 과거 가족과의 경험에서 비롯된 문제를 다룰 수 있다.

● 희망의 주입(instillation of hope)

자신의 문제에 대해서 달라지거나 바뀔 수 있다는 희망을 가지지 못하고 좌절하는 집단원이 있는 경우, 집단원들은 변화의 의욕을 가지도록 그 집단원을 자연히 돕게 된다. 다른 집단원이 무기력에서 벗어나 자신의 문제를 직면하고 벗어나는 과정을 목격하는 경우에 자신의 어려움도 해결 가능하다는 것을 깨닫게 된다.

앞서 제시한 일곱 가지 유형의 대인 간 역동과 활용은 집단에서 긍정적인 상호작용을 촉진한다. 그런데 집단 안에서 두 사람이 그들의 문제가 누구의 잘못인가에 대해 논쟁하며 주고받는 비난의 순환이 일어나는 경우가 있다. 대인 간 역동에서 비난이나 방어가 순환적으로 일어나는 경우에 대처방법은 복잡해진다. 자신의 잘못이 아니고 상대방의 잘못이라고 믿고 서로 상대를 계속해서 비난하는 경우에 멈추기가 어렵다(권경인, 2011). 이런 경우에는 우선 서로에 대한 비난을 멈추게 하고 각자가 자신의 공격성이 어떤 상처나 두려움 혹은 수치심과 같은 취약한 감정에서 비롯되었는지 자신을 탐색할 수 있게 하는 것이 필요하다. 그래서 공격성 뒤의 연약함이 드러난 후에 집단으로부터 지지적인 피드백을 받을 수 있도록 하는 것이 효과적이다. 그 과정에서 나머지 집단원들은 한쪽을 편들지 않고 서로 비난하는 두 사람을 보면서 일어나는 감정을 탐색하게 하는 것이 필요하다. 극단적인 경우에는 개인 자문시간에 이를 다루는 것이 효과적일 수도 있다(권경인, 2011).

3) 집단 전체 역동

집단상담자는 집단의 치료적 과정이 긍정적으로 전개될 수 있도록 집단 전체 역동을 점검해야 한다. 집단 초기에는 집단이 적절히 발달해 가고 있는지 확인하고 뭔가 집단 수준에서 잘못된 것이 감지되면 집단 수준의 역동을 검토하고 문제를 해결하기 위해 개입해야 한다. 각 집단원은 다른 집단원이나 집단상담자뿐 아니라 전체로서의 집단과도 관계성을 갖고 있다(Earley, 2004).

잘 기능하는 좋은 집단은 친밀함과 돌봄의 장소이자 집단원 각자가 사랑과 인정을 받는다는 것을 알게 한다. 반면, 잘 기능하지 않는 집단은 위험이나 혼란, 갈등과 고통의 장소로 경험될 수도 있다. 만약 대부분의 집단원이 부정적으로 집단을 경험할 때에는 전체 집단과정에 문제가 있는 것이다. 건강한 집단 규준, 명확한 경계, 긍정적인 집단 분위기, 집단 발달과정에서 발생하는 난관을 해결하는 능력이 부족한 경우에 집단은 잘 기능하지 못하게 된다. 따라서 집단상담자는 잘 기능하는 집단을 형성하기 위해서 다음과 같은 질문을 하여 집단 전체 역동을 점검할 필요가 있다.

❖ 집단 전체 역동을 파악하기 위한 질문

- 집단상담자–집단원, 집단원–집단원, 집단 안–집단 밖 사이에 경계가 분명한가?
- 집단의 규범이 존재하는가?
- 집단상담자의 리더십은 적극적인가? 우호적인가? 개방적인가?
- 집단원들은 서로에게 매력을 느끼고 '우리'라는 친밀감을 가지는가?
- 집단원들은 각자 역할을 선택하고 책임감을 가지고 있는가?
- 어떤 의사소통 방식으로 서로 대화하는가?
- 집단의 분위기는 권위적인가? 혹은 민주적인가? 혹은 자유방임적인가?
- 집단 발달단계는 어디에 속하나?
- 하위집단이 있는가? 혹은 집단원 중 누가 희생양이 되거나 분열되고 있는가?

이러한 질문을 통해 집단상담자는 집단의 역동을 파악하고 집단 발달을 저해하는 역동에 대해서 적절하게 개입할 수 있다.

4 집단상담의 치료적 요인

상담자와 내담자 간 일대일 관계가 중심이 된 개인상담과는 달리, 집단상담은 집단원들의 상호작용, 즉 집단역동이 주된 관심의 대상이 되어 왔다. 그리고 집단의 역동과정 중에서 집단원이 도움을 받은 요인이 무엇인가를 밝히고자 했다. 집단원이 어떤 요인에 의해 도움을 받았는지 알게 된다면 좀 더 효과적으로 집단원의 변화와 성장을 촉진할 수 있기 때문이다. 즉, 집단 연구자들의 관심은 집단 활동 동안 일어나는 집단원–집단상담자, 집단원–집단원, 집단원–집단 간의 상호작용 과정을 통해 집단원이 어떤 도움을 받느냐 하는 것이다.

1) 치료적 요인의 개념

집단상담 과정에서 일어나는 상담자와 집단원, 집단원 간의 상호작용은 개인

〈표 3-2〉 **치료적 요인의 정의**

학자명	연도	정의
Bloch & Crouch	1985	집단원의 변화나 개선에 작용하는 요소로서 치료과정 동안에 집단상담자와 집단원의 행동이 복합적으로 작용하여 발생하는 요소
Fuhriman & Burlingame	1990	집단상담 회기 내에서 내담자의 변화를 촉진하는 데 도움이 되는 기제
Kivlighan et al.	1996	집단상담을 통해 어떻게 도움을 받았는가에 대한 집단원의 자각
Yalom	2005	치료과정에서 경험하는 다양하고 복잡한 상호작용을 통해 집단원의 변화나 개선이 일어나게 하는 요소
강진령	2011	집단상담에 참여하는 집단원들의 목표가 어떤 것이든 간에 이들의 인지 · 정서 · 행동 상태를 긍정적으로 변화시키는 요소
김계현 외	2011	집단원의 조건 개선에 기여하는 요소로서 집단상담자, 집단원, 다른 집단원, 집단활동의 상호작용을 통하여 집단원의 개선과 변화 및 성장을 촉진하는 기제
정성란 외	2013	집단상담자, 집단원, 다른 집단원, 집단활동 등의 상호작용을 통하여 집단원의 변화, 성장, 발달을 촉진하는 기제
김은하	2016	집단상담자, 집단원, 집단활동의 상호작용을 통하여 집단원의 현재 상태의 개선과 변화 및 성장을 촉진하는 기제

상담과는 다른 집단상담만의 독특한 특성으로 이러한 복잡한 과정에서 일어나는 미묘한 상호작용에 의해서 집단원은 바람직한 방향으로 변화할 수 있는 기회를 얻게 된다.

집단상담의 치료적 요인이란 집단상담 과정에서 구성원들 간의 복잡한 상호작용 속에서 집단원의 변화와 성장 · 발달을 일으키는 요인이라 할 수 있다. 집단상담에서 치료적 요인에 대한 학자들의 정의는 매우 다양하지만 공통적으로 집단상담의 복잡한 상호작용에서 발생하며, 집단원의 변화와 성장을 일으키는 요인이라는 점을 확인할 수 있다.

집단상담의 치료적 요인들에 대한 체계적 분류는 Corsini와 Rosenberg(1955)에 의해 처음 시도되었고, Yalom(1975)에 의해 체계화되었다 할 수 있다. 〈표 3-3〉과 같이 각 학자들에 따라 치료적 요인들이 차이가 있다. Yalom(1985)은 집단의 유형, 집단의 발달단계, 개인차에 따라 중요한 치료적 요인이 달라질 것이라고

〈표 3-3〉 **학자별 치료적 요인**

Corsini & Rosenberg (1955)	Bloch et al. (1979)	Corey & Corey (2006)	Kottler (2001)	Yalom & Leszcz (2005)
• 수용 • 이타주의 • 보편성 • 주지화 • 현실검증 • 전이 • 상호작용 • 관찰자치료 • 감정과 사고의 표출 • 기타 요인(승화, 자발성, 지도자 권위, 이완, 경쟁, 강화 등)	• 희망의 고취 • 보편성 • 수용 • 이타주의 • 대리학습 • 대인관계를 통한 학습 • 카타르시스 • 자기이해 • 자기노출 • 지도	• 자기개방 • 보편성 • 피드백 • 응집력 • 희망 • 실험을 해 보는 자유 • 관심과 이해 • 변화하겠다는 결단 • 감정 정화 • 인지적 재구조화 • 직면, 유머, 힘	• 지지 • 소속감 • 정화 • 대리학습 • 인식 • 가족 재현 • 공정, 책무 • 과업 촉진 • 모험 시도 • 시연 • 직면, 피드백 • 마법	• 희망 고취 • 보편성 • 정보 공유 • 이타주의 • 일차 가족 집단의 교정적 재현 • 사회화 기법 발달 • 모방행동 • 대인관계 학습 • 집단 응집력 • 정화 • 실존적 요인

하였는데, 많은 연구에서 치료적 요인은 집단의 이론적 배경이나 집단 참여자의 유형, 집단 참여자의 개인차, 집단 발달단계에 따라서도 차이가 나며 우선순위도 다른 것으로 나타났다.

그렇지만 각각의 치료적 요인들은 개별적·독립적으로 작용하는 것이 아니라 상호 연관되어 있으며, 집단상담자는 의식적이든 무의식적이든 치료적 요인을 염두에 두어야 집단상담을 보다 효과적으로 진행해 나갈 수 있다는 점을 기억해야만 한다.

2) 영역에 따른 치료적 요인

앞에서 언급했듯이 학자마다 치료적 요인을 다르게 언급하고 있으나, 공통적인 중요한 요인들이 있다. 따라서 여기서는 여러 치료적 요인을 집단상담 과정에 초점을 맞춰 유사한 개념들을 영역으로 통합해서 제시한다. 집단상담의 치료적 요인들은 공통적으로 크게 소속감, 통찰과 해소, 의사소통 학습, 수용과 변화라는 네 가지 영역으로 구분할 수 있으며, 세부적으로는 유사성, 친밀감, 이타심, 자기이해, 감정 정화, 사회적 기술 습득, 모방 학습, 실존적 요인, 희망감, 정보 교환의 열 가지 요인으로 구분할 수 있다.

〈표 3-4〉 영역에 따른 치료적 요인

영역	치료적 요인	설명
소속감	유사성	다른사람도 나와 유사하다는 것을 깨달음
	친밀감	집단원 간에 가까워지고 의미 있는 관계 형성
	이타심	다른 사람을 도와주고자 함
통찰과 해소	자기이해	자신의 사고, 감정, 행동 양식 통찰
	감정 정화	억압된 감정과 생각을 표현하고 편안함을 얻음
의사소통 학습	사회적 기술 습득	다른 사람과 원활한 방식으로 관계하는 기술을 배우는 것
	모방 학습	다른 사람의 태도나 행동을 보고 배우는 것
수용과 변화	실존적 요인	삶에 대한 책임 수용
	희망감	변화에 대한 긍정적 기대
	정보 교환	변화를 위한 정보 나눔

(1) 소속감

소속감이란 집단에 속해 있다고 느끼는 것으로 집단과 집단구성원에 대한 신뢰와 애정을 형성하고 집단에 기여하고자 하는 마음을 갖는 것이다. 집단원들이 나와 유사한 문제나 사고·감정을 가지고 있다는 것을 깨달으면 집단원들을 더욱 가깝게 느끼게 되고, 집단원들과 친밀감이 깊어질수록 집단에 대한 애정과 신뢰가 깊어져 자기개방과 집단 참여를 더욱 적극적으로 하게 된다. 더 나아가 집단원들에게 도움을 주고 싶은 동기를 갖고 계기를 만들며 이는 자기성장의 기회로 작용한다. 소속감에 해당하는 치료적 요인으로는 유사성, 친밀감, 이타심이 있다.

① 유사성

유사성은 자신의 문제, 생각, 감정, 충동, 상황이 독특하다고 알고 있었던 것들을 집단상담에서 서로 자신의 고민과 생각을 내어놓고 이야기함으로써 다른 사람들도 나와 유사한 생각과 고민을 가지고 있음을 알게 되는 것이다. 예를 들어, '나만 외롭다고 생각했는데 아니구나.' 하고 인식하면 내가 그렇게 이상하지만은 않다는 것을 알게 되는 것이다. 이러한 유사성의 또 다른 의미는 내담자가 자신의 문제에 몰입하는 데서 벗어나 다른 사람에게 주의를 기울인다는 것이다. 내담자들은 자신의 문제에 골몰하는 경향이 있는데, 이로 인해 자신의 어려움을 극대화하여 경험하고 자신에 대한 객관적 시각을 잃는다. 그런데 집단에서는 다른 사람의 이야기를 들어야 하기 때문에 자신에게만 향하는 내담자의 에너지 방향에 변화가 생긴다. 유사성에 대한 인식은 특히 대인관계가 적은 내담자에게 의미가 있는데, 이런 내담자의 경우 다른 사람들과 나눈 경험이 적기 때문에 집단상담을 통해 인간 삶에 대한 학습이 이루어질 수 있다.

② 친밀감

친밀감은 집단에 참여하여 낯선 집단원들과 서로 가까워지는 느낌을 갖는 것이다. 친밀한 관계에 대한 욕구는 우리 모두가 선천적으로 타고난 것이다. 집단에 가입하는 것과 집단 안의 개인에게 애착을 하는 것 모두 이런 욕구를 처리하는 것이다. 친밀감이 깊어질수록 집단원들은 서로를 수용하고 도와주며 집단에서 의미 있는 관계를 형성한다. 친밀감 속에는 신뢰, 따뜻함, 공감적 이해, 수용, 하나 됨이 포함되어 있으며, 이는 성공적인 치료를 촉진하는 자기개방, 위험의 감수, 그리고 집단 내의 갈등에 대한 건설적인 표현을 가능하도록 해 주고 집단원에게 소속감과 안정감을 준다. 친밀감이 높은 집단은 출석률이 높고 중도탈락이 적다.

③ 이타심

집단상담에서 각 집단구성원은 다른 집단구성원에게 도움을 주고 있는 자신을 발견하게 되면 '내 경험이나 이야기가 다른 집단원에게 도움이 될 수 있구나.' 하고 깨닫고 자긍심을 가지게 된다. 스스로를 존재감이 없는 사람으로 생각해 오다가 자신을 초월해서 어떤 사람이나 대상에 몰입하여 자기가 남들에게 도움을 줄 수 있는 사람이라는 것을 발견하면 삶의 의미를 느끼고 어려운 난관을 스스로 극복할 수 있는 힘도 가지게 된다.

(2) 통찰과 해소

통찰과 해소란 자신의 문제, 고통과 관련된 원인에 대해서 깨달음을 얻고 해방감과 편안함을 얻는 것을 말한다. 집단원에 대한 신뢰감이 형성되고 집단에서 안전감을 느끼게 되면 그동안 억압해 왔던 사고나 감정들을 솔직하게 표현할 수 있게 된다. 솔직한 자기표현이 집단 안에서 수용되는 경험은 자유로움과 편안함을 가져다준다. 또한 이것은 자신의 심리적 고통의 원인을 깨닫는 계기를 만들어 자신에 대한 더 깊은 이해를 돕는다. 통찰과 해소에 해당하는 치료적 요인에는 자기이해와 감정 정화가 있다.

① 자기이해

집단상담의 참여로 자신의 사고, 감정, 행동의 내재된 기원을 통찰하고 자기에 대한 이해가 깊어진다. 집단은 권위나 부모의 역할을 하는 인물, 형제와 같은 동료, 매우 사적인 폭로, 강한 정서, 적대감이나 경쟁적인 감정뿐 아니라 깊은 친밀감 등이 존재한다는 측면에서 가족과 공통점을 갖고 있다. 따라서 집단상담에서 다른 집단원과 집단상담자에게 초기 가족구성원에게 가졌던 감정을 투사하여 초기 가족구성원과 가졌던 부정적 대인관계 패턴과 감정을 다시 경험하는 경우가 많다. 예를 들어, 집단상담자의 말과 행동에서 권위적임을 느끼며 긴장과 불쾌한 감정을 느끼는 집단원이 있다면 이 집단원이 집단상담자에게 느꼈던 감정이 사실은 아버지에게 느꼈던 감정이라는 것을 알게 되는 것이다. 내담자는 초기 가족구성원과 가졌던 부정적 대인관계 패턴과 감정(투사)이 현재에 반복되고 있음을 깨닫고 이를 해결할 기회를 갖는다(초기 가족의 교정적 재현). 이렇듯 자기이해는 자신의 심리적 고통의 원인을 발견하고 변화 · 성장의 토대를 마련하는 요인이라 할 수 있다.

② 감정 정화

감정 정화는 그동안 표현하기 어려웠던 내면에 억압된 감정과 생각을 집단상담을 통해 표현하고 이를 통해 감정을 해소하는 것이다. 집단원 간의 신뢰감 형성으로 안전함을 느끼게 되면 내담자는 그동안 억압했던 생각과 느낌을 꺼내 놓을 수 있게 된다. 이것이 집단원으로부터 수용되는 경험은 해소감과 편안함을 가져다준다. 정화는 정서의 개방적 표현을 의미하며 이것은 집단과정에서 중요한 필수 요소다. 서로가 서로에 대한 강한 감정을 표현하고 그러한 감정에 대해 정직하게 다루어 나가는 집단원들은 긴밀한 상호유대감을 발전시킨다.

(3) 의사소통 학습

의사소통 학습이란 집단과정에서 상담자, 다른 집단원과의 상호작용을 통해 관계 형성 능력을 향상시키는 것을 말한다. 집단상담의 참여는 타인과의 효과적인 상호작용 방법을 학습하고 왜곡 없는 만족스러운 대인관계를 발전시킬 수 있는 기회가 된다. 집단원과의 상호작용 속에서 다른 사람들로부터 부정적인 반응을 끌어내는 부적응 행동 등에 대해 알 수 있게 되며, 이러한 부적응적 양식이 집단 속에서 다루어짐으로써 치료적으로 활용된다. 이를 통해 다른 사람과 관계하는 데 좀 더 적절한 방법을 시도하게 되는 것이다. 의사소통 학습에 해당되는 치료적 요인에는 사회적 기술 습득과 모방학습이 있다.

① 사회적 기술 습득

집단원들은 상담자 및 집단원과의 다양한 언어적 · 비언어적 의사소통을 통해 타인과 더 원활한 방식으로 관계하는 법을 학습한다. 집단에서 타인과의 피드백을 주고받는 과정에서 자신의 감정, 한계, 대인관계 양상 등이 선명하게 드러나며, 이를 집단에서 안전하게 치료적으로 다루게 되면서 대인관계에 부적응적인 반응은 수정하고 적응적인 기술은 학습하게 되는 기회를 갖는 것이다.

② **모방 학습**

모방 학습은 상담자나 다른 집단원의 태도나 행동, 반응 등을 관찰하고 따라 하려고 하며 자신의 것으로 내면화하려는 것이다. 다른 사람들이 문제나 갈등을 다루거나 타인과 관계하는 법 등에 대해서 집단 장면에서 직접 눈으로 확인하고 배울 수 있기 때문에 효과적이다.

(4) 수용과 변화

수용과 변화란 자신의 삶의 의미와 책임이 결국 자신에게 있다는 것을 받아들이고 문제해결 과정을 모색하고 변화를 시도하고자 하는 것이다. 삶의 변화를 위해서는 희망감을 갖는 것이 매우 중요하며 변화를 위한 구체적이고 실제적인 방안을 모색하기 위한 상호작용 과정이 필요하다.

수용과 변화 영역에 해당하는 치료적 요인은 실존적 요인과 희망감, 정보 교환이 있으며 구체적인 내용은 다음과 같다.

① **실존적 요인**

실존적 요인은 자신의 삶의 의미를 스스로 찾고 삶에 대한 책임은 결국 자기 자신에게 있다는 것을 받아들이는 것이다. 타인으로부터 받을 수 있는 도움의 한계, 사람은 모두 죽을 수밖에 없는 운명, 우리의 삶을 스스로 계획할 자유와 그에 대한 책임, 존재 속에 홀로 내던져진 고립감, 그리고 본래 의미가 없는 우주 속에 내던져진 불행에도 불구하고 삶의 의미를 찾아가는 것 등 이런 인간 조건에 대한 직면은 우리에게 엄정한 실존적 삶의 현실을 알려 준다.

② **희망감**

희망감은 집단상담을 통해 자신에게 변화가 일어날 것이라는, 그리고 문제가 해결될 수 있다는 희망을 가지게 되는 것이다. '나도 실제로 변화할 수 있다.'는 희망을 심어 주고 그것을 유지하도록 하는 일은 아주 중요하다. 내담자는 자신이 성장 및 변화를 위해서 집단상담에 참여하기로 결정한 순간부터 희망감을 경험하게 된다. 이것은 내담자가 계속해서 상담을 받음으로써 다른 치료적 요인들이 효과를 낼 수 있게 하고 치료방법에 신뢰를 갖는 일 자체가 치료적으로 효과적일 수 있다. 집단원들이 다른 집단원들의 상태 호전을 목격하는 일 또한 그들에게 얼마나 중요한 것인지는 자명하다. 집단상담자들은 이 요인을 잘 이용하여 현재의 집단원들과 함께 긍정적인 변화를 나눌 수 있어야 한다.

③ 정보 교환

정보 교환은 집단상담에서 문제해결 및 변화와 새로운 시도를 위한 다양한 정보를 주고받는 것이다. 유사한 문제에 대해 다른 집단원들이 어떤 방식으로 그 문제를 극복했는지, 도움을 받을 곳은 어디인지 등에 대한 정보이며, 상담자나 내담자들이 제공하는 충고, 제안, 직접적인 지도뿐만 아니라 집단상담자가 제시하는 심리교육도 포함될 수 있다.

이상으로 집단상담에서의 집단상담자와 집단원, 집단원과 집단원 간의 상호작용에서 일어나는 집단역동에 대한 정의와 의미를 알아보고, 집단역동에 영향을 주는 요인과 집단역동을 다루는 관점을 살펴보았다. 또한 집단상담자를 포함한 집단구성원들의 복합적인 상호작용 과정에서 나타나는 사건이나 역동에 의해 변화에 도움이 되는 치료적 요인인 소속감, 통찰과 해소, 의사소통 학습, 수용과 변화의 네 가지 영역의 열 가지 요인을 살펴보았다.

집단상담은 개인상담과는 달리 집단역동의 과정을 바탕으로 하여 이루어지기 때문에 집단상담자는 집단의 역동과 발달과정에 대한 통찰력을 지녀야 할 뿐 아니라 이를 생산적으로 활용하는 능력도 터득해야 한다. 집단의 역동을 파악했을 때 집단상담자는 집단원에게 적절한 개입과 역할을 할 수 있고 집단상담의 목표를 이루도록 할 수 있다. 집단상담자가 집단의 역동을 파악하기 위해서는 기민함과 민감성을 갖추는 것이 중요할 것으로 보인다.

요 약

1. 집단역동의 이해

1) 집단역동의 정의: 집단구성원들 간의 상호작용에 작용하는 힘

2) 집단역동의 차원: 심리 내적 역동, 대인 간 역동, 집단 전체 역동

3) 집단역동의 내용과 과정

- 내용적 측면: 감정을 일어나게 한 내용에 초점
- 과정적 측면: 감정을 일어나게 한 대인관계 패턴이나 무의식적인 동기에 초점

2. 집단역동에 영향을 미치는 요인

1) 집단의 사전 계획

집단원의 구성	성별, 연령, 출신지역, 학력, 결혼 여부, 직업, 사회경제적 지위, 종교 등
집단 목적의 명료성	집단상담자와 집단원들이 집단 목적을 명확하게 이해하고 있는가의 여부
집단의 크기	상호작용하는 집단원의 수
집단회기의 길이	집단원이 자신의 관심사를 언급할 수 있는 시간
장소의 환경적 요인	접근의 용이성, 방음시설 여부, 편안함 및 안전성, 탁자 사용 여부, 좌석 배열 등
모임의 빈도수	집단 목적에 합당한 모임의 빈도수
모임 시간	상황에 적절한 시간대
집단 참여 동기	집단 참여의 자발성 여부

2) 집단활동

① 안정 수준 증가: 구조화된 활동이 집단원들에게 안정감을 증가시킴

② 집단에서 토론 및 초점에 집중: 토론과 참여를 만들어 내어 구성원들의 활동 수준과 상호작용을 자극

③ 경험 학습의 기회: 말하는 것보다는 활동을 통해 보다 깊은 탐구에 도움을 줌

④ 재미와 긴장의 완화: 신체활동이나 게임은 웃음이나 재미를 가져와서 집단의 긴장을 풀게 함

3) 집단의 상호작용 구조

① 집단의 물리적 구조: 집단구성원의 배치 구조로 집단의 작동에 강력한 영향을 줌

② 집단원 간 상호작용의 요인: 집단의 배경, 집단의 참여 형태, 의사소통의 형태, 집단의 응집성, 집단의 분위기, 집단행동의 규준, 집단원들의 사회적 관계 유형, 하위집단의 형성, 주제

의 회피, 지도성의 경쟁, 숨겨진 안건, 제안의 묵살, 신뢰 수준

3. 집단역동 다루기

1) **심리 내적 역동:** 집단원에게 자기 자신의 행동을 돌아보고 자신의 감정과 반응을 탐색하게 하는 것이 필요함

2) **대인 간 역동:** 전염, 갈등, 불안, 합의적 타당화, 보편성, 가족의 재현, 희망의 주입 등의 대인 간 역동과 활동은 긍정적인 상호작용을 촉진함

3) **집단 전체 역동:** 건강한 집단 규준, 명확한 경계, 긍정적인 집단 분위기, 집단 발달과정에서 발생하는 난관을 해결하는 능력이 있는지 집단 전체 역동을 점검

4. 집단상담의 치료적 요인

1) **치료적 요인의 개념:** 집단구성원들의 상호작용을 통해 변화와 성장에 영향을 주는 것

2) 영역에 따른 치료적 요인

영역	치료적 요인	설명
소속감	유사성	다른사람도 나와 유사하다는 것을 깨달음
	친밀감	집단원 간에 가까워지고 의미 있는 관계 형성
	이타심	다른 사람을 도와주고자 함
통찰과 해소	자기이해	자신의 사고, 감정, 행동 양식 통찰
	감정 정화	억압된 감정과 생각을 표현하고 편안함을 얻음
의사소통 학습	사회적 기술 습득	다른 사람과 원활한 방식으로 관계하는 기술을 배우는 것
	모방 학습	다른 사람의 태도나 행동을 보고 배우는 것
수용과 변화	실존적 요인	삶에 대한 책임 수용
	희망감	변화에 대한 긍정적 기대
	정보 교환	변화를 위한 정보 나눔

제2부

집단상담 이해

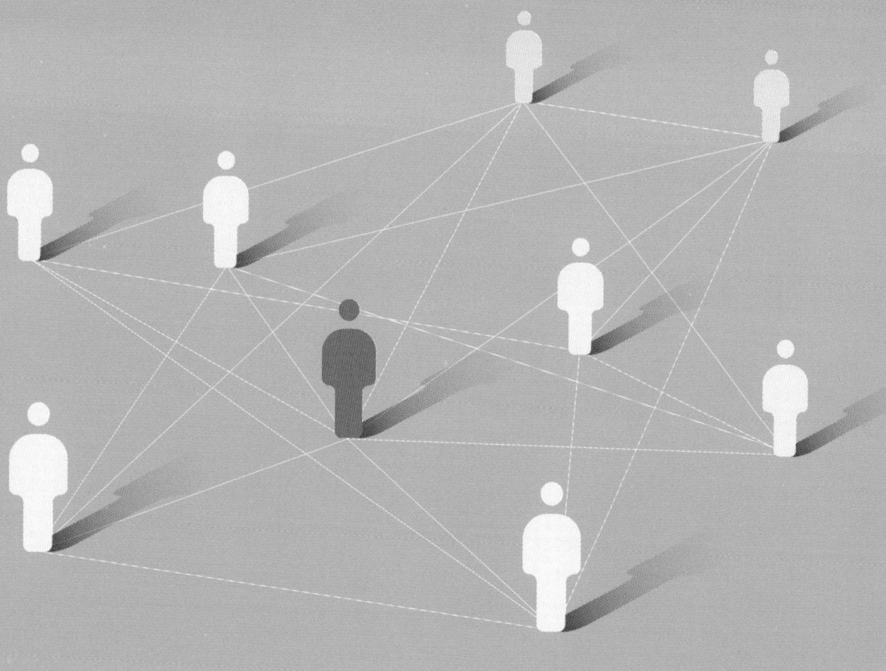

제4장

집단상담자

읽기 전 나누기

- 집단상담자가 되기 위해 중요한 인간적인 자질은 무엇이라고 생각하는가?
- 집단상담자의 전문적인 자질에는 어떤 것들이 있을까?
- 집단상담자가 직면하는 문제는 어떤 것이 있으며 어떻게 다루면 좋을까?

읽고 나면

- 집단상담자의 인간적인 자질과 전문적인 자질을 이해한다.
- 집단상담자의 발달과정에 따른 교육과 훈련 방법을 이해한다.

집단상담은 내가 어떤 사람인가를 탐색하고 나의 참모습을 발견해 보는 프로그램이자 성숙한 나를 가꾸어 나가는 활동이다. 아무런 조건이나 제약 없이 집단원들과 진솔한 대화를 나누며 자신에 대한 사랑과 타인에 대한 사랑을 경험할 수 있다. 이러한 경험이 집단 속에서 이루어지기 위해서 집단상담의 또 다른 주체인 집단상담자는 상담자로서 갖추어야 할 기본적인 태도와 품성 등 효과적으로 집단활동을 촉진하게 하는 인간적 특성을 갖추고, 집단에서 발생하는 현상과 집단 응집성을 촉진하는 독특한 특징을 이해하고, 활용할 지식과 기술인 전문적 기능과 역할을 두루 갖추어야 한다.

따라서 이 장에서는 집단상담에서 집단상담자가 맡은 임무가 중요한 만큼 이들이 어떤 자질을 갖추어야 하며 집단 안에서 어떤 역할을 해야 하는지 알아보고자 한다. 또한 집단상담자의 발달단계를 살펴보고 이들이 직면하는 문제 및 과제에는 어떤 내용이 있는지 찾아보고, 이러한 과제를 잘 다룰 수 있는 전문성을 갖추기 위한 교육과 훈련 등에 대해 살펴보고자 한다.

1 집단상담자의 자질

집단원은 자신의 욕구와 감정들을 집단상담에서 표현하기 전까지 불안과 두려움, 방어 등의 다양한 감정 변화를 경험한다. 이것은 개인상담에서 느끼는 내담자의 반응과는 구별되는데, 그 이유는 집단이라는 울타리 안에 다양한 역동이 존재하기 때문이다. 집단역동은 개인과 개인, 개인과 집단, 개인과 상담자 간에 존재하며 이들 사이에서 발생하는 상호작용의 힘, 즉 역동은 집단과정 그 자체이자 중심 요소다. 이러한 역동 안에서 집단원은 타인과의 관계 속의 자신을 통찰하게 되고, 점차 변화를 시도하거나 적용할 기회를 가지게 된다. 따라서 집단상담자는 집단원의 감정과 반응에 민감하여야 하고, 집단 내에서 일어나는 역동을 효율적으로 다룰 수 있어야 한다. 그러기 위해서 집단상담자는 집단원이 안전한 느낌으로 자신을 개방하고 자신과 타인을 진솔하게 마주할 수 있도록 도와야 하며, 집단원의 반응에 속도를 맞추고, 집단과정에 필요하다고 판단할 경우 상호작용을 돕는 역할도 해야 한다. 집단상담자의 이러한 노력으로 집단원들은 집단상담이 진행되는 과정에서 자신의 모습을 있는 그대로 바라볼 수 있게 되고, 자신과 타인을 수용하는 과정을 거치면서 한층 더 성장하게 된다. 그러므로 집단상담자의 자질은 매우 중요하게 다루어져야 할 부분이고, 이것이 상담의 효과를 좌우한다고 해도 과언이 아니다. 그렇다면 상담자는 어떠한 자질을 갖추고 있어야 할까? 이 장에서는 집단상담자가 갖추어야 할 인간적인 자질과 전문적인 자질을 살펴보기로 한다.

1) 집단상담자의 인간적인 자질

많은 학자가 집단상담자의 인간적인 자질로 상담자 내면의 성숙한 면모들을 언급하고 있다. 인간의 성장이 집단상담의 주요 목표인 만큼 상담자의 인격이 뒷받침되어야 하는 것은 당연한 일이다. 집단상담자의 인간적인 품성과 태도는 집단원들의 신뢰 수준을 높이고, 집단의 분위기와 응집성 등 집단과정 전반에 걸쳐 긍정적인 영향을 가져다준다. 여기서는 집단상담자의 인간적인 자질을 성숙, 자비심, 조망 능력으로 나누어 살펴보고자 한다.

(1) 성숙

성숙이란 사람이 몸과 마음이 자라서 어른스러워지는 것을 뜻하는 것으로 집단상담자의 성숙도는 집단원의 인간적인 성장에 무엇보다 중요하게 기여한다. 집단상담자의 성숙 요인으로 자기이해와 수용, 개방성, 자아탄력성 등이 있다.

① 자기이해와 수용

집단상담자는 자신의 문제에 대해 늘 깨어 있어야 한다. 자신의 문제를 보려하지 않고 타인의 문제에만 관심과 초점을 둔다면 상호소통은 단절되거나 일방적이어서 소통의 본질을 흩뜨리게 된다. 특히 자신의 문제가 무엇인지도 모르는 집단상담자는 위험하다. 이들은 자신도 모르게 집단 내에서 자신의 가치관이나 문화적 관점을 주입하려 한다. 하지만 끊임없이 자신을 돌아보고 자신의 감정을 알아차리는 노력을 하는 집단상담자는 집단 내에서 자신의 의도가 개입되는 상황에 대하여 보다 빨리 알아차리게 되어 집단 내에서의 폐해를 미리 예방할 수 있다.

❖ 집단상담자의 자기이해와 수용 영역

- 자신의 성격적인 특성, 가치관, 사고에 대해 이해하기
- 해결되지 않은 문제의 해결을 위해 노력하기
- 문제해결 과정에서 자신의 강점과 약점 수용하기

자기이해와 수용의 정도가 높은 상담자는 집단원에 대한 이해와 수용의 정도도 높아서 집단원들의 성격 차이, 문화 차이를 상담자 입장에서 바라보지 않고, 편견 없이 있는 그대로 수용할 수 있다. 이러한 집단상담자의 태도는 집단원들의 상호작용을 촉진시켜 집단과정을 효율적으로 진행하는 데 도움을 준다.

② 개방성

집단상담자는 집단의 분위기를 자연스럽게 이끌기 위하여 자신의 생각과 느낌, 경험에 대하여 개방할 수 있어야 한다. 집단 경험이 부족하거나 방어가 높은 집단원들은 여러 사람 앞에서 자신의 경험과 느낌을 나누는 것에 익숙하지 않다. 이때 상담자가 먼저 자신의 실수나 부정적인 감정 등에 대하여 개방하는 것은 집단원들의 자기개방에 대한 동기를 불러일으키게 된다. 집단상담자의 진솔한 자기개방은 집단의 경직된 분위기에 활력을 불러일으킨다. 하지만 분위기를 활성화하기 위하여 상담자가 집단원의 수준을 고려하지 않고 과도하게 자기개방을 하거나 인위적으로 자기개방을 하는 것은 바람직하지 않다. 상담자의 자기개방에서 진솔성은 매우 중요한 마음가짐이라는 것을 명심해야 한다.

❖ 집단상담자의 인위적인 자기개방의 위험성

- 집단상담자 자신부터 거짓된 피드백을 양산할 수 있다.
- 집단상담자에 대한 집단원의 신뢰를 무너뜨릴 수 있다.
- 집단상담 전체에 대한 신뢰에 영향을 미쳐 집단 전체에 악영향을 미칠 수 있다.

③ 자아탄력성

자아탄력성이란 개인이 어떤 어려움에 처했을 때 긍정적으로 적응해 나가는 힘으로, 자율적으로 자신의 문제를 해결하고 이를 성장의 밑거름으로 변화시킬 수 있는 능력을 말한다. 집단상담자는 집단 내에서 일어나는 다양한 상황과 문제에 대하여 융통성과 창의성을 가지고 대처해 나가는 힘이 있어야 하는데 자아탄력성이 높은 상담자는 집단 내에서의 문제 상황을 긍정적으로 바라보고 이에 대해 유연하게 대처할 수 있다. 이들은 문제 상황을 해결하기 위해 도전할 용기가 있으며, 나아가 문제 상황을 집단 성장의 밑거름으로 변화시킬 수 있다. 상담자의 이러한 면모는 집단원들에게 안정감을 주고, 집단원들이 변화를 시도하는 데에 따르는 두려움을 해소하고 용기를 내는 데 도움을 준다.

(2) 자비심

자비심은 인간을 사랑하고 가엾게 여기는 마음으로 집단상담자의 마음 저변에 깔려 있는 깊은 인간애를 의미한다. 즉, 사람을 판단하지 않고 그지없이 사랑하며 존중하고, 인간의 실현 가능성을 믿으며 그 가능성에 빛을 비추어 도우려는 이타심을 말한다. 집단상담자의 인간적인 자질 중 하나인 자비심에는 인간에 대한 사랑과 관심, 존중과 믿음, 돌보려는 마음 등이 있다.

① 사랑과 관심

사랑과 관심은 삶에 즐거움과 행복, 의미와 보람, 신뢰와 친근감, 그리고 활력과 변화를 경험하게 하는 기본 요소다. 집단상담자가 사랑과 관심을 가지고 집단원을 대하는 일은 사람을 무비판적이고 무조건적으로 존중하고 소중히 여기는 것으로, 이는 효과적인 집단상담을 위해서 필수적이다.

집단상담 과정에서 의미 있는 사랑과 관심의 체험은 집단원에게 안녕감을 주고 나아가 그들이 건설적으로 변화·발전할 수 있도록 하는 근본적인 변화의 원동력이 된다. 집단상담자는 집단상담을 생계 유지나 개인적인 목적 수단으로 사용하기보다는 집단원을 사랑하는 마음을 가지고 봉사하는 것 자체가 즐겁고 보람된 일이라는 내적 가치에 치중해야 한다. 이를 위해 집단상담자는 집단원들에게 도움을 주려는 강한 사명의식을 가지고 고도의 지식과 장기간의 교육을 요구하는 집단상담 과정을 익혀 나가야 한다.

② 존중과 믿음

집단상담자는 인간을 존중하는 마음을 가지고 있어야 한다. 인간은 본래 선한 존재로 개개인마다 고유의 특성과 자기실현의 능력을 가지고 있으며, 스스로 삶을 결정하고 선택할 권리가 있다. 인간의 존엄성은 아무리 강조해도 지나치지 않다. 집단상담자는 인간에 대한 깊은 신뢰와 존중하는 마음을 가지고 집단원들의 긍정적인 변화에 대한 믿음을 가져야 한다. 이러한 상담자의 믿음은 집단원들이 자신의 문제를 집단상담 내에서 해결하고자 노력하는 과정에서 든든한 버팀목으로 작용한다. 상담자의 마음가짐은 언어, 태도 등에서 저절로 우러나오게 되므로 집단원들은 상담과정 내내 자신이 존중받고 있다는 것을 느끼고, 자신의 변화에 대한 동기를 강화하게 된다.

③ 돌보려는 마음

돌보려는 마음은 사람들을 신뢰하고 소중하게 여겨 도움을 주려는 마음을 말한다. 즉, 집단상담자는 현재를 바탕으로 집단원의 성장과 자아실현을 돕기 위해 집단원을 돌보려는 마음을 가지는 것이다. 이때 집단원에 대한 집단상담자 자신의 반응을 솔직히 탐색함으로써 돌봄이 쉬운 유형과 돌봄이 어려운 유형의 집단원에 대한 인식이 가능한데, 이러한 인식하에 집단상담자가 집단원을 돌보는 형태가 달라질 수 있다.

❖ 집단상담자의 집단원 돌보기

- 집단상담 참여를 주저하는 집단원에게 참여 기회 제공 및 참여 정도 결정하도록 돕기
- 집단원의 말과 행동으로 불일치 관찰하기
- 집단원의 공포와 저항을 강화하지 않게 직면하기
- 집단원에게 따뜻한 관심과 지지 보내기
- 집단원이 원하는 욕구에 관심을 가지고 지켜보기

(3) 조망 능력

조망 능력은 입장을 바꿔 생각해 볼 수 있는 능력으로 심리적 객관성을 의미한다. 즉, 어떤 상황에 대해 좀 더 폭넓은 시야로 바라볼 수 있고 더 나아가 다양한 관점이나 입장을 수용하는 것을 뜻한다. 집단상담자의 인간적인 자질 중 하나인 조망 능력에는 지혜와 창의성 등이 있다.

① 지혜

집단상담자는 집단 내의 역동과 문제 상황을 정확히 파악하고 처리하는 지혜로움을 지녀야 한다. 집단상담에 대한 이론과 기술을 익히는 것도 중요하지만 이를 효율적으로 적용하지 못하면 무용지물이다. 지혜로운 사람은 자신이 아는 것을 자랑하기보다 끊임없는 공부와 훈련을 통하여 그것을 자신의 것으로 소화하고, 이를 적재적소에 활용한다. 소화되지 않은 이론과 기법을 집단 내에서 무작정 적용하면 집단원들의 신뢰를 무너뜨릴 뿐만 아니라 혼란감을 초래할 수 있다. 집단상담자가 집단의 자연스러운 흐름을 방해하지 않고 자신이 알고 있는 이론과 기법을 필요한 상황에 적용하기 위해서는 꾸준한 훈련과 더불어 통찰력과 인내, 욕심을 버리는 자세가 필요하다.

② 창의성

창의성은 사고의 다양성과 독창성을 말한다. 창의적인 사람은 대체로 무질서, 모순, 불균형 등에 강한 흥미를 보이는데 이러한 특징으로 평균보다 더 많은 경험을 하고, 깊고 넓고 탄력적인 자아의식과 민감한 감수성을 가진다. 창의성을

지닌 집단상담자는 자신감과 자율성이 높고 남을 압도하는 힘이 있으며 비교적 내적 갈등이나 구속 등의 영향을 쉽게 받지 않는다. 집단 안에서 집단상담자는 풍부한 경험, 창의적 방법들과 민감한 감수성으로 집단상담에 접근하여 집단원의 집단 경험을 의미 있게 만드는 능력을 지닌다. 즉, 집단에서 일어나는 무질서, 모순, 불균형 등을 취급할 때 동일한 접근으로 되풀이하는 대신, 새로운 방법과 기술을 독창적으로 활용하기를 선호한다. 만약 집단상담자가 반복된 형식으로 생동감이 없고 형식화된 기술과 방법을 활용한다면 집단상담 과정이 진부함이나 지루함에 빠질 위험성이 높다.

그러므로 집단상담자는 참신한 모습과 새로운 방법을 가지고 집단에 임함으로써 창의성을 유지할 뿐만 아니라 진부해지는 자신의 모습을 미연에 방지할 수 있다. 유머가 풍부한 집단상담자와 함께 집단을 이끌거나 때로 집단에서 약간의 거리를 유지하는 것은 창의적인 관점을 갖는 데 도움이 된다.

2) 집단상담자의 전문적인 자질

집단상담자는 인간적인 자질을 충분히 갖춤과 동시에 전문성을 가져야 한다. 전문적인 자질이란 상담자로서 활동하는 데 갖추어야 할 능력과 기술을 의미하며, 이것은 집단상담을 성공적으로 수행하기 위한 필수 요건이다. 집단상담자가 지녀야 하는 전문적인 자질은 교육과 훈련을 통한 전문적 능력과 집단상담 기술로 나누어 설명할 수 있다.

(1) 집단상담자의 전문적 능력

집단상담자는 다양한 상담이론에 대하여 전문 지식을 갖추어야 한다. 상담에 대한 전문 지식은 상담자가 집단원들이 겪고 있는 심리적 문제에 대하여 전체적으로 조망하는 능력을 키우고 이들에 대한 효과적인 개입 전략과 방법을 구사할 수 있게 한다. 이론에 대한 전문 지식과 더불어 사회라는 울타리 안에서 생활하는 인간들이 성장하면서 겪는 다양한 어려움과 당면한 문제들에 대하여 편견 없는 안목을 길러야 한다. 이는 인간의 발달과정 속에서 이루어지는 신체적 · 심리사회적 · 문화적 측면 등의 다양한 측면을 고려하여 인간을 조망하는 능력이라고 할 수 있겠다. 이러한 전문 지식과 인간에 대한 조망 능력은 집단상담자가 갖추어야 할 필수적인 지식과 능력이다.

또한 집단상담자는 집단을 구성하고 조직하는 능력과 더불어 집단의 목적을 제대로 달성하는 데 전문성을 발휘하여야 한다. 이를 위해서는 상담자가 먼저 개인상담과 집단상담에서의 내담자 경험을 통하여 자신의 부족한 면을 통찰하고 성장하는 과정을 겪어야 한다. 내담자 경험 없이 상담자로 활동할 경우 집단 내에서 내담자가 겪을 수 있는 다양한 심리적 고통과 방어기제를 다루기 어렵다. 이는 집단상담의 질을 저하시키는 요인이 되므로 상담자는 반드시 다양한 내담자 경험을 거치고, 나아가 교육과 훈련을 통한 집단상담자 경험을 통해 꾸준한 성장과정을 거쳐야 한다.

(2) 집단상담자의 기술

집단상담 기술이란 집단과정에서 집단이 나아가야 할 방향을 잡고 집단을 촉진시키기 위한 집단상담자의 전문적인 개입방법을 말한다. 이러한 기술을 집단 안에서 실시하는 경우에 집단원의 문제, 직면에 대한 준비와 문화적 배경, 가치체계, 지도자에 대한 신뢰, 발전단계, 집단원의 요구 등을 고려하여야 한다.

집단상담자는 집단상담 기술을 적절한 시기에 민감하게 적용할 수 있는 능력이 있어야 하고, 이러한 기술들을 적절히 사용했을 때 집단상담의 긍정적인 효과를 얻을 수 있다. 따라서 훌륭한 집단상담자가 되기 위해서는 보다 기본적이고 구체적인 상담 기법들을 배우고 익혀서 실제 상담현장에 자연스럽게 활용할 수 있어야 한다. 여기서는 집단상담자의 전문적인 기술을 집단변화 촉진 기술, 집단과정 기술, 집단내용 기술로 나누어 살펴보고자 한다.

① 집단변화 촉진 기술

집단변화 촉진 기술이란 집단상담을 통해 집단원의 심리적 안녕과 긍정적 방향으로의 변화를 촉진하기 위한 집단상담자의 기술을 말한다. 집단의 생산적 변화를 촉진하는 분위기를 조성하기 위한 기술로는 적극적 경청, 공감적 반응과 이해, 초점 맞추기, 지지와 격려하기, 적극적 참여 유도하기 등이 있다.

● 적극적 경청

적극적 경청은 상대방의 입장에 서서 상대방의 생각이나 기분을 이해하기 위해 적극적으로 듣는 태도다. 경청은 단순히 말의 내용을 파악하는 것에서 벗어나 상대방의 몸짓, 표정 그리고 음성에서 섬세한 변화를 알아차리고 그 저변에 깔려 있는 감정의 메시지까지 파악하는 것을 말한다. 집단상담자의 경청은 집단원이 자신의 이야기가 비판받거나 무시당할 거라는 걱정을 하지 않도록 하여 자기 생각을 솔직히 표현할 수 있게 하고 나아가서는 자기가 이야기하는 것이 가치 있는 일이라 느끼게 한다. 집단상담자 또한 경청을 통해 자기 자신과 상대방에 대한 태도가 달라질 수 있으므로 적극적 경청은 집단원뿐만 아니라 집단상담자에게도 유익하다. 따라서 집단상담자는 자신이 타인에게 주의를 기울여 경청하는 데 방해되는 요인을 찾아내어 문제를 해소하고 자신의 경청 기술을 개선할 수 있다.

❖ **경청을 방해하는 요인**
- 집단원의 말을 애정으로 경청할 의사가 없는 것
- 자기가 다음에 하고 싶은 말을 생각하고 있는 것
- 집단상담자의 역할이나 상대방에게 어떻게 보이느냐에 지나치게 신경을 쓰는 것
- 집단원의 입장에서 이해하기보다는 집단상담자의 입장에서 상대를 판단하고 평가하는 것

적극적 경청을 위해서 집단상담자는 집단원의 말, 자세, 몸짓, 음조 등의 일치성과 불일치성을 민감하게 살펴 반응해야 한다. 학업적 지연행동을 극복하기 위한 집단에서 적극적 경청의 예를 살펴보자.

동산: 오늘 선생님에게 야단을 안 맞았어요. 왜냐하면 숙제가 있었는데 제가 미루지 않고 해 갔거든요. 잘하지는 못했지만 그래도 선생님 잔소리나 벌을 안 받아서 좋아요.

태양: 저도 그랬어요. 숙제는 완벽하게 해 가야 한다고 생각해서 하기 힘들었는데, 할 수 있는 만큼 해 갔더니 야단도 안 맞고 가산점도 받았어요.

상담자: 동산이와 태양이가 숙제를 해서 선생님께 검사를 맞고 선생님 잔소리도 안 듣고 가산점까지 받게 되니 무척 기쁜가 보구나. 지금까지 봤을 때와 비교해서 얼굴이 많이 환해진 모습이고 얼굴까지 상기되어 있네. 지금까지 완벽하게 해야 한다고 생각했는데이번에는 할 수 있는 만큼만 숙제를 한 것뿐인데 벌도 안 받고 가산점까지 받으니 뭔가 문제의 해답을 얻은 것처럼 기뻐하네. 생각이 아닌 실천의 기쁨을 얻은 것 같구나.

● 공감적 반응과 이해

공감적 반응은 집단원의 주관적인 세계를 감지하고 이를 효과적으로 말해 주는 기술이다. 집단상담자는 집단원의 언어와 미묘한 비언어적 메시지를 종합해서 집단원의 생각이나 느낌을 가장 잘 나타내는 단어로 이야기한 후 이에 대한 느낌을 "~라고 느끼는군요." "당신의 느낌은 ~하겠군요." 등으로 되돌려 준다. 이러한 공감적 반응은 집단원들에게 수용적인 느낌과 신뢰 있는 느낌을 주고 자신이 이해받고 있다는 안도감, 편안함 속에서 더 깊은 자기탐색과 자기노출의 용기를 가지도록 하며 다른 집단원들의 피드백을 쉽게 수용할 수 있게 한다. 집단상담자가 집단원을 공감적으로 이해하기 위해서는 집단원 개개인에 대한 보살핌과 개방성이 필요하며, 무엇보다 폭넓은 경험과 부단한 연습이 요구된다. 이때 유의점은 집단원과 동일시하지 않고 개별성을 유지해야 한다는 것이다.

굳건함: 오늘 직장에서 있었던 일을 생각해 보니 일도 일이지만 관계는 더 힘든 것 같아요. 일을 어떻게든 제가 감당하고 하나씩 해결해 나갈 수 있는데 관계는 한번 깨지면 회복이 정말 어려운 것 같아요.

상담자: 일도 힘든데 관계도 힘들어서 직장에서 일하는 것이 점점 더 어렵다고 느끼는군요.

또한 서로 다른 의견으로 인해 감정적인 충돌이 일어나거나 상처를 주고받을 때 집단상담자는 각자의 입장을 충분히 고려하고 이해하는 태도를 보여야 한다.

공감적 이해는 그의 편에 서서 옹호하는 것이 아니라 그의 입장을 이해한다는 것이다. 상담자의 이러한 반응은 갈등이 해결되지 않은 상태에서 발생하기 쉬운 집단원의 이탈을 막아 주며, 안정되고 보호받는 분위기에서 자신의 감정을 자유롭게 표현할 수 있게 해 준다.

> 상담자: 지금 두 사람이 상반되는 말을 하였는데요. 먼저, 굳건함 님이 관계에서 믿음이 깨지면 그 관계는 더 이상 회복이 어렵다고 말했는데 이것은 관계에서 믿음만큼 중요한 것이 없다는 것이겠지요. 그런데 평화 님은 관계에서 중요한 것이 반드시 믿음만은 아니라는 것을 말하고자 하시네요. 소통하고자 하는 의지가 믿음보다 관계를 유지하는 데 더 중요하다고 생각하시는 겁니다.

● 초점 맞추기

집단에서 논의되고 있는 주제 혹은 소주제를 초점이라고 했을 때, 초점 맞추기는 집단활동 또는 특정 집단원의 문제를 적절한 주제와 관심사에 잘 맞추고 유지하는 기술을 말한다. 집단의 초점은 집단 목적과 일치하는 범위 내에서 얼마든지 이동할 수 있고, 논의 내용이나 개인 작업의 정도를 보다 깊은 수준으로 심화시킬 수 있다.

집단상담 과정에서 초점이 흐려졌을 때 집단상담자는 "이 이야기가 ○○이에게 어떤 도움을 줄 수 있을까요?" "방금 한 이야기는 문제의 초점에서 벗어나고 있다는 느낌이 듭니다." 등의 말로 현재 진행되고 있는 이야기를 중지시키고, 집단상담의 주제에 맞는 이야기를 다시 진행할 수 있도록 분위기를 전환할 수 있다.

> 상담자: 잠시만요. 지렁이 님이 남편과의 불편한 관계를 이야기한 후 곧 화제를 자기의 경험으로 돌려 버리고 이야기 흐름을 기도 님 쪽으로 가져왔습니다. 내 생각에는 지렁이 님의 갈등이 어느 정도 정리될 때까지 지렁이 님의 이야기에 초점을 맞추었으면 좋겠어요. 그런 다음에 기도 님 이야기로 넘어갑시다.

● 지지와 격려하기

집단과정에서 지지와 격려는 집단원이 새로운 환경에 적응하도록 그의 생각과 표현에 힘을 실어 주거나 용기나 의욕이 솟아나도록 북돋워 주는 기술을 말한다. 집단상담이라는 새로운 환경을 접하게 되는 집단원들이 불안하여 표현을 억제하거나 자신의 행동에 자신감을 느끼지 못할 때 집단상담자는 지지와 격려를 통해 편안하고 안전한 분위기를 조성하여 집단원들이 자신의 생각이나 감정을 다른 집단원들과 나눌 수 있도록 돕는다. 그리고 집단원들이 개인적인 고민의 개방을 검토하면서 저항 및 방어 태도를 보이거나 스스로 바람직하지 못한 행동을 제거해 보려고 노력할 때 지지와 격려가 필요하다.

어려운 상황으로 인해 포기하여 용기를 잃고 낙담한 사람들에게는 용기를 갖게 하기 위한 지지와 격려가 필요하고, 아무리 어려운 상황에 처해도 좌절하지 않고 앞으로 나가는 사람에게는 강한 인내심과 용기에 대한 지지와 격려가 필요하다. 따라서 집단원 모두에게 지지와 격려는 필수적이라고 할 수 있다. 이렇게 집단상담자가 보인 지지와 격려를 바탕으로 집단원은 자신의 문제를 탐색하고 새로운 행동을 실험해 본 후 실생활에 적용할 방법을 배운다.

> 상담자: 동글 님은 자신의 가족과 관련되어 있는 문제의 책임을 모두 자신이 져야 하는 것에 대해 힘들어하고 부당하다고 생각하면서도 그런 생각을 하는 자신에 대해 못마땅해하는 것으로 보입니다. 또 말하는 것 자체를 약간 두려워하는 것처럼 보입니다. 하지만 우리는 비판 없이 동글 님의 이야기를 듣고 있습니다. 걱정하지 말고 하고 싶은 대로 이야기하면 좋겠습니다.

● 적극적 참여 유도하기

적극적 참여 유도하기는 집단원이 원하는 목적을 달성할 수 있도록 집단상담에 적극적으로 참여하도록 유도하는 것을 말한다. 집단원이 여러 가지 이유로 집단상담에 참여하기를 주저하는 경우, 집단상담자는 그 이유를 파악한 후 다양한 방법으로 참여를 유도해야 한다. 예를 들면, 순서대로 돌아가기, 손 들기, 말을 이어 주는 질문하기, 쓰기 과제 활동 등과 시선 접촉, 몸 기울이기, 흥미로움 나타내기 등의 비언어적인 방법 등을 사용하여 집단원의 적극적 참여를 유도할 수 있다.

> 상담자: 오늘 집단활동에서 새롭게 알게 된 점이나 느낀 점에 대해 나눠 보도록 하겠습니다. 저를 중심으로 시계 방향으로 돌아가면서 각자의 생각을 들어 보겠습니다. 음, 나무부터 시작해 볼까요?
>
> ---
>
> 상담자: 자, 자신의 현재 학교 성적에 대해 고민해 본 적이 있는 사람은 손을 들어 볼까요? (집단원을 둘러본다.)
>
> ---
>
> 활기: 저는 지금까지 한 번도 문제를 상대방의 입장에서 생각해 본 적이 없습니다. 오직 제 관점에서만 보고 불만을 느끼고 친구들에게 화를 내고 관계를 끊었어요. 그리고 저에게 잘못된 부분이 있다 하더라도 친구에게 사과를 하거나 잘못을 인정하면 자존심이 상하고 다른 애들이 저를 만만하게 볼 것 같아요.
>
> 상담자: 한 번도 다른 사람 입장에서 생각을 해 보지 않았다는 말 자체가 문제해결의 실마리를 보여 주는 것 같아서 좋아요. 왜냐하면 지금까지는 활기가 자신의 입장에서만 생각을 한다는 사실조차 인식하지 못했을 것 같아요. 이왕 그렇다면 좀 더 발전시켜 이번에는 문제를 친구의 입장에서 한번 바라보고 생각해 봅시다. 무언가 다르게 느껴지는 부분이 있을 것 같아요. 한번 얘기해 볼래요?

② 집단과정 기술

집단상담자의 집단과정 기술이란 집단의 진행과정에 대한 반응과 지금-여기의 상호작용을 촉진하기 위해 사용되는 언어적 · 비언어적 행동을 말한다. 집단상담자는 집단회기를 시작하면서 집단을 구조화시키고 집단원의 정서 · 인지 · 행동을 파악하여 진단을 내리고 적절한 개입 전략을 모색하게 된다. 또한 집단이 진행되면서 집단상담자는 연결하기, 차단하기, 피드백 등의 기술을 토대로 지금-여기의 상호작용을 촉진하게 된다.

유능한 집단상담자가 되기 위해서는 집단과정을 관찰한 후 집단 목표와 관련해서 집단에서 일어났던 일들에 관해서 묻고 집단 내의 역동에 관해서 평가 · 점검할 수 있는 능력을 갖추어야 할 것이다.

● 구조화하기

구조화란 집단상담자가 집단원들에게 집단상담 참여에 필요한 규정과 한계에 대하여 설명하는 것을 말한다. 구조화를 통해 집단원은 자신의 역할에 대해서도 인식하지만 집단상담자의 역할에 대해 인식하게 된다. 그 과정에서 집단원은 집단과정에서 이루어지는 작업을 이해하고 집단상담의 목표를 설정하며 집단에서 지켜야 할 규칙 등에 대해 집단상담자와 집단원 사이에 합의가 이루어지면서 집단상담의 장이 마련되고 그 속에서 집단상담자와 집단원 사이에 상호작용이 촉진될 수 있다.

구조화는 크게 집단과정에 대한 구조화와 집단 한계에 대한 구조화로 나눌 수 있다. 집단과정에 대한 구조화에는 적극적인 집단상담 참여의 중요성, 집단의 운영, 상담시간의 준수, 불참하거나 늦게 되는 경우에 취해야 할 조치, 위급 상황 시 연락방법 등 집단원들이 알아 두어야 할 제반사항에 관한 것과 비밀유지 및 집단 한계에 대한 구조화는 집단원의 책임, 행동 그리고 비밀유지에 관한 내용 등이다.

집단상담에서 구조화와 관련된 예를 살펴보면 다음과 같다.

상담자: 여러분 중에 집단상담에 처음 참여하는 분들이 있는 것으로 알고 있습니다. 한 번도 접해 보지 못해서 불안하기도 하고 호기심도 생기시죠? 여러분의 불안을 해소하는 데 도움이 될까 해서 앞으로 이 집단이 어떻게 진행될 것이고, 제 역할은 무엇이며, 여러분은 어떤 이야기를 나누게 되고, 어떤 작업을 할 것인가에 대해 말해 보면 우선, 집단은 여러분을 위해 존재합니다. 이 집단의 목적은 우리 각자의 관심사를 함께 논의해보고 서로 돕는 데 있습니다. 많은 사람이 자신의 관심사나 문제를 해결하기 위해 집단에 참여합니다. 그러기 위해서는 자신의 문제에 대해 솔직하게 이야기하고 함께 생각해 보고 새로운 행동을 시도해 보는 것이 중요합니다. 아마 잘 모르는 사람들에게자신의 사적인 문제를 공개하는 것이 어려울 겁니다. 그러나 서로를 믿고 개인적인 문제를 내보일 때 여러분은 성장하고 도움을 받을 수 있습니다. 그러기 위해서 가장 중요한 규칙이 여기서 나누게 되는 이야기가 비밀이 보장되어야 한다는 것입니다. ……〈중략〉…… 집단 모임은 이곳에서 총 10주에 걸쳐서 매주 월요일 오후 4시에서 5시까지 1시간 동안 진행될 것입니다. 혹시 집단 운영과 관련해서 질문 있으십니까?

● 집단원과 연결하기

집단원과 연결하기는 한 집단원의 말과 행동을 다른 집단원의 관심과 관련지어 주는 기술을 말한다. 즉, 집단원들이 각각 제기하는 여러 가지 문제, 그와 관련된 정보나 자료들을 서로 연결시키는 것이다. 집단원들은 이런 과정을 통해 좀 더 깊은 공감대를 형성하여 의사소통을 하게 되고, 보다 깊은 수준의 감정을 표출할 수 있다. 이 기술은 집단원들 간의 상호작용과 집단의 응집력을 강화시키는 역할을 한다.

이를 위해 집단상담자는 집단원이 집단과정에서 제시한 자료에 관심을 기울이고 각각의 단편적 자료 간의 관련성을 살펴서 다른 집단원과 연결 지어 말해야 한다. 이때 "집단에서 ○○처럼 느끼는 사람이 있습니까?" 같은 질문을 통해 연결 짓기를 촉진할 수도 있다.

상담자: 지금 당당이가 아버지 때문에 힘들다는 이야기를 했는데 이 얘기는 봄비가 아버지와의 갈등을 이야기했던 부분과 유사했던 부분이 있는 것 같네요. 봄비는 지금 당당이의 얘기를 들으니 마음이 어때요?

● 문제행동 차단하기

문제행동 차단하기는 집단원이 집단의 목적 달성에 도움이 되지 않는 비생산적이고 바람직하지 못한 행동을 할 때 집단상담자가 집단원의 바람직하지 못한 행동을 제한하기 위해서 사용하는 기술을 말한다. 이때 집단상담자는 집단원의 인격 자체를 비난하거나 공격하지 않고 그의 비생산적인 행동만을 제한해야 한다. 그러기 위해서 집단상담자는 집단원을 공격하지 않으면서도 비생산적인 행동을 중지시킬 수 있는 민감성과 단도직입적인 개입 능력이 필요하다. 상담자는 솔직한 심정을 밝히고 때때로 과감한 직면을 통하여 이들이 성장할 수 있는 계기를 마련하기도 한다.

❖ 제한되어야 할 집단원의 행동
- 지나치게 질문하고 대답 강요하기
- 다른 집단원이 얘기하고 있는 도중에 화제를 자기 쪽으로 끌고 오기
- 집단 외부의 이야기를 길게 늘어놓기
- 자기의 문제를 마치 딴 사람의 책임인 것처럼 떠넘기기
- 길게 횡설수설함으로써 다른 집단원들을 지루하게 하기
- 신뢰를 깨는 행동하기 등

수박: 아버지의 무책임한 행동이 너무 미워요. 우리를 버렸고 혼자서 잘 살려고 가전제품을 다 팔아서 돈을 마련해 나간 것이 이기적인 행동으로 생각되어 너무 화가 나고 그런 사람의 딸이라는 것도 너무 싫고 창피해요.

편안: 우리 아버지도 도박에 빠져서 가족을 내팽개쳤어요. 그러나 나는 아버지를 이해해요. 다 용서했어요. 용서하니 편안하고 좋아요.

상담자: 잠깐만요, 편안 님. 지금 이렇게 다른 사람이 얘기하는데 갑자기 화제를 자기 쪽으로 돌린 것이 두 번째인 것 같아요. 수박 님의 얘기가 안 끝났고 아직 감정을 다 얘기하지 않았는데 화제를 갑자기 편안 님으로 바꿔서 어렵게 말을 꺼낸 수박 님의 마음이 살펴지네요. 우선, 수박 님의 감정을 좀 더 풀 수 있도록 나누고 편안 님의 얘기를 듣도록 할게요.

이 사례에서 집단상담자는 다른 집단원이 얘기하고 있는 도중에 갑자기 자신의 경험을 꺼내서 화제를 자기 쪽으로 끌고 오는 집단원의 얘기를 차단하였다.

투명: 〈아마존의 눈물〉이란 다큐멘터리를 보셨나요? 마지막 원시의 땅인 아마존에서 태초의 자연 속 태고의 부족들이 뿜어 내는 원초적인 생명력과 역동적인 에너지를 담은 다큐멘터리예요. 근데 개발이라는 이름하에 해마다 경기도만 한 땅의 면적이 사라지고 있고 아마존 지역의 생태 파괴가 심각한 것 같아요. 이러다가는 지구가 환경오염으로 멸망하고 말 거예요.

상담자: 잠깐만 멈추어 주세요. 방금 〈아마존의 눈물〉이란 다큐멘터리에 대해 논하고 인류의 장래 문제까지 걱정을 하셨는데, 그러한 집단 외부의 이야기가 우리 집단의 목적과는 어떤 관련이 있지요? 자신의 구체적인 문제나 관심사, 그리고 이 집단의 문제와 연결하여 어떤 의미가 있습니까? 초점을 지금-여기에 맞춰서 다시 이야기를 해 보시겠습니까?

이 대화의 예에서 집단상담자는 집단 외부의 이야기를 길게 늘어놓는 내담자의 얘기를 멈추게 하고 지금-여기의 느낌과 어떻게 관련되는지 질문하고 있다.

● 피드백하기

집단상담자가 집단상담 과정에서 집단원의 강점 또는 비생산적인 사고나 문제행동을 밖으로 드러내어 언어적 혹은 비언어적 행동으로 솔직히 되돌려 주는 것을 피드백하기라고 한다. 집단상담의 중요한 목적 중 하나가 집단원으로 하여금 타인이 자기를 어떻게 보고 있으며, 또 어떻게 반응하고 있는지에 대해 볼 수 있는 기회를 제공해 주는 것이다. 집단상담자가 이 방법을 잘 사용하게 되면, 집단원의 특정 행동의 변화에 도움을 줄 뿐만 아니라 어떻게 피드백을 주고받는지에 대한 모델링 역할도 할 수 있게 된다.

❖ 효과적으로 피드백하기

- 구체적이고 관찰 가능한 행동에 대하여 피드백하기
- 문제행동이 일어난 직후에 피드백하기
- 변화 가능한 행동에 대해서만 피드백하기
- 내담자가 받아들일 준비가 되어 있을 때 피드백하기
- 자신의 생각이나 느낌을 나타내는 데 그치기
- 더욱 의미 있는 피드백이 될 수 있도록 다른 집단원도 동참하기

집단상담자는 피드백을 할 때 상대에게 자신의 피드백이 어떻게 받아들여질 것인지 알 수 없는 불확실함이 있어 피드백은 염려와 걱정 혹은 안도와 변화를 야기할 수 있으므로 집단원을 아끼고 배려하는 차원에서 사용되어야 한다.

미소: 지금까지 자기 마음을 닦는다고 주위를 못 살핀 것 같아요. 학교에서 같이 생활하는 동료가 있는데 맛있는 것도 사 주고 힘들 때 쉴 수 있도록 배려도 해 주는데 한 번씩 말하는 모습이 참 밉고 행동 하나하나가 이해되지 않는 부분이 있어서 마음이 참 힘들었는데 이번 집단에 와서 동료를 이해할 수 있게 되었어요. 그동안 미워했던 동료에게 미안하고 사과하고 싶어요. (눈물을 흘림)

비상: 지금 미소 님이 울고 계시는데…… 저는 굉장히 기뻐요. 미소 님이 생활로 돌아가서 동료 분과 같이 즐겁게 생활하시는 장면을 보는 듯해서 마음이 가벼워져요.
상담자: 비상 님이 피드백하는 모습이 굉장히 놀라워요. 눈물 속에서 그런 희망과 변화를 봤다는 것이 신선해요. 그리고 미소 님과 동료 분이 서로를 아끼고 생각하는 모습이 참으로 사랑으로 다가와요. 미소 님의 진솔한 모습이 저에게도 감동을 줍니다.

③ 집단내용 기술

집단내용 기술이란 집단 안에서 이루어지는 의사소통 내용을 의미 있게 다루어 치료 효과를 내는 기술을 말한다. 즉, 집단상담자가 전문적인 기술을 적절하게 사용하여 집단원들이 가지고 있는 의사소통의 걸림돌을 제거함으로써 원활한 관계를 맺을 수 있도록 하는 것이다. 집단상담자는 때로 의문을 제기하고 때로는 문제를 명료화하며 집단원의 말의 내용이나 느낌을 새로운 말로 반영시켜 줌으로써 집단원들의 성장과 발달을 촉진시킬 수 있다.

이처럼 집단상담자는 전문가적 식견과 객관적인 태도로 집단원의 심층에 깔려 있는 갈등의 원인을 발견하고 이를 기술적으로 표면화시킴으로써 집단원들이 가능한 해결책을 모색하도록 도와줄 수 있다.

● 명료화하기

명료화는 집단원의 모호하거나 불분명한 진술을 그 집단원이 스스로 좀 더 인식할 수 있도록 돕는 기술을 말한다. 예를 들면, 집단원이 자신이 양가감정을 지니고 있다거나 한 번에 많은 것을 생각하고 있다고 말할 때 집단상담자가 이런 불분명한 진술을 명료하게 함으로써 집단원 스스로 실질적으로 겪고 있는 문제에 대해 보다 분명하게 볼 수 있게 할 뿐만 아니라 보다 심오한 수준의 자기탐색을 가능하게 할 수 있다. 명료화하기에는 질문과 재진술 등이 있다.

질문은 집단원의 생각이나 감정을 탐색하기 위해 또는 각 정보 간의 관련성을 알기 위해 묻는 기술을 말한다. 주로 집단원의 애매한 진술을 당사자를 포함한 집단원들이 명확하게 알게 하기 위해 사용한다. 이를 통해 보다 심도 깊은 논의를 이끌어 낼 수 있으며 사고를 자극하고 진술을 명료화할 수 있고 초점을 명확하게 할 수 있으며 한층 더 깊은 자기탐색을 할 수 있다. 집단상담자는 집단원으로부터 정확하고 구체적인 진술을 하도록 특별한 형태의 질문을 하게 된다. 예를 들면, "~은 ~라는 뜻입니까?" 또는 "~은 ~라는 말씀이십니까?"라는 형태로 질문을 하는 것이다.

재진술은 집단원이 진술한 내용을 집단상담자가 다른 동일한 말로 바꾸어 명료화하는 것을 말한다. 재진술은 주로 집단원에 관한 정보를 함축적으로 되돌려 줌으로써 집단원이 자신이 한 말의 내용에 주의를 기울이도록 돕는다. 집단원이 얘기한 내용 중 핵심 사항을 집단상담자의 말로 바꾸어 "~ 상황이시군요." "~ 일이 있으셨군요." "~ 생각을 하고 계시는군요." 등의 반응을 보이는 것이다. 이때 집단상담자는 집단원이 말한 것을 그대로 되풀이하는 것이 아니라 말의 내용 뒤에 숨어 있는 느낌을 함께 이해하고 있다는 사실을 알려 줘야 한다.

여유: 저는 원하는 일이 안 되면 신경질이 나요. 정신이 확 도는 것 같아요. 그래서 주위 사람들에게 화를 내고 짜증을 내게 돼요. 그러면 또 좀 있다가 미안해져서 잘해 주려고 노력해요.

상담자: 여유 님은 자신이 원하는 대로 안 된다고 해서 주위 사람들에게 신경질을 부림으로써 얻는 소득이 무엇인지 생각해 봤습니까?

당당: 어머니가 많이 편찮으세요. 그래서 마음이 많이 불편해요. 근데 언니나 동생들이 저한테 뭐라 하는 거예요. 어머니를 잘 모시지 않았다고요. 저도 가정이 있지만 어머니를 주위에서 챙긴다고 챙겼는데…… 일이 나면 꼭 저한테 잔소리를 해요. 그런데 이제 이런 말을 들으면 화가 나고 속상해요.

상담자: 당당 님이 친정의 일에 대해서 얘기를 했는데, 어머니가 편찮으신 것도 마음이 무거운데 결혼했어도 어머니를 많이 챙기고 돌봐 드렸는데 무심한 형제들의 비난까지 받게 되어 더욱 힘들고 화가 나는군요.

● 감정 반영하기

감정 반영은 집단원의 감정을 읽어 주는 것으로 집난원이 전달하고자 하는 메시지의 본질을 스스로 인식할 수 있게 반응하는 기술을 말한다. 집단상담자는 감정 반영을 통해 집단원이 말 이면에 숨어 있는 감정이나 느낌을 알 수 있도록 하고, 말하고 있는 집단원의 감정을 이해하며 그 사람과 의사소통을 꾀한다. 반영은 주의력, 관심, 이해, 존중에 영향을 받는다. 감정 반영을 통해 집단원은 자신의 내적 경험에 접촉하게 되고 막혀 있던 감정이 점차 흐르면서 정서적인 카타르시스가 일어난다.

초록: 음, 지난주에 집단에서 나눴던 관심과 배려에 대한 얘기를 남편에게 말했어요. 그동안 많이 관심을 가져 주지 못해 미안하다고요. 그런데 남편이 시큰둥해하는 거예요. 남편이 기뻐하리라 기대했는데…….

상담자: 초록 님은 남편에 대한 관심과 배려가 부족하다는 것을 집단에서 깨닫고 남편에게 사과했는데, 초록 님이 마음을 열면 남편도 마음을 열고 기뻐하리라 기대했는데 의외의 싸늘한 반응을 보여 많이 실망하신 것 같아요.

새싹: 지루하고 답답하고, 몇 주 동안 집단상담을 하면서 변화된 게 없는 것 같아서 오늘 여기 오기 싫었는데 그래도 왔어요.

상담자: 새싹 님은 변화가 없는 것 같아 지루하고 답답하지만 집단 경험을 통해 자신이 변화되는 기대를 버리지 않고 있네요.

● 요약하기

요약은 여러 가지 복잡한 주제의 이야기가 오고 가거나 단편적인 내용이나 활동들로 집단이 흐를 때, 이야기의 요점을 잡아서 간추림으로써 집단의 흐름과 이야기의 핵심을 제대로 파악할 수 있도록 돕는 기술을 말한다. 집단은 종종 넓은 범위의 다양한 관점에서 정보와 자료가 오가기 때문에 집단원들이 많은 세부사항을 놓치거나 기억하지 못하는 경우가 있다.

신중하고 간결한 요약은 집단원들이 집단의 흐름을 이해하는 데 많은 도움을 준다. 집단 초기에 한 집단원이 이야기를 길게 할 때, 한 가지 주제의 이야기가 끝나고 새로운 주제로 넘어갈 때, 한 회기가 끝날 때, 집단과정이 난관에 봉착하거나 분열되었을 때 요약에 근거해서 집단의 방향을 점검할 수 있다.

상담자: 지금까지 각자가 자신의 별칭에 대해 간단하게 설명하고, 집단에서 기대하는 것, 목표 등을 돌아가면서 얘기했습니다. 각자의 목표를 잘 기억하시고 마칠 때 도달 정도를 물어보도록 하겠습니다.

상담자: 자, 지금까지 유치원, 초등학교, 중학교를 다니면서 변한 자신의 직업에 대해서 살펴보았습니다. 직업이 변한 친구도 있고 변하지 않은 친구도 있을 겁니다. 그럼 변한 친구들은 그 직업들이 가지는 공통점을 한번 찾아보도록 합시다.

상담자: 오늘 시간이 다 되었습니다. 마치기 전에 여러분이 이번 시간을 통해 경험한 것과 새롭게 느낀 것이 있다면 잠시 이야기를 나누도록 하겠습니다.

상담자: 자, 포도 님의 얘기를 잘 들었습니다. 포도 님이 꺼낸 주제에 대해 여러분의 많은 의견이 나왔습니다. 대략 지금까지 나온 얘기를 요약해 보면…… 몇몇 분은 안타까운 마음에 포도가 힘과 용기를 조금 더 내서 시련을 극복했으면 하는 마음이었고 몇몇 분은 가지 말아야 할 길을 가는 사람의 고단함을 보는 듯해서 답답했고 포도가 가는 길을 중단했으면 하는 마음이 간절했습니다.

● 직면하기

직면은 어떠한 일이나 사물을 직접 당하거나 접하는 것을 말하는데, 집단과정에서 직면 기술은 집단원 스스로 자기 자신에 대해 정직하게 볼 수 있도록 집단원들을 독려하는 기술을 말한다.

❖ 직면이 필요한 경우

- 이전에 한 말과 지금 하는 말이 불일치하는 경우
- 말과 행동이 불일치하는 경우
- 스스로가 자신에 대해 인식하는 것과 다른 사람이 인식하는 것이 불일치하는 경우
- 말과 정서적 반응에 차이가 있는 경우
- 집단 전체가 서로의 변화를 촉진하기보다 방관하고 있는 경우

집단상담자는 직면하기를 통해 집단원의 자기이해를 돕고 문제의 원인을 찾도록 할 수 있다. 한편, 직면을 원만하게 다루지 못하면, 직면된 사람과 집단과정 모두가 나빠질 가능성이 있다. 왜냐하면 간혹 어떤 집단원은 직면을 집단 상호작용을 방해하는 것, 누군가를 곤란케 하는 것, 보복의 표적이 되는 것 등으로 받아들여 이를 공격으로 간주할 수도 있기 때문이다. 따라서 집단원을 직면시킬 때 반드시 전제되어야 하는 것은 집단원과 집단상담자 간의 신뢰감이다.

직면은 신뢰감이 형성된 후에 따뜻한 태도와 부드러운 어조로 구체적인 행동에 대해 느낌을 전해야 하며 평가나 판단 없이 객관적인 사실을 있는 그대로 진술해야 한다. 특히 집단상담자는 직면을 통해 집단원의 변화를 강요해서는 안 되며, 집단의 분위기나 응집성, 집단원의 준비 정도를 파악하여 적절한 때에 기술을 적용해야 한다.

상담자: 소라 님은 말로는"기분이 괜찮다."라고 하면서 발가락을 계속 떨고 있어요. 내가 보기에 그 모습이 자신의 감정을 억제하고 있는 것처럼 보여요.

상담자: 집단에서의 지영 님의 오늘 모습은 무표정한 얼굴로 긴장을 많이 하고 있는 것처럼 느껴지고 집단원을 바라보기보다는 아래쪽을 계속 보고 있는 모습이 집단에 참여하기보다는 혼자 생각을 많이 하고 있는 것처럼 보여요.

상담자: 수연 님은 말로는 계속 "힘들다." "나는 약하니까 다른 사람이 나를 보호해 줘야 한다." 라고 말하지만 말할 때 간절함보다는 화가 나 있는 것 같이 보여요. 목소리가 크고 확신에 찬 어투로 얘기하기 때문에 강하게 느껴지고 약하게 안 느껴져요.

상담자: 보라 님의 좀 전 모습은 진실하고 자신에 대해 느끼고 성찰하는 모습으로 보였어요. 그런데 지금 다른 사람이 얘기하는 말을 따라가면서 계속 "나도 그렇다." "나도 그런 면이 있다." 등으로 피드백하는 모습은 꼭 '다른 사람도 나와 같은 면이 있으니 우리는 똑같네.' 식으로 문제를 회피하는 것처럼 보여요.

상담자: 집단이 지금 계속 침묵이 흐르고 있네요. 여러분은 문제를 해결하기 위해서 집단에 참여하였는데 아무도 자신의 문제를 나누려 하지 않는 것 같아요.

● 해석하기

해석은 집단원이 표면적으로 표현하거나 인식한 내용을 뛰어넘어 새로운 방식으로 자신의 문제를 바라볼 수 있도록 그의 감정, 사고, 행동에 대해서 새로운 의미를 부여하거나 새롭게 설명하는 기술을 말한다. 집단상담자는 집단원의 행동과 감정 이면에 내재된 원인에 대한 가설을 제시하여 해석함으로써 집단원이 새로운 관점과 대안을 파악하도록 도와줄 수 있다.

해석하는 데는 상당한 민감도가 필요하다. 적절한 해석을 위해서는, 먼저 집단원을 충분히 공감·반영함으로써 신뢰감을 형성하고 그의 비언어적인 반응을 관찰하여 진정으로 자신의 행동이나 문제를 이해하고 숨은 동기나 원인을 알고 싶어 하는지, 해석을 받아들일 준비가 되었는지 확인해야 한다. 그리고 당사자에게 해석한 것에 대한 타당성을 평가해 볼 수 있는 시간적 여유를 주는 것이 필요하다.

상담자: 저는 비움 님이 어떤 생각을 하고 있는지 궁금합니다. 집단원의 얘기를 들으면서 때때로 바닥을 하염없이 바라보고 눈물 짓는 모습을 보이는데 모든 것을 자기 문제로 되돌려 자기 비판이나 연민에 빠지게 될까 봐 염려됩니다. 저는 당신에 대한 이런 느낌이 바뀔 수 있으면 좋겠습니다. 비움 님의 생각이나 느낌을 얘기해 줄 수 있나요?

상담자: (집단원이 힘든 얘기를 할 때마다 위로하거나 다른 이야기로 화제를 돌리려고 하는 집단원에게) 내가 보기에는 우리 집단원 중 누군가가 힘든 얘기를 할 때마다 끼어들어 고통을 덜어 주려고 하거나 화제를 다른 것으로 돌리려고 하는데, 혹시 홀가분 님이 이런 힘든 경험을 맞닥뜨리기 두려워하고 있는 것은 아닌지요?

2 집단상담자의 발달과정

많은 초심 집단상담자가 집단상담 대가의 특성을 이해하고 이를 모델로 삼고 싶어 한다. 대가가 되는 과정이 이론적인 단계를 거치듯 분명한 과정을 밟아 온 것이 아니기에 현재 초심 집단상담자와 10년, 20년 경력의 숙련된 집단상담자,

대가의 특성을 토대로 집단상담자가 공통적으로 어떠한 과정을 거쳐 전문성을 발달시키는지 분석한 자료들이 나오고 있다.

이를 토대로 집단상담 대가들의 공통적인 특성을 간략히 살펴보면, 대가들은 인간에 대한 이해가 일반 집단상담자에 비해 훨씬 더 심오하며, 인간에 대한 신뢰가 강하고 높은 수준의 수용력을 가지고 있다. 대가들의 공감 능력은 개인적인 차원의 이해 수준을 넘어 인간의 본성을 깨달을 수 있는 차원까지 나아가는 힘이 있다. 이들은 집단의 다양한 상황에서 융통성을 발휘하고 집단원들의 상호작용을 따라가며 서두르지 않는다. 또한 위험한 상황을 성장의 기회로 삼고 자기개방을 회피하지 않으며 창의적이고 새로운 방식의 실험을 추구하는 경향이 있다. 이는 오랜 기간의 훈련과 실패를 통한 성장, 새로운 것에 대한 꾸준한 시도, 성취감 등의 경험이 대가로 성장하는 밑거름이 되었음을 의미한다.

1) 집단상담자의 발달단계

초심자들은 어떠한 단계를 거쳐서 숙련된 집단상담자로 성장하게 될까? 집단상담자의 경력을 기준으로 다음과 같이 발달단계를 나누고, 선행 연구의 내용을 참고하여 각 단계별 집단상담자들의 특성과 집단상담자의 전문성 발달과정을 살펴보자.

(1) 적응 단계

적응 단계는 집단상담 경력이 2년 이하로 아직 집단상담에 대한 명확한 이해가 부족한 상태에서 외부적인 요구, 즉 기관이나 선임의 요구, 수련과정에서의 요구 등에 의하여 집단상담자로서 첫발을 내딛는 단계다. 이 시기에는 선임 집단상담자들, 특히 자신이 내담자로 참여하였던 집단상담자의 영향을 받기 쉽다. 아직 이론적인 배경이 약하고 집단을 구조화하여 이끌어 가는 힘이 부족하기 때문에 집단상담자로서의 부담감을 많이 느끼는 시기다.

이 단계에 있는 초심 집단상담자들은 전문성에 대한 갈증을 해소하기 위하여 지식의 습득에 의존하고 교육과 훈련에 관심을 가지게 된다. 이론을 그대로 적용하고자 노력하다 보니 오히려 집단 운영이 매끄럽지 못하고, 이로 인해 이탈하는 집단원이나 저항하는 집단원에 대한 대처가 미숙하여 자신감이 떨어지는 경험을 하고 불안, 두려움 등을 느낀다. 집단원에 대해 있는 그대로 수용하고자 노력하며, 집단상담자로서의 태도가 적절한지 집단과정 속에서 계속 되짚어 보기 때문에 집단원의 반응을 지나치게 의식하거나 과도한 지지와 격려 등의 부자연스러운 태도를 보이기도 한다. 집단원의 출석률이나 반응, 수퍼바이저의 평가가 집단의 성과에 대한 평가 기준이 된다.

(2) 발전 단계

발전 단계는 집단상담 경력이 3년 이상 10년 미만으로, 집단상담자로서의 적성을 확인하고 꾸준히 성장하기 위한 발돋음 단계이자 과도기 단계다. 이 단계에 이르면 초심 상담자의 모습에서 조금씩 벗어나기 시작하며, 집단 내에서의 치료적 요인을 경험하면서 집단상담에 호감을 가지고 적극적으로 교육과 훈련에 참여한다. 더불어 집단상담자로서의 긍정적인 피드백을 경험하거나 역량 부족으로 집단 운영에 어려움을 겪기도 하는 시기다.

이 단계에 있는 집단상담자들은 동료나 선배로부터 수퍼비전을 받고 대가의 집단상담에 참석하는 등 집단원으로서의 경험과 리더로서의 경험을 쌓아 가며 적극적으로 자신의 역량을 키우고자 노력한다. 집단의 목표 설정과 달성에 관심을 가지게 되고, 좀 더 적극적인 개입을 시도하지만 아직 주도적이지는 않다. 집단의 과정에 흥미를 보이고, 편안한 분위기 조성과 응집력을 위해 노력하지만 여전히 이론을 집단에 적용하는 것에 어려움을 느끼고, 여러 이론 중에 실제적인 경험을 통해 익숙해진 이론을 집단에 적용하게 된다. 집단원의 변화를 알아차리고, 집단원의 평가에 민감한 반응을 하던 적응 단계에 비하여 좀 더 결과를 수용하는 힘이 생기면서 편안함을 경험한다. 집단의 성과를 자신과 타인의 평가와 피드백을 통해 알아차리며, 자신의 기대에 미치지 못할 경우 자책감과 고뇌에 빠지기도 하지만 적응 단계에 비하여 상담자로서의 느낌에 집중하게 된다.

(3) 확립 단계

확립 단계는 집단상담 경력이 10년 이상 20년 미만의 집단상담자가 집단상담자로서 자신의 정체감을 확립하는 단계다. 이 시기에는 집단상담에 대한 호감을 넘어서 신뢰를 가지게 되며, 자신의 성장을 위한 방식으로 집단상담을 선택한다. 이전 단계에 비하여 집단을 대하는 태도나 집단원의 반응에 훨씬 여유가 생기기 때문에 집단원에 대한 이해가 더욱 활발히 이루어진다. 집단과정과 집단원에 대한 믿음이 생기며 집단원들에게 집중하고 집단의 역동을 활용할 수 있게 된다. 부드러운 직면과 피드백을 적극적으로 활용하며, 집단원의 말(진술)을 판단하지 않고 수용하는 자세를 보인다. 또 집단원의 특성에 따라 융통성 있게 이론과 기법을 적용할 줄 안다. 이론과 기법 중 자신만의 특화된 기법이 자리 잡게 되지만 특별화된 자신만의 이론으로 정립한 것은 아니다.

집단원과의 원활한 상호작용과 더불어 상담자의 느낌과 직관, 집단원의 변화 등 집단의 성과를 판단하는 근거가 다양해지며, 대체로 집단과정에 대해 안정감을 느끼지만 때로는 다양한 시도와 개입의 실패를 통해 자신의 역량에 좌절감을 느끼기도 한다. 이에 따라 전문적인 역량의 고양을 위해 꾸준히 강의나 연구에 참여하는 등 좀 더 깊은 전문적인 훈련에 참여하게 되고 동료들과의 피드백 교환이나 집단원 경험 등을 꾸준히 함으로써 점진적인 성장을 지속한다.

(4) 숙련 단계

숙련 단계는 집단상담 경력이 20년 이상인 전문가에 이르는 단계다. 집단상담에서 선구자 역할을 하는 단계로, 이들은 동료가 스승이자 자원이 된다. 어려운 집단원들과의 집단 경험이 풍부하고, 2년 이상 장기 집단을 경험하고 집단상담 시연 등을 하기도 한다. 집단역동에 대한 이해와 활용에 능숙하며, 빠르고 정확하게 집단원 개개인을 이해하고 집단의 목표와 개인의 목표를 자유롭게 조형하는 능력이 탁월하다. 집단 전체의 역동과 흐름이 한눈에 보이며 집단 자체에 대한 애정과 수용의 태도를 보인다. 이들은 자신만의 이론과 기법을 가지고 있으며, 집단의 성과를 판단하는 기준도 자신의 의도가 집단에서 어느 정도 구현되었는지에 근거한다.

2) 집단상담자가 직면하는 문제

초심 집단상담자는 숙련된 집단상담자가 되는 과정에서 부딪히는 몇 가지 어렵고 중요한 문제에 부딪히게 된다. 처음 집단상담을 운영할 때는 자신이 참여한 집단상담의 경험을 바탕으로 시작하여 점차 자신이 집단상담 운영과정에서 배우고 경험한 것을 통합하고 적용할 방법을 찾게 된다. 이때 집단상담자로서의 역할의 적절성, 집단과정에서의 적절한 개입, 사용할 기법의 적절성에 대해 많은 걱정을 하게 된다. 초심 집단상담자가 직면하는 문제들과 이러한 문제들을 어떻게 처리하면 좋을지에 대한 지침을 몇 가지 살펴보자.

(1) 집단과정에 대한 불안

집단과정에 대한 불안을 가지고 집단상담자로 집단에 참여하게 되면 집단원으로 참여할 때에 비해 자신에 대해 더욱더 의식적이 되며 불안감이 증가한다. 집단이 어떻게 흘러갈지 혹은 배운 대로 할 수 있을지, 그리고 많은 집단원을 감당할 수 있을지에 대해 지나치게 걱정하게 된다. 집단상담자로서 자기의심이나 집단과정에 대한 불안과 걱정을 갖는 것은 어쩌면 당연한 것으로, 불안이 없는 것처럼 하기보다는 불안을 인식하고 처리하려는 것이 좋은 자세다.

❖ 집단상담자의 불안 처리하기

① 수퍼바이저나 동료 집단상담자에게 자신의 불안 개방
- 원인에 대해 토의하기
- 지지와 격려를 통해 의미 있는 교류하기

② 집단상담 과정 안에서 자신의 불안 개방
- 집단원들과 진실된 접촉하기
- 집단원의 저항이나 불안을 낮추는 계기 마련하기

집단 초기에 집단상담자의 적당한 자기개방은 집단상담자라는 역할에 매여서 자신도 불안을 느낄 수 있는 인간이라는 사실을 잊어버리거나 혹은 인간적인 부분을 너무 강조하여 집단상담자로서의 역할을 잊어버리는 실수를 하지 않게 한다. 집단과정에서 상담자가 한 인간으로 존재하면서 경험하고 있는 것을 개방하는 것이 집단원들에게는 부정적 감정을 표현할 수 있도록 용기를 주기도 한다.

(2) 완벽주의 성향

초심 집단상담자가 가지는 완벽주의 성향은 자신이 맡은 집단에 대해 완벽하게 수행하고 싶은 욕구를 의미한다. 완벽해야 한다는 욕구는 대표적인 자기패배적 신념 중 하나로 자신에게 큰 부담을 지우는 것이며, 이루어질 수 없는 욕구다. 인간이 불완전하다는 것을 스스로 알고 있지만, 감정적으로는 실수하면 집단이 실패로 마무리되고 집단 안에서 공격을 받을지도 모른다고 생각한다. 집단 안에서 집단상담자가 완벽한 모습을 보이기 위해 애쓰게 되면 집단원들도 현재에 존재하기보다는 완벽하게 보이기 위해 애를 씀으로써 에너지를 소모하게 된다. 이러한 모습은 집단을 부자연스럽게 이끌고 집단 전체를 경직되게 만들 수 있다. 따라서 집단상담자는 자신의 불완전함을 인정하고 실수하는 모험을 해 보고, 이에 대해 개방적 자세를 가짐으로써 집단에 풍부한 재료를 선물할 수도 있고 자신뿐 아니라 집단원의 불안을 낮춰 생기 있는 현재의 자기 그대로를 만날 수 있도록 해 준다.

(3) 집단 안에서 침묵

집단과정 중에 침묵이 길어지면 초심 집단상담자는 이 시간이 아무것도 하지 않는 시간처럼 여겨지거나, 어떻게 하면 좋을지 몰라 안절부절못하기 쉽다. 하지만 염려와 달리 집단과정 안에서 침묵은 많은 의미를 내포한다. 침묵을 통해 집단원은 이전의 피드백에 대해 조용히 생각하고 있거나, 감정적으로 그곳에 머물러 있으면서 정화되고 치유되고 있을 수도 있고, 다음에 어떤 이야기를 나눌지 생각하고 있을 수도 있다. 한편, 집단원과 집단상담자가 다른 데에 관심이 있거나 자기 생각에 빠져 있을 수도 있다. 즉, 침묵은 교류가 이루어지는 진행과정일 수도 있고, 전환의 시간일 수도 있고, 집단과정에 대한 회피의 시간일 수도 있다. 따라서 침묵을 두려워하기보다는 침묵을 어떻게 다루는가가 중요하다. 그러기 위해서는 침묵이 있은 후에 침묵의 시간 동안 무엇을 경험했는지, 침묵이 집단원에게 주는 의미에 대해 터놓고 얘기하는 태도가 필요하다.

(4) 비자발적 집단원

집단상담에 관심이 없는 집단원들과 집단상담을 한다는 것은 여간 어려운 일이 아니다. 관계하기를 원치 않는 집단원과 신뢰를 바탕으로 한 동맹관계를 형성하는 것은 매우 어려운 문제다. 이렇게 비자발적 집단원들과 효과적인 집단과정을 경험하기 위해서는 집단에 참여하기 싫은 그들의 마음에 대해 귀 기울여 살펴보고 그들의 욕구를 들으려는 태도가 필요하다.

집단상담자가 집단에 대한 준비가 미흡하거나 집단원의 현재 사고나 감정을 무시할 경우 집단원의 저항이 자주 일어나고, 집단상담의 목표 달성과는 거리가 먼 피상적인 집단 운영이 될 수밖에 없다. 따라서 참여하기 싫은 집단원의 마음을 개방적으로 논의하고 그 마음에 대해 공감해 주는 시간이 먼저 확보되어야 한다. 집단상담자로서 할 수 없거나 지키지 못할 약속은 하지 말아야 하며, 집단에 대한 비밀유지의 한계에 대해서도 분명히 알려 주고 감당할 수 있는 만큼만 자기개방을 하도록 선을 그어야 한다. 집단상담에 대해 관심이 없는 집단원에게는 사전에 그들에 대한 이해를 바탕으로 집단과정에 대해 설명해 주는 것이 필요하다. 그렇게 함으로써 집단 참여에 대한 동기를 높이고 저항을 줄여 집단상담의 효과를 높일 수 있다.

(5) 조언과 충고

집단을 하다 보면 현재 개인적인 문제로 고통받고 있는 집단원 중에 조언을 듣거나 충고를 원하는 집단원이 있다. 이들은 집단 안에서 다른 집단원들이 자기 대신 결정해 주거나 문제를 해결해 주기를 원한다. 다시 말해, 다른 집단원에게 자신의 다양한 정보를 제공해 주어 선택에 도움을 받고자 하는 것과 달리 그들은 집단에 의존하여 집단에서 선택에 대한 해답을 얻고자 하며 스스로 해결하는 것을 포기하고 선택에 따른 책임도 지지 않으려 한다. 이것은 집단원으로 하여금 의존심을 키우는 결과를 초래하고 결국은 새로운 문제가 생기면 다시 집단을 찾게 되는 지경에 이를 수 있다. 따라서 집단상담에서 상담자는 다양한 입장에서 정보를 제공할 수도 있고 해결에 대한 다양한 결과를 논의해 볼 수 있지만, 결국 선택은 당사자가 하는 것이며 선택의 결과를 수용할 용기를 갖고 여러 관점에서 생각해 보고 합리적으로 의사결정하는 과정을 나누려는 태도가 필요하다.

(6) 저항과 마주하기

저항은 집단의 과도기 단계에서 흔히 나타나는 현상으로, 집단원들은 부정적인 감정을 표현하게 되면서 불안이 고조된다. 집단원들은 직전 집단과정에서 다룬 내용이나 피드백에 의해 내면적 갈등이 일어나기도 하고 개인 역동에 의해 저항과 방어가 표출되기도 한다. 이러한 불안과 저항이 원인이 되어 집단원들 사이에, 때로는 집단원과 집단상담자 사이에 갈등이 발생하기도 한다. 이때 초심 집단상담자는 집단원이 저항적이거나 공격적인 모습을 자신에게 표현하거나 집단이 갈등 국면에 놓이면 긴장이 되고 불안해지기 쉽다. 왜냐하면 집단상담자는 집단원의 저항을 자신에 대한 공격으로 느끼거나 집단원들 간의 갈등이 집단을 망칠 수 있다고 생각하기 때문이다. 그러나 이러한 갈등 국면은 기회다. 즉, 집단상담자는 갈등이나 저항을 적극적으로 환영하는 태도를 보여야 한다. 왜냐하면 집단과정에서 하고 싶은 말을 조심해서 하고 서로 눈치를 보고 좋은 게 좋다는 식으로 집단이 흐르면, 갈등이나 저항이 집단과정에서 나타나지 않고 집단과정이 표면적이고 피상적으로 흐르기 쉽다. 집단상담자는 집단 내에서 나타나는 갈등을 서로 소통할 수 있는 기회로 삼아 대화를 시도함으로써 집단원의 저항을 성장의 도구로 활용해야 한다.

❖ 집단원의 저항에 대처하기

- 집단원의 내면에 관심을 가지고 집단원의 감정에 공감하며 감정을 느끼는 원인을 찾기
- 집단원 간의 갈등이 있다면 어느 집단원의 편을 드는 것이 아니라 서로 소통할 수 있도록 대화 시도하기
- 다른 집단원들에게 집단 내 갈등 상황이 어떻게 보이는지에 대해서 이야기 나누기

3) 집단상담자로서의 과제

우리는 집단상담자의 발달과정을 통해 집단상담자들이 꾸준한 훈련과 노력을 통하여 궁극적으로 자신만의 특화된 이론과 기법을 가지게 된다는 것을 알게 되었다. 또한 전문성을 발달시키는 과정에서 상담자가 당면하는 고민과 과제에는 어떤 것이 있는지 살펴보았다. 이와 연결하여 집단상담자로서 전문성을 발전·유지하기 위해 집단상담자가 어떠한 자세로 이 과제들을 해결해 나가야 하는지 살펴보자.

첫째, 집단상담자의 동료와 멘토의 수퍼비전은 집단상담자의 중요한 성장 요인인데, 단계가 올라갈수록 전문적인 조력 집단의 규모가 적어지므로 꾸준히 전문가로서의 경험뿐만 아니라 집단원 경험을 게을리해서는 안 되며, 자신의 경력과 무관하게 동료의 피드백을 적극 활용할 필요가 있다.

둘째, 집단상담자의 전문성을 위축시키고 좌절감을 주는 부정적인 경험을 어떻게 극복하느냐 하는 것은 집단상담의 중요한 과제다. 초심자들은 집단원의 출석률이 곧 집단의 성패라고 판단할 만큼 집단원의 반응에 민감하다. 또한 능력의 한계를 깨닫게 만드는 집단원을 만날 경우 확립 단계의 집단상담자조차도 좌절을 경험한다. 전문성의 발달과는 무관하게 찾아오는 좌절감을 어떻게 처리할 것인가? 이를 위해 꾸준한 자기성찰과 내면의 힘을 기르면서 자아와 타아를 분리하되 집단원의 반응 또한 성장의 기회로 삼는 등 집단과정 자체에 대한 수용력을 기르는 연습이 훈련과정에서 지속적으로 병행되어야 할 것이다.

셋째, 집단상담자는 전문성을 발달시키는 과정에서 경력에 따라 집단을 바라보고 접근하는 것에 차이가 발생하는데, 이에 대하여 보다 다차원적이고 통합적

인 훈련이 필요하다. 이때 개인으로서의 집단, 관계로서의 집단, 전체로서의 집단에 대해 다루는 것은 전문가로서의 주요 당면 과제다.

넷째, 집단원이 도움을 받는 것은 집단상담자의 전문적인 기술로 인해서라기보다는 집단상담자가 보이는 태도, 집단원을 존중하는 자세, 수용력 등 인간적 성숙과 관련된 경우가 대부분이다.

따라서 집단상담자는 자신의 삶과 맺고 있는 대인관계를 거울처럼 바라보고 꾸준히 닦는 노력을 할 필요가 있다. 이것은 평생 실천해야 하는 집단상담자의 과제라고 할 수 있다.

3 집단상담자의 교육과 훈련

집단상담자는 상담자로서의 전문성을 가지고 집단상담에 임해야 하지만 발달과정에서 살펴보았듯이 상담자의 전문성은 단기간에 완성되는 것이 아니다. 이들의 인간적이고 전문적인 자질은 장기간에 걸친 훈련과 경험을 통하여 다듬어진다. 따라서 초심 상담자들은 아직 집단원 또는 상담자로서의 경험이 부족한 상황에서 집단상담을 진행해야 하는 것에 대해 많은 부담을 가지게 된다. 준비되지 않은 상태에서 집단을 운영할 경우 잘못된 결과를 초래할 위험이 커지며, 이것은 상담자의 윤리적인 문제와도 관련이 있다. 그러므로 상담자는, 더군다나 초심 상담자는 적극적으로 교육과 훈련에 임해야 한다. 집단상담자가 거쳐야 할 교육과 훈련에는 어떠한 것이 있는지 발달단계별로 구체적으로 살펴보자.

1) 집단상담자의 발달과정에 따른 교육과 훈련 방법

(1) 적응 단계에서의 교육과 훈련

초심 상담자는 집단상담자로서의 경험이 부족한 상태여서 집단 운영에 대한 불안, 두려움, 막막함 등의 감정을 느끼기 쉽다. 이처럼 적응 단계에 있는 집단상담자들은 전문적 자질을 갖추기 위하여 관련 워크숍에 참가하고, 전공 서적이나 관련 논문, 동영상 자료 등의 다양한 교육매체를 활용하여 이론적인 기반을 다진다. 하지만 대체로 집단상담이 자신에게 적합한지를 알지 못하기 때문에 전공 지식의 습득과 상담자 경험이 자발적이기보다는 전공 교수님이나 선배의 권유에 의한 경우가 많다.

이 시기에는 자발성이 약한 시기인 만큼 기회가 많이 주어지지 않으므로 집단 운영에 자신감이 부족하고 집단원의 반응에 민감하여 좌절감을 느끼기 쉽다. 또 적응 단계에서는 관련 논문이나 서적에서 제시한 구조화된 프로그램을 도입하는 경우가 많은데, 이에 대한 수퍼비전의 평가를 수시로 받으며 집단 운영에서 나타나는 자신의 강점과 약점을 분석받아야 한다. 그리고 집단상담자로서의 경험뿐 아니라 집단원으로서의 경험을 하고, 자기분석을 받는 등 자신의 문제를 통찰하고 해결하기 위하여 노력해야 한다. 자신의 문제를 인지하지 못하는 상황에서 집단을 운영할 경우 집단원들을 수용하고 통찰하는 힘이 부족할뿐더러 자신의 가치관을 주입하려는 등의 그릇된 태도를 보이거나 중심이 없는 상태로 집단의 응집력을 방해하는 결과를 낳을 수 있다. 그러므로 자신이 운영한 집단의 목표에 따른 집단과정을 수퍼바이저로부터 꾸준히 평가받는 기회를 가져야 한다.

❖ **적응 단계에서 집단 관찰 경험하기**

- 집단상담의 실제 운영과정 살펴보기
- 다양한 시각에서 집단상담자와 집단원의 역동 살펴보기
- 집단상담자가 집단의 다양한 상황에서의 대처방법 살펴보기
- 수퍼바이저 또는 다른 집단상담자와 함께 살펴보고 심도 있게 집단상담의 기본 원리를 토론하고 학습하기

적응 단계에서는 이론을 실제에 적용하는 것이 미숙하므로 집단을 운영할 경우 적절한 자기개방과 더불어 집단원들을 있는 그대로 수용하는 노력을 꾸준히 하면서 자기점검을 해야 한다.

(2) 발전 단계에서의 교육과 훈련

발전 단계의 집단상담자는 그동안의 자기분석과 집단원 경험을 토대로 자기성장을 경험하고, 집단상담의 효과를 깨달으며 집단상담을 대하는 태도가 긍정적이고 적극적으로 변한다. 집단상담자가 전문성을 갖추기 위해서는 상담자 자신이 꾸준한 자기성찰을 통하여 인간적인 자질을 갖추는 것이 필요하다. 상담자의 인간적인 자질은 집단상담의 성과에 중요한 영향을 미치는데, 이것은 타고난 성향에 가까워서 단기간의 훈련으로 변화하기는 어렵다. 하지만 상담자 자신이 개인상담이나 집단상담 등을 받으면서 자신의 문제를 이해하고 해결하는 과정은 인간적으로 성숙해지는 데 큰 도움이 되므로 초심 상담자뿐만 아니라 숙련된 집단상담자도 자기성찰하는 과정을 게을리해서는 안 된다. 이러한 과정은 집단상담자로서 집단원들의 마음을 살피고 집단을 개인, 관계, 전체적인 다각도의 차원에서 바라보는 조망 능력을 가지는 데 밑거름이 된다.

발전 단계에서는 자발적으로 집단상담 관련 워크숍과 학교에서 배운 이론들을 실제 상담현장에서 활용하기 위해 노력하지만 아직 상담자로서의 역량 부족을 경험하는 단계인 만큼 운영상의 어려움을 느낀다. 그러므로 집단상담자로서 집단과정을 효율적으로 이끌었는지에 관하여 동료 또는 전문가로부터 지속적인 수퍼비전을 받아야 한다. 집단상담 관찰자로 참석하기, 관련 학회 집단상담 대가의 시연 워크숍 참석하기, 녹화한 상담 장면이나 축어록 등의 자료를 보고 토의하기 등의 다양한 방법으로 숙련된 집단상담자의 집단상담을 관찰하는 기회를 가진다. 발전 단계의 집단상담자는 이론을 적용한 구조화된 활동과 기법을 사용하면서 개입에 따른 집단원의 반응과 변화과정을 살펴보아야 한다. 동시에 상담자로서의 자신의 개입 정도와 역할을 탐색하여 이론을 체화하고자 노력해야 한다. 발전 단계에서도 자신을 돌아보기 위한 작업을 게을리하지 않아야 하고 꾸준한 성장을 위해 내담자 경험을 해야 한다.

(3) 확립 단계에서의 교육과 훈련

초심 상담자가 집단상담자 훈련과 자기성장에 초점을 두어 집단을 경험한다면,

경력이 많은 집단상담자는 진정한 자기성찰을 위해 집단 경험을 필요로 한다.

확립 단계의 집단상담자는 이론과 기법을 적용하는 것에 융통성이 생긴다. 이들은 구조화된 활동에서 점차 자유로워지면서 기존의 이론에서 발전하여 통합적인 접근과 자신만의 독창적인 방법을 시도함으로써 기존의 이론과 기법을 재정립해 나가고 나아가 자신만의 이론으로 개별화하기 위해 노력해야 한다. 이 단계에 있는 집단상담자는 자신의 집단 경험에 대하여 확신을 가지고, 집단원에게 깊은 공감과 유대감을 느끼고 몰입하면서 집단역동을 잘 활용하지만 때로는 기대수준에 미치지 못하는 집단상담을 경험하기도 한다. 숙련된 상담자라 할지라도 집단의 역동에서 어려움을 느끼고 좌절감을 경험할 수 있다. 집단의 역동에 대한 다양한 개입방법과 집단상담자의 역전이, 효율적인 직면 등에 관한 논의는 초심 집단상담자만 부딪히는 난관이 아니다. 집단상담 경력이 쌓였다고 해서 훈련을 게을리할 경우 시대의 변화에 제대로 반응하지 못할 수 있으므로 변화에 대한 민감성을 기르기 위하여 동료들과 피드백을 주고받는 기회를 자주 가져야 한다. 그리고 집단상담에 대한 강의와 연구에 참여하는 등 더 깊은 전문성을 위하여 노력해야 한다.

(4) 숙련 단계에서의 교육과 훈련

숙련 단계의 집단상담자는 수련감독자로서의 역할을 수행할 수 있는 능력을 지녀야 한다. 수련감독자는 초심 집단상담자가 집단을 계획하고 구조화하는 과정에서부터 집단상담 과정 내에서 봉착하기 쉬운 난관에 대하여 적절한 해결방법을 안내해 줄 수 있어야 하며, 상담자의 반응과 개입방안, 상담자의 역전이, 집단 내의 역동 등을 통찰하고 다룰 수 있는 능력을 갖춘 사람이어야 한다. 그러므로 집단상담자는 수퍼바이저로서의 자신의 역량을 강화하기 위하여 꾸준히 연구하고 자신만의 이론과 기법을 정립해야 하며, 나아가 집단상담에 대한 자신만의 철학적인 가치관을 확립해야 한다. 또한 집단 시연이나 관찰 등을 주도함으로써 초심 상담자들에게 배움의 기회를 제공하여야 한다. 이러한 역량은 숙련된 전문가로서 가져야 할 인간적인 특성을 기본 바탕으로 하므로 자기를 돌아보는 과정은 꾸준히 지속되어야 한다. 또한 다루기 어려운 집단원들을 대상으로 하는 집단상담을 운영할 때는 동료나 수퍼바이저와 의논하고 피드백을 주고받는 과정이 필요하며, 출간된 연구물들을 살펴봄으로써 집단원에 대한 이해와 상담의 시대적 변화에 동참하는 자세가 필요하다.

2) 집단상담자의 윤리적 고려사항

집단상담자는 집단 운영 전반에 걸쳐 다양한 윤리적 문제에 봉착하게 된다. 집단원의 복지를 보호하고 상담의 효과를 높이기 위해 집단상담자는 윤리 기준을 반드시 준수하고 그에 적합한 서비스를 제공해야 한다. 집단 내의 복잡하고 미묘한 상황에서 윤리 기준에 보다 근접한 판단을 내리고 대처할 수 있어야 한다. 집단상담자가 집단을 운영할 때 고려해야 할 주요 사항을 살펴보면 다음과 같다.

첫째, 집단원들이 집단상담에 참여 혹은 탈퇴 의사를 결정할 권리가 있음을 알고 이들의 의사결정을 존중해야 한다. 집단상담자는 집단의 목적과 진행과정, 예상되는 결과 등에 대해 설명하고, 집단원으로서의 권리와 의무에 대해 알려 준 후 참여를 결정한 집단원들에게 동의 절차를 거쳐야 한다. 비자발적 참여 집단의 경우 집단에 자발적으로 남아서 협조할 수 있도록 최선을 다해야 한다. 의무적으로 참여하도록 규정된 집단 기대를 충족시키지 못한 집단원에게는 집단 불참으로 인한 영향을 알리고, 집단을 떠나고자 하는 구성원이 효율적인 방법으로 집단 참여를 마무리할 수 있도록 도와야 한다.

둘째, 집단상담자는 집단원들의 사생활과 비밀을 보장하도록 주의를 기울여야 한다. 집단상담 과정에서 타 집단원들로 인하여 집단원의 사생활이 외부로 유출되는 등 비밀유지가 침해받을 가능성이 높다. 따라서 집단상담자는 이 위험성을 집단원들에게 충분히 설명하고, 집단 내에서 공유한 정보가 외부로 새어 나가지 않도록 수시로 주의를 주어야 한다. 이때 일반적인 비밀유지의 한계 상황에 대해서도 반드시 설명해야 하며, 미성년자 집단의 경우 참여하기 전에 보호자로부터 집단의 목적과 비밀유지의 중요성에 대해 알려 주고 서면 승인서를 받는 것이 좋다. 보호자에게 자녀에 대한 약간의 피드백을 주는 것은 가능하지만 구체적인 내용은 언급하지 않도록 주의하여야 한다. 만약 수퍼비전을 받고 있다면 집단 내용의 공개에 대하여 집단원에게 동의를 구해야 한다. 집단에 대한 자문을 구할 경우 해당 전문가에게는 오직 자문과 교육 목적으로 집단 내용을 사용하며, 이 과정에 대하여 집단원들에게 미리 동의를 구하고 설명해야 한다.

셋째, 집단과정 내내 집단원들을 보호하고 전문가로서의 책임을 다해야 한다. 집단상담자들은 집단 내에서 신체적인 위협이나 협박을 당하는 집단원을 보호해야 하며, 모든 집단원이 공정한 대우를 받을 수 있도록 합리적인 노력을 기울여야 한다. 집단상담자와 이중관계인 사람과의 집단 구성은 피해야 하며 그럼에도 불구하고 참여하게 된 집단원에게는 다른 집단원과 공정한 대우를 하도록 주의를 기울여야 한다. 또한 상담자가 집단원과 물물교환을 하거나 상담자의 이익을 위하여 하는 행위들은 집단과정에 부정적인 영향을 끼칠 수 있으므로 삼가야 한다. 그리고 상담자 자신의 가치관을 주입시키는 행위에 주의한다. 그러기 위해서는 상담자 자신의 가치관과 한계를 잘 파악하고 자신의 개인적인 가치가 집단에 영향을 미칠 수 있음을 알아야 한다. 또 상담자가 적절한 자기개방을 통해 집단원들이 집단과정에서 상담자에게 느낄 수 있는 혼란감을 최소화하도록 노력해야 한다.

넷째, 집단상담자는 교육과 훈련, 경험을 통하여 전문 자격을 갖춘 서비스를 제공해야 한다. 경험이 부족한 집단상담자는 제대로 된 훈련을 받지 않은 채 집단상담을 진행할 경우 잘못된 결과를 초래할 위험이 있다. 어떠한 이론과 기법도 훈련 없이 집단에 적용해서는 안 되며, 관련 분야의 전문가에게 지도와 감독을 받은 상황에서 집단상담에 적용하여야 한다. 상담자 개인의 문제나 갈등으로 인하여 집단 운영에 어려움을 느낄 때에도 전문적인 도움을 구해야 한다. 집단상담자는 끊임없이 자기성찰을 위한 노력과 자문, 수퍼비전을 통하여 집단과 개인의 목표를 달성하도록 최선을 다해야 한다.

요 약

1. 집단상담자의 자질

1) 집단상담자의 인간적인 자질: 상담자의 인간적인 품성과 태도로 집단원들의 신뢰 수준을 높이고, 집단의 분위기와 응집성 등 집단과정 전반에 걸쳐 긍정적인 영향을 가져다줌

① 성숙: 자기이해와 수용, 개방성, 자아탄력성

② 자비심: 사랑과 관심, 인간에 대한 존중과 믿음, 돌보려는 마음

③ 조망 능력: 지혜, 창의성

2) 집단상담자의 전문적인 자질: 상담자로서 활동하는 데 있어 갖추어야 할 능력과 기술

(1) **집단상담자의 전문적 능력**: 다양한 상담이론에 대한 전문 지식, 집단 구성과 조직 능력 및 집단 목적 달성에 대한 전문성

(2) **집단상담자의 기술**: 집단과정에서 집단이 나아가야 할 방향을 잡고 집단을 촉진시키기 위한 집단상담자의 전문적인 개입방법

① 집단변화 촉진 기술: 적극적 경청, 공감적 반응과 이해, 초점 맞추기, 지지와 격려하기, 적극적 참여 유도하기

② 집단과정 기술: 구조화하기, 집단원과 연결하기, 문제행동 차단하기, 피드백하기

③ 집단내용 기술: 명료화하기, 감정 반영하기, 요약하기, 직면하기, 해석하기

2. 집단상담자의 발달과정

1) 집단상담자의 발달단계

(1) **적응 단계(집단상담 경력이 2년 이하)**: 집단상담에 대한 명확한 이해가 부족한 상태에서 외부적인 요구(기관이나 선임의 요구, 수련과정에서의 요구 등)에 의하여 집단상담자로서 첫발을 내딛는 단계

(2) **발전 단계(집단상담 경력이 3년 이상 10년 미만)**: 집단상담자로서의 적성을 확인하고 꾸준히 성장하기 위한 발돋움 단계이자 과도기 단계

(3) **확립 단계(집단상담 경력이 10년 이상 20년 미만)**: 집단상담자로서의 자신의 정체감을 확립하는 단계

(4) **숙련 단계(집단상담 경력이 20년 이상)**: 집단상담 전문가에 이르는 단계

2) 집단상담자로서의 과제

① 성장을 위한 동료와 멘토의 수퍼비전

② 집단상담자의 전문성을 위축시키고 좌절감을 주는 부정적인 경험에 대한 대처와 극복

③ 집단 접근에 대한 다차원적 · 통합적 훈련

④ 인간적 성숙과 관련한 실천

3. 집단상담자의 교육과 훈련

1) 집단상담자의 발달과정에 따른 교육과 훈련 방법

(1) **적응 단계에서의 교육과 훈련**: 전문적 자질을 위한 수퍼비전, 집단원 경험, 자기분석, 수퍼비전, 집단관찰 경험 및 토론

(2) **발전 단계에서의 교육과 훈련**: 인간적 자질을 위한 훈련, 집단과정을 효율적으로 이끌었는지에 대한 수퍼비전, 집단상담 관찰자로 참여, 집단상담 대가의 시연 워크숍 참석, 녹화한 상담 장면이나 축어록 토의

(3) **확립 단계에서의 교육과 훈련**: 진정한 자기성찰을 위한 집단 경험, 집단역동에 대한 다양한 개입방법, 집단상담자의 역전이, 효율적인 직면 등에 관한 논의

(4) **숙련 단계에서의 교육과 훈련**: 수퍼바이저로서의 역할을 수행할 수 있는 능력, 초심 집단상담자 안내, 상담자의 반응과 개입방안, 상담자의 역전이, 집단 내의 역동 등을 통찰하고 다룰 수 있는 능력, 자신만의 이론과 기법 정립 및 철학적 가치관 확립, 집단 시연이나 관찰 주도, 치료의 시대적 변화의 흐름에 동참

2) 집단상담자의 윤리적 고려사항

① 집단원들의 집단상담 참여 혹은 탈퇴 결정에 대한 의사 존중

② 집단원들의 사생활과 비밀보장

③ 집단과정에서 집단원 보호와 전문가로서의 책임

④ 교육과 훈련, 경험을 통한 전문 자격을 갖춘 서비스 제공

제5장

집단원

읽기 전 나누기

- 집단원의 특징이 집단에 미치는 영향은 무엇인가?
- 집단에서 집단원의 역할은 무엇인가?
- 집단에서 나타날 수 있는 집단원의 문제행동은 어떤 것이 있는가?

읽고 나면

- 집단원의 모집과 선별에 대해 이해할 수 있다.
- 집단원의 다양한 역할에 대해 이해할 수 있다.
- 집단에서 나타날 수 있는 집단원의 문제행동을 이해하고 그에 따른 대처방안을 설명할 수 있다.

집단상담은 집단상담자와 집단원, 집단원들 간의 상호작용을 통해 개인이 추구하는 목표를 이루어 간다. 집단상담자의 역할도 중요하지만, 어떤 특성을 가진 사람들이 집단원으로 참여하는지, 집단원들이 집단작업에 얼마나 적극적으로 참여하는지, 집단원들이 서로 상호작용하면서 어떻게 협력하는지 등에 따라서 성과가 달라지기에 집단원의 역할이 매우 중요하다.

집단상담에 참여하는 집단원들은 성별, 연령, 학력, 직업, 관심사, 가치관 등이 매우 다양하다. 또한 흥미와 관심사, 성격과 가치관 등도 매우 다양하기 때문에 다양한 욕구와 의견으로 갈등이 벌어질 가능성이 매우 높다. 따라서 집단상담자는 집단의 목적에 적합하고 집단과정을 통해 원하는 것을 얻을 수 있는 사람을 집단원으로 선발해야 한다. 그리고 다른 사람에게 피해를 입힐 가능성이 높은 사람은 배제하는 것이 필요하다. 또한 집단원이 집단에서 어떤 역할행동을 하느냐에 따라서 집단의 분위기와 성과가 매우 달라지므로 집단원의 역할행동에 대해 잘 알고 있어야 한다.

이 장에서는 집단원의 정의, 집단원의 모집과 선별, 집단원의 특성과 역할, 집단원의 역할행동과 문제행동, 그에 따른 집단상담자의 대처에 대해 알아보고자 한다.

1 집단원은 누구인가

집단원은 집단상담자를 제외하고 집단에 참여한 구성원을 말한다. 집단원은 혼란스러운 자기에 대해 더 많이 이해하고, 심리적인 문제와 당면한 현실 문제를 해결하고 싶어 한다. 그리고 인간관계에서 겪는 다양한 어려움과 문제를 해결하고, 대인관계 향상 등 여러 가지 이유로 집단상담에 참여한다. 집단원은 자발적으로 집단에 참여하기도 하고 부모나 교사, 상사 또는 조직으로부터 집단상담에 참여하도록 요구받아 비자발적으로 참여하기도 한다. 집단원은 유료로 비용을 지불하고 집단에 참여하기도 하고, 무료로 집단에 참여하기도 한다. 또한 집단상담을 배우기 위해 참여하기도 하고, 전문가가 되기 위한 과정으로 참여하기도 한다.

또한 집단원은 매우 다양하다. 집단상담이 활성화되면서 점점 다양한 기관과 개인이 집단원으로 참여하고 있다. 초등, 중등 및 고등 학교 및 대학교에서 학생을 대상으로 집단상담을 실시하고 있으며 군대, 소방, 보호관찰소, 소년원 및 기업 등에서도 대상자들을 집단상담에 참여시키고 있다. 또한 성별, 연령, 학력과 직업이 다양한 사람들이 개인적으로 집단상담에 참여하고 있다.

오케스트라는 여러 악기로 구성되어 연주된다. 연주되는 음악에서 각 악기는 개성 있는 소리를 내며 각자의 역할을 수행한다. 개성 있는 악기들이 조화롭게 잘 어우러질 때 감동을 주는 연주가 된다. 만일 지휘자가 각 악기의 특성과 역할을 제대로 이해하지 못한다면 음악은 듣기 싫은 불협화음으로 끝날 것이다. 이와 마찬가지로, 집단상담은 여러 집단원으로 구성되어 운영된다. 집단상담자는 각 집단원의 특성과 역할을 잘 이해하고, 차이에서 오는 갈등을 다양성의 풍요로움으로 이끌어야 한다. 개성 있는 집단원들이 서로의 역할을 충실히 수행하며 조화롭게 어우러져 갈 때, 집단원은 각자가 원하는 성과를 얻게 된다.

2 집단원의 모집과 선별

집단상담은 집단상담자와 집단원으로 구성된다. 집단상담의 목적에 맞는 집단원을 잘 선발하는 것은 집단상담의 성공을 위해 매우 중요하다. 집단상담자는 집단상담을 계획하는 단계에서부터 집단의 목적과 유형에 적합한 집단원을 선발하기 위해 어떻게 홍보하고 예비집단원을 어떤 선정 기준에 맞추어 선별할 것인지를 계획해야 한다.

집단상담에서 홍보를 어떻게 할 것인가는 집단원 선발과 직접적인 관계가 있기 때문에 매우 중요하다. 홍보에 포함되어야 할 중요한 정보는 집단상담의 목적과 참가 대상, 일정과 장소 및 집단의 유형(분산식 또는 집중식), 집단상담자의 자격, 접수방법 및 참가비 등이다. 현장실무자들은 집단원을 모집하는 것이 가장 어려운 일이라고 말한다. 집단원이 충분히 모집되지 않으면 집단이 구성되지 않기 때문이다. 현장실무자의 입장에서는 정해진 집단을 운영하는 것과 집단원을 잘 선별해야 한다는 것 사이에서 갈등하게 되는 것이 현실이다. 따라서 충분한 시간을 갖고 홍보를 잘하여 집단원을 모집하는 것이 중요하다.

집단상담 홍보를 통해 집단원을 모집하는 절차가 끝나면, 집단상담에 참여할 집단원을 선별하고 선발하는 절차를 진행한다. 누가 집단원으로 선발되고, 누가 배제되는 것이 좋은지, 그 기준은 무엇인지 등 집단원의 선별 기준을 미리 마련하는 것이 필요하다. 집단상담자는 집단의 목적과 유형에 따라 집단과정에서 집단의 목적을 달성하는 데 심각한 위험이 있거나 다른 집단원에게 부정적인 영향을 미치는 사람은 배제해야 한다. 집단상담자가 개인적으로 좋아하거나 싫어하는 사람인지가 집단원을 선발할 때의 기준이 되어서는 안 된다. 집단상담에 참여한 집단원이 집단상담을 통해 유익한 경험을 하는 것은 중요하다. 또 중요한 것은 부적합한 집단원이 집단의 흐름과 에너지를 과도하게 소모시켜서, 다른 집단원들이 원하는 것을 얻지 못하게 되거나 집단에서 상처받지 않도록 하는 것이다.

❖ 집단원으로 부적절한 사람

- 뇌 손상이 있거나 반사회적 성향이 높고 적대적인 사람
- 극도로 공격적인 사람
- 자살 성향이 높은 사람
- 위기 상황에 처해 있는 사람
- 충동성이 높아 행동화 가능성이 높은 사람
- 지나치게 예민하고 정신병적인 문제를 가진 사람
- 물질중독이나 편집증 성향이 강한 사람
- 강제로 집단에 참여하여 동기가 현저히 떨어진 사람

집단상담에 부적절한 집단원이 선발되면 집단의 응집성과 신뢰 및 집단원의 복지와 상호작용이 손상되어 집단상담이 원활하지 못하고, 참여한 집단원이 상처받을 수 있는 위험도 있다. 이런 특징을 가진 사람들은 개인상담과 같은 다른 심리적 도움을 권유하는 것이 필요하다.

하지만 집단상담에 잠재적으로 어려움을 가져올지도 모르는 집단원이 사실은 집단 경험을 통해 가장 많은 도움을 받을 수 있고 가장 도움이 필요한 사람일 수 있기 때문에 집단원으로 선발하는 것에 대해 잘 고려해 보아야 한다. 집단상담자는 잠재적 어려움을 초래할 수 있지만 집단 경험에서 도움을 받을 수 있는 사람을 선발하는 것과 그 집단원을 위해서 다른 집단원의 복지와 집단작업이 손상될 수도 있는 잠재적 위험을 감수할 것 사이에서 갈등한다. 그래서 선별과정이 중요한 것이다. 집단원에 대한 선별은 개별면담과 심리검사 시행, 의뢰자의 평가 등을 통해 시행된다. 집단원 선별은 집단상담자의 직관과 판단에 의해 이루어지는 주관적인 과정이다.

실무현장에서 집단상담자는 집단원을 선별하지 않는다고 말하는 사람이 많다. 집단상담자는 기관에서 집단상담을 구성하고 집단원을 선발한 후에 지도자로 섭외되어 집단에 참여하게 되기 때문에 집단원 선발에 발언권이 없는 경우가 많다. 이때 집단상담자는 기관에서 집단원을 모집하고 선발하는 내부 기준과 절차가 있었는지 문의해 보는 것이 필요하다. 또한 기관에서는 법원, 학교, 사회복지기관 등에서 집단원을 의뢰받는 경우에도 집단상담자가 집단원을 선별하기 어려운 상황에 처하는 경우가 많다. 이때 집단상담자는 기관에 집단의 목적과 집단 참여 자격 등에 대한 세부적인 정보를 제공하는 노력을 기울이는 것이 좋다. 즉, 집단상담자가 집단원을 모집하고 선발하지 못하는 상황일 때는 대안적인 전략을 세울 필요가 있다. 실제로 집단상담이 시작되기 전에 사전 모임을 실시하여 집단의 목적과 방법 등에 대해 자세히 오리엔테이션과 선별 절차를 거칠 수 있다. 만약 이것도 불가능하다면, 첫 회기에 오리엔테이션을 자세히 실시하고, 집단원으로부터 집단상담에 성실하게 참여하겠다는 서약서를 받는 시간으로 활용하는 것도 방법이다.

3 집단원의 역할

집단상담자는 집단상담의 여러 장면에서 집단원의 행동을 관찰한다. 집단상담자는 집단원의 행동을 관찰한 내용을 바탕으로 각 집단원이 집단 내에서 다른 집단원과 어떻게 교류하는지, 또 집단에 대해 어떤 역할을 수행하는지를 알 수 있다. 또한 집단 내에서의 관찰을 근거로 집단원이 속한 집단 밖의 일상생활에서 주로 어떤 역할을 수행하는지를 추측해 볼 수 있다. 그러한 관찰은 집단 안과 밖을 연결 짓는 중요한 근거가 된다.

집단원은 가정, 직장, 동아리 등 생활 영역에서 다양한 역할을 맡아 수행하고 있다. 역할 수행은 공식적이고 의도적인 역할 분담을 통해, 또는 관계의 역동 속에서 비공식적으로 역할을 기대받고 수행하게 된다. 공식적이고 의도적인 역할 분담을 통해 고정된 역할을 오래 수행하게 되면 내면화되어 자연스럽게 행동으로 나타날 것이다.

또한 비공식적인 역할을 기대받고 수행하면서 그것이 강화되어 습관화되었을 수 있다. 집단원들은 사회에서 자신에게 익숙한 역할을 집단에서 반복할 가능성이 있다. 따라서 집단 내에서 집단원의 행동을 관찰함으로써 집단원이 수행하는 역할을 알아보는 것은 집단 운영과 집단 밖에서 집단원의 관계 패턴을 탐색하고 변화하도록 돕는 것에도 매우 중요하다고 볼 수 있다.

집단상담을 성공적으로 운영하기 위해서는 집단원의 역할과 기능을 정확히 이해하는 것이 중요하다. 여기서는 집단상담을 중심으로 집단원의 역할과 기능을 알아보고, 집단에서 문제가 되는 집단원의 행동과 개입방법에 대해 알아보고자 한다.

1) 집단의 발달단계와 집단원

집단상담은 보통 초기, 과도기, 작업 및 종결 단계의 과정을 거쳐 발달한다. 집단상담자는 각 발달단계의 특성을 이해하고, 집단원들이 각 발달단계에서 일반적으로 보이는 반응을 이해한다면 집단원의 특성을 더 잘 이해하게 될 것이다. 이하에서는 각 단계마다 집단원들이 경험하는 일반적인 경험을 알아보자.

(1) 초기 단계

초기 단계는 집단상담이 시작되는 시기로, 집단원들은 경험해 보지 못한 낯선 상황에서 불안과 두려움을 가장 많이 느끼는 때이며 동시에 호기심과 설렘이 많은 순간이다. 집단원들에게 집단상담은 매우 낯선 상황이며 환경이다.

❖ 초기 단계에서 집단원이 경험하는 불안과 두려움의 양상

- 집단에서 어느 수준까지 나를 개방해야 할 것인가?
- 혹시 내 이야기를 하도록 압박을 받지는 않을까?
- 사람들은 내 이야기를 이해하고 수용해 줄 것인가?
- 아니면 다른 곳에서 그랬던 것처럼 판단하고 평가하여 소외되는 것은 아닐까?
- 나의 특별한 경험을 이해는 할 수 있을 것인가?
- 내가 울음이 터져서 스스로 통제하지 못하면 어떻게 하나?
- 이 집단에서는 어떻게 말하고 행동하는 것이 좋은가?

집단상담의 구성에 따라 집단원들이 경험하는 정서는 다를 수 있다. 집단에 이미 아는 사람이 있을 때와 아는 사람이 전혀 없을 때는 불안과 두려움의 정도가 다를 수 있다. 특히 청소년의 경우에는 그 차이가 더 클 수 있다. 또한 집단상담의 장소가 학교 교실과 같이 이미 익숙한 장소인지 또는 낯선 장소인지에 따라서도 그 정도가 다를 수 있다. 집단에 참여하게 된 동기가 자발적인지 또는 비자발적인지에 따라서도 초기에 경험하는 불안과 두려움의 수준이 달라질 수 있다. 그렇기에 집단상담자는 집단원의 특성을 잘 고려하여 초기에 경험하는 불안과 두려움을 다루어야 한다.

초기 단계에서 집단원들은 많은 선택을 해야 한다. 집단원들은 이 집단에 남을 것인가 또는 그만두고 떠나야 할 것인가, 나를 어느 수준까지 개방할 것인가, 얼마나 적극적으로 참여할 것인가, 이 집단과 집단상담자를 얼마나 신뢰할 것인가,

등에 대한 내적 갈등을 경험하게 된다. 하지만 집단상담에 대해 잘 알지 못하는 불확실성으로 인해 불안과 두려움을 느낀다.

집단상담자는 이 단계에서 집단원들이 경험하는 불안과 두려움은 일반적이고, 정상이며 당연하다는 것을 인식하도록 도와야 한다. 그리고 집단상담의 목적과 운영방법, 규칙과 규범에 대해 안내를 자세히 해 주는 것이 필요하다. 자세한 정보는 불안을 감소시키는 데 도움이 된다. 또한 집단상담자는 집단원들이 초기 단계에서 느끼는 불안과 두려움을 개방적으로 표현하도록 개입하여 이런 불안과 두려움이 본인 혼자만의 경험이 아니라 보편적이라는 것을 알게 할 필요가 있다. 이러한 불안과 두려움을 함께 나누고 공감해 가는 과정에서 집단은 점차 안전하고 신뢰할 수 있는 분위기를 만들어 가며, 응집력이 향상된다.

(2) 과도기 단계

과도기 단계는 집단상담 초기 단계에서 작업 단계로 넘어가는 단계로 초기 단계와 명백히 구분되지는 않는다. 이 단계에서는 집단원들의 방어와 저항을 효과적으로 다루는 것이 중요하다. 집단원들은 여전히 불안과 두려움을 경험하며 이 집단에서 자신을 방어하고 이 집단을 신뢰할 것인지, 안전한지, 내면의 상처와 아픔을 이야기해도 괜찮은지에 대해 시험한다.

❖ 과도기 단계에서 보이는 집단원의 행동 특징

- 자신의 내면을 드러내는 작업을 시작하지 않고 망설임
- 집단에서 벌어지는 상호작용에서 자신의 반응을 숨기거나 간접적으로만 표현함
- 과도하게 침묵하거나 자신의 이야기를 하는 대신에 조언과 충고를 함
- 집단원들은 자신이 집단에서 다룰 문제가 없다고 말함
- 집단에서 다루기에는 문제가 너무 크다고 말하기도 함
- 집단상담자가 이끌어 주기를 요구함
- 집단원들은 다른 집단원과의 갈등을 인정하지 않으려 하고 갈등을 회피함

과도기 단계에서 집단원들의 이런 행동들은 집단에 대한 신뢰가 아직 부족하다는 것을 보여 준다. 따라서 집단상담자의 역할은 집단에 신뢰를 쌓도록 개입하

는 것이다. 그리고 집단상담 과도기 단계에서 보이는 이런 방어와 주저하는 행동은 집단상담자에게 반가운 것은 아니지만 작업 단계로 가기 위해서는 신뢰할 수 있고 안전한 분위기를 만드는 것이 필요하다. 집단상담자는 과도기 단계에서 나타나는 불신과 주저하는 행동을 있는 그대로 수용하고 지금-여기에서 그 마음들이 드러나서 교류하도록 돕는 것이 필요하다. 예를 들면, 둘씩 짝을 지어 "집단에서 내가 염려하는 점은?" "내가 불안할 때 주로 나를 방어하는 행동은?" 등에 대해 나누고, 집단 전체에서 발표하여 다루는 것도 한 가지 방법이다. 또한 집단상담자는 집단에서 느끼고 생각했지만 표현하지 못한 것은 무엇인지를 표현할 기회를 제공하는 것이 좋다.

집단상담에서 불안과 두려움을 느끼고 있는 자기의 취약성을 드러내어 교류하는 것은 집단에 대한 신뢰감을 높여 응집성을 높이는 데 도움이 되며, 집단을 더욱 안전하다고 느끼게 만든다. 또한 그런 상황에서 자기가 스스로를 어떻게 방어해 왔고 어떻게 회피해 왔는지에 대한 깨달음을 얻을 수 있다.

(3) 작업 단계

작업 단계는 집단원들이 자신의 문제를 드러내고 상호작용을 통해 문제를 해결하고, 자신에 대한 깊이 있는 통찰을 달성해 가는 단계다. 집단상담이 작업 단계에 있다고 해도 집단원 모두가 작업 단계에 있는 것은 아니며, 각 집단원마다 발달단계가 다를 수 있다는 것을 고려해야 한다. 따라서 작업 단계에서 나타나는 집단원의 특징을 이해하는 것이 필요하다.

❖ 작업 단계에서 보이는 집단원의 행동 특징

- 집단원은 지금-여기에서의 생각과 느낌을 표현함
- 집단원은 성취해야 할 자신의 목표를 분명하게 인식함
- 집단원은 자신이 경험한 것을 다른 집단원에게 직접 얘기함
- 다른 집단원에게 다소 거부감이 있는 것도 용기를 내어 공개함
- 집단원들은 일상생활에서 해 보지 않은 새로운 행동을 집단 내에서 기꺼이 실험해 봄
- 다른 집단원들은 실험행동에 대해 진솔하게 피드백을 제공함

집단상담자는 작업 단계를 거치는 동안 집단원들이 서로 친밀해진 것이 좋아서 혹시 갈등을 회피하는 현상이 일어나지 않는지, 집단 내에서 얻어진 통찰과 새롭게 연습한 실험행동들을 집단 밖 일상생활에 적용을 잘 하고 있는지, 여기서 느낀 소속감과 응집성이 사라지면 어쩌나 하는 불안을 경험하고 있지는 않은지 등에 대해 관심을 기울여야 한다.

(4) 종결 단계

집단상담 종결 단계에서는 집단상담에서 해결하지 못한 미해결 과제를 다룬다. 집단과정에서 학습한 것들을 정리하고 통합하여 몸에 익히고 일상생활에 그것을 적용할 수 있도록 돕는다. 그리고 종결 단계는 다른 집단원들과 이별 감정을 나누는 집단상담 마무리 단계이다.

집단원들은 시원섭섭한 감정 혹은 불안한 감정을 느끼게 된다. 집단원들은 목표했던 집단을 마치고 일상에 복귀한다는 것과 집단상담을 위해 사용했던 시간과 에너지를 일상의 다른 일에 사용할 수 있다는 것에 대해 시원함과 긍정 감정을 느낀다. 동시에 신뢰하고 친밀한 집단원들과 헤어져야 한다는 생각에 섭섭해하고, 앞으로 힘든 일이 있을 때 또는 좋은 일이 있을 때 집단에서처럼 함께 교류할 사람이 사라진다는 것에 대해 아쉬워하고 서운해한다. 또한 힘들고 어려운 일이 있을 때 집단원들에게 개방하고 함께 의논하며 자신의 감정과 생각 및 대처방법을 탐색하고 해결책을 찾아갔는데 이제 혼자 할 수 있을까 하는 불안을 경험하기도 한다. 특히 과거에 분리불안을 많이 경험했던 집단원에게는 종결 단계가 큰 도전이 된다.

집단원들은 집단과정을 통해 자신에 대해 배운 것들을 인지적으로 하나하나 정리하고, 앞으로 일상생활에서 어려운 일이 생길 때 집단에서 배운 것을 어떻게 적용할 것인지 생각해 보고 혹시 있을 장애물이 있다면 무엇인지, 그것을 어떻게 극복해 갈 것인지를 숙고해 보는 기회를 갖게 된다. 또한 집단원들과 헤어지는 심정을 나누며 건강하게 헤어지는 경험을 한다.

집단상담자는 집단원들이 집단에서 학습한 내용을 정리하여 숙고하고 발표할 때 변화된 긍정적인 측면을 바라볼 수 있도록 돕고, 그것을 일상생활에 적용할 수 있도록 계획하고 공언하도록 돕는다. 또한 이런 인지적인 작업이 분리불안으로 인해 손상되거나, 이별의 과정이 성급하게 진행되지 않도록 잘 설계하는 것이 필요하다. 잘 헤어지는 것은 잘 만나는 것만큼 인간관계에서 중요한 경험이다.

집단원들은 집단상담의 초기 단계, 과도기 단계, 작업 단계, 종결 단계를 거치면서 성장하고 문제를 해결해 간다. 이상으로 각 발달단계에서 집단원들이 보이는 특징과 마음의 상태 및 집단상담자의 개입방법에 대해 간략히 살펴보았다.

2) 집단 운영에서 집단원의 역할

집단상담자는 집단을 구성하고 유지하면서 집단에 속한 각 개인을 성장·변화시키는 역할을 수행한다. 집단원 또한 집단의 구성원으로서 집단의 유지에 일정한 기여를 하며 본인과 다른 집단원의 성장·변화에 역할을 한다. 집단상담자와 집단원들은 집단의 공동목표를 위한 역할을 분담하고 있다. 여기에서는 집단 운영과정에서 집단 유지·발전에 관한 집단원의 역할에 대해 알아보고자 한다. 물론 집단원들은 의식적으로 본인이 어떤 역할을 수행하고 있다고 자각하지 못할 수 있다. 집단상담자는 집단원들이 맡아 수행하는 집단원의 역할을 관찰하여 알아차리고 집단에서 집단원에게 그 역할을 수행하고 있음을 자각하게 해야 한다. 그리고 그 역할 수행에 대한 장단점을 고려하도록 장려하고, 그 역할을 계속 수행할 것인지 또는 변화시킬 것인지를 선택하도록 도울 필요가 있다.

집단상담자는 집단상담 전체의 목표와 집단원의 개별적 목표에 부합되는 공통의 관심사나 문제 또는 주제를 정해서 집단원들과 공동으로 작업하고 해결해 간다. 이런 집단과업을 진행하는 데 집단원들이 참여하는 방식을 관찰하고 작업에 참여시키는 것이 집단상담자의 역할이다. 집단상담자는 집단원들이 집단회기를 거치면서, 집단과업을 해결해 가면서 반복해서 보이는 역할이 있는지 관찰하고 피드백하는 것이 중요하다. 집단원들은 집단과정에서 또 집단 밖 일상생활에서 자신이 다른 사람들과 상호작용할 때 주로 어떤 역할을 하는지에 대해 탐색하고 자각하는 기회를 갖게 될 것이다.

집단의 공동목표를 이루기 위해서 집단원들이 맡게 될 역할을 다음과 같이 분류하여 설명하고자 한다.

(1) **제안자**(suggester)

제안자는 집단에서 집단을 위해 목표를 정하거나 문제를 선택하고 해결하기 위해 집단에서 해결해야 할 과업과 문제에 대한 아이디어를 제안하거나 건의하는 역할을 하는 사람이다. 집단의 문제를 해결하는 데 필요한 참신한 방법을 제안하거나 여러 가지 선택지가 있을 때 어떤 방법을 사용하여 선택할 것인지에 대한 아이디어를 제안하는 역할을 하기도 한다. 또는 집단의 분위기를 전환하기 위해 게임을 하거나 집단에서 발표를 할 때 어떤 순서로 할 것인지 등에 대해 주로 아이디어를 솔선하여 제시하는 역할을 하기도 한다.

(2) **정보 모색자**(information seeker)

정보 모색자는 집단에서 제안된 과업에 필요한 정보를 다른 집단원이나 집단상담자에게 구하는 역할을 하는 사람이다. 정보 모색자는 집단에서 언급되고 있는 문제에 관한 정보가 적절한지, 사실관계가 맞는지 등에 관심이 있으며 집단과 집단원에 관련된 정보를 얻기 위해 질문을 던지는 역할을 한다. 이들은 집단이 가진 가치관 또는 제시된 제안이나 대안과 관련된 가치에 관심이 많다.

(3) **정보 제공자**(information provider)

정보 제공자는 집단에서 제안된 과업을 해결하는 데 도움이 되리라고 여겨지는 정보나 자신의 경험담을 다른 집단원에게 제공하는 역할을 한다. 또한 제공되는 정보와 의견을 바탕으로 과업을 해결하는 데 도움이 되는 자신의 의견이나 신념을 제시하는 역할을 한다.

(4) 상세한 설명자(elaborator)

상세한 설명자는 다른 집단원의 의견이나 이야기를 설명하거나 근거를 보충해 준다. 또한 제시된 의견에 대해 다른 집단원이 잘 이해하지 못할 때 부연하여 더 잘 이해하도록 돕는 역할을 한다. 이들은 다른 집단원의 이야기에 실례를 들어 설명하거나 다른 집단원이 잘 이해하지 못한 것처럼 보이면 쉽게 풀어서 이해시켜 주려고 한다. 또한 어떤 의견이 결정되면 그것이 어떻게 처리되며 어떤 결과가 올 것인지에 대해 예측하려고 노력한다.

(5) 합리적인 타협자(compromiser)

합리적인 타협자는 집단에서 집단원 간에 의견이나 신념에서 갈등을 겪을 때 각 집단원의 의견과 제안을 명료하게 요약·정리하고 상호작용을 촉진하여 양보, 협상, 타협 등을 하도록 조율하는 역할을 하는 사람이다. 이들은 집단원 간 갈등이 일어날 때 양보하고 타협하여 의견을 중재하도록 적극적으로 개입한다. 이들은 갈등으로 인한 집단의 긴장감을 해소하려고 노력한다.

(6) 관여자(partaker)

관여자는 집단에서 과업을 해결해 가는 과정에서 지금 어디에 서 있는지, 지금 무엇이 필요한지를 파악하는 역할을 한다. 즉, 정보를 수집하는 단계인지, 해결점을 찾아 의견을 나누는 단계인지, 장단점을 따져 보는 단계인지, 의사결정이 필요한 단계인지 등에 관여하는 역할을 한다. 따라서 진행자는 집단과업이 진행되도록 과정을 조율하는 역할을 하는 사람이다.

(7) 평가자/비평가(evaluator)

평가자는 집단에서 제시된 의견이나 진행되는 과정에 대해 평가하고 사실관계를 검토하도록 지적하거나 모순되는 측면을 바라보도록 하는 역할을 한다. 이들은 집단의 목표를 얼마나 이루었는지, 각 집단원이 개인의 목표를 어느 정도 성취했는지를 평가한다. 또한 이들은 어떤 제안이나 집단 토의의 내용에 대한 실용성, 논리성, 사실성 혹은 절차 등에 대하여 평가하거나 의문을 제기하는 등의 역할행동을 한다.

(8) **따뜻한 격려자**(encourager)

따뜻한 격려자는 다른 집단원이 집단에서 목표를 설정하고 목표 달성에 부합하는 행동을 할 때, 누군가 적극적으로 새로운 아이디어를 제안하거나 집단에 기여하는 행동을 할 때 지지하고 격려하는 역할을 한다. 격려하는 집단원은 다른 집단원에게 따뜻한 피드백을 주로 제공하고 존중하고 보살피는 행동을 많이 하며, 다른 집단원들의 관점과 입장에 대해, 새로운 아이디어에 대해 이해하고 수용하는 자세를 보인다. 이러한 집단원은 다른 집단원들에게 긍정적인 피드백을 많이 제공하는 경향이 있다. 이들은 집단에 활력을 불어넣는 역할을 한다. 집단원들의 참여를 격려하고, 갈등 분위기를 유머러스한 분위기로 전환하기도 하는 등 집단과정이 잘 흘러가도록 완급을 조정하는 역할을 한다.

(9) **참여 촉진자**(facilitator)

참여 촉진자는 다른 집단원들이 집단 안에서 다루어지고 있는 문제를 해결하고, 집단의 의사소통과 결정에 참여하도록 촉진하는 역할을 한다. 촉진하는 집단원은 집단에서 소극적으로 참여하는 집단원을 초대하여 대화에 참여시키기도 하고, 대화가 잘 이루어지도록 대화의 규칙을 제안하기도 한다.

(10) **방관자**(bystander)

방관자는 집단에서 의견을 제시하거나 제시된 의견을 토론하는 데 소극적으로 참여하며, 의사결정 과정에도 적극적으로 참여하지 않고 결정된 의견에 따라가는 경향을 보이는 집단원이다. 이들은 집단이 움직이는 대로 수동적으로 따라가는 경향이 있기 때문에 방관자처럼 보일 수 있다.

(11) 진행 도우미(progress helper)

진행 도우미는 과업을 해결하는 과정에 필요한 시청각 기자재를 작동하거나 준비물을 함께 챙겨 주거나 집단에서 벌어지는 일을 기록하고, 기록된 내용을 집단에 다시 알려 주는 등 집단이 매끄럽게 진행되도록 돕는 역할을 한다.

3) 집단원의 문제행동과 개입

집단상담은 집단상담자와 집단원의 상호작용을 통해 집단원 각자가 성취하고자 하는 목표를 이루어 가는 과정이다. 개개 집단원이 보이는 행동은 상호작용하는 과정에서 방해가 되기도 하고 갈등을 불러일으키기도 하며, 때로 서로에게 도움이 되기도 한다. 이런 과정에서 어떤 집단원은 집단상담자가 다루기 어려운 행동을 보이기도 한다. 집단원이 보이는 문제행동은 각 집단원이 사회에서 자신의 욕구를 충족시키기 위해 나름대로 도움이 되었던 행동을 집단에서도 사용하는 것이다. 집단상담자는 집단원이 집단 안에서 보이는 행동을 통해 집단원이 집단 밖에서 다른 상황, 다른 사람들과와 상호작용에서 어떻게 행동하는가를 예측할 수 있다.

집단상담자는 다루기 힘든 행동을 보이는 집단원의 행동이 집단 응집력에, 집단 의사소통에, 집단과업 수행에 어떤 영향을 미치는지 잘 관찰해야 한다. 또한 그 집단원의 행동이 집단에서 설정한 자신의 목표를 달성하는 데 도움이 되는지, 위험이 되는지를 있는 그대로 관찰해야 한다. 집단원들은 본인이 집단에서 보이는 문제행동을 자각하고 목표를 달성하는 데 더 효과적이고 다른 집단원에게 수용될 수 있는 대안행동을 발견하여 연습할 수 있을 때 집단에 참여한 유익을 얻을 수 있다.

집단상담자는 자신이 다루기 어려워하는 집단원의 문제행동이 무엇인지 알고 있어야 한다. 그래야 자신이 다루기 어려워하는 행동을 보이는 집단원에게 역전이를 불러일으키거나 좋지 않은 영향력을 발휘하지 않을 것이다. 또한 다루기 어려운 행동을 보이는 집단원에 대해 이해의 장을 넓히고 효과적인 대처행동을 배울 수 있을 것이다.

집단상담자들이 주로 다루기 어려워하는 행동들은 잦은 지각과 결석을 하는 집단원, 침묵하거나 소극적으로 참여하는 집단원, 독점하는 집단원, 충고를 많이 하는 집단원, 상처를 덮는 집단원, 적대적인 집단원, 의존적인 집단원, 문제없는 척하는 우월한 태도의 집단원, 질문만 쏟아 내는 집단원, 주지화하는 집단원 등이다. 다음에서는 문제행동을 보이는 각 집단원의 특징과 집단상담자의 개입방안에 대해 알아보고자 한다.

(1) 잦은 지각과 결석을 하는 집단원

① 집단원의 특징

집단원의 잦은 지각과 결석은 관찰이 매우 쉬워 집단상담자와 집단원 모두에게 큰 도전이 된다. 집단원의 지각과 결석은 집단상담자와 다른 집단원들이 집단에 집중하는 것을 방해한다. 이러한 행동은 집단에 참여하고자 하는 의욕을 저하시키고, 집단의 응집력을 떨어뜨린다.

특히 비자발적인 집단원에게 지각과 결석이 더 빈번하게 일어나며, 전염력이 있어 다른 사람의 지각과 결석에 영향을 미치므로, 그 원인이 무엇이든지 지각과 결석을 줄이기 위한 노력이 선행되어야 한다.

❖ 잦은 지각과 결석이 집단에 미치는 부정적인 영향
- 집단상담 각 회기를 정시에 시작하는 것이 어려움
- 집단상담자와 집단원의 집단 진행 시 주의를 분산시킴
- 집단과정에서 다루는 주제의 깊이에 따라 다르겠지만 몰입도를 떨어뜨리는 역할을 함

잦은 지각과 결석은 중도탈락으로 이어질 수 있기 때문에 집단상담자는 특히 관심을 기울여야 한다. 중도탈락은 남아 있는 집단원에게도 좋지 않은 영향을 미치며 기관의 입장에서도 수료율 등 실적에도 큰 영향을 미치기 때문이다. 집단상담자는 집단상담의 구성 단계에서 집단원을 선발할 때 중도탈락 위험성이 높은

사람을 고려하여 선발하는 것이 필요하다. 집단상담이 시작된 후에도 중도탈락 가능성이 높은 사람을 사전에 파악하여 잘 관리하는 것이 요구된다.

집단원이 중도탈락하는 이유에 대해 알아보면, 첫째는 외적인 요인으로 전학이나 이사 및 이직, 사고로 인한 입원 또는 더 중요하게 생각하는 기회가 생겼을 경우 등으로 집단에 참여하기 어려운 환경적 변화가 생겼을 경우다. 둘째는 오리엔테이션이 부족하거나 집단원이 오리엔테이션의 내용을 잘못 인지했을 경우다. 예를 들어, 수강신청 변경 또는 철회와 같이 집단상담에 참여해 보니 본인이 원하는 것과 관련이 없거나 원하기는 하지만 방법을 수용하기 어려운 경우다. 셋째는 지나치게 빠르거나 과도한 자기개방이다. 아직 신뢰감이 낮고 응집성이 높지 않은 상태에서 너무 빨리, 너무 많이 자기개방을 한 후 수치심, 염려 등이 높아질 때 중도탈락이 일어난다. 따라서 초기에 너무 빠르고 많은 개방은 주의하여야 한다. 넷째는 너무 빠르고 강한 직면이나 해석이다. 충분한 신뢰감과 응집력이 형성되지 않은 상황에서 집단상담자 혹은 집단원들의 너무 이르고 강한 직면과 해석은 내담자에게 과도한 불안과 두려움을 불러일으켜 중도탈락으로 이어질 수 있다. 다섯째는 집단 내 하위집단 형성으로 인한 소외감과 갈등이다. 특히 이미 알고 있는 사람들로 구성된 집단상담에서 강한 하위집단이 형성되어 있을 경우에 중도탈락의 위험성이 높아지며, 청소년 집단의 경우에 위험성이 더 높아진다.

② 집단상담자의 개입방법

집단상담자는 집단상담 오리엔테이션에서부터 출석과 지각하지 않는 것의 중요성을 강조해야 한다. 집단의 초기에 출석과 지각하지 않는 행동에 대해 알아주고 사회적으로 강화하는 것이 필요하다. 특히 집단상담자가 집단상담 시작 전에 여유 있게 집단에 도착하여 다른 집단원을 기다리는 행동과 결석하지 않고 출석하는 모범을 보이는 것이 무엇보다 중요하다. 만약 집단상담자가 불가피하게 집단에 불참하게 되는 상황이 발생한다면, 집단원들에게 미리 알리고 양해를 구해야 한다. 이러한 행동은 집단원들이 집단에 불참하게 될 때 어떻게 행동하는 것이 좋은가에 대한 모델링이 될 수 있다.

집단상담자는 집단원들이 지각과 결석이 예견될 때, 집단상담자에게 최대한 빨리 이 사실을 알리도록 규칙을 세우고 집단원들과 공유하고 지켜가도록 관리하여야 한다. 만일 지각과 결석이 일어나면 집단상담자는 집단상담 내에서 또는 집단이 끝난 후에 이유를 파악하고 재발되지 않도록 관심을 갖고 적극적으로 개입하는 것이 필요하다. 집단 내에서 잦은 지각이 다루어질 때는 자주 지각하는 행동이 일상생활에서도 자주 나타나는지, 아니면 집단상담에서만 특별하게 나타나는지를 파악하여 개입하는 것이 필요하다. 이때 집단원이 비난받는다는 느낌이 들지 않도록 주의해야 한다.

집단상담자는 집단을 구성하는 단계에서 중도탈락 위험성이 낮은 사람을 주의하여 선발해야 하고, 집단상담에 대한 오리엔테이션을 통해 정확히 정보를 전달하도록 노력해야 한다. 그리고 집단상담 초기 단계에서 과도한 자기개방과 직면 및 해석 등을 잘 관리하여야 한다. 또한 집단에서 하위집단이 어떻게 형성되고, 집단원에게 어떤 영향을 미치는지 등에 대해 관심을 기울여야 한다.

(2) 침묵하거나 소극적으로 참여하는 집단원

① 집단원의 특징

대부분의 집단상담자가 어려워하는 집단원은 침묵하는 집단원, 소극적으로 참여하는 집단원이다. 이런 집단원들은 집단에서 침묵으로 일관하거나, 집단에서 약간 빠져 있는 행동을 보이며, 지도자가 말을 하도록 요청하기 전까지는 말을 하지 않는 행동을 보이기도 한다. 자신이 매우 내성적이어서 말을 잘 하지 못한다고 말하면서 말은 없지만 집단에 참여하여 잘 듣고 있다고 주장하기도 한다. 자신은 말하는 것보다는 듣는 것을 좋아한다고 말하면서 참여에 소극적이거나 자기에게 신경 쓰지 말아 달라고 말하는 경우도 있다.

❖ 침묵과 소극적인 참여가 집단에 미치는 부정적인 영향

- 집단에 대한 신뢰와 응집력을 떨어뜨림
- 신뢰와 응집력의 감소는 다른 집단원들의 자기개방과 참여를 저하시킴
- 자기표현에 반하는 행동으로 규범 형성을 어렵게 함
- 다른 집단원들은 침묵과 소극적으로 참여하는 집단원에 대해 경계하는 마음이 생김
- 적극적으로 참여하는 집단원은 관찰당한다는 마음이 들어서 불안해하거나 화가 날 수 있음

집단원이 집단에서 침묵하거나 소극적으로 참여하는 이유는 다양하다. 첫째는 내향적이고 부끄러움을 많이 타는 집단원의 성격 특성에 기인할 수 있다. 둘째는 자존감이 낮기 때문에 자신에게는 말할 가치가 있는 것이 별로 없다고 생각해서다. 그리고 다른 사람들이 말하는 것은 중요하지만 자신이 말하는 것은 중요하지 않다고 생각하는 경우도 있고, 자신이 말함으로써 사람들의 시간을 뺏는다고 생각하는 자존감이 낮은 사람일 수 있다. 다른 집단원과 비교해서 자신은 기대에 미치지 못하는 사람이라는 생각이 참여를 막기도 한다. 셋째는 두려움 때문이다. 말했다가 거절당하면 어쩌나 하는 두려움, 상황에 맞지 않게 부적절하게 말하면 어쩌나 하는 두려움, 언제 어떻게 말을 해야 할지 모르겠다는 두려움이 있다. 또 비밀보장이 되지 않으면 어쩌나 하는 두려움이 있을 수 있고, 특정한 집단원이나 집단상담자의 권위에 대한 두려움이 있을 수도 있다. 넷째는 동기 저하다. 집단에 참여하고자 하는 의사가 없지만, 여러 가지 이유로 비자발적으로 참여했을 때 참여 동기가 저하되어 소극적일 수 있다. 수강명령을 받아 집단상담에 참여하였거나 부모의 강압에 못 이겨 참여했을 때 등 동기가 낮을 때도 침묵과 소극적인 참여가 이루어진다. 다섯째는 자기표현에 대한 경험 부족이다. 일상생활에서도 자기를 표현해 본 경험이 별로 없고, 자기를 어떻게 표현하는 것이 좋은가에 대한 사회적 기술이 떨어지는 경우가 있다. 초등학교와 중학교에서 따돌림 경험이 있고, 사회적으로 고립되어 있었던 경우에 집단에 참여하여 자기를 표현할 기회가 없었다면 자기표현이 매우 어려울 수 있다. 이것이 침묵과 소극적인 참여로 이어질 수 있다.

② 집단상담자의 개입방법

집단상담자는 침묵이나 소극적으로 참여하는 집단원을 비난하지 않고 참여할 수 있는 분위기를 만들고 참여할 수 있도록 격려하는 것이 중요하다. 적극적으로 참여를 방해하는 개인적 집단과정적 요인이 있는지에 관심을 갖고 판단하는 것보다는 공감적으로 접근하는 것이 필요하다. 일단은 침묵하고 소극적으로 참여하는 행동의 의미를 파악한 후 개입방법을 선택하는 것이 좋다.

집단상담자는 소극적으로 참여하는 집단원에게 참여할 기회를 제공한다. 집단에서 2명씩 짝을 지어 대화한 후 집단원 전체에 짝을 소개하는 방법을 사용하여 부담감을 줄여 주고 자기를 소개할 수 있는 기회를 주는 방법도 자주 사용된다. 또한 집단원 모두가 소감을 나누도록 하는 등 참여 기회를 고르게 배분하여 자연스럽게 참여하도록 하는 기법을 사용할 수 있다. 둘째, 집단에서 자기 마음을 알고 표현하는 것의 중요한 가치에 대해, 표현하지 않을 때의 어려움과 손해에 대해 교육한다. 셋째, 기본적인 사회 기술을 훈련하고, 자신을 어떻게 표현하는지 모델링을 제공한다. 넷째, 앞에서 제시한, 침묵하고 소극적으로 참여하는 집단원의 이유에 따라 적절하게 창의적인 방법으로 대처한다. 집단상담자는 집단원들을 집단에 참여시킬 수 있는 창의적인 방법을 개발하는 것이 좋다. 놀이, 미술, 음악, 시 등의 예술적인 요소들을 사용하거나 편집된 영상 등의 시청각 자료를 사용하는 것도 효과적이다. 다섯째, 침묵하고 소극적으로 참여하는 집단원의 비언어적인 반응을 주의 깊게 관찰한다. 집단원은 언어적으로만 참여하는 것이 아니라 비언어적으로도 참여한다. 비언어적인 상호작용을 통해서 눈물을 보이거나 얼굴을 찡그리거나 하며 집단에 참여하는 모습이 보일 때, 집단상담자가 개입하여 현재의 상태에 대해 말해 보도록 요청할 수 있다. 여섯째, 각 회기의 끝부분에 이번 회기에서 경험한 것에 대해 모두 한마디씩 해 보도록 요청함으로써 최소한의 참여를 이끌어 낼 수 있다.

(3) 독점하는 집단원

① 집단원의 특징

독점하는 집단원은 집단 참여를 기준으로 볼 때 침묵하는 집단원과 반대편에 서 있다. 독점하는 집단원은 대화에서 집요할 정도로 상세하게 말하고, 습관적으로 쉴 사이 없이 말을 하는 등 말이 많고 장황하다. 다른 집단원이 말할 때마다 "나도 그래요." 하면서 수시로 끼어들어 자기의 이야기를 한다. 또한 다른 집단원이 말할 때마다 피드백을 하고 질문을 해서 상호작용을 손상시킨다. 매 회기에 사람들이 주의를 기울일 만한 자극적인 주제를 꺼내어 주의를 집중시키지만 건강한 자기개방은 하지 않는 경우도 많다. 이들은 말하지 않고 조용하게 있으면 불안해지며, 자신이 끼어들 수 있는 주제를 찾아서 집단에서 다루는 것과 조금이라도 비슷하다고 여기면 친구의 사례, 신문기사나 라디오 등에서 들은 이야기를 자세히 함으로써 관심을 자신에게 집중시킨다.

초기에 이들은 집단에 적극적으로 참여하는 것으로 보이고, 어색한 분위기를 풀어 주는 역할을 하기 때문에 집단상담자에게도 집단원에게도 좋은 이미지로 다가올 수 있다. 하지만 이들이 집단활동을 계속 독점하게 된다면 다른 집단원의 참여를 막기 때문에 다른 집단원들이 직접적으로 불만을 제기하거나 집단에 소극적으로 참여하거나 딴청을 부리는 등 간접적으로 불만을 표현하게 된다. 이렇게 되면 집단 상호작용의 수레바퀴는 움직임이 둔화되고 결국 멈추게 된다.

② 집단상담자의 개입방법

독점하는 집단원의 이야기를 막는 것은 집단 규범에 반하기 때문에 집단상담자에게 부담을 준다. 집단에서는 자유롭게 자신을 표현하도록 독려하는데 독점하는 집단원의 발언을 막는 것은 규범에 이율배반처럼 보일 수 있기 때문이다.

따라서 집단상담자는 독점하는 집단원의 심리를 잘 이해해야 한다. 대화를 독점하는 집단원은 집단에서 관심을 받고 싶어서, 혹은 침묵하고 있는 것에 대한 불안을 감추기 위한 시도로써 끊임없이 대화에 참여하는 것일 수 있다. 만일 집단원이 과도한 불안을 감추기 위해서 대화를 독점한다면 대화에 참여하는 것을 막는 것은 집단원의 불안을 증폭시켜서 그를 더욱 힘들게 하는 것이 될 것이다. 따라서 부드럽게 집단원이 독점적인 대화를 통해 얻고자 하는 점과 그와 연관된 역동을 이해하도록 돕는다.

집단의 역동을 이용하는 방법으로, 다른 집단원들이 집단대화에 더 적극적으로 참여하도록 격려한다. 다른 집단원들이 집단대화에 적극적으로 참여할수록 독점하는 집단원이 발언할 기회가 줄어들기 때문이다. 그리고 다른 집단원이 발언하는 도중에 끼어들면 부드럽게 차단하여 지금은 말하고 있는 집단원의 말을 듣는 시간이라고 알려 준다. 집단상담자는 대화를 독점하는 집단원만의 문제가 아니라 대화를 독점하도록 방임하거나 조장한 다른 집단원들의 책임을 인식하여야 한다. 독점하는 집단원에 대해 다른 집단원의 피드백을 듣는 것도 한 가지 방법이다.

(4) 충고를 많이 하는 집단원

① 집단원의 특징

충고를 많이 하는 집단원은 다른 집단원에게 "~을 해 보셨나요? 이렇게 해 보시지요." "그렇게 하면 안 됩니다. 이것은 이렇게 해 보면 도움이 됩니다." 등과 같이 해야 할 것과 하지 말아야 할 것에 대한 말을 많이 하는 사람이며, "그렇게 느끼시면 안 됩니다." 등과 같이 느껴야 하는 것에 대해서도 충고와 조언을 많이 한다. 이러한 행동은 다른 집단원에게 자신이 보고 느낀 것을 말해 주고 공감해 주는 것과는 차이가 있다.

충고를 많이 하는 사람들은 충고를 통해 자신이 더 우월하다는 것을 과시하고 싶거나, 초점을 자기 자신이 아닌 다른 사람에게 돌림으로써 자신의 문제를 회피하고 싶거나 자신의 충족되지 못한 욕구를 자신이 주는 충고를 통해 충족하고자 하는 무의식적 시도일 수 있다. 충고하는 행동은 다른 집단원의 경험이 충분히 표현되지 못하도록 막고 자율적인 선택을 차단함으로써 집단역동을 저해할 수 있다. 또한 집단원 간에 평등한 상호유대를 맺기보다는 충고를 하는 사람과 충고를 받는 사람의 입장으로 만들어서 건강한 집단관계가 손상될 수 있다는 문제가 있다.

② 집단상담자의 개입방법

충고를 많이 하는 집단원을 도와주기 위해서는 충고하고 싶은 마음이 들기 직전, 대상이 되는 집단원에 대한 느낌을 자각하도록 돕고, 충고보다는 집단원에 대한 느낌을 표현하고, 충고를 통해 돕고자 하는 본인의 의도를 전달하는 것이 중요함을 알도록 하는 것이 좋다. 또한 집단상담자는 집단원이 집단상담이 아닌 일상에서도 충고를 많이 하는 경험을 가지고 있는지, 그런 경험이 대인관계에서 어떤 도움이 되었는지, 그리고 충고하는 것을 통해 본인의 어떤 욕구가 충족이 되었는지에 대해 깊게 생각해 볼 수 있도록 돕는다. 또한 집단상담자는 집단상담 초기부터 집단에 도움이 되는 규범을 적극적으로 교육하여, 충고가 효과적인 도움방법이 아니며, 충고보다는 효과가 좋은 피드백 방법을 가르치는 것이 필요하다. 집단의 응집성이 향상됨에 따라 집단상담자는 충고를 받은 집단원의 솔직한 심정과 피드백을 통해 그리고 다른 집단원들의 피드백을 통해 충고를 많이 하는 집단원이 자신의 충고가 집단원에게 어떤 영향을 주고 있는지에 대해 알 수 있도록 돕는다.

(5) 상처를 덮는 집단원

① 집단원의 특징

상처를 덮는 집단원은 일시적인 구원자 혹은 일명 반창고 붙이기(band-aiding) 행동을 하는 사람이다. 일시적으로 상처를 덮는 것은 상처를 어루만져 상처 입은 사람을 위로하고 고통을 덜어 주는 좋은 행동으로 인식될 수 있다. 하지만 이러한 행동은 다른 집단원이 자신의 상처 경험을 자세히 살펴보고 어떤 자극과 환경이 자신에게 상처를 주었고, 상처를 준 사건이 자신에게 어떤 느낌, 생각과 욕구를 일으켰고, 어떻게 대처했는지에 대해 깊이 탐색해 보는 기회를 박탈한다. 집단상담은 잠깐의 위로가 아닌, 자신이 과거 어떤 환경에서 받은 영향이 무엇이고 어떻게 대처하는 패턴을 가진 사람인가를 이해하여 더 나은 대처양식을 찾아가는 기회를 제공한다. 그 기회를 집단원이 충분히 활용하도록 돕는 것이 필요하다.

상처를 덮는 집단원은 타인의 고통을 통해 경험되는 자신의 아픔을 마주하지 않으려는 시도로서 상처를 덮는 행동을 할 수 있다. 고통스러워하는 타인을 바라보면서 다른 집단원의 상처를 일시적으로 덮는 행동이 아닌 그 고통스러워하는 타인과 함께 경험되는 자신의 내면을 살펴 자신의 경향성을 자각하는 것이 본인을 이해하는 좋은 기회가 된다.

② 집단상담자의 개입방법

상처를 덮는 집단원을 도와주기 위해서는 다른 집단원이 상처로 고통스러워할 때 그것을 바라보는 자신의 느낌과 생각을 탐색해 보도록 한다. 그리고 상처를 덮기 전에 그 생각과 느낌을 표현해 보도록 개입한다. 이것은 본인이 상처를 덮는 행동을 하게 하는 내면의 경험을 이해할 수 있으며, 대상이 되는 다른 집단원에게는 공감과 피드백을 제공할 기회를 주기 때문에 집단역동에 도움이 될 수 있다. 집단상담자의 개입은 상처를 덮는 집단원이 고통을 빨리 위로하려고 하는 데 영향을 미친 과거의 미해결된 과제를 성찰해 볼 기회를 제공한다.

(6) 적대적인 집단원

① 집단원의 특징

적대적인 집단원은 집단에서 집단상담자 혹은 다른 집단원들에게 언어적 · 신체적 공격을 하거나 성 차별적이고 인종 차별적인 말을 하며, 냉소적인 농담, 빈정거림, 치고 빠지는 식의 행동을 하며, 수동공격적인 행동을 하는 사람이다. 또한 이들은 다른 집단원에게 무관심하거나 지나치게 예의를 갖추는 것처럼 보이지만 은연중에 비난하고 비판적인 태도를 보이기도 한다. 이런 행동을 보이는 집단원은 주로 화가 나 있는 것처럼 보이거나 반대로 많이 위축되어 방어적이고 약한 것처럼 보이기도 한다.

적대적인 집단원의 이러한 행동은 다른 집단원에게 심리적으로 위협을 준다. 이러한 위협은 다른 집단원을 방어하도록 만들거나 맞서 싸우도록 만들어 집단이 안전하지 않고 신뢰할 수 없다는 인식을 갖게 만들기 때문에 집단상담자의 개입이 필요하다.

② 집단상담자의 개입방법

적대적인 집단원을 도와주기 위해서는 집단원이 공격적인 행동을 할 때 다른 집단원들에게 그 행동에 어떤 영향을 받았는지, 즉 그 집단원의 말과 표정과 행동에 대해 어떤 느낌이 들었고 어떤 생각이 들었는지를 표현하도록 돕는 것이다. 즉, 적대적인 집단원이 자신의 행동이 다른 집단원에게 미치는 심리적 영향이 어떠한지를 인식하도록 돕는 것이 목표다.

집단상담자는 적대적인 집단원이 다른 집단원에게 또는 집단에서 원하는 것이 무엇이었는지 그 욕구를 탐색하여 다른 집단원에게 직접 표현하도록 도와야 한다. 적대적인 집단원은 자신의 욕구를 공격적이고 간접적인 행동이 아닌 더 안전하고 직접적인 행동으로 표현하는 법을 배워야 한다. 적대적인 집단원은 공격적인 행동 이면에 있는 자신의 외로움과 두려움을 마주하고 수용하고 표현해 보는 경험을 통해 더 나은 관계를 맺는 방법을 학습하게 된다.

(7) 의존적인 집단원

① 집단원의 특징

의존적인 집단원은 스스로 자신을 돌볼 힘이 없고, 자신의 문제에 대해 선택과 결정을 하기에 너무 힘들고 어렵기 때문에 집단상담자 혹은 다른 집단원의 돌봄이 필요하다는 듯한 행동을 하는 사람이다. 이런 사람들은 자신이 얼마나 힘든지에 대해 말하면서 자신이 어떻게 해야 하는 것이 좋은지 충고해 달라고 요청하고, 어떤 선택을 하는 것이 좋을지 의견을 말해 달라고 매달리듯 이야기한다. 끊임없이 자신의 힘들고 어려운 문제를 이야기하며 다른 사람으로 하여금 자기를 돌보고 대안을 제시하도록 하며 도움이 필요하다는 입장에서 관계를 형성한다.

의존적인 집단원의 행동은 다른 사람들에게 여러 가지 조언과 충고를 유발하고, 돌보고 싶은 마음을 이끌어 내며, 공감을 유도해 낸다. 하지만 다른 집단원들이 주는 어떤 도움도 받아들이지 않고, 조언은 직접적 혹은 간접적으로 여러 가지 이유를 들어 거절하며 받아들이지 않는다. 때로는 도움을 주려는 의도를 무시하고 평가 절하한다. 이러한 상호작용이 반복되면 다른 집단원들은 도움을 주고자 하는 자신의 의도가 좌절되어 지치게 되고, 도움을 주지 못했다는 허탈감과 죄책감을 갖게 되기도 한다.

의존적인 집단원의 숨은 의도는 진정으로 도움을 요청하는 것이 아니라 다른 집단원의 관심을 끌고 자신이 통제력을 발휘하기 위한 시도인 경우가 많다. 의존적인 집단원의 행동은 집단에서 진정성 있는 교류가 아닌 게임을 하는 듯한 표피적인 교류가 되어 집단 응집력에 악영향을 미친다.

② 집단상담자의 개입방법

의존적인 집단원을 돕기 위해서는 '도움을 요청하는 행동'과 '도움이 필요한 것'의 차이를 구분할 수 있어야 한다. 도움을 요청하는 행동에 대해 바로 도움을 주려고 시도하기보다는 집단원이 스스로 문제를 해결하기 위해 어떤 노력을 해왔는지 돌아보도록 하며, 정말 도움이 필요한 상황인지를 숙고해 보도록 돕는 것이 필요하다. 또한 도움을 요청하는 행동을 통해 관심을 얻고 책임을 피할 수 있었던 것과 같은 이차적 이득과 독립적인 삶의 태도를 통해 얻을 수 있는 이득을 비교해 보도록 돕는 것도 한 가지 방법이다.

집단상담자는 자신과 집단원들에게 의존적인 행동을 강화시키는 요인은 없는지에 대해 주의를 기울여 면밀히 관찰해야 한다. 돕는 행동은 다른 사람에게 헌신했다는 의미와 통제감을 부여해 준다. 그리고 자신에게 기울여지는 관심을 벗어나게 하는 등의 기능을 하기 때문에 혹시 집단상담에서 어떤 어려움을 회피하기 위해 의존적인 행동을 강화하고 있는 것은 아닌지 주의해야 한다.

(8) 문제없는 척하는 우월한 태도의 집단원

① 집단원의 특징

문제없는 척하는 우월한 태도의 집단원은, 자신은 집단상담을 통해 해결할 문제가 없으며 있었더라도 이미 다 해결되었다고 하며 다른 집단원의 문제를 해결하도록 도와주겠다는 태도를 보인다. 이들은 '나도 전에는 당신과 같은 어려움을 가진 적이 있어서 당신의 어려움을 내가 잘 알아. 그리고 나는 이미 그 문제를 모두 해결했기 때문에 당신은 내 조언을 들어야 해.' 하는 태도를 취한다. 이러한 태도는 은연중 "나는 당신보다 우월한 사람이야."라는 메시지를 전한다. 또는 본인은 건강한 부모를 만나 행복한 어린 시절을 보냈으며, 좋은 교사와 친구들을 만나 성취하고 행복한 학창시절을 보냈기 때문에 여기 있는 집단원과는 다르다는 식의 비교하는 말을 주로 하여 본인이 우월한 사람이라는 것을 직접적으로 나타내기도 한다.

다른 집단원에게 미치는 영향은 집단에서 어려운 이야기, 본인의 취약한 이야기의 개방을 억제시킨다는 것이다. 사람들은 완벽한 사람이라는 이미지를 보이는 사람 앞에서 자기의 약점을 말하고 싶지 않기 때문이다. 집단원들은 "그러면 집단에는 왜 온 거야?" 하는 불만을 토로하며 갈등을 겪을 수도 있다. 따라서 집단에서 깊이 있는 상호작용을 방해하게 되며 집단의 응집성 향상을 저해한다. 또한 본인 역시 일상생활에서 관계 맺는 방식을 집단에서 반복함으로써 집단상담에서 성장할 수 있는 기회를 상실하게 된다.

② 집단상담자의 개입방법

문제없는 척하는 우월한 사람을 돕기 위해서는 집단상담자가 이 집단원과 다른 집단원들 양쪽으로 개입하여야 한다. 다른 집단원들에게는 이 집단원의 태도와 행동에 어떤 영향을 받고 있는지에 대해 솔직한 피드백을 요청한다. 이 집단원은 자신의 행동이 다른 사람에게 미치는 영향을 진솔하게 듣고 자신의 태도와 행동을 바꿀 것인지를 선택할 기회를 얻게 된다. 이때 다른 집단원들이 평가적인 태도로 불만스러움을 표현하기보다는 자신이 경험한 느낌과 생각만을 이야기하도록 집단상담자가 개입하는 것이 중요하다. 우월한 태도의 집단원에게는 개방적인 태도로 경청하고 있는지 확인하는 것이 필요하다. 공격받는다는 느낌이 들면 경청하지 못하고 방어적으로 상호작용하여 갈등이 생길 가능성이 있기 때문이다.

또 우월한 태도를 보이는 집단원에게는 이 집단상담에 참여하여 얻고자 하는 것이 무엇인지, 왜 이 집단에 참여하였는지를 질문함으로써 도전해 볼 수 있다. 문제없는 척하는 우월한 집단원은 그런 행동을 통해 다른 사람의 관심을 얻고 통제감을 얻고자 하는 욕구가 있을 수 있다. 이는 자신의 취약성을 감추고 회피하고자 하는 의도일 수 있기 때문이다. 이때 집단상담자는 집단원이 일상생활에서 주로 겪는 대인관계 문제가 이곳 집단상담에서 반복되고 있는 것은 아닌지 살펴보고 대안행동을 모색할 기회를 가지는 것이 필요하다.

(9) 질문만 쏟아 내는 집단원

① 집단원의 특징

질문만 쏟아 내는 집단원은 자신의 느낌과 생각보다는 다른 사람에게 질문 공세를 하는 행동을 하는 사람이다. 질문은 다른 사람에게 관심이 보이는 수단이며 다른 집단원의 감정과 생각을 이끌어 내는 수단이고, 정보를 수집하는 데 유용한 수단이다. 적절한 질문은 집단의 상호작용을 활성화시킨다. 하지만 질문을 쏟아 내는 집단원은 다른 집단원이 미처 대답을 하기도 전에 심문하듯 연속해서 질문 공세를 한다. 그리고 부적절한 순간에 질문으로 끼어들어 집단의 흐름을 방해하기도 한다. 질문 공세가 집단에 일으키는 문제는 집단원의 사고의 흐름을 가로막아서 집단작업의 순조로움을 손상시키고, 질문을 받은 사람에게는 답변해야 한다는 압박과 부담을 줄 수 있다는 것이다. 또한 질문 공세가 많아질수록 답변을 생각해야 하므로 정서적 흐름이 끊기고 인지적으로 변화될 가능성이 높아진다는 것이다.

② 집단상담자의 개입방법

한 사람이 다른 사람을 향해 질문을 하는 행동은 손가락으로 다른 사람을 가리키는 것과 같다. 집단상담자는 손가락을 받은 사람을 향해 고개를 돌리지 않고 손가락을 든 사람을 바라보며 개입하는 것이 좋다. 그 질문을 하기 직전에 어떤 마음이 들었는지, 그 질문을 하게 된 계기가 무엇인지 생각해 보도록 한다. 또한 본인이 한 질문에 본인이 '나'를 주어로 대답해 보도록 함으로써 자신의 욕구를 탐색해 보게끔 도울 수 있다. 집단을 최대한 잘 활용할 수 있도록 돕는 교육을 통해 질문보다는 자신의 마음을 진술함으로써 자기를 개방하는 것의 가치를 알도록 하는 것이 좋다.

(10) 주지화하는 집단원

① 집단원의 특징

주지화하는 집단원은 감정을 잘 느끼지 못하고, 감정적 주제를 논리적이고 이성적으로 다루려고 노력하며, 이론적인 설명을 하려고 시도한다. 타인이 보기에 이들은 똑똑하고 지성적이며 차분한 사람으로 보일 수 있으나 시간이 갈수록 건조하고 지루하며 사변적이어서 감정적 교류가 최소화되어 대인관계에서 소외되기 쉽다. 주지화하는 집단원이 감정 표현보다 주지화를 하는 이유는 불편한 감정의 충동과 직면하는 것을 피하기 위함이다. 따라서 불편한 감정과 충동이 일어날 때 더욱 인지적으로 궤변을 늘어놓을 가능성이 높다.

주지화하는 집단원이 집단에 미치는 영향은 집단원의 정서적인 자기개방을 저해하고, 집단에 대한 신뢰를 떨어뜨려 응집성을 약화시킨다는 것이다. 집단상담에서는 어떤 사건을 경험할 때 본인이 느끼는 욕구와 정서를 확인하고 나눔으로써 자기이해와 타인이해를 돕는다. 하지만 사건에 대해 자세히 묘사하고 그것을 논리적이고 이성적으로 설명하려고 하면서 그 사건을 경험한 자신의 상태를 드러내지 않기 때문에 다른 집단원은 상황은 알겠는데 지금 이 집단원이 무엇을 경험하고 있는지는 알 수 없는 상태가 된다. 그 부분에 대해 알고자 하지만 그럴수록 지성적인 내용만을 언급한다면 집단원들은 그가 자신을 숨기려 한다고 생각하여 자기개방을 줄이고, 집단에 대한 신뢰감과 응집성은 훼손된다.

② 집단상담자의 개입방법

집단상담자는 주지화하는 내담자가 자신이 말한 내용과 관련된 자신의 감정과 소망을 인식하고 표현할 기회를 제공해야 한다. 또한 다른 집단원이 개방한 사건에 대해 어떤 감정이 느껴지는지 검토하고 공감해 보도록 하는 기회를 제공한다. 집단상담자는 집단상담 초기부터 꾸준히 감정과 소망을 자각하고 표현하는 것의 가치에 대해 심리교육을 제공하고 집단원 간 상호작용의 규범을 세워 가야 한다. 또한 집단상담자가 먼저 자신의 감정과 소망을 드러내어 소통하는 모범을 보임으로써 모델링할 수 있는 기회를 제공하여야 한다.

이때 주지화하는 것은 잘못된 것이고 감정과 소망을 표현하는 것은 좋은 것이라는 이분법적인 교육과 메시지는 피하는 것이 좋다. 일상생활에서는 오히려 주지화하는 것이 더 적응적일 수도 있다. 특정한 직업군과 남성 문화에서는 특히 주지화가 권장되기도 한다. 따라서 주지화의 장점을 인정하면서, 감정과 소망을 표현하는 의사소통의 장점을 부각하여 활용할 수 있도록 하는 것이 필요하다.

요 약

1. 집단원은 누구인가

집단원은 집단상담자를 제외하고 집단에 참여한 구성원. 집단원은 자기에 대해 더 많이 이해하고, 심리적인 문제해결 및 대인관계 향상 등을 위해 참여함. 집단원은 자발적·비자발적으로 참여하기도 함

2. 집단원의 모집과 선별

집단상담자는 집단상담을 계획하는 단계에서부터 집단의 목적과 유형에 적합한 집단원을 선발하기 위해 어떻게 홍보하고 모집된 예비 집단원을 어떤 선정 기준에 맞춰 선별할 것인지를 계획해야 함

3. 집단원의 역할

1) 집단의 발달단계와 집단원

① 초기 단계: 집단상담이 시작되는 시기. 집단원들은 경험해 보지 못한 낯선 상황에서 불안과 두려움을 가장 많이 느끼는 동시에 호기심과 설렘이 많은 단계

② 과도기 단계: 집단상담 초기 단계에서 작업 단계로 넘어가는 시기. 이 단계에서는 집단원들의 방어와 저항을 효과적으로 다루는 것이 중요

③ 작업 단계: 집단원들이 자신의 문제를 드러내고 상호작용을 통해 문제를 해결하고 자신에 대한 깊이 있는 통찰을 달성해 가는 단계. 이 단계에서 집단원은 지금-여기에서의 생각과 느낌을 표현하며, 성취해야 할 자신의 목표를 분명히 인식함

④ 종결 단계: 집단상담에서 해결하지 못한 미해결 과제를 다루고, 학습한 것을 일상생활에 적용하도록 도우며, 다른 집단원들과 이별 감정을 나눔

2) 집단 운영에서 집단원의 역할

① 제안자(suggester)

② 정보 모색자(information seeker)

③ 정보 제공자(information provider)

④ 상세한 설명자(elaborator)

⑤ 합리적인 타협자(compromiser)

⑥ 관여자(partaker)

⑦ 평가자/비평가(evaluator)

⑧ 따뜻한 격려자(encourager)

⑨ 참여 촉진자(facilitator)

⑩ 방관자(bystander)

⑪ 진행 도우미(progress helper)

3) 집단원의 문제행동과 개입

① 잦은 지각과 결석을 하는 집단원

② 침묵하거나 소극적으로 참여하는 집단원

③ 독점하는 집단원

④ 충고를 많이 하는 집단원

⑤ 상처를 덮는 집단원

⑥ 적대적인 집단원

⑦ 의존적인 집단원

⑧ 문제없는 척하는 우월한 태도의 집단원

⑨ 질문만 쏟아 내는 집단원

⑩ 주지화하는 집단원

제6장

집단상담 윤리

읽기 전 나누기

- 집단원을 위한 윤리에는 무엇이 있는가?
- 집단상담자를 위한 윤리에는 무엇이 있는가?
- 집단상담 관계를 위한 윤리에는 무엇이 있는가?

읽고 나면

- 집단원의 기본 권리, 사전동의에 관한 윤리, 비밀보장의 윤리에 대해서 안다.
- 집단상담자의 윤리적 책임, 전문성, 가치와 다문화 윤리에 대해서 안다.
- 집단상담 관계의 다중관계, 성적인 관계의 윤리에 대해서 안다.

집단상담자는 집단상담에 대한 심리학적 전문 지식과 임상적 전문 기술을 갖추어야 하는 만큼 윤리적 문제에 대한 철저한 지식을 갖추는 것이 요구된다. 집단상담자는 전문가로서 집단원에게 도움이 되고 피해를 주지 않는 책임 있는 행동을 해야 하며, 이것은 전문가 집단의 윤리성과도 연결된다. 윤리규범은 전문가 집단의 목적과 기능에 벗어나지 않도록 하는 집단구성원 행동의 지침이 되는 기준이다. 상담 분야도 전문적 영역으로 점점 발달해 가면서 윤리의 필요성이 점차로 강조되고 있다. 이에 따라 상담 관련 학회에서도 윤리강령을 제정하여 전문가 집단이 준수하도록 하고 있다.

집단상담자는 집단상담을 구성하고 운영하는 과정에서 나타날 수 있는 윤리적인 문제들을 예상하여 문제가 발생하지 않도록 예방하여야 하며, 실제로 윤리적 문제가 발생한다면 윤리규정에 근거하여 효과적으로 대처할 수 있어야 한다.

이 장에서는 집단상담 윤리, 집단원을 위한 윤리, 집단상담자에 관한 윤리, 상담관계에 관한 윤리 및 집단상담의 윤리적 의사결정에 대해 알아보고자 한다.

1 집단상담 윤리의 정의

집단상담 윤리란 집단상담자가 집단원의 권리를 보호하고 최선의 도움을 제공하기 위한 집단상담자의 태도와 행동의 기준으로 집단상담자가 집단을 구성하고 운영하는 과정에서 지켜야 할 행동규범이다. 더불어 집단상담자에게 어떤 행동을 하고 어떤 행동은 하지 말아야 하는가에 대한 선택의 기준을 제공한다. 집단상담 윤리는 집단상담자가 전문가로서 집단원에게 하는 약속이며, 책임성을 다하겠다는 스스로의 약속이라고 볼 수 있다.

한국상담심리학회, 한국상담학회 및 한국집단상담학회와 같은 상담 관련 학회는 앞서 제시한 것과 같은 원칙을 담아 전문가를 위한 윤리강령을 제정하였으며, 제정된 윤리강령은 전문가 자격 취득을 위한 필수 요소로 삽입되어 교육되고 있다. 또한 윤리강령이 지켜지지 않을 때에는 윤리위원회를 통해 조사와 청문 절차를 거쳐 징계하기도 한다. 윤리규정은 제정되는 것도 중요하지만, 전문가들이 이를 지켜 가는 노력이 더욱 중요하다. 상담이 전문적인 활동으로 인정받으면서 상담활동이 활발해지고 있는 만큼 윤리 문제는 더 다양하고 빈번하게 발생하고 있으므로 전문가의 책임성을 지켜 가기 위해 윤리강령에 대한 교육과 연구의 중요성이 더욱 강조되고 있다.

2 집단원을 위한 윤리

먼저 집단원의 기본 권리와 윤리적 쟁점이 되는 사전동의에 대한 권리, 비밀유지와 비밀유지 예외에 대한 사항, 미성년자의 비밀보장에 대해 자세히 살펴보고자 한다.

1) 집단원의 기본 권리

집단원은 집단상담 참가자로서 알아야 할 기본적 정보와 권리가 있다. 집단원이 자신의 권리를 더 잘 알수록 집단에 참여하는 태도와 동기가 향상될 것이다. 집단상담자는 집단상담을 시작하기 전과 과정에서 집단원의 권리에 대해 계속 알려 주어야 한다. 하지만 경험적으로 집단원들은 집단에 참여할 때 이러한 권리에 대해 잘 알지 못한 채로 참여하는 것을 종종 보게 된다.

(1) 인간으로 존중받을 권리

집단원의 권리는 한 인간으로 존중받을 권리가 있으며, 자신의 성장을 위해 집단상담의 자원을 충분히 사용할 권리가 있다. 이는 집단상담자의 도움을 받고 집단상담의 공간과 시간을 충분히 사용할 수 있다는 것을 의미한다. 또 집단원은 집단 참여에 필요한 사전 정보와 교육을 받을 권리가 있으며, 집단에 참여함으로써 발생할 것이 예상되는 심리적 위험에 대해 사전에 설명받을 권리가 있다. 예상되는 심리적 위험에 대해 자세히 듣고 집단에 참여할 것인지를 충분히 숙지한 후 집단에 참여할 때 참여 동기와 변화 동기가 증가할 것이다. 집단원은 집단에 참여하기로 결정한 후에 집단 참여로 인해 위기에 처했다면 집단상담자 혹은 전문가에게 도움을 받을 권리가 있다는 것을 알아야 한다.

(2) 집단을 떠날 수 있는 권리

집단원은 집단에서 기대하는 것을 얻지 못할 경우 또는 개인적인 사정으로 인해 집단을 떠날 수 있는 권리가 있다. 하지만 집단원이 집단을 떠나고자 한다면 어떤 절차와 과정을 거치는 것이 필요한지에 대한 분명한 방침이 정해져야 하며, 사전에 집단원들에게 설명해야 한다. 따라서 집단상담자는 집단원을 모집하고 선별하는 과정과 집단 참여에 대한 사전동의 절차, 사전 오리엔테이션 등을 잘 준비하여 집단원이 집단을 조기에 중단하는 위험성을 줄이는 것이 필요하다. 집단상담자는 집단을 떠나고자 하는 집단원과 함께 집단을 중도에 떠나는 것에 따른 위험성에 대해 충분히 논의하는 것이 좋다. 충분한 논의 후에 집단원이 집단을 떠나기로 결정한다면 집단상담자는 그 결정을 존중하고 지지하여야 한다. 이때 다른 집단원들이 집단에 남아 있도록 집단원에게 압력을 행사할 수 있는데, 집단상담자는 이러한 압력으로부터 집단원을 보호하여야 할 책임이 있다.

집단상담자는 집단원이 중도에 집단을 떠나는 것이 집단 응집력과 역동에 미치는 영향을 잘 파악하고 있어야 한다. 만일 집단원 간에 갈등을 겪고 있는 상황이거나 다른 집단원이 깊은 작업을 한 후 집단원이 떠나는 상황이 될 때 남아 있는 집단원에게 부정적인 영향을 미칠 수 있기 때문이다.

특히 집단상담에 비자발적으로 참여한 집단원의 경우는 집단에 대한 참여 동기가 떨어지기 때문에 중간에 집단을 떠나고자 할 수 있다. 최근에 법원, 경찰, 학교 및 기관 등에서 예방 또는 문제행동에 대한 해결방안으로 집단상담에 참여하도록 하는 경우가 많기 때문에 비자발적인 참여자가 점차 증가하고 있으므로 집단상담자는 이에 대한 대처방안을 잘 숙지해야 한다.

❖ 비자발적 집단원에 대한 집단상담자의 대처

• 사전동의나 오리엔테이션을 통해 집단의 목적과 목표 및 참여방법을 사전에 안내
• 집단 참여로 인한 혜택과 미참여로 인한 페널티를 확인하고 논의
• 비자발적 집단원이 집단에 적극적으로 참여하도록 격려

(3) 집단의 압력으로부터 보호받을 권리

집단원은 집단의 압력으로부터 보호받을 권리가 있으며, 집단상담자는 집단원을 보호해야 할 의무가 있다. 집단상담에서 집단원들은 자기를 자유롭게 개방하고 다른 집단원의 자기개방과 참여로부터 도움을 받기도 한다. 이 과정에서 다른 집단원에게 자기를 개방하도록 압력을 행사하고 적극적으로 집단 상호작용에 참여하도록 요구할 수 있는데, 이러한 요구는 사회적 압력, 집단압력이 된다. 적절한 정도의 자기개방과 참여에 대한 요구는 치료적 요인이 되지만, 과도할 때는 집단원에게 감당하기 힘든 어려움을 주게 된다.

집단상담자는 사전 교육을 통해 집단의 압력으로부터 보호받을 권리가 있다는 것을 설명하여 그런 압력이 느껴지면 집단상담자에게 도움을 요청하도록 하여야 한다. 또한 집단상담자는 집단에서 집단압력이 벌어질 경우, 그것이 집단원에게 도움이 되는 정도인지 혹은 어려움을 주는 정도인지를 면밀하게 구분하여, 만일 집단원에게 과도한 압력이 행사되는 것으로 여겨질 때 개입하여 집단원을 보호해야 한다. 이러한 집단상담자의 개입은 집단 전체에 안전감을 높이고 신뢰를 형성하게 되는 중요한 기회를 제공한다.

(4) 연구나 녹음 · 녹화를 거부할 수 있는 권리

집단원은 집단과 관련된 연구나 녹음 · 녹화를 거부할 수 있는 권리가 있다. 이러한 거부가 집단원의 권리라는 것을 알지 못한다면, 집단원은 녹음 · 녹화 및 연구 참여가 불편해도 참여를 거부하는 것에서 오는 불이익을 생각하여 마지못해 참여하는 현상이 일어날 수 있다. 특히 집단원이 본인의 의사와 관계없이 어떤 의무 때문에 비자발적으로 집단에 참여해야 하는 경우에는 불편함에도 불구하고

표현하기가 더 어려울 것이다. 이것은 집단의 분위기에 좋지 않은 영향을 미치게 된다.

집단원들이 집단상담에 참여할 때 가장 염려하는 것 중에 하나가 원하지 않는 사생활의 노출일 것이다. 집단원은 집단에서 자기를 어느 정도 노출할 것인지를 스스로 선택할 권리가 있으며, 상담자나 집단원들에게 비밀을 보장받을 권리가 있다는 것을 알아야 한다.

2) 사전동의에 관한 윤리

사전동의(informed consent)란 집단원들이 집단상담에 참여하기 전에 집단상담에 참여할 것인가를 결정하고, 참여하는 방법에 대한 합리적인 의사결정을 내릴 수 있도록 집단상담에 필요한 기본적인 정보를 집단원들에게 제공하는 과정을 말한다(Fallon, 2006). 집단원은 집단상담에 참여할 때 집단상담에 대해 사전에 잘 알고 참여하는 것이 집단상담에 대한 참여 동기를 높이고 집단 참여에 대한 불안을 낮출 수 있기 때문에 내담자에게 도움이 된다. 따라서 집단상담자는 집단원들이 집단상담에 참여하기 전에 알아야 할 정보를 효과적으로 제공하여 집단원들의 권리를 보장하고, 집단 참여 동기를 높이며, 집단원들이 집단을 효율적으로 활용하여 본인이 원하는 성과를 최대한 얻을 수 있도록 노력해야 한다. 이러한 노력은 집단상담자에게도 도움이 되는데, 집단상담자가 집단상담을 준비하는 과정에서 사전준비를 면밀하게 하도록 도와서 집단상담의 성공률을 높일 수 있다.

미국상담학회(ACA)는 집단상담자가 구두와 서면으로 집단원에게 지도자와 집단원의 역할과 책임에 대해 정보를 자세히 제공하는 것이 필요하다고 하였으며, 미국집단상담전문가협회(ASGW)도 집단원에게 집단의 성격과 목적 및 목표에 관한 정보, 비밀유지 및 비밀유지 예외 상황, 집단상담자의 이론적 성향, 제공될 수 있는 집단상담 서비스, 집단구성원과 집단상담자의 역할 및 책임 등에 대한 정보를 '최선의 상담실무 지침'의 형태로 제공할 것을 제안하고 있다.

사전동의에 포함되어야 할 내용들은 다음과 같다.

- 집단의 성격: 목표, 이론적 관점, 과정, 방식, 기법, 회기 수, 모임 빈도 등
- 집단상담자의 자격과 배경: 자격증, 학위, 훈련, 전문 영역, 기술, 이론적 지향, 효과적으로 도움을 제공할 수 있는/없는 문제 또는 집단원 유형, 교육·훈련 중인 인턴이나 보조원 여부, 수퍼비전, 집단회기 녹음·녹화 여부
- 집단상담자의 책임과 역할
- 집단원의 책임과 역할
- 비밀유지와 예외 상황
- 집단작업에 따른 잠재적 이익과 위험
- 집단상담의 대안
- 필요시 연락방법
- 검사 결과, 집단 및 상담/치료 기록에 대해 알 권리
- 상담료와 납부방법

집단상담자는 집단원에게 이러한 정보를 사전에 제공하여 숙지하도록 돕는 것이 좋다. 집단상담이 무엇을 목적으로 어떤 내용을 담고 있으며, 어떤 형식과 절차로 운영되는지에 대한 정보를 제공하여 집단원의 알 권리를 보장해 주어야 한다. 집단상담의 빈도와 지속기간, 각 회기의 시간 등에 대한 정보를 제공하며, 유료로 진행될 경우 비용에 대한 정보, 환불 정책에 대해 알려야 한다.

그리고 집단상담에 참여하여 가장 도움을 받을 수 있도록 정해진 시간에 집단에 정기적으로 참여하고, 적극적으로 자기를 개방하며, 다른 집단원들과 상호작용하면서 피드백하는 것에 대해 학습하도록 도우며, 규칙을 전달하여 집단원들이 집단을 더 잘 활용할 수 있도록 도와야 한다. 또한 집단상담자에 대한 정보도 제공하는 것이 좋은데, 집단상담자의 자격과 교육·훈련 정도에 대한 정보를 제공하여 신뢰를 높일 수 있다. 그리고 집단상담의 잠재적인 심리적 위험성에 대한 정보를 제공하여 대비하도록 하고, 특히 중요한 비밀보장과 관련된 정보를 정확히 전달하는 것이 내담자의 신뢰를 얻을 수 있다. 이때 법적·윤리적, 혹은 전문적 이유로 비밀보장이 이루어지지 않을 수 있다는 정보를 명료하게 제공해야 한

다. 또한 집단상담자의 역할과 책임을 알리고 동시에 집단원의 역할과 책임에 대해서도 정보를 제공하여야 한다.

집단상담자는 이상의 내용이 사전에 집단원에게 전달되었다고 하더라도, 집단상담 중간중간에 집단원에게 그것을 반복적으로 언급하여 이러한 내용이 형식적인 전달에서 끝나는 것이 아니라 집단 안에서 실제로 이루어지도록 노력해야 한다.

3) 비밀유지에 관한 윤리

비밀유지는 집단원이 집단상담에서 노출한 개인적인 내용이 본인의 허락 없이 외부에 유출되지 않도록 보호해 주어야 할 윤리적 · 법적 책임이다. 개인상담은 상담자가 비밀유지를 하면 되지만, 집단상담은 참여한 집단원이 모두 비밀을 유지해야 한다는 것 때문에 더 어렵고 복잡한 문제다.

비밀유지는 집단상담의 핵심적인 사항이다. 만일 비밀유지가 되지 않는다면 집단원들이 집단을 신뢰하지 못하게 되어 집단 응집성은 손상될 것이고, 집단은 안전한 공간이 되지 못한다. 심리적으로 안전하고 신뢰할 수 없는 집단상담에서는 집단원들이 자신의 아픔과 어려움을 기꺼이 드러내지 못할 것이다. 안전하고 신뢰할 수 있는 분위기를 만드는 것이 집단상담자의 중요한 역할이라는 것을 기억할 필요가 있다.

비밀유지는 집단에서 있었던 모든 사항에 대해 비밀을 지키라는 말이 아니다. 집단에서 어떤 프로그램을 했고, 자신은 집단에서 어떤 것을 배우고 느끼고 경험했는지에 대해서는 비밀을 유지할 필요가 없다. 오히려 다른 사람에게 개방하게 되면 자신의 경험을 정리하게 되고 피드백을 받을 수 있기 때문에 자기이해가 더 확장될 수 있다. 비밀을 유지할 것은 다른 사람에 대한 것이다. 누가 참석을 했고, 집단원들이 어떤 얘기를 했고, 어떤 삶을 살았는지 등에 대해서는 언급하지 말라는 것이다.

집단상담자는 비밀보장의 어려움에 대해 집단원들에게 명확히 알려 주어야 한다. 집단원들이 별칭을 사용했고, 아주 간단히 말하는 것이니 다른 사람들은 모를 수 있다고 생각할 수 있다. 또는 이 정도는 아주 사소한 것이니 누설해도 된다고 생각할 수도 있다. 하지만 자신이 주관적으로 그런 판단 자체를 하지 말고 타인에 대한 비밀을 지키라는 것을 강조해야 한다. 가장 가까운 사람에게 "너만 알아! 누구에게도 얘기하지 마!"라고 말하는 것을 조심해야 한다는 것을 강조하는 것이 필요하다. 비밀유지가 가장 지켜지지 않는 곳은 바로 가까운 사람과의 만남이다. 집단상담자는 비밀보장이 의도하지 않게 어떻게 지켜지지 않는가에 대한 예를 들어서 설명하고, 집단상담 중간중간에 반복해서 집단원에게 교육해야 한다.

(1) 비밀유지 서약서 작성

비밀유지와 관련해서 집단상담자는 비밀유지 서약서를 작성하게 하여 비밀보장에 동의하는 계약을 할 수 있다. 비밀보장과 관련된 주제가 떠오르면 그것에 대해 집단상담에서 충분히 다루는 것이 것이 필요하다. '비밀보장이 되지 않을까 봐 걱정된다.' '내 자신의 사적인 부분을 너무 많이 드러낸 것 같아 불안하다.' 등의 생각이 떠오르면 그런 걱정과 불안에 대해 집단원들의 마음을 충분히 표현하도록 돕는 것이 좋다. 이때가 비밀유지에 관련된 교육을 실시하기에 좋은 시점이다.

(2) 비밀유지의 중요성 강조

비밀유지는 집단상담을 홍보할 때부터 안내하며, 집단상담자는 사전 면접과 오리엔테이션에서 비밀유지의 권리와 중요성 및 비밀유지의 예외사항과 비밀누설의 위험성에 대해 충분히 토의하고, 사전동의를 통해 자세히 전달해야 한다. 또한 집단상담 시작과 끝에서 강조하여 모든 집단원이 지킬 수 있도록 한다. 각 회기를 진행할 때도 틈틈이 기회가 닿을 때 언급해야 한다. 비밀유지의 중요성은 문서나 구두로 한 번 설명했다고 끝나는 것이 아니다. 집단상담자는 집단상담 과정 중 수시로 비밀유지의 중요성에 대해 강조하여 지켜지도록 책임을 다해야 한다. 특히 비밀유지는 부지불식간에 깨지는 경우가 많기 때문에 비밀보장을 시행하는 것의 어려움에 대해 종종 설명해 주어서 주의하도록 돕는 것이 필요하다.

(3) 비밀유지의 범위

집단원의 사생활 보호 적용 범위는 집단에 참여했다는 것, 대기실에서 누구인지 알려지지 않게 하는 것, 제3자에게 집단회기 녹음을 포함해서 상담기록을 노출하지 않는 것, 심리검사 결과 또는 상담료 관련 서류/파일을 집단원의 동의 없이 알리지 않는 것 등이다. 또한 집단상담자는 수퍼비전, 사례발표회 등의 대외적인 활동에서 집단원의 이름과 소속 등 민감한 개인정보가 유출되지 않도록 각별한 주의가 필요하다.

집단상담자는 학교, 시설, 기관에 소속된 상담자로 집단상담을 실시하거나, 초청되어 집단상담을 실시하게 된다. 이때 집단상담자는 이들 조직의 비밀보호 규정과 집단상담자에게 요청되는 보고사항에 대해 사전에 파악하는 것이 필요하다. 특히 집단상담의 참여가 자발적이 아니고 비자발적이고 강제적인 경우라면 집단상담자에게 요구되는 보고사항이 있을 수 있다. 만일 조직의 규정과 요구사항이 집단상담의 비밀유지 정책과 상충된다면 집단상담자는 비밀유지가 보장될 수 있도록 노력해야 한다. 이러한 노력은 조직의 책임자와 논의하는 것에서부터 학회에 질의응답을 하는 것 등이 있으며, 이러한 비밀유지를 위한 집단상담자의 노력은 집단원들에게 모델링이 되고, 집단상담에 대한 신뢰감을 형성하게 된다.

(4) 비밀유지의 예외

학회에서는 윤리강령을 통해 비밀유지의 예외사항에 대해 명시하고 있다. 한국상담학회 윤리강령에는 “상담자는 내담자 또는 내담자의 법정대리인에게 비밀보장의 예외와 한계에 대해 설명해야 한다.”라고 명시하고 있다. 한국상담심리학회 윤리규정에서는 “내담자의 사생활 보호에 대한 권리는 존중되어야 하나, 때로 내담자나 내담자가 위임한 법정 대리인의 요청에 의해 제한될 수 있다. 내담자의 보호가 제한되는 경우라 하더라도, 상담심리사는 내담자의 사생활 침해를 최소화하기 위해 노력해야 하고, 문서 및 구두 보고 시 사생활에 관한 정보를 포함시켜야 할 경우 그 목적과 밀접한 관련이 있는 정보만을 포함시킨다."라고 명시하고 있다. 한국집단상담학회 윤리강령에는 "집단상담자는 비밀보장과 그 한계를 규정함으로써 상담 수혜자를 보호할 조치를 취한다. 단, 상담 수혜자 개인 및 사회에 심각한 위협을 줄 수 있다고 판단될 경우에는 충분히 고려한 후, 상담 수혜자에 관한 정보를 가족, 보호자, 적정한 전문인, 사회기관, 정부기관에 공개한다."라고 명시하고 있다.

비밀유지 원칙의 예외 상황은, 첫째, 집단원이 자살과 자해를 포함하여 자신에게 심각한 손상을 입히려는 것을 알게 되었을 때는 집단원을 보호하기 위해 집단원 보호에 책임이 있는 사람들에게 알려야 한다. 집단원의 생명보호가 사생활 보호보다 우선이다.

둘째, 집단원이 타인을 해하려는 상황이 임박했다고 판단될 때는 수퍼바이저 혹은 동료와 상의를 할 수 있고, 생명보호를 위해 관련된 사람에게 주의를 주고, 관련 기관에 신고해야 한다.

셋째, 미성년자 집단원이 아동학대, 아동방치, 성폭력, 근친상간 혹은 여타 범죄의 희생자라는 판단이 들 때는 신고의무를 다해야 한다. 특히 아동이 학대 또는 방치되고 있다는 것을 발견하게 되면, 아동보호기관이나 수사기관에 신고할 법적 · 윤리적 책임이 집단상담자에게 있다. 집단원의 생명이나 타인 및 사회의 안전을 위협하는 경우에는 집단원에게 동의를 받지 않더라도 집단원에 대한 정보를 관련 전문가나 사회에 알릴 수 있다고 한국심리학회 윤리규정에서 밝히고 있다.

넷째, 집단원이 전염성이 있는 치명적인 질병을 앓고 있음을 알았을 때는 이를 알려서 병이 전염되는 것을 막아야 한다. 이때 제삼자에게 이러한 정보를 공개하기 전에, 집단상담자는 집단원이 자신의 질병에 대해서 사람들에게 알렸는지, 알릴 의도가 있는지를 확인하는 것이 좋다.

다섯째, 법원이 집단원의 동의 없이 집단상담자에게 상담 관련 정보를 요구할 때, 집단상담자는 집단원의 권리가 침해되지 않도록 법원과 조율하여 응해야 한다.

마지막으로, 집단상담의 내용이 집단상담자의 연구, 교육, 출판에 필요할 때이다. 이때는 특히 집단원 모두에게 서면동의를 얻어야 하며, 집단상담자는 집단원의 신상이 드러나지 않도록 세심하게 조치하여야 한다. 집단상담자 입장에서 비밀보장의 예외 상황인지 아닌지 불명확할 때는 수퍼바이저나 동료상담자와 논의를 하는 것이 필요하다. 집단상담자는 집단원의 정보를 공개하였다면 정보공개 사실을 집단원에게 알려야 한다.

❖ **비밀보장의 한계 설정과 안내에 대한 효과**

- 집단원들에게 집단에 대한 신뢰감과 안정감을 높임
- 집단상담에 대한 불안감 감소

(5) 미성년자의 비밀보장

우리나라는 학교, Wee 센터, 청소년상담복지센터 등에서 아동이나 청소년을 대상으로 집단상담이 이루어지고 있다. 미성년자인 아동이나 청소년을 대상으로 집단상담을 할 때는 부모로부터 서면동의를 받아야 한다. 서면동의에는 비밀보장의 중요성과 비밀보장의 예외사항이 있다는 것을 다양한 방법으로 명료하게 충분히 정보를 제공하는 것이 필요하다. 이것은 집단상담에 참여 신청을 받는 단계에서 동의서에 비밀유지와 예외사항에 대한 내용을 포함시키는 것이 좋다.

학교나 부모 입장에서 집단상담 동안 직간접적으로 집단작업에서 알게 된 학생 혹은 자녀에 대한 정보를 집단상담자에게 요청하는 경우가 있다. 집단상담자는 학생과 자녀에 대한 정보를 제공해야 하지만, 비밀보장의 규칙이나 신뢰를 손상시키지 않는 범위 내에서 제공해야 한다. 집단원의 입장에서는 자신이 집단에서 말한 내용이 정말 교사나 부모에게 전달되는 것은 아닌지 불안할 수 있다. 바람직한 집단상담에서는 이런 불안이 집단에서 자유롭게 이야기될 수 있는 분위기가 조성되어야 하며, 수시로 비밀보장 또는 비밀보장의 예외사항에 대해 논의되는 것이 중요하다. 더 중요한 것은 비밀이 실제로 보장되는 것이다. 집단원들은 비밀이 실제로 보장되고 있는지에 관심을 기울이고 있으며 비밀보장이 되지 않을 때 집단에 대한 신뢰와 안전감은 사라지게 된다.

3 집단상담자에 관한 윤리

윤리적인 집단상담자가 되는 것은 전문가로서 윤리적인 책임을 진다는 것이며 이는 윤리규정을 숙지하고 실무에서 윤리적 문제를 예방하고, 윤리적 딜레마를 윤리규정과 상식에 의거하여 지혜롭게 해결하여 집단원의 성장과 이익을 지켜가는 것이다. 집단상담자는 전문가로서 자격을 갖추기 위해 인간이해와 집단역동 및 집단 운영과 문제해결에 대한 이론뿐만 아니라 집단상담의 최신 이론을 학습하고, 실무에서 집단상담을 진행하며, 운영된 집단에 대한 자기성찰과 수퍼비전을 통해 자기를 갈고 닦아서 전문성을 유지해야 할 의무가 있다. 또한 집단상담자의 가치가 집단원에게 미치는 영향에 대해서도 끊임없이 성찰하여야 할 책무가 있다. 다음에서는 집단상담자의 윤리적 책임과 전문성 및 집단상담자의 가치와 다문화 윤리에 대해 중점적으로 알아보고자 한다.

1) 집단상담자의 윤리적 책임

집단상담자의 윤리적 책임은 다양한 측면에서 고려될 수 있다. 이 절에서는 집단상담자의 자격, 심리검사, 상담연구 및 수퍼비전의 측면에서 논의하고자 한다.

첫째, 집단상담사는 집단을 구성하고 운영하는 데 필요한 자격을 갖추어야 한다. 현재 상담 관련 학회에서는 1·2급 자격을 취득하기 위해 필요한 내용을 마련하여 시행 중이다. 집단상담자의 자격윤리는 전문가 자격을 취득한 것에서 끝나는 것이 아니라 보수교육을 통해 전문성을 유지하여야 한다. 또한 전문가로서 윤리를 지키지 않을 때 윤리심의위원회에서 전문가 자격을 박탈할 수 있도록 규정하고 있다.

둘째, 집단상담에서 심리검사를 실시할 때는 자격이 있는 사람이 표준화된 절차에 따라 실시해야 하며, 검사에 대한 해석은 충분한 교육과 훈련을 받은 사람이 실시해야 하고, 상담 수혜자의 동의 없이 제삼자에게 검사 결과를 통보해서는 안 된다. 따라서 집단상담자는 집단원에게 적절한 심리검사를 선택하고 실시하고 채점하고 해석하는 역량을 갖추어야 한다. 또한 검사 결과를 전달하고 검사 결과를 활용하는 데 책임을 져야 한다. 집단상담에서 심리검사를 활용할 때는 개인상담에서와 다르게 더 주의해서 비밀보장이 될 수 있도록 하는 책임이 있다.

셋째, 집단상담자는 집단상담 장면에서 연구를 수행할 경우에는 모든 집단원에게 연구 목적과 방법 및 집단원의 비밀이 보장되는 부분에 대해 충분한 설명을 제공한 후 서면동의를 받아야 하며, 미성년자일 경우에는 부모의 동의를 정당한 방법으로 받아야 할 책임이 있다. 또한 집단상담자는 연구 결과를 보고할 때 집단원의 신원보장을 철저히 하여 집단원에게 피해가 가는 일이 없도록 보호해야 할 책임이 있다. 또한 연구대상자의 권리, 안전, 복지를 위하여 인간을 대상으로 하는 연구의 윤리적 · 과학적 측면을 심의하는 IRB(Institutional Review Board)의 기준에 부합되는 연구를 진행하여야 한다.

넷째, 집단상담자는 전문가로서 수련생을 훈련하고 교육하여 집단상담이 더 발전되도록 할 책임이 있다. 집단상담에 대한 수퍼비전은 개인상담과 차원이 다르다. 예로, 개인상담은 내담자 한 명에게 동의를 얻으면 되지만, 집단상담은 집단원 모두에게 동의를 얻어야 한다. 또한 개인상담은 내담자 개인의 비밀을 보장하면 되지만 집단상담은 모든 집단원의 사적 정보를 보호해야 한다. 집단상담에서는 집단원마다 동의의 수준이 다르기 때문에 기록에도 상당한 제약이 따르게 된다. 따라서 집단상담자는 윤리적으로 더 예민하게 집단원의 사적 정보가 보호되고 있는지 감독하여 수퍼비전, 훈련과 교육을 제공해야 할 책임이 있다. 수련생은 전문가 자격을 취득하기 위해서는 집단상담을 실시한 후 사례발표를 해야 한다. 이런 과정에서 수련생이 집단원의 정보를 잘 보호하였는지에 대해 감독하고 교육해야 한다. 또한 수련생과 집단원의 요구가 다르기 때문에 집단원의 요구와 수련생의 요구가 상충될 수 있다. 집단상담자는 집단원의 보호가 우선시되어야 한다. 또한 집단상담자는 집단원뿐만 아니라 수련생 모두를 책임져야 하기 때문에 수련생에 대한 정보가 누설되지 않도록 유의해야 한다.

대학과 대학원에서 지도교수가 학생을 대상으로 수퍼비전을 하거나 상담센터에서 수퍼바이저가 직원을 대상으로 수퍼비전을 할 경우, 수퍼바이저가 평가자이며 상사로 있기 때문에 특히 이중관계, 힘의 남용 등의 윤리적 문제가 생길 수 있다. 따라서 이런 경우에 발생할 가능성이 있는 윤리적 문제를 사전에 점검하여 예방하는 것이 매우 중요하다.

2) 집단상담자의 전문성

집단상담자는 집단원을 효과적으로 돕기 위해 전문성을 갖추어야 한다. 집단상담자가 전문성 없이 상담을 진행하는 것은 윤리적이지 않다. 한국상담심리학회에서는 상담심리사가 교육과 수련, 경험 등에 의해 준비된 역량의 범위 안에서 전문적인 서비스와 교육을 제공해야 한다고 규정하고 있으며, 자신이 가진 전문적 능력 이상의 것을 주장하거나 암시해서는 안 된다고 하였다. 집단상담자는 전문성을 갖추기 위해 집단상담에 적합한 학위와 자격증을 취득하여야 한다. 전문상담자가 전문성을 갖추기 위해서는 집단상담에 대한 전문적 지식을 학습하고 집단상담에 활용할 전문적 기술을 훈련하여야 한다.

(1) 집단상담자가 갖추어야 할 전문 지식

집단상담자가 갖추어야 할 전문지식에는 집단상담의 장점과 한계점, 집단상담에 적합한 집단원을 선발하는 과정과 방법에 대한 지식, 집단의 유형과 종류에 적합한 운영지식, 집단의 발달단계의 특징과 상담자의 역할, 집단역동의 원리, 집단의 치료적 요인과 집단에의 적용방법, 집단상담자가 집단에 부정적 영향을 미칠 수 있는 문제행동과 집단원의 문제행동이 집단과정과 집단역동에 미치는 영향에 대한 지식, 집단의 과정과 성과에 대한 평가 및 집단원 평가, 집단과정을 촉진하는 전문 기술 등이 있다. 집단상담자는 집단상담에 적용하는 이론적 접근을 분명히 알고 있어야 하며, 기법을 활용하여 집단과 개인에 개입할 때 그것에 대한 이론적 근거를 제시할 수 있어야 한다.

❖ 집단상담자가 갖추어야 할 전문 기술

- 집단원과 신뢰감을 형성하고 응집성을 향상시키는 기술
- 집단원의 행동을 체계적으로 관찰하는 기술과 집단원의 참여를 촉진하는 기술
- 집단회기를 시작하고 끝마치는 기술 및 집단원과 치료적으로 의사소통하는 기술
- 갈등을 다루는 기술과 적응적인 행동을 계획하고 실행하는 기술
- 피드백을 제공하는 기술
- 적절한 자기개방을 격려하는 기술
- 집단원의 비생산적인 행동에 직면하는 기술과 생산적인 행동을 모델링하는 기술

집단상담자는 이러한 전문 기술을 윤리적으로 사용하여야 한다. 전문 기술을 자칫 오용하거나 남용하면 비윤리적으로 사용될 수 있다. 예를 들면, 집단상담자가 훈련이 안 되고 경험이 적은 서툰 기법을 사용하는 것은 비윤리적이다. 집단상담자는 실습을 통해 충분히 훈련되어 준비된 기술을 사용하여야 한다. 집단상담을 훈련의 장으로 삼아서는 안 되며, 집단원이 훈련의 대상이 되어서도 안 된다. 또한 역할연기처럼 강렬한 감정이 표출될 수 있는 기술을 사용하기 위해서는 특히 충분한 훈련이 필요하다. 전문적 기술을 사용함으로써 강렬한 감정이 분출될 때는 여러 가지 돌발 상황에 대처하여 집단원의 안전을 보장할 수 있는 대처 능력을 갖추어야 한다. 따라서 집단상담자는 집단상담의 특정 기술들이 가진 잠재적인 역효과를 이해하고 있어야 한다. 이를 위해서 본인이 집단에 참여하여 기술들을 경험해 보거나 실습을 통해 경험하고 훈련해 보는 과정이 필요하다. 한국집단상담학회에서는 집단상담자가 자신의 전문적 능력과 사용할 수 있는 기법의 한계를 인식해서 사용하도록 규정하고 있으며, 자신의 능력과 기술의 범위를 넘어설 경우에는 다른 전문가 및 관련 기관으로 의뢰하도록 하고 있다.

(2) 집단상담자의 전문성 함양을 위한 방법

집단상담자의 전문성 함양을 위한 방법으로는 개인상담 참여, 집단원 경험, 보조지도자 경험, 수퍼비전, 공개사례발표회 참여 등을 활용할 수 있다. 집단상담자는 본인이 내담자가 되어 개인상담에 참여해서 집단원에 대한 수용을 방해하는 자신의 미해결 문제를 해결하고 본인이 가진 편견과 고정관념을 검토하며 본인의 대인관계 패턴과 강점 등을 인식하는 것이 좋다. 집단상담자는 자기탐색을 위한 집단에 집단원으로 참여하는 경험을 통해 집단의 역동을 체험하고 집단의 응집성이 집단 의사소통에 미치는 역할을 이해할 수 있으며, 자신이 집단에서 보이는 대인욕구와 대인지각 및 대인신념 등에 대해 자각할 기회를 가질 수 있다. 또한 보조지도자로 참여하여 집단상담자와 집단과정과 집단원에 대해 관찰하고 개입하고 토론하며 집단의 구성과 발달과정에 따른 지도자의 역할, 기법의 사용과 결과 등의 참여적 관찰을 통해 집단상담에 대해 학습할 수 있다.

(3) 집단상담 수퍼비전

집단상담자는 집단을 구성하여 운영한 후 수퍼비전을 통해 전문성을 향상시킨다. 수퍼바이저에게 수퍼비전을 받기 위한 사례보고서를 작성하면서 집단상담의 목적과 목표, 집단과정에 대한 이해와 개입 및 각 집단원에 대한 파악과 개입에 대해 분석하고 성찰하는 과정은 학습에 매우 중요하다. 임상 경험이 많은 다른 전문가의 수퍼비전을 통해 전문적 판단과 기법에 대한 활용 능력, 상담과정에 영향을 미치는 개인적 어려움 및 윤리적 딜레마 등에 대해 도움을 받을 수 있다. 특히 자살 위험이 큰 집단원, 다문화 가정 구성원, 미성년자 또는 특수한 상황에 속한 집단원들을 대상으로 집단상담을 진행할 때는 수퍼비전을 받으면서 진행하는 것이 위험성을 줄이고, 관련된 지식과 적절한 상담 기법을 선택하고 배울 수 있는 역량을 기르는 데 유용하다. 집단상담자는 공개사례발표회에 참여하여 다른 전문가의 사례를 통해 배우게 된다. 사례발표회는 본인이 운영해 보지 못한 집단상담의 경험을 확장할 수 있으며, 사례를 다양한 관점에서 바라볼 수 있는 기회를 제공한다.

(4) 집단상담자의 전문성 유지를 위한 노력

집단상담자는 전문가 자격을 취득한 이후에도 꾸준히 세미나, 워크숍 참여 및 집단상담 실시와 수퍼비전 참여를 하여 전문성을 유지하기 위해 계속 노력해야 한다. 전문상담자로서 갖추어야 할 이론적 지식, 임상 경험 및 연구 능력을 유지·향상시키기 위해 지속적으로 노력해야 한다고 한국집단상담학회 윤리규정에서는 명시하고 있다. 이를 위해 학회에서는 매년 윤리교육과 일정한 보수교육에 참여하도록 하고 있다. 한국상담심리학회에서도 "정기적으로 전문인으로서의 능력과 효율성에 대해 자기점검 및 평가를 해야 하며 상담자로서 직무를 수행하는 데 방해가 되는 개인적 문제나 능력의 한계를 인식하게 될 경우 지도감독이나 전문적 자문을 받을 책무가 있다."라고 규정하고 있다.

3) 집단상담자의 가치와 다문화 윤리

집단원들은 집단상담에서 낙태를 할 것인가, 이혼을 해야 하는가, 학교를 중퇴할 것인가, 가족갈등으로 집을 나올 것인가 등 선택하기에 힘든 민감한 주제를 이야기하며 문제를 해결하고 싶어 한다. 이러한 많은 문제는 가치관이 다른 집단원 사이에 갈등을 불러오기도 하며 집단상담자에게도 쉽지 않은 도전이다. 집단상담자는 가치중립적인 태도로 객관성을 유지하여야 한다고 교육받는다. 하지만 집단상담자 역시 가치지향적 인간이기에 직접적 또는 간접적으로 자신의 가치를 집단원에게 주입하려고 시도하기도 하며, 때로는 은밀하게 그것이 집단원에게 전달되어 집단상담자 본인도 인식하지 못하는 경우도 있다. 이처럼 집단원에게 집단상담자의 가치를 주입하는 것은 비윤리적이다.

한국상담학회와 한국상담심리학회는 윤리규정에 "상담자가 자신의 고유한 가치, 태도, 신념, 행위가 사회에서 어떻게 적용되는지를 인식하고 내담자에게 자신의 가치를 강요하지 않는다."라고 명시하고 있다. 이것은 집난상담자의 가치가 집단원에게 미치는 영향에 대해 인식하고 있음을 보여 준다. 집단상담의 목적은 집단상담자의 가치를 집단원에게 설득하고 전파하여 행동의 변화를 일으키는 것이 아니라 집단원이 자신의 신념을 명료화하고 자신의 가치와 가장 일치하는 선택이 무엇인지를 살펴보는 과정에 함께 걸어가는 것이다.

집단상담자는 자신의 가치를 명료화하고 다양성에 비추어 숙고해야 한다. 문화는 공기와 같아서 한 문화권에 사는 사람에게는 너무도 당연하여 그것이 문제가 있다는 생각 자체를 하지 않는다. 문화적으로 고립된 상담자는 자신의 문화적 가설에 근거하여 현실을 보고, 다른 사람의 문화적 다양성에 대해 고려하지 않는다. 또한 자신의 문화가 너무 당연하다고 생각되기 때문에 자신의 문화와 다른 현상들은 무시하여 받아들이지 않으며, 자신과 다르게 생각하는 것에 대해 의아해하며 융통성 있게 받아들이지 않는 경향이 있다. 문화적으로 고립된 상담자의 편견이 주는 피해에 대해 관심을 기울여야 한다는 목소리가 높다.

미국심리학회(2003)는 심리학자를 위한 다문화적 교육, 수련, 연구, 실무 및 체계변화를 위한 지침을 제정하였다. 이 지침에는 심리학자 역시 문화적 존재로서 다른 문화를 가진 사람과 상호작용할 때 자신의 태도와 신념 때문에 해를 줄 수 있다는 것을 자각해야 한다는 것과 문화적으로 다른 사람들에 대한 지식과 이해를 높이는 것과 그러한 이해를 바탕으로 다문화적인 민감성과 반응성을 보이라고 주문하고 있다. 또한 교육과 연구를 수행할 때 다문화주의의 주제를 포함시키도록 하고 있다.

Sue와 Sue(2003)는 정신건강전문가들이 상담하는 데 가설과 편견 및 고정관념을 인식하여 처리할 수 있어야 하며, 다양한 문화권의 내담자가 가진 가치관과 문화를 파악해야 하고, 다양한 사회, 문화, 역사적인 부분을 포함한 적절한 개입전략을 개발해야 한다고 지적하고 있다.

어떤 사람에게 좋은 것이 모든 사람에게 좋을 수는 없다. 집단상담자에게 좋다고 여겨지는 것이 문화적 편견이 되어 집단원에게 해가 될 수 있다. 흔히 갖고 있는 몇 가지 통념의 예는 자기개방, 자기주장, 자기실현과 비언어적인 행동, 솔직함과 존중에 대한 것이다. 자기개방에 대해 집단상담자는 집단원들이 자기를 적극적으로 개방할수록 집단에서 도움을 많이 받을 수 있다고 믿는다. 집단원들에게 적극적인 자기개방을 집단 규범으로 교육하고 격려한다. 자기의 생각과 느낌을 직접적이고 적극적으로 개방하지 않는 것은 변화에 저항하고 있는 것으로 생각될 수 있다. 하지만 많은 문화권에서는 자기를 더 간접적으로 드러내며, 개인사를 바로 이야기하지 않고도 자신을 알리는 다른 방법을 많이 사용할 수 있다는 것을 알아야 한다. 집단상담자는 집단원이 세세한 개인 문제를 개방하려고 하지 않을 때 문화적인 압력이 이 집단에 작용하고 있는 것은 아닌지 살펴야 한다.

많은 사람이 자기주장을 잘하는 것이 긍정적이고 건강한 삶의 방식이라고 생각한다. 서양인은 자기주장적이고 적극적인 반면에 동양인은 자기주장이 약하고 수동적이라는 견해가 널리 퍼져 있지만, 연구에서는 이를 입증하지 못하였다고 한다. 다문화에서는 자기주장에 대한 태도가 어떻게 다른지에 대해 집단상담자의 고려가 있어야 한다. 비언어적인 행동인 적절한 개인 간 거리, 시선 맞춤, 악수, 옷차림, 인사, 침묵 등에 대해 해석하는 것이 문화에 따라 많이 다를 수 있다. 그 예로, 시선을 맞추지 않는 것은 서양 문화권에서는 상대방을 무시하는 것으로 여겨지며 동양 문화권에서는 예의를 지키는 것으로 인식되는 경향이 있다. 어떤 문화권에서는 침묵이 말을 하기 싫다는 표현이며 거절의 표시로 여겨지는 반면에 어떤 문화권에서는 존경이나 겸손의 표현으로 여겨진다.

한국사회는 다문화 가정이 꾸준히 증가하고 있으며 다문화 가정에서 태어나고 자란 자녀들이 이제는 성인이 되어 삶의 터전을 찾아 전국으로 이동하고 있다. 다문화 가정은 중국, 일본, 베트남, 필리핀, 러시아, 몽골 등에서 온 사람들로 다양한 문화를 이루고 있다. 집단상담자는 다양성의 문제에 점점 더 관심을 기울여서 집단원에게 편견에 따른 차별과 피해가 가지 않도록 노력해야 한다.

한국상담학회에서는 '상담자가 사용하는 언어를 내담자가 이해하는 데 어려움이 있을 때는 내담자가 명확하게 이해할 수 있도록 통역자나 번역자를 배치하여 필요한 서비스를 제공'하도록 하고 있다. 한국상담심리학회는 "상담심리사가 내담자의 다양한 문화적 배경을 이해하려고 적극적으로 시도해야 하며, 상담심리사 자신의 고유한 문화적 정체성이 상담과정에 어떤 영향을 주는지 인식해야 한다."라고 규정하고 있다.

집단상담자가 다문화 집단원을 위해 노력하는 것이 윤리적인 행동이다. 이를 위해 집단상담자는 다문화에 대한 다양한 독서와 경험을 하며, 다문화 가정에 대한 관심을 기울이고 다문화를 가진 사람들과 토론하는 기회를 가지는 것이 좋다. 각 대학에는 다양한 국가에서 온 유학생들이 많이 있으며 각 지역에는 다문화지원센터가 있어 다문화 가정을 지원하고 있다. 이런 기관을 통해 다문화에 대한 토론과 체험을 할 기회가 많아졌기 때문에 이를 활용하는 방법도 집단상담자의 인식을 높이는 데 도움이 된다. 둘째는 문화에 대한 민감성을 함양하는 것이다. 문화 차이에 대한 인식을 바탕으로 다문화 집단원이 집단에서 보이는 반응과 요구에 민감하게 반응하는 민감성을 높이기 위해 노력해야 한다. 셋째는 다문화 교육에 참여하는 것이다. 다문화 상담에 대한 학회의 윤리규정을 숙지하고 다문화 집단원에 대한 사례연구와 논문을 읽고 숙고하는 것이 좋다. 또한 다문화 집단상담자를 위한 교육과 훈련에 적극적으로 참여하는 것이다. 넷째는 다양성에 대한 개방적인 태도를 갖는 것이다. 집단상담자가 다문화적 견해에 개방적인 태도로 그 신념을 명료화하고 그 신념이 각 집단원의 선택과 행동에 어떤 영향을 끼치고 있는지 알기 위해 접근하는 것이 집단원들에게 모델링이 될 것이다.

4 상담관계에 관한 윤리

집단상담자와 집단원의 관계는 전문적인 도움을 주고받는 관계다. 집단상담자는 도움을 필요로 하는 집단원에게 전문적 지식과 기술을 사용하여 합리적인 의사결정을 내리고 적합한 행동을 실행할 수 있도록 돕는다. 집단상담자와 집단원 관계에서 합리적인 의사결정을 방해하고 전문적 도움에 대한 신뢰를 깨드릴 수 있는 요소가 개입되어서는 안 된다. 집단상담은 여러 명의 집단원으로 구성되어 있기 때문에 개인상담에 비해 상담관계에서 다양한 윤리 문제가 발생할 가능성이 높다. 다음에서는 상담관계에 관한 윤리 가운데 다중관계와 성적인 관계에 대해 자세히 알아보고자 한다.

1) 다중관계

집단상담자는 집단원을 존중하여 집단원을 이용하여 본인의 개인적 필요를 충족시키는 활동 및 행동을 하지 않아야 한다. 집단상담자는 전문성과 객관적 판단에 영향을 미치는 다중관계를 피해야 한다. 다중관계란 집단상담을 위한 집단상담자와 집단원의 관계 이외에 다른 목적을 위한 관계가 포함되는 것을 말한다. 예를 들어, 집단상담자와 집단원이 물건을 사고 파는 판매자와 소비자의 관계를 맺거나, 학점을 주는 교수와 학생의 관계이거나 연인관계인 경우에 해당한다.

다중관계는 집단상담자와 집단원의 관계에 몰입하는 것을 방해하고, 전문적이고 객관적인 조망을 손상시킬 수 있다. 예를 들어, 집단원이 보험회사 직원으로 집단상담자에게 보험을 파는 관계라면 판매이익을 위해 판매에 영향을 미치는 이야기는 하지 못할 것이며, 집단원이 학점을 취득해야 하는 학생이라면 학점의 불이익을 염려해서, 연인관계라면 연인관계가 손상되지 않는 것을 바라는 마음에 집단상담자의 강압적 태도나 비합리적인 행동에 대한 불만이 생겨도 솔직하게 자신을 표현하기 어렵게 된다.

따라서 집단상담자는 가까운 친구나 친인척, 지인 등 사적인 관계에 있는 사람을 집단원으로 받아들이지 않는 것이 좋다. 만일 의도하지 않게 다중관계가 시작되었다면 적절한 조치를 취해야 한다. 집단상담자는 교육과정의 일부로 학점이나 평가에 큰 영향을 미칠 수 있는 사람을 집단원으로 받아들이지 않는 것이 필요하며 가능한 다른 전문가에게 의뢰하는 것이 도움이 된다. 하지만 한정적으로 집단원의 복지를 위해 집단상담자와 집단원이 사전에 동의를 한 경우와 이것에 대한 수퍼비전, 감독이 병행될 때는 상담관계를 맺을 수도 있다고 한국상담학회 윤리강령에서는 명시하고 있다.

집단상담자는 집단원과의 관계에서 상담료 이외의 어떤 금전적 · 물질적 거래를 해서는 안 된다. 또한 집단상담 밖에서 특별한 경우가 아니라면 사적인 관계를 맺지 않아야 한다. 한국상담심리학회 윤리규정에서는 집단원에게 선물을 받게 될 때 선물로 인해 발생할 수 있는 다양한 문제를 숙고해야 한다고 권고하고 있다. 선물을 받게 되는 것이 상담관계에 미치는 영향, 선물의 의미, 내담자와 상담자의 동기, 현행법 위반 여부 등을 신중하게 고려해야 한다.

2) 성적인 관계

집단상담자와 집단원의 성적인 관계는 서로가 동의하였다고 하더라도 집단상담 동안에 전문적이고 객관적인 판단을 손상시키게 된다. 집단원과의 성적인 관계는 집단상담 과정 동안이든 집단상담이 모두 끝난 후이든 간에 집단원에게 피해를 주기 때문이다. 상담자와 성적으로 연루된 내담자 559명 중 90%가 이 성과의 관계에서 불신을 갖게 되거나, 입원하거나, 자살을 시도하는 등 다양하게 해로운 영향을 받은 것으로 나타났다(Bouhoutsos, Holroyd, Lerman, Forer, & Greenberg, 1983).

학회의 윤리강령에서는 집단상담자는 집단원 또는 그 가족들과 성적인 관계를 맺거나 어떤 형태의 친밀한 관계를 갖지 않아야 한다고 규정하고 있다. 또한 집단상담 이전에 연인관계에 있었거나 성적인 관계를 맺었던 사람은 집단에 참여시키지 않아야 한다. 이것은 개인상담에서도 문제가 되지만, 집단상담에서 집단역동에 문제를 일으킬 소지가 더욱 크다고 볼 수 있다. 학회에서는 집단상담이 끝난 후에도 성적인 관계를 갖는 것에 대해 규제하고 있다. 한국상담학회에서는 상담이 끝난 후 최소 2년을 지정하고 있으며, 한국상담심리학회에서는 적어도 3년의 기간을 정하고 있다. 이 기간이 지난 경우라고 할지라도 두 사람의 관계가 착취적인 관계가 아니라는 것을 철저하게 검증할 책임이 있다고 하였다.

5 집단상담의 윤리적 의사결정

집단상담자는 상담실무에서 윤리강령과 상충하는 윤리적 딜레마에 처할 때가 많이 있다. 윤리강령에는 광범위하고 원칙적인 지침만이 있기 때문에 집단상담자가 실무에서 경험하는 다양한 윤리적 딜레마에 대한 해결책은 제공해 주지 못한다. 집단상담자는 윤리강령의 원칙과 규정을 잘 이해하고 있어야 하며, 여러 가지 윤리적 딜레마 상황에 대해 어떻게 다룰 것인지에 대한 축적된 자료를 잘 검토해야 한다.

윤리적 딜레마 상황에서 윤리적 의사결정을 하기 위해서 동료상담자, 수퍼바이저 및 학회의 윤리위원회와도 의논하는 것이 도움이 되며, 관련된 법률적인 부분이 있다면 변호사의 도움을 받을 수도 있다. 또한 윤리적 딜레마 상황에서 적용할 의사결정 모델을 개발하는 것이 필요하다. 윤리적 의사결정의 다섯 가지 원칙에 대해 알아보고, 윤리적 의사결정 모델에 대해 살펴보자.

집단상담자는 윤리에 맞는 합당한 판단을 위해 윤리강령, 윤지적 지식, 윤리적 원칙을 철저하게 확인하여 결정을 내려야 한다. 윤리적 원칙에는 자율성 존중의 원칙, 비유해성의 원칙, 선의의 원칙, 공정성의 원칙 및 충실성의 원칙 등이 있다(Kitchner, 1986).

- **자율성 존중**(respect for autonomy): 집단상담자는 집단원 개개인의 타고난 자유와 존엄성을 존중해야 한다. 집단원들이 자기 인생의 주인이라는 것을 존중하고 이해하여 수없이 많은 선택의 순간에 자율적으로 선택할 수 있도록 격려하고 도와야 하며, 그 선택에 대해 책임감을 갖도록 격려해야 한다.
- **비유해성**(nonmaleficence): 집단상담자는 집단원에게 도움을 주는 것이 어렵다고 판단되면 집단을 시작하지 말아야 하며, 만일 집단이 시작되었다면 즉시 종결해야 한다. 이 경우 집단원에게 대안을 제시하여야 한다. 집단상담자는 집단원에게 어떤한 방식으로도 해를 끼치지 않는다. 집단상담자는 집단원에게 피해가 되지 않을 것이라고 확신할 수 있는 개입방법을 사용해야 한다. 집단원이 연습의 도구가 되어서는 안 되며, 집단상담이 상담자의 연습의 장이 되어서는 안 된다. 집단원에게 도움이 되지 못하더라도 적어도 피해가 되어서는 안 된다는 원칙이다.
- **선의**(beneficence): 상담 수혜자인 집단원의 복지를 최우선으로 하여 집단원

에게 전문적인 도움을 줄 수 있는 개입방법을 사용해야 한다. 집단상담자는 집단상담의 모든 선택이 집단상담자 본인이나 소속기관 등의 이익이 아닌 집단원에게 도움이 되는가에 맞춰져야 한다. 집단상담자는 집단원의 이익을 위해 봉사한다.

- **공정성**(justice): 집단상담이 사회적 정의를 실현하는 것과 정합되어야 한다. 집단원들에게는 이익이 되지만 사회적 정의에 부합되는 개입을 하지 않는다는 것이다.
- **충실성**(fidelity): 집단상담자는 집단원을 더 효과적으로 도울 수 있는 방법을 꾸준히 연구하고 집단원의 문제해결과 성장을 위해 최선을 다해야 한다. 또한 집단상담자 개인의 능력의 한계 또는 개인적인 문제로 내담자를 돕지 못할 때에는 상담을 시작하지 않으며, 다른 전문가에게 의뢰하는 등 적절한 조치를 취해야 한다. 집단상담자의 질병, 사고, 이동 또는 기타 여러 이유로 상담을 중단할 때는 이에 대한 적절한 조치를 취해야 한다.

집단상담자는 윤리적 문제가 벌어졌을 때 윤리적 의사결정 과정에 도움을 주는 의사결정 모델을 가지고 있는 것이 도움이 된다. Corey(2015)가 제안하는 윤리적 의사결정 모델을 살펴보자.

첫째, 윤리적 문제를 파악해야 한다. 이 문제가 단순히 윤리적인 문제인지, 아니면 법적·임상적·도덕적 문제를 포함하고 있는지 판단하기 위한 자료를 수집해서 해결해야 할 문제의 본질을 알아내는 것이 필요하다.

둘째, 이 문제가 관련된 사람의 권리와 생활 및 안녕에 어떤 영향을 미칠 가능성이 있는지를 검토해 본다. 즉, 이 문제가 미칠 잠재적 파급력을 확인한다.

셋째, 윤리적 문제와 관련된 윤리규정을 검토한다. 필요하다면 관련 법을 살펴보는 것이 필요하다.

넷째, 자문을 구하는 것이 좋다. 전문성과 경험이 많은 두 명 이상의 전문가에게 자문을 청하여 이 문제가 윤리적·법률적·임상적·직업적 관점에서 윤리적인지를 자문받는 것이 좋다.

다섯째, 다양한 대처행동을 도출한다. 집단상담자가 윤리적 문제에 대처해서 어떻게 행동할 것인지 목록을 작성해 본다.

여섯째, 집단상담자의 대처행동이 집단원에게 미칠 영향에 대해 집단원의 권리와 심리 및 집단과정 등 다양한 측면에서 면밀하게 확인해 봐야 한다.

일곱째, 어떤 대처행동이 가장 적합한 것인지 결정한다.

여덟째, 대처행동 후에 실제로 나타나는 결과를 관찰한다.

윤리적 의사결정을 위한 과정을 거치면서 기록을 통한 문서화는 필수적이다. 문제를 기록하고 문제와 관련된 윤리규정, 법률적인 부분, 자문받은 내용을 기록하고, 대처행동과 그 행동의 예상 결과를 모두 기록해야 한다. 또한 대처행동의 결과가 집단원과 집단과정에 미친 영향을 기록해야 한다.

이 기록들은 집단상담자 판단의 합리성과 적합성을 성찰하는 자료가 되고 집단상담자의 가치관을 명료화시키는 데 도움을 주어 집단상담자 발달에 소중한 밑거름이 될 것이다. 또 다른 집단상담자의 자문 요청을 받았을 때 자문의 근거가 된다. 또한 윤리위원회에서 소명 자료가 될 수 있기 때문에 집단상담자 본인의 보호를 위해서도 매우 중요하다고 볼 수 있다.

상담에 대한 사회적 요구가 높아지고 집단상담에 참여하는 집단원이 많아질수록 윤리적 딜레마 상황은 더 많이 더 복잡하게, 더 미묘하게 발생할 것이다. 집단상담자는 항상 집단상담 윤리에 관심을 기울여야 하며 전문가의 윤리규정을 준수하고자 노력해야 한다. 또한 윤리적 문제가 벌어졌을 때 개방적으로 자문을 구하고 윤리적 문제를 토론하여 문제를 해결하고 집단상담자의 가치관을 분명히 해야 한다. 윤리적 의사결정 과정에 집단원을 참여시키는 것이 좋다. 집단원이 윤리적 의사결정에 참여한 과정과 이런 의사결정 과정에 집단원의 의사가 어떻게 반영되었는지 등을 문서화하는 것이 필수적이다.

요 약

1. 집단상담 윤리

집단상담자가 집단원의 권리를 보호하고 최선의 도움을 제공하기 위한 집단상담자의 태도와 행동의 기준으로 집단상담자가 집단을 구성하고 운영하는 과정에서 지켜야 하는 행동규범

2. 집단원을 위한 윤리

1) **집단원의 기본 권리:** 한 인간으로 존중받을 권리, 자신의 성장을 위해 집단상담의 자원을 충분히 사용할 권리, 집단 참여에 필요한 사전 정보와 교육을 받을 권리, 예상되는 심리적 위험에 대해 사전에 설명받을 권리, 집단상담자 혹은 전문가에게 도움을 받을 권리, 집단을 떠날 수 있는 권리, 집단의 압력으로부터 보호받을 권리, 연구나 녹음·녹화를 거부할 수 있는 권리, 사생활 존중 및 비밀보장을 받을 권리

2) **사전동의에 관한 윤리:** 집단 상황에서 발생할 수 있는 다양한 사항을 효과적으로 제공하여 집단원들의 권리를 보장하고 참여 동기를 높이며 집단원들이 원하는 성과를 최대한 얻을 수 있을지에 대해 자발적이고 합리적인 선택으로 집단에 참여할 권리

3) **비밀유지에 관한 윤리:** 집단원이 집단상담에서 노출한 개인적인 내용이 본인의 허락 없이 외부에 유출되지 않도록 보호해 주어야 할 윤리적·법적 책임

- 비밀유지의 예외
  ① 자살과 자해를 포함하여 자신에게 심각한 손상을 입히려는 것을 알게 되었을 때
  ② 타인을 해하려는 상황이 임박했다고 판단될 때
  ③ 미성년자 집단원이 아동학대, 아동방치, 성폭력, 근친상간 혹은 여타 범죄의 희생자라는 판단이 들 때
  ④ 전염성이 있는 치명적인 질병을 앓고 있음을 알았을 때
  ⑤ 법원이 내담자의 동의 없이 집단상담자에게 상담 관련 정보를 요구할 때
  ⑥ 집단상담자의 연구, 교육, 출판에 필요할 때

- 미성년자의 비밀보장: 미성년자인 아동이나 청소년을 대상으로 집단상담을 할 때는 부모로부터 서면동의를 받아야 함. 서면동의에는 비밀보장의 중요성과 비밀보장의 예외사항이 있다는 것을 다양한 방법으로 명료하게 충분히 정보를 제공하는 것이 필요

3. 집단상담자에 관한 윤리

1) **집단상담자의 윤리적 책임:** 집단을 구성하고 운영하는 데 필요한 자격을 갖추는 책임, 심리검사에 대한 책임, 상담연구에 대한 책임, 수퍼비전과 훈련과 교육의 책임

2) **집단상담자의 전문성:** 전문성을 갖추기 위해 집단상담에 적합한 학위와 자격증을 취득하여야 하며 집단상담에 대한 전문적 지식을 학습하고 집단상담에 활용할 전문적 기술을 훈련하여야 함

3) **집단상담자의 가치와 다문화 윤리:** 문화 차이를 인식하기 위해 노력, 문화에 대한 민감성 함양, 다문화 교육에 참여, 다양성에 대한 개방적인 태도

4. 상담관계에 관한 윤리

1) **다중관계:** 집단상담자는 객관성과 전문적인 판단에 영향을 미칠 수 있는 다중관계를 피해야 함

2) **성적인 관계:** 집단상담자는 집단원 또는 그 가족들과 성적인 관계를 맺거나 어떤 형태의 친밀한 관계를 갖지 않아야 함

5. 집단상담의 윤리적 의사결정 원칙

① 자율성 존중의 원칙
② 비유해성의 원칙
③ 선의의 원칙
④ 공정성의 원칙
⑤ 충실성의 원칙

제3부

집단상담 이론과 기법

제7장

집단상담 이론 I

읽기 전 나누기

- 집단상담 이론이 갖추어야 할 조건은 무엇인가?
- 개인상담보다 집단상담에 적용하기 더 적절한 이론은 무엇이라고 생각하는가?

읽고 나면

- 집단상담에서 활용되는 다양한 상담이론에 대해 알 수 있다.
- 각 집단상담 이론의 중심 개념과 중요 기법에 대해 설명할 수 있다.

집단상담 역시 개인상담과 마찬가지로 다양한 이론적 근거를 두고 있다. 하지만 집단상담의 이론적인 바탕은 개인상담을 근거로 하기 때문에 대부분 집단상담 이론이 개인상담의 인간관, 주요 개념, 상담 기법 등을 동일하게 사용하고 있다.

이 장에서는 다양한 집단상담 이론 중에서 다른 집단상담 이론에 많은 영향을 미치고 있는 정신분석 집단상담, 인간중심 집단상담, 인지행동 집단상담 이론의 중심 개념, 대표 기법들을 점검하고, 개인상담과 구별되는 집단상담자의 역할과 각 이론별 집단상담 프로그램의 예시를 통해 집단상담의 각 이론의 특징과 활용에 대한 전반적인 이해를 돕고자 한다.

1 정신분석 집단상담

정신분석 집단상담은 과거의 경험 탐색을 통해 현재 집단원이 겪는 어려움을 해결하려는 Freud의 이론에 바탕을 두고 있다. 이 이론은 현재 개인이 경험하는 각종 심리적 문제가 과거 어린 시절과 무의식적 동기에서 발생한다고 믿기 때문에 개인의 과거와 현재의 관련성을 알아차리는 통찰을 통해 집단원이 자기를 이해하거나 이해하는 능력을 함양하는 것이 집단상담의 목표다. 다시 말해, 정신분석 집단상담에서는 과거 무의식에 있는 감정들이 현재 인간관계를 어떻게 왜곡시키고, 왜곡된 인간관계가 현재 어떤 문제를 유발하는지에 대한 관련성을 탐색하고, 집단상담자와 건강한 인간관계를 경험함으로써 자신의 잘못된 과거 인간관계를 통찰하여 현재 문제를 교정하는 데 초점을 둔다.

그리고 최근의 정신분석 상담자들은 집단구성원의 과거에도 관심이 있지만 이러한 과거에 대한 이해를 현재 및 미래와 연결시키는 데 관심이 많다. 과거는 현재와 미래에 영향을 미칠 때에만 의미가 있기에 구성원으로 하여금 이 부분에 관심을 가지고 자신의 문제에 집중하도록 한다.

각기 다른 어린 시절을 경험한 집단원의 고유성을 인정하며, 자신의 과거를 탐색하고 수용하도록 돕는 과정인 정신분석 집단상담의 주요 개념, 기법, 집단상담자의 역할 등을 살펴보자.

1) 주요 개념

(1) 무의식

정신분석 집단상담에서 무의식은 무척 중요한 개념이다. 무의식은 아동기에 경험한 부정적인 경험들이 사라지는 것이 아니라 마치 지하 창고에 모아 둔 물건처럼 고스란히 저장되어 있는 공간이다. 무의식에 저장된 것은 충분한 사랑을 주고받지 못한 경험, 자유롭게 자신을 표현하지 못한 경험, 자신의 욕구대로 이끌어 가지 못한 갈등과 무능력했던 경험, 그로 인한 분노, 원망, 공격심 등 부정적인 감정들이다. 무의식에 저장되어 있던 과거의 부정적 경험과 감정들은 저장된 채로 머물러 있는 것이 아니라 현재에도 영향을 미쳐 대인관계나 개인의 심리적인 면에서 문제를 유발한다. 그래서 정신분석 집단상담에서는 무의식을 다루는 것이 다른 집단상담과 구별되는 가장 큰 특징이다.

(2) 전이

전이는 개인의 무의식에 있던 감정, 태도 등이 타인에게 나타나는 것이다. 어린 시절에 제대로 해소되지 않은 부정적인 감정이나 태도는 왜곡된 채 무의식에 있다가 현재 집단상담 안에서 다른 집단원 중 과거 자신에게 중요한 인물과 유사한 집단원 또는 집단상담자에게 과거와 유사한 태도나 감정으로 드러난다. 그리고 집단상담에서는 여러 집단원 사이에 상호작용이 이루어지므로 집단원의 대인관계 양상인 전이의 확인과 분석이 더욱 용이하다. 집단상담은 다양한 성격과 특징을 가진 집단원들에 의해 진행되기에 한 개인에게는 그만큼 다양한 대인관계를 직면하게 하므로 전이를 경험할 가능성이 커지게 된다.

전이는 집단 초기에는 받아들이기 힘든 경험이지만 집단원이 전이에 대해 통찰하는 순간 과거의 자신이 현재의 자신을 방해하고 있었음을 알아차리게 되어 문제해결의 실마리를 얻을 수 있다.

(3) 역전이

집단원이 집단상담자나 다른 집단원에게 일으키는 무의식적 감정과 태도를 전이라고 한다면 반대로 집단상담자가 집단원에게 일으키는 무의식적 감정과 태도를 역전이라고 한다. 역전이는 집단상담자가 해결하지 못한 감정이나 욕구가 집단과정 중에 나타나는 것으로 집단상담자라는 위치에 있기 때문에 집단원보다 과잉된 행동이나 표현으로 나타날 수도 있다. 예를 들면, 집단상담자는 집단원을 과거 자신의 중요한 사람으로 인식하여 집단원의 말이나 행동에 지나치게 부정적으로 반응하거나 반대로 지나친 애착이나 참견으로 집단의 흐름을 방해할 수 있다.

역전이 해결을 위해 집단상담자는 자신의 개입이 집단원의 성장을 위한 적절한 반응인지 혹은 그렇지 않은 역전이 반응인지를 민감하게 살펴야 하고, 자신의 역전이 반응에 대해 탐색할 수 있도록 노력해야 한다.

(4) 저항

집단상담을 통해 자신의 무의식과 전이를 쉽게 알아차리면 좋겠지만 오랫동안 무의식에 억압되어 있던 부정적인 내용이 의식으로 드러나는 것은 집단원에게 무척 고통스러운 경험이다. 저항이란 집단원이 무의식에 억압된 내용을 의식화하는 것을 무의식적으로 막는 것을 의미한다.

저항이 일어나는 이유는 무의식에 숨겨 둔 자신의 부정적이고 개인적인 경험이 집단상담이라는 공식적인 자리에서 공개되는 것을 원하지 않을 뿐 아니라 자신의 무의식을 직면하게 되는 두려움과 공개된 후에 자신이 감당할 수 없다는 불안 때문이다.

그래서 저항은 때로는 자신도 모르는 사이에 일어나는데, 집단상담에 지각 또는 결석하기도 하고, 자신은 아무 문제가 없다고 하며 자신을 탐색하지 않거나 아예 입을 닫아 버리기도 한다. 또 자신의 이야기는 하지 않고 다른 사람의 문제에만 관심을 보이거나 집단상담에 비협조적으로 참여하여 자신의 무의식과 전이를 탐색하고 통찰하는 과정을 스스로 방해하기도 한다.

따라서 저항은 집단과 집단원의 성장과 발달을 방해하는 것이므로 반드시 해결해야 하며, 집단상담자는 집단원의 저항이 발생할 때 저항과 관련된 문제를 집단상담 과정에서 먼저 다루는 것이 필요하다. 저항이 일어날 때는 무의식에 저장되어 있던 과거의 감정이나 태도가 저항이라는 형태로 지금-여기에 드러나기 때문에 무의식에 있을 때보다 접근이 용이할 수 있다. 단, 집단상담자가 집단원의 저항에 대해 선입견을 가지거나 비난 또는 비판해서는 안 된다.

(5) 불안

사람의 성격 구조를 원초아, 자아, 초자아로 나눈 Freud는 각각의 성격을 구성하고 있는 세 자아가 서로 독립적으로 조화를 이루지 못할 때 갈등과 마찰이 발생하고, 그것이 심리적인 불안을 야기한다고 보았다.

불안은 그 원인에 따라 현실적 불안, 신경증적 불안, 도덕적 불안으로 구분한다. 현실적 불안은 불안의 원인이 낭떠러지나 뾰족한 침, 위험한 동물처럼 인간의 외부, 현실 상황에 있는 것으로, 인간의 오감을 통해 직접 확인할 수 있다. 현실적 불안은 원인이 사라지면 불안도 함께 사라진다. 반면, 신경증적 불안은 성격 구조 중 원초아의 욕구나 충동을 자아가 조절할 수 없는 경우에 발생하는 불안이며, 도덕적 불안은 원초아와 초자아 사이의 균형이 유지되지 않을 때 발생하는 불안이다. 신경증적 불안이나 도덕적 불안은 모두 인간의 내면에서 발생하는 불안으로 자아가 원초아와 초자아를 통제하지 못한 것에 대한 불편함을 느끼는 것이 불안의 형태로 나타나는 것이다.

(6) 자아방어기제

자아가 불안을 느끼게 되면 이성적이고 합리적으로 불안을 통제할 수 없다고 느끼며, 불안을 느끼는 자아를 위해 무의식적으로 보호기제를 사용하는데, 이를 자아방어기제라고 한다. 즉, 자아방어기제는 불안을 완전히 해소할 수 없을 때 자아가 나름 자신의 방법으로 불안을 덜 느끼거나 해소하기 위해서 사용하는 방법이다. 이런 측면에서 자아방어기제는 무척 유용하지만 사람에 따라 사용하는 방어기제가 무척 다양하고, 충동적이고 부적절하게 사용되는 경우 문제가 될 수 있다.

대표적인 방어기제를 의미와 예를 중심으로 살펴보면 다음과 같다. 이해를 돕기 위한 예로서 다른 집단원 B에 대해 불편한 마음을 가지고 있는 집단원 A가 방어기제를 어떻게 드러내는지를 중심으로 살펴보고자 한다.

- 억압: 의식에서 받아들이기 힘든 생각이나 충동을 무의식 속으로 넣어 두는 방어기제로 가장 흔히 사용하는 방법

  예 집단상담 중 집단원 A는 자신이 집단원 B를 불편해하는 줄도 모른다. 다른 사람을 미워하거나 불편해하는 것은 적절하지 않다고 생각하기 때문에 불편해하는 마음을 떠올리지 않는다.

- 투사: 바람직하지 못한 생각, 행동, 동기를 자신의 것이 아니라고 부정하며 다른 사람의 것으로 떠넘김으로써 자신을 보호하는 방법

  예 집단원 A는 자신이 집단원 B를 싫어하는 것이 아니라 반대로 집단원 B가 자신을 싫어하는 것이라고 말한다. 따라서 자신은 부적절한 감정을 경험한 적이 없다고 생각한다.

- 퇴행: 심각한 스트레스 상황이나 곤경에 처했을 때 불안을 감소시키려고 이전의 발달단계로 후퇴하는 행동

  예 집단원 A는 집단원 B에 대한 이야기나 피드백을 할 때 자신의 감정을 드러내지 않기 위해 자신의 표정, 말투, 행동 등을 어린아이처럼 굴어서 타인의 관심이 자신의 내면이 아니라 자신의 말투나 행동 등에 집중되게 한다.

- 반동형성: 용납할 수 없는 생각이나 감정을 정반대의 행동이나 생각, 감정들로 대체해서 표현하는 것

예 집단원 A는 집단원 B에 대한 부정적인 감정을 숨기기 위해 더 잘해 준다. 먼저, 인사를 건네거나 간식을 챙겨 주면서 자신의 부정적인 감정을 숨기기도 한다.

- 합리화: 용납할 수 없는 충동이나 행동을 정당화시키는 방어기제

예 집단원 A는 집단원 B가 자신을 먼저 싫어했기 때문에 자신도 집단원 B를 싫어하는 것이라고 말한다. '가는 말이 고와야 오는 말이 곱다.' 등의 말이나 '인간관계는 상호작용이다.'라는 말을 하면서 자신의 부정적인 감정이나 행동은 집단원 B에 의해 유발될 수 밖에 없었던 것이라고 합리화한다.

2) 정신분석 집단상담 기법

(1) 자유연상

자유연상은 자신의 생각을 자유롭게 떠올리고 그것을 표현하는 방법이다. 그래서 표현할 때 논리적이거나 체계적인 순서를 따르지 않고, 내용에 대해서도 어떤 기준으로 구별하거나 선별하지 않고, 수정도 없이 그대로 표현하는 것이다. 자유연상은 아무 의미 없는 과정처럼 보일 수도 있지만, 자유연상을 반복하면서 과거의 경험이나 기억이 조금씩 드러나며, 이를 토대로 자신의 현재 문제가 과거의 경험과 어떤 관련성이 있는지를 이해하게 된다.

집단상담에서 이루어지는 자유연상은 다수의 사람과 공개된 장소에서 이루어지기 때문에 자유연상에 집중하기 어렵고, 표현하는 데 부담을 느낄 수 있다. 자유연상에서는 무엇을 연상했는가보다 연상된 것에서 어떤 관련성을 찾고 어떻게 해석하는지가 더 중요하므로 이에 대한 사전 안내와 격려가 필요하다. 자유연상은 해석과 통찰을 통해 집단원에 대한 이해와 집단원 상호 간의 집단역동을 파악하는 데도 도움이 된다.

(2) 해석

해석은 말 그대로 어떤 말이나 현상에 대한 이해나 의미를 풀어 주는 방법이다.

즉, 앞서 살펴본 자유연상뿐 아니라 집단원이 말한 꿈 또는 집단과정 중에 보이는 집단원의 저항이나 전이 감정을 분석하여 그것의 숨은 의미를 풀어 주는 것이다.

해석이 필요한 이유는 집단원이 자신도 모르는 무의식과정에서 나타나는 말이나 행동을 설명해 줌으로써 집단원이 자신에 대해 살펴보고 알아차릴 기회를 주기 위함이다. 하지만 집단상담자를 비롯한 다른 집단원의 해석에 대해 집단원 본인이 받아들일 준비가 되어 있지 않다면 도리어 자신을 드러내기를 거부하여 집단과정 중에 저항적이거나 방어적이 될 수도 있음을 유의해야 한다.

때때로 해석은 한 집단원에 대해서가 아니라 집단 전체에 대해서 이루어지기도 한다. 집단과정 중에 보이는 전체 집단에 대해 적절한 해석이 이루어질 때 집단원들은 자신의 집단상담 과정뿐만 아니라 그 집단과정 중에 있는 자신의 모습까지 통찰하게 됨으로써 서로 지지적이 되어 집단의 응집력이 높아지기도 한다. 효과적인 해석을 위해서는 먼저 해석에 대한 준비와 해석의 시기를 잘 파악해야 한다. 다시 말해, 집단원이 자신에 대한 해석을 받아들일 수 있도록 집단원이 보여 주고 있는 저항이나 방어에 대해 먼저 지적함으로써 집단원 자신의 말과 행동이 불일치한다는 것을 먼저 알아차리게 하는 준비 작업이 필요하다.

해석을 할 때는 집단원이 받아들일 수 있는 만큼만 해석해서 접근해야 한다. 이는 어린아이가 어른들에 비해 비교적 잦은 간격으로 적은 양을 먹는 것과 같다. 집단원들은 아직 심리적으로 도움이 필요한 경우가 많으므로 소화할 수 있는 만큼 조금씩 해석해 주는 것이 적절하다.

이때 집단원의 저항을 알아차리고, 그것에 대해 어느 정도의 해석을 해 주어야 하는지 알아차리는 것이 집단상담자의 역할이다. 따라서 집단상담자는 해석하기에 적절한 시기와 내용을 포착해야 하고, 가능하면 겉으로 드러나는 불일치에서부터 점차 내면으로, 집단원이 의식화하기 어려웠던 부분으로 해석해서 들어가는 것이 적절하다.

(3) 꿈 분석

Freud는 억압된 욕구와 충동이 자아에 대한 방어가 약해진 자리를 차지했을 때 꿈으로 드러난다고 보았다. 그래서 정신분석에서는 꿈의 분석을 중요하게 다루는데 그 구체적인 이유를 살펴보면 다음과 같다. 첫째, 집단상담이나 다른 집단원에 대한 자신의 생각이나 반응이 꿈에 드러나기 때문이며, 둘째, 그것을 집단에서 분석하는 중에 그 꿈을 내어놓은 집단원뿐만 아니라 다른 집단원들이 그 꿈에 대해 이야기하는 동안 자신의 내면을 투사할 수도 있기 때문이다.

정신분석 집단상담에서 꿈 분석을 할 때는 꿈에 등장한 인물이나 소재에 대해 자유연상을 시키고, 이를 바탕으로 의식하지 못했던 욕구, 바람, 충동 등을 해석한다. 꿈 분석에서는 어떤 꿈을 꾸었는지보다 집단원이 자신의 꿈을 정리하는 과정에서 꿈에 등장하는 여러 대상에 대해 어떤 의미를 부여하며, 자신의 내면과 어떻게 연결시키고, 현재 문제와 연결하여 자신과 현재에 대해 어떻게 통찰하는지가 훨씬 중요하게 다루어진다.

(4) 저항 분석

저항은 분석과 해석 과정을 거치면서 집단원이 자신의 아픈 과거와 무의식을 보는 것에 대해 느끼는 불안을 해소하기 위해 무의식적으로 집단상담에 참여하지 않으려고 하거나 다른 집단원의 집단상담 참여까지 방해하는 것을 의미한다. 집단과정 중 저항은 집단에 지각하거나 아예 오지 않거나, 집단상담에 오더라도 침묵하거나 적극적으로 참여하지 않음으로써 드러낸다. 집단에 참여하더라도 집단 주제와 관련 없는 이야기를 늘어놓거나 다른 집단원의 활동을 방해하는 등의 행동들을 보이기도 한다.

집단상담 중에 일어나는 이러한 저항은 자신의 심리적 고통을 보지 않으려는 과정이므로 어찌 보면 당연한 과정이라 할 수 있다. 마치 우리가 눈 내린 미끄러운 길을 걸을 때 넘어지지 않기 위해 몸을 웅크리고 천천히 걷거나 걷기를 포기하는 것과 같다. 집단상담자는 집단원의 저항이 자연스러운 발현이라는 것을 인식하고, 집단원의 저항에 대해 자신이 이해할 수 있는 분량과 깊이만큼 해석해 주어야 한다.

(5) 훈습

훈습은 집단원이 통찰한 내용을 바탕으로 자신의 저항이나 문제를 점진적으로 수정해 나가는 과정으로, 오랜 시간 집단원에게 습관처럼 익숙해져 있던 인지적 · 정서적 · 행동적 부분을 변화의 단계로 나아갔다가 되돌아오기를 반복하는 과정이다. 이러한 반복은 마치 발전이 되지 않는 것처럼 여겨지거나 도리어 퇴보하는 것처럼 여겨져, 집단원에게 자신이 변화되거나 향상되지 않을 거라는 좌절감을 주기도 한다. 따라서 집단상담자는 훈습에 대한 교육, 지지, 격려를 통해 집단원의 불안을 다루어 주어 집단원이 변화를 위해 노력할 수 있도록 도와주어야 한다.

집단상담자는 집단원의 불안한 심리 상태를 이해하고 집단원을 세밀하게 탐색하고, 훈습을 위한 철저한 계획을 수립해야 한다. 그리고 지속적인 훈련을 통해 집단원의 변화를 이끌어야 한다. 이를 위해 집단원과 집단상담자 모두 반복되는 불안한 과정을 버텨 낼 수 있는 인내가 필요하다.

3) 집단상담자의 역할

정신분석 집단상담에서 상담자는 개인상담에서 상담자의 역할과 크게 다르지 않다. 다만, 집단상담이 다수에 의해 진행되므로 개인상담에서처럼 상담자가 모든 역할을 담당하는 것이 아니라 다른 집단원과 함께 역할을 공유할 수 있다. 하지만 집단원들은 집단상담에 대해 훈련된 전문가가 아니므로 집단상담자는 집단원들이 자신과 서로에 대한 이해와 해석을 도울 수 있는 질문이나 대답을 할 수 있도록 집단을 진행하고, 신뢰 있는 관계를 형성할 수 있도록 도와야 한다. 그리고 집단원들의 이야기를 명료화하고, 집단상담 과정에서 진행되는 이야기에 초점을 맞추어 이야기할 수 있도록 도와주어야 한다. 그러한 과정을 통해 집단원들이 자신과 타인의 자유연상, 꿈, 저항 등에 대해 분석하고 이해하도록 촉진해야 한다. 즉, 정신분석 집단상담에서 집단상담자는 집단원의 과거와 현재, 무의식과 의식, 중요 인물과 전이, 문제와 저항을 연결하여 해석하도록 돕거나 직접 해석해 줌으로써 집단원들의 통찰을 돕는 역할을 담당한다.

4) 집단상담 프로그램의 실제[1]

정신분석 이론을 적용한 집단상담은 매우 다양한데, 〈표 7-1〉에서 살펴볼 정신역동적 집단상담 프로그램은 부모교육을 위해 개발된 프로그램이다. 프로그램의 회기별 목표와 구체적인 내용은 다음과 같다.

〈표 7-1〉 **정신분석 집단상담 프로그램 예시**

단계	회기	주제	목표	활동
초기	1	만남	• 집단원 간 친밀감 형성 및 신뢰감 형성으로 참여 동기를 높인다.	• 프로그램 목적과 내용 안내 • 규칙 정하기 • 별칭 짓고, 소개하기 • 자유연상 활동하기 • 참여소감 및 다음 차시 안내 • 과제: 꿈 기록해 오기(처음 꾼 꿈 또는 자주 꾸는 꿈)
	2	사랑의 불시착	• 어린 시절 미해결된 감정이나 원가족과의 관계 탐색을 통해 자기이해를 높인다. • 자기이해를 바탕으로 현재 연인관계에서 일어나는 문제를 이해한다.	• 우연인 듯 운명 • 나 어릴 적에~ • 우리 가족은~ • 나의 연인은~ • 참여소감 및 다음 차시 안내 • 과제: 꿈 기록해 오기
중기	3	사랑에 연습이 있었다면	• 방어기제에 따른 연인관계 유형 탐색을 통하여 자신의 연인관계 유형을 알 수 있다. • 그동안 갈등 상황에서 대처해 온 자신의 행동 패턴을 이해한다.	• 사랑에 연습이 있었다면 • 나의 연인관계 유형은? • 내가 왜 그랬는지…… • 참여소감 및 다음 차시 안내 • 과제: 꿈 기록해 오기

1) 출처: 이희백(2007). 정신역동적 부모교육 프로그램이 부모의 정신건강과 양육태도에 미치는 영향. **복지상담학연구**, 2(2), 55-68에서 발췌 · 수정함.

중기	4	당신이 잠든 사이	• 꿈 분석을 통해 연인관계에 대한 무의식적 욕구나 갈등, 소망, 두려움 등 억압된 경험 등을 통찰할 수 있다. • 꿈에 깔려 있는 동기나 미해결 문제를 새롭게 통찰할 수 있다.	• 자각몽 • 정말 개꿈이었을까? • 꿈으로의 여행 • 참여소감 및 다음 차시 안내
	5	내꺼인 듯 내꺼 아닌 내꺼 같은 너	• 어린 시절 부모와의 관계가 연인관계에 어떤 영향을 미치는지 알 수 있다. • 연인에게서 원했던 기대나 욕구가 좌절되었을 때 느꼈던 감정이나 행동 패턴을 알 수 있다.	• 썸 타는 마음 • 내가 원한 건~ • 사랑하는 사이라면~ • 참여소감 및 다음 차시 안내
	6	오늘부터 1일	• 연인관계에서 갈등이나 문제 해결을 시도했던 나의 노력을 점검한다. • 내가 바라는 연인관계와 상대방이 바라는 연인관계 모습이 다름을 안다.	• 오늘부터 1일 • 전에 나는~ • 지금부터 우리는~ • 참여소감 및 다음 차시 안내
후기	7	사랑은 뷰티풀 인생은 원더풀	• 연인관계에서 긍정적인 표현 방법을 익히고 연습한다. • 서로에 대한 이해와 수용 능력을 확장시킬 수 있다.	• 사랑이 좋아 • 심쿵? 심쿵! • 참여소감 및 다음 차시 안내
	8	사랑의 배터리	• 프로그램을 통하여 알게 되었거나 변화된 자신의 모습 및 연인의 모습을 안다. • 긍정적인 피드백 주고받기를 통하여 건강한 연인관계를 증진한다.	• 사랑의 배터리 • 당신 없인 못 살아~~ • 당신은 나의 배터리 • 전체 참여소감 나누기 • 개인 및 전체 목표 달성 확인

초기 단계(1~2회기)는 연인관계에 대한 자신의 자유로운 생각이나 경험을 나눔을 통해 친밀감을 형성하며, 집단 참여 목적이나 기대 등 구체적인 활동을 통해 참여 동기를 높이도록 구성하고, 어린 시절 경험 및 원가족 탐색을 통해 자기이해를 높일 수 있도록 구성하였다.

중기 단계(3~6회기)의 3~4회기는 집단원들이 덜 방어적이고 자유롭게 이야기할 수 있도록 구성하여 집단에 대한 저항이나 갈등을 감소시키고, 집단의 응집력이 향상되도록 하였다. 특히 자신을 좀 더 솔직하게 표현할 수 있도록 방어기제 유형이나 꿈 분석을 통해 무의식적 욕구나 갈등, 소망, 두려움 등 억압되었던 경험을 표현하게 하며, 이때 미해결된 감정이 무엇인지 통찰할 수 있도록 하였다. 5~6회기는 서로 친밀해지기도 하며, 깊은 수준에서 마음을 열고 아픈 경험을 기꺼이 드러낼 수 있도록 구성하였고 집단 응집력이 발달하였다. 집단원들은 과거 어린 시절 부모와의 관계나 현재 연인과의 관계에서 자신이 원했던 욕구나 기대가 무엇이며, 이것이 좌절되거나 갈등 상황이 발생했을 때 자신의 대처행동 패턴을 탐색할 수 있도록 하였다.

후기 단계(7~8회기)는 집단원들이 집단에 참여하면서 새롭게 알게 되었거나 변화된 자신의 모습을 통해 연인관계에서 보다 긍정적으로 상호작용할 수 있도록 표현하는 방법을 연습할 수 있도록 구성하였다. 서로에 대한 이해와 수용 능력 확장을 통해 건강한 연인관계를 형성하고 서로에 대한 만족감을 증진시킬 수 있도록 하였다.

5) 공헌점과 비판점

정신분석 집단상담의 공헌점과 비판점은 다음과 같다.

(1) 공헌점

- 정신분석 집단상담 이론의 개념들은 집단원과 집단역동을 설명하고 이해하는 데 도움을 준다. 정신분석 집단상담은 집단원의 현재를 설명하기 위해 필요한 과거, 근원, 원인, 인과, 관계 등과 관련된 무의식과 전이에 대해 탐색하기 때문에 '내가(또는 우리가) 왜 이렇게 되었는가?' 또는 '무엇이 나를(또는 우리를) 이렇게 변화시켰는가?'에 대해 설명할 수 있다.
- 집단상담 과정 중에 점차 드러나는 불안과 방어기제 등에 대한 탐색을 통해 자신과 다른 집단원을 이해할 수 있다. 투사, 저항, 전치 등 중요한 방어기제들이 집단과정 중에 불안을 해소하기 위해 사용되고, 이런 방어기제들은 과거의 패턴이 현재(집단과정)에 반복되는 것이므로 현장감 있게 무의식적인

접근을 가능하게 한다. 이는 집단원의 어린 시절에 미해결된 문제와 부정적 감정 등을 살펴볼 수 있는 중요한 단서를 제공한다.

(2) **비판점**

- 정신분석 집단상담은 개인의 과거, 좀 더 확대하더라도 부모와의 관계에 한정하여 집단원의 문제를 분석하기 때문에 그 외에 집단원 개인에게 영향을 미칠 수 있는 다른 사회적 · 문화적 요인들을 배제하고 있다는 한계점을 가진다.
- 개인의 과거와 쉽게 드러나지 않는 무의식을 탐색하다 보니 집단원이 시간적 · 경제적인 것에 대한 부담을 느낄 수 있다. 이는 빠른 문제해결을 희망하는 집단원에게는 집단상담의 경제성이나 효율성에 대한 회의를 가지게 할 수 있다.

이러한 정신분석 집단상담의 한계를 극복하기 위해 전통적인 정신분석 집단상담 훈련을 받은 상담자들이 대상관계 이론이나 자아심리학과 같은 발전된 형태의 정신분석 이론을 기존의 이론과 통합하여 집단 상황에 맞도록 수정하기 위해 노력하고 있다. 또 집단상담 활동에서 전통적 접근방식만 사용하기보다는 현재의 사회적 · 환경적 요인을 포함하는 시스템 개발을 시도하고 있다.

2 인간중심 집단상담

1940년대 초에 Rogers의 '비지시적 상담'은 현대 심리학의 제3세력으로 불릴 만큼 획기적이었다. 당시 상담은 주로 진단하고 해석하거나 교육하고 제안하는 지시적 접근이 이루어진 데 반해 Rogers는 집단원에 대한 상담자의 진실한 공감이 집단원를 변화시키는 데 좀 더 효율적이라고 보았기 때문에 기존의 상담에 비해 새로운 접근을 시도하였다. Rogers는 상담을 통해 자기실현 경향성을 가진 집단원이 상담자 또는 다른 집단원과의 만남을 통해 발전적 변화의 기회를 가진다는 점에서 집단상담을 참만남집단(encounter-group)이라 불렀으며, 집단상담을 통해 인간 대 인간의 관계를 확대해 나가고자 하였다. 이러한 Rogers의 시도로 인해 그의 이론은 '비지시적 상담' '집단원 중심 상담'으로 변화 · 발전하였으며 결국 '인간중심 상담'으로 불리며 상담의 중요한 이론으로 자리 잡게 되었다.

1) 주요 개념

(1) 자기실현 경향성

Rogers는 인간뿐만 아니라 자연도 자신을 유지하고 향상하려는 자기실현 경향성을 가지고 있다고 보았다. 이때 경향성은 자신을 유지하고 보전할 뿐만 아니라 좀 더 나은 성취와 실현을 자율적으로 이루고자 하는 힘이며, 타율성이나 외부의 통제로부터 벗어나려는 성향이다. 그렇다고 해서 자기실현 경향성이 타인과의 단절을 의미하는 것은 아니며 자신의 경험이 존중받는 경험을 통해 신뢰할 만한 사람으로 변화하는 것이다.

여기서 자기와 유기체의 총체적인 경험이 비교적 일치한다면 실현경향성은 비교적 통일된 형태로 남지만, 반대로 자기와 유기체의 경험이 불일치한다면 유기체의 실현경향성은 그 동기의 하위 체계, 즉 자기실현 경향성과는 상충되는 목표를 위해 움직일 수도 있다. 어쩌면 자기실현 경향성은 인간에 대해 가지는 Rogers의 믿음이라 볼 수 있다.

(2) 집단과정에 대한 신뢰

Rogers가 인간에 대해 가졌던 자기실현 경향성은 집단상담에도 동일하게 적용된다. 즉, 인간중심 집단상담에서는 집단을 구성하는 집단원들의 잠재력이 발현되어 자기 스스로 성장하기 위한 노력을 하며 집단원들도 함께 성장할 수 있도록 노력하게 된다고 믿었다.

집단상담에 참여하기 전에는 비교적 폐쇄적인 집단원들이 집단상담을 경험하는 과정을 통해 자신의 내면에 대해 점차 인식하고, 스스로 자신의 삶을 바꾸려는 의지를 가지게 되면 이러한 것이 자신을 개방하는 행동으로 드러나게 되는데 이러한 변화는 집단과정에 대한 신뢰에서 비롯된다고 보았다.

(3) 성장을 위한 조건

인간이 자기실현 경향성을 가지고 있다고 해서 필요할 때 그것을 발휘하지는 못한다. Rogers는 어두운 방을 밝히기 위해 스위치를 켜야 하는 것처럼 자기실현 경향성을 작동시키기 위한 상담자의 태도를 강조했다. 상담자의 태도가 진실성, 무조건적이고 긍정적인 존중, 공감적 이해 등을 보여 줄 때 집단원의 변화와 성장이 이루어진다. 각각의 내용을 살펴보면 다음과 같다.

① 진실성

진실성은 상담자가 가져야 할 진실한 태도로 진솔성 또는 일치성이라고도 부른다. 상담자는 집단원과의 상담관계에서 순간순간 경험하는 감정을 있는 그대로, 솔직히 표현하는 것으로, 겉으로 표현하는 것과 내면에서 경험한 것이 일치해야 한다. 그렇다고 해서 상담자가 모든 감정을 충동적으로 표현하거나 집단원과 모든 감정을 공유하여야 한다는 것이 아니라 적정 수준의 자기표현이 이루어져야 한다는 의미다. 즉, 집단상담자는 자신이 전문가로서 집단원이나 그들이 가진 문제를 이해하거나 공감하는 척하지 않고, 있는 그대로 인간 대 인간으로 집단원을 만나는 것이다. 그러기 위해 집단상담자는 스스로 자신의 내면에 집중하고, 자신의 내면에서 일어나는 변화를 알아차리고, 솔직하게 자신을 개방하도록 노력해야 한다.

진실성은 집단상담에 있어 가장 중요한 상담자의 태도로 집단상담 및 상담자에 대한 신뢰를 형성하는 데 무척 중요한 조건이다. 진실성이 없으면 집단원들은 상담자를 신뢰할 수 없어 자신의 내면을 드러내지 않게 될 뿐만 아니라 다른 치료적 요인들이나 집단상담 기법이 효율적으로 사용하는 데도 어려움을 겪는다.

② 무조건적이고 긍정적인 존중

집단상담자의 또 다른 중요한 태도는 집단원을 무조건적이고 긍정적으로 존중하는 것이다. 이는 집단원을 한 인간으로서 존중하며, 집단상담 활동 안에서 이루어지는 집단원의 행동이나 표현에 대해 어떤 판단이나 평가를 하지 않는 것을 의미한다. 이는 집단원의 말이나 행동에 대한 찬성의 의미가 아니라 집단원의 말이나 행동이 나오게 된 상황이나 심리적인 상태를 이해하고 존중해 주는 것이다. 무조건적이고 긍정적인 존중을 받은 집단원은 이해와 위로의 경험을 하게 되며, 자신을 가치 있는 사람으로 여기게 되어 성장할 기회를 갖게 된다.

집단상담자는 무조건적이고 긍정적인 존중을 위해서 말뿐만 아니라 눈빛, 음색, 몸짓 등을 통해 존중의 메시지를 전달할 수 있다. 이러한 존중의 메시지는 집단원 전체에게 긍정적인 영향을 미친다.

반면, 집단상담자의 인위적이고 기술적인 접근은 집단상담자에 대한 신뢰감을 떨어뜨리게 되어 집단의 변화와 성장을 방해할 수 있다. 또 집단원이 존중의 의미를 허용의 의미로 잘못 이해하고, 집단활동 중에 공격적이고 폭력적인 언행이 드러난다면 집단의 성장을 기대하기 어렵다. 이때 집단상담자는 존중과 찬성은 다르며, 특정 언행에 대해서는 집단에서 허용되지 않음을 알려 주어야 한다.

집단원에 대한 집단상담자의 무조건적이고 긍정적인 존중은 개개인에게 적용되는 것이지만, 점차 집단 전체에도 영향을 미쳐 집단상담자가 집단활동이나 방향에 대해 어떤 영향을 미치거나 목표를 강요하지 않게 되며 집단원을 있는 그대로 존중하게 된다.

③ 공감적 이해

공감적 이해는 집단원의 경험을 이해하고 그 감정을 알아차려서 다시 집단원에게 되돌려 주는 것이다. 만약 같은 경험을 함께 했다면 쉽게 동감할 수 있겠지만, 공감적 이해는 집단원의 경험을 간접 경험하고, 그것을 통해 집단원이 느꼈을 감정을 함께 느끼는 것이다. 이때 이해한다는 것은 집단원의 입장에서 그 경험을 느끼고 이해하는 것이지 동일시하는 것은 아니다. 그래서 집단상담에서 공감적 이해는 매우 중요하다. 올바른 공감을 위해서 집단원의 말을 경청하고, 그의 말 중에서 감정이 묻어 있는 부분을 찾아 감정을 알아차려 주거나 다른 말로 바꾸어 말하기를 통해 말에 담긴 메시지와 감정을 이해해서 되돌려 주어야 한다.

공감적 이해가 잘 이루어지면 집단원은 자신이 미처 알아차리지 못했던 자신의 감정과 마음을 알아차리게 되어 자신을 더 깊이 이해하는 기회를 가질 뿐 아니라 타인으로부터 자신이 온전하게 이해받았다고 생각되어 성숙한 변화를 하게 된다.

2) 인간중심 집단상담 기법

Rogers는 집단상담에서 기법의 사용보다는 사람과 사람의 만남을 중요시했다. 만약 기법을 중심으로 집단상담이 진행되면 기법에 더 얽매이게 되어 자신과 타인에 대한 탐색과 이해를 하는 데 어려움을 경험하게 된다고 보았다. 그래서 인간중심 집단상담에서는 어떤 특정한 기법보다는 집단원들이 자신과 타인을 좀 더 깊이 있게 탐색할 수 있는 기술들만 소개해 줄 뿐이다. 그리고 그것을 기법이라고 구분하지 않는 것은 앞으로 제시될 기법들이 집단상담을 진행하는 과정에서 집단원과 집단상담자가 가져야 할 태도나 과정과 맞물려 있기 때문이다.

인간중심 집단상담에서 사용되는 기법들은 다음과 같다.

- 다른 집단원에게 관심 가지기
- 적극적으로 들어 주기
- 깊이 생각하기
- 명료화하기
- 요약하기
- 자신의 경험 말하기
- 집단과 집단원의 결정을 인정하기
- 집단의 흐름에 함께하기

인간중심 집단상담자들은 앞서 제시한 태도나 기법을 통해 허용적이면서 안정적인 집단의 분위기를 형성하고, 더불어 집단원들이 진실하게 자신을 탐색하고 타인과 교류할 수 있도록 돕는다. 이는 집단상담자 자신이 집단의 가장 큰 기술이 된다는 것을 의미한다.

3) 집단상담자의 역할

Rogers는 집단상담자를 '촉진자'라고 부르면서 그 역할을 분명히 했다. 집단상담자는 집단원의 주관적 경험과 그로 인한 내적 감정에 좀 더 집중할 수 있도록 도와주는 안내자로서의 역할을 하며, 집단원들과 함께 그 집단의 한 일부로 자연스럽게 녹아들어 가는 것이 중요하다고 보았다. Rogers는 집단상담자의 역할을 다음과 같이 정리하였다.

- 집단과 집단원들이 성장하는 것을 신뢰한다.
- 집단원들의 말을 경청한다.
- 집단원들이 집단에 잘 참여하고 집중할 수 있도록 허용적인 분위기를 형성한다.
- 공감적 이해를 통해 집단원과 집단을 이해하고 수용한다.
- 집단원들의 지금-여기의 반응에 집중한다.
- 집단원들에게 적절한 피드백을 하며, 집단원들에 대한 판단과 평가보다는 탐색과 해석을 중심으로 피드백한다.

4) 집단상담 프로그램의 실제[2)]

인간중심이론을 적용한 집단상담 프로그램은 매우 다양한데 〈표 7-2〉에서 살

2) 출처: 김서안, 권영란(2016). 인간중심 집단미술치료가 저소득층 아동의 자아존중감 및 또래관계에 미치는 효과. **미술치료연구**, 23(2), 555-583에서 발췌 · 수정함.

펴볼 집단상담 프로그램은 미술치료와 접목되어 저소득층 아동의 자아존중감과 또래관계 증진을 위해 개발된 프로그램이다.

프로그램의 회기별 목표와 구체적인 내용은 다음과 같다.

〈표 7-2〉 **인간중심 집단상담 프로그램 예시**

단계	회기	주제	목표	활동
초기	1	지금 여기에서 만나기	• 프로그램을 안내하고 집단원 간 친밀감을 형성한다. • 안전한 환경을 위한 약속을 정한다.	• 프로그램 목적과 내용 안내 • 게임을 통한 촉진활동 • 약속 정하기 • 나 표현하고 소개하기 • 소감 나누기
	2	마음 바라보고 열기	• 점토로 자유로운 감각 경험과 표현을 통해 긴장감을 낮춘다. • 이완하는 호흡을 통해 편안함을 이미지로 표현하다.	• 게임을 통한 촉진활동 • 약속 정하기 • 점토로 상징물 만들기 • 수수깡으로 꾸미기 • 소감 나누기
중기	3	안전함 경험하기	• 자신만의 안전한 공간을 스스로 선택하고 구성한다. • 서로의 공간을 연결하는 활동을 통해 자연스럽게 상호작용한다.	• 게임을 통한 촉진활동 • 나만의 집 만들기 • 초대하고 방문하기 • 소감 나누기
	4	내 안의 감정 표현하기	• 내 안의 감정을 창조적으로 표현하고 함께 탐색하는 활동을 통해 감정을 인식하고 표현하며 수용한다.	• 음악 신체표현을 통한 촉진활동 • 흰 점토에 감정 색 표현하기 • 친구의 감정 맞추기 • 소감 나누기
	5	나, 너 우리 만나기	• 조각난 이미지로 협동 작품을 완성하면서 다른 사람의 상태와 생각을 만나는 경험을 한다.	• 협동 게임을 통한 촉진활동 • 마음에 드는 조각으로 꾸미기 • 조각으로 협동화 꾸미기 • 소감 나누기
	6	경험에 개방하기	• 내 작품과 어울리는 작품을 찾아 짝을 이루고 이해와 수용의 경험을 한다. • 다양한 자신의 모습을 만나고 몸으로 표현하며 개방할 때의 자유로움을 경험한다.	• 협동 게임을 통한 촉진활동 • 나와 어울리는 작품 짝 찾기 • 가면 만들어 또 다른 나 되기 • 소감 나누기

중기	7	허용하고 믿기	• 색한지를 활용하여 신체활동을 통해 스트레스를 해소하고 있는 그대로 수용되는 경험을 한다. • 수용과 존중을 바탕으로 상호작용하며 상호 간 신뢰를 키운다.	• 움직임 활동을 통한 촉진활동 • 마음껏 꾸미고 움직이기 • 털실로 연결지도 그리기 • 소감 나누기
후기	8	내가 할 수 있는 것들	• 자신이 선택한 표현이 수용되고 존중되는 경험을 한다.	• 움직임 미러링을 통한 촉진활동 • 그림 이어 그리기 • 과자로 만든 세상 • 소감 나누기
	9	지금 이대로도 괜찮아	• 지금까지 활동한 모습이 담긴 사진첩을 만들고 전시한다. • 자신과 집단원의 모습을 진심으로 받아들이고 수용한다.	• 협동 움직임을 통한 촉진활동 • 사진첩 만들기 • 참여소감 및 다음 차시 안내
	10	희망을 노래하기	• 프로그램을 통하여 변화된 자신의 모습을 확인한다. • 각자의 변화를 상징화하여 유지할 수 있도록 서로를 응원한다.	• 춤활동을 통한 촉진활동 • 가져가고 싶은 것 몸으로 표현하기 • 상장 만들기 및 수여식 • 전체 참여소감 나누기

초기 단계(1~2회기)는 자기표현 및 이해 단계로 서로 다른 성격의 그룹원들이 모두가 안전하다고 느낄 수 있는 환경을 함께 조성하고 좀 더 편안하고 즐거움을 느낄 수 있는 시간을 가지기 위해 함께 지켜져야 할 규칙을 만든다. 또한 긴장을 낮추고 이완을 도와 충분히 기능할 수 있는 분위기를 조성한다.

중기 단계(3~7회기)는 상호작용 및 존중 단계로 3회기에서는 안전한 장소를 구체화하기 위해 자신이 어떻게 하고 싶은지 스스로 묻고 원하는 방법을 자신이 선택할 수 있도록 충분히 기다려 주도록 한다. 이 시간과 공간 안에서 지도자의 안내는 모두 하나의 제안일 뿐이라는 것을 인식시키고 선택은 자신이 스스로 할 수 있도록 돕는다. 4회기에서는 이곳에서 자신의 상태와 감정을 스스로 확인하고 알려 주는 것이 중요하고 여러 가지 상황에서 일어나는 감정과 생각들이 자기 자신의 것임을 인식하고 책임을 질 수 있도록 돕는다. 5회기에서는 이해가 되지 않는 상황에 대해 상대방의 상태 및 생각을 들어보고 다른 관점에서 바라보았을 때 어떤지, 또 같은 상황을 두고 그룹원들의 생각들은 어떤지 함께 이야기 나눠 볼 수 있도록 돕는다. 6회기에서는 지금-여기에서의 감정을 먼저 다루는 방식으로 각자의 욕구에 따라 미술매체를 활용할 수도 있고 마음이 안정될 만한 장소를 찾거나 개인적으로 이야기를 해 보는 등 자신에게 도움이 되는 방법을 찾을 수 있도록 한다. 7회기에서는 다양한 상황에서 생각과 감정이 자신의 것임을 알고 스스로 책임을 질 수 있는 연습과 노력을 하도록 한다. 이와 같이 자신이 있는 그대로를 수용받고 존중받는 경험을 통해 집단 안에서 존중을 바탕으로 한 상호작용을 경험하게 한다.

후기 단계(8~10회기)는 신뢰 및 수용 단계로 안전하고 편안한 환경 안에서 아이들이 자신의 선택 및 표현이 자연스럽게 흘러나올 수 있도록 돕는다.

5) 공헌점과 비판점

인간중심 집단상담의 공헌점과 비판점은 다음과 같다.

(1) 공헌점

- 인간중심 집단상담의 가장 큰 공헌점은 누구나 집단상담에 참여할 수 있도록 집단상담을 보편화한 것이다. 인간중심 집단상담에서는 상담자의 전문적인 기법보다 진실성, 무조건적이고 긍정적인 존중 그리고 공감적 이해를 강조하며, 집단상담의 기법보다 집단상담원과의 관계를 중요시하면서 누구나 집단상담에 참여할 수 있게 하였다.
- 인간중심 집단상담은 집단상담에서 기법이나 기술보다 무엇이 먼저 선행되어야 하는지 잘 설명하고 있다. 인간중심 집단상담은 집단원 개인의 내적 경험을 중요시하는 이론으로, 그러한 내적 경험을 존중하는 수용, 공감, 진실성 등이 중심 개념이다. 이는 인간중심 집단상담이 아니더라도 모든 집단상담에서 필수 요소라고 해도 과언이 아니다. 집단원에 대한 판단이나 평가보

다 다른 집단원의 말에 귀를 기울이고 마음으로 그 감정을 이해하고 수용할 때, 진정한 참만남이 이루어졌다는 확신이 생기고 집단상담자의 개입이 더욱 효과를 거둘 수 있다.

- 인간중심 집단상담에서는 사람이 누구나 문제를 해결할 수 있는 능력을 가지고 있다고 본다. 집단상담은 단지 집단원의 그러한 능력을 좀 더 잘 발휘할 수 있는 장을 제공한다. 개인의 내적 경험을 중요시하는 인간중심 집단상담에서는 집단원의 긍정적인 집단 경험을 새로운 하나의 장으로 제공한다.

(2) **비판점**

- 인간중심 집단상담은 특별한 기법이나 기술을 적용하지 않기 때문에 누구나 쉽게 접근할 수 있지만 집단상담자가 이론에 대해 충분히 이해하는 것이 선행되어야 한다. 다른 집단상담들도 마찬가지지만, 특히 인간중심 집단상담의 경우 집단상담자의 태도와 인격이 집단상담의 결과에 많은 영향을 미치므로 무엇보다 집단상담자가 집단원의 이야기를 경청하고, 솔직하게 자신의 것을 개방할 수 있는 모델로서 훈련되지 않는다면 집단상담의 효과를 기대하기 어렵다.
- 인간중심 집단상담은 앞서 말한 바와 같이 어떤 기법이나 기술보다 집단상담자의 태도를 중요시하므로 치료나 회복을 위한 구조적인 개입, 전략, 기법 등을 사용하지 않는다. 이는 집단상담자가 문제해결에 적극성을 띠고, 도전하기보다는 문제를 유지하도록 내버려 두는 것처럼 집단원들에게 오해받을 수 있다.

이러한 한계를 보완하기 위해 최근의 인간중심 집단상담 역시 다른 접근들과 통합하여 사용되기도 한다. 예를 들면, 정서적인 부분을 강조하는 인간중심 집단상담 이론을 음악, 미술 등과 같은 표현 중심의 활동과 융합한 집단상담 프로그램을 진행하는 것이다. 이를 통해 표현과 이해를 함께 경험함으로써 집단원의 문제 접근에 균형을 이루고자 하는 노력이 이루어지고 있다.

3 인지행동 집단상담

인지행동 집단상담은 인간이 가지고 있는 자동적 사고와 비합리적 신념을 인식하는 인지적 개입을 통해 행동적인 측면까지 변화시키고자 하는 접근이다. 다시 말해, 인지행동 집단상담에서는 인간의 사고, 감정, 행동이 각각 독립적으로 존재하는 것으로 인식하지 않으며, 그중에서도 특히 사고에 초점을 맞추어 사고의 변화에 따라 감정과 행동 역시 변화가 가능하다고 본다.

이 접근은 구조화된 심리교육적 모델에 기초하여 과제의 역할을 강조하고 집단구성원의 책임과 집단회기 안팎에서의 적극적인 역할을 가정하며 변화를 유발하기 위해 다양한 인지적·행동적 기법들을 활용한다(Corey & Corey, 2016).

대표적인 인지행동 집단상담 이론가로는 Ellis, Beck, Meichenbaum, Prins와 Ollendick 등이 있다. 이들은 강조하는 바가 조금씩 차이가 있으나, 집단상담을 통해 다양한 인지적 개입뿐만 아니라 행동적 자극을 통해 인간이 경험하는 심리적인 어려움을 극복할 수 있도록 돕고자 하였다. 따라서 이론가들이 주장하는 공통된 주요 개념들을 중심으로 살펴보고자 한다.

1) 주요 개념

인지행동 집단상담에서는 앞서 말한 바와 같이 인지의 중요성을 강조하므로 사고와 관련된 주요 개념인 인지, 자동적 사고, 핵심 신념, 인지도식(스키마), 인지적 오류에 대해 살펴보고자 한다.

(1) 인지

인지란 일정한 자극을 조직하여 지식을 얻는 과정이다. 이전에는 인지를 '사고'라는 좁은 의미로 사용했지만 최근에는 지각, 기억, 학습, 지식, 의식, 상상, 상징 등 높은 수준의 정신과정을 포함한 의미로 사용한다. 또한 개인이 인지한다는 것은 감정과도 밀접한 관련이 있으므로 인지는 사고와 정서를 포함하기도 한다.

(2) 자동적 사고

자동적 사고는 말 그대로 어떠한 자극에 의해 자신도 모르는 사이에 자동적으로 발생하는 사고를 의미한다. 자동적 사고는 주변의 상황이나 환경적 사건으로 인해 자신의 사고를 스쳐 가는 어떤 단어나 이미지, 영상이며, 자신의 의지로 조절하거나 제어할 수 있는 것이 아니어서 특정한 감정이나 행동 반응도 자동적으로 발생한다. 이러한 자동적 사고는 환경이나 자극으로 인해 심리적이고 행동적인 증상들을 유발하는 중요한 인지적 매개 요인이 된다.

예를 들어, 실패와 좌절감이라는 자동적 사고를 가지고 있는 사람은 과제 발표라는 상황에서 발생한 작은 머뭇거림도 실패라는 자동적 사고를 일으킴으로써 자신의 발표 전체를 실패로 인식하여 좌절감, 허망함, 무능함 등의 부정적 정서를 경험하게 된다. 부정적 사고는 안면 홍조, 가쁜 호흡, 목소리 떨림 등의 행동으로 나타나는데, 이런 반복적인 경험은 발표불안으로 자리 잡기도 하고, 그 영역이나 대상이 확대되어 우울, 대인관계 어려움 등 특정한 심리적 증상으로 발전하기도 한다.

(3) 핵심 신념

핵심 신념은 자동적 사고에 바탕이 되는 중심 생각이다. 즉, 핵심 신념이 내면에 가장 깊이 뿌리박은 신념이라면 그것이 겉으로 드러난 수준의 인지가 자동적 사고이며, 이 둘 사이를 매개하는 중간 신념이 있다.

만약 누군가 '나는 가치가 없다.'라는 핵심 신념을 가지고 있다면 이 사람은 '내 가치를 인정받지 못한다는 것은 무의미한 것이다.'라는 중간 신념을 가지고 있다. 그에게 만약 앞서 예를 든 발표 상황에서 실수가 발생한다면 그는 '나의 발표는 가치가 없고, 이 발표는 더 이상 의미가 없다. 이제 나는 끝났다. 더 이상 제대로 된 발표를 할 수 없다.'라는 자동적 사고를 가지게 된다.

사람은 누구나 자신, 타인 그리고 세계에 대한 자신만의 핵심 신념을 가지고 있는데, 이는 인지의 깊은 곳에 있을 뿐만 아니라 중간 신념을 거쳐 자동적 사고로 드러나기 때문에 대부분의 사람이 자신의 핵심 신념에 대해 알아차리지 못한다.

(4) 인지도식(스키마)

도식이라는 말은 사물의 구조나 관계 등을 나타낸 그림이나 양식을 의미하며, 인지도식은 개인의 인지 구조를 의미한다. 사람은 자신과 타인 또는 세계나 미래에 대한 개인의 경험들이 축적되어 그 사람만의 고유한 인지 구조, 즉 틀을 형성하는데 이를 인지도식이라고 한다. 인지도식은 인지 구조, 인지 구조 도식 등으로 불리기도 한다.

인지도식은 평소에는 잘 파악하기 어려우며, 주로 개인이 생각하기에 중요한 상황이거나 스트레스 상황이라고 판단될 때 활성화되는데, 이때 그 상황을 부정적으로 왜곡하는 인지도식을 역기능적 인지도식이라고 한다. 이러한 역기능적 인지도식은 유사한 상황에서 비교적 안정적이고 반복적으로 이루어지기 때문에 한 개인의 인지 구조를 이해하고 그에 따른 정서와 행동까지 연결 지어 해석하는 것은 인지행동 집단상담 과정의 핵심이라고 할 수 있다. 따라서 인지행동 집단상담에서는 왜곡된 개인의 인지도식과 비합리적인 핵심 신념에 대해 접근한다.

(5) 인지적 오류

인지적 오류란 어떤 사실이나 상황을 파악하는 과정에서 있는 그대로의 객관적인 정보를 파악하지 못하고 오해나 오류를 일으키는 것을 말한다. 인지도식이 세상을 이해하는 틀이라면 인지적 오류는 왜곡된 인지도식을 통해 현실을 제대로 지각하지 못하고 사실과 의미를 왜곡하여 받아들이는 것이므로 두 개의 개념을 구분할 필요가 있다. 대부분의 인지적 오류는 자신과 타인 그리고 미래에 대해 부정적으로 해석하는 경우가 많아서 대인관계나 문제해결 과정에서 어려움을 경험하게 된다. 대표적인 인지적 오류의 종류와 예를 몇 가지 살펴보면 다음과 같다.

① 흑백논리

흑백논리는 표현 그대로 검지 않으면 희다는 것으로 가운데가 존재하지 않는 사고다. 그래서 흑백논리 외에도 양극단적 사고, 이분법적 사고, 전부 아니면 전무의 사고 등 다양한 표현으로 불린다. 예를 들면, 시험을 쳐서 하나라도 틀리면 완전히 망쳤다고 생각하거나 자신을 좋아하지 않는 사람은 모두 적이라고 생각하는 경우다.

② 과장과 축소

과장과 축소 또는 확대와 축소라고 불리는 이 인지적 오류는 어떤 사건의 의미나 중요성을 실제보다 지나치게 확대 또는 축소하여 해석하는 오류다. 대체로 부정적인 부분은 확대하고 긍정적인 부분은 축소하는 경우가 대부분인데, 예를 들어 자신의 장단점에 대하여 자신의 단점은 확대해서 해석하고, 장점은 축소해서 해석함으로써 자신을 과소평가하는 경우다.

③ 독심술

독심술은 자신이 타인의 마음을 모두 알고 있다고 생각하고 자기 마음대로 추측하고 단정하는 것이다. 현실적인 정황이나 정보 없이 단순히 자신의 생각으로 추측하는 것이므로 추측, 넘겨짚기 등으로 불리기도 한다. 예를 들어, 집단상담 중 자신의 이야기를 하면서 "제가 이야기할 때마다 ○○ 님이 싫어한다는 것을 알고 있지만……."이라고 말하면서 다른 사람의 생각을 자신이 이미 알고 있다고 말하는 것이다.

④ 과잉일반화

우리는 보통 특별하거나 특수한 것이 아닌 전체에 두루 해당하는 것을 일반적이라고 표현한다. 사람도 그러한 사람을 일반인이라고 하는 것과 같다. 이처럼 어떤 특별한 것보다 전체적으로 공통적인 것을 이끌어 낼 때 일반화 또는 일반적이라고 말할 수 있다. 하지만 과잉일반화는 전체를 살펴보거나 경험하기 전에 한

두 번의 사건에 근거하여 일반적인 결론을 내리는 오류로, 지나친 일반화라고 부르기도 한다. 한두 번 면접에 불합격한 사람이 '나는 어떤 시험을 치든지 합격할 수 없다.'라고 생각하는 것이다.

2) 인지행동 집단상담 기법

인지행동 집단상담의 목표는 집단원이 가지고 있는 부정적이고 자기패배적인 인지적 오류에서 벗어나 합리적으로 대상과 사건에 접근하게 하는 것이다. 따라서 인지행동 집단상담에서 이루어지는 기법은 인지적 오류를 바로잡기 위한 인지적 기법과 대상과 사건에 합리적으로 접근할 수 있는 행동적 기법으로 나누어 볼 수 있다.

(1) 인지적 기법

인지적 기법은 집단상담 과정을 통해 집단원의 자동적 사고를 찾아내는 기법이다. 주로 집단원들과 의사소통을 하면서 탐색, 논쟁, 해석 등을 통해 집단원의 비합리적 신념과 인지적 오류를 찾기 위해 사용된다.

① 자동적 사고 찾기

우리는 어떤 사건이 일어난 후 사건에 대한 또는 사건으로 인한 감정이 생기는데, 사실은 사건과 감정 사이에 그 사건을 어떻게 이해하고 해석하는가에 대한 판단과 평가에 인지적 과정이 개입된다. 예를 들면, 연락 없이 늦게 들어온 아이를 보면서(사건), 화가 나는 것(감정)은 아이가 연락 없이 들어오는 것이 잘못된 일이라는 판단과 평가가 이루어졌기 때문이다. 아이가 늦게 들어왔다(사건) 하더라도 급한 어떤 일이 있었을 수도 있겠다는 생각(사고)이 들면 화(감정)는 발생하지 않을 수 있다.

자동적 사고 찾기는 이처럼 어떤 사건에 대해서 부정적인 감정을 유발하는 비합리적인 신념을 일으키는 자동적 사고의 과정들을 찾는 것이다. 집단원들은 자동적 사고 찾기를 통해 자신의 심리적 어려움과 대인관계의 어려움이 대부분 자신에게서 파생되었음을 알아차리게 된다. 이러한 결과는 집단상담의 과정을 통해 반복적으로 찾고, 적용하고, 이해하는 과정을 통해 이루어진다.

② 비합리적 신념 논박하기

앞서 주요 개념에서 살펴본 바와 같이 부정적인 자동적 사고를 가진 집단원은 자신, 타인 그리고 미래와 세상에 대해서 비합리적인 신념을 가지고 있다. 이런 비합리적 신념은 대체로 융통성이 있거나 유연하기보다는 극단적이고 경직된 경우가 많다. 비합리적 신념 논박하기는 집단원의 극단적이고 경직된 사고에 대해 적극적인 논박을 함으로써 자신의 비합리적 신념으로 인해 심리적 문제와 대인관계의 어려움이 발생하였음을 알아차리도록 하는 기법이다. 예를 들면, 비합리적 신념을 가진 집단원의 경우 집단상담 과정 중에도 한 집단원이라도 자신의 이야기에 집중하지 않는다는 생각이 들면 집단원 전체가 자신을 존중하지 않는다고 생각하고 쉽게 좌절하거나 집단상담으로 인해 깊은 상처와 우울을 경험할 수 있다.

비합리적 신념을 논박할 때 주의할 점은 여러 집단원이 한 집단원에 대해 논박할 경우 그 집단원은 집단으로부터 공격을 받는다고 생각할 수 있으므로 서로 간의 신뢰감이 형성된 이후에 논박하는 것이 적절하다.

③ 자기 말로 바꾸어 표현하기

우리 속담에 '말이 씨가 된다.'라는 말이 있다. 언어가 얼마나 크고 막강한 힘을 가지고 있는지 가르쳐 주는 속담일 것이다. 자기 말로 바꾸어 표현하기 역시 이러한 언어의 힘을 빌려 집단원이 자신이 가지고 있는 부정적인 자동적 사고, 비합리적 신념, 인지적 오류 등에 대해서 긍정적이고 합리적인 언어로 바꾸어 표현하는 것이다. 예를 들어, 한 집단원이라도 자신의 말에 집중하지 않았을 때 집단 전체가 자신을 존중하지 않는다고 생각하는 집단원의 경우 '모든 사람이 언제나 나의 말에 귀 기울일 수는 없어. 간혹 나도 다른 사람이 말할 때 다른 생각을 하기도 하잖아. 나는 여기에 이야기를 하러 온 것이니까 나의 이야기를 솔직하게 하는 것을 먼저 중요하게 생각하자.'라고 자신의 생각을 언어로 표현하는 것이다.

자기 말로 바꾸어 표현하기를 통해 집단원은 사랑받고, 완벽해지고, 최고가 되려고 하는 자신의 욕구가 심리적인 문제를 가져온다는 것을 인식할 수 있으며, 그 과정을 살펴보는 다른 집단원들에게도 소중한 학습의 기회가 된다.

(2) 행동적 기법

대부분의 행동적 기법은 언어적 접근을 중심으로 이루어지는 인지적 기법을 보완하기 위해 사용된다. 행동적 기법은 부정적인 비합리적인 신념을 감소시키고, 새로운 학습을 증가시키기 위한 기법 중 인지나 정서가 아닌 행동에 초점을 맞추는 기법이다. 그래서 행동적 기법은 우리가 아는 행동주의 상담이론에서 사용하는 기법과 많은 부분이 유사하거나 일치하기 때문에 혼동될 수 있다. 그러나 인지행동 집단상담에서 사용하는 행동적 기법은 단순히 행동의 변화만을 목적으로 하는 것이 아니라 행동적 기법을 적용한 후 집단원의 사고, 신념, 변화과정 등을 파악하는 것까지 포함한다.

① 모델링

모델링은 집단상담자와 다른 집단원의 행동을 관찰하고 모방하면서 행동을 학습하는 방법으로, 주로 대인관계에서 어려움을 경험하는 집단원에게 사용하여 자신감을 향상시키고, 그로 인해 사고와 행동에 변화를 주고자 하는 접근이다. 개인상담에서도 상담자는 집단원의 강력한 모델이 되는 것처럼 집단상담에서도 집단상담자는 집단원들에게 훌륭한 교육적 도구가 된다. 특히 집단상담은 여러 명의 집단원이 참여하므로 일 대 다수의 교육관계가 성립할 수 있다.

예를 들어, 부모님과의 대화를 어려워하는 집단원이 있다면 집단상담 안에서 나이 차이가 있는 다른 집단원들이 서로 어떻게 대화하는지 먼저 살펴볼 수 있다. 그리고 나이 차이가 나는 다른 집단원을 대상으로 자신이 살펴보고 배운 기술을 활용하여 대화를 연습할 수 있다. 그 이후에는 실제 자신의 집에서, 자신의 부모님을 대상으로 대화를 나누도록 한다. 집단상담 과정에서 학습한 모델링은 실생활에까지 확대되어 적용되도록 하는 것이 중요하다. 즉, 집단상담자의 행동이 다수의 집단원에게 모델링이 되기도 하고, 여러 집단원의 행동이 한 집단원에게 훌륭한 모델링이 되면서 다양한 사회적 역할을 학습하고, 사회적 관계를 경험할 수 있다.

② 역할극

모델링이 단순한 형태의 행동적 기법이었다면, 역할극은 좀 더 적극적인 형태의 행동적 기법이다. 역할극 중에 집단원은 자신에게 일어나는 비합리적인 신념이나 부정적인 감정들을 경험할 수 있기 때문에 자신을 이해하는 데 강한 영향을 받을 수 있다. 그러므로 역할극은 집단상담 과정 중에 핵심 기법으로 활용된다. 역할극은 다양한 대인관계로 어려움을 경험하는 집단원에게 적용할 수 있는데, 서로 역할을 바꾸어서 경험할 수 있기 때문에 상대방에 대해 인지적 부분과 정서적 부분을 간접적으로 경험할 수 있게 한다.

앞에서 살펴보았던 부모님과의 대화를 어려워하는 집단원의 경우를 예로 들어 살펴보면, 자신이 부모님의 역할을 하면서 자녀에 대해서 기대하는 인지적 부분과 자녀와의 대화를 기다리는 부모의 정서적 부분을 이해함으로써 자신뿐만 아니라 타인에 대해 이해할 수 있게 된다. 그러한 과정을 통해 집단원은 부모와 자신의 관계를 좀 더 객관적으로 살펴볼 수 있다.

③ 코칭

모델링과 역할극이 원활하게 이루어지지 않고 어려움을 경험할 때 코칭을 활용할 수 있다. 이때 코치는 집단상담자가 될 수도 있고, 집단원이 다른 집단원들 중에서 선택할 수도 있다. 코치는 가능한 한 집단원과 물리적으로 가까운 위치에 있는 것이 집단원의 문제행동에 적절하게 관여하고 피드백할 수 있다. 중요한 것은 집단원이 간섭받는 느낌이 들지 않도록 코치가 인내심을 가지고 살펴볼 수 있어야 한다는 것이다.

④ 과제 협상

과제 협상은 집단원이 변화를 희망하는 행동 가운데 변화를 촉진하기 위한 목적으로 사용된다. 먼저, 집단원은 자신이 무슨 과제를 할 것인지 고민하는 단계에서부터 자신의 문제를 탐색하고 인식하는 경험을 한다.

집단상담자는 집단원의 개인적인 변화를 촉진하기 위해 어떤 과제를 선정하는 것이 좋을지 함께 고민해야 한다. 만약 과제를 선정하는 과정에서 집단원과 의견일치가 어려운 경우에는 과제를 강요하기보다 과제 선정에 대한 합리적인 근거를 제공하여 과제를 선정할 수 있도록 한다. 왜냐하면 집단원이 동의한 과제일수록 과제 수행에 대한 동기가 발휘되어 효율적으로 과제 수행을 할 수 있기 때문이다. 그리고 집단상담 장면과 일상생활 모두에서 할 수 있는 것, 행동으로 표현해서 확인할 수 있는 것으로 언제, 무엇을, 어떻게, 얼마나 등에 대해 구체적으로 정하는 것이 좋다.

과제가 정해지면 집단상담자는 집단원이 집단상담 장면과 일상생활 장면에서 과제를 수행할 수 있도록 격려하고 도와야 한다. 만약 과제 선정 과정이나 과제 수행 과정에서 집단원이 어려움을 겪게 된다면 선정과 수행에 집중하기보다는 집단원이 경험하는 어려움 자체를 적절하게 다루는 것이 집단원의 변화와 성장을 위해 더 의미 있는 작업이 될 것이다.

3) 집단상담자의 역할

인지행동 집단상담에서 집단상담자는 다음과 같은 역할을 한다.

(1) 교육자

집단상담자는 모델, 코칭, 논쟁자로 집단원이 자신의 문제를 인식하고 해결할 수 있도록 도와야 한다. 집단상담자는 집단원들의 의존성을 최소화하고, 집단원 스스로가 자신의 문제 발생과 확대에 대해 인식할 수 있도록 돕는다. 그래서 때로는 집단상담자의 태도가 다른 집단상담에 비해 덜 친밀하고 덜 따뜻하게 느껴질 수 있으나, 이러한 과정은 평가가 포함된 비난의 과정이 아니라 존중과 협력의 과정이다. 또 집단원이 정한 과제를 주도적으로 수행해 나갈 수 있도록 격려하고, 실패나 좌절을 경험했을 때 집단원 자신을 탐색하도록 기다려 주는 교육자의 역할을 한다.

(2) 오류 수정자

인지행동 집단상담에서 집단상담자는 집단원들의 자동적 사고나 인지적 오류를 발견하여 이를 수정할 수 있도록 돕는 촉진자의 역할을 한다. 인지행동 집단상담은 짧은 기간 동안 이루어지는 경우가 많기 때문에 집단상담자의 개입이 구체적이고 적극적인 경우가 많다. 이런 집단상담자의 역할은 집단원들이 개인적인 집단 목표를 달성할 수 있도록 돕는다.

(3) 검토자

인지행동 집단상담자는 집단원의 과제에 대해 칭찬하고, 잘못된 것에 대해서 세심하게 살펴보고 정보를 제공하는 검토자로서의 역할을 한다.

4) 집단상담 프로그램의 실제[3]

인지행동 이론을 적용한 집단상담 프로그램은 매우 다양한데, 〈표 7-3〉에서 살펴볼 집단상담 프로그램은 교사들의 직무 스트레스와 회복탄력성을 높이기 위해 개발된 프로그램이다. 프로그램 회기별 목표와 내용은 다음과 같다.

초기 단계(1~2회기)는 프로그램을 시작하는 단계로서 프로그램에 참여하는 집단원과 상담자 간에 친밀감과 신뢰감을 형성하는 단계다. 또한 집단원들 간의 문제를 자유롭고 편안하게 노출할 수 있도록 개방적 분위기를 조성하는 등의 상담

3) 출처: 배성현, 박주연, 이병인(2014). 인지 · 정서 · 행동치료(REBT)를 적용한 집단미술치료가 장애유아 통합교사의 직무스트레스 및 회복탄력성에 미치는 효과. **미술치료연구**, 21(6), 1449-1473에서 발췌 · 수정함.

〈표 7-3〉 인지행동 집단상담 프로그램 예시

단계	회기	주제	목표	활동
초기	1	변화의 시작	• 프로그램의 목적을 이해한다. • 집단구성원을 이해하고 친밀도를 높이고 신뢰감을 형성한다.	• 프로그램 소개하기 • 촉진 게임 • 별칭 짓기와 소개하기 • 서약서 및 평가지 작성 • 피드백 나누기 • 회기요약
	2	스트레스 인식 및 자기이해	• 스트레스에 대해 알고, 자신의 스트레스 상황에 대해 표현한다. • 스트레스 자극과 반응에 대한 이해가 스트레스 대처에 도움이 된다는 것을 안다.	• 촉진 게임 • 생각, 감정 구분하기 • 감정온도계 • 스트레스 느끼기 • 과제: 주간 스트레스 기록표
중기	3	자동적 사고 찾기	• 자기노출을 통해 긴장, 불안을 표현한다. • ABC 모델을 통해 회사 생활에서의 스트레스와 관련된 부정적 정서 촉발 요인의 자동적 사고를 발견한다.	• 친밀감 증진 활동 • ABC 모델 • 자동적 사고 -기억 속의 감정 나누기 -기쁘고, 슬프고, 행복하고, 충격적인 • 과제: 사고변화 기록지(TCR), 매일 경험일지
	4	자동적 사고 수정하기1 (인지적 재구조화)	• 직장 생활 과정에서의 부정적 정서를 촉발시키는 자동적 사고의 인지적 오류를 확인한다. • 부정적인 자동적 사고를 수정하고 사고를 좀 더 적응적인 방향으로 돌리기 위해 부정적인 사고를 뒷받침하는 증거를 찾는다.	• 거울놀이 • 자동적 사고 체크하기 • 자동적 사고 수정하기 • 증거 점검해 보기 • 역할극 • 과제: 사고변화 기록지(TCR)
	5	자동적 사고 수정하기2 (인지적 재구조화)	• 인지적 예행연습을 통해 자동적 사고를 수정한다. • 자기평가를 통해 부정적 감정과 생각의 변화를 스스로 인지한다.	• 근육이완법 • 인지적 · 행동적 스트레스 감소 연습 • 강의: 사고수정 기법 연습지 교육 • 과제: 사고변화 기록지(TCR)
	6	스키마 찾기	• 직장 생활에서의 부정적 정서 경험과 관련된 자신의 스키마(인지도식)를 발견한다.	• 근육이완법 • 스키마 교육(색안경 비유) • 스키마 목록표 작성하기 • 스키마 목록에서 찾기 • 과제: 사고변화 기록지(TCR)

중기	7	스키마 수정하기	• 스키마에 대해 알고, 스키마 수정 기법을 연습하여 자신의 부정적 사고를 수정한다.	• 호흡법 • 스키마 수정 기법 두 가지(증거 점검하기, 이점과 손실 기록하기) 교육 • 2개의 모둠으로 기법연습 • 과제: 사고변화 기록지(TCR), 대처연습지
후기	8	새로운 출발	• 부정적인 감정에서 벗어난 자신을 돌아보고 새로운 다짐을 한다.	• 근육이완법, 호흡법 • 나를 위한 지침서 작성, 함께 나누기 • 평가지 • 롤링페이퍼 • 프로그램 전체소감 나누기

자의 역량이 요구된다. 프로그램에 대한 명확한 목표와 내용을 이해시킴으로써 프로그램 전체 회기의 참여율을 높이고 동기를 유발하는 단계이기도 하다. 프로그램을 소개하고 참여자들이 집단규칙과 비밀보장 등의 내용을 담은 서약서를 작성하도록 한다.

중기 단계(3~7회기)는 자동적 사고에서 인지적 오류를 찾아보고 어떤 인지 왜곡들을 가지고 있는지 점검하고, 부적응적인 자동적 사고와 신념을 탐색하여 현실적이고 합리적으로 바꾸는 인지 재구성의 단계다.

그중 자동적 사고 다루기 단계(3~5회기)는 참여한 내담자가 회사 생활을 하면서 부정적으로 경험했던 사건을 떠올리며 당시의 감정과 현재의 감정을 잘 표현하도록 한다. 각자 워크시트를 활용해서 현재 자신의 느낌이나 기분이 어떠한지에 초점을 두어 감정을 탐색하고, 감정을 이끈 자동적 사고를 찾아낼 수 있도록 한다. 발견해 낸 자동적 사고에서 인지적 오류를 찾아보고 어떤 인지 왜곡들을 가지고 있는지 점검한다. 이러한 감정을 일으키는 자동적 사고를 스스로 발견하고 사고 바꾸기 등의 인지적 재구조화를 시도하는 단계다. 자동적 사고 다루기는 총 3회기로 구성되었다.

스키마 다루기 단계(6~7회기)는 자동적 사고의 기초가 되는 정보 처리의 기본적인 틀 혹은 규칙들의 수정을 통해 생활 사건이 일어난 경우에도 건강한 스키마를 사용하도록 돕고 행동 강화를 시키는 과정이다. 인지적 재구성은 부적응적인 자동적 사고와 신념을 탐색하여 변화시키는 과정을 의미한다(Garnefski, Kraaij, & Spinhoven, 2001). 인지적 재구성의 이론적 관점은, 부적응적인 행동은 부정적 사고방식과 정서에서 비롯되므로, 적응적인 행동을 위해서는 비합리적 사고 유형을 현실적이고 합리적으로 재구성해야 한다는 것이다. 인지적 재구성 작업에서는, 첫째, 자기감찰을 통해 자신의 마음과 생각을 바라보게 하고 상황의 의미를 왜곡하는 자동적 사고를 찾아내는 작업이 우선되어야 한다. 둘째, 상황에 대한 의미를 해석하고 파악하는 인지적 과정과 인지 평가 결과가 얼마나 합리적이고 현실적인지를 따져 보고 검증하는 절차가 필요하다. 셋째, 왜곡된 사고와 신념을 현실적이고 합리적인 사고로 수정하는 작업이 수반되어야 한다. 넷째, 수정된 사고를 유지하기 위한 충분한 연습을 하는 시간이 구성되어야 한다(권석만, 1995). 이러한 절차는 적응적인 인지를 활성화시키며, 역기능적 사고와 신념을 보다 기능적이고 유용한 사고와 신념으로 전환하는 역할을 한다.

후기 단계(8회기)에서는 변화된 스스로를 확인하고 전체 회기가 진행되는 동안 새롭게 알게 된 것들을 정리하며 집단상담 내 경험이 실제 생활에서 잘 적용되도록 돕는다.

5) 공헌점과 비판점

인지행동 집단상담의 공헌점과 비판점은 다음과 같다.

(1) 공헌점

- 인지행동 집단상담의 가장 중요한 공헌점은 왜곡된 인지의 분석과 수정을 통해 사람들이 변화하도록 도왔다는 것이다. 특히 명확하고 논리적인 접근을 통해 집단원들이 경험하는 불안장애, 성격장애, 섭식장애, 신체형장애 등과 같은 다양한 범위의 장애와 알코올 중독과 같은 다방면에 접근이 가능한 이론이라서 다양한 장애를 설명하는 이론체계로 확장되고 있다.

- 인지행동 집단상담은 집단원들의 과거와 같은 세부적인 사항을 공개하거나 꿈과 같은 지극히 개인적인 부분에 대해 공유하지 않아 자신의 이야기를 공개하기 힘들어하는 집단원들에게 덜 불편하게 집단상담을 경험하도록 돕는다.
- 인지행동 집단상담은 인지적 · 정서적 · 행동적 부분들을 모두 아우르고 있기 때문에 다양한 접근이 가능하다. 그래서 집단상담의 기법에서도 매우 다양한 기법이 발달해 왔다. 예를 들면, 인지적으로 해결할 수 있는 과제를 부여하거나 긍정적인 변화에 대해 강화를 하는 방법이다. 이러한 접근은 미술치료나 글쓰기치료 등 다른 치료적 접근과 통합하거나 융합하여 다양한 집단상담 프로그램 개발에 도움을 주었다.
- 인지행동 집단상담 이론은 문제의 발생이 인지적 측면에서 발생하며 그것이 인간의 정서와 행동에 영향을 미친다는 가정하에 인간의 문제를 설명하고 있다. 따라서 다양한 개념과 체계적이고 논리적인 구조를 가지고 있어 다양한 심리적인 문제를 연구하는 데 도움이 된다.

(2) 비판점

- 인지행동 집단상담은 인지적인 부분을 중요하게 생각하다 보니 집단원의 지능이나 학력의 문제에 대해 한계를 경험하게 된다. 인지 구조의 문제나 인지적 접근에서 집단상담자의 설명이나 과제를 이해하는 데 어려움을 느끼거나 심각한 심리적인 문제를 겪고 있는 집단원에게는 집단상담 참여에 제한을 둘 수밖에 없다.
- 집단원 개인의 과거나 깊은 심리적 문제에 대해 탐색하지 않기 때문에 자동적 사고와 역기능적 신념의 발생 등과 같은 문제 발생의 원인을 파악하기 어렵고, 치료적으로 접근하는 데도 한계를 경험할 수밖에 없다.
- 인지행동 집단상담은 다양한 접근과 기법을 사용하다 보니 집단원들의 특성과 문제에 따라 적절한 검사도구, 인지적 과제, 행동적 접근 등을 다양하고 능숙하게 사용할 수 있는 집단상담자의 전문성이 더욱 요구된다. 그리고 집

단상담자에게 집단상담의 진행과 과제가 편중되기 때문에 집단상담자의 역할이 중요시되고, 집단상담자에 따라 집단상담의 진행이 크게 영향을 받을 수 있다.

따라서 인지행동 집단상담에서는 집단상담을 진행하기 전에 집단상담의 목표를 구체화하고, 집단상담자와 집단원의 협력적인 관계 형성 등을 통해 좀 더 긍정적인 효과를 얻기 위해 노력하고 있다. 또 다양한 집단상담 기법과 융합하거나 마음챙김, 명상과 같은 정서적인 부분의 활용을 통해 인지행동 집단상담의 효과를 극대화하고자 한다.

요약

1. 집단상담 이론의 필요성

① 집단상담과 집단원의 문제 이해

② 집단상담의 목표 설정과 기법 선택의 기준

2. 집단상담의 이론 I

1) 집단상담 이론과 목표

이론	집단상담의 목표
정신분석	• 집단원에게 아동기의 가족관계를 경험하도록 돕는다. • 현재의 행동에 영향을 미친 과거의 경험과 감정을 이해한다.
Adler	• 과거의 탐색을 통해 자신의 생활양식에 대해 이해하고 자신의 삶을 탐색한다.
행동주의	• 집단원이 이전까지 학습해 온 부적응적인 행동을 인식하고 새로운 행동을 학습하도록 돕는다.
인간중심	• 집단원이 자신의 감정을 탐색하도록 신뢰 있는 상담관계를 형성한다. • 상담관계를 통해 개방적이고 진실된 태도를 가지게 하며 집단원의 자발성을 발달시킨다.
인지행동	• 집단원이 인지, 행동, 정서의 관계를 파악하도록 돕는다. • 자신의 문제를 유발하는 인지적 방식을 이해하고 수정하도록 돕는다.

2) 집단상담 이론의 기법과 집단상담자의 역할

이론	집단상담 기법	집단상담자의 역할
정신분석	• 집단원의 욕구, 불안, 저항이나 전이 감정을 분석하기 위한 자유연상, 꿈 분석, 저항 분석 • 집단원이 통찰한 내용을 바탕으로 자신의 저항이나 문제를 점진적으로 수정하는 훈습	• 집단원의 과거와 현재, 무의식과 의식, 중요 인물과 전이, 문제와 저항을 연결하여 해석하고 집단원들의 통찰을 돕는 조력자
Adler	• 자신의 생각이나 행동에 관심을 가지고 집중하는 단추 누르기, 역설적 의도, 질문 • 효율적으로 집단상담에 참여할 수 있도록 지지와 격려	• 집단원이 자신의 생활양식을 알아차리도록 돕고, 집단상담에서 학습한 것을 새로운 행동으로 옮길 수 있도록 돕는 조력자

행동주의	• 타인에 대한 자신의 감정을 적절하게 표현하도록 돕는 자기표현 훈련, 모델링 • 부정적 행동이나 감정의 해결을 돕는 체계적 둔감화, 역조건 형성, 상호억제 원리 • 긍정적인 행동의 강화를 위한 토큰경제법, 프리맥의 강화 원리	• 집단원들의 문제를 파악하고 정한 목표를 성취할 수 있도록 다양한 기법을 사용 • 집단원이 새로운 행동을 발견하고 활용할 수 있도록 돕는 모델, 강화자
인간중심	• 기법보다 허용적이고 안정적인 집단의 분위기를 중요시 • 진실하게 자신을 탐색하고, 타인과의 진솔한 교류	• 집단원의 주관적 경험과 내적 감정에 좀 더 집중할 수 있도록 도와주는 안내자
인지행동	• 집단원의 비합리적 신념과 인지적 오류를 발견하기 위한 자동적 사고 찾기, 비합리적 신념 논박하기, 자기 말로 바꾸어 표현하기 • 인지적 기법을 보완하기 위한 행동적 기법 모델링, 역할극, 코칭, 과제 협상	• 집단원의 비합리적 신념과 인지적 오류를 수정할 수 있도록 돕는 교육자, 검토자

제8장

집단상담 이론 II

읽기 전 나누기

- 여러 집단상담 이론 중에서 직접 활용하고 싶은 이론은 무엇이며, 그 이유는 무엇인가?
- 집단상담의 이론을 통합할 때 고려할 점은 무엇인가?

읽고 나면

- 진행하고자 하는 집단상담의 성격에 맞는 집단상담 이론을 적용할 수 있다.
- 집단상담 이론 통합과 개발의 중요성과 필요성을 이해한다.

개인상담도 마찬가지이지만 집단상담에 대한 이론은 집단원이 경험하는 문제를 이해하는 데 도움이 되기 때문에 중요하다. 그리고 이론에 따라 집단상담을 통해 달성해야 할 목표와 집단상담 내에서의 집단상담자 역할이 달라지기 때문에 이론에 대한 중요성은 아무리 강조해도 지나치지 않다.

이 장에서는 앞 장에 이어 게슈탈트 집단상담, 현실치료 집단상담 이론의 중심 개념, 대표 기법, 집단상담자의 역할, 집단상담 프로그램의 예시를 통해 각 이론에 대한 이해를 돕고자 한다. 그리고 마지막으로 집단상담 이론의 통합과 활용 및 각 이론의 특징에 대해 살펴보고자 한다.

1 게슈탈트 집단상담

Fritz Perls에 의해 창시되고 발전된 게슈탈트 집단상담 이론은 다른 상담이론이나 상담 기법을 잘 절충한 상담이론으로 평가받는다. 그 중심 개념을 살펴보면 정신분석이나 실존철학 등 다양한 상담이론과 동양의 여러 사상으로부터 영향을 받았을 뿐 아니라 게슈탈트라는 말에 어울리게 각각의 상담이론과 사상들이 하나로 잘 어우러져 성장·발전하였음을 알 수 있다.

이 접근의 주요 목표는 집단구성원이 현실에 대한 자각을 탐색하도록 도와 자신의 인식 수준을 확장시키고 현재 기능을 방해하는 과거의 미해결 과제를 명료화하여 전체적으로 기능하게끔 한다. 집단 장면에서 구성원들이 순간순간의 경험에 주목하게 하여 그동안 자신의 부분으로 인정하지 않았던 부분을 직면하고 통합하는 데 관심이 있다.

1) 주요 개념

(1) 게슈탈트

게슈탈트 집단상담 이론을 접할 때 가장 먼저 이해해야 할 용어는 게슈탈트

(Gestalt)로, 이는 형태, 전체, 모습이라는 의미를 가진 독일어다. 여기서 전체는 '일 더하기 일은 이'라는 단순한 합을 의미하는 것이 아니라 '일 더하기 일은 일'이라는 지각된 전체의 통합을 의미한다. 우리가 '게슈탈트를 공부한다.'라고 했을 때 게슈탈트에 관련한 책을 읽고, 내용을 이해하고, 중요한 내용을 기억하고, 이후에 상담에 적용하는 등 각각의 형태로 이루어지는 활동 '전체'가 바로 '게슈탈트를 공부하는 것'이다.

부분보다 전체를 의미 있게 여기는 게슈탈트라는 용어에는 Perls의 인간관과 상담관이 내재되어 있다. 즉, 인간은 부분을 전체로 통합하여 지각할 수 있는 능력이 있다는 긍정적인 관점을 가지고 있으며, 심리적 어려움을 호소하는 사람들은 인지하는 부분을 전체로 통합하지 못하고 상충되게 이해하기 때문이라고 본다. 따라서 전체를 지각하여 인식할 수 있도록 하는 관점 간의 통합이 게슈탈트 집단상담의 목표가 된다.

(2) 전경과 배경

누구나 도서관에 가서 책을 찾아본 경험이 있을 것이다. 일반적으로 우리는 그 책이 있을 법한 위치에 가서 책꽂이에 꽂혀 있는 책들을 눈으로 훑게 되고, 그런 행위를 반복하면서 원하던 책을 찾게 된다. 간혹 몇 권의 책을 찾아야 하는 경우 이미 찾은 책이 아닌 새로운 책을 찾는 일에 집중하는 일을 반복하게 된다. 이 과정에서 책꽂이에 꽂혀 있는 많은 책은 배경이 되고, 내가 찾는 책은 전경이 된다. 여러 권의 책을 찾는 경우 찾은 책은 찾은 순간 의식에서 사라지고 다른 책을 찾는 행동으로 돌아가게 되는데, 이런 경우 전경과 배경이 교체된다고 할 수 있다.

건강한 개인은 이처럼 매 순간 자신에게 중요한 게슈탈트를 형성하여 전경으로 떠올릴 수 있으며, 전경으로 떠올렸던 게슈탈트를 해소하고 나면 그것을 다시 배경으로 보내게 된다. 그러면 다시 새로운 게슈탈트가 형성되어 전경으로 떠오르고, 해소되고 나면 다시 배경으로 물러나는 과정을 되풀이한다. 이러한 순환과정을 '게슈탈트의 형성과 해소' 혹은 '전경과 배경의 교체'라고 부른다. 대부분의 사람에게서 전경과 배경의 원활한 교체는 자연스러운 현상이다.

하지만 그렇지 못한 사람은 전경을 배경으로부터 명확히 구분하지 못하거나 한번 떠올린 전경을 다시 배경으로 옮기고 다른 것을 전경으로 교체하는 작업을 수행하는 데 어려움을 경험한다. 즉, 자신의 욕구나 감정을 알아차리지 못하거나 자신의 욕구와 감정을 타인의 것과 구분하지 못한다. 더불어 자신이 정말 하고 싶은 일이 무엇인지 알아차리지 못하거나 그로 인해 의사결정과 행동 선택에 있어 어려움과 혼란스러움을 경험한다.

(3) 미해결 과제

앞서 설명한 것처럼 전경과 배경의 교체가 자연스럽게 이루어지지 않아 게슈탈트 형성에 어려움을 경험한 경우, 게슈탈트를 형성하는 것에는 성공했으나 방해를 받으면 이는 배경으로 사라지지도, 전경으로 떠오르지도 못하고 중간층에 남아 있게 된다. 이렇게 완결되지 않은 혹은 해소되지 않은 게슈탈트를 '미해결 게슈탈트' 혹은 '미해결 과제'라고 한다.

미해결 과제는 대체로 과거에 형성되었지만 제대로 처리되지 않은 분노, 증오, 불안, 슬픔 등의 감정이 중간층에 머물러 있으면서 현재의 다른 대상과의 접촉을 방해한다. 미해결 과제가 오랜 시간 해결되지 않으면 망상이나 강박적인 행동 등이 나타나기도 한다. 미해결 과제는 쉽게 해결되지도 않을 뿐 아니라 다른 사람이나 상황에서도 반복적으로 나타난다는 점에서 한국인이 가지고 있는 한(恨)과 비슷하다. 따라서 게슈탈트 집단상담은 우리가 가지고 살아가고 있는 미해결 과제의 해결을 목표로 한다. 미해결 과제를 해결할 수 있는 방법은 '지금-여기'를 알아차리는 것이다.

(4) 지금-여기

미해결 과제는 해결되지 않은 채로 끊임없이 전경으로 나타나려고 하기 때문에 '지금-여기'에서도 그 모습을 드러내고 있다. 그래서 게슈탈트 집단상담에서는 상담을 통해 떠오르는 것을 놓치거나 회피하지 않고 현재를 충분히 경험하는 것이 중요하다. 많은 사람이 지나가 버린 과거에 얽매이거나 다가올 미래에 대한 계획과 결심으로 '지금-여기'를 놓치는 경우가 많은데, 게슈탈트 집단상담에서는 순간적이고 즉각적으로 집단원의 경험에 집중한다.

그렇다고 해서 게슈탈트 집단상담이 과거를 무시하거나 중요하게 여기지 않는 것은 아니다. 현재에까지 영향을 미치는 과거는 게슈탈트에서도 중요하게 다룬다. 만약 과거의 문제가 현재에까지 영향을 미치고 있다면 집단상담 과정 중에 그 문제를 가지고 와서 과거의 문제가 현재까지 영향을 미치는 상황의 재연을 통해 그 관련성을 탐색할 수 있다.

(5) 인식과 책임 능력

인식은 알아차리는 것, 깨닫는 것으로 게슈탈트 집단에서 인식은 자신뿐 아니라 타인과 대상의 욕구나 감정을 알아차리는 것을 의미한다. 게슈탈트 집단상담에서는 이러한 알아차림, 즉 인식을 위해서 지금-여기에서 집단원들이 무엇을 어떻게 경험하고 있는지에 초점을 맞추도록 돕는다.

더불어 집단원이 인식한 경험은 그것이 무엇이든 자신이 책임져야 한다. 자신과 세상에 대한 인식은 그 누구도 아닌 자신의 감각과 직관을 통해 하나로 통합하여 받아들인 것이므로 이는 분리될 수 없으며 그에 대한 책임 역시 인식하는 사람의 몫이다.

2) 게슈탈트 집단상담 기법

게슈탈트 집단상담에서는 집단원들의 알아차림을 위한 기법들이 주로 사용된다. 따라서 상담자는 상황에 따라 필요하다고 판단되는 기법들을 응용하여 집단을 활성화시킬 수 있다.

(1) 자각

게슈탈트 집단상담에서 가장 중요하게 여기는 것은 지금-여기에서 느끼는 자각이다. 다시 말해, 지금-여기에서 느끼는 자신의 욕구와 감정, 언어, 신체,

환경, 책임에 대해 알아차리는 것이다. 집단원은 지금-여기의 욕구와 감정을 자각함으로써 자기 자신 및 환경과 잘 접촉하고 교류할 수 있게 되어 성장과 변화의 경험을 하게 된다. 자각의 종류와 자각을 돕는 질문은 〈표 8-1〉에 제시되어 있다.

예시를 살펴보면 무엇을 자각하든 공통적인 표현은 '지금' '나는' '느끼다' '알아차리다' 등이다. 이러한 표현은 지금 자신이 무엇을 느끼는지, 어떻게 느끼는지를 알아차리는 것의 중요성을 의미하는 것으로 바로 게슈탈트의 핵심이다.

〈표 8-1〉 자각의 종류와 자각을 위한 질문 예시

자각의 종류	질문 예시
욕구와 감정	• 지금 원하는 것이 무엇인가요? • '나는 지금 ~을 하고 싶다.'의 문장을 완성해 보시겠어요? • 지금 어떤 느낌인가요? • 지금 어떤 감정이 느껴지는지 집중해 보세요.
언어	• 주체적 표현으로 바꾸어 말하기 상담자: 지금 당신의 눈은 어떻습니까? 집단원: 떨리네요. 상담자: 그것을 '나는'이라는 주어를 넣어 말씀해 보세요. 집단원: 나는 눈을 떨고 있습니다. • 능동적 표현으로 바꾸어 말하기 집단원: 나는 미칠 것 같아요. 상담자: 그것을 능동형으로 바꾸어 보세요. 집단원: 나는 나 자신을 미치도록 만들고 있습니다. • 변명하지 않고 말하기 집단원: 오늘은 진짜 제 감정을 잘 표현하려고 했어요. 하지만…… 상담자: '하지만'이라는 말을 빼고 표현해 보세요. 집단원: 오늘 나는 제 감정을 제대로 표현하지 못했어요.
신체	• 지금 호흡을 느껴 보세요. • 나의 몸이 무엇을 말하려고 하는지 알아차려 보세요. • 당신의 등에 집중해 보세요. • 목소리가 많이 커졌군요. 목소리에서 무엇이 느껴지세요?
환경	• 집단상담실 안에 무엇이 보이나요? • 나의 오른편에 앉은 사람의 얼굴을 쳐다보세요. 어떤 느낌이 드나요? • 눈을 감고 들려오는 소리에 집중해 보세요. 무슨 소리가 들리나요?
책임	• 눈꺼풀이 떨립니다. 그것은 내 책임입니다. • 옆 사람이 피곤해 보입니다. 그러나 그렇게 보는 것은 나의 시각입니다.

(2) 현재화

현재화는 과거에 발생한 사건이나 미래에 발생할지 모르는 사건을 현재에 일어나고 있는 것처럼 체험하게 해서 집단원이 미처 탐색하지 못했던 자신의 생각이나 행동, 욕구나 감정들을 다루도록 하는 기법이다. 현재화는 과거 또는 미래의 사건을 회상이나 상상에 의존하지 않고 지금-여기에서 일어나는 것처럼 다루어서 현실적 차원에서 그 문제를 만나 경험하게 함으로써 해결책을 탐색하도록 돕는 것이 중요하다.

(3) 빈 의자 기법

빈 의자 기법은 게슈탈트 집단상담뿐만 아니라 다른 집단상담에서도 흔히 사용되는 기법으로, 주로 집단상담 장면에 와 있지 않은 사람이나 현재 문제와 관련된 과거의 사건, 자신의 한 부분 등과 만남을 가질 때 사용된다.

빈 의자 기법은 두 개의 빈 의자를 준비하고 집단원이 번갈아 가며 대화를 나눈다. 이 기법은 자신 또는 타인을 비롯한 세상과의 접촉을 통해 자신과 세상에 대한 감정을 이해하고 완전히 경험하게 한다.

3) 집단상담자의 역할

게슈탈트 집단상담자는 집단상담에서 중심적인 위치를 차지한다. 게슈탈트 집단상담자의 구체적인 역할과 기능은 언어적 전문가, 좌절 경험의 제공자, 관심과 감동 제공자 그리고 창조적 연출자로 볼 수 있다.

(1) 언어적 전문가

집단상담자는 집단원들의 자각을 돕기 위해 집단원들의 언어 표현과 신체 표현에 관심을 가지고, 그 사이의 불일치를 알아차릴 수 있어야 한다. 집단상담자는 집단원들이 이야기한 말의 내용뿐만 아니라 맥락, 음성의 높고 낮음, 대명사의 사용, 강약, 설단 현상(단어 등을 알고 있으나 혀끝에 맴돌며 표현이 안 되는 현상)

등에도 관심을 가져야 한다.

(2) 좌절 경험의 제공자

집단원들은 대체로 자신의 생활 환경에서 얻지 못했거나 반대로 손쉽게 얻었던 지지를 집단상담자에게 구한다. 그러나 집단상담자는 집단원들이 과거에 만났던 사람들이 한 것과는 다른 방식으로 반응함으로써 집단원들이 다른 사람의 지지에 의존하지 않고 자신의 행동을 스스로 지지할 수 있도록 돕는다.

(3) 관심과 감동 제공자

집단상담자는 집단원의 존재와 그의 삶의 이야기에 대해 진지한 흥미와 관심을 보일 수 있어야 하며, 집단원의 이야기에 심취하고 감동할 수 있는 능력을 갖고 있어야 한다. 상담자는 집단원이 가지고 있는 과거의 부정적인 경험들로 인해 왜곡되어 있는 것들과 고정관념을 깨뜨려야 한다. 조그만 사건 하나까지도 깊은 공감과 감동을 보일 때 집단원은 마침내 진지하게 자신을 바라볼 수 있는 마음이 생긴다.

(4) 창조적 연출자

집단상담자는 집단원들이 자신의 생활무대에서 배역을 더 잘할 수 있도록 집단 경험을 통해 돕는다는 점에서 '연극의 연출자' 또는 '역할 수행의 지도자' 역할을 한다고 볼 수 있다. 즉, 집단상담자는 가치관이나 선입견, 사회적 통념에 좌우되지 않고 상황을 있는 그대로 볼 수 있는 안목을 가지고 집단원 속에 꿈틀거리는 생명력을 보고 거기에서 집단원의 새로운 가능성을 발견하는 것이다.

4) 집단상담 프로그램의 실제[1]

게슈탈트 이론을 적용한 집단상담 프로그램은 매우 다양한데, 〈표 8-2〉에서

1) 출처: 장경혜, 김정규(2014). 도시 빈곤여성의 우울 감소를 위한 게슈탈트 집단 심리치료 프로그램 개발과 효과 연구. 한국게슈탈트상담연구, 4(2), 23-48에서 발췌 · 수정함.

〈표 8-2〉 **게슈탈트 집단상담 프로그램 예시**

단계	회기	주제	목표	활동
초기	1	관계가 어려운 나와의 만남	• 프로그램의 목적을 이해하고 참여 동기를 높인다. • 집단상담에서 대화방법과 집단 규칙을 이해한다.	• 회기 목표 및 활동 안내 • 집단규칙 정하기 • 별칭 짓기 및 자기소개 • 앞으로의 마음가짐 • 알아차림 연습 1단계 • 소감 나누기
	2	지금 내 기분은	• 집단 전체에 친밀성을 증진시킨다. • 자신의 감정에 대하여 알아본다.	• 지난 회기 돌아보기와 이번 시간 안내 • 알아차림 연습 1단계 • 관심 가지기 • 감정 스피드 게임 • 지각된 내 모습 • 소감 나누기
	3	현재 느끼는 감정 표현하기	• 과거 자신의 모습을 탐색하여 현재에서의 자기이해를 높인다.	• 지난 회기 돌아보기와 이번 시간 안내 • 알아차림 연습 1단계 • 알아차림 연습 2단계 • 어린 시절 집 그리기 • 감정 들여다보기 • 소감 나누기
중기	4	서로 입장 경험하기	• 관계에서 힘들었던 상황을 이해하고 자신의 감정을 말할 수 있다.	• 지난 회기 돌아보기와 이번 시간 안내 • 알아차림 연습 2단계 • 나의 기분 알아차리기 • 내가 표현하지 못한 상황 나누기 • 인형 작업과정 • 소감 나누기
	5	양극성 감정 체험하기	• 내 안의 양극성을 알아차리고 수용할 수 있다.	• 지난 회기 돌아보기와 이번 시간 안내 • 알아차림 연습 2단계 • 알아차림 연습 3단계 • 내재화된 감정 만나기 • 빈 의자 기법 • 소감 나누기
	6	대안 찾기	• 관계에서 내가 불편한 상황에서 대처할 수 있는 나만의 방법을 찾는다.	• 지난 회기 돌아보기와 이번 시간 안내 • 알아차림 연습 3단계 • 대안 찾기 • 마음자세카드 • 소감 나누기

후기	7	건강한 게슈탈트를 위한 지지 자원 만들기	• 집단에서 느끼는 긍정적 감정으로 자존감을 향상하며 나아갈 용기를 가진다.	• 지난 회기 돌아보기와 이번 시간 안내 • 알아차림 연습 3단계 • 알아차림 연습 4단계 • 집단에서 느끼는 감정 • 마음자세카드 선물해 주기 • 소감 나누기
	8	건강한 게슈탈트 만들기	• 집단원 각자가 지금까지 프로그램을 통해 얻었던 것을 정리해 보고 이를 실천에 옮긴다.	• 지난 회기 돌아보기와 이번 시간 안내 • 알아차림 연습 4단계 • 알아차림 연습 5단계 • 마음자세카드 • 롤링페이퍼 작성 • 소감 나누기

살펴볼 집단상담 프로그램은 빈곤으로 인해 오랜 시간 경제적 스트레스로 심리구조가 약해진 도시 빈곤 여성을 지원하고 지지하기 위해 개발된 프로그램이다. 프로그램의 회기별 목표와 내용은 다음과 같다.

초기 단계(1~3회기)에서 집단원 개개인에 대한 특성 파악과 함께 집단역동을 파악하는 것을 중심으로 집단의 응집력을 높이는 것을 목표로 한다. 1회기는 프로그램에 대해 소개하고 집단에서 지켜야 하는 규칙들을 제시한다. 그리고 각자 별칭을 짓고 서로의 짝을 소개하는 시간을 가진다. 또한 알아차림에 대하여 안내하고 5단계로 알아차림 연습을 구성하여 1단계 신체, 소리, 생각, 사물, 욕구의 알아차림으로 시작한다. 2회기에서는 '감정 스피드 게임'을 통해 자연스럽게 감정의 다양함을 이해하고, '지각된 내 모습'을 통하여 감각을 통하여 나를 이해해 보고 전체 속에서 찰흙 조형의 위치를 보고 자신의 관계 패턴을 파악해 보도록 구성하였다. 3회기에는 '어린 시절 집 그리기'를 통하여 자신의 과거 모습을 이야기하며 자기를 개방할 수 있는 기회를 마련하고 감정카드를 사용하여 자신의 현재 기분을 자각해 볼 수 있도록 구성하였다. 또한 알아차림 연습 1단계와 자신의 내면에서 생각과 감정, 신체의 상호 연결성의 알아차림을 연습하는 2단계를 실시할 수 있도록 구성했다.

중기 단계(4~6회기)에서 알아차림과 접촉을 촉진하고자 하였다. 4회기에는

'그림상황카드'를 활용하여 관계에서 갈등 상황에서 자신이 그동안 표현하지 못하였던 상황을 나누며, '인형 작업'을 통하여 감정을 표현할 수 있도록 하며, 서로 피드백하는 시간을 가질 수 있도록 구성하였다. 5회기에서는 타인과의 관계성 속에서 알아차림 3단계를 도입에서 진행 후 내재화된 감정 만나기로 자신이 느끼는 감정은 모두 본인의 감정임을 알고 온전히 수용할 수 있도록 '빈 의자 기법'을 활용하여 분열된 자아를 통합할 수 있도록 구성하였다. 6회기에서는 관계 속에서 불편하였던 부분에 대하여 실질적인 대안을 찾음을 통하여 실질적 해결방안을 나눌 수 있으며, 자신의 감정을 적절하게 표출할 수 있는 시간을 갖도록 구성하였다.

후기 단계(7~8회기)의 7회기에는 알아차림 3단계와 대화 속에서의 알아차림과 교류 연습인 4단계를 연습하고 감정단어카드와 마음자세카드를 활용하여 집단에서 느끼는 감정을 통하여 건강한 게슈탈트를 위한 자기지지와 격려 작업을 구성하였으며, 8회기에서는 알아차림 5단계와 그동안 진행되었던 회기들을 돌아보고 가장 인상 깊었던 작업에 대한 소감 및 마음자세카드를 통하여 집단을 통하여 기를 수 있었던 마음 자세를 나누어 보며 롤링페이퍼를 선물해 주는 방식으로 작업을 하였다.

5) 공헌점과 비판점

게슈탈트 집단상담의 공헌점과 비판점은 다음과 같다.

(1) 공헌점

- 게슈탈트 집단상담은 현재 느끼는 욕구나 감정에 집중하기 때문에 집단원의 욕구를 빠른 시간에 자각하도록 도와준다. 이는 정신분석 집단상담처럼 과거를 회상하여 기억하는 것이 아니라 욕구나 감정을 현재에 재경험하도록 하여 생생하게 느낄 수 있도록 한다. 즉, 과거와 현재를 따로 분리하기보다 과거와 현재를 하나로 인식하고 통합하도록 돕기 때문에 게슈탈트 집단상담

을 경험하는 집단원들은 좀 더 빠르고 정확하게 자신을 이해하는 데 도움을 얻을 수 있다.

- 게슈탈트 집단상담은 다른 집단상담 이론에 비해 기법이 발달해 있다. 이 장에서 소개한 기법 외에도 자신의 신체, 환경, 언어에 대한 자각, 과장하기, 머물러 있기, 꿈 작업, 자기 부분과의 대화 등 매우 다양하다. 이처럼 다양한 기법은 집단원들이 활동에 좀 더 적극적으로 참여할 수 있는 동기를 부여할 뿐 아니라 참여하는 집단원의 특징에 맞게 변형하여 적용할 수 있어서 효율적이다.

(2) **비판점**

- 지금-여기를 강조하는 게슈탈트 집단상담 이론은 과거 사건을 크게 중요시하지 않기 때문에 개인의 심리적 문제 발생에 대한 요인들을 간과할 수 있다. 그렇다 보니 과거에서 현재까지 심리적 문제의 발생과 발달과정에 대해 충분히 설명할 수 있는 이론적 토대가 부족하다.
- 다양한 기법 활용이 주는 장점 이면에 기법이 지나치게 남용될 수 있다는 한계가 있다. 효율적인 집단상담 기법의 활용은 집단원의 동기와 참여도, 집단상담의 효과를 높이는 데 도움이 된다. 하지만 기법 활용에 치중하게 되면 집단원의 요구와 필요를 제대로 파악하지 못한 채 기법만을 비효율적으로 사용하게 될 우려가 있다.

따라서 게슈탈트 집단상담자는 이론과 기법에 대한 충분한 이해와 경험적 훈련이 필요하다. 최근에는 기법보다 관계에 집중하며, 집단원 간의 상호작용 과정을 촉진하기 위한 기법들을 사용함으로써 게슈탈트 집단상담의 한계를 극복하기 위한 노력이 진행되고 있다.

2 현실치료 집단상담

현실치료 집단상담은 미국의 정신과 의사인 Glasser에 의해 정립된 이론이다. Glasser는 캘리포니아에 있는 십 대 비행청소년을 위한 '벤추라(Ventura) 학교'에서 현실치료를 처음으로 적용하였고, 그 이후에 미국 청소년 훈련기관 협의회에서 현실치료의 실용성을 소개하였다.

현실치료 집단상담은 선택이론에 기초를 두고 있는데, 선택이론에서는 어떠한 문제에 대한 행동뿐만 아니라 자신의 감정조차도 자신이 선택한 것이라 본다. 즉, 인간의 행동이 어떤 외부의 자극에 의해서가 아니라 느끼고 생각하고 행동하는 것 모두 자기 스스로 선택한다는 것이 기본 개념이다.

따라서 현실치료 집단상담은 집단원들 개인의 현재에 초점을 두고, 집단원들의 욕구 충족을 위한 최선의 선택, 책임 있는 선택, 그리고 그 선택에 대한 책임을 질 수 있도록 돕는 집단상담 이론이다. 현실치료 집단상담에서는 인간을 무엇인가를 결정하고, 통제할 수 있으며, 그에 대한 책임도 질 수 있는 힘을 가진 존재로 본다.

1) 주요 개념

현실치료 집단상담 이론에서는 사람이 기본적인 욕구를 충족시키기 위해 행동을 선택한 것이라고 가정하고, 집단상담을 통해 집단원은 자신의 욕구를 충족시키려는 행동에 대한 책임이 개인에게 있음을 알게 한다. 현실치료 집단상담 이론의 주요 개념으로는 선택이론, 기본 욕구, 지각체계, 좋은 세계, 전체 행동, 성공 정체감 등이 있다.

(1) 선택이론

선택이론은 인간이 왜, 어떻게 행동하는가, 즉, 인간의 동기와 행동을 설명하는 이론으로, 인간의 행동은 태어날 때부터 가지고 있는 기본적인 욕구를 충족하기 위한 선택이라고 보고 있다. 인간은 생존, 사랑과 소속, 힘, 자유, 즐거움의 다섯 가지 기본 욕구를 충족시킬 수 있는 적절한 행동들을 탐색하고, 더 나은 행동을 선택함으로써 효율적인 문제해결을 할 수 있는 존재로 보았다.

따라서 현실치료 집단상담에서는 집단원에게 자신의 행동을 통제하고 질 높은 삶을 이끄는 선택을 할 자유는 스스로에게 있다고 가르치고, 자신의 욕구를 충족하기 위해 책임 있고 올바른 행동을 선택하도록 돕는다.

선택이론을 구성하는 주요 개념으로 '기본 욕구' '지각체계' '좋은 세계' '전체 행동'이 있다.

(2) 기본 욕구

인간은 누구나 기본적인 욕구들을 가지고 있으며, 이러한 욕구는 심리적이고 정신적인 욕구로서 인간을 행동하게 하는 강력한 힘이 된다. 이 기본 욕구는 생

〈표 8-3〉 기본 욕구와 특성

기본 욕구	특성
생존에 대한 욕구	• 살아가기 위한 가장 기본적인 욕구 • 호흡, 섭취, 소화, 배설 등 신체를 움직이고 건강하게 유지하도록 돕는 욕구
사랑과 소속의 욕구	• 가족, 사회, 일 등에 소속되고자 하는 욕구 • 신뢰, 관심, 사랑을 주고받고자 하는 욕구 • 사회적 동물인 인간에게는 필요한 욕구로 우울과 불안을 설명할 수 있는 욕구
힘에 대한 욕구	• 자신이 가치 있고 유용한 사람이라고 느끼고 싶은 욕구 • 힘이 영향력, 권력의 의미가 아님 • 일을 계획하고 실천하는 것, 높은 산을 오르거나 어려운 시험을 통과하는 등 자신의 목표 달성을 통한 성취감
자유에 대한 욕구	• 자신의 삶에서 자유롭게 선택하고자 하는 욕구 • 자유를 위해 죽음을 선택하거나 지나치게 강할 경우 타인의 자유를 침해할 수 있음 • 선택과 결정, 생각과 표현의 자유로움에 대한 욕구
즐거움에 대한 욕구	• 새로운 것을 배우고 즐기고자 하는 욕구 • 인생 전반에 걸쳐 꾸준하게 표현되는 욕구 • 놀이의 즐거움뿐만 아니라 학습을 통해 깨닫는 즐거움

존에 대한 욕구, 사랑과 소속의 욕구, 힘에 대한 욕구, 자유에 대한 욕구, 즐거움에 대한 욕구의 다섯 가지로 인간의 행동을 유발한다. 다시 말해, 인간의 행동은 기본 욕구를 충족시키기 위한 것이다. 기본 욕구와 그 특성은 〈표 8-3〉과 같다.

현실치료 집단상담은 이 다섯 가지 욕구를 효과적으로 충족시킬 수 있도록 연습하는 하나의 도구가 되어야 한다.

(3) 지각체계

인간은 시각, 청각, 미각, 촉각의 감각체계를 통해 세상을 인식하는데, 그것을 그대로 지각하는 것이 아니라 자신의 지식여과기와 가치여과기를 거쳐 지각한다. 1차적 지각체계는 눈에 보이는 현실을 있는 그대로 받아들이는 지식여과기다. 2차적 지각체계는 자신이 가지고 있는 가치여과기를 통해 자신이 가장 가치 있고 이상적이라고 믿는 것을 기억에 저장하고, 저장된 이 기억들이 모여 좋은 세계를 만들어 가는 것이다. 따라서 각 개인이 받아들이는 현실 세계는 있는 그대로의 객관적 사실이 아닌 개인이 해석한 주관적 이해이기에 동일한 현상을 바라보고 경험하더라도 각 개인의 지각체계에 따라 모두 다르게 지각할 수 있다.

(4) 좋은 세계

인간은 각자가 이상적이라고 생각하거나 자신의 욕구를 충족시킬 수 있는 수단들을 좋은 세계에 보관한다. 그리고 앞서 살펴본 지각체계를 거쳐 들어온 세계가 자신이 원하는 좋은 세계와 맞는지 비교하게 된다. 이때 지각된 세계와 자신이 간직하고 있던 좋은 세계가 일치하지 않을 경우 인간은 불만을 가지게 되며, 그 차이가 클수록 불만 역시 커진다. 그래서 인간은 그 불만을 줄이거나 만족으로 전환시키기 위해 한 가지 이상의 행동을 선택해 전체 행동을 보이게 된다.

(5) 전체 행동

선택이론에 따르면 인간이 원하는 것과 얻고 있다고 지각한 것 사이의 간격을 줄이고자 고안된 구성체계는 행동하기, 생각하기, 느끼기, 신체 반응 등이다. 인간의 모든 행동, 즉 전체 행동은 이 네 가지 요소를 반드시 포함하고 있고, 이 요소들이 모여서 하나의 행동을 나타내므로 이를 전 행동 또는 전체 행동이라고 한다.

보통 전체 행동을 설명할 때 자동차에 비유한다. 인간을 움직이게 하는 힘인 욕구는 자동차의 엔진, 인간의 바람은 핸들이 되어 차가 가고 싶은 방향으로 가게 된다. 이때 행동하기와 생각하기는 자동차의 앞바퀴, 인간의 선택행동에 따른 느끼기와 신체 반응은 자동차의 움직임에 따라 자동적으로 굴러가는 뒷바퀴로 비유된다.

행동체계를 구성하는 전체 행동의 네 가지 구성요소는 서로 유기적으로 관련되어 인간의 기본 욕구를 충족시킨다. 전체 행동을 변화시킬 때 인간이 쉽게 통제할 수 있는 행동하기와 생각하기를 변화시키면 느끼기와 신체 반응은 그에 따라 변화한다고 가정하기 때문에 현실치료 집단상담에서 집단원은 어떤 행동과 생각을 선택할 것인지를 연습하게 된다.

(6) 성공정체감

현실치료 집단상담의 주요 목표는 집단원이 성공했다는 정체감을 갖도록 돕는 것이다. 성공정체감을 소유한 사람들은 사랑을 주고받을 수 있고, 자신이 다른 사람에게 가치 있는 존재라고 느끼며, 자기가치를 경험한다. 또 이들은 다른 사람과 의미 있는 관계를 유지하며 해를 끼치지 않고도 자신의 욕구를 충족시킬 수 있다. 이처럼 다른 사람과의 관계에서 사랑받고 가치 있는 사람으로 여겨진다고 느끼면 성공정체감이, 그렇지 않으면 패배적 정체감이 발달한다. 따라서 타인을 통해 자신이 가치 없다고 여겨지면 다양한 심리적 문제를 일으켜 부적응 행동이 발생한다.

현실치료 집단상담에서 인간은 자신이 되고자 결심한 대로 될 수 있다는 자기결정적 존재라고 가정하기 때문에 패배적 정체감을 불러일으키는 행동을 변화시키고 성공정체감을 이끄는 행동을 선택하고 발전시키도록 돕는다.

2) 현실치료 집단상담 기법

현실치료의 관점에서 보면 집단상담은 집단상담자와 집단원 사이에 합리적인 대화를 강조하는 학습의 과정이다. 집단원이 다른 집단원이나 집단상담자의 질문에 대답하는 과정에서 자신의 현재 행동을 인식하고, 이에 대해 가치판단을 내리며, 변화를 위한 계획을 세워 이를 꼭 실천하게 하는 것이 현실치료 집단상담의 과정이자 상담 기법이다. 다른 이론의 집단상담 기법도 마찬가지이지만 현실치료 집단상담의 기법 역시 집단상담자와 집단원 사이의 친밀한 관계가 형성된 후에 적용되면 더욱 효과적이다. 이는 현실치료 집단상담에서 사용되는 기법들이 비교적 직접적이고 직설적인 성격이 강하기 때문이다. 따라서 현실치료 집단상담에서는 기법의 적용에서 집단원과 집단상담자 사이에 신뢰할 수 있는 관계 형성을 전제로 한다.

(1) 질문하기

질문은 집단원의 내면세계로 들어가 정보를 얻을 수 있는 효과적인 기법이다. 집단상담자는 질문을 집단원이 원하는 것, 즉 욕구가 무엇인지 탐색하기 위해 사용하는데, 질문을 통해 집단상담자만 집단원에 대한 정보를 얻는 것이 아니라 집단원 역시 자신에 대한 탐색을 하게 되어 정확한 욕구를 파악할 수 있다.

질문의 효율성을 위해 가급적이면 집단원이 확인하기 쉬운 행동이나 지각 등에 대해 질문하는 것이 좋다. 예를 들면, "언제부터 그런 생각이 들었어요?" "어떻게 하고 싶었나요?" "얼마나 많은 시도를 했나요?" "오늘은 어떻게 하고 싶나요?" 등이다. 이러한 질문은 집단원에 대한 탐색은 물론이고 자신이 자신의 삶을 통제하고 있으며, 따라서 선택도 가능하다는 메시지를 전달하기도 한다. 질문하기를 통해 집단원은 어떤 지각에 집중하고, 어떤 행동을 하고, 그 지각과 행동에 대해 어떻게 평가할 것인지를 결정할 수 있다.

(2) 유머 사용

유머 사용은 인간의 기본 욕구 중 즐거움의 욕구를 충족시키는 기법이다. 집단상담에 참여하는 집단원과 집단상담자들이 서로 농담을 주고받으며 유머를 공유한다는 것은 곧 서로가 즐거움의 욕구를 공유한다는 것일 뿐만 아니라 집단상담자가 유머를 통해 집단원들과 친근한 관계를 유지하면 집단원의 소속감의 욕구도 충족시킬 수 있다. 다른 기법들도 마찬가지지만 유머 사용은 적절한 시기에 사용되어야 효과적이다. 집단상담자와 집단원들에 대한 신뢰감이 형성되기 전에 사용된다면 자신은 심각하게 생각하는 문제를 타인은 중요하게 생각하지 않는다고 오해할 수 있기 때문이다.

(3) 역설적 기법

역설적 기법은 집단원으로 하여금 역설적인 생각과 행동을 선택하도록 요구하는 기법이다. 예를 들어, 다른 사람과 이야기를 할 때 기침이 잦은 집단원이라면 말을 하기 전에 미리 기침을 하라고 요구하는 것이다. 집단상담자의 그런 요구를 받아들인다면 집단원은 자신이 원하는 때에 기침을 할 수 있으므로 자신의 기침을 통제할 수 있다고 생각하게 되며, 거절한다고 하더라도 자신이 거절하고자 한다면 기침을 하지 않을 수도 있다는 통제를 경험하게 된다. 때로 역설적 기법은 행동뿐만 아니라 자신의 생각을 재구성하는 것으로 사용되기도 한다. 부끄럽고 심각한 상황을 긍정적이고 즐거운 상황으로 재구성하여 인식하도록 하는 것이다. 생각을 재구성하는 역설적 기법은 집단원에게 보다 강한 통제감을 느끼게 해준다.

역설적 기법은 부정적인 행동이나 생각을 선택하도록 돕는 것이기 때문에 기법의 대상자를 선정할 때 주의해야 한다. 예를 들어, 자살이나 타인에 대한 위해의 가능성이 있는 집단원, 파괴적이고 반사회적인 성격을 가지고 있는 집단원, 위기 상황에 처해 있는 집단원에게 사용해서는 안 된다.

(4) 직면

직면은 집단원이 현실적인 책임과 관련하여 모순된 행동을 보이는 경우 사용한다. 현실치료 집단상담에서는 집단원의 책임을 강조하고 변명을 받아들이지 않기 때문에 직면은 효과적인 기법이다. 예를 들어, 수업시간에 떠들어서 교실에서 쫓겨난 학생이 "선생님이 나가라고 해서 나왔을 뿐 나는 잘못한 것이 없어요."라고 자신의 행동에 대해 책임지려고 하지 않는 경우, "그 전에 선생님이 조용히 하라는 말은 들었니?"라고 질문한다. 그렇지 않다고 하는 경우 "그 전에 선생님 말은 듣지 않았으면서 나가라는 말은 그렇게 받아들일 수 있었니?"라고 직면시킴으로써 자신의 행동은 자신이 선택했으며, 그에 따른 책임도 자신이 져야 한다는 것을 알도록 돕는다.

현실치료 집단상담에서는 집단원이 선택한 행동이나 계획이 제대로 진행되지 않았다 하더라도 집단원의 변명을 받아들이거나 집단원을 비판하거나 반박하지 않기 때문에 직면이 필수적이고 효과적인 전략이 되는 것은 당연한 일이다. 집단원의 변명을 다룰 때, 집단상담자는 직면을 통해 긍정적 태도를 유지하는 것이 좋다. 그렇지 않을 경우 집단원이 직면을 지적으로 받아들일 수 있다.

3) 집단상담자의 역할

(1) 계획 수립의 동반자

현실치료 집단상담은 집단원으로 하여금 자신의 욕구를 충족시키기 위한 합리적인 계획을 세우고 실천할 수 있도록 돕는 과정이므로 실천 가능한 계획을 수립하는 것이 필요하다. 계획을 수립할 때는 집단상담자와 집단원의 신뢰관계를 형성하는 것이 중요하다. 집단상담자와 집단원의 신뢰관계 형성은 집단원들에게 사랑과 소속의 욕구, 힘의 욕구를 충족할 수 있는 의미 있는 경험이 된다. 집단상담자와의 신뢰관계 형성을 통해 욕구가 충족되고 나면, 집단원은 계획 수립과 실천에 대한 강한 의지를 가지게 된다. 따라서 집단상담자는 집단원의 계획을 수립하고 실천하는 데 의미 있는 동반자로서의 역할을 담당한다.

(2) 계획 실천의 조력자

집단상담자와 집단원이 신뢰관계를 형성하고 실천 가능한 계획이 수립되었다 하더라도 집단원은 실천에 어려움을 겪는 것이 사실이다. 그럴 때마다 집단상담자는 집단원이 수립한 계획을 잘 실행할 수 있도록 격려하고 지지하거나 실패했을 경우 원인을 탐색하거나 계획을 수정할 수 있도록 도와야 한다.

이때 집단상담자는 집단원의 계획 실천의 실패에 대한 변명을 허용하지 않음으로써 수립한 계획을 실천하지 못한 것에 대한 책임을 집단원 자신이 지도록 도와야 한다. 판단이나 처벌보다는 집단원에게 집중하여, 집단원의 행동보다 집단원 자체에 관심이 있다는 것을 느끼도록 해야 한다. 또 집단상담자는 집단원이 계획을 실천하는 것에 어려움을 겪고 여러 차례 실패한다 하더라도 집단원을 믿고 지지해 주는 역할을 해야 한다.

이러한 집단상담자의 태도와 역할은 상담관계를 더욱 깊이 있게 하고, 집단상담의 과정을 더욱 촉진시키는 계기가 될 수 있다.

4) 집단상담 프로그램의 실제[2]

현실치료 이론을 적용한 집단상담 프로그램은 매우 다양한데, 〈표 8-4〉에서 살펴볼 집단상담 프로그램은 청소년의 인터넷 중독에 도움을 주고자 개발된 프로그램이다.

2) 출처: 강미선, 이양희(2015). 현실치료를 적용한 집단상담 프로그램이 청소년의 인터넷 중독에 미치는 영향. **현실치료연구**, 4(1), 1-11에서 발췌 · 수정함.

〈표 8-4〉 **현실치료 집단상담 프로그램 예시**

단계	회기	주제	목표	활동
관계 형성 (R)	1	만나서 행복해	• 집단활동에 대한 구조화를 한다. • 각 집단원이 생각하는 문제 상황의 심각한 정도에 대한 탐색을 한다. • 각자의 문제 상황에서 원하는 것이 충족된 정도에 대한 탐색을 한다.	• 리더 소개 • 집단원 소개(별칭 짓기) • 자기소개 및 별칭 짓기 • 서약서 작성 • 강의: 현실치료 W.D.E.P는 무엇인가? • 강의: 현실치료 질문 • 자기효능감 평가 • 참여소감 • 집단경험 보고서
욕구 탐색 (W)	2	지금, 나는 무엇을 원할까?	• 인간의 다섯 가지 기본 욕구를 이해한다. • 상대방과 나의 욕구 충족에 대한 개인차를 파악한다. • 상대방과 대립되는 욕구를 절충하여 서로의 욕구를 충족하는 방법을 협의한다.	• 현재 상태 나누기 • 강의: 인간의 다섯 가지 기본 욕구 • 욕구 강도 프로파일 • 욕구의 개인차를 파악 • 상대방과 서로 다른 욕구를 절충 • 참여소감 • 집단경험 보고서
	3	나의 좋은 세계 사진첩	• '좋은 세계(Quality World)'에 대해 이해한다. • 직장 생활에 대한 나의 '좋은 세계' 그림책을 탐색한다. • 탐색한 그림이 직장 생활에 미치는 영향을 점검할 수 있다. • 직장 생활에 대한 새로운 그림책을 만든다.	• 현재 상태 나누기 • 강의: 좋은 세계에 대한 이해 • 나의 '좋은 세계'는 어떤 모습? • 현실적인 그림책을 만들어 주세요 • 참여소감 • 집단경험 보고서
	4	내 머릿속 신호등	• 현실 세계의 내 상황을 구체적으로 이해할 수 있다. • 지각체계와 좌절 신호를 이해할 수 있다. • 좌절에 빠질 경우 고통스러운 감정에 사로잡히는데 집단에서 함께 해결방안을 찾는다.	• 현재 상태 나누기 • 강의: 지각체계와 좌절 신호 이해 • 어떤 시각으로 바라보나요? • 직장 생활! 이런 점은 정말 힘들어요 • 참여소감 • 집단경험 보고서 작성하기

행동 탐색 (D)	5	스트레스, 두렵지 않아!	• 인간의 행동은 내적으로 동기화되어 있고 모든 행동은 선택한 것임을 이해한다. • 인간의 행동은 전 행동이며 네 가지 요소로 구성되어 있음을 안다. • 상황에 따른 자신의 행동을 보고 네 가지 요소로 분석하여 익힌다.	• 현재 상태 나누기 • 강의: 전 행동(全行動), 선택 이론 이해 • 당신은 무엇을 하고 있습니까? • 참여소감 • 집단경험 보고서
평가 (E)	6	관계 변화를 위한 한 걸음	• 우리가 선택하는 행동의 대부분은 타인을 내가 원하는 대로 바꾸기 위한 시도이며 그 효과는 거의 없음을 여러 가지 활동을 통하여 깨닫는다. • 외부 통제적 행동의 대표적인 예로 일곱 가지 치명적인 행동 습관을 들 수 있으며 그것이 비효율적임을 안다. • 관계 형성 행동의 대표적인 예로 일곱 가지 행동 습관을 이해한다.	• 현재 상태 나누기 • 여러분의 행동을 평가한다면! • 변화할 수 있어요! • 참여소감 • 집단경험 보고서
계획 (P)	7	난 할 수 있어!	• 자신의 문제 상황에서 관계 형성을 목적으로 도움이 되는 행동 계획을 세울 수 있다. • 실천하기 어려웠던 부분을 검토하여 실천력이 높은 계획이 되도록 보완한다.	• 현재 상태 나누기 • 강의: 좋은 계획에 대한 이해 • 무엇을 할 수 있을까? • 서로의 욕구를 충족시키는 계획을 세워 보아요 • 계획을 나누고 피드백하기 • 참여소감 • 집단경험 보고서
마무리	8	괜찮아, 잘 될 거야	• 직장 생활에서 긍정적인 미래를 설계할 수 있다. • 프로그램을 통해 배우고 성장한 점을 찾아보고, 새로운 출발의 의지를 다진다.	• 현재 상태 나누기 • 긍정적인 미래를 설계하기 위한 계획 실천 서약하기 • 성장하는 우리: 나는 이것을 배웠어요 • 자기효능감 재측정하기 • 참여소감 및 긍정적 피드백 • 집단경험 보고서

프로그램의 회기별 목표와 내용은 다음과 같다.

1단계인 프로그램 안내 및 친밀감 형성(1회기) 단계에서는 좋은 관계를 형성하기 위해 기본적인 신뢰감을 형성하는 데 중점을 두었다. 다른 사람의 말을 경청하고, 자신의 이야기를 솔직하게 할 수 있도록 분위기를 만들기 위해 집단의 규칙을 만들고 함께 지키는 활동을 포함하였다. 또한 프로그램을 소개하고, 이 프로그램을 통해서 교사효능감을 증진할 수 있도록, 각자가 프로그램을 통해서 얻고 싶은 점에 대해 이야기 나누는 활동을 포함하였다. 이를 통해 교사들은 서로를 알아 가고, 서로의 어려움을 공감하며 마음을 열고 안전한 환경으로 들어올 수 있을 것으로 기대된다.

2단계인 현재의 바람과 욕구 탐색(2~4회기) 단계에서는 WDEP의 첫 번째 과정인 자신의 욕구(Want)를 알고 이해하는 데 초점을 두었다. 자신이 바라는 이상적인 교사는 어떤 모습인지 구체적으로 그려 보고, 이것이 다섯 가지 욕구 중 어떤 욕구인지 생각하고 표현하는 과정을 통해서 자신의 욕구를 이해하고 자신이 진정으로 원하는 것이 무엇인지 돌아볼 수 있는 과정을 포함시켰다. 자신이 바라는 이상적인 교사의 모습을 통해 자신의 좋은 세계를 확인하고, 좋은 세계를 그리며, 희망적으로 집단에 참여할 수 있도록 프로그램을 구성하였다. 2단계에서는 교사의 여러 가지 업무(학생 지도, 학급 운영, 교수법, 직무 수행 등) 중 자신이 가장 중요하게 생각하는 것, 원하는 것이 무엇인지에 초점을 맞추고 앞으로 집단에서 어떤 부분에 초점을 두어 자신을 돌아볼지 결정할 수 있는 방향성을 제시할 수 있도록 하였다.

3단계인 자신의 현재 행동 탐색(5회기) 단계에서는 자신의 좋은 세계를 바탕으로, 현실 세계와 좋은 세계가 일치하는지를 돌아보는 행동(Doing)을 알고 이해하는 데 초점을 두었다. 교사는 자신의 현재 생활이 어떠한지 돌아보고, 이러한 생활이 자신의 좋은 세계와 일치하는지 그렇지 않은지를 생생하게 알 수 있다. 또한 자신의 좋은 세계와 현실 세계가 일치하지 않을 때의 감정을 느껴 보고 표현함으로써 좋은 세계에 가고 싶은 자신의 욕구를 확인한다. 좋은 세계와 현실 세계의 차이에 대해 충분히 알고 느꼈을 때, 현실 세계에서의 어려움에 대해서 돌아본다. 현실 세계의 어려움에 대해서 표현한 후, 자신이 바꿀 수 있는 것과 바꿀 수 없는 것을 구분하게 한다. 이 과정에서 선택이론을 짧게 교육하고, 좋은 세계로 가기 위해서 바꿀 수 있는 것은 스스로의 행동뿐이며, 이 행동에 대해서 스스로 책임져야 한다는 것을 알 수 있도록 활동을 구성하였다.

4단계인 행동이 욕구를 충족시키는지에 대한 평가(6회기) 단계에서는 자신의 행동 평가(Evaluation)에 초점을 두었다. 교사는 자신이 통제할 수 없는 외부 세계가 아닌, 자신이 선택할 수 있는 자신의 행동을 중점으로 자신의 행동을 다시 돌아본다. 그리고 이 행동이 자신의 욕구를 충족시킬 수 있는지 없는지에 대해서 평가한다. 이 활동을 통해서 교사는 자신이 비효율적으로 수행하고 있는 활동을 확인하고 점검할 수 있으며, 효율적으로 하고 있는 활동을 점검함으로써 자신의 강점을 찾을 수 있다. 집단원들이 이 과정을 나눔으로써 서로의 강점에 대해서 충분히 지지하고, 서로의 약점에 대해서는 받아들일 수 있도록 환경을 조성하는 것이 중요하다. 평가 단계에서 서로를 평가하는 분위기가 아닌 충분히 지지하는 분위기를 조성하도록 하는 것이 필요하다. 4단계는 자신을 객관적으로 평가하고 자신에게 도움이 되는 행동과 도움이 되지 않는 행동을 구분할 수 있도록 활동을 구성하였다.

5단계인 현실적인 계획 세우기(7회기) 단계에서는 좋은 세계로 가기 위한 행동 계획(Plan)에 초점을 두었다. 좋은 세계로 가기 위해서 가장 선행되어야 하는 것은 인지, 정서가 아닌 행동임을 알기 위한 짧은 교육을 활동에 포함시켰다. 교사는 자신의 좋은 세계에 가기 위해서 어떤 행동을 할 수 있는지 현실적으로 계획하는 것이 필요하므로, 현실적인 계획을 세우는 방법에 대한 활동지를 제공하여 현실적으로 계획을 세울 수 있도록 돕는다. 계획을 세운 후 다른 교사들과 계획을 함께 세워 보며 서로의 계획을 지지하고, 더 좋은 방법이 있으면 조언을 선물하고, 현실적이지 않은 계획이 있으면 보다 현실적으로 만들 수 있도록 집단의 역동을 적극적으로 활용할 수 있도록 활동을 구성하였다.

실행 의지 다짐하기(8회기) WDEP를 통해 자신을 돌아보고 교사효능감을 높이기 위한 효과적인 계획을 수립하였으므로, 마지막 단계에서는 앞의 회기 동안 자신이 경험했던 것을 집단원과 나누는 활동을 포함하였다. 이 과정을 통해서 교사는 자신의 좋은 세계를 다시 한번 돌아보고, 그 세계에 가기 위한 동기를 높일 수 있으며, 자신이 세운 계획을 세울 수 있도록 집단원들로부터 격려와 지지를 받을 수 있도록 집단의 역동을 적극 활용할 수 있도록 활동을 구성하였다.

5) 공헌점과 비판점

현실치료 집단상담의 공헌점과 비판점은 다음과 같다.

(1) 공헌점

- 현실치료 집단상담은 다른 집단상담에 비해 단기간에 집단상담의 효과가 드러난다. 내면의 문제를 탐색하기보다 현실적인 부분, 의식하는 부분에 대해 살펴보면서 문제를 직면하고, 그 결과에 책임지는 상담과정을 거치기 때문에 비교적 단시간에 집단상담의 효과를 볼 수 있다.
- 현실치료 집단상담은 짧은 시간에 여러 명을 상담해야 하는 학교 현장이나 시설에 적합한 집단상담 이론이다. 발달과정 또는 대인관계에서 나타나기 쉬운 심리적 문제에 대해 실천 가능한 목표를 스스로 세우고, 대처행동을 하도록 돕기 때문에 상담과 교육의 효과를 함께 얻을 수 있다.
- 현실치료 집단상담은 자기주도적인 집단상담 이론이다. 집단원 스스로 자신의 욕구를 탐색하고, 그것을 충족시키기 위한 행동 계획을 수립하고, 실행 결과를 스스로 평가하고 책임지는 등 현실치료 집단상담은 집단원이 주체가 되어 움직인다. 그리고 그 과정에서 집단원은 자신의 계획과 실행 정도를 현실적인 맥락에서 평가하고, 실현 가능한 방법으로 수정 · 변경해 나가므로 집단원이 주도적이고 적극적으로 참여할 수 있다.

(2) 비판점

- 현실치료 집단상담은 '왜 그렇게 행동하였는가?'에 해당하는 집단원의 행동

동기를 설명하지 못하는 한계를 가진다. 현재 발생하는 여러 문제 중에는 과거와 연결되어 있거나 과거가 원인이 되는 행동도 많은데, 현실치료 집단상담에서는 행동의 동기나 원인에 대한 탐색이 이루어지지 않아 집단원을 깊이 이해하는 데 어려움이 있다.

- 현실치료는 자신의 욕구를 탐색하고, 욕구를 해소할 수 있는 계획을 수립하고, 실패했을 시에는 그에 대한 책임을 지는 등 일정한 상담의 과정과 그에 따른 집단원의 인지적 · 행동적 참여가 필요하므로 그 대상이 한정적이다. 즉, 현실적으로 자신의 행동에 책임을 질 수 있는 청소년 이상의 연령과 인지기능을 가진 사람이 집단상담에 참여했을 때 긍정적인 효과를 얻을 수 있다.

3 집단상담 이론의 통합과 개발

집단상담에 대한 연구가 진행되던 초기에는 각 집단상담에 대한 개념과 기법들이 그 이론만의 고유한 영역을 구축하였으나, 집단상담이 발달할수록 그 이론 역시 함께 발달하였다. 이러한 변화의 과정에는 집단원의 성장과 변화에 효율적이고 긍정적이어야 한다는 생각이 기저에 깔려 있으며, 이는 집단원을 집단상담의 중심으로 보는 성장의 방향성과도 무관하지 않다. 그러다 보니 집단상담 이론은 그 목적에 맞게 조금씩 통합되어 집단과 집단원의 특성에 맞게 적용되고 활용되어 왔다. 따라서 집단상담 이론의 통합과 개발은 집단상담자의 경험과 집단원의 유익을 위한 노력의 과정이자 결과라 할 수 있다.

1) 집단상담 이론의 통합

앞서 살펴본 다양한 이론은 집단원의 문제를 해결하고 성장을 돕는 집단상담 실제의 근거가 되어 왔다. 따라서 집단상담 이론의 통합을 위해서는 집단상담 이론을 올바르게 숙지하는 것이 필요하다. 집단상담 이론은 각각 장단점을 가지고 있다. 즉, 어떤 이론이든 완벽한 이론은 없기 때문에 인간의 문제와 그 해결을 명확하게 설명하지 못한다. 따라서 이론들의 장단점을 이해하고, 필요에 따라 통합과 절충이 필요하다.

집단상담자가 집단상담 이론을 통합하고 절충하기 위한 과정은 다음과 같다.

① 특정 집단상담 이론이나 기법에 대한 편견을 버린다.
② 집단상담 이론에 대한 공부를 통해 각 이론의 장단점을 파악한다.
③ 시간을 투자하여 이론뿐만 아니라 집단상담을 실제 경험한다.
④ 집단상담의 이론적 내용과 기법적 접근을 통합한다.
⑤ 통합한 이론이 인간의 사고, 감정, 행동의 차원을 고려하고 있는지 평가한다.

이러한 과정을 거쳐 집단상담의 목적, 유형, 집단원의 특성 등을 고려하여 집단상담 이론을 통합하여 활용할 수 있다. 예를 들면, 집단원이 경험하는 문제의 원인을 알아보기 위해 Freud나 Adler 이론을 사용하거나 현재 문제를 좀 더 빠르게 인식하기 위해 집단상담에 인지적 기법을 활용함으로써 두 이론을 절충할 수 있다.

집단상담 이론의 배경은 완전히 독립적인 것이 아니라 서로 공통된 배경이나 발달의 흐름상에 있으므로 이를 바탕으로 이론을 통합하여 활용할 수도 있다.

2) 집단상담 이론의 개발

집단상담을 오랜 시간 경험하면 집단상담자는 집단원에 대한 다양한 이해와, 집단원과 집단상담자 자신의 욕구 충족을 위한 집단상담 이론의 개발에 대한 필요성을 느끼게 된다. 특히 현재 활용되고 있는 집단상담 이론은 대부분 과거에 개발된 이론으로 현대 사회가 가지고 있는 다문화적 경향성을 포함하기에는 한계가 있다.

따라서 집단상담자는 앞서 통합에서 살펴본 것처럼 이론 연구, 실제 집단상담 경험뿐만 아니라 인간에 대한 이해, 삶을 통한 인간에 대한 통찰력을 바탕으로 집단상담 이론을 개발해야 한다.

그러기 위해서는 먼저, 집단상담자가 집단상담을 통해 자신에 대해 이해하고 직면하는 것이 필요하다. Freud나 Adler 같은 상담이론의 대가들이 자신과 자신의 삶을 바탕으로 인간에 대한 이해와 심리적 문제의 발생에 대해 설명한 것처럼 이론의 개발에 가장 핵심이 되는 것은 집단상담자 자신이다.

둘째, 집단상담 이론을 개발하기 위해서는 인간의 인지적 · 정서적 · 행동적 측면을 모두 고려해야 한다.

집단상담 이론에서 인지적 측면을 고려하는 이유는 인지가 자신과 타인 그리고 그 사이에서 발생하는 사건에 대한 해석, 목표 설정, 대안 마련, 집단상담을 통한 목표 설정, 문제 발생에 대한 통찰 등 집단상담의 시작에서 종결까지 광범위한 영역을 아우르기 때문이다.

정서적 측면을 고려하는 이유는 집단상담을 통해 자신의 감정을 알아차리고 표현하는 과정은 집단원 자신과 타인에 대해 이해한 부분을 감정의 표현으로 해소하는 것이 문제해결에 중요한 부분을 차지하기 때문이다.

행동적 측면은 집단상담을 통해 변화된 자신의 인지적 · 정서적 측면을 실제 생활에 적용하고 활용할 수 있기 때문에 고려되어야 한다. 집단상담을 통해 새로운 접근법을 연습하고, 현실적인 계획 수립을 통해 실제에 적용하기까지의 모든 과정을 포함하는 것이 행동적 측면에 포함된다.

집단상담에서 이론은 집단원을 이해하는 근거가 되며, 집단상담의 진행 방향을 잡아 주는 수단이 되기도 하며, 집단의 결과를 확인할 수 있는 도구가 되어야 한다. 비록 실제적 집단상담 장면에서 이론이 명확하게 드러나지 않더라도 그 중요함을 간과할 수 없으며, 새로운 집단상담 이론은 집담상담자의 경험과 지식을 바탕으로 한 결과물이라 할 수 있다.

3) 집단상담 이론별 특징

다양한 집단상담이 실시되고 있지만, 이론의 통합과 개발을 위해 선행되어야 할 것은 기존의 집단상담 이론에 대한 이해다. 집단상담 이론은 집단상담을 계획하는 단계부터 실시와 평가에 이르는 일련의 과정 중에 집단상담에 대한 안내서 역할을 담당하므로 각 이론의 목표는 무엇이고, 목표를 달성하기 위해 어떤 기법이 사용되며, 집단상담자는 효과적인 집단상담을 위해서 어떤 역할을 하여야 하는지 숙지하는 것이 필요하다.

집단상담의 다양한 이론에 따른 목표가 〈표 8-5〉에 제시되어 있다.

〈표 8-5〉 집단상담 이론과 목표

이론	집단상담의 목표
정신분석	• 집단원에게 아동기의 가족관계를 경험하도록 돕는다. • 현재의 행동에 영향을 미친 과거의 경험과 감정을 이해한다.
Adler	• 과거의 탐색을 통해 자신의 생활양식에 대해 이해하고 자신의 삶을 탐색한다.
심리극	• 심리극을 통해 자신의 억눌린 감정을 표출하고, 집단원의 문제를 해결하기 위해 효과적인 접근법을 연습한다.
실존주의	• 자신의 삶을 탐색하여 성장에 방해가 되는 걸림돌을 찾도록 돕는다. • 집단원이 자유로운 삶을 살 수 있도록 선택의 자유와 선택에 대한 책임을 지도록 돕는다.
인간중심	• 집단원이 자신의 감정을 탐색하도록 신뢰 있는 상담관계를 형성한다. • 상담관계를 통해 개방적이고 진실된 태도를 가지게 하며 집단원의 자발성을 발달시킨다.
게슈탈트	• 집단상담 과정에서 겪게 되는 경험에 집중하도록 한다. • 집단원이 자신의 경험을 통합할 수 있도록 한다.
교류분석	• 집단원이 자신의 초기 결정을 재검토하고 새로운 결정을 내릴 수 있도록 돕는다. • 집단상담에서 각본이나 게임 없이 참여할 수 있도록 한다.
행동주의	• 집단원이 이전까지 학습해 온 부적응적인 행동을 인식하고 새로운 행동을 학습하도록 돕는다.
인지행동	• 집단원이 인지, 행동, 정서의 관계를 파악하도록 돕는다. • 자신의 문제를 유발하는 인지적 방식을 이해하고 수정하도록 돕는다.
현실치료	• 집단원이 자신의 행동을 평가하고 현실적이고 책임감 있는 행동을 하도록 돕는다. • 집단원이 자신의 행동을 변화시키기 위한 결정을 하도록 돕는다.

표에 제시된 집단상담의 목표에는 각 이론이 가지고 있는 중심 개념, 집단원의 문제와 해결방안, 집단상담자의 역할 등이 담겨 있다. 집단상담 이론의 목표를 토대로 집단원의 문제를 돕기 위해 사용되는 기법과 집단상담자의 역할을 살펴보면 〈표 8-6〉과 같다.

〈표 8-6〉 집단상담 이론의 기법과 집단상담자의 역할

이론	집단상담 기법	집단상담자의 역할
정신분석	• 집단원의 욕구, 불안, 저항이나 전이 감정을 분석하기 위한 자유연상, 꿈 분석, 저항 분석 • 집단원이 통찰한 내용을 바탕으로 자신의 저항이나 문제를 점진적으로 수정하는 훈습	• 집단원의 과거와 현재, 무의식과 의식, 중요 인물과 전이, 문제와 저항을 연결하여 해석하고 집단원들의 통찰을 돕는 조력자
Adler	• 자신의 생각이나 행동에 관심을 가지고 집중하는 단추 누르기, 역설적 의도, 질문 • 효율적으로 집단상담에 참여할 수 있도록 지지와 격려	• 집단원이 자신의 생활양식을 알아차리도록 돕고, 집단상담에서 학습한 것을 새로운 행동으로 옮길 수 있도록 돕는 조력자
심리극	• 다른 관점에서 자신, 타인, 상황에 대한 이해를 증진하는 행동 연습, 역할 바꾸기 • 자신의 생각과 감정을 명료화하는 독백, 반영	• 사건과 감정을 자발적으로 표현하도록 수용적이고 허용적인 분위기 형성 • 심리극에 집중할 수 있도록 집단원을 독려하고, 기법을 제안하여 심리극 연출
실존주의	• 특별한 기법을 사용하기보다 집단원이 겪는 실존적 불안을 다룸 • 역설적 의도, 탈숙고 기법을 통해 집단상담 과정이 갖는 의미를 탐색	• 특별한 기법보다 집단원이 현재에 집중하여 경험할 수 있도록 강조
인간중심	• 기법보다 허용적이고 안정적인 집단의 분위기를 중요시 • 진실하게 자신을 탐색하고, 타인과의 진솔한 교류	• 집단원의 주관적 경험과 내적 감정에 좀 더 집중할 수 있도록 도와주는 안내자
게슈탈트	• 자신의 생각, 욕구, 행동을 알아차리기 위한 자각, 현재화 기법, 빈 의자 기법	• 집단원의 자각을 돕고, 집단 경험을 통해 새로운 경험을 할 수 있도록 돕는 경험의 제공자

교류분석	• 집단원이 자아 상태에 대해 이해할 수 있는 구조 분석 • 집단원이 타인과 관계하는 방식을 설명하고 교류의 효과성을 알아보는 교류분석	• 교류분석에 대한 이해를 돕도록 가르치는 교육자 • 집단원의 자아 상태와 교류 상태를 파악하는 분석자
행동주의	• 타인에 대한 자신의 감정을 적절하게 표현하도록 돕는 자기표현 훈련, 모델링 • 부정적 행동이나 감정의 해결을 돕는 체계적 둔감화, 역조건 형성, 상호억제 원리 • 긍정적인 행동의 강화를 위한 토큰경제법, 프리맥의 강화 원리	• 집단원들의 문제를 파악하고 정한 목표를 성취할 수 있도록 다양한 기법을 사용 • 집단원이 새로운 행동을 발견하고 활용할 수 있도록 돕는 모델, 강화자
인지행동	• 집단원의 비합리적 신념과 인지적 오류를 발견하기 위한 자동적 사고 찾기, 비합리적 신념 논박하기, 자기 말로 바꾸어 표현하기 • 인지적 기법을 보완하기 위한 행동적 기법 모델링, 역할극, 코칭, 과제 협상	• 집단원의 비합리적 신념과 인지적 오류를 수정할 수 있도록 돕는 교육자, 검토자
현실치료	• 집단원 자신의 행동을 인식하도록 돕는 질문, 유머, 역설적 기법, 직면	• 집단원이 자신의 변화를 위한 계획을 세워 실천하도록 돕는 조력자

앞서 살펴본 것처럼 집단상담 이론의 목표, 기법, 집단상담자의 역할에서 의미 있는 관련성을 찾을 수 있다. 예를 들면, 정신분석 집단상담 이론의 경우 아동기를 문제 발생에 중요한 시기로 보고 있으며, 당시의 양육자를 비롯한 가족관계 등에서 문제가 발생하였다고 가정한다. 따라서 집단상담에서 어린 시절의 가족관계를 재경험하도록 도움으로써 자신의 과거 경험과 그 경험에서 비롯된 억압된 감정을 밝히기 위한 자유연상이나 꿈 분석 등이 활용된다. 집단상담자는 집단원이 자신의 과거와 억압된 감정을 경험하며, 현재 문제와의 관련성을 찾도록 돕는 조력자로서의 역할을 담당하게 된다.

이처럼 집단상담 이론에 대한 이해와 적용은 집단원들의 문제해결뿐만 아니라 성장과 발달에 도움을 줄 수 있다. 따라서 집단상담자가 집단상담을 계획할 때 어떤 이론을 바탕으로 목표를 설정하고, 어떤 방법으로 집단원의 문제에 접근할 것인가는 집단상담자가 가장 고민해야 할 부분 중 하나다.

집단상담 이론의 통합과 개발을 위해서는 기존의 집단상담 이론을 면밀히 검토하고 이해하는 것이 필요하다. 무에서 유를 창조하는 것만이 보람 있는 일은 아닐 것이다. 유에서 유를 재창조하는 것도 그 내면에 이미 있었던 것을 새로운 것으로 발견하는 일일 것이다.

요 약

1. 집단상담 이론 II

1) 집단상담 이론과 목표

이론	집단상담의 목표
게슈탈트	• 집단상담 과정에서 겪게 되는 경험에 집중하도록 한다. • 집단원이 자신의 경험을 통합할 수 있도록 한다.
심리극	• 심리극을 통해 자신의 억눌린 감정을 표출하고, 집단원의 문제를 해결하기 위해 효과적인 접근법을 연습한다.
현실치료	• 집단원이 자신의 행동을 평가하고 현실적이고 책임감 있는 행동을 하도록 돕는다. • 집단원이 자신의 행동을 변화시키기 위한 결정을 하도록 돕는다.
교류분석	• 집단원이 자신의 초기 결정을 재검토하고 새로운 결정을 내릴 수 있도록 돕는다. • 집단상담에서 각본이나 게임 없이 참여할 수 있도록 한다.
실존주의	• 자신의 삶을 탐색하여 성장에 방해가 되는 걸림돌을 찾도록 돕는다. • 집단원이 자유로운 삶을 살 수 있도록 선택의 자유와 선택에 대한 책임을 지도록 돕는다.

2) 집단상담 이론의 기법과 집단상담자의 역할

이론	집단상담 기법	집단상담자의 역할
게슈탈트	• 자신의 생각, 욕구, 행동을 알아차리기 위한 자각, 현재화 기법, 빈 의자 기법	• 집단원의 자각을 돕고, 집단 경험을 통해 새로운 경험을 할 수 있도록 돕는 경험의 제공자
심리극	• 다른 관점에서 자신, 타인, 상황에 대한 이해를 증진하는 행동 연습, 역할 바꾸기 • 자신의 생각과 감정을 명료화하는 독백, 반영	• 사건과 감정을 자발적으로 표현하도록 수용적이고 허용적인 분위기 형성 • 심리극에 집중할 수 있도록 집단원을 독려하고, 기법을 제안하여 심리극 연출
현실치료	• 집단원 자신의 행동을 인식하도록 돕는 질문, 유머, 역설적 기법, 직면	• 집단원이 자신의 변화를 위한 계획을 세워 실천하도록 돕는 조력자
교류분석	• 집단원이 자아 상태에 대해 이해할 수 있는 구조 분석 • 집단원이 타인과 관계하는 방식을 설명하고 교류의 효과성을 알아보는 교류분석	• 교류분석에 대한 이해를 돕도록 가르치는 교육자 • 집단원의 자아 상태와 교류 상태를 파악하는 분석자

실존주의	• 특별한 기법을 사용하기보다 집단원이 겪는 실존적 불안을 다룸 • 역설적 의도, 탈숙고 기법을 통해 집단상담 과정이 갖는 의미를 탐색	• 특별한 기법보다 집단원이 현재에 집중하여 경험할 수 있도록 강조

2. 집단상담 이론의 통합과 개발

1) 집단상담 이론의 통합

① 특정 집단상담 이론이나 기법에 대한 편견을 버림

② 집단상담 이론에 대한 공부를 통해 각 이론의 장단점 파악

③ 시간을 투자하여 이론뿐만 아니라 집단상담을 실제 경험

④ 집단상담의 이론적 내용과 기법적 접근을 통합

⑤ 통합한 이론이 인간의 사고, 감정, 행동의 차원을 고려하고 있는지 평가

2) 집단상담 이론의 개발

① 집단상담 이론의 개발을 위해서는 집단상담을 통해 자신에 대해 이해하고 직면하는 것이 필요

② 집단상담 이론의 개발은 인간의 인지적 · 정서적 · 행동적 측면을 모두 고려해야 함

③ 집단상담 이론은 집단원을 이해하는 근거, 집단상담의 진행 방향을 잡아 주는 수단, 집단의 결과를 확인할 수 있는 도구가 되어야 함

제9장

집단상담 기법

읽기 전 나누기

- 집단상담에서 자주 사용하는 기법과 그 이유는 무엇인가?
- 집단상담 기법을 선택할 때 가장 고려해야 할 점은 무엇인가?
- 집단상담에서 기법보다 더 중요한 요인이 있다면 무엇이라고 생각하는가?

읽고 나면

- 집단상담 기법의 종류와 역할을 이해한다.
- 집단상담 기법의 개념, 사례 및 경험을 이해한다.

노래를 잘 부르는 사람을 보면 겉으로 드러나는 음정이나 박자, 성량이나 동작만이 아니라 듣는 사람은 쉽게 알아차리기 힘든 호흡이나 미세한 목소리의 떨림까지도 한 곡을 완벽하게 부르기 위해 집중하고 조절하는 것을 볼 수 있다. 즉, 노래를 부르는 데 활용되는 모든 것이 노래를 부르는 사람의 기법이다.

집단상담도 마찬가지다. 겉으로 드러나는 어떤 특별한 기술이나 방법만이 아니라 집단상담이 시작된 후, 아니 집단상담의 계획 단계에서부터 사용되고 활용되는 모든 것이 집단상담의 기법이라 할 수 있다.

이 장에서는 집단상담에서 사용되는 기본적인 의사소통 방법부터 집단원의 문제해결을 위한 개입방법까지 집단상담의 각 장면에서 많이 활용되는 기법들의 개념, 예시, 효과 등을 살펴보고자 한다.

1 집단상담 기법의 정의와 역할

1) 집단상담 기법의 정의

집단상담에서 기법은 상담자의 이론적 근거와 훈련 배경에 따라 집단 내에서 집단상담자가 실시하는 모든 행위라고 정의할 수 있다. 즉, 집단상담 과정 중에 드러나는 집단상담자의 모든 언어적·비언어적 메시지는 모두 의미를 가지고 있기 때문에 이들 모두를 기법이라고 할 수 있다.

집단상담자가 사용하는 기법이 효율적으로 사용되기 위해서는 집단상담자의 꾸준한 훈련과 지속적인 점검이 필요하다. 그래서 집단상담자 역시 다양한 집단상담 경험을 통해 자신에 대한 이해와 수용의 시간을 가져야 하며, 새로운 기법을 배우고 사용할 수 있도록 노력해야 한다. 또 수퍼비전을 통해 자신의 문제와 한계에 대해 알아차리고자 노력해야 한다.

이러한 집단상담자의 노력이 필요한 것은 집단상담에서 사용되는 기법 중 가장 핵심이 되는 것이 집단상담자 자신이기 때문이다. 또 집단상담자가 얼마나 훈련되어 있고, 얼마나 예민하게 알아차리며, 그 상황에서 얼마나 적절하게 반응하는가가 집단상담에 참여한 집단원들의 경험과 성장에 중요한 영향을 미치게 된다.

2) 집단상담 기법의 역할

집단상담이 진행되는 동안 집단상담자와 집단원 또는 집단원과 집단원 사이에는 여러 가지 상호작용이 발생한다. 이때 일어나는 상호작용을 더욱 활발하게 해주고, 더욱 의미 있게 서로를 이해하고, 접근할 수 있도록 돕는 것이 바로 집단상담 기법이다. 발달적 또는 심리적 어려움을 겪는 집단원들에게 집단상담자의 말과 행동은 파급력이 크다. 그래서 집단상담자의 말과 행동 등이 집단원들에게 학습의 좋은 모델링이 될 수 있다. 특히 집단상담 과정 중에 나타나는 경청, 존중, 배려, 공감, 질문, 긍정적 피드백 등의 다양한 행동은 집단원들의 집단 참여와 적극적 행동을 촉진하는 동기가 된다.

❖ 집단상담에서 기법의 역할

- 집단상담의 목표를 달성하는 데 도움이 된다.
- 집단원 간의 의사소통을 원활하게 한다.
- 집단원의 내면을 탐색하는 데 도움이 된다.
- 집단원의 변화를 촉진시킨다.
- 집단상담 과정 중에 발생하는 문제해결에 활용된다.

집단상담자는 집단원들과 관계를 형성하고 집단원의 변화와 촉진을 위해, 또 집단의 발달 시기에 따라 발생하는 문제를 해결하기 위해 다양한 기법을 사용한다. 이때 집단상담자는 그 기법에 대해 충분히 이해하는 것이 필요하며, 집단원에게 기법에 대해 설명하고 사용에 관해 의견을 묻는 것도 경우에 따라 필요하다.

2 집단상담 기법의 분류

우리는 무엇인가 많은 것을 가지고 있을 때 그것을 정리하고자 한다. 그런데 그 정리의 기준은 사람마다 다를 수 있다. 예를 들어, 집에 있는 옷들을 잠시 떠올려 보자. 어떤 사람은 찾기 쉽도록 색깔별로 정리할 수 있고, 또 다른 사람은 편리하게 계절별로 정리할 수 있다. 집단상담 기법도 마찬가지다. 집단상담 기법은 그 종류가 많아서 어떤 기준을 가지고 나누느냐에 따라 다양하게 접근할 수 있다. 집단상담 기법을 이렇게 다양한 기준으로 접근할 수 있는 이유는 집단상담 기법이 어떤 특정한 목표나 특정한 단계에서만 사용되지 않기 때문이다.

집단상담은 어느 정도 정해진 발달단계를 따라 달리는 마라톤과 같다. 서로 다른 집단상담 이론을 바탕으로 각자 개성이 다른 집단상담자가 진행한다 하더라도 집단상담의 발달과정에 따른 일반적인 특징들이 있고, 그에 따른 집단상담 기법들이 있다. 일반적으로 집단상담이 시작되면 [그림 9-1]과 같은 흐름으로 진행된다.

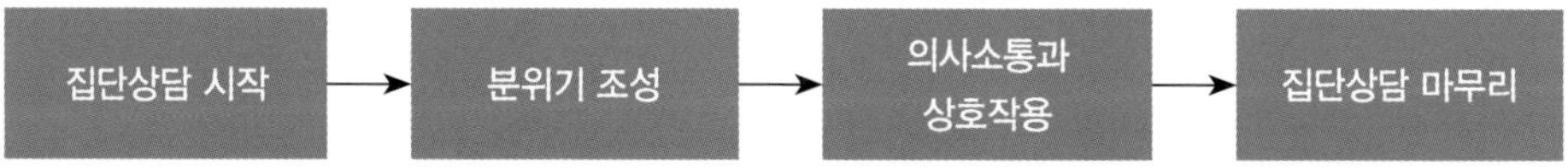

[그림 9-1] 집단상담의 흐름

그림에서 제시한 집단상담의 흐름은 집단상담 전체의 흐름일 뿐만 아니라 한 회기의 흐름이기도 하다. 이 장에서는 집단상담의 보편적이고 일반적인 흐름을 중심으로 각 단계에서 사용될 수 있는 집단상담 기법들을 살펴보고자 한다.

〈표 9-1〉 집단상담 흐름에 따른 집단상담의 기법

집단상담의 발달단계	초기 단계	과도기 단계	작업 단계	종결 단계
발달단계별 특징	집단상담 시작	분위기 조성	의사소통과 상호작용	집단상담 마무리
집단상담 기법	• 구조화 • 참여 촉진	• 분위기 조성 • 지지와 격려 • 초점 맞추기 • 지금-여기 알아차리기 • 피드백 • 중지와 연결	• 관심 기울이기 • 경청 • 공감적 반응 • 명료화 • 질문 • 요약 • 재진술 • 즉시성	• 분리감정 • 미해결 문제 • 집단 경험 돌아보기 • 집단 평가

3 집단상담 기법

1) 집단상담의 시작을 돕는 기법

집단상담을 시작할 때 집단상담자는 집단원들에게 집단상담에 대해 안내하여 집단원이 집단상담에 적극적으로 참여할 수 있도록 도와야 한다. 집단상담의 초기에 이루어지는 이러한 활동을 통해 집단상담자는 집단원들에게 오리엔테이션을 할 수 있고 집단상담에 대한 동기를 불어넣을 수 있다.

(1) 구조화

① 정의

일반적으로 구조화는 각 부분들을 통일된 조직으로 구성하는 것을 말한다. 집단상담에서 구조화란 효율적인 상담을 진행하기 위해서 집단상담의 기본적인 진행 과정과 방법, 집단원으로서 지켜야 할 일 등을 집단원에게 안내하거나 설명하는 것이다. 따라서 구조화는 집단상담을 시작할 때 가장 먼저 사용되는 기법이다.

② 내용

- 집단상담 안내: 집단상담자 소개, 집단상담의 목적과 목표, 집단상담 일정
- 집단상담 진행방법: 집단상담자의 역할 안내, 집단원의 적극적 참여 당부, 개인 개방에 대한 선택
- 집단상담 시 유의사항: 언어와 행동에 대한 책임, 집단상담 내 규칙 준수, 비밀유지

❖ 구조화 예시

• 집단상담 안내

① 집단상담자 소개

"반갑습니다. 저는 여러분과 이번 집단상담을 함께 경험할 박집단이라고 하고요, 평소에는 하늘상담연구소에서 개인상담과 집단상담 활동을 하고 있습니다."

② 집단상담 일정 안내

"우리 집단상담은 총 10주에 걸쳐 매주 수요일 저녁 7시부터 2시간 동안 이 집단상담실에서 모여서 함께 활동하겠습니다."

• 집단상담 진행방법

① 적극적 참여의 중요성

"집단상담 활동 중에 저는 여러분이 자신의 경험을 나누도록 돕고, 신뢰 있는 집단 분위기가 형성되도록 도울 것입니다. 저는 이렇게 여러분을 도울 뿐 이 집단상담을 이끌어 가는 것은 여러분입니다. 여러분이 얼마나 솔직하고 적극적으로 참여하는지에 따라 우리의 경험도 달라질 것이라 생각합니다."

② 개인 개방에 대한 선택

"하지만 낯선 사람들 앞에서 자신의 이야기나 마음을 털어놓아야 하는 일이 쉽지는 않을 겁니다. 어디까지 이야기하든 그것은 개인이 선택하고, 저를 비롯한 집단원들은 서로 믿고, 마음을 나눌 수 있는 분위기를 만들기 위해 노력해야 합니다. 결국 집단상담은 누구 한 사람에 의해서가 아니라 우리 모두에 의해서 만들어져 가는 것이라 할 수 있습니다."

• 집단상담 시 유의사항

① 언어와 행동에 대한 책임

"그래서 집단상담에서는 서로 믿고 자신의 이야기를 했으면 합니다. 어떤 이야기든지 집단상

담 안에서 할 수 있습니다. 대신 진실과 진심만 이야기했으면 하고, 말로는 어떤 말이든 가능하지만 행동으로 다른 사람을 공격하거나 불편함을 느끼게 하는 일은 없었으면 합니다."

② 집단상담 내 규칙 준수

"집단상담은 여러 사람이 함께 하는 활동이니만큼 서로에 대한 배려가 필요한 것 같습니다. 어떤 점을 지켜 주면 좋을까요? 예, 집단상담이 진행될 때는 휴대전화를 끄거나 진동으로 바꾸어 놓으시고, 개인적인 사정으로 집단상담에 참여하지 못할 경우에는 미리 집단상담자인 저에게 연락을 주시면 좋겠지요. 또 어떤 것이 있을까요? 그렇지요, 집단상담 중에 나온 이야기는 다른 곳에서 하지 않는 것이 좋겠어요."

③ 비밀유지의 중요성

"그것을 우리는 비밀유지라고 합니다. 집단상담 중에는 다양한 이야기들이 오고 가고, 다른 곳에서 꺼내기 힘든 이야기를 하는 경우도 생길 텐데 '내 이야기를 다른 사람들이 알게 되면 어떻게 하나?' 하는 염려 없이 마음을 털어놓을 수 있도록 하는 것이 중요합니다. 그래서 앞서 말씀드린 것처럼 우리 집단 안에서 이루어진 이야기는 이곳을 벗어나지 않았으면 합니다. 이 부분은 매우 민감한 부분이기 때문이며, 우리 중 누군가 또는 우리 때문에 누군가 위험한 경우에 처하게 되는 경우가 생기면 비밀유지를 하지 못할 수도 있습니다. 그 외의 경우라면 저 역시 비밀유지를 철저히 하겠습니다. 혹시 지금 이야기한 내용과 관련하여 이야기하고 싶거나 질문이 있으신가요?"

③ **효과**

- 집단상담에 참여하는 집단원들의 불안 감소
- 집단상담 진행 등 전반적인 정보 획득
- 집단상담 참여에 대한 학습
- 적극적인 참여 분위기 조성

(2) 참여 촉진

① **정의**

참여 촉진이란 집단에 대한 두려움이 있거나 집단에 참여할 준비가 되지 않아 적극적으로 참여할 준비가 되어 있지 않은 집단원이 집단 장면 안으로 들어올 수 있도록 돕는 과정이다. 집단상담에 대한 구조화가 이루어졌다 하더라도 집단원이 자기개방을 할 준비가 되지 않았거나 자기개방에 대한 두려움이 있거나 또는 집단에 대한 신뢰감이 형성되지 않은 경우 침묵하거나 다른 이야기를 함으로써 집단의 참여가 원활하게 이루어지지 않을 수 있다. 이때 집단상담자는 집단원이 참여에 대한 부담을 느끼지 않으면서 집단 장면에 들어올 수 있도록 도와주어야 한다.

❖ 참여 촉진

상담자: 조금 전 우리가 나누었던 것에 대해 혹시 어떻게 생각하시나요?

집단원: 특별한 것은 없어요.

상담자: 특별하지 않아도 좋아요. 그냥 서로의 생각을 나누는 것이니까 서로 같아도, 서로 달라도 상관없답니다. 지금 생각하고 있던 것을 우리에게 이야기해 주세요.

② **효과**

- 집단상담의 응집력 향상
- 집단원 자신에 대한 탐색 및 자기개방에 도움

2) 집단상담의 분위기를 조성하는 기법

집단상담에 대한 오리엔테이션 이후 본격적인 집단상담이 진행되면 집단원들은 자신의 내면을 들여다보기 두려워하기 때문에 다양한 회피나 저항과 같은 방어적 행동이 나타날 수 있다. 집단상담자는 집단원들이 집단상담에 집중할 수 있도록 분위기를 조성하고, 집단상담에서 다루어지는 문제에 초점을 맞추고, 지지와 격려, 피드백 등을 통해 집단상담에 서서히 적응할 수 있도록 도와야 한다.

(1) 분위기 조성

① **정의**

분위기 조성은 집단원들이 집단상담에 집중할 수 있도록 집단의 분위기를 형성하는 것으로 일반적으로 집단상담이 시작될 때 집단상담자의 말이나 행동을 통해 이루어진다. 하지만 집단회기 중이라도 집단원들이 집단상담 프로그램에 집중하지 못할 때에는 분위기를 조성할 필요가 있다. 집단상담 초기에 집단상담자에 의해 집단상담에 집중할 수 있는 분위기가 조성된다면 이것이 학습되어 이후의 회기 진행에서도 좀 더 수월하게 집단상담에 집중할 수 있는 분위기를 조성할 수 있다.

❖ 분위기 조성

• 집단상담에 방해가 되는 요소 제거

상담자: 이제 집단상담을 시작했으면 합니다. 휴대폰은 끄거나 진동 모드로 바꿔 주시기 바랍니다. 옆에 있는 책이나 가방은 사물함에 보관해 두시거나 한곳에 모아 두기로 하지요.

• 집단원들 간의 지지적인 분위기 조성

상담자: 서로 얼굴 표정이 보이도록 가깝게 다가와 앉아 주시고, 양옆에 앉으신 분들에게 가볍게 인사하고 집단을 시작하겠습니다.

② 효과

- 집단상담에 방해가 되는 요소 제거
- 집단원들 간의 지지적인 분위기 조성

(2) 지지와 격려

① 정의

지지와 격려는 집단원이 하기 힘든 이야기를 하거나 감정적으로 어려움을 겪고 있을 때 집단원의 어려움을 이해하고 응원하는 기법이다. 이를 통해 집단원이 자신의 이야기를 계속 할 수 있게 하고, 용기를 내어 자신을 탐색하도록 돕는 방법이다. 하지만 집단상담자가 충분한 이해 없이 습관적으로 하는 지지나 격려는 집단원에게 진심으로 자신을 이해하는 사람이 없다는 절망을 가져다줄 수 있다. 그리고 지나치게 빠른 지지와 격려가 이루어진 경우도 집단원이 자신의 감정과 내면에 대한 탐색을 중단할 수도 있으므로 주의해야 한다. 따라서 집단상담자는 집단원의 말에 대해 충분히 이해한 후에 진심으로 지지하거나 격려해야 한다.

> ❖ 지지와 격려
> 집단원: 오늘 부장님과 있었던 이야기를 하려니 말이 안 나와요.
> 상담자: 어떤 점이 이야기를 방해한다고 생각되나요?
> 집단원: 다시 그 일을 떠올리는 것이 싫어요. 전 정말 억울해요.
> 상담자: 떠올리는 것조차 싫을 만큼 오늘 힘들었군요. 어떤 상황에서 힘들었는지 이야기해 준다면 우리도 당신의 억울함을 분명하게 알 수 있을 것 같아요. 다른 사람과 함께 일을 하다 보면 자신의 의도와 다른 경험을 하게 되죠. 우린 같은 마음으로 오늘 당신이 겪은 일을 이해하려고 해요.

② 효과

- 집단상담에 대한 신뢰감 형성
- 집단원 자신에 대한 탐색

(3) 초점 맞추기

① 정의

초점 맞추기는 집단원이 집중하고 있는 활동, 집단상담의 주제, 집단원의 이야기와 감정 등에 집중해서 이야기할 수 있도록 돕는 활동이다. 집단상담이나 각 회기별 목적에 맞는 주제의 이야기가 진행될 경우 지속될 수 있도록 돕는 것뿐만 아니라 주제에서 벗어난 이야기가 진행되면 중단하거나 차단하고 주제에 집중할 수 있도록 돕는 기법이다.

> ❖ 주제에서 벗어난 내용 차단
> 집단원: 사람들이 나누는 이야기가 참 다양하네요.
> 상담자: 그렇지요? 우린 다들 조금 전에 한 활동에 대해 각자의 느낌을 이야기하고 있어요. ○○ 님의 느낌도 들려주면 좋을 것 같아요.
>
> ❖ 회기별 주제에 집중
> 집단원: 저는 직장에서 사람들과 문제가 많다고 생각해요. 다들 그렇겠지만요.
> 상담자: ○○ 님이 대인관계에서 어려움을 겪으신다는 말이군요. 좀 더 구체적인 어떤 특정한 사람이나 상황에서 어려움을 겪는지 이야기해 주신다면 당신의 어려움을 분명하게 알 수 있을 것 같아요.

② **효과**

- 집단상담에 관심이나 주의 집중
- 회기별 목표 달성
- 집단상담의 분위기 형성 및 유지
- 집단원의 내면 탐색

(4) 지금-여기 알아차리기

① **정의**

집단상담 경험이 적은 집단상담자나 집단원은 지나간 과거 이야기나 집단상담 장면에 없는 사람들에 대한 이야기에 많은 시간을 사용할 때가 많다. 물론 현재 문제의 원인이 되는 과거를 탐색하는 일은 필요하지만, 그러는 동안 집단상담 장면에서 발생하는 중요한 사건이나 감정을 탐색하지 못하고 지나쳐 버리는 경우가 많다. 집단상담 장면에서 발생하는 사건이나 감정은 과거와 관련된 생각과 감정을 좀 더 생생하게 알아차리고, 자신의 문제를 탐색할 수 있는 유용한 기회가 될 수 있다. 그러므로 집단상담자는 집단원들이 지금 집단상담 장면에서 일어나는 문제나 감정들과 어떻게 연결되는지 탐색하고 경험할 수 있도록 도와주어야 한다.

❖ **현재에 집중하기**

집단원: 저는 어려서부터 혼자 있는 게 좋았어요. 사람들 속에 있으면 머리도 아프고, 어떻게 해야 할지 모르겠더라고요.

상담자: 그렇군요. 과거의 경험이 ○○ 님에게 영향을 주었나 봐요. 그럼 지금 집단상담을 하면서는 어떤지 궁금하네요. 지금 여러 사람과 함께하는 이 순간 ○○ 님은 어떤 느낌이 드나요?

집단원: 음, 글쎄요. 지금은 그렇게 불편하지는 않지만, 무언가 이야기를 하려고 하니까 좀 부담스럽기는 해요.

② **효과**

- 과거와 현재의 경험을 연결하여 탐색할 수 있음
- 자신의 감정 이해

• 자신의 문제 탐색

(5) 피드백

① 정의

피드백은 집단원의 감정이나 행동에 대한 언어적 반응을 의미한다. 즉, 집단원의 행동, 사고, 감정 등이 다른 집단원에게 어떻게 느껴지는가를 알게 하는 것이다. 집단상담 초기에는 집단상담자가 피드백을 주로 사용하는데, 이때 집단상담자의 피드백은 다른 집단원에게 모델링이 될 수 있다.

그래서 집단상담자의 피드백은 매우 중요한데, 집단상담자는 피드백을 줄 때 평가나 가치판단적인 내용보다는 관찰 가능한 사실을 즉시 피드백하는 것이 좋다. 긍정적인 내용이든 부정적인 내용이든 피드백을 받는 집단원이 피드백 내용을 수용할 수 있을 때 피드백을 주는 것이 효과적이다. 집단 안에서 집단상담자와 집단원이 부정적인 피드백을 주고받을 수 있다는 것은 집단원들과 신뢰감이 형성되었음을 의미한다.

❖ 피드백하기

집단원: 무엇인가 이야기를 하는 것이 조심스러워요.

상담자: 그래서 오늘 집단상담이 시작될 때부터 아무런 말도 하지 않고 있는 건가요?

집단원: 그럴지도 몰라요.

상담자: 지금 말하고 있는 모습도 굉장히 조심스러워 보여요. 말할 때마다 바닥만 바라보고 있다는 걸 알고 있나요?

❖ 피드백 받기

• 제 말은 그런 뜻이 아니었는데, ○○ 님의 말씀을 들으니 그렇게 이해할 수도 있을 것 같아요.
• 솔직하게 말씀해 주셔서 감사해요. 저를 돌아보는 계기가 된 것 같아요.
• 제 행동이 그렇게 느껴졌다니 놀랍네요. 저도 다시 한번 살펴볼게요.

② 효과

• 집단원의 변화 계기 제공

- 집단상담자와 집단원에 대한 신뢰감 향상
- 집단원에게 내면 탐색의 기회 부여

③ 유의점

- 지금–여기 집단상담 안에서 일어난 일에 대해서만 피드백한다.
- 집단원에 대한 판단이나 평가가 반영된 피드백은 하지 않는다.

(6) 중지와 연결

① 정의

중지는 집단과정에 부정적인 영향을 미치는 집단원의 말을 멈추게 하는 것이고, 연결은 집단원들 사이에 유사한 말이나 행동을 이어 주는 것이다.

중지는 집단상담의 목적에서 벗어나는 이야기, 반복되는 의미 없는 이야기, 중요하지 않은 일에 대한 논쟁, 타인에 대한 개인 정보의 노출이나 부정확한 이야기 등이 이어지거나 한 집단원에 대해 긴 이야기를 늘어놓을 때, 한 집단원이 너무 많은 시간을 사용할 때는 집단상담자가 집단원들의 의사소통을 멈추게 할 수 있다.

반대로 연결은 집단원끼리 비슷한 이야기나 행동을 할 때 집단상담자가 집단원끼리의 관련성을 찾아보도록 연결하여 좀 더 효율적인 의사소통이 이루어질 수 있도록 돕기도 한다.

❖ 중지

집단원 1: 어렸을 때부터 가정 형편이 어려워서 계속해서 아르바이트를 하며 생활할 수밖에 없었어요.

집단원 2: 저런…… 얼마나 힘들었나요?

집단원 1: 좀 많이 힘들었어요.

집단원 2: 힘들었겠네요. 우리 집은 여유가 있는데 형편이 어렵다면 제가 좀 돕고 싶네요.

상담자: 잠깐만요. 지금 집단원 2의 이야기가 어떻게 느껴지는지 말해 주실 분 계신가요?

집단원 2: 아니, 제가 뭘 잘못 말했나요? 전 그저 위로해 주고 도움이 되고 싶었을 뿐이에요.

상담자: 안타깝게 여기고 위로해 주고 싶은 마음인 것은 알아요. 그 마음이 다른 사람들에게 어떻게 전달되었는지 확인해 보는 것도 중요할 것 같아요.

❖ 연결

- ○○ 님이 직장 상사와 어려움을 겪고 있다는 이야기는 □□ 님이 아버지와 갈등을 겪고 있다는 이야기와 비슷한 점이 많은 것 같아요. 상대에 대한 기대가 있지만 기대만큼 실망도 커서 지금 관계에도 영향을 미치는 거군요.
- ○○ 님의 이야기를 듣고 있다 보면 □□ 님이 지난 회기 때 이야기했던 것과 정말 비슷한 점이 많아요.

② 효과

- 집단원들의 상호작용과 응집력 향상
- 집단원들에게 보편화 경험의 기회 제공
- 집단상담에의 집중 및 내면 탐색

3) 의사소통과 상호작용을 촉진하는 기법

(1) 관심 기울이기

① 정의

관심 기울이기는 집단상담자가 자세, 시선, 표정 등을 통해 집단원에게 지속적인 관심을 나타내는 행위다. 집단상담자의 긴장하지 않은 편안한 자세, 말을 하는 집단원뿐만 아니라 집단원 전체를 살펴보는 시선, 집단원이 이야기를 할 때 고개를 끄덕이거나 간단하게 하는 응답은 말을 하고 있는 집단원만이 아니라 그 집단상담에 참여하고 있는 집단원 전체에게 집단상담자의 마음을 전달하는 방법이자 의사소통에 대한 의미 있는 모델링이 된다.

② 내용

- 자세: 긴장을 풀고 집단원을 향해 몸을 기울임

- 시선: 따뜻한 시선으로 이야기하는 집단원을 바라보거나 그렇지 않을 경우 집단원 전체를 바라봄
- 표정: 자연스러운 표정으로 자신의 감정이 진실되게 드러나게 함
- 목소리: 적절한 속도와 온화한 목소리로 말함
- 끄덕임: 집단원의 이야기에 적절하게 고개를 끄덕임. 단, 옆으로 흔들거나 한쪽으로 기울이는 경우 다른 의미를 가지므로 주의할 것

③ 효과

- 방어적인 행동 감소
- 의사소통의 모델링
- 집단상담에 대한 신뢰감 형성

(2) 경청

① 정의

경청은 집단원의 말을 귀담아듣는 행위다. 이때 단순히 집단원의 말을 듣기만 하는 것이 아니라 집단원이 전달하고자 하는 말의 내용, 그 말에 숨겨져 있는 정서나 동기를 알아차리는 것까지 포함하기 때문에 집단상담에서의 경청은 적극적인 듣기다. 언어적 의사소통이 중심이 되는 집단상담에서는 제대로 듣는 것이 정말 중요하다. 집단원의 말을 제대로 경청하지 않는다면 공감, 질문, 요약, 명료화 등 집단상담에서 중요하게 다루어지는 의사소통의 기법들을 제대로 사용할 수 없다. 따라서 경청은 언어적 의사소통에 활용되는 기법 중 가장 기본이나 기초가 되는 기법이다.

❖ 경청

집단원: 오늘 회사에서 프레젠테이션이 있었는데 무사히 마쳤어요. 무척 중요한 거라 신경이 많이 쓰였거든요.

상담자: 걱정했던 일이 잘 끝나서 다행이에요. 열심히 준비한 일이 잘 마무리되어서 기쁠 것 같아요.

집단원: 네, 맞아요. 집단상담을 하면서 내 이야기를 자꾸 했던 게 도움이 된 것 같아요.
상담자: 집단상담에서 한 경험이 실제 생활에서도 도움이 되었다는 거군요. 그 이야기를 하는데 목소리까지 살짝 떨리네요. ○○ 님이 기쁜지 짐작할 수 있을 것 같아요.

② 경청을 방해하는 요인

- 집단원의 말을 마음보다는 머리로 들으며 판단하고 평가하는 경우
- 집단원의 말보다 집단상담자 자신이 해야 할 말에 더 신경을 쓰는 경우
- 집단원과 그의 말에 대한 관심이 의무적이거나 집단상담자의 호기심을 충족하기 위한 경우

③ 효과

- 타인에 대한 올바른 이해
- 의사소통 촉진
- 신뢰관계 형성

④ 유의점

- 집단원의 이야기를 들을 때 듣기에만 집중한다.
- 집단원의 이야기를 판단하거나 평가하지 않는다.
- 집단원의 이야기는 집단상담자의 자신의 경험에 비추어 생각하지 않는다.

(3) 공감적 반응

① 정의

공감적 반응은 집단원이 경험한 주관적인 세계를 집단상담자가 인식하고 이해하는 것이다. 공감 역시 집단상담자의 내면에 일어나는 깊은 수준의 이해와 수용을 통해 이루어진다. 집단상담자를 비롯한 타인에게 공감을 받은 집단원은 자신이 이해받고 수용되는 경험을 하게 되며, 간혹 자신의 심리적인 상처가 치유되는 경험을 하기도 한다. 그래서 공감은 상담의 기술이 아니라 상담의 목표라고

해도 과언이 아니다. 타인에게 이해받고 수용되는 경험은 집단원으로 하여금 자신의 내면을 탐색할 기회를 제공하고 이는 타인에게 자신을 개방할 용기를 주기도 한다.

따라서 집단상담의 기법에서는 공감보다는 집단상담자가 집단원을 공감하고 있다는 것을 어떻게 표현해 주어야 하는가에 대한 부분을 살펴보는 것이 더 적절할 것이다. 단, 적절한 공감적 반응이 이루어지기 위해서는 집단원에 대한 관심과 경청이 선행되어야 한다.

② 내용

- 메시지에 담겨 있는 집단원의 감정, 태도, 신념
- 겉으로 드러나지 않는 숨겨진 의미

❖ **메시지에 담겨 있는 집단원의 감정, 태도, 신념**

집단원: 가족들은 직장 일로 바쁘고, 집에 가면 혼자 지내는 시간이 많아요. 그래서 이번 일도 함께 의논할 수가 없었어요.

상담자: 가족들에게 털어놓고 도움을 받고 싶었는데 그러지 못해 외로웠군요.

❖ **겉으로 드러나지 않은 숨겨진 의미**

집단원: 요즘은 남편이 원망스럽습니다. 아이들 돌보랴 살림하랴 저는 정신이 하나도 없는데, 남편은 회사 일에 스트레스를 받는다며 주말마다 등산이나 낚시를 가느라 집을 비우는 날이 많아요. 저도 집안 문제로 스트레스를 받는데 자기만 힘든 줄 알아요.

상담자: 한편으로 남편이 야속하고 밉기도 하겠지만, 한편으로는 내가 뭐하려고 이러고 살고 있나 하는 회의감이 느껴지겠어요.

③ 효과

- 집단상담에의 적극적인 참여
- 자기탐색과 자기노출을 할 수 있는 용기 부여
- 다른 집단원의 피드백 수용 및 문제해결을 위한 새로운 행동 시도

(4) 명료화

① 정의

명료화는 집단원이 분명하게 말하지 않은 부분에 대해 구체적이고 명료하게 표현하도록 돕는 기법이다. 집단원이 명료하게 표현하지 않은 경우는 자신의 감정을 명확하게 파악하지 못하고 있거나 생각이 정리되지 않았기 때문이다. 따라서 집단상담자는 집단원의 분명하지 않은 부분에 대해 무작정 질문을 던져서 집단원을 혼란스럽게 하기보다는 집단원이 이야기한 내용 중에서 핵심 내용이나 감정을 찾아내어 집단원이 그 문제에 대해 인식하고 이해하도록 돕는 것이 중요하다.

② 내용

- 표현이 모호한 경우
- 일반적인 내용이라 구체적인 파악이 필요한 경우

❖ 표현이 모호한 경우

집단원: 이번 집단상담은 참여하지 않는 편이 나았던 것 같아요.

상담자: 제가 듣기에 참여하지 않는 편이 나았겠다는 말은 뭔가 후회되는 일이 있었다는 뜻인 것 같은데, 제가 정확하게 이해했나요?

집단원: 그런 뜻은 아니에요.

상담자: 그렇다면 집단상담에 참여하지 않는 편이 나았을 것 같다는 말은 좀 이해하기 어려운데 좀 더 정확히 말해 줄 수 있을까요?

❖ 일반적인 내용이라 구체적인 파악이 필요한 경우

집단원: 어린 시절을 떠올려 보면, 아버지와 보냈던 시간은 좋았던 것 같아요.

상담자: 좋았다는 건 어떤 면에서 그렇다는 건가요? 혹시 구체적인 사건이나 예가 있다면 말해 주겠어요?

③ 효과

- 집단원의 표현을 정확하게 이해하고 있는지 확인

- 집단원 간의 의사소통 촉진

(5) 질문

① 정의

질문은 집단원으로부터 어떤 사실이나 상황에 대한 정보를 얻을 목적으로 사용된다. 정보 수집 외에도 집단원의 이야기에 대해 정확히 이해하기 위해 되묻거나 집단원의 내면을 탐색하기 위한 개입의 목적으로 사용되기도 한다. 질문은 목적과 의도에 따라 그 방법이 다양하므로 다양한 질문의 형태를 알고 적절하게 선택하여 사용하는 것이 좋다. 특히 '왜'로 시작하는 질문은 따지거나 추궁하는 느낌을 주어서 대답하는 사람이 변명하거나 방어하려고 하기 때문에 적절한 대답을 들을 수 없다. 따라서 목적과 의도에 맞는 질문을 하는 것이 필요하다.

② 내용

- 정보 수집 내용에 따라: 단순 질문, 복잡 질문
- 질문하는 형태에 따라: 폐쇄형 질문, 개방형 질문
- 집단원의 내면을 탐색하기 위한 질문
- 문제해결을 위한 개입적 질문

❖ 정보 수집을 위한 질문

- 단순 질문: 단순한 정보를 얻기 위한 질문
  - –집단상담에 참여한 것은 이번이 몇 번째인가요?
  - –오늘은 어떤 이야기부터 할까요?
- 복잡 질문: 정서, 문제해결 등에 대한 정보를 얻기 위한 질문
  - –다른 사람과는 어떤 식으로 이야기하시나요?
  - –남편의 행동에 대해 어떻게 생각하세요?

❖ 질문하는 형태에 따른 질문

- 폐쇄형 질문
  - –지금 화가 나시나요?

–이번에 겪은 일 때문에 당황스러우시죠?

• 개방형 질문

–지금 기분은 어떠세요?

–이번에 겪은 일에 대해 어떻게 생각하세요?

❖ 집단원의 내면을 탐색하기 위한 질문

• 지금 ○○ 님의 감정에 대해서 말하라고 한다면 무슨 말을 할 것 같아요?

• 처음 그 이야기를 했을 때와 비교해서 지금은 어떤가요?

❖ 문제해결을 위한 개입적 질문

• 문제를 해결하기 위해 상사와 어떤 노력을 해 보셨나요?

• 지금 집단에서 무엇을 해결하고 싶으신가요?

❖ '왜'를 대신하는 질문

• 왜 그런 말을 하시죠?

⇨ ○○ 님이 그런 말을 할 때는 이유가 있을 것 같아요. 말해 줄 수 있나요?

❖ 척도로 하는 질문

집단상담자: 이제 집단을 시작하려고 하는데 기분이 어떠세요?

집단원: 긴장돼요.

집단상담자: 얼마나 긴장되세요?

집단원: 글쎄요. 잘 모르겠어요.

집단상담자: 그럼 숫자로 한번 말해 보세요. 아주 긴장돼서 아무것도 할 수 없을 것 같은 상태를 1이라고 하고, 전혀 긴장되지 않은 상태를 10이라고 한다면 ○○ 님은 어디쯤인 것 같나요?

③ 효과

• 집단원에 대한 정확한 이해(인지, 정서, 행동)

• 사실적인 정보 탐색

④ 효과적으로 질문하기

• 한 번에 하나씩 질문한다.

- 무엇을 묻는지 분명하게 알 수 있도록 명료하게 질문한다.
- '왜'보다는 '누가' '언제' '어디서' '무엇을' '어떻게'에 대해 질문한다.

(6) 요약

① 정의

요약은 집단원이 말한 내용이 중요하거나, 길거나 복합적이어서 한번에 이해하기 어렵거나, 이야기의 초점이 흔들린다고 생각될 때 사용하는 기법 중 하나다. 그 외에도 한 회기 집단상담이 마무리될 때 활동의 목적과 내용에 대해 집단상담자가 요약해 줄 수도 있다. 집단회기에 대한 요약은 집단원으로 하여금 한 회기를 돌아보며 활동 내용을 정리하고 자신의 깨달음이나 변화에 대해 살펴볼 수 있는 기회를 제공한다.

② 내용

- 집단원의 이야기 정리
- 집단회기의 활동 정리

❖ 집단원의 이야기 정리

집단원: 요즘은 출근하기 싫어요. 거리도 멀어서 체력적으로도 지치는데, 각종 업무에 시달려요. 위에서 해 내놓으라는 건 많아서 전 저 나름대로 정말 열심히 최선을 다하고 있거든요. 그런데 사장님은 자꾸 옆 부서와 비교하시는데 그게 비교를 할 수 없는 부분인데도 그러세요. 이 나이에 다른 직장을 알아보기도 그렇고.

상담자: 많이 속상하겠어요. 나름대로 열심히 하고 있는데 억울하다는 말이군요.

❖ 집단회기의 활동 정리

- 오늘 집단상담을 마치기 전에 이번 회기에 경험한 느낌을 나누기로 하겠습니다.
- 이제 마무리를 하려고 합니다. 오늘 집단활동에 대해서 한 마디씩 정리해 보았으면 합니다.

③ 효과

- 집단원이 이야기하고자 하는 주제를 드러냄

• 집단원 이야기의 내용을 정리 · 확인
• 집단회기를 통해 변화된 자신을 탐색

(7) 재진술

① 정의

재진술이란 집단원이 이야기한 상황, 사건, 사람에 대한 생각이나 감정을 집단상담자가 동일한 내용의 다른 말로 바꾸어 다시 말해 주는 기법이다. 그래서 재진술을 '내용 되돌려 주기' 또는 '앵무새 기법'이라고 부르기도 한다. 집단상담자는 집단원의 이야기를 잘 듣고 집단원의 경험, 생각, 행동, 감정 등과 관련한 내용 중에서 중요하다고 생각되는 부분을 집단상담자 자신의 언어로 재구성하여 표현해 주면 된다.

② 표현

• 사람에 대한 재진술: 그 사람에 대해 ~하게 여기는군요.
• 행동에 대한 재진술: ○○에 대해 ~하게 생각하는군요.
• 상황에 대한 재진술: ○○이 ~하게 되었군요.

❖ 재진술

집단원: 저희 어머니는 저에게 정말 잘해 주셨어요. 그러다가 어떤 때는 제게 너무 화를 내세요. 제가 생각하기에는 별일 아닌데도 화를 내세요. 그러다 보니 자꾸 눈치를 보게 돼요. 어머니가 아닌 사람들도요.

상담자: 어떤 모습이 진짜 어머니의 모습인지 헷갈린다는 말이군요. (사람에 대한 재진술)

상담자: 어머니의 행동에 일관성이 없다는 말이군요. (행동에 대한 재진술)

상담자: 어머니의 일관성 없는 양육방식이 현재 대인관계에 영향을 미쳤다는 말이군요. (상황에 대한 재진술)

③ 효과

• 집단원의 말하는 내용 이해

- 집단원 스스로 이야기의 핵심을 깨달음
- 집단원과 집단상담자 간의 신뢰감 형성

(8) 즉시성

① **정의**

즉시성이란 집단상담 장면에 초점을 두고 지금-여기에 대해 이야기하는 것을 느끼고 깨달아 즉시 의사소통하는 것이다. 집단상담 안에서는 다양한 이야기가 허용되는데 많은 사람이 함께 이야기를 나누다 보니 정말 중요하게 다루어져야 할 이야기가 더 탐색되지 못한 채 흘러가 버리기도 한다. 그래서 집단상담자는 지금-여기에 최대한 집중하여 집단원들끼리 주고받는 메시지들에 반응하고, 질문하고, 직면하고, 해석해 주어야 하는데, 이를 즉시성이라 한다. 그 순간을 놓치면 집단원이 자신을 탐색하여 자각할 수 있는 가장 절호의 기회를 놓칠 수 있기 때문이다.

❖ 즉시성

상담자: ○○ 님이 이야기하는 동안 △△ 님의 표정이 어두워지셨는데 지금 어떤 느낌인가요?

△△: 음…….

상담자: 뭔가 조심스럽고 하기 힘든 이야기이거나 느낌을 찾기 힘들다면 지금 머릿속에 떠오르는 생각부터 이야기해도 됩니다.

△△: 음…… 네, 그런 것 같아요. 느낌은 정확하게 말하기 어렵고 ○○ 님의 이야기가 마치 저에게 하는 이야기처럼 느껴져서 잠시 불편했어요.

② **효과**

- 집단원에 대한 탐색과 자각
- 집단원의 상호작용 촉진 및 신뢰감 형성

4) 집단상담의 종결을 돕는 기법

우리에게 익숙한 사자성어 중 시종일관(始終一貫)이란 말이 있다. 시작과 끝이 한결같다는 의미를 가진 이 말은 집단상담자가 어떤 마음으로 집단상담에 임해야 하는지를 생각하게 한다.

집단상담의 시작이 중요했던 것만큼 집단상담의 종결 역시 중요하다. 커다란 기대를 안고 시작한 집단상담이 끝으로 갈수록 편해지거나 곧 끝이라는 생각에 긴장과 집중을 늦출 수 있는데, 집단상담의 종결이 적절하게 이루어지지 않으면 그동안 쌓아 온 긍정적인 경험과 수고들이 그 의미를 잃을 수 있으므로 집단상담자는 끝까지 집단에 집중해야 한다.

집단상담자는 집단상담을 종결하기 위해 집단원들의 분리감정 다루기, 집단상담 과정에서 해결되지 않은 미해결 문제 다루기, 그동안의 집단 경험 되돌아보기 등을 통해 집단원들이 집단 경험에 대한 느낌을 정리하고 집단상담 밖에서 시도할 새로운 도전을 다짐할 수 있도록 도와야 한다.

(1) 분리감정 다루기

① 정의

집단상담은 시작할 때 기간이나 회기가 한정되어 있기 때문에 대부분이 종결에서 예견된 이별을 하게 된다. 보통 집단상담 초기에 자신을 공개해야 한다는 불안과 공개하고 싶지 않다는 저항의 감정을 집단상담 과정 중에 다룬 것처럼, 집단상담 종결을 앞두고는 이별에 대한 아쉬움과 지지 없이 부딪히게 될 현실에 대한 두려움과 자신의 지지자들과 헤어져야 한다는 이별의 감정을 다루어야 한다.

② 내용

- 집단상담 종결에 대한 불안감 직면

❖ 집단상담 종결에 대한 불안감 직면

상담자: 서로 어색해하며 집단상담을 시작했는데, 오늘 종결을 앞두고 있는 마음도 무척 다양하고 복잡하네요. 서로 지지하고 격려하는 집단원들과의 이별을 앞두고 여러분의 마음이 궁금합니다.

③ **효과**

- 분리에 대한 감정 처리 및 건강한 분리 연습
- 집단상담에 대한 성취감 형성

(2) 미해결 문제 다루기

① **정의**

많은 사람이 자신이 경험하고 있는 문제를 해결하거나 도움을 얻기 위해 집단상담에 참여하지만 모든 문제가 집단상담을 통해 해결될 수는 없다. 상담회기가 얼마 남지 않았을 때 집단원에게 이런 사실을 미리 말해 주어 남은 시간 동안 미해결 문제를 해결하기 위해 더 탐색하게 한다.

② **내용**

- 집단상담을 통해 해결되지 못한 감정이나 문제

❖ 집단상담을 통해 해결되지 못한 감정이나 문제

상담자: 그동안 집단상담을 하면서 꼭 해결하고 싶었는데 해결하지 못한 문제나 집단원에게 미처 표현하지 못한 감정이 남아 있지는 않은지 한번 돌아보기 바랍니다. 혹시 미해결 과제가 있는 분은 지금 집단원들과 함께 나누어 보면 어떨까요?

집단원: 저는 저를 드러내는 게 두려웠어요. 집단상담이 끝난다고 하니 지금은 후회가 돼요.

상담자: 많이 아쉬운 것 같네요. 어떤 점이 가장 후회될 것 같나요?

③ **효과**

- 집단상담의 성과 및 목표 달성 파악

• 집단원의 문제해결을 위한 계기 마련

(3) 집단 경험 돌아보기

① 정의

집단 경험 돌아보기는 집단상담을 통해 집단원이 느낀 것과 알게 된 것에 대해 돌아보게 하는 것이다. 집단 경험을 돌아볼 때는 상담에서 배운 것들, 전환의 계기가 되었던 순간, 집단에서 좋았던 점과 싫었던 점, 이번 상담에 대한 전반적인 생각, 어떻게 하면 더 좋은 상담이 되었을지에 대한 생각 등을 나눈다. 집단 경험을 돌아보는 시간이 의미 있기 위해서는 가능한 한 모든 사람이 구체적으로 이야기하는 것이 좋다.

② 내용

• 집단상담을 통한 성취 경험

❖ 집단상담을 통한 성취 경험

상담자: 안을 한번 둘러보세요. 첫 시간에 이 자리에 앉아서 우리의 모습을 보면서 어떤 생각을 했는지 기억이 나세요? 어떠세요? 처음과 생각이 달라졌나요? 지금 이자리에 앉아 있는 여러분의 마음은 어떠세요?

상담자: 따뜻한 집단상담 과정을 참여했기 때문에 이제 집단 밖에서 경험하는 일들도 여러분이 잘 감당할 수 있을 거라 확신합니다. 집단상담에서 경험한 다양한 일이 여러분의 귀한 자산이 되었을 겁니다.

③ 효과

• 집단상담 경험의 통합

(4) 집단 평가

① 정의

집단상담은 특정한 목적을 둔 활동이므로 집단상담이 종결될 때는 목적 달성 여부를 평가하는 것이 필요하다. 집단상담자는 집단원들에게 집단상담의 시작 시점과 현재 종결 시점을 비교하여 자신의 성장과 발달에 대해 살펴보도록 해야 한다. 그리고 집단상담에서 경험하고 훈련한 것을 집단상담이 아닌 장면에서 얼마나 활용할 수 있을지에 대한 적용 가능성과 앞으로의 변화 가능성 역시 예상해야 한다. 집단상담자는 집단상담에 대한 집단원의 평가가 구체적이 되도록 도와야 한다. 예를 들어, 한 집단원이 '좋았다.'라고 말한다면 '무엇이?' '어떤 점에서?' '어떻게?' 등의 추가 질문을 통해 집단원의 경험을 구체화시켜 주는 것이 좋다. 그리고 집단상담자는 질문지나 평가척도 등을 통해 집단상담을 평가할 수도 있다.

그렇다고 해서 집단상담의 평가가 반드시 집단상담의 종결을 준비하는 기법은 아니다. 집단상담 전체뿐만 아니라 각 회기의 마무리 과정에서도 각 회기의 목표 달성과 집단원의 변화를 알아보기 위해 다양하게 사용할 수 있는 기법이다.

② 내용

- 집단상담을 통한 변화
- 집단상담의 운영
- 집단원의 변화와 성장 확인
- 집단상담의 효과 검토

❖ **집단상담을 통한 변화**

상담자: 이번 집단상담을 통해 느낀 것이나 알게 된 것이 있으면 함께 나누었으면 합니다.

상담자: 이 집단상담을 하면서 각자 어떻게 달라졌다고 생각하세요? 각자 달라진 점이 무엇인지 생각해 보고 잠시 뒤에 이야기를 나누겠습니다.

〈표 9-2〉 집단상담의 운영

내용	매우 그렇지 않다	그렇지 않다	보통	그렇다	매우 그렇다
집단상담에 참여하는 것이 즐거웠다.					
집단상담에 적극적으로 참여하였다.					
집단상담자의 진로에 대한 전문성에 신뢰가 갔다.					
집단상담자의 집단상담 진행방법이 집단상담 참여에 많은 도움이 되었다.					

〈표 9-3〉 집단상담의 효과

내용	매우 그렇지 않다	그렇지 않다	보통	그렇다	매우 그렇다
나의 ○○을 하는 데 도움이 되었다.					
나의 ○○을 이해하는 데 도움이 되었다.					
나의 ○○을 탐색하는 데 도움이 되었다.					
다음에도 이 집단상담에 참여하고 싶다.					
다른 사람에게 이 집단상담을 권하고 싶다.					

❖ 질문지를 통한 집단상담 평가

1. 집단상담이 당신의 삶에 조금이라도 영향을 미쳤습니까? 만약 그렇다면 어떤 면에서 그렇습니까?
2. 상담자가 쓴 방법 중에서 당신에게 가장 큰 영향을 미친 것은 무엇입니까?
3. 상담자가 집단을 이끄는 방식에 대해 어떻게 생각합니까?
4. 집단상담에 참여한 후로 생활이 어떻게 달라졌습니까?

4 집단원의 문제행동을 다루기 위한 기법

집단상담은 변화와 성장의 과정이기에 많은 어려움을 겪게 된다. 10명의 집단원이 집단상담에 참여한다면 아마도 열 가지 이상의 어려움을 경험할 가능성이 크다.

집단상담 참여라는 경험은 익숙하거나 쉬운 경험이 아니기 때문에 처음 집단상담에 참여하는 집단원들은 참여에 대한 불안을 집단상담자에게 도전하는 형식으로나 집단의 책임을 집단상담자에게 돌리는 형식으로 표현한다. 집단원들의 이러한 저항은 집단원들의 건설적인 발전을 방해한다. 문제행동을 보이는 집단원에 대해 집단상담자는 그를 문제 집단원으로 낙인찍기보다는 문제행동의 원인을 찾는 데 초점을 맞추어야 한다.

❖ 집단상담을 방해하는 집단원에 대한 집단상담자의 태도

- 집단원의 문제행동이 집단상담자의 역전이와 관련 있는지 먼저 검토한다.
- 집단원의 문제행동이 집단원과 집단상담의 성장에 도움이 될 수 있으므로 긍정적인 태도를 가진다.
- 집단원과 집단원의 행동을 분리하여 생각하며, 집단원을 한 인간으로서 존중한다.
- 집단원의 문제행동에 대해 판단이나 평가하기보다는 행동 자체만 설명한다.
- 자신의 행동이 다른 집단원이나 집단상담 전체에 어떤 영향을 미치는지를 집단상담 과정 중에 다룬다.

집단상담의 성장을 방해하는 집단원의 문제행동을 다루기 위한 몇 가지 대처 방안을 살펴보고자 한다.

1) 침묵하는 집단원

침묵은 겉으로 크게 드러나지는 않지만 집단원 개인뿐만 아니라 집단 전체에 문제를 초래할 수 있다. 초반에는 침묵하는 집단원의 존재를 알아차리지 못한 상황에서 집단을 진행할 수 있다. 그러나 그의 침묵은 어떤 문제를 반영할 수도 있으므로 중요하게 다루어져야 한다. 예를 들면, 상담자가 자신에게 관심을 갖고 말할 기회를 주기를 기다리고 있거나, 자신에 대해 가치를 느끼지 못해 침묵할 수 있다. 또는 특정 집단원 또는 집단상담자에게 대한 두려움이나 거부, 비밀 누설에 대한 두려움, 집단에 대한 신뢰 부족 등으로 침묵할 수 있다. 그렇다고 해서

침묵에 대해 계속해서 이야기하거나 지목하면 도리어 저항할 수 있으므로 주의하여 침묵의 의미를 탐색하는 것이 중요하다.

집단원: 별로 이야기할 게 없어요. (침묵)
상담자: 아마 아직 이야기하기 어려우신 것 같아요.
상담자: 무슨 생각을 하고 계신지 궁금하네요. 가만히 계신 동안 무슨 생각을 하셨는지 말씀해 주실 수 있어요?
상담자: 마음속에 떠오르는 것을 자유롭게 이야기하지 못하고 계신 것 같군요.

집단상담자는 침묵하는 집단원에게 집단상담 과정에서 느낀 것에 대한 질문을 통해 침묵을 멈추게 하거나 침묵할 경우 다른 집단원이 오해할 가능성도 있다는 것을 이야기해 줄 수 있다. 또 한 회기에 몇 번 이상 이야기하도록 계약을 하거나 소집단을 형성하여 이야기할 기회를 주어 전체 집단에서 이야기하는 부담감을 줄이고 이야기하는 연습 기회를 줄 수도 있다.

2) 이야기를 독점하려는 집단원

침묵과 반대로 말하려는 욕구가 너무 강해 특정 집단원이 집단상담을 독점하는 경우도 있다. 침묵의 이유가 다양하듯이 이 경우 역시 다양한 이유가 있을 수 있다. 불안 때문일 수도 있고, 지금까지 관심이나 주목을 받고 싶기 때문일 수도 있으며, 집단에 대한 지배권을 원하기 때문일 수도 있다.

집단상담 초기 서로 어색한 분위기일 때는 누군가 먼저 말을 시작하면 집단상담자와 집단원은 안도감을 느낀다. 그러나 이런 경우가 반복되고, 아무도 그를 저지하지 않아 그가 집단을 독점하게 되면 다른 집단원들은 그러한 상황을 수용하기 어려워하며 좌절을 느낄 수도 있다. 집단상담자는 다른 집단원으로부터 적대적인 반응이 나와 이미 형성된 신뢰감과 응집성을 해치기 전에 개입하는 것이 좋다.

상담자: ○○ 님이 집단상담에서 하고 싶은 말이 많은 것 같아요. 아마 다른 분들도 하고 싶은 이야기들이 있을 텐데 다른 분들에게 기회를 나눠 주면 어떨까요?
상담자: ○○ 님이 오늘 정말 많은 이야기를 해 주셨는데 너무 많은 이야기를 하셔서 지금-여기에서 하고 싶은 이야기가 무엇인지 이해가 잘 되지 않아 당황스럽습니다. 지금 전달하고 싶은 메시지를 한 문장으로 표현해 보시겠어요?
상담자: ○○ 님, 만약 지금부터 오늘 집단상담이 끝날 때까지 말을 하지 않는다면 어떻게 될 것 같으세요?

독점하려는 집단원의 경우 독점하고 있는 집단원뿐만 아니라 이를 허용하고 있는 다른 집단원들에 대해 접근하는 것도 좋은 방법이다. 집단 전체를 통해 접근함으로써 다른 집단원들이 집단상담 참여에 대한 공동의 책임을 생각할 수 있는 기회를 제공한다.

3) 자신의 이야기보다 질문과 조언을 하려는 집단원

집단상담에서 나타나는 또 다른 비효율적인 집단원은 자신의 이야기는 털어놓지 않으면서 다른 사람에게 질문하거나 다른 사람의 문제에 대해 조언하는 집단원이다. 적절한 시기에 이루어지는 질문과 조언은 집단상담을 더욱 발전시키지만 개인의 호기심을 충족시키기 위한 질문이나 다른 집단원을 심문하는 듯한 질문은 다른 집단원의 심리적 영역을 침해하고 감정을 나눌 기회를 줄여 집단 전체를 방어적으로 만들 수 있다. 이런 경우 질문 직전 마음속의 생각과 느낌에 대해 이야기하도록 하면 도움이 된다.

집단원: △△ 님은 왜 아무 말도 안 하세요? 무슨 일이 있으신가요?
상담자: ○○ 님은 자신의 느낌을 이야기하기보다는 다른 사람에게 계속해서 질문만 하시네요. 지금 △△ 님에게 질문하기 전에 어떤 생각을 했는지 우리에게 말해 줄 수 있겠어요?
집단원: △△ 님이 오늘 거의 말을 하지 않더라고요. 그래서 자꾸 신경이 쓰였어요. 그래서 왜 그런지 궁금해지고 알고 싶다는 생각이 들었어요.

질문을 통해 집단원 ○○이 계속 질문한 의도를 이야기할 수 있고, 다른 집단원도 ○○에 대해 가졌던 불편함을 줄일 수 있다.

무언가 자신의 문제를 해결하고자 하는 집단원에게 조언은 집단 내에서 매우 효과적이고 매력적으로 보일 수 있다. 그러나 집단상담에서는 개인이 시간을 가지면서 자신의 갈등을 충분히 탐색하고 스스로 결정을 내리는 과정이 더욱 중요하다. 다른 집단원을 도와주고 싶은 마음에 개인의 문제에 대해 섣불리 조언한다면 상대를 의존적으로 만들 수도 있고, 새로운 문제가 생겼을 때 스스로 문제를 해결하는 방법을 연습하지 못할 수도 있다.

4) 적대적 행동으로 집단상담을 방해하는 집단원

적대감은 신랄한 말, 농담, 빈정거림, 결석, 지각, 집단 떠남, 지나친 공손 등으로 나타나 집단 전체 분위기를 훼손한다. 집단원의 적대감을 다루는 방법은 다른 집단원이 이런 적대적 행동으로 인해 어떤 영향을 받는지 또는 어떤 식으로 다르게 행동하기를 원하는지 말해 주는 것이다. 적대적 행동은 저항처럼 두려움의 다른 표현일 수 있으므로 표면화시켜 다루면 감소할 수도 있다. 이때 주의할 것은 다른 집단원이 그에 대해 적대적 감정을 쏟지 않도록 주의하는 것이다.

상담자: ○○ 님이 △△ 님에 대해 말씀해 주셨는데, 다른 집단원들은 ○○ 님이 이번에 한 농담(또는 비판)에 대해서 어떻게 생각하는지 궁금하네요.

상담자: ○○ 님의 이야기를 들으니 이번 집단상담에 대한 불만이 느껴집니다. ○○ 님이 우리 집단에 대해 바라는 것이 있다면 이해하기 쉽도록 이야기해 주면 어떨까요?

이 외에도 지나치게 집단상담자나 집단상담에 의존하는 것, 집단 밖에서의 소모임을 가지는 것, 과도하게 감정을 표현하는 것 등도 집단상담의 진행과 발달에 방해가 될 수 있다.

지금까지 집단상담의 흐름에 따른 몇 가지 중요한 기법을 살펴보았다. 훌륭한 집단상담자가 되는 것은 결코 쉬운 일이 아니다. 효과적이고 성공적인 집단상담을 위해서는 집단상담의 다양한 이론에 대한 이해와 실제 집단상담을 운영할 수 있는 기술이 필요하며, 이론과 기술을 잘 사용할 수 있도록 훈련하는 것 역시 필요하다.

특히 집단상담에서 기법은 기법 그 자체보다 어떤 집단원에게 언제, 어떻게 사용할 것인가가 더 중요하며, 이는 집단의 역동에도 큰 영향을 미친다. 따라서 집단상담자는 앞서 살펴본 집단상담의 기법들 외에도 다양한 상담 기법을 배우거나 관련 도서를 읽거나 수퍼비전을 통해 지속적으로 자신을 발전시키고 훈련하는 일이 필요하다.

요약

1. 집단상담 기법의 정의와 역할

1) **집단상담 기법의 정의**: 집단상담에서 기법은 상담자의 이론적 근거와 훈련 배경에 따라 집단 내에서 집단상담자가 실시하는 모든 행위를 말함

2) **집단상담 기법의 역할**: 집단원의 내면을 탐색하고, 집단원 간의 의사소통을 원활하게 하여 집단원의 변화 및 집단상담의 목표를 달성하는 데 도움

2. 집단상담 기법의 분류

발달단계	초기 단계	과도기 단계	작업 단계	종결 단계
발달단계별 특징	집단상담 시작	분위기 조성	의사소통과 상호작용	집단상담 마무리
집단상담 기법	• 구조화 • 참여 촉진	• 분위기 조성 • 지지와 격려 • 초점 맞추기 • 지금-여기 알아차리기 • 피드백 • 중지와 연결	• 관심 기울이기 • 경청 • 공감적 반응 • 명료화 • 질문 • 요약 • 재진술 • 즉시성	• 분리감정 • 미해결 문제 • 집단 경험 돌아보기 • 집단 평가

3. 집단상담 기법

1) 집단상담의 시작을 돕는 기법

① 구조화: 일반적으로 집단상담 초기에 사용되는 기법으로 집단에 대한 전반적인 안내

② 참여 촉진: 집단에 대한 두려움이 있거나 집단에 적극적으로 참여할 준비가 되어 있지 않은 집단원에게 집단 장면 안으로 들어올 수 있도록 돕는 과정

2) 집단상담의 분위기를 조성하는 기법

① 분위기 조성: 집단원들이 집단상담에 집중할 수 있도록 집단의 분위기를 조성하는 것

② 지지와 격려: 집단원이 하기 힘든 이야기를 하거나 감정적으로 어려움을 겪고 있을 때 집단원의 어려움을 이해하고 응원하는 기법

③ 초점 맞추기: 집단원들이 집중하고 있는 활동, 이야기, 감정 등에 집중해서 이야기할 수 있

도록 돕는 활동

④ 지금-여기 알아차리기: 과거와 관련된 생각과 감정을 좀 더 생생하게 알아차리고, 지금 집단상담 장면에서 일어나는 문제나 감정들과 어떻게 연결되는지 탐색하는 것

⑤ 피드백: 집단원의 감정이나 행동에 대한 언어적 반응

⑥ 중지와 연결: 중지는 집단과정에 부정적인 영향을 미치는 집단원의 말이나 행위를 멈추게 하는 것이고, 연결은 집단원들 사이에 유사한 말이나 행동을 관련지어 설명하는 것

3) 의사소통과 상호작용을 촉진하는 기법

① 관심 기울이기: 집단상담자가 자세, 시선, 표정 등을 통해 집단원에게 지속적인 관심을 나타내는 행위

② 경청: 집단원의 말을 귀담아듣는 행위

③ 공감적 반응: 집단원이 경험한 주관적인 세계를 집단상담자가 인식하고 이해하는 것

④ 명료화: 집단원이 분명하게 말하지 않은 부분에 대해 구체적이고 명료하게 표현하도록 돕는 기법

⑤ 질문: 집단원으로부터 어떤 사실이나 상황에 대한 정보를 얻을 목적으로 사용

⑥ 요약: 집단원이 말한 내용이 중요하거나, 길거나 복합적이어서 한번에 이해하기 어렵거나, 이야기의 초점이 흔들린다고 생각될 때 사용하는 기법

⑦ 재진술: 집단원이 이야기한 상황, 사건, 사람에 대한 생각이나 감정을 집단상담자가 동일한 내용의 다른 말로 바꾸어 다시 말해 주는 기법

⑧ 즉시성: 집단상담 장면에 초점을 두고 지금-여기에서 이야기하는 것을 느끼고 깨달아 즉시 의사소통하는 것

4) 집단상담의 종결을 돕는 기법

① 분리감정 다루기: 집단상담의 종결을 앞두고 이별에 대한 아쉬움과 이별의 감정을 다루는 것

② 미해결 문제 다루기: 집단 종결을 앞두고 남은 시간 동안 미해결 문제를 해결하기 위해 더 탐색하는 것

③ 집단 경험 돌아보기: 집단상담을 통해 집단원이 느낀 것과 알게 된 것에 대해 돌아보게 하는 것

④ 집단 평가: 집단상담이 종결될 때 목적 달성 여부를 평가하는 것

4. 집단원의 문제행동을 다루기 위한 기법

1) 침묵하는 집단원

- 침묵의 의미를 탐색하는 것이 중요
- 한 회기에 여러 번 나누어 이야기하거나 소집단을 형성하여 이야기할 기회 제공

2) 이야기를 독점하려는 집단원

- 불안, 관심이나 주목을 받고자 하는 것. 집단에 대한 지배권이 원인이 될 수 있음
- 이미 형성된 신뢰감과 응집성을 해치기 전에 집단상담자의 개입이 필요

3) 자신의 이야기보다 질문과 조언을 하려는 집단원

- 개인의 호기심을 충족시키기 위한 질문이나 다른 집단원을 심문하는 듯한 질문은 집단 전체를 방어적으로 만들 수 있음
- 질문 전 마음속의 생각과 느낌에 대해 탐색하도록 개입

4) 적대적 행동으로 집단상담을 방해하는 집단원

- 신랄한 말, 농담, 빈정거림, 결석, 지각, 집단 떠남, 지나친 공손 등으로 나타남
- 적대적 행동은 두려움의 다른 표현일 수 있으므로 표면화시켜 다룸
- 다른 집단원이 적대적 감정을 갖지 않도록 주의

제4부

집단상담 실제

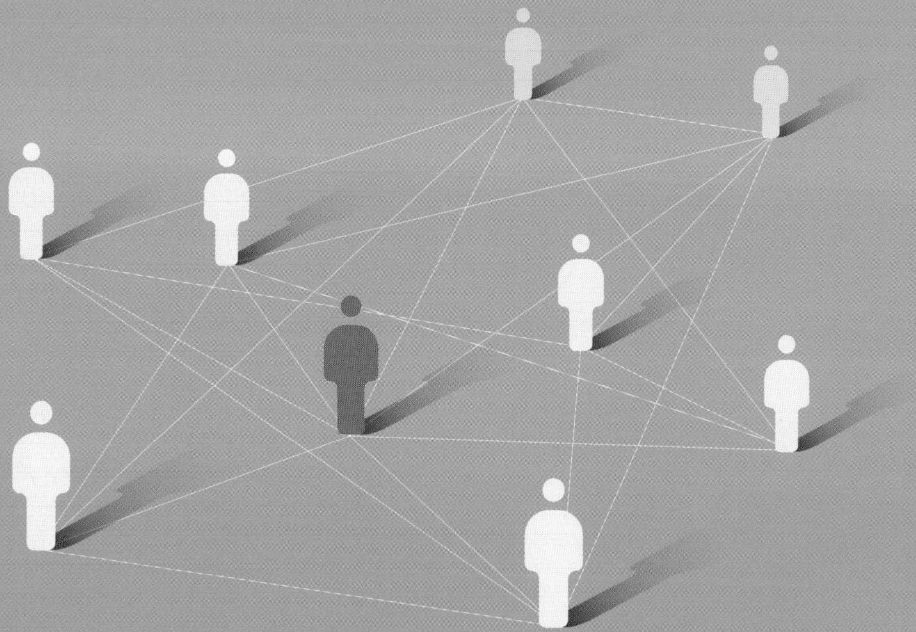

제10장

집단상담 계획과 평가

읽기 전 나누기

- 집단상담을 실시하기 전에 고려해야 할 사항은 무엇인가?
- 집단상담을 준비할 때 해야 할 일은 무엇인가?
- 집단상담 평가 항목에는 어떠한 것이 포함되어야 하는가?

읽고 나면

- 집단상담의 목적에 맞는 집단활동을 선정하고 대상에 맞는 형식으로 집단상담 프로그램을 계획할 수 있다.
- 집단상담을 실시하기 전에 집단을 구성하기 위한 구체적인 사항을 고려하여 계획서를 작성할 수 있다.
- 집단상담 평가 대상과 항목을 선정하고, 평가 시기 및 방법을 구체적으로 계획하여 실시할 수 있다.

집단상담 계획이란 집단상담의 목표를 달성하기 위한 집단 운영 및 활동들을 계획하고 사전 준비를 하는 과정이다. 집단상담 계획은 집단상담의 기초를 다지는 과정이라 할 수 있으므로 효과적이고 성공적인 집단상담을 위해서는 계획에 상당한 시간을 투자할 필요가 있다. 이때 집단상담의 목표 설정과 이에 도달하기 위한 효과적인 활동을 구성하고 실제로 계획을 수행하는 것이 가능한지, 방해 요인은 없는지에 대한 충분한 숙고가 이루어진다. 그러나 사전에 충분한 시간을 투자하여 치밀하게 계획했다 하더라도 집단상담의 실제 상황에서는 목표 달성에 어려움을 주는 예상하지 못한 상황이 발생할 수 있기 때문에 계획에 비추어 집단상담을 평가하는 과정이 반드시 수반되어야만 한다.

집단상담 평가는 계획에 비추어 상담 목표가 어느 정도 달성되었는지, 집단상담 과정은 어떠했는지를 확인하고 돌아보는 과정으로, 집단상담을 계획하는 단계에서부터 평가 계획이 수립되어야 한다. 집단상담의 평가는 집단상담의 사전 준비부터 사후 계획까지 지속적으로 이루어져야 할 필요가 있다. 일반적으로 계획과 평가를 따로 구분하여 생각하기 쉬운데, 계획과 평가가 짝이 되어 수립한 목표와 계획대로 실제로 이루어지고 있는지, 그렇지 못하다면 어떤 점이 문제이고 무엇을 개선해야 하는지를 점검하려는 노력이 요구된다. 이러한 노력은 내담자의 요구를 충족시켜 주는 좀 더 효과적이고 만족스러운 집단상담을 제공할 수 있으며, 상담자의 전문성을 증진시키는 데 기여할 것이다.

이 장에서는 집단상담의 계획과 평가에 관한 구체적인 사항들을 확인하고 계획과 평가의 실제를 살펴볼 것이다.

1 집단상담 계획

집단상담의 계획 단계에서는 집단상담의 목적과 목표를 수립하고 집단상담 운영을 위한 활동들을 계획하며 이를 구체화시켜 명시한 계획서를 작성해야 한다.

그리고 집단상담에 참여할 집단원을 모집하기 위한 홍보와 집단원 선발, 사전 모임 등이 이루어진다. 이에 대한 활동과 내용들을 구체적으로 살펴보도록 하자.

1) 집단상담의 목적과 목표 설정

집단상담을 계획하기 위해서는 우선 집단의 대상을 명확히 하고 합당한 근거를 바탕으로 적용할 이론을 결정해야 한다. 집단상담자는 다양한 상담이론에 대한 지식을 바탕으로 집단을 통해서 달성하고자 하는 목적과 목표에 따라 적절한 이론과 기법을 선택하고 조합할 수 있는 능력을 갖추어야 한다. 집단상담의 목적은 집단상담을 계획하고 실시하는 데 있어서 집단상담자를 인도하는 지도(map)로서의 역할을 하며, 집단의 목적을 분명히 밝히는 것은 집단원들에게도 도움이 된다. 집단에 참여하는 개개인은 서로 다른 목적이나 목표를 가지고 집단에 참여할 수 있기 때문에 집단의 목적을 분명히 밝힘으로써 개인의 집단 참여 목적을 집단의 목적에 부합할 수 있도록 하는 것이 집단의 성과에 효과적이다. 또한 집단의 목적을 분명하게 하는 것은 집단의 크기, 집단원의 자격, 회기 시간과 회기 횟수 등과 같은 세부적인 사항들을 더 쉽게 결정할 수 있도록 한다.

❖ 집단상담의 목적에 대한 예시

- 청소년의 진로 탐색 능력의 증진
- 이혼 가정 아이들의 자아존중감 향상
- 교사들의 의사소통 능력 향상

집단상담의 목표는 구체적이고 평가 가능하며 정해진 시간에 달성할 수 있는 것이어야 한다. 집단상담을 계획할 때 집단상담자는 집단원들이 집단상담에서 무엇을 가장 원하는지, 이를 달성하기 위해 어떻게 해야 하는지, 이 집단에서는 어떠한 주제를 다룰 것인지를 구체적이고 명확하게 정해야 한다.

❖ 집단상담의 목표에 대한 예시
- 직업의 종류에 대해 안다.
- 자신의 마음을 '나 전달법'으로 표현할 수 있다.
- 소극적 행동, 자기주장적 행동, 공격적 행동을 구분할 수 있다.

2) 집단상담 운영 계획

집단상담 계획 시 집단 운영을 위한 실제적인 사항을 명확하게 정해야만 한다. 구체적으로 집단상담의 회기 기간과 빈도는 어느 정도로 할 것인가, 집단원의 수나 자격규정은 어떻게 할 것인가, 집단원 선발 기준 및 절차는 어떠한가, 집단상담자의 자격이나 누가 지도자가 될 것인가, 단독인가 또는 공동인가, 집단이 시작된 뒤 신입 집단원을 받아들일 것인가, 집단원들은 집단상담을 위해 준비해야 할 사항은 없는가, 어떤 기본 규칙들을 어떤 방법으로 설정할 것인가 등의 여러 가지 사항을 고려하여 체계적으로 계획해야 한다.

(1) 회기의 시간과 빈도, 회기 수

집단상담자는 집단상담을 어느 정도의 시간 동안, 얼마나 자주, 몇 회기를 가질 것인가, 즉 집단상담의 길이와 빈도, 횟수를 사전에 계획하는 것이 중요하다.

이상적인 집단회기의 시간은 집단 유형과 집단원들의 흥미에 따라 다양하다. 그런데 집단회기 시간이 너무 짧으면 집단에서 개인적인 문제를 다루기가 어려워지는 반면, 집단회기 시간이 너무 길어지면 집단상담의 효율성이 떨어진다. 집단상담 운영의 빈도와 횟수 등을 고려할 때 집단원의 연령도 고려해야 하는데, 일반적으로 연령이 낮을수록 집단회기 시간이 길면 진행에 어려움이 있을 수 있다. 모임시간은 집단원이 다른 활동과 갈등이 없는 시간에 갖는 것이 이상적이다. 기능 수준이 양호한 성인의 경우에는 매주 1회기 90~120분 정도가 적당하다. 학생이라면 정규 수업 등을 고려해야 하므로 예비집단원의 일과에 대한 주의 깊은 조사가 필요하다.

회기의 빈도는 일주일에 1회씩 진행되는 것이 일반적이나 아동과 청소년은 짧은 기간 동안 자주 만나게 하는 것이 주의를 집중하기에 좋다. 마라톤 집단(marathon group) 같은 경우 회기를 연속적으로 이어 가기도 하는데 보통 12시간, 24시간, 48시간 동안 계속되며 정해진 기간 동안 함께 지내며, 전적인 자기표출, 집약적인 상호 직면, 정서적인 몰입과 참여가 강조된다.

회기의 수는 학기의 기간, 집단상담자의 유용성, 집단원들의 욕구, 교육 정보의 양과 같은 것에 의해 정해진다. 기간이 한정되어 있는 집단은 집단원들이 보다 적극적으로 참여하도록 자극할 수 있기 때문에 바람직하다.

(2) 집단의 크기

집단원의 수는 어느 정도가 적당한가? 집단원의 수가 지나치게 많은 경우에는 적극적이고 주도적인 성격의 집단원들만 참여하여 집단원 간의 상호작용이 감소하고 개개인의 문제를 다룰 시간이 부족할 수 있다. 집단원의 수가 지나치게 적은 경우에는 집단원들 사이의 다양성이 감소하여 상호작용이 둔화될 수 있다.

집단의 크기는 집단원의 성숙도, 참여도, 친밀성, 상호작용 시간, 집단상담자의 능력에 따라서 달라지므로 기준을 명확하게 하기는 어렵지만 집단원 각자가 동참하면서 '집단'이라는 의식이 들 만큼 적은 수의 인원이어야 한다. 보통 7~15명의 범위 안에서 집단이 이루어진다. 일반적으로 어릴수록 적은 수로 구성하는 것이 바람직하고, 성인이 될수록 다소 많은 수로 구성될 수도 있다고 보고 있다. 예를 들어, 원만한 상호작용을 위해서 초등학교 저학년의 경우에는 4명 이하의 적은 수가 적당하지만, 성인의 경우에는 집단원 간의 상호작용이 활발히 일어나기에 충분할 정도로 많아야 한다.

(3) 상담 장소

집단상담에서 물리적 환경은 매우 중요하며, 활동에 집중할 수 있는 적당한 크기의 정돈된 장소가 좋다. 특히 사생활 보호가 필수적이므로 집단의 대화 내용이 새어 나가지 않을 만한 장소이어야 한다.

효과적인 작업이 이루어지기 위해서는 집단원이 원형으로 둥글게 앉을 수 있는 장소가 알맞다. 원형으로 앉으면 집단원 모두가 서로를 바라볼 수 있고, 자유롭고 자발적인 움직임과 신체적 접촉이 용이하기 때문이다. 집단원 사이에 탁자 같은 것이 있으면 심리적인 어색함이나 불편감을 줄이는 효과가 있기는 하지만 활동 중 집단원의 비언어적인 소통을 더 민감하게 관찰하는 데 방해가 되기도 한다.

만약 공동 집단상담자가 있다면 두 상담자가 서로 마주 앉는 것이 효과적인데, 이렇게 함으로써 모든 집단원의 비언어적인 의사를 잘 관찰할 수 있기 때문이다. 한편, 녹화 또는 녹음과 관련된 시청각 기재를 사용할 때는 반드시 사전에 집단원의 허가를 얻어야 한다.

(4) 집단의 구성

집단의 구성은 집단의 목적과 목표에 따라 동질 집단으로 구성할지, 이질 집단으로 구성할지 결정할 수 있다. 동질 집단은 연령이나 성별, 직업이나 관심사 등이 같거나 유사한 사람들로 구성되는 집단을 말하며, 이질 집단은 연령이나 성별이 다르게 구성되어 있거나 또는 직업이나 관심사가 다양한 사람으로 구성된 집단을 말한다.

집단상담 과정에서 다양한 경험을 나누고 현실 검증의 기회를 가진다는 집단상담의 이점을 고려해 볼 때는 이질 집단으로 구성하여 진행하는 것이 효과적이다. 일반적으로 집단은 사회 구조의 축소판이라고 볼 수 있는데, 다양한 집단원으로 구성되었을 때 일상의 현실을 반영하는 환경에서 다양한 사람에게 주어지는 피드백을 받을 수 있고, 이를 통해 새로운 행동을 실험하거나 대인관계 기술을 개발할 수 있기 때문이다.

일반적으로 어떤 특정한 욕구가 있는 특정 대상의 경우에는 이질적인 집단원보다 그 대상에 속하는 사람으로만 집단을 구성하는 것이 더 적절하다. 이러한 동질 집단의 경우 집단 내의 친밀감이나 응집력, 목표 달성 등에서 효과를 나타낼 수 있다. 예를 들어, 노년층으로 구성된 집단의 경우 외로움, 소외, 의미 상실, 거부, 경제적 부담, 신체 노화 등과 같이 이들의 발달단계에 맞는 문제에 초점을 둘 수 있다. 동질적인 집단의 또 다른 예로는 알코올 중독자 집단, 자녀를 잃은 부모 집단, 비만관리 집단 등이 있다.

> ❖ **동질 집단의 장점**
> - 집단원들 사이의 응집력을 높인다.
> - 자신 또는 자신의 삶에 대해 개방적이고 집중적으로 탐색할 기회를 제공한다.
> - 자신이 처한 삶의 상황에서 다른 집단원과 연대감을 형성한다.

(5) 집단의 개방성

집단의 개방성은 집단과정 중 새로운 집단원의 가입 가능 여부에 따라 폐쇄 집단과 개방 집단으로 나눈다. 폐쇄 집단은 시간의 제한이 있으며, 일단 집단원이 되면 그 집단이 완전히 종료할 때까지 남아 있어야 하며, 새로운 집단원은 추가되지 않는다. 반면, 개방 집단은 집단이 진행됨에 따라 집단원 중 집단을 떠나게 되는 경우 새로운 집단원을 추가할 수 있는 집단을 말한다. 따라서 개방 집단에서는 좀 더 다양한 사람과 교류할 수 있지만 집단의 분위기가 흐트러지기 쉽고, 집단원 간에 발달단계의 차이를 보이기 때문에 갈등을 초래하기 쉬워 응집력이 약해질 수 있다. 집단상담자는 새로운 집단원이 들어오는 경우에는 집단에 제대로 참여하는 방법을 배울 수 있도록 오리엔테이션을 제공해야 한다.

(6) 집단의 구조화

집단의 구조화는 일반적으로 집단상담자가 통제하는 구조화 집단과 집단원들이 중심이 되는 비구조화 집단으로 나눌 수 있다. 집단원이 중심인 집단은 비조직적인 형태를 띠고, 집단상담자가 중심인 집단은 집단상담자가 사전에 정한 절차에 따라 지시적으로 진행되므로 고도의 조직성을 띤다. 비구조화 집단은 집단의 역동과 과정을 강조하고, 구조화 집단은 집단원이 당면한 과제나 어려움을 효과적으로 감소시키기 위한 구체적이고 제한된 목적에 초점을 맞춘다. 반면, 구조화 집단상담은 활동 내용의 선택과 실시방법 등에서 구체적인 계획이 필요하다. 집단상담자는 집단의 목적과 대상에 따라 내용과 형식의 구조화 정도를 선택할 수 있다.

(7) 평가 계획

집단상담자는 집단상담을 계획할 때부터 집단상담을 통해 수립된 목표의 달성 및 집단상담의 효과성을 평가하기 위한 평가 계획을 수립해야만 한다. 누가 평가할 것인지, 언제 평가할 것인지, 무엇을 평가할 것인지, 어떠한 방법으로 평가할 것인지, 평가 결과는 어떻게 처리할 것인지에 대한 구체적인 계획이 필요하며, 이는 집단활동의 개선에 도움이 된다. 평가의 구체적인 방법 및 내용에 관한 사항은 평가 단계에서 자세하게 다루도록 하겠다.

(8) 공동 집단상담자

집단원이 많은 경우에 공동 집단상담자(co-leader)가 있으면 집단원 간의 역동을 놓치지 않고 다룰 수 있을 뿐만 아니라, 한 집단상담자가 직접 집단활동에 참여하거나 집단을 지도하는 동안 다른 집단상담자는 집단 전체를 객관적인 입장에서 관찰할 수 있는 장점이 있다. 그러나 공동 집단상담자가 서로 잘 알지 못하는 관계이거나 다른 집단상담자의 전문적 수행에 대해 잘 알지 못하거나 두 집단상담자가 경쟁관계에 놓이게 되는 경우, 집단의 유지나 발달이 어려울 수도 있다. 집단원이 집단에 들어오기 전에 준비가 필수적이듯, 공동 집단상담자도 심리적으로 준비하고 서로의 스타일에 대해 어느 정도 알아 둘 필요가 있다.

3) 집단상담 활동 계획

구조화 집단상담의 경우 집단상담자는 정해진 목표를 달성하기 위해 집단원에게 맞는 효과적인 프로그램 및 집단활동을 준비해야 한다. 집단상담자는 집단을 계획하면서 집단에서 다룰 주제와 활동들을 생각하고 집단의 발달단계에 따라서 이를 배치하고, 집단활동의 형식을 기획한다. 집단상담에서 수행할 활동은 포괄적이고 종합적인 활동 계획과 지침이며, 집단활동은 '특별한 목적을 위해 구체적인 지시를 따라 수행하는 활동'이라 할 수 있다. 즉, 집단활동은 집단상담의 목적을 효과적으로 성취하기 위해 집단원이 상호작용할 수 있도록 만든 과제라고 볼 수 있으며 집단원의 토의와 참여 촉진, 집단에 초점을 맞추기, 경험 학습 기회 제공, 집단상담자에게 유용한 정보 제공, 집단의 편안한 분위기 조성, 재미와 이완 제공 등의 목적으로 고안된 일련의 활동을 의미한다. 집단상담 활동 계획을 전체 회기의 계획, 각 회기의 제시방법 계획, 한 회기의 계획 순으로 구분하여 살펴보자.

(1) 전체 회기의 계획

먼저, 집단상담자는 집단상담의 목적에 따라서 적합한 집단활동을 구성하기 위해 기존 이론과 프로그램을 수집하여 다룰 필요가 있는 모든 주제와 다룰 수 있는 모든 가능한 주제에 대해 생각을 해 봐야 한다. 이때 논문으로 발표된 프로그램을 참고하거나, 각 이론의 활동을 참고하는 것이 도움이 될 것이다. 활동을 선택할 때 가장 중요한 점은 이 활동이 집단의 목적을 효율적으로 이루는 데 얼마나 도움이 되는가에 있다. 집단원들이 관심이 없는 주제나 의미 없는 주제를 선택하는 경우 집단원들의 적극적이고 자발적인 참여가 이루어지지 않을 수 있다. 그렇다고 단순히 재미나 분위기를 좋게 하기 위한 활동이 많으면 성과를 얻기 어렵다.

집단활동을 선택할 때 또 다른 중요한 점은 집단상담자가 익숙하고 안정적으로 진행할 수 있으며, 집단원이 표출하는 상호작용을 감당할 수 있는 주제를 선택해야 한다는 점이다. 집단상담자가 주저하거나 준비가 되지 않아 불안한 경우에 집단원들은 금방 알아차리고 같이 혼란스러워하므로 실패할 가능성이 많다. 마찬가지로 집단원이 아직 나눌 준비가 되지 않는 활동을 계획하는 것도 실패를 가져올 수 있다.

다음은 8회기 자기성장 집단상담에서 다룰 주제를 목록화한 예시다.

❖ 주제 목록화의 예

- 신뢰감 쌓기
- 나의 인생 태도 살펴보기
- 과거의 나와 현재의 나 연결하기
- 나의 장점 확인하기
- 자기수용과 타인수용하기
- 나의 긍정적인 면과 부정적인 면 개방
- 미해결 감정 정리하기
- 미래의 나 계획하기

가능한 주제를 목록화한 다음에는 집단의 초기, 중기, 종결 단계까지 다룰 주제를 순서대로 계획해야 한다. 집단상담자는 집단의 발달단계에 맞게 활동을 배치하기 위해 시작 단계에서 다룰 주제를 고려해 보고, 그 후에 이 주제를 어떻게 다룰지, 간단한 적용만을 필요로 하는지, 전혀 다룰 필요가 없는지 등의 문제를 고려한다. 또 집단의 발달단계를 고려해서 회기 계획을 세우는 것도 중요하다. 그 회기가 처음인지, 두 번째인지, 중간 혹은 마지막인지에 따라 활동 내용이 달라질 것이다. 첫 번째 회기는 집단상담자가 해야 할 것이 많고 그만큼 매우 중요하다. 일반적으로 첫 번째 회기에는 집단원을 소개하기, 집단의 목적 분명히 하기, 집단을 위한 긍정적인 분위기를 만들기, 집단원의 어려움을 극복하도록 도와주기, 어떤 지침이나 집단의 규칙을 인지시키고 유지하기 등의 활동이 이루어진다. 그리고 마지막 회기에서 집단상담자는 집단을 종결하기 위해 필요한 것을 말하고, 행동하도록 계획한다.

일반적으로 구조화 집단상담에서는 초기에 집단원 간 이해와 신뢰감을 높이는 활동 중심으로 배열한다. 구체적으로는 신뢰감 형성을 위한 신체활동, 자기소개, 집단의 규칙, 목적 달성에 대한 기대, 불안이나 긴장감을 다루는 활동을 주로 배치한다. 중간에는 목표를 성취하기 위한 활동과 문제해결을 위한 체험적 활동을 배열한다. 자기개방, 감정의 정화, 새로운 행동의 시도 등 각 이론에 따라 집단원의 역동과 문제를 다루는 다양한 활동을 주로 배치한다. 마지막으로, 종결에는 이별의 감정을 나누고 집단 성과를 실제 생활 장면에 적용하는 활동으로 배열한다. 피드백을 통한 마무리, 갈등과 용서, 미해결 과제 다루기, 종결에 따른 감정 표현, 개인 목표의 달성과 평가, 축하와 격려, 이별의 정서 다루기 등을 주로 한다.

(2) 각 회기의 제시방법 계획

전체 회기의 흐름을 계획하고 나면 각각의 회기를 구체적으로 계획해야 한다. 계획이 애매하고 막연하면 주제를 어떻게 다루어야 할지 몰라서 당황하게 된다. 구체적인 회기를 계획하는 것에는 주제와 집단활동뿐 아니라 활동방법과 적절한 시간 배분도 포함된다. 먼저, 회기를 계획할 때 집단상담자는 집단원들이 그 과정에 기꺼이 참여할 수 있는 상황을 제공하여 보다 편안한 느낌으로 자기탐색을 할 수 있도록 돕는 전략을 가져야 한다. 따라서 그 회기를 제시하는 방법이나 전략을 중요하게 고려해야 한다.

주제를 다루는 방법은 강의, 동영상 시청, 토의 주제를 소개하고 집단원이 집단으로 혹은 짝으로 토의하기 등이 있다. 그 시간에 주어진 주제를 토의하고 그 다음 시간에도 같은 형식으로 토의를 진행할 수도 있지만 다양한 형식으로 진행하는 것이 유익하다. 특히 아동 · 청소년의 경우에는 흥미를 끌 만한 다양한 방법을 창의적으로 생각할 필요가 있다. 만약 한 회기는 신체활동을 하고, 다음 회기는 두 가지의 다른 활동과 토의로 구성하고, 그다음 회기는 쓰기활동, 역할놀이 활동, 또 다른 회기는 짧은 영화로 구성한다면 집단원은 흥미와 호기심을 가질 것이다. 계획을 세울 때 집단상담자는 형식이 진부한지 아닌지를 항상 고려해야 한다. 즉, 집단원들의 연령과 성숙도를 고려하여 쉽게 이해하고 흥미롭게 참여할 수 있도록 계획해야 한다.

활동방법을 선택할 때에는 물리적 장소에 대한 고려도 필요하다. 예를 들어, 동영상을 본다면 멀티미디어 시설이 갖추어진 공간이어야 한다.

(3) 한 회기의 계획

많은 초보 집단상담자는 시간 계획을 짜는 데서 실수를 한다. 도입에 너무 긴 시간을 할애한다든지, 반대로 도입에서 워밍업 시간을 계획하지 않거나 적게 배정하는 경우도 있다. 주된 활동을 통해서 심도 깊은 수준까지 갈 수 있도록 하기 위해 가장 중요한 문제에 많은 시간을 사용할 수 있도록 집단 계획을 짜야 한다. 한 회기에 너무 많은 계획을 세우면 중요한 주제를 피상적으로 다루게 되므로 몇 가지를 대충 지나가는 것보다 적은 주제를 깊이 있게 다루는 것이 낫다. 즉, 한 주제를 충분히 효과적으로 학습할 수 있도록 초점을 두고 계획하는 것이 중요하다. 집단상담자는 각 주제나 활동에 필요한 시간을 가능한 한 정확하게 계획한다.

한 회기의 계획을 세울 때 집단상담자는 한 회기가 세 단계, 즉 도입 단계, 전개 단계, 마무리 단계로 구성된다는 것을 염두에 두어야 한다. 도입 단계는 처음 몇 분 동안 지난 회기의 활동을 잠시 상기해 볼 수 있고, 이어서 본 회기의 목표를 제시한다. 대부분의 집단에서 도입 단계는 보통 10분을 넘지 않아야 하고 긴 도입 단계가 필요한 첫 회기를 제외하고는 15분을 넘겨서는 안 된다. 회기가 30~40분가량 진행되는 학교 집단에서는 상담자가 전개 단계 동안 상호작용할 시간을 가지기 위해 도입 단계를 간단히 계획해야 한다. 작업할 준비가 되어 있는 집단은 도입 단계에 시간이 많이 필요하지 않다.

전개 단계는 그 회기의 목표를 이루기 위한 활동에 초점을 둔다. 의미 있는 상호작용과 논의가 이루어지는 단계이므로 세심하게 계획을 잘 세우는 것이 가장 중요하다. 집단원이 활동 내용에 몰입할 수 있도록 동기를 부여하고 분위기를 조성하는 계획을 세워야 하며, 집단원이 경험을 공유하고 발표하는 순서와 방법 등이 계획되어야 한다. 경험을 유도하고 표현할 수 있도록 하는 활동지 계획도 필요하다.

마무리 단계에서는 그 회기를 요약하고 종결시킨다. 이 단계에서 집단상담자는 집단원들이 집단의 중간 단계 혹은 활동 단계에서 배운 것을 통합할 수 있도록 요약 형식의 활동을 계획한다. 집단상담자는 3~10분 정도 회기의 내용을 요약하고 각자 무엇을 배웠는지, 앞으로 좋은 계획이 무엇인지, 그 주 동안 달라진 것이 무엇인지 또는 다음 회기 주제에 대한 간단한 토의를 하는 것으로 계획을 세울 수 있다.

실제 집단상담을 실시하는 경우에 지나치게 완고하게 자신의 계획에 따르는 것은 융통성이 부족한 것이다. 경우에 따라 계획된 활동보다 더 의미 있고 적절한 문제를 다루어야 한다면 계획을 변경하는 것도 필요하다.

〈표 10-1〉 **회기별 계획**

차시		주제		운영방법	
활동 목표					
과정	활동 내용			시간(분)	자료 및 준비물
도입					
전개					
마무리					
차시 예고					
유의점					

4) 집단계획서 작성

집단을 운영하기 위한 실제적인 고려사항을 계획하고 나면 이러한 사항을 집단계획서로 구체화하게 된다. 집단계획서에는 집단의 필요성과 목적, 집단 대상, 집단 유형, 집단의 크기, 집단 일정, 장소, 집단원 수, 홍보방법, 기대 효과 및 평가에 대해서 서술되어야 한다. 기관에서 실시할 경우 예산 책정까지 포함되어야 한다.

❖ 집단계획서의 예시

학교 적응력 향상을 위한 또래관계 증진 프로그램

1. 추진 목적 및 필요성

정서불안, 학습부진, 무기력, 비행 등으로 학교생활에 부적응을 겪고 있는 학생들을 조기에 발굴하여 또래관계 증진 프로그램을 적용하고, 학교 적응력과 사회적 관계 능력을 향상시켜 전인적인 성장을 도모하고 행복한 학교생활을 영위할 수 있도록 하고자 함

2. 추진 배경

- 학생 부적응으로 인한 정서불안, 학습부진, 무기력, 비행 등 학교생활 적응에 문제가 있음
- 학교상담 활성화를 통한 학교 부적응 문제를 최소화
- 사회적 · 심리적 취약 학생에 대한 돌봄과 정서적 지원
- 학생 맞춤형 상담 서비스 연계

3. 추진 방향

- 대상: ○○중학교 1학년 10명(신청자가 많은 경우 담임교사의 추천을 받은 학생)
- 일시: 20○○. ○○. ○○ ~ 20○○. ○○. ○○ 매주 수요일 5교시
- 홍보: 가정통신문 발송
- 장소: 위클래스 집단상담실
- 추후 계획: 청소년 상담복지센터와 협력으로 개인상담 연계
- 상담자: 청소년 집단상담 전문가
- 소요 예산: 40만 원(강사비 30만 원, 간식비 10만 원)

4. 또래관계 증진 집단 프로그램

회기	제목	활동 내용	소요시간
1	자기소개	• 별칭 짓고 소개하기 • 신체활동으로 친밀감 쌓기	45분
2	따로 똑같이	• 신체 그림을 그리고 자신의 특징을 그려 넣기 • 친구와 닮은 부분 찾기	45분
3	내 마음을 맞혀 봐	• 이럴 때는 어떤 감정일까?-감정 맞히기 게임 • 친구의 마음 알기	45분
4	말할 때는 이렇게	• 우리는 어떤 말을 쓸까? • 나 전달법 연습	45분
5	넌 정말 멋쟁이!	• 친구의 장점을 발견하여 표현하기 • 친밀감을 표현하기	45분

5. 기대 효과

- 학교 부적응 학생을 조기에 발견하고 체계적인 진단-상담-치유 가능
- 학교 부적응, 학습 흥미 상실 등의 위기에 처한 학생들이 학업 중단에 이르는 것을 예방

5) 집단상담 홍보 및 사전 준비

집단은 집단원이 모이기 전에 시작된다. 이것은 집단상담자가 집단을 시작하기 전에 준비하는 것이 집단 내에서의 행동만큼이나 중요하다는 것을 말한다. 집단상담 실시에 앞서 집단원 모집을 위한 홍보 및 사전 준비와 관련된 사항에 대해서 살펴보자.

(1) 홍보와 집단원 모집

집단상담에 대한 기본적인 계획이 세워지면, 집단원을 모집하기 위한 공고를 내고 홍보를 한다. 집단원 모집을 위한 공고에는 집단 참여 희망자들이 내용을 보고 참여 여부를 결정할 수 있도록 집단의 목적과 목표가 무엇인지 분명히 해야 한다.

❖ 집단상담 모집 시 공고할 내용
- 집단의 유형과 목적
- 집단의 시간과 장소
- 집단 가입 절차
- 집단상담자로부터 집단원들이 기대할 수 있는 것
- 집단상담자의 자질과 전문성에 대한 진술
- 집단에 적합한 사람들을 결정하는 지침
- 가입비 등

일반적으로 집단원을 모집하는 방법으로는 상담기관이나 집단상담자가 모집하는 경우 홈페이지 게시판 등 온라인에 모집공고를 탑재하거나 기관 방문 및 홍보 유인물 배포, 집단 경험자에 의한 홍보 등을 활용할 수이 있다. 학교의 경우 가정통신문이나 게시판에 붙이는 포스터, 리플렛, 또는 집단상담자가 집단상담 프로그램을 직접 학생들에게 홍보하는 방법 등을 활용할 수 있다.

(2) 집단원 선발

집단원 선발에 있어 어떤 집단원을 포함시킬 것인지 또는 제외시킬 것인지에 관한 사항은 집단의 목표와 밀접하게 관련되어 있어야 한다. 집단원 선별은 상담자가 이끌어 가는 집단의 맥락을 고려하여 집단상담자가 집단을 수월하게 이끌기 위한 목적이 아니라 특정 집단원으로 인해서 참여한 대다수의 집단원이 잠재적인 해를 입는 것을 예방하고 집단상담에 사용할 시간과 에너지를 빼앗기는 것을 예방하기 위한 목적이어야 한다.

집단원의 선발방법에는 개별면접이나 질문지를 활용한 예비면담 방법이나 교사, 다른 상담자, 병원 직원과 같은 사람들에게 집단의 목적과 목표, 대상, 추진 방향에 대해 소개하면 그들이 집단에 적합한 집단원을 선발하여 의뢰하는 의뢰자에 의한 선발이 있다. 예비면담 실시나 신청서 작성은 집단상담자가 사전에 집단원에 대한 필요한 정보를 파악하여 집단상담의 실시 및 운영에 도움을 줄 수 있으며 집단원에게는 집단에 참여하려는 개인의 목적이나 목표를 분명히 하여 집단 참여 동기를 높일 수 있다. 집단상담 실시 전 예비면담 질문지와 집단상담 신청서의 예시는 〈표 10-2〉와 〈표 10-3〉에 제시되어 있다.

〈표 10-2〉 예비면담 질문지

이름(성별)	(남/여)	연령	
가족사항			
도움 받고 싶은 것			
상담 경험/이유			
이 프로그램을 어떻게 알게 되었나			
지금 몸 상태 (질병 여부)			
부탁할 사항			

〈표 10-3〉 **집단상담 신청서**

프로그램명	자기성장을 위한 구조화 집단				
성명	(남/여)	종교		별칭	
E-mail				휴대폰	
직장명				상담 경험 여부	
가족사항	원가족: 부 ( ) 모 ( ) 형제 (남 녀 중 째) 현재 가족: 미혼 ( ) 기혼 (/자녀 남 녀)				
참여 동기	집단에 대하여				
과정 중 바라는 점	자신에 대하여				

(3) 사전 집단의 활용

사전 집단은 집단 규범에 대해 미리 알려 주기 때문에 집단 초기에 집단원이 흔히 경험하는 불안을 감소시키고, 집단원에게 집단이 기능하는 방식을 이해시켜 집단에서 어떻게 행동해야 하는지 미리 알게 하므로 집단과정이 효율적으로 운영될 가능성이 높아진다는 장점이 있다. 사전 집단을 효과적으로 활용하기 위해서 다루어야 하는 내용은 다음과 같다.

첫째, 집단상담자와 집단원이 가진 기대를 명료화해야 한다. 사전 회기는 집단원이 집단에 참여하면서 갖고 있는 기대를 표현하기에 적절하다. 일반적으로 집단상담자가 "이 집단에 대한 당신의 기대는 무엇입니까?"라고 질문하여 집단원 개인의 특정한 문제 또는 상담에 응하고자 하는 이유를 탐색할 수 있다.

둘째, 집단의 목적과 목표를 제시하여야 한다. 집단원은 집단상담을 통해 집단에서 어떤 욕구가 충족될 수 있는지 없는지를 명료화하는 것이 좋다. 집단상담자는 집단원들에게 집단의 목적과 목표에 대해 질문하고 개인적 목표를 설정하도록 권장하는 것이 유익하다.

셋째, 효과적인 집단활동을 안내해야 한다. 집단상담자는 집단 상호작용의 과정에서 비현실적인 신비감을 갖지 않고, 집단상담의 협력적인 분위기를 강조하기 위해서 집단원에게 효과적인 집단활동에 대해 안내할 필요가 있다. 구체적으로는 변화를 위한 도전, 대인관계를 향상시키는 방법, 상호작용 과정에서의 진솔한 태도, 좌절과 실망에 대한 예상, 집단상담에 대한 신뢰감 등에 대해 설명해야 한다.

넷째, 기본 규칙에 대해 논의해야 한다. 본격적인 집단상담이 실시되기 전 사전 집단에서는 기본 규칙의 논의가 필수적이다.

❖ 집단상담에서 논의할 규칙

다른 사람과 자신에 대한 지각과 반응을 알리는 것, 비밀유지, 기록 여부, 회기 참석, 회기 도중 먹는 행위, 미성년자의 부모동의서, 집단원들끼리의 친밀관계 등에 대한 규칙

집단상담에서의 모든 규칙을 충분히 논의할 수 없지만, 집단 내에서 규칙이 미리 정해져야 집단원들이 집단에서의 개방과 행동을 결정할 수 있다. 어느 정도 기본 규칙이 정해지면 나머지는 집단이 진행되면서 특정한 문제가 발생했을 때 논의할 수 있다.

다음과 같은 집단 참여 가이드를 사전에 집단원에게 제공함으로써 집단상담에 대한 막연한 불안감을 낮추고 집단원으로써 역할과 책임을 알 수 있도록 돕는 것은 집단의 효과적인 진행에 도움이 된다.

❖ 집단 참여 가이드

1. 어떻게 그룹에 참여하는 게 도움이 되는가?

- 자발적으로 참여하도록 용기를 낸다.
- 체면과 눈치 보는 것을 떨쳐내고 있는 그대로의 자신을 내보인다.
- 갈등을 피하지 않고 그에 대면한다.
- 말이나 행동을 독점하지 않도록 한다.
- 상대방을 자신의 가치 기준, 윤리적인 판단, 종교적 신념에서 판단하지 않고 있는 그대로의 '너'를 받아들인다.
- 지적받을 때 변명을 성급하게 하지 않고 일단 받아들인다.

- 말을 들으면서 그 말을 표현하려는 마음을 읽어야 한다.
- 그룹에서 나눈 말을 밖의 다른 사람에게 말해서는 안 된다.

2. 말을 어떻게 해야 하나?
- 지금-여기에 떠오르는 생각과 느낌을 말한다.
- 논리적인 이론이나 해석, 설명을 가능한 한 피하고 느낌을 말한다.
- 상대방의 얼굴을 마주보고 눈과 눈을 맞대고 대화를 나누어야 한다.
- 자기 자신과 집단원들의 비언어적 메시지에 관심을 기울인다. 신체는 생각보다 느낌을 더 솔직하게 반영한다.

3. 집단 참여 동기 점검
- 이 집단에서 꼭 성취하고 싶은 상담 목표는?
- 집단 참여를 통해 변화하고 싶은 점은?

지금까지 집단상담 계획 단계에서 이루어지는 일들과 고려해야 할 사항들에 대해서 살펴보았다. 집단상담에 대한 사전 계획과 준비 부족은 집단상담의 목적을 효율적으로 달성하지 못하게 하고 집단원과의 갈등 등 집단 운영에서 여러 가지 문제를 유발한다. 따라서 집단상담 전문가가 되기 위해서는 집단상담자로서의 자질과 전문성을 키우는 것과 함께 집단상담을 운영하기 위한 실무적인 작업에도 빈틈이 없어야 한다.

2 집단상담 평가

집단상담 평가란 집단상담의 목표 달성 및 집단원의 변화와 발전 정도를 확인하고 집단상담의 과정이 어떠했는지 점검하는 활동이다. 집단상담 평가는 집단상담의 가치와 효과를 과학적으로 검증하는 방법이자, 집단원의 변화와 성장 및 집단상담의 목표 달성에 효과적인 방법을 찾아낼 수 있도록 돕는 방법이다. 또한 집단상담의 운영과정에서 사전에 미처 인식하지 못했던 여러 가지 어려움이나 문제점을 파악함으로써 수정 및 보완이 이루어지도록 한다.

집단상담 평가 시 집단원들 간의 솔직한 의견 교환과 면접, 관찰, 검사 등과 같은 방법을 통해 관련 정보를 수집할 수 있다. 집단상담자는 평가를 통해 집단상담이 목표 관리에 도움이 되었는지, 집단상담 서비스의 질을 관리하고 더 발전시키는 데 도움이 되었는지, 집단상담자의 전문성을 증진시키는 데 도움이 되었는지, 집단상담 이론과 기법을 발전시키는 데 도움이 되었는지, 그리고 집단원들의 심리치료, 문제해결, 학습 및 성장을 촉진하는 데 도움이 되었는지를 알아볼 수 있다.

다음에서는 집단상담 평가 유형을 평가 대상과 주체, 평가 시점에 따라 구체적으로 살펴보고자 한다.

1) 집단상담 평가 대상

집단상담 평가 대상이란 '누구 혹은 무엇을 평가하는가?'에 대한 것으로 집단원, 집단상담자, 집단상담 과정이 평가의 대상이 될 수 있다. 반면에 집단상담을 평가하는 주체는 누가 평가하는가에 관한 것으로 집단상담자, 집단원, 집단상담 기관이 평가 주체가 될 수 있다. 즉, 집단원이나 집단상담자는 평가 대상이면서 평가자가 되기도 한다. 평가방법은 주로 자기보고식 평가나 관찰이나 타인 평정에 의해 이루어진다.

집단상담자는 집단상담에 대한 일차적인 책임이 있으며, 집단원의 변화 및 성장, 집단과정, 자기 자신에 대한 평가 모두를 실시해야 한다. 집단원은 자신의 변화 또는 성장·발달과 집단상담 참여 후 만족도를 평가한다. 집단상담을 학교나 상담센터 등 기관에서 실시할 경우에는 집단상담 기관이 평가 주체가 되어 집단상담 프로그램과 만족도 등을 평가하기도 한다.

다음에서는 집단상담의 평가 대상을 집단원, 집단상담자, 집단과정으로 구분하여 살펴보고자 한다.

(1) 집단원에 대한 평가

집단상담의 궁극적인 목적은 집단상담에 참여한 집단원의 바람직한 행동 변화 또는 성장·발달에 있기 때문에 집단원의 태도, 행동 변화에 대한 관찰 및 평가는 매우 중요하다고 할 수 있다. 집단원에 대한 평가에 포함할 수 있는 항목으로는 문제행동 및 대안행동, 집단에서의 역할과 기능 등과 관련된 내용이 있다.

집단원의 행동 변화를 측정하기 위한 유용한 방법으로는 집단상담이 시작되기 전에 각 집단원이 작성한 집단 참가 목적에 대한 행동 목표를 설정하여 활용하는 것이다. 만약 각 집단원이 측정 가능하고 관찰 가능한 용어로 구체적인 행동 목표들을 미리 정해 두었다면, 집단상담의 경험을 통하여 그와 같은 행동들이 어느 정도로 변화했는가를 측정하기가 매우 수월할 것이다. 각 집단원은 자신의 행동 목표에 포함된 내용으로 평가서를 만들어 사용할 수 있으며, 집단상담자는 모든 집단원의 행동 목표에 관한 내용을 종합하여 집단원 전체를 위한 하나의 공통평가서를 작성해서 사용할 수도 있다.

❖ 집단 참가 목적 및 행동 목표 설정

1. 참가 목적

   집단상담에 참가한 목적은 무엇인가?

2. 행동 목표 설정

   집단상담 참가 목적을 달성하기 위한 나의 행동 목표는?

또한 집단상담에서 집단원의 집단과업 성취를 돕는 역할, 집단의 유지 및 발전을 돕는 역할, 개인의 욕구 충족을 위한 역할의 세 가지 범주에 포함되는 여러 가지 행동 항목을 개인의 성장에 관한 평가의 내용으로도 활용할 수 있다. 〈표 10-4〉의 예시는 집단상담 안에서 집단원의 역할행동을 평가하기 위한 평가서다.

〈표 10-4〉 집단원 역할행동 평가지

문항	내용	매우 그렇지 않다	그렇다	보통이다	그렇지 않다	매우 그렇지 않다
1	집단의 목표에 충실한 집단원이다.	1	2	3	4	5
2	공감보다는 문제를 해결하기 위한 방법을 제시하려고 애쓴다.	1	2	3	4	5
3	다른 집단원들에게 솔직한 피드백을 한다.	1	2	3	4	5
4	자신의 느낌에 충실하고 그것을 표현한다.	1	2	3	4	5
5	촉진적인 질문을 자주 한다.	1	2	3	4	5
6	자신이 주목받기를 원한다.	1	2	3	4	5
7	다른 사람을 설득하려고 노력한다.	1	2	3	4	5
8	다른 사람의 이야기에 끼어들어 방해한다.	1	2	3	4	5
9	자신과 의견이 다른 집단원을 공격한다.	1	2	3	4	5
10	주제와 상관없는 이야기로 집단의 초점을 흐린다.	1	2	3	4	5
11	옳고 그름에만 관심이 있다.	1	2	3	4	5
12	집단에서 다른 집단원을 돕기 위해 애쓴다.	1	2	3	4	5
13	웃음이나 농담으로 집단의 흐름을 방해한다.	1	2	3	4	5
14	집단에서 집단원을 상대로 편을 가른다.	1	2	3	4	5
15	긴장이나 불안이 높아서 상호작용이 어렵다.	1	2	3	4	5
16	자기에게 오는 부정적인 피드백에 과민하다.	1	2	3	4	5

(2) 집단상담자에 대한 평가

집단상담자에 대한 평가에서는 집단상담자의 기술과 자질, 개입 전략이나 집단 운영 방식 등을 평가한다. 집단상담자에 대한 평가는 일반적으로 집단상담 수퍼비전이나 사례 발표를 통해서 이루어지므로 집단상담자의 개입에 대한 평가의 실제는 집단상담 사례 양식으로 제시할 수 있다.

〈표 10-5〉 집단상담자 역할행동 평가지

문항	내용	매우 그렇지 않다	그렇다	보통이다	그렇지 않다	매우 그렇지 않다
1	집단상담자가 집단상담을 자기 식으로만 끌고 가려고 하는가?	1	2	3	4	5

2	집단원들이 골고루 참여하고, 주도권을 행사할 수 있도록 기회를 주는가?	1	2	3	4	5
3	집단상담에 대한 설명은 집단원들에게 정확하게 전달되었는가?	1	2	3	4	5
4	집단상담의 목표 진술이 구체적으로 잘되었는가?	1	2	3	4	5
5	집단원들의 반응에 적절하게 대처하였는가?	1	2	3	4	5
6	집단상담자의 기술적인 면이 뛰어나다고 생각하는가? (명료화, 반영, 공감하기 등)	1	2	3	4	5
7	집단상담자의 태도가 적절했다고 생각하는가? (표정, 자세, 어투, 진실성 등)	1	2	3	4	5
8	집단상담자의 피드백이 적절했는가?	1	2	3	4	5
9	집단상담의 시간 안배는 잘되었는가?	1	2	3	4	5
10	집단의 진행이 자연스러운가?	1	2	3	4	5
11	집단상담자가 집단원들의 상호작용을 촉진하였는가?	1	2	3	4	5

(3) 집단상담 과정에 대한 평가

집단상담 과정에 대한 평가에는 집단의 분위기나 응집성, 집단활동에서의 구성원들의 상호작용 및 인간관계의 형태 등이 포함될 수 있다. 만약 구조화 집단상담의 경우에는 프로그램에 대한 평가로 프로그램의 내용과 구성이 대상에게 적절한지, 목적 달성에 효과적이었는지, 집단원의 변화와 성장 · 발달에 도움이 되었는지, 그리고 집단상담 프로그램의 활동 내용, 특성, 제시 전략 등에 대해 평가할 수 있다.

〈표 10-6〉 집단상담자 역할행동 평가지

A. 집단의 방향과 오리엔테이션
• 집단의 목표나 노력에 대하여 어느 정도로 이해했는가? • 집단의 규칙에 대하여 어느 정도로 이해했는가? • 집단 진행에 대해서 얼마나 이해했는가?
B. 응집성 평가
• 모든 집단원이 집단활동에 관심을 가지고 있는가? • 집단이 어느 정도로 공통 목적에 의하여 응집되었다고 느끼는가? • 집단 및 집단원에 대한 신뢰감이 형성되었는가?

C. 집단의 분위기 평가
• 형식적이었는가 혹은 비형식적이었는가? • 허용적이었는가 혹은 제한적이었는가? • 협동적이었는가 혹은 경쟁적이었는가? • 우호적이었는가 혹은 적대적이었는가?
D. 프로그램 과정 평가
• 모든 집단원이 고루 참여하였는가? • 집단원들이 목표 지향적으로 참여하였는가? • 집단원들은 상호 간의 의견을 주의 깊게 경청하였는가? • 집단원들 간의 상호 작업이 활발하였는가?

2) 집단상담 평가 시점

집단상담 평가는 그 시점에 따라 사전 평가, 회기별 평가, 사후 평가, 추후 평가로 구분할 수 있다.

(1) 사전 평가

집단상담의 사전 평가는 집단상담을 실시하기 전 계획 단계에 수립한 사항들을 확인하는 것을 말한다. 집단상담의 목적 및 목표 수립, 운영 계획 및 활동 내용의 적절성, 효과성, 실용성을 점검하기 위해서 집단 목적 달성을 위한 집단활동들이 체계적으로 배열되고 대상자의 특성을 고려하여 선정되었는지, 집단의 크기나 회기 수, 시간 및 장소가 적절한지, 그 외에 방해되는 요소들은 없는지를 평가해야 한다.

(2) 회기별 평가

집단상담에서 회기별 평가는 집단의 과정과 역동을 평가하는 매우 중요한 도구이자 절차다. 이때에는 반드시 집단을 통해 일어난 변화와 집단회기의 생산적 · 비생산적 요소를 검토하는 것이 포함된다. 집단상담자는 회기별 평가를 통해 그 회기에서 일어났던 사건이나 다루었던 내용과 과정이 면밀하게 검토되고, 이를 토대로 다음 회기의 목표와 상담 전략을 미리 구상해 볼 수 있다. 집단원들이 회기를 평가할 수 있게 되면 그들은 스스로 어떤 변화가 필요한지를 결정할 수 있게 된다. 따라서 집단상담자는 집단원들에게도 집단의 과정과 결과를 평가할 수 있도록 평가방법을 가르쳐야 한다. 예를 들어, 회기 전체 길이가 90분 정도 될 경우, 마무리 단계에서 15분 정도의 시간을 회기별 평가에 할애할 수 있다.

집단상담자가 먼저 모델링이 되어서 소감 나누기를 시작할 수도 있고, 자유의사에 맡기기도 하고, 때로는 적당히 한 집단원을 지적하여 시작하게 할 수 있으며, 차례로 돌아가면서 하게 할 수도 있다. 이와 같이 한 회기가 끝날 때마다 하는 평가는 주로 집단과정에 강조점을 두고 이루어진다.

한 회기가 끝나고 집단상담자는 집단관찰 체크리스트를 이용하여 보다 체계적인 방법으로 집단활동을 평가할 수 있다. 또한 집단원에게는 집단 경험보고서를 작성하게 하여 보다 구체적이고 질적인 방법으로 집단상담을 평가할 수도 있다.

집단 경험보고서를 작성할 때에는 피상적인 느낌보다 집단에서의 논의된 주제와 구체적인 사건, 집단원의 피드백, 자신의 반응 등을 통해 알게 된 점이나 느낀 점을 구체적으로 쓰는 것이 효과적이다. 또한 집단상담자는 그 회기에서 다루어졌던 주제와 집단원들의 역동, 집단상담자의 개입 등에 대한 회기보고서를 상세하게 작성하여 회기를 평가하고 개개인의 집단원이 집단상담의 목표에 효율적으로 접근하고 있는지 점검하고 평가해야 한다.

〈표 10-7〉 집단관찰 체크리스트 항목

집단 리더 평가	• 집단상담자의 리더십 • 집단상담의 목표나 프로그램과 관련된 내용 전달 • 집단상담자의 상담 기술과 관련된 사항 • 집단 리더의 태도와 관련된 사항 • 시간 운영 및 자연스러운 진행 능력 • 집단원들의 상호작용 촉진 능력
집단의 흐름	• 집단이 성장해 나가는 속도 • 집단원의 상호작용 • 집단 진행에 방해되는 사항
프로그램 평가	• 집단 발달단계에 적절한 활동 구성 • 회기 목표에 적합한 활동지 • 집단원의 특성에 맞는 활동 구성 • 프로그램 분량

〈표 10-8〉 **집단원 경험보고서**

실시 일시	20○○년 ○월 ○일 시 분~ 시 분(분)		
회기		주제	
집단상담자			
참석자			
※집단 시작할 때부터, 집단 진행과정에서, 그리고 집단 마무리 후 자신이 느낀 것을 구체적인 사건과 함께 명료하게 기술해 주시기 바랍니다.			
이 프로그램을 어떻게 알게 되었나	(집단 안에서의 자신의 모습과 불편감 등을 적기)		
지금 몸 상태 (질병 여부)	(집단원의 모습에서 불편한 사람, 편안한 사람, 관심 없는 사람, 관심 가는 사람 등 왜 그런 마음이 생기는지 적기)		
다음 집단회기에서 변화하고 싶은 모습			

〈표 10-9〉 **집단상담자 경험보고서**

집단 날짜	20○○년 ○월 ○일	작성자(별칭)	
집단회기		집단 리더	
집단 주제			
참석자			
집단상담			
집단상담 활동 내용			
집단원들의 피드백			
수퍼바이저 피드백			
집단 리더로서 느낀 점			

(3) 사후 평가

집단상담의 전 과정이 끝날 무렵 1~2회의 모임을 할애하여 집단상담의 전체 경험에 관하여 평가를 해야 한다. 후기 평가에서는 상호 간의 피드백을 통한 집단원의 행동 목표 달성도, 집단 경험 전반에 대한 평가, 리커트 척도(Likert scale)를 이용한 만족도 조사와 프로그램 평가 등이 이루어진다.

가능하면 미리 만족도 조사 체크리스트 등을 만들어 배부하고 모든 집단원이 평가를 한 후, 그 자료에 입각하여 상호 간의 피드백을 주고받는 것이 바람직하다. 평가가 효과적이 되기 위해서는 집단원 상호 간에 솔직하게 피드백을 주고받을 수 있어야 한다. 따라서 집단상담자는 정직한 평가가 이루어질 수 있는 분위기를 만드는 데 유의해야 한다.

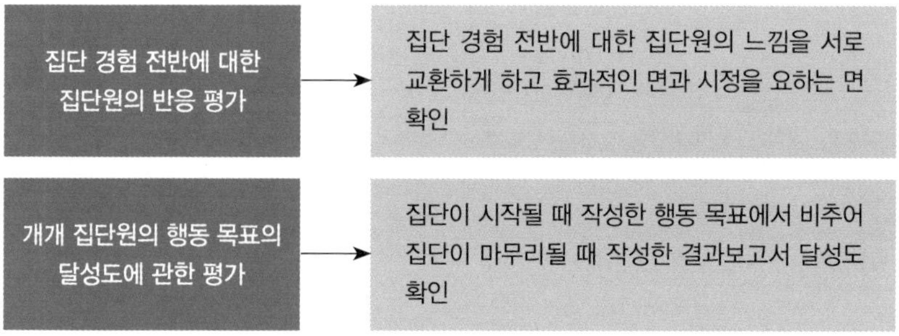

[그림 10-1] 후기 집단상담 전체 경험에 관한 평가

〈표 10-10〉 집단상담 평가 설문지

프로그램 만족도 평가

1. 이 프로그램이 자신을 개방하여 이해하고 수용하는 데 얼마나 도움이 되었나요?
   ① 매우 도움이 되었다.
   ② 도움이 되었다.
   ③ 보통이다.
   ④ 별로 도움이 되지 못했다.
   ⑤ 전혀 도움이 되지 못했다.

2. 각 회기의 활동을 평가해 주세요.

회기	활동	매우 나쁨	나쁨	보통	좋음	매우 좋음
1	신뢰감 쌓기	1	2	3	4	5
2	나의 인생 태도 살펴보기	1	2	3	4	5
3	과거의 나와 현재의 나 연결하기	1	2	3	4	5
4	나의 장점 확인하기	1	2	3	4	5
5	자기수용과 타인수용하기	1	2	3	4	5
6	나의 긍정적인 면과 부정적인 면 개방	1	2	3	4	5
7	미해결 감정 정리하기	1	2	3	4	5
8	미래의 나 계획하기	1	2	3	4	5

3. 이 프로그램의 활동 내용 중에서 가장 기억에 남거나 도움이 되었던 것은 무엇이고 그 이유는 무엇이었나요?

4. 이 프로그램의 치료적 요인을 평가해 주세요.

영역	치료적 요인	설명	전혀 그렇지 않다	그렇지 않다	보통이다	그렇다	매우 그렇다
소속감	유사성	다른 사람도 나와 유사하다는 것을 깨달음	1	2	3	4	5
	친밀감	집단원 간에 가까워지고 의미 있는 관계 형성	1	2	3	4	5
	이타심	다른 사람을 도와주고자 함	1	2	3	4	5
통찰과 해소	자기이해	자신의 사고, 감정, 행동 양식 통찰	1	2	3	4	5
	감정 정화	억압된 감정과 생각을 표현하고 편안함을 얻음	1	2	3	4	5
의사소통 학습	사회적 기술 습득	다른 사람과 원활한 방식으로 관계하는 기술을 배움	1	2	3	4	5
	모방 학습	다른 사람의 태도나 행동을 보고 배움	1	2	3	4	5
수용과 변화	실존적 요인	삶에 대한 책임을 수용함	1	2	3	4	5
	희망감	변화에 대한 긍정적 기대를 함	1	2	3	4	5
	정보 교환	변화를 위한 정보를 나눔	1	2	3	4	5

5. 이 프로그램에 참가함으로써 얻게 되었거나 느낀 점을 자세하게 적어 주세요.

(4) 추후 평가

집단상담의 성과가 있다 하더라도 시간이 지나면서 의미 있는 경험들이 희석될 가능성이 있다. 따라서 집단상담의 전 과정이 끝나고 1~2개월 경과 후 추후평가를 통해 집단 경험이 일상생활에서 어떤 결과를 가져왔는지, 그때의 변화가 어느 정도 계속되고 있으며, 집단상담의 효과가 어느 정도인지 등에 대하여 평가해 볼 수 있다. 그러한 평가 이후 문제점이 있다면, 이에 대한 해결책도 모색할 수 있을 것이다.

3 집단상담 계획에 따른 평가 실제

집단상담 계획에 따른 평가 실제를 살펴보기 위해 한 대학교의 석사과정생들을 대상으로 실시한 자기성장 집단상담 구조화 프로그램의 계획 및 회기 평가에 관한 내용들을 제시하였다.

1) 자기성장 집단상담 프로그램의 전체 회기 구성

8회기 전체 집단상담 프로그램에 대해서 프로그램의 목적을 선정한 후 각 회기별 주제를 선정한다. 그런 다음 각자 회기별 집단상담자 역할을 맡은 학생들이 회기별 목표와 이 목표를 달성하기 위한 활동 내용을 구성한다. 다음은 이런 과정을 거쳐 완성된 자기성장 집단상담 프로그램의 내용이다.

〈표 10-11〉 2학기 자기성장 집단상담 프로그램의 내용

단계	주제	차시	제목	목표	활동 내용
도입	신뢰감 쌓기	1	나 자신에 대해 얼마나 알고 있을까?	• 자기성장 프로그램의 목적과 내용 이해하기 • 나를 이해하는 시간 가지기	1. 집단 목표 및 구조화하기 • 자기성장의 길을 가는 집단의 목적, 진행 절차, 집단성원들의 역할과 지켜야 할 약속(서약서 작성), 주의사항 등에 대해 설명한다. 2. 나를 소개한다. • 활동지를 작성한 후, 그에 걸맞은 형용사나 명사를 붙여 별칭을 만들어 보고 나를 소개하는 시간을 가진다. • 준비물: 활동지, 볼펜, 사인펜, 명찰
전개	자기이해	2	나의 인생 태도 살펴보기	• 몸 풀기로 신체 이완을 돕는다. • 현재의 나에 집중하는 시간을 가지고 자기 현재 삶의 태도 이해하기 –"환상여행을 통해 나의 삶의 현주소를 파악하고 자신의 현재 태도를 알아차릴 수 있는 통로를 제공해 주고 그것을 토대로 스스로 삶의 주인이 될 수 있도록 도와준다."	1. 몸 풀기 동작(스트레칭)으로 신체를 이완한다. 눈을 감고 자신의 현재 몸을 알아차린다. 환상여행으로 떠날 준비가 되었으면 환상여행으로 들어가기를 한다. 2. 지금-여기에서 떠오르는 것을 그림 그리기를 통해 자신의 현재 상태에 대해 지각하고 현재 나의 공간이나 모습을 그림을 통해 탐색한 것을 집단원 앞에서 발표한다.
		3	나와 나의 연결고리	• 지난주 회상을 통해 자기이해를 돕는다. • 과거의 나의 모습을 자유롭게 표현해 본다. • 자신의 과거 탐색을 통해 현재의 나의 모습을 이해할 수 있다.	1. 지난 일주일을 회상하며 전체 집단원과 이야기를 나눈다. 2. 가벼운 신체활동(어깨 마사지, 옆 사람에게 하고 싶은 메시지 등에 적기 등) 3. 과거의 나의 모습을 천사점토로 표현해 본다(4인 1조별). • 천사점토, 사인펜을 나누어 준다. • 천사점토 사용방법을 설명한다. • 과거의 자신에게 주는 의미 또는 상징적인 것을 만들 수 있도록 한다. • 과거의 나에게 해 주고 싶은 말을 적어 본다. 4. 자신의 작품을 가지고 조별로 과거에 대한 이야기를 나눈다. 5. 전체 집단원과 활동을 나누고, 느낀 점을 이야기한다.

전개	자기수용	4	장점 판매하기	• 자신이 가지고 있는 장점을 수용할 수 있다. • 장점을 사고파는 과정에서 타인의 장점을 수용할 수 있다.	1. 명상하기 • 잔잔한 음악을 틀고 눈을 감고 나의 장점에 대해 생각해 본다. 2. 활동 설명 및 규칙 구조화하기 • 장점 판매하기 놀이에 대해 설명하고 규칙을 구조화시킨다. • 자신의 장점 세 가지를 활동지에 작성한다. • 자신의 장점을 팔기 위해 소비자에게 어떻게 어필할 것인지 생각하는 시간을 가진다. 3. 장점 판매하기 활동 시작 • 8인 1조가 되어 번갈아 가면서 소비자가 된다. • 소비자는 마음에 드는 장점을 최소 두 개, 최대 다섯 개까지 구매한다. 4. 이야기 나누기 • 장점을 사고팔며 느낀 점에 대해 이야기 나누고 서로 피드백하는 시간을 가진다.
		5	거울아, 거울아!	• 다른 사람에게 비춰진 자신의 모습을 파악할 수 있다. • 정확한 지각력을 기르고 그대로의 나를 이해하고 수용한다. • 타인조망 능력을 키움으로써 자기와 타인에 대한 긍정적 인식을 함양한다.	1. 마음챙김 명상을 통해 자신의 지난 한 주를 되돌아보는 시간을 가진다. 2. 나의 평소 표정은? • 16개의 표정 중 자신의 평소 얼굴 표정 혹은 타인에게 피드백 받은 표정을 최소 1개에서 최대 3개까지 고른다. • 자신이 고른 표정과 그 이유를 설명하게 한다. −발표자의 이미지와 표정이 일치하는지 등에 대해 다른 집단원들이 피드백하고 비슷한 표정을 고른 다른 집단원이 자연스레 이야기를 이어 나가도록 한다. 3. 행복명상을 통해 한 회기를 차분하게 정리하는 시간을 가지면서, 마지막으로 소감 나누기를 한다.

전개	자기개방	6	내 이야기가 궁금해요?	• 자기개방의 의미 알기 • 있는 그대로 자기 자신의 긍정적인 면과 부정적인 면 개방하기 • 자신의 깊은 비밀 개방하기	1. 가벼운 인사와 눈을 마주치고 손을 잡은 뒤 신뢰 있는 분위기를 형성하기 위한 멘트를 한다. 그 후 지난 활동을 소개하며 지난 한 주간 어땠는지 이야기를 나눈다. 2. 비밀의 화원 • 자신이 살아온 날 만큼 비밀의 화원을 그리고, 특별한 이야기가 있는 나무 한 그루를 선택한다. • 선택한 나무에 상징하는 푯말을 쓴다. • 상징하는 나무를 개방하며 이야기한다. 3. 소감을 나누고 다음 회기의 활동을 소개한다.
		7	내 안에 '나' 있다	• 나의 현재 감정이나 상황을 표현할 수 있다. • 내가 추구하는 삶의 가치관을 선택하고, 이를 달성하기 위한 구체적인 계획을 수립한다. • 각자의 계획을 발표하여 집단원간에 공유한다.	1. '현재의 나 알아차리기' • 명상을 하면서 내 상태에 대해 점검한다. 2. '나' 표현하기 • 한 명씩 본인의 상태를 마임으로 표현한다. 3. 내가 원하는 '나' 찾기 • 활동지에서 내가 원하는 삶을 표현할 형용사를 찾아본다. 4. 내가 원하는 '나'를 위한 계획을 세워본다. 5. 나의 계획을 발표한다. 6. 소감을 나누고 마무리한다.
종결	마무리	8	건강한 이별 건강한 시작	• 집단상담 과정에서 일어난 미해결 감정을 정리할 수 있다. • 집단원 간에 감사와 격려를 통해 정서적 지지를 주고받을 수 있다. • 자신의 모습에 자신감을 갖고 성장 에너지를 얻어 실생활에서 자신의 목표를 실천할 수 있다.	1. 풍선 터뜨리기 • 7회기를 회상하여 미해결 감정을 풍선에 적는다. • 감정을 나누고 풍선을 터트린다. 2. 친구와의 롤링페이퍼 • 집단원을 바라보며 장점을 생각한다. • 집단원의 롤링페이퍼에 장점을 세 개 적는다. • 자신의 롤링페이퍼가 돌아오면, 인상적인 피드백 한 개를 고른다. • 롤링페이퍼 소감을 한 문장으로 발표한다. 3. 촛불과의 대화 • 음악을 들으며 눈을 감고 8회기 동안 성취한 목표, 변화된 점, 행복한 기억, 앞으로의 각오 등을 생각한다. • 돌아가며 촛불을 켜고 이야기를 나눈다. • 마음정리 및 프리허그를 통해 마음을 나눈다.

2) 집단상담 프로그램의 회기 계획

회기별 집단상담 프로그램에 대한 목표 및 활동을 계획하고 이를 프로그램 약안으로 제시하여 프로그램 진행을 살펴볼 수 있도록 한다. 또한 이 책에는 생략하였지만 담당 교수에게 회기별 세안을 제시하여 프로그램 진행에 대한 세심한 준비가 될 수 있도록 한다.

〈표 10-12〉 **자기성장 집단상담 프로그램 1회기 계획**

<table>
<tr><td>차시</td><td>1차시</td><td>주제</td><td>우리는 서로에 대해 얼마나 알고 있을까?</td><td>운영방법</td><td colspan="2">전체 인원이 참여한다.</td></tr>
<tr><td>활동
목표</td><td colspan="6">• 자신과 타인을 통하여 객관적인 나를 확인하고 수용하는 연습을 한다.
• 집단원들과 함께 집단을 통하여 서로의 모습을 확인한다.
• 집단을 통해 자신이 성장할 수 있는 계기로 삼는다.
• 집단지도자로서 그리고 집단원으로서의 경험과 자질을 향상시킨다.</td></tr>
<tr><td>과정</td><td colspan="4">활동 내용</td><td>시간(분)</td><td>준비물</td></tr>
<tr><td>도입</td><td colspan="4">• 프로그램의 필요성과 목적, 성격, 기대 효과 등을 설명한다.
• 프로그램의 진행 내용을 소개한다.
–서약서 다짐하기, 자기소개 및 별칭 짓기, 신체활동</td><td>10</td><td></td></tr>
<tr><td rowspan="3">전개
및
정리</td><td colspan="3">• 함께 서약서를 낭독한다.</td><td>10</td><td rowspan="3">80</td><td rowspan="3">A4 용지
(서약서),
볼펜,
사인펜,
명찰,
활동자료
1–1</td></tr>
<tr><td colspan="3">• 별칭으로 명찰 만들기
–'나를 소개합니다': 활동지를 작성한 후, 그에 알맞은 형용사나 명사를 붙여 별칭을 만들어 보고 나를 소개하는 시간을 가진다.
–별칭을 짓고 부름으로써 자신의 모습을 자연스럽게 나타낼 수 있고 서로 친 밀감을 느낄 수 있고, 새로운 마음으로 편견 없이 상대방을 대할 수 있다.
–별칭을 소개하고, 간단히 설명한다(개인당 2분).
–서로의 개성을 엿볼 수 있고, 대화가 부드럽게 이뤄질 수 있다.</td><td>40</td></tr>
<tr><td colspan="3">• 신체활동: 서로가 아는 스트레칭 기법 나누기
–두 명씩 짝을 지어 둥글게 선다.
–한 팀씩 돌아가며 자신이 아는 스트레칭을 나누며 1~2분씩 함께 몸을 풀어 나간다.
–한 스트레칭이 끝나면 짝을 바꾸어 모두 돌아가게 한다.
• 정리: 모든 활동이 끝난 후, 자리에 앉아 소감을 나눈다.</td><td>30</td></tr>
<tr><td>차시
예고</td><td colspan="6">2회기: 자기이해</td></tr>
<tr><td>유의점</td><td colspan="6">• 자기를 솔직하게 드러내는 만큼 자기탐색과 자기성장이 잘 이루어질 수 있음을 강조한다.
• 책상과 의자를 둥글게 모아 마주 앉도록 한다.
• 집단활동 중 알게 된 개인적인 비밀을 꼭 지키도록 당부하고 강조한다.</td></tr>
</table>

3) 집단상담 신청서의 활용

집단에 참여한 집단원의 참여 동기 및 집단상담에 대한 기대를 확인하기 위해 집단상담 신청서를 작성하도록 하였다.

〈표 10-13〉 집단상담 신청서

<table>
<tr><td>프로그램명</td><td colspan="5">자기성장을 위한 구조화 집단</td></tr>
<tr><td>성명</td><td>○○○</td><td>종교</td><td>없음</td><td>별칭</td><td>안개꽃</td></tr>
<tr><td>E-mail</td><td colspan="3"></td><td>휴대폰</td><td>010-○○○-○○○○</td></tr>
<tr><td>직장명</td><td colspan="3">○○○</td><td>상담 경험 여부</td><td>○</td></tr>
<tr><td>가족사항</td><td colspan="5">원가족: 부 (○) 모 (○) 형제 (×)
현재 가족: 미혼( ) 기혼(○ / 자녀 2명)</td></tr>
<tr><td>참여 동기</td><td colspan="5">이전에 참가했던 집단상담 경험이 저의 삶에 좋은 영향을 미쳤던 기억이 있어서 이번 집단상담에도 긍정적인 기대를 하고 있습니다. 다양한 연령대와 다양한 직업군의 사람들과 어울려 타인을 이해하는 좋은 기회가 되기를 바라고 있습니다.</td></tr>
<tr><td rowspan="2">과정 중 바라는 것, 얻고 싶은 것</td><td>집단에 대하여</td><td colspan="4">가까운 사람의 죽음으로 큰 상실을 겪었고 그것이 현재 나에게 큰 영향을 끼치고 있음을 알게 되었습니다. 다른 사람들은 상실을 어떻게 극복하고 있는지 이야기 나누어 보고 싶고, 아직 치유되지 않은 상실감을 집단에서 위로받고 지지받고 싶습니다.</td></tr>
<tr><td>자신에 대하여</td><td colspan="4">남의 눈치를 많이 보는 편이고, 다른 사람의 시선에 편안하지 못합니다. 집단상담을 통해 나를 자연스럽게 드러낼 수 있고, 있는 그대로의 나를 보여 주어도 괜찮다는 느낌을 경험해 보고 싶습니다.</td></tr>
</table>

4) 집단 참여 목적 및 행동 목표 설정

집단상담에 참여하기를 원하는 참여자들은 집단 참여에 앞서 집단 참여에 대한 목적과 그것을 달성하기 위한 행동 목표를 설정하여 집단상담에서 얻고자 하는 목적을 달성할 수 있도록 한다.

1. 이번 집단상담에 참가한 목적은?
   ① 자신의 참모습을 찾아볼 수 있는 여행을 한다.
   ② 집단원들과 함께 서로 마음을 터놓고 참여하는 과정에서 학우애를 증진한다.

③ 집단을 통해 자신이 성장할 수 있는 계기로 삼는다.

④ 집단지도자로서 경험과 자질을 향상시킨다.

2. 참가 목적(goal)을 달성하기 위한 나의 수행 목표는?

① 집단활동에서 일어나는 매 순간의 감정과 전이 감정을 자각하도록 노력한다.

② 집단원들에 대한 편견을 버리고 있는 그대로 수용하며, 적극적으로 참여한다.

③ 집단에 참여한 후 집단보고서를 작성한다.

④ 솔직하게 부정적인 감정을 표현한다.

5) 집단원의 집단관찰 체크리스트

프로그램에 참여한 집단원이 집단상담 회기가 끝나고 나서 집단상담자 평가, 프로그램 평가, 집단의 흐름에 대한 다각적인 평가를 함으로써 집단을 전체적으로 조망하는 능력이 향상될 수 있도록 한다.

〈표 10-14〉 **집단관찰 체크리스트**

1. 전혀 아니다 2. 아니다 3. 보통이다 4. 그렇다 5. 매우 그렇다

1. 집단상담자 평가

구분	관찰사항	1	2	3	4	5
리더십	집단상담자가 회기를 주도적으로만 끌어가려고 하는가?					
	참여자들이 골고루 참여하고, 적극적으로 참여할 수 있도록 기회를 주는가?					
내용 전달	프로그램에 대한 설명은 집단원들에게 정확하게 전달되었는가?					
	회기의 목표 진술이 구체적으로 잘 전달되었는가?					
전문적 기술	집단원들의 반응에 적절하게 대처하였는가?					
	집단상담자의 명료화, 반영, 공감하기 등의 기술적인 면이 적절하다고 생각하는가?					
	집단상담자의 태도가 적절했다고 생각하는가?(표정, 자세, 어투, 진실성 등)					
운영 과정	시간 안배는 잘 되었는가?					
	집단상담자가 집단원들의 상호작용을 촉진하였는가?					
	집단 운영이 설정된 목표에 맞게 성공적으로 수행되었는가?					

2. 프로그램 평가

구분	관찰 사항	1	2	3	4	5
프로그램	프로그램의 목적과 부합하는 활동인가?					
	프로그램의 분량이 한 회기용으로 적당한가?					
	프로그램 내용이 집단원들의 특성에 맞게 만들어졌는가?					
	프로그램이 집단원들의 상호작용을 잘 일으킬 수 있게 구성되어 있는가?					

3. 집단의 흐름

구분	관찰 사항	1	2	3	4	5
문제행동	침묵하고 있는 집단원이 있는가?					
	초점을 항상 자신에게 맞추려는 독점적인 집단원이 있는가?					
	타인의 상처를 싸매려고 하는 집단원이 있는가?					
진행과정	집단이 성장해 나가는 속도는 적절한가?					
	집단원들이 과거의 이야기에 매달려 분석하는 데 너무 많은 시간을 소요하지 않는가?					
	화제가 다른 사람의 이야기로 넘어가기 전에 한 사람을 충분히 다루고 있는가?					
	집단원 간의 상호작용은 잘 이루어지지 않고 리더와 집단원 간의 상호작용만 이루어지고 있는가?					

6) 집단원의 집단상담 경험보고서

매주 집단상담을 경험하고 나서 〈표 10-15〉와 같은 집단원의 경험보고서를 제출하면, 집단지도자나 집단을 관찰한 수퍼바이저가 피드백을 예시와 같이 함으로써 개인의 성장을 촉진할 수 있다.

〈표 10-15〉 **집단상담 경험보고서**

실시 일시	20○○년 ○월 ○일 18시 00분~19시 20분(90분)		
회기	1회기	주제	신뢰감 쌓기
집단상담자	희망(리더), 무비(코리더)		
참석자	네이남, 보다, 숙이, 초록이, 희망, 나무, 핑크퐁, 똑똑이, 토실이, 오뚜기, 행복이, 꽃님이, 마중물		

※ 집단 시작할 때부터, 집단 진행과정에서, 그리고 집단 마무리 후 자신이 느낀 것을 구체적인 사건과 함께 명료하게 기술해 주시기 바랍니다.

개인 내 역동
(집단 안에서의 자신의 모습과 불편감 등을 적기)

오늘은 집단상담 수업을 듣기 전부터 마음이 좀 싱숭생숭했는데 아직 이유를 찾지 못해서 지금도 조금 답답하고 마음이 울컥한다.

> 답답하고 울컥한 마음을 머물러서 들여다보길 바랍니다. 일상생활에서도 답답하고 울컥할 때를 찾아서 연결해 보면 이유를 알 수 있지 않을까요?

집단상담을 시작하기 전 기다리는 시간에는 조금 더 많이 떨리고 불안했다. 오늘 특별한 일이 없었기에 집단상담 전의 불안함의 이유를 찾는 것이 지금은 조금 어려운데, 그래도 추측을 해 본다면 집단상담을 잘하고 싶다는 욕구가 과해 불안감으로 이어진 것 같다. 이러한 불안감이 커서 나는 집단 초기에 개방 정도를 가지고 늘 고민하는데 평소와 마찬가지로 개방을 많이 하지 않았다. 여러 가지 이유가 있지만 가장 큰 이유는 나의 깊은 이야기로 인해 초반에 분위기가 한쪽으로 쏠리고 집중되는 것을 원치 않아서이고, 또한 집단 초기의 불안하고 긴장된 감정을 벗어나기 위해 과한 감정 혹은 생각을 표현하는 것은 집단 전체의 자연스러움을 해친다는 생각이 들기 때문이다. 이런 나의 모습에 대해 조금 불편한 점이 있었다면 전체 분위기를 너무나 살핀 나머지 나의 감정을 억눌렀는데 이것이 인간관계 초기 혹은 사회생활에서 첫 적응을 할 때의 나의 모습과 일치함을 느낄 수 있었다.

> 불안감을 낮추기 위한 행동은 무엇을 하고 있나요?

> 항상 어느 정도의 긴장감을 가지고 있고, 전체 분위기에 맞추는 행동으로 자신의 감정을 억누르는 것이 패턴화되었다면, 이것의 기원은 무엇이고 이것이 실생활에 어떤 영향을 주고 있는지 면밀히 살펴보는 것이 필요합니다. 그런 후에 편안하게, 나답게, 나로서 존재할 수 있는 방안을 모색해 보면 좋겠어요.

대인 간 역동
(집단원의 모습에서 불편한 사람, 편안한 사람, 관심 없는 사람, 관심 가는 사람 등 왜 그런 마음이 생기는지 적기)

오늘은 사실 집단상담 활동에 적응해야 한다는 생각 때문에 마음의 여유가 없어 다른 사람을 표면적으로 관찰한 것이 전부였다. 표면상으로만 봤을 때 '똑똑이'와 '오뚜기'는 나의 맞은편에 앉아 넋이 나간 듯 멍하게 바닥을 응시하고 있었는데 걱정이 되었고, 그래서 나의 소개를 마친 후 '똑똑이'를 지목하였다.

집단상담이 진행되면서 나는 '마중물'에게서 불편하고, 걱정되고, 미안한 감정을 느꼈다. 오늘의 집단상담에서 '마중물'이 '보다'에게 말하는 것을 보고 불편함이 올라왔다. 내가 '마중물'에게서 감정을 느낀 것처럼 '보다' 역시 느끼거나, 혹은 '마중물'이 추후에 이 사실을 알고 마음의 상처를 받을까 봐 걱정이 되었고 마지막으로 내가 이러한 감정을 가지고 있다는 것이 '마중물'에게 미안한 마음이 들었다.

> 다양한 감정 속에 있기에 선명함이 줄어들 수 있는데, 다양한 감정들을 세분화시켜서 살펴보세요.

> 마중물에게 느낀 감정이 어떤 감정인지, 어떻게 느껴지길래 불편한지 살펴보고, 이것이 나의 경험 중 무엇과 연결되어 있는지 탐색해 보세요.

‘초록이’의 약간은 푸념하는 듯한 “20년째 초록이입니다.”라는 소개를 들으면서 기운 없이 자신이 없는 누구의 엄마, 누구의 아내로 살고 있다는 이야기를 들을 때 나 역시 여러 역할에 충실해서 정작 내가 없다는 생각을 하게 되어 깊은 공감과 위로를 해 주고 싶었지만 집단 초기이기에 조금은 흘러가는 대로 내버려 두었던 것 같다.	‘초록이’에게 그 마음이 전달됐으면 소속감이 향상됩니다. 전체 분위기를 생각하기보다는 내가 하고 싶은 말을 하는 도전이 필요해요.
다음 집단회기에서 변화하고 싶은 모습	
다음 회기부터는 조금 더 여유롭고 유연하게 여러 가지 역할에서 빠져나와서 오롯이 집단원으로 푹 빠져서 집단상담 자체를 즐기고 싶다는 생각을 하게 되었다. 또한 대학원 동기이기에 좋은 모습뿐 아니라 진솔하게, 집단과정 중 위기가 있다 하더라도 함께 버티고 앞으로 나아갈 수 있는 깊이 있는 집단상담이 되었으면 좋겠다.	집단 전체 분위기는 집단에 맡기고 자신에게 충실하길 바라요.

7) 집단상담자 경험보고서

회기별 집단상담이 마무리되면 수퍼바이저는 이번 회기에 이루어진 집단상담에 대한 평가를 실시한다. 즉, 목표에 따른 집단상담 활동에 대한 평가에서는 내용 구성, 시간 안배, 활동의 적절성에 대한 평가가 이루어지고 집단상담자 및 집단원의 상호작용, 시선 처리, 언어적 · 비언어적 반응 등에 대해서 평가를 실시한다. 이러한 평가의 시간을 가진 후, 집단상담자는 이를 정리하고 자신의 느낀 점을 작성하여 집단상담자로서의 역량을 향상시키는 기회로 삼는다.

〈표 10-16〉 **집단상담자 경험보고서**

집단 날짜	20○○. ○. ○.	작성자(별칭)	희망
집단회기	1회기	집단 리더	희망
집단 주제	신뢰감 형성		
참석자	희망, 무비, 마중물, 숙이, 행복이, 꽃님이, 핑크퐁, 보다, 나무, 네이남, 토실이, 오뚜기, 똑똑이, 초록이		
집단상담			
집단상담 활동 내용	1. 소개: 집단상담의 목적과 방향 설명하기 2. 인사: 주변 사람들과 반갑게 인사하기 3. 서약서 작성하기: 집단상담 기간 동안 지켜야 할 약속을 정하고 사인하기 4. 자기를 소개하는 글 적어서 별칭 정하기: 나 소개하기와 별칭 짓기 활동을 통해 나의 장점과 단점, 그리고 과거의 경험, 현재의 감정 등을 탐색하며 이와 어울리는 별칭을 지어 보고 나를 소개하는 시간을 가짐		

	5. 신체활동하기: 두 사람씩 짝지어서 어깨 걸어 들어 보기, 쓰다듬어 주기 등 서로 신체 접촉을 통해 온기를 나누고 경직된 몸과 마음을 풀어 봄 6. 나누기: 오늘 집단상담 활동을 통해 느낀 점을 공유하며 다음 회기 소개와 함께 활동을 마무리함
집단원들의 피드백	• 피곤하고 지친 하루를 보내고 온 뒤라 집중이 잘 되지 않았는데 신체활동을 하고 나니 몸도 풀리고 마음도 가벼워진 듯하다. 이러한 신체활동을 집단활동 앞쪽에 넣었더라면 좋았을 것 같다. • 편안하고 안정감 있게 진행을 해 주고 또 서로 조금은 아는 사이이다 보니 나를 개방하는 정도가 조금은 달랐던 듯하다.
수퍼바이저 피드백	• 집단 시작 시 상대방들에게 '고맙습니다' '감사합니다' 활동을 두 번이나 하는 것은 의례적이고 표면적인 활동에 그칠 수 있다. 그 대신 지금의 긴장되고 불안한 마음을 표현할 수 있도록 리더가 먼저 개방하여 솔직한 감정을 나누는 것이 적절해 보인다. • 프로그램의 목적과 진행방법을 집단원들과 서로 소통하지 않고 일방적인 설명으로 이끌어 나가는 것은 집단원이 시작부터 지루함을 느끼거나 지칠 수 있다. 집단의 모든 활동은 리더와 집단원들 간의 상호소통이 기본이 되어야 한다. • 집단 시작 때 뒤쪽에 배치된 신체활동을 했더라면 일상생활에서 묻어 온 피곤, 불편한 감정과 분리해서 지금-여기에 집중할 수 있다. 신체활동을 마무리 시간인 나누기 전에 함으로써 집단상담 활동의 여운과 생각을 끊어 버리는 계기가 된다. • '나 소개하기'와 '별칭 짓기' 활동을 통해 서로 알아 가고 깊이 있는 이야기를 털어놓은 집단원들의 감정을 조금 더 나누고 공유했으면 했는데, 리더가 시간에 쫓겨 집단원의 감정선을 따라가지 못하고 말을 끊어 버리거나 전환하는 행동을 보였다. • 집단원이 리더에게 좋은 피드백이 왔을 때, 예를 들어 '행복이'가 편안하고 안정적인 목소리 때문에 편안했고 또 그런 모습이 부러웠다고 말해 주었을 때, 리더가 듣고만 있고 되돌아가는 피드백이 없어서 상대방이 연결감을 느끼지 못하고 허전할 수 있다. • 구조화 프로그램에서 시간을 맞추는 것은 중요한데 정확하게 맞췄다는 것은 그만큼 연습과 생각을 많이 했다는 것을 보여 준다. • 리더의 온화하고 편안한 인상과 목소리 톤이 안정감 있게 보이고 전체적으로 편안하게 진행한 것은 좋은 점이다. 그러나 성인이 아닌 청소년과의 집단상담을 할 때는 톤을 높이고 청소년에 맞게 에너지 수준을 높일 필요성이 있다.
집단 리더로서 느낀 점	평소에 청소년과의 집단상담 경험이 없지는 않았는데 동기들을 대상으로 집단상담을 진행해야 하고 그걸 평가받는다고 생각하니 두려움과 불안으로 약간은 힘들다는 느낌을 안고 집단을 시작했다. 나를 소개하고 눈을 보며 인사를 나누며 동기들의 힘이 느껴져서인지 제법 심적 안정감을 찾을 수 있었고, 집단 리더라는 지위 때문인지 내 스스로 말투가 부드럽지 못하고 딱딱한 느낌을 진행하는 내내 느꼈던 것 같다. 집단에 대해 소

개하는 시간도 준비하면서부터 어떻게 소통해야 할지 몰라 너무 일방적인 전달법을 택한 것이 아닌가 아쉬움이 남았고, 서약서 다짐활동 또한 집단원에게 생각할 시간을 충분히 주거나 의견을 함께 나누지 못한 점이 아쉬웠다. 나를 소개하고 별칭 만들기 활동에서는 활동지에 나와 있는 부분을 별칭과 연결해서 소개하여 집단원들 간에 서로 이해를 돕고 공감할 수 있는 부분이 좋았던 듯하고, 또보다(집단원)가 이야기하기 힘든 부분을 어렵게 꺼냈고 행복이(집단원)와 비슷한 경험을 공유하는 그 감정선을 이어 가지 못하고 내 마음대로, 내가 다음 프로그램을 진행해야 한다는 부담감 때문에 이야기의 흐름을 끊어 버린 것이 아쉬움으로 남았다. 이 부분을 점검해 보면 나 또한 그런 비슷한 상황이 있었고 그 상황을 떠올리는 것이 약간의 불안감으로 느껴져 프로그램 진행에 지장을 줄까 싶어 회피하고자 했던 부분도 있고, 또 그와 유사한 상황일 때, 나는 누군가가 옆에서 도와주어 직접적인 폭행을 당하지 않았기 때문에 그 감정에 공감할 수 없어 회피했던 것은 아닐까 생각해 보게 되었다. 신체활동을 진행하고 피드백 받기 전에 나 스스로도 이 활동을 앞부분에 넣었더라면 너무 가라앉지 않고 서로 화기애애한 분위기로 보다 원활한 프로그램이 진행될 수 있었을 것이라는 아쉬움과 신체활동을 구조화하지 못하고 마구잡이식으로, 되는 대로 진행한 듯해서 활동의 앞부분은 그런대로 잘 진행해 왔다고 생각했던 느낌이 신체활동을 마치며 내가 많이 부족하구나, 뭔가 잘못하고 있구나 하는 아쉬움이 많이 들었다.

성인 집단은 진행이 처음이라 많이 어색하고 준비하는 내내 부담감이 많았지만 서로에 대해 조금은 알고 있는 동기들이고 또 집단상담을 어떻게 진행하고 참여해야 한다는 것을 너무나 잘 알고 있는 준비된 내담자들이어서 프로그램이 다른 방향으로 빠지지 않고 자연스럽게 흘러갔던 것 같아 동기들에게, 집단원들에게 감사하다. 집단이 끝난 후에도 동기들의 따뜻한 격려의 말 한마디와 응원, 그리고 교수님께서 주신 집단활동에 대한 전체적인 피드백 등이 교과서를 몇 번 더 읽고 익히는 것보다 더 많이 기억에 남고, 상담을 공부하는 학생으로서 앞으로 더욱 성장할 수 있는 계기가 된 듯하다.

앞으로 어떠한 대상을 상대로 집단을 운영하게 된다면 집단 리더로서 받은 피드백들을 더욱더 개선하고 집단원으로서 다양한 경험을 함으로써 좋은 집단 리더가 되도록 노력하겠다.

요 약

1. 집단상담 계획

1) **집단상담의 목적과 목표 설정**: 다양한 상담이론에 대한 지식을 바탕으로 자신이 진행하는 집단상담의 목적과 목표에 따라 이론과 기법을 선택하고 조합

① 목적: 계획과 회기의 실행에 있어서 집단상담자를 인도하는 지도(map)로서의 역할

② 목표: 구체적이고 평가 가능하며 정해진 시간에 달성할 수 있는 것

2) **집단상담 운영 계획**

① 회기의 길이와 빈도, 모임시간: 어느 정도의 시간 동안, 얼마나 자주, 몇 회를 가질지 결정

② 집단의 크기: 집단원의 연령, 집단상담자의 경험, 집단의 형태, 탐색될 문제 등을 고려

③ 상담 장소: 활동에 집중할 수 있는 적당한 크기의 정돈된 장소

④ 집단의 구성: 집단의 목적과 목표에 의해 동질 집단으로 구성할지 또는 이질 집단으로 구성할지 결정

⑤ 집단의 개방성: 폐쇄 집단으로 구성할지 또는 개방 집단으로 구성할지 결정

⑥ 집단의 구조화: 구조화 집단으로 진행할지 또는 비구조화 집단으로 진행할지 결정

⑦ 평가 계획: 평가방법 및 평가 시기, 평가자, 평가 내용에 대한 계획

⑧ 공동 집단상담자: 공동 집단상담자를 둘 것인지 결정

3) **집단상담 활동 계획**

① 전체 회기의 계획: 주제 선정 및 목록화, 대상자의 발달단계와 특성에 따른 회기별 주제 배열

② 각 회기의 제시방법 계획: 집단활동 내용, 활동방법 및 전략 선정, 시간 배분 계획

③ 한 회기의 계획: 도입, 전개, 마무리 단계별 주제나 활동에 필요한 시간을 가능한 한 정확하게 계획

4) **집단 계획서 작성**: 집단의 필요성과 목적, 집단 대상, 집단 유형, 집단의 크기, 집단 일정, 장소, 집단원 수, 홍보방법, 기대 효과 및 평가에 대해서 서술

5) **집단상담 홍보 및 사전 준비**: 집단원 모집 홍보, 집단원 선발 및 사전 집단의 활용

2. 집단상담의 평가

1) **집단상담의 평가 대상**

① 집단원에 대한 평가: 집단원의 행동, 집단에서의 역할 기능에 관한 평가

② 집단상담자에 대한 평가: 집단상담자의 기술과 자질, 개입 전략, 집단 운영방식에 대한 평가
③ 집단상담 과정에 대한 평가: 집단의 분위기나 응집성, 집단활동에서의 구성원들의 상호작용 및 인간관계의 형태에 대한 평가

2) 집단상담 평가 시점

① 사전 평가: 집단상담 실시 전 계획 단계에서 수립한 사항들을 확인하여 계획의 적절성, 효과성, 실용성 점검
② 회기별 평가: 한 회기에서 다루어졌던 주제와 집단원들의 역동, 집단상담자의 개입 등에 대한 평가
③ 사후 평가: 전 과정이 끝날 무렵 1~2회의 모임을 할애하여 집단상담의 전체 경험에 관하여 평가
④ 추후 평가: 전 과정이 끝나고 1~2개월 경과 후 집단상담의 효과가 어느 정도 지속되는지 평가

부록 10-1

집단상담 신청서

<table>
<tr><td>프로그램명</td><td colspan="5"></td></tr>
<tr><td>성명</td><td></td><td>종교</td><td></td><td>별칭</td><td></td></tr>
<tr><td>E-mail</td><td colspan="2"></td><td>연락처</td><td colspan="2"></td></tr>
<tr><td rowspan="2">소속
(학교, 직장)</td><td colspan="2" rowspan="2"></td><td rowspan="2">상담 경험
여부</td><td>개인상담</td><td>○, ×(　　)회</td></tr>
<tr><td>집단상담</td><td>○, ×(　　)회</td></tr>
<tr><td>가족사항</td><td colspan="5">원가족 : 부 (　　) 모 (　　) 형제 (　　)
현재 가족 : 미혼 (　　) 기혼(　　　　/ 자녀　　　명)</td></tr>
<tr><td>참여 동기</td><td colspan="5"></td></tr>
<tr><td rowspan="2">과정 중
바라는 것,
얻고 싶은 것</td><td>집단에
대하여</td><td colspan="4"></td></tr>
<tr><td>자신에
대하여</td><td colspan="4"></td></tr>
</table>

부록 10-2

온라인 원격화상 상담 개인정보 수집 · 이용 및 제3자 제공 동의서[1)]

본 집단상담에서는 내담자의 개인정보를 수집 · 이용하고자 「개인정보 보호법」 제15조제1항제1호 · 제2항, 제17조제1항제1호 · 제2항, 제18조제2항제1호 · 제3항, 제22조, 제23조, 제24조 「동법 시행령」, 「동법 시행규칙」에 따라 귀하의 동의를 받고자 하오니, 아래의 내용을 자세히 읽어 보신 후 동의 여부를 결정하여 주시기 바랍니다.
개인정보 제공자가 동의한 내용 외의 다른 목적으로 활용하지 않으며, 제공된 개인정보의 이용을 거부하고자 할 때에는 개인정보 관리책임자를 통해 열람, 정정, 삭제를 요구할 수 있습니다.

개인정보의 수집 · 이용에 관한 사항	
• 수집 · 이용 목적 −전문적인 상담 서비스를 제공하기 위함 • 개인정보의 수집항목 −필수항목: 성명, 주민등록상 생년월일, 성별, 소속, 연락처, 이메일, 주소, 상담 내용(기록과 자료) −선택항목: 보호자 또는 법정 대리인의 이름, 관계, 연락처, 이메일 • 보유 및 이용 기간: 수집 · 이용에 관한 동의일로부터 1년 • 동의를 거부할 권리 및 동의를 거부할 경우의 불이익 −개인정보의 수집 · 이용에 동의를 거부할 권리가 있으나, 동의하지 않는 경우 상담 진행이 어려울 수 있습니다. −선택항목은 내담자가 미성년이거나 자발적 동의 능력이 불가능한 경우 해당하며, 동의를 거부할 권리가 있으나 동의하지 않을 경우 상담 진행이 어려울 수 있습니다. 내담자가 미성년, 자발적 동의 능력이 부족한 경우가 아닐 경우 동의하지 않더라도 불이익이 없습니다.	
필수항목에 대한 개인정보 수집 · 이용에 동의합니다.	□ 동의함 □ 동의하지 않음
선택항목에 대한 개인정보 수집 · 이용에 동의합니다.	□ 동의함 □ 동의하지 않음

민감정보의 수집 · 이용에 관한 사항	
• 수집 · 이용 목적 −전문적인 상담 서비스를 제공하기 위함 • 민감정보의 수집항목 −사상 · 신념, 노동조합 · 정당의 가입 · 탈퇴, 정치적 견해, 건강, 성생활 등에 관한 정보, 유전자검사 등의 결과로 얻어진 유전정보, 범죄경력 자료에 해당하는 정보, 개인의 신체적 · 생리적 · 행동적 특징에 관한 정보, 인종이나 민족에 관한 정보 등 • 보유 및 이용 기간: 수집 · 이용에 관한 동의일로부터 1년 • 동의를 거부할 권리 및 동의를 거부할 경우의 불이익 −민감정보 수집 · 이용에 동의를 거부할 수 있으며, 동의하지 않는 경우 상담 진행이 어려울 수 있습니다.	
위와 같이 개인정보를 제공하는 것에 동의합니다.	□ 동의함 □ 동의하지 않음

1) 이 자료는 한국상담학회(2021)에서 제공한 것을 사용한 것임.

비밀보장의 한계	
• 상담자는 아래와 같은 개인 및 사회에 임박한 위험이 있다고 판단될 때 내담자에 관한 개인정보를 사회 당국 및 관련 당사자에게 제공해야 한다[(사)한국상담학회 윤리강령 제7조]. 1. 내담자가 자신이나 타인의 생명 혹은 사회의 안전을 위협하는 경우 2. 내담자가 감염성이 있는 치명적인 질병이 있다는 확실한 정보를 가졌을 경우 3. 미성년인 내담자가 학대를 당하고 있는 경우 4. 내담자가 아동학대를 하는 경우 5. 법적으로 정보의 공개가 요구되는 경우 • 동의를 거부할 권리 및 동의를 거부할 경우의 불이익 –개인정보의 수집·이용에 동의를 거부할 권리가 있으나, 동의하지 않는 경우 상담 진행이 어려울 수 있습니다.	
위와 같은 상황에 개인정보를 제공하는 것에 동의합니다.	□ 동의함 □ 동의하지 않음

녹음, 녹취, 녹화에 관한 사항	
• 수집·이용 목적 –전문가로서의 능력과 상담의 효율성을 증진시키기 위함 • 수집항목 –상담 내용의 녹음, 녹취, 녹화 • 보유 및 이용 기간: 수집·이용에 관한 동의일로부터 1년 • 동의를 거부할 권리 및 동의를 거부할 경우의 불이익 –녹음, 녹취, 녹화에 동의를 거부할 수 있으며, 동의하지 않는 경우 상담 진행이 어려울 수 있습니다.	
위와 같이 개인정보를 제공하는 것에 동의합니다.	□ 동의함 □ 동의하지 않음

본인은 상기 내용과 같이 개인정보 수집·이용 및 제3자 제공에 동의 여부를 직접 작성함.

20 년 월 일

성명: (서명)

부록 10-3

집단상담 동의 및 규칙

작성자: ____________ 집단원 성명: ____________ 별칭: ____________ 일시: 20 년 월 일

* 다음의 모든 사항에 동의할 때에 한하여 집단에 참여할 수 있습니다.

최소한의 안전과 존중	1	본인은 집단원의 기본적인 인격을 존중하여 명백한 신체적 · 언어적 폭력은 행하지 않겠습니다. 서명 ____________
	2	본인은 참가에 동의하며 기본적으로 자신과 집단원의 성장을 위해 노력하겠습니다. 서명 ____________
	3	본인은 집단상담 시간 외에 다른 집단원과 집단에서 언급된 의미 있는 사적인 내용이나 느낌에 관해서는 언급을 하지 않겠습니다. 만일 본 집단 밖에서 앞의 내용에 해당 사항이 있을 때에는 반드시 본 집단에 돌아와서 보고하겠습니다. 서명 ____________
	3-1	집단상담에 불참하거나 그 자리에 없는 집단원에 대해서는 언급하지 않겠습니다. 서명 ____________
	3-2	집단 밖에서 다른 집단원과의 사적인 관계는 도움이 되기보다는 상담을 방해하는 경우가 많으므로 금하겠습니다. 서명 ____________
비밀보장	4	본인은 집단상담에 참여한 다른 집단원의 인격을 기본적으로 존중하여 상담 중에 나온 개인의 사적인 내용에 대해 절대로 다른 사람에게 누설하지 않겠습니다. 서명 ____________
	5	본인은 자신과 타인을 심하게 해치는 내용에 대해서는 개인의 안전을 위해 비밀보장이 지켜지지 않을 수도 있음을 인정합니다. 서명 ____________

중단과 책임	6	집단상담자는 상담 진행 중에 본 집단이 본인과 다른 집단원에게 도움이 되지 않는다고 판단되면 집단을 중단하도록 권유할 수 있음을 인정합니다. 서명 ________________
	7	집단상담으로 인한 결과나 집단상담에서 만난 집단원과의 관계 등으로 인한 부정적인 결과에 대해서는 참가자 본인이 책임을 지겠습니다. 서명 ________________
	8	본인은 집단상담 진행 중 혹은 종료 후에 일시적인 심리적 혼란이 있을 수 있음을 인정합니다. 서명 ________________
출석과 비용	9	본인은 집단상담 참가비 입금 후, 일주일 전 취소는 (100)%를, 그 이후는 (80)%를 환불받으며, 시작 이후는 환불이 불가함에 동의합니다. 서명 ________________
	10	본인은 집단상담에 불참이나 지각하지 않을 것이며, 그럴 경우 신청 시에 알려 주겠습니다. 사정이 있는 경우에 늦더라도 참석하겠습니다. 서명 ________________
	11	본인은 집단 외부일로 집단에 방해받거나, 술이나 약물에 취한 상태로 참석하지 않습니다. 서명 ________________
	12	참가비 입금은 신청서 제출 후 (7)일 내로 하겠습니다. 그렇지 않은 경우, 특별한 연락 없이 자동으로 취소되고, 대기자에게 기회가 주어짐에 동의합니다. 서명 ________________

제11장

집단상담 수퍼비전

읽기 전 나누기

• 집단상담에 대한 수퍼비전은 왜 필요한가?
• 집단상담 수퍼비전에서 다루어야 할 내용은 무엇일까?

읽고 나면

• 집단상담 수퍼비전의 필요성에 대해서 안다.
• 집단상담 수퍼비전을 위한 사례보고서를 쓸 수 있다.

집단상담자라면 누구나 집단상담이 집단원들에게 어떤 변화를 가져왔는지, 집단상담을 어떻게 진행해야 보다 효과적인지를 고민하게 된다. 집단상담자의 이러한 고민은 집단상담의 문제를 개선하고 좀 더 효과적인 방법으로 집단상담을 진행할 방법을 모색하게 한다. 더불어 집단과 집단상담자 그리고 집단원이 집단활동을 통해서 어느 정도의 목표를 달성하고, 얼마만큼의 진전을 이루었는지 알아보도록 한다. 이러한 과정을 통해서 집단 자체의 문제를 발견하게 되고 필요한 개선방안에 대해 학습하게 된다. 그뿐만 아니라 집단상담자가 전문적으로 성장하기 위해서는 집단상담자 역할에 대한 지도감독과 지원이 필요하다. 따라서 전문가인 수퍼바이저에게 수퍼비전을 받는 것은 집단상담자의 역량을 키우는 데 반드시 필요한 과정이라고 볼 수 있다.

수퍼비전의 중요한 목표는 초심 상담자가 전문상담자와 같은 수준의 수행을 할 수 있도록 돕는 것이다. 이를 위해서 상담의 세부적인 과정과 내용을 체계적으로 기술한 보고서 양식이 있으면 좀 더 효율적인 수퍼비전이 가능하다. 집단상담 수퍼비전 사례보고서의 구성요소는 집단상담자들이 수퍼비전에서 다루어지기를 원하는 요소가 반영되어야 할 것이다. 따라서 이 장에서는 수퍼비전의 필요성, 수퍼비전의 요구 내용, 집단상담 사례보고서 양식 및 사례보고서를 통해 집단상담 수퍼비전에 대한 이해를 돕고자 한다.

1 집단상담 수퍼비전의 필요성

집단상담자는 집단을 운영하면서 다양한 문제에 직면하고, 때로는 몇몇 집단원과의 갈등으로 위기를 맞기도 한다. 집단상담은 개인상담보다 훨씬 다양한 과제를 감당해야 하기 때문이다. 개인상담이 개인의 심리 내적 측면에 초점을 맞춘다면 집단상담은 집단원의 개인적인 차원뿐 아니라 집단원 간의 관계 차원, 집단 전체 차원에 대한 이해와 개입방식에도 초점을 맞추어야 한다. 즉, 집단상담자는 한 명의 내담자가 아닌 여러 집단원을 다루어야 하고, 그 안에서 이루어지는 다양한 상호작용에 대해 주목해야 한다. 그리고 집단상담자는 내용(contents)에 관련된 주제를 다루는 동시에 내용 속에 숨은 동기인 과정(process)에 관련된 주제도 감당해야 한다. 더불어 집단상담자는 개인상담자가 경험하는 것보다 더욱 복잡한 전이와 역전이를 극복해야 하고, 집단에 대한 개입과 개념화를 위한 지식과 기술을 갖추고 있어야 한다(Corey, 2004; Rubel & Okech, 2006; Yalom, 1995).

따라서 다양한 집단원으로 구성된 집단을 이끄는 데 필요한 적절한 훈련과 수퍼비전이 집단상담자에게 필요하다. 집단상담자가 스스로 해결할 수 없는 어려움과 직면하게 될 때 수퍼비전은 집단상담자의 성장과 발달을 촉진하며 효율적인 집단 운영을 하는 데 도움을 줄 수 있다. 집단상담자가 수퍼비전을 통해 집단의 다양한 역동, 전이와 역전이, 개입 기술, 집단회기의 효과성 등을 이해하고 평가하는 것은 효과적인 집단상담 운영을 위해 반드시 필요하다.

2 집단상담 수퍼비전 내용

효과적인 수퍼비전을 위해서는 집단상담자의 성장과 발달을 증진시키는 수퍼비전 모델에 대해 관심을 가질 수밖에 없다. 집단상담의 수퍼비전 모델은 개인상담의 수퍼비전 모델에 비해 연구 성과가 많지 않다. 대표적인 모델인 Rubel과 Okech(2006)의 집단작업 수퍼비전 모델(Supervision of Group Work Model: SGW)은 집단상담 수퍼비전이 효과적으로 이루어지기 위한 접근에 대한 시사점을 주고 있다. SGW 모델은 집단상담 수퍼비전에 있어 역할, 기술, 상호작용 수준이라는 세 가지 차원에 대한 접근을 강조하고 있다(정성란 외, 2013).

첫째, 수퍼바이저는 집단상담자에게 교사, 상담자, 자문가로서의 역할을 감당해야 한다. 수퍼바이저는 수련생의 부족한 지식을 확인하고 필요한 정보를 제공할 뿐 아니라 정서적 욕구에 대한 탐색을 제공하고 잠재된 문제를 찾고 필요한 관점과 조력을 제공하여 스스로 해결책을 찾도록 격려하고 지지하는 역할을 한다.

둘째, 수퍼바이저는 집단상담자의 개입 기술, 개념화 기술, 개인화 기술 등의 개발을 도와야 한다. 즉, 피드백 제공, 집단원 간의 의사소통을 명확하게 하기, 경계 설정, 과정 관찰 등 집단상담자의 개입 기술뿐 아니라 중요한 주제를 식별하여 사례를 이해하고 개입방안을 마련하는 개념화 기술, 수련생 자신의 정서적 반응을 자각하고 자신을 효과적으로 활용하는 개인화 기술의 개발을 도와야 한다. 셋째, 수퍼바이저는 수련생에게 개인적 수준, 대인 간 수준, 전체로서의 집단 수준에서의 상호작용을 이해하고 개입하도록 도와야 한다. 이와 같이 SGW 모델은 다차원적인 영역과 수준별로 필요한 수퍼비전 요소가 무엇인지 알려 주고 있다.

수퍼비전 요소를 좀 더 명확하게 알기 위해 국내 집단상담자들의 교육 요구를 분석한 결과(이미선, 권경인, 2009), 수련생들이 가장 다루고 싶은 부분은 집단 안에서 일어나는 역동에 대해 파악하고 다루는 기법, 저항을 다루는 기법, 전체적으로 흐름을 다루는 기술이나 기법이었다. 집단상담자가 수퍼바이저에게 도움을 받고 싶은 내용은 역전이, 상담 기술, 직면, 지금-여기, 목표 전략, 상담자 이해, 상호작용 방법, 역동, 자연스러운 흐름, 집단 전체 파악, 구체적이고 정확한 문제해결 방법, 객관적 시각, 수련생의 강점과 단점에 대한 피드백이었다.

다음에 제시된 것은 수련생의 요구도가 높은 수퍼비전의 교육 내용이다. 이러한 수퍼비전의 교육 내용을 명확하게 하는 것은 집단상담자들이 스스로가 집단상담을 잘 운영하고 있는지에 대한 의문과 두려움을 명료화하여 집단 운영에서 발생하는 문제를 해결하는 데 도움이 될 것이다.

❖ 요구도가 높은 수퍼비전 교육 내용(이미선, 권경인, 2009)

- 어려운 집단역동의 대처
- 집단역동에 대한 다양한 개입방법
- 부정적이거나 강렬한 감정의 처리
- 집단원들 사이의 갈등 처리 기술
- 효율적인 직면
- 전이 감정의 인식 및 생산적 활용
- 집단상담자의 역전이

- 집단 내 대인 간 역동 이해
- 집단과정의 분석 및 활용
- 집단원 간의 갈등 시 의사소통 기술

3 집단상담 사례보고서 양식

집단상담에서 상호작용은 매우 다양하고 복잡하기 때문에 상호작용의 구조와 집단과정을 서술하는 데 많은 어려움이 따른다. 따라서 효율적인 집단상담 수퍼비전이 이루어지기 위해서는 개인상담과 차별화하여 집단상담 수퍼비전 사례보고서에 무엇이 담겨야 하는지에 대한 탐색이 필요하다. 권경인(2010)은 집단상담 수퍼비전 사례기록 모형을 개발하여 사례보고서에 포함되어야 할 중요 요소를 탐색한 바 있다. 집단상담 사례보고서는 집단원 각각에 대한 이해와 더불어 집단에서의 상호작용에 대한 이해, 집단 전체의 역동과 분위기에 대한 이해가 포괄적으로 기술되어야 한다. 집단상담 수퍼비전 사례보고서에 포함될 요소와 기술 내용은 다음과 같다.

● 집단 소개

집단상담 접근방식(구조화, 반구조화, 비구조화 등)과 배경이 되는 집단상담 이론(게슈탈트, T-집단 등), 집단상담의 운영 방법과 형태(집단 프로그램의 일시, 장소, 대상자, 지도자)를 간단히 기술한다.

● 프로그램 소개

집단상담 프로그램의 주요 목적을 간략히 제시하고 회기별 프로그램에 대해서 기술한다. 구조화 프로그램은 회기별 활동명, 주요 활동 내용, 회기의 목표 등을 기술한다. 비구조화 집단상담은 비구조화 자체가 집단 프로그램이므로 별도로 제시하지 않아도 된다.

● 집단상담 목표

집단 전체의 목표, 집단상담 장기 목표, 집단상담 단기 목표, 집단원 개별 목표 등을 여러 차원으로 설정하고 목표 달성에 대한 평가도 제시하는 것이 중요하다. 예를 들어, 대인관계 증진 프로그램의 경우라면, 집단상담 전체의 목표는 대인관계 증진 프로그램에 참여하게 됨으로써 얻게 되는 목표이고, 장기 목표는 프로그램이 끝날 때 개인적으로 이루어져야 할 목표, 단기 목표는 장기 목표로 가기 위한 회기 내에서의 목표다.

● 집단원

집단원의 별칭, 성별, 나이, 학년, 주 호소 문제, 집단원의 주요 정서, 행동 특성, 집단원의 출석사항, 집단원의 개별 목표, 이전 상담 경험 등을 간략하게 기술한다. 인구학적 변인보다는 집단에서 모습과 특성, 회기별 변화과정이 중요하게 기술되어야 한다.

● 집단과정

해당 집단 프로그램이 진행되면서 중요하게 나타난 주제와 과정을 기술한다. 참석자, 회기, 일시, 회기 주제(내용 및 과정에서 나타난 쟁점), 회기 평가 및 개선안, 치료적 요인, 중대 사건, 효과적 개입, 집단의 주요 사건(집단원의 저항 및 대응, 역전이), 집단 진행과정, 진행 중에 일어난 주제나 과정의 전환에 대해 상세하게 기술해야 한다.

● 집단역동

효과적인 수퍼비전을 위해서는 집단의 역동을 개인 차원뿐만 아니라 상호작용의 차원, 집단 전체 차원에서 함께 고려해야 한다(Donigian & Malnati, 1997; Kline, 2003; Rubel & Okech, 2006). 집단원 간의 상호작용, 집단원 간의 역동, 회기별 집단과정의 역동 양상, 회기의 집단역동 및 개인 평가, 집단상담자-집단원 간의 역동, 공동 집단상담자-집단원 간의 역동 등이 제시되어야 한다. 그리고 수퍼바이

〈표 11-1〉 **집단상담자-집단원 간 역동(○: 동조 · 지지, △: 보통, ×: 불편)**

구분	별님	달님	햇님	꽃님	바람님
집단상담자	△	△	×	○	○
공동 집단상담자	○	△	○	○	○

지(집단상담자)가 집단의 전체적인 역동, 집단원과 집단상담자, 집단원들 간 역동을 제시하면 좀 더 구체적인 탐색을 통해 수퍼비전을 받을 수 있다. 역동을 표시할 때는 집단상담자-집단원 간 역동을 알아보기 쉽게 표시한다. 예를 들어, 동조 · 지지는 ○, 보통은 △, 불편은 × 등으로 표시할 수 있다(〈표 11-1〉 참조). 집단상담자와 공동 집단상담자가 함께 참여했다면 그 둘의 역동도 기술한다.

집단원 간 역동은 대인 간 역동에서 전체적으로 두드러지는 갈등관계, 긍정적인 관계, 융합된 관계, 무관심한 관계 등 다양한 관계 역동을 표시할 수 있다. 한눈에 알아보기 쉽게 역동을 그림으로 제시하고 대표적인 대인 간 역동을 글로 기술할 수 있다(〈표 11-2〉 참조).

〈표 11-2〉 **대인 간 집단역동의 표시**

	적절한 자기공개와 소통을 하지만 감정이나 느낌을 표현하기 어려워하는 집단
	전체를 관망하는 집단. 자연스럽게 집단이 흘러가길 바람
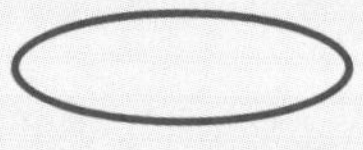	집단원들에게 촉진적 질문이나 탐색적 질문을 많이 함. 집단원의 깊은 곳을 탐색하려고 함
	지금-여기 느낌과 감정에 초점을 맞춤
	서로에게 힘을 실어 주고 싶어 함
	탐색적 질문, 직면

● 집단상담 평가

집단상담의 평가에는 개인별 변화, 집단상담자의 개입 전략, 집단에 대한 상담자의 평가, 집단에 대한 집단원의 평가, 집단 사전 · 사후의 집단원 변화 등이 포함된다. 집단에 대한 집단상담자의 평가는 집단 프로그램의 사전 계획에 기술된 집단상담 프로그램의 시간, 장소, 대상, 목표 회기별 내용 등이 집단상담의 결과나 과정의 효율성에 비추어 보았을 때 효과적이었는지 여부를 기술하고 집단에 대한 집단원들의 평가로 만족도 평가나 회기 평가, 평가 소감 등을 참고하여 기술하면 된다. 집단원 개인별 평가는 집단원별로 사전 모습과 사후 모습을 표로 만들어서 제시함으로써 어떤 변화가 있는지 기술하면 좋다. 추가로 개입 전략의 평가와 성과는 집단상담자의 어떤 역할이나 행동이 상담 목표 달성에 기능적이었는지 또는 역기능적이었는지 등의 내용을 기술한다.

● 수퍼비전에서 도움 받고자 하는 것

해당 집단 프로그램을 진행하면서 집단상담자가 겪었던 어려움과 수퍼비전을 통해서 얻고자 하는 부분을 기술한다.

● 축어록 및 비디오 자료

집단상담 수퍼비전을 위해 수퍼비전 받고 싶은 중요한 부분 20~30분을 축어록이나 비디오 자료로 제시하여 실제 집단상담의 분위기를 최대한 느낄 수 있게 하는 것이 필요하다.

〈표 11-3〉 집단상담 사례보고서 모형

주요 범주	주요 요소
집단 소개	• 수퍼바이지, 수퍼바이저명 • 집단상담 접근방식 • 배경이 되는 집단상담 이론 • 집단상담 전략 • 집단 운영 방법과 형태 • 종합 기술(이론적 접근, 목표에 따른 과정과 성과 대안에 대한 종합 기술)
집단 프로그램	• 집단 프로그램 소개 • 프로그램 목적 • 구조화 집단상담 시 프로그램이 전체에서 가지는 역할 및 중요도

집단상담 목표	• 집단상담 전체의 목표 • 집단상담 단기 목표, 장기 목표	
집단원	• 집단원에 대한 진술, 집단에서의 모습, 특징 • 이전 상담 경험 • 집단원 개별 목표	• 집단 출석률 • 집단원의 회기별 변화과정 기록
집단과정	• 참석자 • 금주 주제(회기 주제) • 치료적 요인 • 효과적 개입 • 집단원의 저항 및 대응 • 전환에 대한 상세한 기술(진행 중 전환이라고 할 수 있는 부분)	• 회기, 일시, 진행시간 • 회기 평가 및 개선안 • 중대 사건 • 회기에서 다룬 주제(내용 쟁점, 과정 쟁점) • 역전이
집단역동	• 집단상담자–집단원 간 역동을 글로 기술 • 공동 집단상담자–집단원 간 역동 • 집단원 간 역동 • 회기별 집단과정 역동의 양상 • 특정 시점을 정하고 전체 역동에 대해 수련생이 궁금한 점 • 특정 시점을 정하고 집단원과 리더의 상호작용, 역동에서 궁금한 점 • 특정 시점을 정하고 특정 집단원과의 상호작용이나 역동에서 궁금한 점	
집단상담 평가	• 집단에 대한 집단상담자의 평가 • 개인별 변화(집단원별 사전 · 사후) • 집단상담 성과	• 집단에 대한 집단원들의 평가 • 개입 전략 평가 • 집단원들이 집단 체험으로 학습한 점
수퍼비전에서 도움 받고 싶은 것	• 진행 시 리더가 겪었던 어려움 • 수퍼비전을 통해 얻고자 하는 것	
축어록	• 축어록	• 집단 비디오 자료(최소 10~20분)

4 집단상담 사례 및 수퍼비전

집단상담 사례는 개인상담의 사례 제시보다 개인 내적 역동, 대인 간 역동, 집단 전체 역동이 포함되므로 복잡하고, 정리하는 것이 쉽지 않다. 따라서 이 장에서는 상담과정 수련생들을 대상으로 하여 자기성장을 목적으로 하는 집단상담을 실시하고 집단상담 사례보고서 양식에 따라 정리하여 전문가에게 수퍼비전 받은 내용을 제시한다. 다음 집단상담은 이틀간 16시간 실시하였으며 집단원의 반응을 녹음하고 축어록으로 풀어 수퍼비전을 받은 것이다.

"성장하고 싶어요"[1)]

I. 집단 소개

1. 집단상담 접근방식

T-집단은 비교적 비조직적인 작은 집단에서 집단원 모두가 직접 참여하여 스스로의 목표를 설정하고 상호 간에 피드백을 주고받는다. 그 과정에서 각자 집단 활동을 관찰하고, 분석하고, 계획하고, 평가하는 등의 직접적 경험을 통하여 주로 인간관계 기술과 집단과정에 대해 학습하는 것이 목적이다. 즉, T-집단은 집단상담자의 도움으로 집단원 간의 의사소통을 통한 인간관계 개선을 목적으로 모인 소수의 인원으로 구성된 것이 특징이다.

2. 집단 운영 방법과 형태

1) 집단 운영방법: 집중 프로그램 2일간 총 7회기, 16시간(회기당 2~3시간)

202×년 ○월 ○○일(토) 08:00~20:00(4회기/8시간)

202×년 ○월 ○○일(일) 08:00~20:00(3회기/8시간)

2) 형태: 비구조화, 반말집단

1) 이 집단상담 사례보고서 모델은 '권경인(2010). 집단상담 수퍼비전 사례기록 모형 개발. **상담학연구**, 11(1), 153-169' 참고.

3) **집단 구성:** 집단상담자 1명, 집단원 7명

집단의 특수성 언급

4) **집단의 특수성:** 지역 공동체에서 같이 활동하거나 상담수련 과정생들이 포함되어 있기 때문에 집단상담 실시 전에 관계가 이미 형성되어 있는 사람들도 있었다. 따라서 대인 간 역동이 이미 형성되어 있어 자기개방에 대한 두려움과 비밀보장에 대한 한계에 대해 다루고 시작하였다.

II. 집단상담 목표

1. 집단상담 전체의 목표

집단원과의 상호작용을 통해 자기이해와 타인 민감성을 향상시키고, 대인관계상의 어려움을 파악하고 변화를 시도함으로써 의사소통과 대인관계 능력을 발달시킨다.

2. 집단상담 장기 목표

① 자기이해, 자기수용이 증진된다.

② 타인 민감성이 향상된다.

③ 타인과의 상호작용 및 대인관계 능력이 향상된다.

3. 집단상담 단기 목표

① 지금-여기에서 떠오르는 생각이나 느낌에 대해 집중하여 인식한다.

② 타인의 이야기를 경청하고 피드백한다.

③ 지금-여기에서 느껴지는 생각이나 감정을 솔직하게 표현한다.

④ 타인과 상호작용하는 대인관계 패턴을 인식한다.

⑤ 자신의 강점과 내적 자원을 파악한다.

Ⅲ. 집단원

1. 집단원의 이해 및 개별 목표

별칭	별칭 의미	집단원 이해 및 개인별 목표
욜심	열심과 욕심을 합쳐서 지어 봄(집단원에게 편안한 분위기를 제공하고 방어를 낮추기 위해 사용)	• 목표: 자신에 대한 이해와 타인에 대한 민감성 향상
		• 가족: 기혼, 자녀 2
		• 인상: 중간 정도의 체격에 잘 웃지만, 무표정 시 다소 차가운 인상 • 특성: 인간중심적 접근을 이론적 배경으로 삼고 있음 • 주요 정서: 편안하고 친근한 성향
바다 (썬)	바다가 얕고 깊은 곳에 따라 푸른색이 다르듯이 표면적으로 아는 나 말고 좀 더 깊은 나를 알고 싶다. →5회기부터 썬 둘째 날 시작되는 집단에 참여하기 전 맑은 날씨를 보고	• 목표: 강점과 약점을 알고 싶고 대인관계를 잘하고 싶다.
		• 가족: 미혼, 모와 함께 생활
		• 인상: 날씬한 체형에 꼿꼿한 자세로 정직하고 차분한 인상 • 특성: 이전에 지도자(욜심)와 구조화 집단 경험이 있음. 자신에 대해 좀 더 깊이 알고 싶고 비구조화 경험을 토대로 몸소 체험하고 싶어 함(중간 동기). 편향된 긍정성을 보임 • 주요 정서: 긍정적이지만 불안(안면 떨림)하고 완벽주의 성향
하늘 (젠장)	모든 것을 다 비춰 주고, 광활하다는 느낌. 사람들을 다 품을 수 있을 것 같다. →2회기부터 젠장 평소 욕하고 싶어도 남들 앞에서 못했음	• 목표: 자신을 잘 알고 싶다.
		• 가족: 미혼, 1인 가정
		• 인상: 커트머리에 안경을 쓰고 웃는 인상 • 특성: 비구조화에 대한 기대가 높음. 열심히 하겠다(높은 동기). 50대 후반으로 나이가 가장 많고 몸이 불편함 • 주요 정서: 애쓰며 살고 있고, 인내심이 강함. 낙관적 성향
나나나	있는 그대로 나, 아무것도 걸리고 싶지 않은 나를 갈구, 이러나 저러나 다 나이고 싶다.	• 목표: 나를 들여다보고 과거를 통해 시시각각 변하는 나의 현재 마음을 들여다보고 싶다.
		• 가족: 기혼, 자녀 2
		• 인상: 마르고 다소 기운 없는 듯한 모습, 선해 보이는 얼굴이나 민감함이 느껴짐 • 특성: 이전에 지도자(욜심)와 집단 경험이 있음. 집단에 참여하게 된 동기는 무료이고 가까운 곳에서 한다는 것과 지도자에 대한 기대감과 의존심 때문임(높은 동기) • 주요 정서: 평가에 대한 불안 및 자책으로 인한 우울
여행	오로지 나를 찾아가는 나만의 여행을 하고 싶다.	• 목표: 나답게 살고 싶고 내 방식대로 살고 싶다.
		• 가족: 기혼, 자녀 2
		• 인상: 마른 체형에 쌍꺼풀진 눈이 동그랗고 큼. 서구적인 얼굴에 똑 부러질 것 같은 느낌 • 특성: 제일 먼저 신청. 이전 집단에서의 경험이 좋지 않아 나의 본 모습을 찾고 싶어 함(높은 동기) • 주요 정서: 자기부정, 불안, 우울

나쁜 년	욕먹는 것이 겁이 났는데 욕을 좀 먹고 극복하고 싶다.	• 목표: 비구조화 집단에서 자신을 보고 싶고 나의 내적 자원을 찾고 싶다. • 가족: 기혼, 자녀 1 • 인상: 화통해 보임 • 특성: 논문을 쓰고 있는 중인데 집단도 참여하고 있어서 신청하였기에 집단에 집중력이 떨어짐. 처음에 하루만 참석이 가능하다고 개방하고 참석함. 집단을 이끌어 내는 리더 역할에 대해 배우고 싶어 함(약한 동기) • 주요 정서: 낙관성, 문제 회피적 성향
사랑아 (염병)	사랑을 갈구하고 있고, 내 안에 사랑이 있음을 확인하고 기억하고 싶다.	• 목표: 집단에서 잘 놀고 싶다. • 가족: 기혼, 자녀 2 • 인상: 자유롭고, 사람들과 스스럼없이 잘 어울릴 것 같은 편안함이 느껴짐 • 특성: 여러 집단 동안에 해결하지 못한 나의 핵심 문제 찾기(중간 동기) • 주요 정서: 존재감 부재, 과기능으로 인해 한곳에 집중하기 어려움. 약해 보이는 사람들을 돌보고자 자처함
소리	자유롭게 내 목소리를 내고 싶고, 다른 사람의 소리를 잘 듣고 싶다.	• 목표: 나를 표현하고 나에게 집중하고 싶다. • 가족: 미혼 • 인상: 단발머리를 하고 있고 늘 미소 짓는 얼굴임. 목소리가 차분하고 또래에 비해 어른스러운 느낌 • 특성: 집단 경험이 많지 않아 집단의 경험을 쌓고 싶다고 표현(중간 동기) • 주요 정서: 억압함, 차분함, 조심스러움, 남들의 평가에 민감

2. 집단 출석률(총 8명 중 7명 수료)

집단원 회기	욕심 (리더)	바다 (썬)	하늘 (젠장)	나나나	여행	나쁜 년	사랑아 (염병)	소리	출석
1	○	○	○	○	○	○	○	○	8/8
2	○	○	○	○	○	○	○	○	8/8
3	○	○	○	○	○	○	○	○	8/8
4	○	○	○	○	○	○	○	○	8/8
5	○	○	○	○	○	×	○	○	7/8
6	○	○	○	○	○	×	○	○	7/8
7	○	○	○	○	○	×	○	○	7/8

Ⅳ. 집단과정

1. 회기보고서

1회기	일시: 202○. ○. ○○. 시간: 10:00~12:00(120분)
참석자	욜심(리더), 바다, 하늘, 나나나, 여행, 나쁜 년, 사랑아, 소리
회기 주제	집단 및 참여자 소개
준비물	명찰, A4용지, 볼펜
다뤄졌던 주제 (내용, 과정 쟁점)	• 집단 이전부터 이미 알고 지내던 사람도 있고, 또한 집단 후에도 계속해서 만나게 될 사람이 있어 자기개방의 정도에 대한 고민과 두려움 • 집단과정을 녹음하고 이후 공개 사례로 보고 및 책으로 출간되는 것에 대한 부담 • 집단이나 리더에 대한 기대감 표현 • 집단 진행에 대한 구조화(비구조화 집단, 규칙 설정) • 반말집단의 부담감 표현 • 별칭 및 집단 참여 동기 나누기 • 공감 훈련 차원에서 자신의 목표나 기분을 말하기 전에 상대방의 목표나 기분을 받아 주고 표현할 수 있도록 유도
집단원의 저항 및 대응	• 개방의 어려움과 수위에 대해 고민 • 반말집단에 대한 어색함과 부담감을 표현(여행, 나나나)
진행 중 전환에 대한 상세한 기술	• 2인 1조로 짝을 지어 집단 참여에 대한 어려움을 서로 나누게 한 후, 다시 전체에게 자기소개를 함으로써 자기개방에 대한 불안을 낮춤. 낯섦과 불안을 솔직하게 표현하도록 격려함
회기 평가	• 집단 참여 이전부터 리더에 대한 기대와 신뢰가 기본적으로 있는 집단원들이 많이 있었고, 현재 상담 공부를 하고 있는 집단원들로 구성되었기 때문에 집단 진행과 각자의 역할에 대한 이해도가 높았음 • 리더가 집단원들의 집단 참여에 대한 두려움, 부담감에 대해서 충분히 공감하고 수용해 준 것도 긍정적인 영향을 가져왔을 것으로 예상됨 • 반말집단 운영에 대해 부담감을 표현하는 사람도 있었으나, 나이나 직위 등에서 오는 차이를 최대한 줄이려고 한 의도가 집단원들의 상호작용을 촉진하고 친밀감 형성에 도움이 된 것으로 보임 • 집단 참여 이전부터 알고 지내 왔고 집단 후에도 계속 만나야 하는 구성원들이 있기 때문에 이로 인해 생기는 어려움을 솔직하게 표현함

2회기	일시: 202○. ○. ○○. 시간: 14:00~16:00(120분)
참석자	욜심(리더), 바다, 젠장(하늘), 나나나, 여행, 나쁜 년, 사랑아, 소리
회기 주제	걸림돌 찾기
다뤄졌던 주제 (내용, 과정 쟁점)	▶ 타인과의 상호작용에 있어 걸림돌이 되는 자신의 사고나 감정, 행동에 대해 표현하기 • 바다: 상대방에 대한 지나친 배려(과잉배려) (바다에 대한 피드백) 젠장: 받아들이는 사람의 잘못 때문은 아닌가? 나나나: 마음이 전달되지 않는 것에 대한 안타까움 • 소리: 궁금해도 묻지 않고 침묵(자유롭지 못함) (소리에 대한 피드백) 욜심(리더): 집단에서 침묵하고 있을 때 자각하고 경계하기 • 나쁜 년: 나쁜 년 소리 안 듣고 착하다는 소리 듣고 싶어 타인의 눈치를 많이 봄 (나쁜 년에 대한 피드백) 욜심(리더): 애쓰고 힘들었음을 공감해 주고 바다와 나쁜 년에게 집단에서 자기 색깔을 드러내고 소통을 원활하게 해 봤으면 하는 바람을 전달 • 여행: 내 존재를 인정받지 못함, 나 자신에 대한 부정 (여행에 대한 피드백) 사랑아: 내 존재를 인정받지 못하는 점이 나와 같다. 감정을 억누르는 것에 대한 안타까움 나쁜 년: 감정이 올라오지 않고 남의 이야기하듯 담담하다. 욜심: 여행 잘못이 아니고 여행의 감정이 잘못된 것이 아니다.
집단원의 저항 및 대응	가족에 대한 부정적인 피드백에 여행이 불편해하며 엄마가 잘해 줬던 부분을 설명하고 자신의 부족한 부분을 비난하는 여행의 모습이 집단원들에게는 어떻게 보이는지 피드백함
진행 중 전환에 대한 상세한 기술	여행이 엄마로부터 버려졌던 일을 말할 때 담담하게 이야기하는 것에 대해 '사랑아'는 안쓰러움을 표현하지만 '나나나'와 '나쁜 년'은 냉담함과 감정이 올라오지 않는 것에 대해 피드백함. 이때 리더가 '그것은 여행의 잘못이 아니고 여행은 현재 생생한 감정을 말한 것이다.'라고 여행의 지금 마음을 공감해 줌으로써 분위기가 공감 쪽으로 흐름. 즉, '나쁜 년'이 여행의 아픔에 공감하며 위로를 해 주고 마음이 아프다고 이야기함
회기 평가	• 평상시에 타인과의 상호작용에서 걸림돌이 되는 자신의 사고나 정서, 행동 등을 생각하고 표현함으로써 지금-여기의 집단활동 중에서는 그것이 어떻게 나타나고 작용하는지에 대해서 주의를 기울이게 되면서 자신과 타인에 대한 민감도가 높아짐 • 자신의 걸림돌이 되는 부분을 표현했을 때 리더가 공감해 주고 의식적으로 지금까지와는 다르게 반응하고 행동하도록 격려 · 촉진하는 말이 집단원에게 집단활동에 적극적으로 참여하게 만드는 계기를 만들어 줌

3회기	일시: 202○. ○. ○○. 시간: 16:00~18:00(120분)
참석자	욜심(리더), 바다, 젠장, 나나나, 여행, 나쁜 년, 사랑아, 소리
회기 주제	서로에게 느껴지는 부분 피드백하기
다뤄졌던 주제 (내용, 과정 쟁점)	▶ 지금-여기에서 상호작용 중에 느껴지는 사고, 감정을 표현하고 타인에 대해서 피드백을 함으로써 왜곡된 사고, 부정적 정서 등을 확인하고 점검: 타인의 눈치를 살피고, 힘들어도 표현하기보다는 혼자서 해결하려고 하는 점에 대해서 주로 다룸 • 사랑아: 내가 한 말에 사람들의 표정이 멍해서 '내가 잘못했나?' 생각하면서 쓸데없이 사람들의 안색을 살피게 된다. → 욜심(리더)의 피드백: 실제로 사람들이 그렇게 반응했는지, 스스로 짐작해서 생각해서 눈치를 살핀 것은 아닌지 점검할 필요가 있음 • 여행: 누군가에게 해 주지 못해서 미안함이 있어도 내가 뭔가 해 주지 않아도 다른 사람들과 나누겠지 하면서 스스로 합리화한다. → 욜심(리더)의 피드백: 접근해서 내가 상처받을 것 같으면 그 자리를 피하지만 미안함에 혼자 살피고 생각하는 관계방식으로 보임. 진정한 관계를 위해서는 용기 내서 행동할 필요가 있음 • 소리: 자유롭지 못하다. 힘들 때는 스스로 삭혀야 한다고 생각해서 내가 힘들다고 이야기하는 게 싫다. → 바다의 피드백: 답답하고 마음이 아픔. 힘들 때는 주변 사람에게 손 내미는 것은 자존심 상하는 일이 아니고 기회임. 소리와 같은 면이 나에게도 있음 ▶ 집단원들이 소리의 힘듦(남의 일을 돕느라 자신의 것을 잃는다는 생각. 그러면서도 자신이 힘든 것을 표현하지 못함)을 지지해 주고 소리에게서 느껴지는 긍정적인 점들을 피드백해 줌
집단원의 저항 및 대응	'소리'가 힘들어도 다른 사람과 편안하게 이에 대해 나누지 못하는 점을 표현하자 집단 전부터 알고 지내던 '여행'이 힘든 것을 같이 나누지 못했던 점에 대해 미안함을 표현하면서도, '소리'가 자기 외에 다른 사람들과는 친하게 마음을 나누는 것같이 느껴져 자신이 같이 나눌 수 없었다는 것에 대해 표현함
진행 중 전환에 대한 상세한 기술	'사랑아'가 자신이 한 말에 집단원들이 예상하지 못한 반응인 '표정이 멍함'이라는 피드백을 받았고 이를 자신의 잘못으로 반응하자, 리더가 실제로 그런 것인지, 아니면 '사랑아'의 자기비하적 사고에 따른 것인지를 탐색하게 하고 그럴 때마다 자책하지 말고 다른 사람에게 물어보게끔 '사랑아'의 행동을 주의시킴
회기 평가	• 이전 회기에 했던 타인과의 상호작용에서 자신의 걸림돌에 대해서 계속 이어 나가면서 지금-여기의 상호작용 과정에서 느껴지는 감정과 떠오르는 생각들에 대해서 표현하고 피드백하는 연습을 통해 자신의 왜곡된 사고나 부적절한 정서 등의 현실을 점검할 수 있었음 • 리더가 여행에게 상처를 피하지만 말고 진정한 관계를 위해서 용기 낼 필요가 있다고 한 조언이 집단원들에게도 영향을 끼쳐 집단 상호작용에서 자기표현이나 피드백이 좀 더 적극적이 되도록 작용하였을 것임

4회기	일시: 202○. ○. ○○. 시간: 18:00~20:00(120분)
참석자	욜심(리더), 바다, 젠장, 나나나, 여행, 나쁜 년, 사랑아, 소리
회기 주제	집단원과의 상호작용을 통해 자신에 대해 깨닫게 된 점 나누기
다뤄졌던 주제 (내용, 과정 쟁점)	▶ 집단 상호작용 과정에서 내가 본 나의 모습 혹은 타인에게서 보이는 나의 모습, 타인에게 받은 피드백을 통해 알게 된 나의 모습을 종합하여 집단을 통해 깊어진 자기이해를 확인 • 나나나: 타인의 이야기를 듣고 피드백해 주는 것이 즐겁다고 생각했는데 허무함이 느껴졌다. 집단에서 이야기를 하다 보면 내 사정이 항상 다른 사람 사정에 밀리는 느낌이 있는데, 생각해 보니 밀려났다기보다 내 스스로 물러난 것이었다. 이와 연상되는 점은 과거 어려운 집안 상황으로 주변에서 느꼈던 모멸감, 자존심 상함. 그런 일이 없었다면 현재 나는 눈치 보지 않고 하고 싶은 말 하고 남들보다 뒤로 밀리는 일이 없었을 것이다. • 나쁜 년: 집단에서 제 목소리를 안 내는 거에 대한 불안과 조바심. 내 존재감이 너무 없다. 집단에서 내 역할을 제대로 하지 못한 것 같다. • 여행: 뭔가를 해야 할 것 같은 생각과 지난 집단에 이어서 이번 집단에서도 회피하는 나의 행동 패턴을 확인했다. '나나나'가 모멸감을 이야기할 때 내가 시부모에게 받았던 모멸감이 떠올랐다. 상처에서 벗어나서 딸과 잘 살아 보겠다는 소망과 그렇게 되리라는 희망을 확인 • 소리: 내 존재방식이 어떤 것인가에 대한 고민하게 되었다. 다른 집단원들의 모습을 나와 비교도 해 보게 된다. 여전히 집단에서 나를 개방하는 것에 대한 부담(집단 밖에서도 이어지는 관계들로 인해서 자신의 이야기가 밖으로 나가는 것에 대한 염려)이 있다. ▶ 집단에서 시도한 이전과는 다른 반응들과 이에 대한 집단원의 지지 • 젠장: 평소 변화를 주는 것을 별로 좋아하지 않는데 별칭을 하늘에서 '젠장'으로 바꾼 것이 변화를 시도한 점이었다. 남들 앞에서 투덜거리거나 욕을 못하는데 별칭을 바꿔서 '젠장'이라는 소리를 할 수 있었음을 만족한다. • 나나나: 늘 남에게 밀리기만 했는데, 뺏기지 않기 위해 화제가 '젠장'에게 돌려진 것을 자신에게로 다시 돌렸음. 이야기하고 난 뒤에는 미안한 마음이고 나에 대한 사람들의 시선이 바뀌지 않았을까에 대한 불안감이 있다. (이에 대해 집단원들은 오히려 힘이 있고 당당해 보이며, 순간순간 자신의 것을 잘 알아채고 있는 것 같아 부럽다는 긍정적인 피드백을 제공함)
집단원의 저항 및 대응	▶ 소리: 이 집단을 못하겠다는 생각이 들고, 내일이 기대되지 않고 힘들 것 같다는 느낌이 든다(집단에서의 관계가 밖에서도 이어지기 때문에 자기노출에 대한 부담스러움을 다시 표현함). • 리더의 반응: '소리'가 솔직하게 자기를 개방해 준 것에 대한 고마움을 표현함(소리의 말을 수용해 줌) • 타 집단원들의 반응: 집단에서의 얘기가 밖으로 나가지 않을 것에 대한 확신을 심어 주고 싶다.

진행 중 전환에 대한 상세한 기술	• '나나나'의 엄마 이야기에 '젠장'이 자신의 부모님 이야기를 하면서 '나나나'에서 '젠장'으로 주제가 옮겨지는 듯하자, '나나나'가 이 상황에 대해 적극적으로 표현하면서 자신에게로 다시 주목시킴. "좀 쌩뚱 맞아서 미안한데 다른 집단에서 내가 엄마, 아빠 얘기를 꺼냈을 때 어느 누군가가 더 아픈 얘기를 꺼내서 나의 얘기가 뒤로 밀린 느낌이 있었는데, 지금 이 순간 또 그런 느낌이 들었어……." 이에 대해서 리더가 '나나나'를 지지해 주면서 '나나나'가 자신에 대한 깊은 통찰이 일어남 • 회기 전반에 '나나나'에게 얘기가 집중되면서 다른 집단원들의 반응이 한동안 없어 '나나나'에 대한 피드백을 유도하기 위하여 "다른 사람들 입에 거미줄 처지겠다."라며 가볍게 비유를 들어 집단원들을 독려하자, 그 뒤부터 집단원들의 질문이나 피드백이 늘어남
회기 평가	• 회기가 중반으로 가면서 좀 더 깊은 통찰이 일어나기 시작함. 특히 그 중심 역할을 '나나나'가 하고 있음 • '나나나'가 적극적인 표현으로 집단원들의 관심을 다시 자신에게로 돌렸을 때, 이에 대해 리더의 지지가 '나나나'뿐 아니라 다른 집단원들에게도 영향을 미쳐(관찰학습) 좀 더 깊이 내면을 들여다보고 자기개방하는 데 영향을 끼침

5회기	일시: 202○. ○. ○○. 시간: 10:00~12:00(120분)
참석자	욜심(리더), 썬(바다), 젠장, 나나나, 여행, 염병(사랑아), 소리
회기 주제	나의 내면의 욕구를 인식하고 표현하기
다뤄졌던 주제 (내용, 과정 쟁점)	**▶ 첫째 날 집단 후에 느껴졌던 것을 점검하고 둘째 날 집단 시작에 앞서 현재 상태 및 집단에 대한 기대감을 이야기함** • 대부분 몸의 피로감은 있지만 집단 시작에 대한 긍정적 느낌과 기대감을 표현함 **▶ '소리'의 어제 마주하지 못한 자신에 대한 감정과 답답함, 자기개방의 어려움에 대해서 리더의 자기개방과 함께 집단원들의 지지** • 소리: 힘든 걸 들키기 싫다. • 욜심(리더)의 반응: 내가 잘 지내고 싶고 잘 보이고 싶은 사람한테는 힘들다는 이야기하기가 어렵다. 관계가 끊길 것 같은 불안감이 있다(리더의 자기개방과 소리에 대한 공감과 지지). • 집단원들의 반응: 평상시 보아 왔던 소리에 대해 긍정적인 피드백 **▶ '나나나'의 의존심에 대해 자신의 욕구를 알아차리고 이를 처리하는 방법에 대해서 이야기함** • 의존하고 싶은 '나나나'의 욕구에 대해서 리더가 공감해 주고 그러한 욕구를 사람마다 잘 처리할 수 있는 방법에 대해 고민해 볼 수 있도록 자기개방을 함

	▶ **'염병'이 집단 상호작용에서 무의식적으로 나타내는 행동(피식 웃음)을 직면시켜 존재의 가치를 인정받지 못함에 대한 불안을 통찰하게 됨** • 욜심(리더): 염병이 '피식' 한 번씩 웃는데…… 눈치가 보일 것 같아. '왜 웃을까?' 이렇게 물음표가 한번씩 지어지는 소통방식을 한단 말이야. • 염병: 그게 두 가지 마음인 것 같아. 음, 하나는 회피고, 집중하고 싶지 않은 마음이 드러나는 것 같아. • 나나나: 나는 후루룩 덮는 게 불안하고 '염병'이 훅 까는 게 불안할 거라는 거지……. 그 불안감. 웃음으로 처리하는 그 밑에 그게 뭘까? • 염병: 그 밑 마음이 뭘까 생각을 해 봤는데…… 나는 명확해질까 봐 불안해. '넌 필요없어.'라든가 '넌 가치 없어.' '그렇게 뭐 소중한 애가 아니야.' 이 말을 듣기가 불안해.
집단원의 저항 및 대응	'썬(바다)'이 궁금한 내용을 물었을 때 '염병'이 '피식' 웃는 행동을 함. 이에 따라 '썬'의 반응 수가 현저히 떨어짐(4, 5회기)
진행 중 전환에 대한 상세한 기술	'나나나'와 '여행'의 이야기가 정리되는 시점에서 리더가 '염병'이 '피식' 웃는 행동에 대해서 직면시킴. '썬'에게 '염병'의 웃는 행동이 어떻게 느껴졌는지 '염병'에게 직접 표현하게 함. 이를 통해 '염병'이 자신은 항상 피해자고 약하다고 생각했는데, 사실은 회피하고 싶을 때나 부정적인 표현을 억누를 때 무의식적으로 '피식' 웃는 행동을 함으로써 다른 사람들이 무시당하고 기분이 나빠진다는 것을 깨달음. 더 나아가서 '나나나'가 '염병'이 가진 불안의 근원을 질문함으로써 존재의 가치를 인정받지 못하는 것에 대한 불안을 통찰하게 됨
회기 평가	• 첫날에 비해서 솔직한 표현이 늘었고, 자신에 대한 깊은 탐색, 통찰이 일어나고 있음 • '염병'이 리더가 지적한 부분에 대해 회피하지 않고 직면하고 고맙다고 표현하는 것으로 보아 집단 리더나 집단에 대한 신뢰가 깊어졌다는 것을 알 수 있음 • '소리'의 자기개방의 어려움에 대해서 리더가 공감과 함께 자기개방으로 지지해 준 것이 이후 회기에서 집단원과의 상호작용에 좀 더 활발하게 참여하고 타 집단원에게 탐색이나 직면을 돕는 질문을 하게 되는 데 긍정적인 영향을 미쳤을 것임 • '염병'의 행동을 직면시키면서 이와 관련하여 부정적인 표현을 계속해서 억누르는 것보다 부드럽게 자꾸 표현할 수 있도록 조언한 것이 다른 집단원들에게도 영향을 미쳐 이후 회기에 집단원들이 불편함이나 부정적인 표현도 할 수 있도록 촉진하는 작용을 한 것으로 보임

6회기	일시: 202○. ○. ○○. 시간: 14:00~17:00(180분)
참석자	욜심(리더), 썬, 젠장, 나나나, 여행, 염병, 소리
회기 주제	미해결된 문제를 자각하고 수용하기
다뤄졌던 주제 (내용, 과정 쟁점)	**▶'젠장'이 다른 사람들이 나를 이해하지 못할 것 같은 생각에 자신의 얘기를 꺼내기 주저함** • 젠장: 자신을 주인공으로 두기보단 늘 나는 조연 같았다. 내가 힘들었던 얘기를 꺼내면 사람들이 불쌍하게 볼 것 같아서 얘기를 확 꺼내기가 어렵다. • '젠장'의 힘들었던 과거 경험을 리더가 강점(공감 능력)으로 돌려주고 집단 안에서 다른 집단원들에게 '젠장'의 경험을 바탕으로 깨달은 점을 조언할 기회를 줌으로써 지지해 줌 **▶'여행'은 부정적인 상황에서 그 원인을 모두 자신의 탓으로 돌리는 자동적 사고를 함** • 여행: 이 상황이 나 때문인 것 같다. 내가 오지 말았어야 했다. 내가 없어져야 이런 일이 일어나지 않는다. 내가 있어서 이런 문제들이 자꾸 생긴다. 나는 죽으면 돼. 내가 없어져야 끝이 난다. • 이전 집단 경험(리더로부터 비난)에 대해 '소리'가 다른 시각으로 이야기함('소리'는 이전 집단에 '여행'과 함께 참여). 실제 리더의 이야기는 '여행' 탓으로 돌리는 것이 아니었다. • '여행'이 좋지 않은 상황을 자신의 탓으로 돌리는 자동적인 사고에 대해서 리더가 늘 자각하고 경계하도록 조언하면서 지지해 줌 **▶'나나나'는 '여행'의 모습에서 엄마가 죽을 것 같은 걱정과 불안이 올라와서 괴로워함** • 나나나: 그래도 불안해요……. 그…… 내…… 나의 답답증이 어떤 건지 알 것 같아요. 내가 뭐가 답답한지. 우리 엄마가 답답했어. 내가 기억하는 엄마의 뒷모습이 말 안 하고 그냥, 등으로 모든 걸 다 받아내고 그냥 앉아 있는 그 뒷모습이야. 엄마가 죽을 것 같아서 나는 그게 너무 불안했고 한 번도 표현을 안 했으니까.
집단원의 저항 및 대응	'여행'의 옆자리에 앉은 '나나나'가 '여행'에게 자꾸만 멀어지면서 피하려 함. 리더가 이를 알아차리고 '나나나'에게 가장 편한 자리로 옮길 수 있도록 함. '나나나'는 여기저기 왔다 갔다 돌아다니며 마음이 편한 곳을 찾아다님. 문을 나가도 된다고 리더가 말하자 문 앞에 앉고자 함. 이후 '나나나'는 '여행'을 보는 것이 답답하고 죽을까 봐 불안했는데, 이것은 '여행'에게서 자신의 어머니 모습을 보고 있음을 통찰함

진행 중 전환에 대한 상세한 기술	• '나나나'가 '젠장'에 대한 미안한 마음(4회기에 '젠장' 얘기 중에 자신의 이야기로 다시 흐름이 바뀐 것에 대한 미안한 마음)을 표현하자 항상 조연 역할을 하는 '젠장'을 리더가 직면시키면서 장의 주인공이 되도록 초대함 • '젠장'에 대한 이야기가 마무리된 다음 집단원들을 살피던 리더가 '여행'에게 질문하여 '여행'의 이야기로 전환됨
회기 평가	• 앞선 5회기에 이어서 집단원들의 자기개방 및 통찰이 깊이 이루어짐. 자기 존재에 대한 부정, 자신의 존재 가치, 죽음에 대한 불안 등과 같은 깊은 내면의 문제들이 드러남 • 미해결된 문제들을 드러낸 다음에는 그것을 긍정적이고 희망으로 돌리는 작업이 진행됨 • '나나나'가 스스로 자기개방을 하면서 집단원에게 직면, 탐색을 촉진하는 질문들을 했기 때문에 자연스럽게 다른 집단원들도 자기개방을 하는 데 긍정적인 영향을 끼친 것으로 보임

7회기	일시: 202○. ○. ○○. 시간: 17:00~20:00(120분)
참석자	욜심(리더), 썬, 젠장, 나나나, 여행, 염병, 소리
회기 주제	참여 소감 및 집단원에게 긍정적 피드백하기
다뤄졌던 주제 (내용, 과정 쟁점)	**▶ 여행에 대한 집단원들의 지지를 제공** 모든 일을 자신의 탓으로 돌리는 부정적인 사고가 자동적으로 일어나고 있음을 항상 주의를 기울여 알아차리고 경계하도록 조언하고 지지함 **▶ 집단을 마무리하면서 집단원 모두에게 서로 간에 긍정적인 피드백과 지지를 제공함** **▶ 집단 참여 소감및 평가를 실시**
집단원의 저항 및 대응	–
진행 중 전환에 대한 상세한 기술	'여행'에 대한 집단원의 지지를 마무리하고 각자 자신이 이틀간의 집단을 통해 깨달은 점과 일상생활에서 계속 잊지 않고 도전하고 노력해야 하는 부분을 나누었다. 끝으로 '다른 집단원들이 집단과정 이전에는 어떻게 보였는지, 지금 집단을 마치고 보니 어떻게 보인다.'는 등의 다른 집단원에 대한 집단 전과 후의 인상이나 느낌을 서로 피드백함
회기 평가	자신에 대한 통찰과 일상생활에서 계속 노력해야 하는 부분을 잊지 않도록 하는 동시에 집단원 간 서로 느끼고 도움이 되었던 점을 표현하게 함. 이로써 집단원 개인의 모습에 대한 긍정성과 집단원 간에 서로 도움이 되었던 부분을 표현하며 집단을 마무리함

V. 집단역동

1. 집단역동 분석

1) 집단상담자–집단원 간 역동(○ : 동조 · 지지, △ : 보통, × : 불편)

–	바다(썬)	하늘(젠장)	나나나	여행	나쁜 년	사랑아(염병)	소리
리더(욜심)	△	○	○	△	△	△	○

집단상담자와 '나나나'는 예전에 집단을 통해 특성을 알고 있는 상태였고 '소리'와는 일을 같이 하면서 알던 사이라 어느 정도 친밀감이 형성된 상태. '바다(썬)'와 '사랑아(염병)'는 과잉으로 긍정성을 표현하거나 남을 돌보는 행동을 하는 모습에 지지하기 어려운 부분이 있었음. '하늘(젠장)'은 몸이 불편한데도 열심히 하려는 모습에 지지를 보내고 싶었고 '여행'이나 '나쁜 년'은 집단을 통해 처음 관계를 했고 '여행'의 좋게 보이고 싶어 하는 모습과 '나쁜 년'의 타인에 대한 공감 정도가 떨어지는 부분에서 깊이 지지하지 못함

2) 집단원 간 역동(집단상담자 제외)

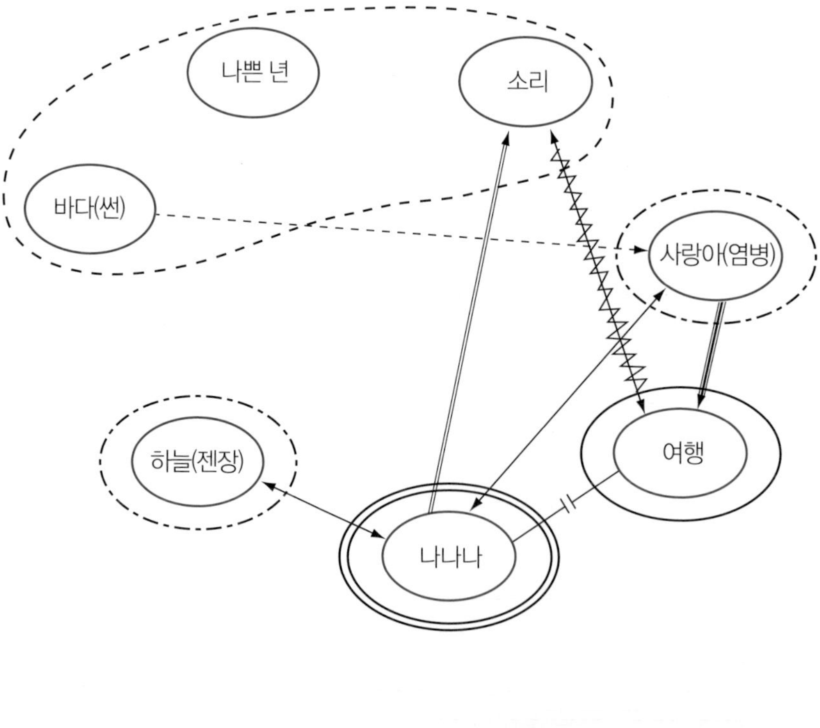

개인 내 역동
바다(썬) 자기개방보다는 타인에게 대한 피드백(대부분 긍정적 · 지지적)을 주로 함
하늘(젠장) 가족과 관련해서 자신의 아픔이 크기 때문에 다른 사람들은 잘 이해하지 못할 것이라 생각하고 또한 자신을 불쌍하게 여길까 봐 자기개방을 주저함. 또한 다른 사람들은 자신이 경험한 고통이나 아픔에 비할 게 아니라는 생각에 다른 사람들이 아픔을 표현할 때 자신의 아픔을 슬쩍 얹는 식으로 자신을 간접적으로 표현(인생에서 주인공을 한 번도 못해 봄)
나나나 지금-여기에서 일어나는 자신의 욕구나 감정에 매우 민감하며, 현재 집단원에게서 느껴지는 감정이 과거 부모와의 관계에서 온 것임을 깊이 통찰하고 있음. 집단에서 솔직하게 자신의 생각과 감정을 표현함. 자신이 원할 때 장의 흐름을 자신에게로 돌려 놓음
여행 자책, 자기부정적인 사고나 표현을 많이 함. 존재를 인정받지 못하는 것에 대한 불안이 있음. 집단에서 중심이 되거나 주목받는 사람을 부러워하고 관심받고 인정받고 싶어 함
나쁜 년 주로 방관자 역할. 집단에서 자기개방뿐 아니라 타인에 대한 피드백도 적극적이지 않음
사랑아(염병) 논리적이고 분석적인 것을 피하고 싶어 함. 집단에서도 심각한 분위기가 되면 슬쩍 넘어가기 위한 말이나 행동을 종종 함. 자기 자신에 대한 탐색보다는 주로 타인에게 관심이 있으면서 눈치를 살핌. 특히 약해 보이는 사람을 보호해 주고 싶어 함
소리 집단에서 자기개방하는 것을 불안해함. 첫째 날에는 집단원과의 소통에서도 소극적이었으나 둘째 날 5회기에 자기개방의 어려움에 대해 다루고 난 이후에는 집단원들에게 직면 · 촉진하는 질문 등이 늘었음. 그러나 전체적으로 소극적이고 조심스러운 태도를 보임

대인 간 역동	
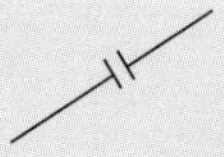	**나나나-여행** '여행'은 집단에서 주목받는 '나나나'를 부러워하는 부분이 있음. 그러나 '나나나'는 '여행'에게서 자신의 어머니의 모습이 보여 답답하고 불안함을 느껴 회피하고 싶어 함
	**여행-사랑아(염병)** 존재를 인정받지 못하는 것에 대한 공통적인 상처가 있음. 이와 관련해서 '사랑아(염병)'가 '여행'을 안쓰러워하고 동생처럼 여겨 보호하고 보살펴 주고 싶어 함. '여행'은 '사랑아'의 보호로 엄마에게 받고 싶었던 따뜻함을 느낌
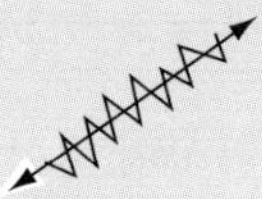	**여행-소리** 집단 이전부터 갈등이 있던 관계임. 둘 다 자신보다는 타인의 일을 과기능하고 있지만, 그러한 상황을 잘 표현하지 않고 억누르는 '소리'는 힘들다고 표현하는 '여행'에 대해서 불편한 감정이 있음('여행'의 행동을 타인에게 인정받기 위해 그렇게 한다고 생각)

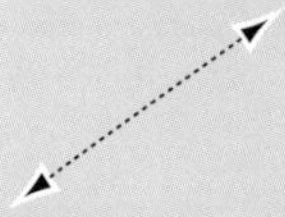	**하늘(젠장)–나나나** 서로 어려운 성장과정에 대해 동질감을 느끼는 부분이 있으면서도 '나나나'가 '하늘(젠장)'의 이야기를 빼앗아 자신에게 집중시킨 것에 대해서 불편하고 미안한 마음이 있음
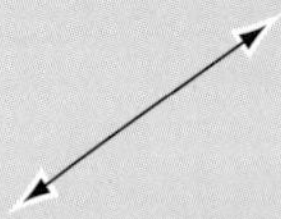	**나나나–사랑아(염병)** 서로 상반되는 특성이 있음. '나나나'는 분명히 하고 싶어 하고 똑 부러지고 솔직하게 자신을 표현하는 데 비해, '사랑아(염병)'는 여유롭고 천진난만하고'좋은 게 좋은 거다.' 식으로 그냥 넘어가고 싶어 함. 서로 이러한 상반되는 특성을 부러워함. '나나나'는 집단에서 자기개방이나 촉진적인 질문으로 리더나 집단원으로부터 관심이나 집중을 받는 것에 대해 존재를 인정받고 싶어 하는 '사랑아(염병)'를 부러워함. 한편, '나나나'는 '사랑아(염병)'의 여유롭고 천진난만하고 걸림이 없어 보이는 모습을 부러워함
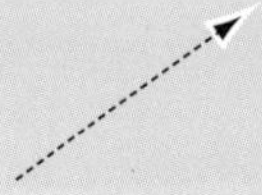	**바다(썬)–사랑아(염병)** 바다(썬)의 질문이나 자기표현에 사랑아(염병)가 피식 웃는 모습이 자신이 뭔가 잘못했고 조롱하는 듯한 느낌이 들어서 이후부터 집단에서 바다(썬)의 표현이 줄어듦
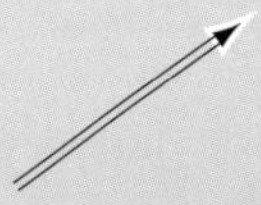	**나나나–소리** '나나나'가 '소리'를 동생처럼 생각하고 지지해 주고 싶어 함. '소리'는 '나나나'의 자기개방 및 촉진적 질문에 영향을 받아 집단 후반부터는 집단원들에게 질문이나 피드백 반응이 늘었음
집단 간 역동	
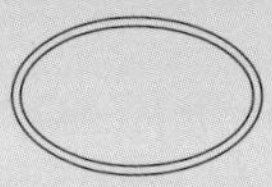	자기개방, 타인에게 촉진적, 직면하는 피드백이 적극적인 집단: **나나나**
	자기개방을 꺼리고 집단원에게도 제한적인 피드백만 하는 집단: **바다(썬), 나쁜 년, 소리**
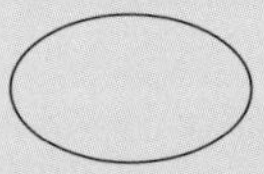	집단의 관심, 집중을 받고 싶어 하는 집단: **여행**
	스스로 자기개방은 꺼리나, 리더나 다른 집단원의 촉진적 질문 등에 직면받는 상황에서는 자기개방을 하는 집단: **사랑아(염병), 하늘(젠장)**

자기개방을 하는 집단원의 모습을 보고 개인 내 역동과 대인 간 역동이 드러났고, 집단이 진행되면서 기존에 서로에게 가지고 있던 부정적인 감정들이 완화되어 새롭게 타인을 인식하고 공감하는 계기가 되었다. 또한 집단상담에서 자기개방을 꺼리는 집단원들은 자기를 개방하고 촉진하는 집단원들과 집단상담자의 모

습을 보고 용기를 내고 모험을 감행하여 집단상담을 긍정적으로 마무리하였다.

한편, 예전부터 서로 알고 지내던 집단원이 일부 있어서 이미 역동이 형성되어 있는 상태로 집단상담에 참가하였기에 대인 간 역동이 비교적 빨리 표면화되었다. 예를 들면, '소리'와 '여행'은 대학원 동기로 서로에 대한 불편함을 가지고 있고, '나나나'와 '사랑아'는 같은 공동체 모임에 참석하고 있어서 서로에 대해 친밀함을 가지고 있다. 이렇게 이미 형성된 대인 간 역동은 집단상담 초반에는 긴장감이나 불편감을 느끼게 하였으나 집단이 진행되면서 촉진적 요소로 작용하였다. 자기개방을 꺼리고 인내를 중요하게 생각하는 '소리'가 '여행'이 힘들다고 눈물 흘리며 호소하는 모습에 자극받아 용기 내어 마음을 표현하게 되었다. 한편, '나나나'와 '사랑아'는 부러움과 서로의 장점을 비춰 주며 더욱더 연결감을 느끼는 것을 볼 수 있었다.

VI. 집단상담 평가

1. 집단원들의 평가(집단원이 작성한 피드백)

• 바다(썬)

나의 단점에 대해서 다시 한번 확인하는 계기가 되었고, 사회적 관계 속에서의 소통방법에 대해 느낄 수 있었고, 사회에 나가서 적용하기 위해 시도하고 노력해야겠다. 타인에게 부정적인 의사 표현이 힘든 점을 개선하며 앞으로는 솔직하게 부정적인 의사 표현도 할 수 있도록 자신감을 얻었다. 타인의 감정을 진심으로 이해하고 언어적 · 비언어적 피드백은 솔직하게 하는 자신감을 가졌다.

• 하늘(젠장)

나 자신에 대해 이해를 받고 싶고 나 자신을 잘 이해하고 돌아보고 싶었는데 잘 알 수 있어서 좋았으며 좋은 집단을 만날 수 있어서 행복한 1박 2일이었다.

어디에서나 자신감 있게 나 자신을 나타낼 수 있게 용기를 준 것에 대해 감사함을 말로 다 표현을 못한 것이 아쉽기도 하다.

• 나나나

막연한 기대감을 안고 신청한 집단상담 프로그램이었는데 기대 이상이었다. 리더의 따뜻함, 적절한 조언, 공감 등에 의해서 집단원들 각각 자신의 결대로 경험을 할 수 있었다.

집단원 개인 내, 집단원 간 역동이 만나면서 그것에만 집중하고 몰입하는 것이 아니라 그것을 내 안에서 그리고 서로 어떻게 자각하고 소통할 것인가에 대해 배울 수 있었다. 개인적으로 그간 느꼈던 감정들에 대해 자각 · 통찰할 수 있었고 다른 집단원들이 나에게 주는 피드백과 각자의 좋은 기운이 나에게 일상생활을 하는 데 좋은 힘으로 작용할 것이다.

나에 대한 신뢰와 애정도 듬뿍 가져간다.

• 여행

나의 핵심 감정이나 핵심 반응, 자동적 사고에 대해 명확히 알 수 있었다. 그래서 나타나는 나의 행동 패턴도 볼 수 있게 해 준 리더에게 고맙다. 생활에서 보다 나은 행동으로 잘할 수 있으며(잘 살 수 있다), 해 보지 않은 행동에 대한 두려움보다는 해 봄으로써 한발 성장할 수 있을 것 같다. 집단원과 리더의 신뢰가 내가 성장하는 데 큰 도움이 된다는 것 믿게 되었다.

• 나쁜 년

이번 집단에 참여하면서 나의 역동에서 오는 마음의 요동이 덜 출렁임을 느꼈다. 집단에 열심히 참여하지 않아도 피드백하는 것을 편안하게 즐겼다는 점이 참 좋았다.

• 사랑아(염병)

집단에서 배운 것을 그 자리에서만 인정하고 수용한 상태로 일상으로 돌아오면 한 걸음을 내딛기는 했으나 그다음 걸음에서 머뭇거리게 된다. 그러다 다시 퇴행하기도 한다. 이번 장은 마음 밑바닥에 있는 욕구와 감정을 집단원에게 표현하면서 그것을 해 보고 싶었고 전하고 싶은 것을 자각하고 그것을 일상으로 돌아가서도 끊임없이 연습하는 약속까지 이어진 장이었다. 집단원의 격려와 집단 리더의 따뜻한 조망 안에서 이루어져 일상에서 잘 살아 보겠다는 의지를 다지게 되었다.

• 소리

자기를 만나는 것, 자신의 모습에 직면하는 것은 참으로 아프고 힘든 일이다. 그럼에도 용기 내어 자신을 내비치는 다른 집단원들의 모습을 보면 나도 저럴 수 있을 거다, 나도 한번 힘내 보자 하는 희망이 생긴다. 상담 장면에서의 연습은 실생활으로 이어지기 위함이고 그것은 결국 더 나은 삶, 자기성장으로 이어진다는 걸 깨달았다. 왜 집단에서 자유롭게 눈치 보지 말고 한번 해 보라고 하는지, 안전한 공간에서의 교정적 정서 재경험이 왜 중요한지, 그로 인해 얻을 수 있는 건 뭔지 명확히 깨달은 느낌이다. 이제 알았으니 더 잘 실천할 수 있겠지. 집단원들이 반영해 주는 내 모습, 그리고 내가 다른 집단원을 보며 더 걸리고 불편한 모습, 그것이 뭘까 밑 마음으로 내려갈수록 자기성장이 깊어지는 기분이 든다. 안전한 장소, 장을 마련해 줘서 감사함을 느낀다.

2. 개인별 변화(집단원별 사전 · 사후)

사전	별칭	목표	사후
• 집단 시작 시에는 얼굴 경련 등 긴장한 모습이 역력함	바다 (썬)	강점과 약점을 알고 싶고 대인관계를 잘 하고 싶다.	• 집단이 진행될수록 긴장된 모습이 줄어들었음 • 집단 초반에는 의욕을 가지고 집단원에게 질문을 시도하기도 하였으나, 집단 후반으로 갈수록 소극적인 모습임 • 피드백도 긍정적인 표현에 국한됨 • 자신에 대한 표현보다는 타인에 대한 피드백이 주가 됨

• 자신의 얘기를 잠깐씩 꺼내기는 하지만 적극적으로 하지 않음 • '늘 조연 같았다는 생각(얘기를 꺼내면 나를) 불쌍하게 볼 것 같아서.'	하늘 (젠장)	자신을 잘 알고 싶다.	• 집단에서 주인공이 되는 경험 후에 자신감, 용기 등 긍정적인 변화를 보고함 • '이해를 받고 있구나. 여기서는 다 알아주는 것 같아서. 너무 고맙고 내가 주인공이 잘 됐구나.' 생각. • '내 편이 생겼구나.'
• 집단 시작 시에는 반말 집단에 대한 부담감을 표현	나나나	나를 들여다보고 과거를 통해 시시각각 변하는 나의 현재 마음을 들여다보고 싶다.	• 자기탐색과 자신의 욕구를 표현하는 것을 장에서 적극적으로 시도함 • 타인에 대한 촉진적 질문도 많이 하는 등 집단을 활발히 하는 데 가장 많은 역할을 하였음
• 이전 집단에서 부정적인 경험에 대해 표현 • 이번 집단 참석에 대한 망설임, 주저함이 있었음(양가감정)	여행	나답게 살고 싶고 내 방식대로 살고 싶다.	• 집단원들의 지지에 힘을 얻었다고 표현하고 딸과 잘 살아가겠다는 희망과 의지를 표현함
• 나쁜 년 소릴 잘 안 들으려고 하고 눈치 보면서 살아서 그런가 착한 년이라는 소리를 들으려고 하는 것이 나의 에너지를 소진시키기도 함	나쁜 년	비구조화 집단에서 자신을 보고 싶고 나의 내적 자원을 찾고 싶다.	• 집단에서 자신의 역할을 제대로 하지 못한 것에 대한 아쉬움을 표현 • 집단 안에서 방관자에 가까운 태도를 유지함
• 밝은 모습과 집단원들에게도 친밀감을 표현	사랑아 (염병)	집단에서 잘 놀고 싶다.	• 집단에서 깊은 탐색이나 무거운 주제가 나오면 회피하려고 하는 반응을 보임 • 집단에서 약하게 보이는 사람에 대해서 보호해 주려는 역할에 치중하였음 • 그러나 무의식적인 행동(피식 웃음)에 대해 직면할 때는 저항하기보다는 자신을 들여다보려 노력하였음
• 자유롭지 못하고 궁금증이 많아도 표현하지 못하는 것에 대해 괴로움을 표현함	소리	나를 표현하고 나에게 집중하고 싶다.	• 다른 집단원들이 자기개방하고 편안해지는 모습을 학습하기도 하고 지지받는 경험을 통해 후반에는 피드백이 증가한 모습을 보임 • 오기 전에는 역시 부담이었는데 와서 이렇게 얘기를 하니까 편안해지고 담담해지는 것 같다고 표현함

3. 집단상담자의 역할 및 행동 평가

집단원의 목표를 이루기 위해 걸림돌을 파악하고 걸림돌에 대한 부분을 집단 진행과정 중에 말, 행동과 표정을 관찰하여 알아차릴 수 있도록 하거나, 집단상담자의 자기개방을 통해 집단원의 경험 노출을 할 수 있었다고 보인다.

Ⅶ. 수퍼비전에서 도움 받고자 하는 것

- 집단원이 자신의 궁금한 점을 다른 집단원에게 계속 질문하는 경우 어떻게 유연하게 대처할 수 있을까요?
- 집단에서 평등하게 집단원으로 그리고 집단상담자로 있으면서 이전 관계의 영향을 줄이기 위해 반말집단으로 운영했는데 집단과정 중에 약간 장난스럽게 웃음으로 넘어가는 경향이 있습니다. 그러다 보니 중요한 포인트를 놓치고 '아차' 하는 경우가 종종 있는데 이럴 때 어떻게 놓친 부분으로 다시 돌아갈 수 있을까요?
- 집단원들이 이미 사회적인 관계가 맺어져 있는 사람들이고 집단이 끝나도 만날 수 있기 때문에 비밀보장에 대한 한계가 있는 것 같습니다. 비밀보장에 대한 내용을 좀 더 강화할 수 있는 방법은 없을까요?
- 집단지도자의 반응이나 태도에서 점검받고 수정해야 할 부분은 어떤 부분인지 알고 싶습니다. 또한 집단 전개과정에서 놓치거나 잘못 개입한 부분은 어떤 부분인지 알고 싶습니다.

Ⅷ. 수퍼비전 총평

1. 집단상담 접근방식

전체적인 접근법과 구체적인 방식들을 제시하는 것이 필요하다. 예를 들어, T-집단 진행 시 고려할 구체적인 규범들, 집단상담자에게 요구되는 역할과 집단원들에게 요구되는 역할의 제시가 필요하다. 또한 집단상담 접근방식과 그에 따른 구체적인 집단상담의 목표가 그 접근방식에 얼마나 부합하는지 확인하는 것이 중요하다.

2. 집단 전 관계하고 있는 사람이 집단에 함께 참여하는 데 따른 조치 여부

집단 밖에서 이미 아는 관계에 있는 사람들이 집단에 함께 참여하는 것에 따른 장점 및 단점에 대한 인식이 필요하다. 또한 사후에 가능하면 이중관계는 지양하는 집단상담자의 태도가 절대적으로 필요하다. 집단원들에게 이러한 점을 사전에 알려 주고, 이에 따른 부담과 장점 등을 인식하고, 어느 정도의 마음가짐을 확인하는 것이 반드시 필요하다. 아울러 집단 종결 후 후속 집단을 통해 일어날 수 있는 부작용을 최소화해 주는 조치가 필요하다.

3. 집단상담 사례 구조화 및 집단상담자 반응

집단상담 사례 구조화가 상당히 모범적으로 보인다. 즉, 집단상담 수퍼비전 시 제시해야 할 중요한 구성요소를 거의 모두 갖춘 것으로 보인다. 특히 집단역동을 개인 내, 대인 간 및 집단 간 역동의 세 가지로 나누어서 작성하였고 이것을 보기 쉽게 그래프로 그려 놓은 것은 독자 입장에서 집단역동을 선명하게 볼 수 있다는 점에서 탁월해 보인다.

4. 집단상담자 반응

축어록에서 집단상담자의 반응을 살펴보면 리더의 태도가 수용적이고 온정적이여서 집단 촉진에 도움을 주었을 것으로 보인다. 또한 집단원 간의 연결감을 중요시하며 집단역동을 촉진하고 있고 집단상담자의 자기개방을 통해 집단원의 저항감이나 불안을 낮추고 있다. 반응 내용 면에서 보면 종종 왜곡된 사고에 초점을 맞추어 인지를 수정하려는 인지적 접근이 보이므로 감정과 인지 접근의 균형이 돋보인다. 또한 집단원 간의 상호작용과 피드백을 강조하는 상호작용 중심 집단상담 접근을 통해 집단원 간의 상호작용을 촉진하였다. 그러나 집단원들이 좀 더 내면으로 깊이 들어갈 수 있는 기회를 웃음으로 박탈하는 경우도 보이므로 웃음이나 농담으로 무거운 분위기를 무마하려는 촉진자 패턴에 대한 탐색이 필요해 보인다.

축어록(4회기)

지도자 1: 오늘 마무리는 자신과 집단원의 얘기를 통해 자기를 들여다본 것, 자기가 어떤 대화 소통을 하고 있는지, 또 어떤 생각에 빠져 있는지 등등 여러 가지의 모습을 봤을 텐데, 자기가 본 자기 모습 또는 타인을 통해 비쳐지는 모습 중에 깨달은 게 뭐가 있는지 그걸 여기서 얘기하고 오늘 마무리할까 해.

→ 마무리 활동 구조화하면서 깨달은 내용 중심으로 나누기

나나나 1: 난 다른 사람 얘기를 듣는 게 참 재미있지만, 다른 사람 얘기를 정리해 주고 반짝이는 칭찬을 할 때 쾌감을 느껴…….

사랑아 1: 본인이 받고 싶은 거겠지……. (미소)

나나나 2: 그런데 그 끝에 허무함이 좀 느껴졌고 내가 진짜 바라는 건 이게 아닌데…… 그러면서 내가 작년에 그 얘기를 했었는데, 나의 일을 얘기하는 것이 밀리는 거야, 내 안에. 왜냐하면 다른 사람이 더 크니까…… 늘 그렇게 생각하는 거야. 오늘도 하루 종일 그 생각을 했어. 그러다가 아까 "불쌍한 사람 코스프레 하지 마. 즐기는 거 아니야?" 이 말이 쟁쟁쟁쟁 귓가에 울리면서 우리 엄마인 거야. (미소)

지도자 2: 아…… 누가 누구에게?

→ 명료화하기 위한 질문

나나나 3: 내 마음속에 있는 말이 엄마한테 나가는 거지 그런 느낌이…….

지도자 3: 마음속에 느낌을 계속 느끼고 있었나 보네…….

나나나 4: 그러니까 엄마한테 계속 화가 나 있는데 그걸 표현하지 않고. 엄마에게 수고한다는 말을 항상 들었지만, 엄마가 미웠어. 미워서 이제 막 해대고 싶은 거야.

지도자 4: 많이 참았겠네.

→ 마음속의 심정을 받아주며 그것을 개방할 수 있도록 촉진

나나나 5: 참은 건 오래됐고 퍼부은 적도 있고 그 울분이 차올라서 엄마한테, 정확하게 엄마한테 가지 못하고 비껴 가거나 투덜대거나 이러긴 했는데…….

지도자 5: 엄마도 뭐라 했겠네.

나나나 6: 엄마가 왜 징징대냐고. 엄마 앞에서. (미소)

지도자 6: 그래도 밀리지 않고.

엄마와의 관계에서 오는 울분이 올라오고 있음

나나나 7: 내가 왜 엄마한테 밀리냐고.

지도자 7: 힘이 느껴지네…….

젠장 1: 퍼부을 사람이 있었으면 정말 좋을 거 같은 느낌이…… 그걸 퍼부어도 받아 줄 사람이 없으니까 속으로 삭힐 수밖에 없는 내가 너무 안됐다.

'나나나'의 이야기 중에 끼어든 '젠장'의 심정을 공감

지도자 8: 젠장이 안됐다. 아버지가 그래 빨리 돌아가셔서…….

젠장 2: 그게 술이라는…… 처음에는 너무 술이 싫어가지고 냄새 맡는 것도 싫었어요. 아버지가 술로 돌아가셨으니까. 혈압 높은 사람이 술을 네 가지를 섞어 드셨으니 몸이 견뎌 내겠어요? 술 먹는 사람 자체가 너무 싫었어요. 그런데 내 성격이 아버지를 많이 닮았어요. 생각하는 게 또 의식적으로 닮았을 수도 있는데 아버지를 너무 많이 닮았어요. 그게 너무 싫어요. 안 좋은 점만 닮았어요. 머리 좋고 똑똑하고 이런 걸 좀 닮았으면 아주 슬기롭게 잘할 수도 있었을 텐데 내가 생각하는 안 좋은 점만 닮은 거 같아요. 우리 아버지는 내가 장녀니까 나한테 좀 많이 퍼부었던 부분이 하나 있고, 집이 조금 살았으니까 맘 놓고 퍼부었겠지. 그런데 나한테 부담을 주는 게 정말 싫었어요. 〈중략〉 그런데 갑자기 마음이 좀 그럴 땐, 맺힌 게 있을 때, 지하철 타고 산소로 올라가서 얘기하고 그만큼 고생시켰으면 됐지 이제 좀 잘 살게 해 주면 안 되겠나 이래 하면 무덤에 있는 사람이 답을 하겠나…… 내 마음에 위로가 되지……. (침묵) (울음)

'젠장'의 마음을 공감

지도자 9: 좀 오래 사셨으면…… 네 푸념도 좀 많이 듣고…….

젠장 3: 몸 관리 잘해가지고.

지도자 10: 네 마음 좀 받아 주고 그런 후에 가셔도 안 늦었을 건데.

젠장 4: 뭐 바빠가지고.

지도자 11: 그렇지! 술이……. 에이고.

썬 1: 아버지가 보고 싶어?

젠장 5: 어! 보고 싶어. 마지막에 가실 때도 얘기를 한마디도 못하고 가셨어.

나나나 8: 마지막에 어떤 얘기를 해 주셨으면 참 좋았을까?

젠장 6: 믿고 간다는…… '믿을 사람이 너밖에 없다.' …… 남동생이 하나 있어도 좀 여성적인 성향이 있어서 아버지가 못 미더워했던 부분이 좀 많이 있었어. 맨날 하는 말이 네가 머스마로 태어났으면 아버지가 좋았을 텐데……. 그러면 내가 아버

지한테 남자로 생각하라고 농담식으로 얘기했는데…… 실제로 내가 하고 있었어. (침묵)

나나나 9: 좀 생뚱 맞아서 미안한데 저번 집단에서 내가 엄마 아빠 얘기를 꺼냈을 때 어느 누군가가 더 안된 얘기를 꺼내서…… 내 사정이 뒤로 밀린 느낌이 있었는데. 지금 이 순간 또 그런 느낌이 들었어. 그러면서 이게 누가 나를 떠민 게 아니고 항상 내가 스스로 뒤로 물러났구나…… 아버지 보고 내 건 뒤로, 엄마 보고 내 건 뒤로. 결혼할 때 시댁 상황 보고 우리가 알아서…… 이렇게 항상 내가…… 그때는 잘하는 건 줄 알고 지금 보니까 항상 그냥 내가 뒤로 밀려났네. 그래서 나는 엄마 아빠한테 어떤 얘기를 듣고 싶었을까 생각만 하고 못 물어봤는데. 젠장이 "너를 믿고 간다." 그런 말을 듣고 싶었다는데 나는…… 엄청난 기대감이 느껴지고…… 나는 "네가 안 해도 된다." 엄마 아빠한테 그런 말 듣고 싶었어. 그런 말 안 해 주고 "미안하다. 수고한다. 고맙다. 할 말 없다."…… 너무 신경질 나. 엄마가 예전에는 되게 불쌍했는데 지금은 시각이 바뀌어가지고 불쌍한 코스프레로 부르면서 왜 자식한테 의존하냐고? 내가 의존해야 하는데…… 의논할 만하게 하나도 안 해 줘 놓고는……. (울음) 평생 자기는 좋은 엄마처럼, 좋은 아내처럼……. 실상은 맨날 뒤에 숨어 있잖아. (울음) …… (침묵) 그래서 소리가 걱정 끼치고 싶지 않고, 힘든 걸 티내고 싶지 않은 모습을 보고 부모들한테 하나의 짐이 되고 싶지 않은……. 나한테는 부모님이 불쌍하니까 그래서 혼자 단도리했던 게 생각이 나서. 이런 느낌이 들었어.

지도자 12: 저 좋은 머리에 얼마나 뻗을 데를 찾았겠어. → 의존할 대상이 없었던 '나나나'의 심정을 공감

나나나 10: 좋은 머리에 내가 할 역할을 잘 알았지. (미소)

사랑아 2: 신랑도 괜찮지. (미소)

지도자 13: 신랑이 뻗을 데야?

사랑아 3: 나나나가 왜 젠장한테 그 질문을 했는지 처음에 듣고 싶었던 거 같고, '그게 궁금한가?' 이런 생각도 좀 했었어. 그런데 본인이 하고 싶은 말 들어서 되게 선명해지고 그게 나나나가 하고 싶었던 말이었나 싶어.

지도자 14: 나나나가 예전보다 훨씬 힘이 생긴 거 같아. 왜냐하면 젠장한테 뺏긴 느낌이 들었을 때 그걸 그냥 참으면서 '또 밀렸구나.' 하고 머무르는 게 아니고 지금은 자신의 마음을 표현한 거잖아. → '나나나'의 과거에 비해 변화된 현재의 모습을 비춰 줌

나나나 11: 근데 아버지가 돌아가셨는데 돌아가셨을 때까지 화를 안 풀었거든. 아무 말

씀 못하고 돌아가셨다니까 도대체 무슨 말이 듣고 싶었을까 젠장은? 나는 아버지 돌아가실 때까지 눈을 한 번도 안 마주친 게 아버지 얼굴 보기도 싫어서……. 그니까 철들고 나서부터 아버지 눈을 안 봤는데 돌아가실 때까지 눈을 안 마주쳤거든. 이 독한 년.

지도자 15: 젠장 얘기를 듣고.

집단원 간 연결 짓기

나나나 12: 생각이 나서.

지도자 16: 그게 지금 어떤데?

현재 감정 탐색

나나나 13: 그렇게 보낸 게?

지도자 17: 응.

나나나 14: 아직도 마음이 안 풀렸나 봐. 음. 그게 걸리긴 하다. 걸려서 아직도 토라지고 있는 마음. 그냥 그러고 있지.

지도자 18: 토라질 만하겠지.

'나나나'의 마음을 공감하면서 개방을 촉진

나나나 15: 토라질 만하지. 자식이 죽을 거 같은데 어찌 엄마 아빠가 모를 수 있지? 내가 직장 다니고 난 다음부터는 다 나한테 빈대 붙는 거 같고. 그 당시는 몰랐지만 든든한 부모가 되어야 하는데 오히려 나는 든든한 자식이 되어 버린 거지, 그 기대치에 맞춰서. 믿는다, 기대한다, 고맙다…… 이런 말들.

지도자 19: 그런 말을 통해서 나나나를 통제하는 거 같았겠네.

나나나 16: 통제한다고 생각은 안 들었는데 암울한 기억. 통로 없는 출구를 나가는 거 같은 기억……. 내가 과연 행복할 수 있을까? 이 끝없는 애씀을 통해서 허덕이는 나를 보면서 우리 엄만 내보고 나쁜 년이라고 하데. 자기 하고 싶은 거 다 한다고. 너 같은 딸 낳아라 이러는.

젠장 7: 엄마들 18번. 꼭 너 같은 딸 낳아라야!

지도자 20: 하나만 물어보면 나나나가 어떻게 부모가 이럴 수 있어? 다른 건 다 이해해도 난 도저히 이거는 이해가 안 된다는 게 있는지. 나나나의 얘기가 추상적이고 모호하게 들려서. 나나나가 남에게 피드백할 때는 되게 명료하거든…….

직면 반응. 상반되는 모습을 비춰 줌

나나나 17: 머릿속이 하얘지네. 남 거만 보나? 이 허당. (미소) 지금도 생각하면 굉장히 모멸감 느껴지는 기억인데 다시 겪고 싶지 않은……. (웃으면서 얘기)

지도자 21: 모멸감인데…… 얼굴에 웃음기를 빼고…….

언어적 반응과 비언어적 반응의 불일치성을 언급하고 진정성 있게 재경험할 수 있도록 유도

나나나 18: 걱정이 좀 있는 게 뭐냐면 모멸감 드는 이유가 별거 아니네 이럴까 봐.

지도자 22: 별거 아니라도 나나나는 모멸감을 느꼈으니까…… 자기 느낌에 충실하

게……. 사랑아는 벌써 우는데…….

> '나나나'의 심정에 머물러 줌. 다른 집단원 '사랑아'의 반응을 언급하면서 힘을 보탬

나나나 19: 아버지가 회사를 그만두고 사업을 한다고 돌아다니면서 사업이 잘 안 되면서 집에 계시지 않고 일을 찾아다니는 사이에 빚은 늘고 빚쟁이는 아버지 없는 우리 집에 오고 온갖 손가락질과 무시는 엄마와 우리가 받고, 나는 그때 내가 받는다고 생각했어. 학교에서 아빠 직업이 뭐야? 아빠 회사 이름이 뭐야? 그러면 할 말이……. (침묵)

지도자 23: 그게 몇 살 때인데……?

> 경험의 명료화를 위한 폐쇄적 질문 사용

나나나 20: 6학년 때. 전화가 와서 아버지 어디 가셨어? 몰라요, 몰라요…… 하는 말에서 드는 모멸감…… 거짓말하는 거 같은…… 총알받이가 된 느낌. 그때는 그런 느낌이 부끄럽진 않았는데…… 그러면서 엄마가 며칠 집에 없었는데 동생을 낳아서 들어왔지. 또 빚쟁이라는 사람들은 다 친척이고 우리 집에까지 와서 엄마한테 그랬을까…… 엄마 친동생과 우리 아버지의 친동생들이 와서 돈 달라고 그걸 엄마 혼자서…… 애기도 그렇고…… 아버지가 안 오니까 돈이 없는 거지. 돈이 없어서 엄마가 쌀을 사 오라 하는데 나한테…….

지도자 24: 음…….

나나나 21: 돈은 주는데 그걸 또 한 봉지만 사 오라고. 어린 나이에 창피한 거야 나는. 가기 싫은데. 엄마도 가기 싫었겠지. 그런데 지금은 '왜 어린애를 거기에 보냈을까?'라는 생각과 우리 집에 돈이 없는 상황에 대한 부끄러움을 몸으로 느껴가지고…… 내가 해야 된다는 거지. 엄마가 애기를 놓고 자궁에 혹이 생겨 수술을 했는데 아버지가 밖에 나가 제때제때 들어와야 하는데 그때만 해도 원활한 통화가 안 될 때라서 엄마가 퇴원을 안 하시는 거야. 그니까 우리끼리만 있는 거야. 아빠도 없고 엄마도 없고 밥하는 것도 청소도 잘 모르고 사람들은 와서 누군가를 찾고, 엄마가 왜 안 오지? 그때 불안감이 있었는데 아빠 친구들이 온 거야. 그 장면만 선명해. 엄마를 방에 눕히고 마당에 아빠 친구들이 쭉 서서 이 상황을 쯧쯧 하면서 쳐다보는 거야. 그때 나는 모멸감에 땅속으로 꺼지고 싶은 마음…… 수치스럽고……. 또 하나는 대학을 가야 하는데 돈이 없어서 우리 아버지가 대학 가지 마라고 그러더라고. 자존심이 상했는데 그래서 담임이 생각도 못한 XX대를 가라고 치욕이었어. XX대를 가야 된다는 것이. 학교에서 나의 자존심이 있는데…….

지도자 25: 어디를 가고 싶었어?

나나나 22: 서울에 있는 대학에 가는 것이 꿈이었어. 그때는.

무너진 마음을 공감해 줌

지도자 26: 실력도 되고 다 됐는데 자존심이 무너졌네.

나나나 27: ○○대도 갈 수 있고, 나는 순수과학이 하고 싶었어. 그래서 버티다가 원서를 쓰고 등록을 해야 하는데 아버지가 등록금을 안 주시는 거야. 그런데 엄마가 나를 데리고 잘 사는 고모가 한 명 있는데 부탁을……. 등록금을 좀 달라고. 그런데 고모들이 다 모여 있는 거야. 고모집에…… 그러면서 갚아야 되니, 어때야 되니……. 온갖 생색을 다 내면서 돈을 던져 주는 거야. 엄마는 왜 나를 앞세워서 갔을까…… 엄마 혼자 가지……. 그때는 잘 몰랐지만, 지금 생각하면 부모가 이거는 막아 줘야 한다. 자식한테 부모가 막아 줘야 될 선이 분명 있는데…… 그걸 느끼면서 미운 거지. 엄마 아빠가 경제력이 없다는 것만으로 충분히 세상에서 미움을 받았는데 엄마도 불쌍한데…… 굳이 나를 앞세워서 모멸감을 느끼게 했어야 했나?

지도자 27: 그러네. 안 그랬으면 좋았을 텐데…….

나나나 28: 그래서 나는 돈 주는 사랑아 엄마가 너무 부러웠어. (미소)

지도자 28: 나나나한테는 돈이란 게 참 많은 감정을 일으키네…….

나나나 29: 든든한 부모가 참 부러운…… 그 부모로 인해서 내 존재감이 없어지는 걸 느꼈어. 그래서 안정감이라는 걸 찾아서 나 혼자 단도리하고.

지도자 29: 그런 불안정함 속에서 나나나가 집중해서 공부도 해야 하고 가정도 챙겨야 하고 그런 모멸감도 스스로 수습해야 하고 힘들었겠어. 직장 생활은 만족해?

현재 생활 점검

나나나 30: 좋아.

지도자 30: 그나마 다행이네.

나나나 31: 지금 생각하면 내 인생이 내가 삐팅긴 거 같지만 그렇게 거쳐 왔기에 지금 내가 있는 느낌이 들지.

지도자 31: 그래, 그런 느낌이 들어……. 그래도 그런 엄마 아빠 때문에 이 자리에서 이렇게 우리가 만나고…….

나나나 32: 불쌍한 코스프레도 하고. (웃음)

지도자 32: 불쌍하지! 코스프레가 아니고…… 크고 작은 일들을 넘어서면 그냥 웃으면서 얘기할 수 있는데…… 그걸 불쌍한 코스프레한다는 얘기는 스스로 상처가 되지.

자기비난의 언어가 상처가 된다는 것을 언급

나나나 33: 그 모멸감을 아직 정확하게 볼 수 없는 게…… 아직 나는 그게 싫어서 엄마 눈을 안 마주치고 있어. 아버지 돌아가실 때까지는 그래도 엄마가 안타깝고 불쌍했는데 지금은 시각이 달라지면서 부모가 어떤 역할을 해야 하나. 내가 어떤 역할을 해야 할지 우리 딸을 통해 알게 되면서 내 부모가 나한테 이렇게 했어야 했네. 이런 걸 거꾸로 알아 가게 된 거지. 그러면서 엄마한테 살짝 삐쳐 있는 상태.

지도자 33: 많이 삐쳐 있네. 눈을 안 마주치는 거 보면…….

나나나 34: 그런데 이전에는 어떠한 거도 엄마가 알아서 갖다 주는 거지. 내 눈치를 보면서. 지금은 필요한 거 있으면 사고, 굳이 일부러 가서 눈을 마주치거나 그러진 않고 적정선에서 지금 마음이. 그런데 아직 이 토라진 마음이 안 풀어져서 엄마하고 아직 얘기를 안 하고 싶은 거지…….

지도자 34: 사랑아는 왜 그렇게 울고 있어?

사랑아 4: 모멸감이라는 게…… 가슴이…… 나는 모멸감이라고 느껴 본 적이 없는데…… 나나나의 마음이 내려앉았겠다. 그러면서…….

지도자 35: 아까 사랑아를 보는데 나나나가 겹쳐 보이는 거야 화면에. 하늘에서 눈 내릴 때 고개 들고 서 있는 느낌이랄까…… 그 장면에서 나나나가 도도한 학 같았어……. 음…… 나나나는 상처받지 않은 고고한 학이고 싶구나…….

> '나나나'의 모습을 거울처럼 비춰 줌

나나나 35: 구질구질해진 거지.

지도자 36: 그런데 만약에 말이야……, 그런 모멸감이 없었다면 나나나는 지금 현재 어떤 모습일 거 같아?

> 과거 경험으로 인해 좌절된 욕구를 드러나게 함. 이로 인해 현재 자신에 대해 자각하는 모습이 드러남

(침묵) (울음…… 흐느낌…… 통곡) (집단원들 같이 눈물)

(5분 후)

지도자 37: 시원하네.

나나나 36: 그렇지 않았다면에서…… 훅 무너지는…… 견디고 있던 감정이…… 맑고 가볍고 자유로운 사람…… 돈 때문에 안 걸리고, 모멸감 때문에 자존심 상하지 않고. 그것 때문에 다른 사람에게 손 내밀지도 못하고 있는 상태인데……그냥 그대로 표현하고, 눈치 보지 않고, 알아서 기지 않고, 먼저 입 닫지 않고, 삐대기도 하고, 찔러도 보고, 그런 사람이겠지…… 하고 싶은 말 하고 뒤로 안 밀리고 요구하면서……

지도자 38: 나나나가 사랑아를 보면서 참 부러웠겠다.

> '사랑아'에 대한 부러움의 실체를 언급하면서 집단원 간 연결시킴

나나나 37: 음. 흐흠. 부럽다고 한 두세 번 얘기했어. 부럽고 고맙지. 내가 못하는 걸 해 주고.

지도자 39: 참, 나나나가 원하는 모습이 클 줄 알았어. 그런 게 없었다면 나는 세계를 누빌 외교관이 되거나 (웃음) 그런 쟁쟁한…… 그런데 나나나가 원하는 것은 너

무 소박한 거야……. 튀어나오는 말이 그래서 한편 놀랐고, 그런 거를 못하고 이 앙다물고 어떻게 살아 냈을까?

나나나 38: 너무 서러워서…… 서럽다고, 남 다 하는 거 못하니까…….

지도자 40: 그래, 서러웠을 거 같아. 혼자서 어떻게 저렇게 할 수 있었을까……. (침묵) 그런데 나나나가 한 얘기가 그렇게 멀리 가 있지 않은 느낌이야. 일례로 집단 안에서 젠장이 장에 나왔는데 나나나가 다시 나왔잖아. 예전처럼 참으며 밀리지 않고 자기 것에 한발 다가가는 거…… 자기 욕구를 표현하고 수용받는 게…… 나나나가 얘기한 거 너무 소박한데……. 그동안 서럽게 살았지만, 원하는 모습을 실현할 힘이 충분히 있다고 생각해. (침묵) 그러면서 아까 여행이 눈물을 많이 보였는데…….

집단원 간 역동 탐색

여행 1: 모멸감이란 단어를 듣고 내 감정을 숨기려고 굉장히 애쓰고 있었어. 그럼에도 내 부모한테…… 내 부모가 어쩌면 저럴 수 있지?

지도자 41: 부모한테 모멸감을 느낄 수 있지…….

여행 2: 나는 부모가 아니라 시부모한테 그걸 느꼈어. 정말로 내가 선택한 가족이었고, 내가 어떻게 할 수 없는 거지만, 이건 내가 선택했고 내가 최선을 다해 노력하면 잘될 거라고. 그런데 나중에 늦게 깨달은 거는 그냥 시부모가 멋모르는 어린아이 데려다가 시키면 시키는 대로 말 잘 듣는 하녀를 하나 둔 거지. 내가 진짜 모든 끈을 놓았을 때 그 모멸감 때문에 모든 걸 다 놓았으니까. 아까 리더가 "그게 아니었으면 어떻게 살았을 것 같애?" 하고 물었을 때 나는 내 딸한테 내 이런 꼴 안 보여 주고 잘 살았을 거라는 생각……. 그네들이 나한테 이런 모멸감을 안 주고, 내 이런 추한 꼴 내 딸한테 안 보이고 잘 살았을 거 같애. 그전까지는 잘 참고 있었는데 나나나가 약간 서럽게 우는데 굉장히 아리고 아프고 가족한테 받는 모멸감이 어땠을까? 참 힘들었겠다. 그런 생각……. (침묵) (조용히 눈물)

지도자 42: 상처가 깊어 보여……. 그런데 장담할 수 있는 건 상처는 연해진다는 거야. 그 말밖에 해 줄 게 없네.

있는 그대로 솔직한 심정을 표현

여행 3: 남편은 아직까지 이 얘기에 대해서 서로 한 번도 얘기 못 꺼냈어. 서로 상처가 커서. 그런데 나는 일단 집단에 와서 이 얘기를 꺼냈고, 이제는 어느 정도 아물어 가고 있다고. 언젠가 이게 남편하고 웃으면서는 아니더라도 "그때 상처였어."라고 말할 수 있을 거 같다는 생각.

지도자 43: (침묵) 다른 사람들은 입에 거미줄 쳐지겠다. 다른 사람은 어땠어?

집단원의 피드백을 유도

나나나 39: "저렇게 울어 본 적이 없다."라는 말을 여행이 하는데 나도 울컥하고 처음에 자신이 얘기할 때보다…… 안쓰럽고 눈물 나고 뭔가…… 위로의 말이라도 도움 될 말을 해 주고 싶은데 생각나는 말은 없고……. 펑펑 좀 울어 보지…… 이런 맘이 들어.

지도자 44: 나는 여행에게 희망이 보이는 게 아, 이 사람도 분노할 수 있고, 감정을 느끼고 이건 아니라고 얘기할 수 있구나. 그런 거에 대한 어떤 안도감이 들어. 어떻게 들릴지 모르겠는데 자존심이 있구나. 밟으면 올라오겠구나. 살고자 하는 욕구뿐만 아니라 제대로 살고 싶은, "삶이란 이런 거야. 나는 이걸 받을 만해." 하고 외치는 거 같아. 그래서 되게 반갑게 들렸어. 그리고 신경 쓰이는 게 나쁜 년이 내일 안 오는데……. (미소) 저렇게 웃는 걸 보면 뭔가 있는 거 같아.

나쁜 년 1: 글쎄. 없어. 저런 얘기를 처음 들었고, 친하다고 생각했는데 너무 안쓰럽다는 생각. 잘할 수 있는데 이런 말이 탁 꽂히면서 안됐다. 평상시 너무 씩씩해서 다른 사람 얘기하는 거 같다는 생각이 들었어. 너무나 표시도 안 나고 너무 마음이 아프네. (침묵) 그리고 나는 내 얘기하고 싶어. 사실 회기마다 목소리를 안 내는 거에 대해서 되게 불안하고 끝날 때쯤 되면 얘기를 하고 가야 하는데 이런 압박감도 있고, 이번엔 적극적으로 참여하는 데 의의를 안 두고 정말 편하게 왔는데, 정말 하면서도 내 존재감이 없다는 생각을 했어. 내가 지금 뭐라 해야 되지. 할 말도 없고, 말을 하고 싶은데 뭔가 자꾸만……. 그러면서도 잘하고 있나 이런 생각도 들기도 했어. 그런데 예전에 느꼈던 조바심이라든가…… 자책감이 오늘은 없었어. 그러니까 편하고, 그리고 내일 못 오는데 하는 아쉬운 마음에서 벗어났다는 거에 대해서 좀 편하고, 내 콤플렉스가 공부에 대한 열등감인데…… 오늘 나나나의 말이 나한테는 탁탁 꽂혀서 나를 찔렀는데 오늘은 그런 말들이 꽂히긴 꽂혔지만 별로 아프지 않았다는 거. 그래서 내가 좀 벗어났나? 그래서 반가웠고, 기분이 괜찮았고…… 그러면서 능력 있는 나나나 칭찬받는 게 부럽고 그리고 끝까지 자기 걸 챙기는 나나나 보면서 나 이제 감 떨어졌다 집단에서. 그냥 그랬는데……. 여행 얘기 들으면서 반가웠는데 사실, 오늘 전체적으로 나랑 뭔가 맞아떨어진 부분이 잘 없어서 듣고 열심히 하려고 하는데 와 닿지 않으니까 제대로 된 피드백도 안 나가고 공감이 잘 안 됐었거든. 그런데 마지막 나나나와 여행의 얘긴 마음으로 와 닿고 고맙고, 그리고 좀 기분은 편안한 거 같고. 내가 많이 못 됐지만, 이 자리가 편하니까 편한 마음으로 갈 수 있다는 거.

지도자 45: 그래, 나쁜 년이 1회기에서 여행 얘기 끝나고 지루하다고 피드백을 했었어. 그런데 지금 여행 얘기가 와 닿는 느낌이 자기 안에서 정화가 일어난다고 해서 반가웠어. 끝까지 시간을 같이하지 못하지만 함께하는 느낌 가지고 갈 수 있어서.

아쉬움과 반가움을 같이 전달함으로써 '나쁜 년'의 마음을 수용

나쁜 년 2: 여행 얘기가 지루했다는 건 아니었는데. (웃음)

지도자 46: 공감이 안 되니까 그런 느낌이었겠지.

나쁜 년 3: 나는 사실 오늘 별칭만 거창하게 해 놓고 역할을 하나도 못한 거 같아서……. (웃음) 끝까지 함께하지 못하니 별칭이 딱이네.

지도자 47: 그걸 붙였다는 거만으로도 존재감 있었어. 그래서 다른 집단원들과 내가 별칭을 바꾼 거기 때문에 파장이 있는 거지……. 내일 같이 못해서 아쉽고 내일 일정 잘 소화할 수 있길 바라.

집단에 미친 긍정적 영향을 언급

나쁜 년 4: 감사해요.

지도자 48: 다른 사람들은 오늘 종일 경험들이 어땠어? 20분 남았네.

집단상담 후 느낀 부분을 나눌 수 있도록 촉진

바다 1: 그냥 시작할 때부터 편한 느낌. 내가 기대한 거 별칭에 대한 얘기할 때도. '내가 오늘 하루 집단에서 어떻게 얘기를 할까?'라는 이런 생각 안 하고, 그냥 얘기가 안 나올 때는 열심히 듣고 있고, 지금도 '뭔가 하나를 가져가야겠다.' 이런 게 아니고 그냥 자연스럽게 느끼고 집에 가고 싶고, 이 자리에 있는 것 자체가 하나도 부담 안 된다는 거……. 내가 봤을 때 내 성격으로 이럴 수 없는데 그런 면에서 좀 놀란……. 왜냐면 나쁜 년이 약간 부담감이 든다는 얘기를 했을 때도 '나는 왜 하루 종일 그런 생각이 안 들었지?' 이런 생각이 들어서 나에게 좀 의외다. 그런데 잠시 나의 성격을 돌아봤을 때 처음 어떤 일을 시작할 때 부담감 같은 것을 느끼고 했는데 집단하면서 내가 오늘 이야기가 나오면 하고 아니면 그냥 듣고만 있고 이런 내가 새롭네……. 이런 생각이 들어가지고 내일이 기대되는 느낌이야. 자연스럽다는…… 백 프로는 아니지만, 한 96~7퍼센트는 그런 느낌.

지도자 49: 그렇네. 처음에 비해 얼굴 근육이 안 떨려. 나도 옆모습을 보고 있는데.

처음과 달리 긍정적으로 변화된 모습 비춰 줌

바다 2: 마음도 그런 것 같아. 처음에는 되게 목소리도 떨리고 긴장되고 많이 그랬는데 지금은 자연스럽게 느끼는 그대로 더도 말고 덜도 말고 이런 느낌이라서 참 좋아.

사랑아 5: 나쁜 년이 삐친 건 어디로 가고…….

나쁜 년 5: 안 삐쳤어. 잘 놀았어.

사랑아 6: 나쁜 년이 내일 안 나온다고 해서 사실은 아까 '막판에 한 번 하려나?' 생각

했는데……. (웃음) 안 들어와서 실망했지만 다음에 또 하겠지 이런 생각이 들어.

나쁜 년 6: 똑같은 얘기.

사랑아 7: 기대할게 2탄. 사실은 경험치가 조금씩 다르고 무게감이 살짝살짝 다른데도 이 장 안에서 연결되어 있다는 마음이 많이 들었어. 그래서 더 보고 싶은 마음도 있고, 마음을 더 노크해 보고 싶은 친구도 있고 했는데 내일 또 하지 내일 또 만나. (미소)

젠장 8: 나는 오늘 하늘에서 별칭 바꾼 것만 해도 성공한 게 아닌가라고 생각해. 가끔 신나게 욕을 하고 싶거나 뭐 투덜거리고 싶을 때가 있는데 이 젠장이라는 소리를 할 수 있어서 되게 좋아.

사랑아 8: 에이 씨. (웃음)

나쁜 년 7: 이제 그만.

사랑아 9: 기대되는데. (웃음)

젠장 9: 옷을 하나 벗은 느낌이야…… 별칭 바꾼 거만 해도. 이렇게 변화 주는 걸 안 좋아해서 한번 정하면 끝까지 가는데 이번에 별칭을 바꾸면서 내가 한 계단 올라섰다는 생각……. 오늘 시작할 때 나를 돌아보겠다고 했는데 제대로 돌아봤나? 그건 집에 가서 생각해 볼게.

상대가 준 영향을 긍정적으로 들려주며 연결감 강화

여행 4: 나는 오면서 되게 걱정 많이 하면서 왔거든. 저번 다른 집단 끝나고 우울하고 자괴감에 빠져 있다가 이번에 집단 신청을 하고도 취소할까 되게 망설였었고 와서도 중간에 후회되는 부분이 있어서 살짝 겁나고 그랬는데 시간이 지날수록 뭔가가 편안해지는 거 '아 얘기해도 되겠구나.'…… 솔직히 그냥 나 혼자만의 생각에 '어린 것이 뭐 저리 지지리 궁상으로 살았노.'라고 느껴질까 봐 정말 친한 신랑하고도 이런 이야길 안 했으니까. 서로 상처여서 입 닫고 있는 상황이고, 한 번도 얘기를 꺼내지 않았는데 꺼내면서 되게 겁나고 두려웠는데 뭔가 얘기하고 나서 점점 시간이 지나갈수록 편안해지고……. 나와 상황도 다르고 깊이도 다르고 아까 얘기한 거처럼 결하고 밀도가 다르지만, 뭔가가 나도 이 안에서 같이 움직이고 있다는 것이 든든하고 편안하고, 또 한편으로 드는 걱정은 뭔가를 자꾸 해야 할 거 같다는……. 내가 나를 알아 가면서 내가 뭔가를 딛고 일어서야 될 거 같은데 그걸 할 수 있을까 하는 두려움이 있고, 하나는 나의 행동 패턴이 이번 집단 하면서 난 확실히 그렇게 도망가고 있구나…… 안 하는구나를 명확하게 또 보게 되고 상처를 계속 갖고 있으면 어떡할까…… 나 빨리 벗어나서 진짜 잘 살고 싶은데 내가 나로서 내 딸하고 정말 잘 살고 싶은데 근데 상처가 계속 딸한테 가는 거 같아 너무 힘들었는데 아까 지도자가 상처는 옅어진다는 말이 되게 위안되고 든든해지고……. 아, 그래, 내가 옅어지듯이 내 딸도 옅어질 거라는 것에 조금의 안도감도 들고……. 되게 오늘 힘 많이 받고 가서 나도 딸한테 나중 되면 엄마 상처가 이거였노라. 니 상처도 엄마가 같이 옅어지게 할 수 있는 뭔가가 이 아이와 얘기를 나눠질 때쯤 되면 그게 될 수 있겠다는 생각이. 항상 이 아이가 걸리기만 했지 뭔가를 어떻게 해야 될지 내가 너무 힘드니까 뭘 몰랐는데 지도자가 하는 얘기를 듣고 이 아이와 상처도 어쩌면 같이 옅어지고 우리 잘 살 수 있을 것 같고 정말로 많은 힘 얻고 가는 거 같아서 정말 잘 왔다. 다시 집단 안 가야지 막 욕하고 있었는데. (웃음) 다시 힘내서 온 걸 잘했다는 나한테…… 아침에 오면서도 많이 망설였는데 잘했다 잘 왔다. 내일도 어떻게 될지는 모르겠지만, 이렇게 편하게 든든한 마음 갖고 가야지라는 생각.

나나나 40: 나는 지금 미안한 마음…… 그냥 미안한 마음이 살짝 들어. 어색한데…… 이렇게 느끼고 있는 나를 알게 된 사람들이 나에 대한 시선이 바뀔까 이런 느낌…… 시선이 어떨까에 대한 약간의 불안감이 있어. 어렸을 때는 그러한 불안감 때문에 입을 닫고 살았겠지만 지금은 사실 할 수 없지만 내 느낌은 살짝 마음의 흔들림이 좀 남아 있고 그래서 어색한…… 무너졌나? (미소)

나쁜 년 8: 나나나가 아까 저쪽에 앉아 있을 때는 사실 묻혀 있었어. 그런데 지금 힘이 있고 커 보여……. 갑자기 선명한 느낌이고 당당해 보여.

나나나 41: 음…….

나쁜 년 9: 응, 오히려 정말 당당해 보이고…… 뭔가 나서서 자기 걸 얘기하는데 참 멋있고 당당한 느낌이 들면서 사람이 커 보인다고 실질적으로…….

사랑아 10: 살쪘어? (웃음)

나쁜 년 10: 그 사이에?

나나나 42: 그러니까 안도감이 들어. 내 존재감이 있는 그런 느낌을 구체적으로 못 받았어. 내가 어떨 때 내 존재감이 느껴지는지 내가 구체적으로 잘 모르고 그냥 내가 생각하는 대로 했었는데 이런 피드백은 처음 받아 보는 거 같은……. 나는 무너져 내린 그 느낌이 남아 있어서 어색한데 그 장면에서 저렇게 말해 주니까 안심이 되는 거 같아.

나쁜 년 11: 실제로 그래. 아까부터 할 때도 그렇고 아까 저 자리에 있을 때와 다르다. 이런 느낌 계속 가지고 있었고 깜빡 잊고 있었는데 지금 그 얘기 하니까 선명하게 떠오르고 제일 처음에 '나는 한 번 뒤로 미뤄진다.' 그 얘기 있잖아…… 스스로 이런 것들이 순간순간 잘 나와서 즉각즉각 자기가 알아차리고 얘기하는 것들이 참 대단하다. 순간순간 잘 알아채네. 이런 것들에 대한 부러움도 사실 있었고.

여행 5: 난 나나나가 얘기한 게 공감되는 게 지도자한테 메일 보낼 때 내가 썼던 부분이 집단에 대해서 기대하는 거 바라는 거 이런 거 쓸 때 여기서 자기개방하는 과거의 사건이 그게 내 모습의 전체로 보일까 봐 되게 걱정스럽다고 조금 두렵다라고 써서 보냈는데 아까 나나나가 그 말 했을 때 너무나 와 닿는 거야. 나의 두려움이 처음 시작할 때도 왠지 그런 거 때문에 내가 뭔가를 개방했을 때 그게 나의 전부인 거처럼 시선이 달라지면 어떡하지가 되게 힘든 부분이고 지금도 그게 솔직히 걱정되는 건 사실이고…….

지도자 50: 그럴 수 있지……. 그럼 그런 두려움을 안고 있는 여행이 스스로 무너졌다고 얘기하는 나나나가 어떻게 보여? 무너지기 전과 후…….

> 두려운 마음을 집단원의 모습을 통해 생각해 볼 수 있도록 함

여행 6: 달라 보이지는 않고 나는 되게 힘 있어 보여…….

사랑아 11: 여행도 그렇게 보여 똑같이. (웃음)

> 집단원의 긍정적 모습을 비춰 줌

여행 7: 그냥 그게 내 아픔으로도 와 닿아서 그런지 저렇게 흐느껴 울 수 있구나. 멋져 보이고 대단해.

나나나 43: 내가 울 때 사랑아와 여행이 양쪽에서 울어 줘서 너무 든든했어. 혼자 안 울고 같이 울어 줘서.

젠장 10: 나는 울고 싶었는데 좀 참았어……. 같이 울면 더 안 될 거 같아서 좀 참았어. 사실은 '참자 참자' 하고 밑에 쳐다보고…….

지도자 51: 그랬어? 우리 젠장이 소리 없이 울었네.

> 지도자가 '젠장'의 마음을 알아줌

나나나 44: 같이 울어 주면 어떨 것 같았는데?

젠장 11: 음, 같이 울어 주면 내가 제어를 못할 거 같아서…….

나나나 45: 나는 같이 울어 주기를 바라.

젠장 12: 그보다 내가 더 심하게 울면 또 뒤로 밀려 가려고? (웃음)

사랑아 12: 이렇게 돼야지. 한판 하자. 나는 원해. (웃음)

나쁜 년 12: 배틀할 거여. (웃음)

지도자 52: 자, 그러면 소리 얘기 듣기로 하고…….

> 집단에서 참여하기를 꺼리는 집단원을 참여시킴

소리 1: 저마다 내 존재 인정받기 위해서…… 내 존재 드러내기 위해서 참 애쓰면서 살고 있고…… 나 또한 내 존재방식이 음…… 어떤 모습이었을까 고민하게 됐고, 나나나가 저번 집단에서 못 그랬는데 이번 집단에서 그랬다는 점……. 그리고 우는 모습이

되게…… 오, 되게 통쾌하게 느껴졌고…… 나도 저랬어야 하나? 그래서…….

사랑아 13: 금방 소리가 가장 힘 있게 얘기했어.

소리 2: 근데 '난 이제 집단 못하겠다.'라는 생각이 조금 들었어. 난 내일 기대 안 되고 힘들 것 같은 느낌. 오기 전에 '뭘 부담스러워했을까? 뭘 숨기고 싶었을까?' 하는 밑바닥을 마주 보는 기분이야…….

지도자 53: 음…… 자기개방이 부담스럽고 숨기고 싶은 마음과……?

소리 3: 좀 마주 당한 기분?

지도자 54: <u>내가 그 얘길 듣고 집에 가면 잠이 안 올 거 같아서 알고 싶고 살펴지는 마음……. 여기 오기 전에 마주치고 싶지 않았던 그게 어떤 거야?</u>

진솔한 마음을 보이며 '소리'의 개방을 촉진

소리 4: 내가 힘든 걸 들키고 싶지 않은…… 그것을 보이고 싶지 않은 마음이 좀 컸던 거 같고, 그 마음이 좀 커서 그랬던 거 같아.

지도자 55: <u>그 마음도 있고 또 다른 게 있는 거 같은데…….</u>

마음 안에 있는 두려움을 표현하도록 촉진

소리 5: 그리고 아무래도 너무 자주 관계를 하는 사람이니까 생활에서 부담감…… 집단 속에선 별칭으로 만나고 존재로 만나는 거지만 밖으로 나갔을 때 이어진…… 연장될까 봐 걱정.

지도자 56: <u>연장되면 어떨 거 같은데? 너를 안쓰러운 눈으로?</u>

'소리'의 마음 상태를 보기 위해 계속 안으로 파고들어 감

소리 6: 아니 그런 것도 있지만, 또 다른 사람에게 내 말이 전해지는 그런 게 걱정이…… 내가 남의 입에 오르락내리락하는 게 좀 부담스러워. 그게 어찌 보면 내 의도와 다르게 전달될 수도 있고 정말 그런 단편의 모습이 전체로 보일까 봐…… 나를 지탱시키고 나를 살게 하는 것도 그 힘인데 그게 무너질 거 같은 두려움도 있고, 근데 다른 집단에서도 이번 집단에서도, 나나나는 와르르 무너진다고 표현했지만, 그렇게 했을 때 나도 그 사람이 무너질 줄 알았는데 무너지는 게 아니라 거기서 커지는 모습이 보이는 거야. 그게 무너지는 게 아닌데 '나는 뭘 두려워하는 걸까?' 아직 맞서기에는 좀 힘이 없는 거 같은 생각이 들었어.

지도자 57: <u>그래…… 소리가 얘기해 줘서 고마워</u>. 집단 안에서 다른 집단원들이 자기개방을 하고도 무너지지 않고 더 커진다는 걸 봤음에도 불구하고, 그걸 맞닥뜨릴 자신이 없는 지금 현재의 자신……, <u>자기개방을 직접적으로 할 용기가 없는 자신을 보고 표현했다는 것에 반가움이 있어</u>.

어려운 개방을 한 것에 대한 고마움 표현

'소리'에 대한 현재 상태를 언급하고 그 모습을 있는 그대로 환영함

사랑아 14: 믿어~.

소리 7: 아, 밖에 얘기 안 나갈 거라고? 누구한테 얘기 안 할 거니까?

여행 8: 난 그래도 소리가 좀 이해도 되고 이렇게 말해 줘서 소리의 마음을 굳이 말하지 않아도 더 많이 느낄 수 있어서 되게 좋았던 거 같아. 좀 더 많이 말하지 않아도 이해되고.

지도자 58: 여행이 동기라서 그런 부담감이 있을 거야.

동기의 부담감을 짚어 줌

여행 9: 근데 확신을 하나 주고 싶은 건 내가 경험해 봤기에 절대 아무 말하지 않을 거야. 내가 그런 불안을 안고 왔고 내가 느껴 봤기에 절대 아무 말 하지 않을 거라는 걸 소리한테 정말 확신을 주고 싶어. 아까 집단상담 할 때가 아니고 잠시 쉴 땐데 ○○했잖아. "밥 한 끼 해야 하는데……." 그 말이 완전 머리에 확.

나나나 46: '밥 먹자' 하면 밥 먹어 주나? (웃음)

소리 8: 완전 좋아해.

요 약

1. 집단상담 수퍼비전의 필요성

집단상담자의 성장과 발달을 촉진하며 효율적인 집단 운영을 하는 데 도움

2. 집단상담 수퍼비전 내용

- 수련생의 부족한 지식을 확인하고 필요한 정보를 제공할 뿐 아니라 정서적 욕구에 대한 탐색을 제공하고 잠재된 문제를 찾아 필요한 관점과 조력을 제공
- 집단상담자의 개입 기술뿐 아니라 중요한 주제를 식별하여 사례를 이해하고 개입방안을 마련하는 개념화 기술, 수련생 자신의 정서적 반응을 자각하고 자신을 효과적으로 활용하는 개인화 기술의 개발
- 수련생에게 개인적 수준, 대인 간 수준, 전체로서의 집단 수준에서의 상호작용을 이해하고 개입하도록 도움

3. 집단상담 사례보고서 양식

① 집단 소개: 집단상담 접근방식, 집단상담 이론, 집단 운영 방법과 형태

② 집단 프로그램 소개: 주요 목적을 간략히 제시하고 회기별 프로그램에 대해서 기술

③ 집단상담 목표: 집단 전체의 목표, 집단상담 장기 목표, 집단상담 단기 목표, 집단원 개별 목표 등

④ 집단원: 집단에서의 모습과 특성, 회기별 변화과정이 중요하게 기술

⑤ 집단과정: 중요하게 나타난 주제와 과정을 기술

⑥ 집단역동: 집단원 간의 상호작용, 집단원 간의 역동, 회기별 집단과정의 역동 양상, 회기의 집단역동 및 개인 평가, 집단상담자-집단원 간의 역동, 공동 집단상담자-집단원 간의 역동 등 제시

⑦ 집단상담 평가: 개인별 변화, 개입 전략 평가, 집단에 대한 상담자의 평가, 집단에 대한 집단원의 평가, 집단 사전·사후의 집단원 변화 등

⑧ 수퍼비전에서 도움 받고자 하는 것: 집단상담자가 겪었던 어려움과 수퍼비전을 통해서 얻고자 하는 부분

⑨ 축어록 및 비디오 자료: 중요한 부분 20~30분 분량을 축어록으로 제시

부록 11-1

집단상담 사례 수퍼비전 보고서

실시기관			수퍼바이저	
실 시 자	리 더		수퍼비전 일시	20 . . .
	코리더			
실시기간	20 . . . ~ 20 . . .(시간)		수퍼비전 장소	

1.집단상담 준비

1) 프로그램 구성 배경

(예시) 소속 상담기관의 OO사업의 일환으로 실시함
상담 수련기관이 요구하는 수련 필수 요건의 일환으로 실시함

2) 준비과정

(설명) 집단상담 요구 조사, 집단상담 프로그램 구성을 위한 절차, 집단상담 홍보, 집단상담 참여 대상자 선정을 위한 사전면담, 사전검사 등 준비과정에 대한 상세한 기술

2. 집단상담 프로그램 기본 정보

1) 프로그램 명칭:

2) 프로그램 유형

- 구조화 집단(　　　) 반구조화 집단(　　　) 비구조화 집단(　　　)
- 개방형 집단(　　　) 폐쇄형 집단(　　　)
- 동질 집단(　　　) 이질 집단(　　　)
- 심리치료 집단(　　　) 심리교육 집단(　　　) 작업 집단(　　　)
  성장 집단(　　　) 상담 집단(　　　)

3) 프로그램 유형

4) 프로그램 목표

5) 기대하는 성과

(설명) 집단상담 이후 집단원들에게 일어날 수 있는 긍정적 변화들에 대하여 구체적으로 기술

6) 실시 장소

7) 인적 구성

(예시) 집단상담자 1명, 코리더 1명, 집단원 8명

8) 참여자 정보

선정된 참여자들에 대해 직간접적으로 파악한 내용을 상세하게 기술

〈예시〉

참여자	참여 동기	별칭과 이유	사전면담 내용	개인 참여 목표	사전검사 결과
1. ***	자발				
2. ###	비자발				
⋮					

3. 집단상담 프로그램 구성

〈예시〉

회기	회기 목표	활동 내용	활동별 소요시간	준비물
1	집단상담 목표 수립을 통해 참여 동기 강화 및 집단 응집력 증진	• 집단 오리엔테이션 • 자기소개 및 별칭 짓기 • 집단원 개인 목표 설정		
2				
3				
⋮				

4. 집단상담 회기별 요약

1회기(일시)	
참석자	참석자 별칭, 결석자가 있는 경우 이유 제시
활동 내용 및 축약 축어록	• 구체적인 집단원들의 활동 내용을 상세히 기술 • 활동과정 중 집단역동을 잘 보여 주는 순간, 집단원의 변화가 일어나는 순간, 집단상담자가 진행의 어려움을 경험한 순간 등을 부분 발췌하여 축어록으로 제시
회기 분석	• 활동과정 중 집단원들의 반응 내용과 상호작용 역동에 대한 분석 • 회기별 집단원들의 참여소감 혹은 회기에 대한 피드백을 받는 경우는 이에 대한 내용 분석도 포함
집단상담자 자기성찰	• 집단상담자의 회기 운영에 대한 자기평가와 내적인 경험에 대한 기술 등
2회기(일시)	
참석자	
활동 내용 및 축약 축어록	
회기 분석	
집단상담자 자기성찰	
3회기(일시)	
참석자	
활동 내용 및 축약 축어록	
회기 분석	
집단상담자 자기성찰	

5. 집단상담 프로그램 결과

1) 전체 집단상담 과정과 결과에 대한 평가

- 집단상담 목표 달성에 영향을 미친 참여자 간 전체 과정 역동에 대한 분석
- 집단상담자의 전체 과정 운영에 대한 자기평가 혹은 상호평가
- 확인된 집단상담자의 수행 역량과 앞으로 성장시킬 발달과업 기술

2) 집단원별 참여 성과에 대한 평가

〈예시〉

집단원	개인 목표	성취 수준	프로그램 전후 변화
나나나	사람들의 긍정적인 면을 먼저 보기	• 상/중/하 또는 5점 리커트 척도 • 집단원 자기평가와 집단상담자의 평가	• 집단상담 프로그램 목표 달성을 파악하기 위해 사용한 사전–사후 검사 결과 • 집단원 개별 인터뷰 실시 내용 • 주변인 행동관찰 내용 등 양적 · 질적 자료 제시

6. 수퍼비전을 통해 도움 받고 싶은 점

- 최대한 구체적으로 기술

부록 11-2

미네소타 수퍼비전 평가지(단축형)

- 평가 기준: 1(많은 발전 요망) / 2(기준에 부합) / 3(기준을 넘어섬) / NA(평가할 수 없음)
- 이전(A) 및 현재(B) 훈련 및 전문가적 경험:
- 검사 능력 검사 경험 개입 능력 개입 경험:
- 개인상담 총 시간 수(총 내담자 수):
- 집단상담 총 시간 수(총 내담자 수):
- 검사 실시 총 내담자 수(주 평균 내담자 수) 현재 훈련 중인 상황 기술:

영역		1	2	3	NA
검사 능력	검사 선택의 판단				
	다양한 내담자와의 라포 형성				
	진단적 면접				
	검사 전체적 능력				
	진전도 및 기타 의견:				
상담과 개입 능력	상담 기술 및 효과성				
	내담자와의 라포 형성				
	공감, 진실성, 온정성				
	치료적 접근(기술)				
	상담과 개입의 전체적 능력				
자문 능력	자문가로서의 역할에 대한 이해와 수용				
	기관 및 체제의 역동과 기능에 대한 이해				
	자문가로서의 효과성				
	자문 관련 전체적 능력				
윤리/ 법률/ 전문적 행동	윤리규정 및 학회 규정에 대한 자각과 준수				
	비밀보장 원칙 준수와 예외 상황 이해				
	윤리적/ 법률적/ 전문가적 행동에 대한 전체적 평가				
수퍼비전	개방성과 수용				
	의사소통				
	수퍼바이저와의 협력				
	수퍼비전에 대한 전체적 평가				

평가 및 행정 능력	프로그램 평가				
	프로그램 개발				
	행정 능력				
	평가 및 행정 관련 전체적 평가				
연구	전문적 · 윤리적 연구 수행				
	연구의 개념화, 설계, 조직				
	문헌 조사 능력				
	연구 관련 전체적 능력				
행정적 조치: 합격____ 조건부 합격____ 불합격____ 기타____ 추후의 수련 및 수퍼비전에 대한 추천: 수련감독자 서명(일시): ________________ 수련감독자 서명(일시): ________________					

출처: Corey, Hanyes, Moulton, & Muratori (2010). *Clinical supervision in the helping professions: A practical guide* (2nd ed.)에 제시된 내용을 집단상담 수퍼비전에 맞게 정리함.

제12장

대상별 집단상담 프로그램

읽기 전 나누기

- 대상에 따른 집단상담 프로그램이 필요한 이유는 무엇인가?
- 대상별 집단상담 프로그램 구성 시 고려해야 할 사항은 무엇인가?

읽고 나면

- 각 대상별 특징을 알고 그에 따른 집단상담 프로그램의 필요성을 이해한다.
- 아동, 청소년, 대학생, 중년남성을 대상으로 한 집단상담 프로그램의 특징과 구성방법, 진행과정을 이해한다.

집단상담이 활성화되면서 다양한 대상이 집단원으로 참여하기 때문에 집단상담자는 다양한 대상을 위한 집단상담의 특성과 운영 기술을 갖추어야 한다. 집단상담자가 상담현장에서 흔히 만나는 대상은 아동, 청소년, 대학생, 성인, 노인들이다. 이 밖에도 위기 청소년, 다문화 가정 구성원, 가정폭력 피해자, 성폭력 피해자, 학교폭력 피해자, 우울한 청소년, 공격성이 높은 청소년 등 특수한 주제를 가진 대상들이 많이 있다. 이 대상들을 위한 집단상담 프로그램의 주제는 점차 다양해지고 있다. 이들을 위한 효율적인 집단상담을 위해서는, 각 대상의 발달적 특성에 대한 이해와 함께 각 대상별 집단상담의 특징과 운영방법 및 상담기술에 대해 잘 알아야 한다. 다음에서는 집단상담자가 가장 빈번하게 만나는 대상인 아동, 청소년, 대학생들과 점차 관심을 받고 있는 중년남성을 대상으로 하는 집단의 특징, 구성 및 운영, 이들을 위해 개발된 집단상담 프로그램의 예시를 제시하고자 한다.

1 아동을 위한 집단상담

아동 집단상담은 만 7~12세의 초등학생을 대상으로, 주로 학교 장면에서 운영된다. 초등학생은 저학년과 고학년의 발달적 차이가 있기 때문에 아동의 발달특성에 맞추어 적합한 프로그램과 운영방식을 갖추는 것이 중요하다. 아동은 학교 교육을 통해 기본적이고 바람직한 사회적 행동을 습득한다. 아동은 또래의 행동이 집단상담자에게 칭찬을 받는지 또는 비난을 받는지 관찰하고 모방하여, 새로운 행동을 학습하거나 기존의 행동을 수정해 간다.

1) 특징

아동 집단상담은 주로 아동의 건강한 발달과 일상생활에 적응할 수 있도록 돕는 예방과 발달 관련 문제에 초점을 맞춰 운영된다. 아동 집단상담은 구조화된 프로그램의 형태로 운영하는 것이 효과적이다. 특히 다른 연령층의 집단에 비해 부모/보호자의 참여와 도움이 매우 중요한 것이 특징이다. 또한 다른 연령층에 비해 모래상자, 인형, 미술 및 점토 등의 도구를 더 많이 사용하는 경향이 있다. 근래에는 기관에서 사설 상담소에 위탁하여 아동 집단상담을 진행하는 곳이 점차 많아지고 있는 추세다.

아동 집단상담은 새로운 기술을 습득하도록 돕는 데 있어 개인상담보다 효과적이다. 집단상담은 아동에게 안전하고 유익한 환경을 제공해 준다. 집단상담은 아동에게 다른 아동과 함께 다양한 경험을 할 수 있는 기회를 제공한다. 그리고 자발성을 증가시키며, 다른 아동들이 있기 때문에 덜 위협적이고 안전한 환경을 마련해 준다. 집단상담은 집단상담자와 아동, 아동과 다른 아동이 서로 도움을 주고받는 경험을 통해 사회적 기술을 습득할 수 있는 기회를 제공하며 사회적 관계에서 자아개념을 형성하는 데 도움을 준다. 또한 자신의 행동이 집단상담자와 또래에게 미치는 영향에 대해 알게 됨으로써 자신의 행동을 재평가하고 받아들이거나 수정할 수 있는 기회를 제공한다. 집단상담은 아동이 새로운 행동을 실험해 볼 수 있는 장을 제공하며 실험을 통해 습득한 행동을 실생활에 확장해 볼 수 있는 안전한 장을 제공한다.

집단상담자는 아동을 대상으로 집단을 운영할 때 다음의 사항을 유념하여야 한다. 집단상담자는 아동에게 집단을 통해 얻을 수 있는 것과 한계에 대해 사전에 알려 주어야 한다. 아동이 집단상담자가 정한 기준에 수동적으로 따라서 순응하기보다는 아동 자신에게 맞는 행동을 실험해 보고 피드백을 받을 수 있는 기회를 제공해야 한다. 집단상담자는 아동이 집단에서 심리적 어려움과 피해를 겪지 않도록 세심하게 살펴 심리적 피해를 입을 가능성이 있는 것을 사전에 예방하도록 주의를 기울여야 한다. 또한 실제로 심리적 어려움을 경험하는 아동이 있다면 적극적이고 능동적으로 개입하여 어려움에 대처하고 조치를 취해야 한다. 집단상담자는 아동이 집단에서 경험한 배움을 집단 밖 일상생활에 적용해 볼 수 있도록 장려하여, 일상생활 적응력을 높여 주기 위해 노력해야 한다. 또한 집단상담자는 아동을 대상으로 하기 때문에 아동의 발달적 특성에 대해 잘 이해하고 있어야 하며, 아동의 행동 변화를 이끌어 낼 수 있는 방법과 기술을 훈련하여야 한다.

2) 구성 및 운영

(1) 집단 구성

아동 집단에서 주로 다루기에 적합한 주제는 자아탄력성, 또래관계, 학습 및 진로, 학교 적응, 사회적 기술 등과 같은 것이다. 상담자는 주제에 적합한 활동으로 구성하여야 한다.

아동 집단은 미성년자이기 때문에 부모 또는 보호자의 동의를 받아야 하며, 부모나 보호자에게 집단의 목적과 기대효과를 자세히 설명하여 협력하는 것이 필요하다. 이런 협력은 보통 가정통신문을 통해 신청서를 받고, 가능하다면 오리엔테이션을 통해 집단을 소개하는 시간을 갖는다. 교직원에게도 집단 목표, 기대효과, 운영방법 등에 대해 설명하여 협조를 구할 수 있도록 계획하는 것이 좋다.

문제행동을 보이는 아동을 위한 집단 운영 시 집단상담에 의뢰한 부모 또는 교사를 통해 아동의 행동 특성에 대해 자세한 정보를 얻은 후, 집단에서 도움을 받을 수 있는 아동으로 선발해야 한다. 지나치게 과잉행동을 보이거나 너무 철수되어 다른 아동과 상호작용이 되지 않거나 주의집중이 안 되고 산만한 아동 등 집단 활동에 적합하지 않다고 판단되는 아동은 개인상담에 의뢰하는 것이 더 나은 선택이 될 수 있다.

아동 집단은 동질 집단이 더 효과적이다. 남녀를 구분하여 동성 집단으로 구성하며 발달 연령에 따라 성숙도에 차이가 크기 때문에 비슷한 연령으로 구성하는 것이 더 효과적이다. 집단원 수는 집단의 유형에 따라 약간의 차이가 있을 수 있지만, 4~8명 정도가 이상적이며, 연령이 어릴수록 집단의 인원이 적은 것이 좋다. 산만한 아동들을 대상으로 할 때는 3~4명 정도가 적당하고 가능하면 보조 상담자와 함께 집단을 운영하는 것이 좋다.

아동 집단은 아동의 주의집중 시간이 짧은 것을 고려하여 한 회기를 보통 초등학교 수업시간인 40분 정도로 구성하며, 집단원의 특성에 따라 20~40분 사이에서 조정할 수 있다. 전체 회기 수는 집단의 목적과 아동의 연령 및 발달적 특성 등에 따라 달라진다. 보통 심리교육적인 목적으로 진행되는 아동 집단의 경우는 1~2회기 정도로 구성된다. 부모의 이혼, 또래관계, 사회적 기술 등의 문제를 다룰 때는 8회기 이상 진행한다.

아동 집단에 적합한 장소는 아동의 특성에 맞는 편안함을 느낄 수 있는 적당한 크기의 장소를 선택해야 한다. 장소가 너무 크면 아이들이 자유롭게 돌아다님으로써 집단작업이 방해받을 수 있다. 집단 장소를 선택할 때 특히 중요한 것은 아이들이 다칠 가능성이 있는 물품이 없는 안전한 곳이어야 한다는 것이다. 특히나 주변의 방해를 받지 않는 곳이어야 한다. 아동은 소리나 움직임에 영향을 많이 받기 때문에 외부의 소음이 들리거나 집단 외 다른 아동의 움직임이 보이는 곳에서는 쉽게 주의가 흐트러질 수 있다. 따라서 집단에 참여할 아동의 특성과 예상되는 효과를 고려하여 안전하고 편안한 장소를 선정해야 한다.

아동 집단상담은 주로 학교 현장에서 이루어지기 때문에 구조화된 운영안을 마련하는 것이 중요하다. 이 운영안에는, 첫째, 집단상담을 통해 이루고자 하는 상담자의 목적과 목표가 분명히 드러나도록 해야 한다. 둘째, 집단상담의 장점과 기대효과가 포함되어야 한다. 셋째, 집단을 운영하는 데 기반이 되는 이론적 배경을 분명하게 제시하는 것이 좋다. 넷째, 학교에서 행정을 담당하는 직원에게 집단상담이 학생의 행동 변화와 교육에 효과적이라는 성과적 증거를 제시해야 한다. 다섯째, 학교 관리자, 교사, 부모에게 집단상담이 학생의 교육과 행동 변화에 얼마나 효과적인지를 명확하게 설명해야 한다. 여섯째, 출석에 대한 방침과 집단의 성과 측정 및 서류 양식에 대해 명료하게 기술하는 것이 필요하다.

(2) 집단 운영방법

아동을 대상으로 집단상담을 운영할 때는 아동의 발달단계에 따른 학습 능력과 인식 능력을 염두에 두고 다음 방법을 고려하여 원활하게 운영하여야 한다.

① 집단상담자의 주도적 집단 운영

집단상담에서는 집단상담자와 집단원 중 누구에게 집단을 주도할 책임을 줄 것인지 선택해야 한다. 대체로 아동 집단은 집단원들이 자기인식에 대한 역량이 낮으므로 집단상담자가 집단의 주도권을 가지고 집단원의 눈높이에 맞는 주제나 자료를 제시하는 것이 좋다.

② 다양한 도구를 사용한 체험적 접근

집단상담에서는 언어 중심의 추상적인 개념을 나누기보다는 짧고 간단한 이야기와 단순한 활동, 시청각 자료와 인형 등의 도구를 사용해야 한다. 찰흙, 천과 같은 감각을 자극할 수 있는 소품을 사용하는 것도 효과적이다. 아동에게 설명은 짧게 하고 행동에 대한 지시는 분명하게 하며 직접 참여하여 활동해 볼 수 있도록 진행하는 것이 좋다. 아동의 발달단계에 맞는 창의적이고 예술적인 접근이 더 필요하다.

③ 주제에 초점 맞추기

아동은 다른 사람의 이야기를 주의 깊게 듣는 능력이 부족하다. 다른 사람이 이야기하고 있는 도중에라도 본인이 얘기하고 싶을 때면 남의 이야기를 중간에 끊고 자기 이야기를 하는 경향이 많다. 이때 집단상담자는 끼어드는 아동의 이야기를 차단하여, 진행되는 주제에 초점을 맞추도록 하는 것이 필요하다. 또한 집단규칙으로 다른 사람이 말을 하고 있을 때 말하고 싶은 사람은 손을 들도록 하거나 이야기가 끝난 다음에 말을 하는 것을 미리 정해 두는 것이 필요하다. 이것은 아동이 어릴수록 더욱 유용하다.

④ 집단상담자의 활기찬 목소리

집단상담자의 목소리는 활기가 있고 충분히 커야 한다. 그래야 아동들의 주의를 이끌어 낼 수 있다. 그리고 한 번에 한 사람씩 말하는 것보다 동시에 여러 아동이 말하는 현상이 많은 아동 집단에서는 상담자의 큰 목소리가 주의를 집중시킬 수 있다. 만일 상담자의 목소리가 작다면 이동식 마이크를 사용하는 것도 방법이 될 수 있다.

⑤ 여러 가지 기법 사용

아동은 다른 연령대의 대상에 비해 주의집중이 쉽게 흐트러지고, 아동들끼리 관심을 갖느라고 집단상담자에게 초점을 덜 맞추기 때문에 아동의 주의를 끌 수 있는 기법이 필요하다. 아동의 주의를 가져올 수 있는 가장 중요한 요소는 호기심이다. 아동은 신기한 것, 낯선 것에 주의를 기울인다. 그래서 집단상담자는 신기한 것, 즉 평상시 아동이 자주 볼 수 없는 소품을 준비하는 것도 좋다. 또 집단상담자의 고저가 있는 목소리와 몸동작 등이 아동의 주의를 끌 수 있다. 집단상담자는 아동의 주의를 효과적으로 끌어오고 집중시킬 수 있도록 창의적이어야 한다.

⑥ 비언어적 측면의 기법

성인들에 비해 아동은 상담자의 이야기에 주의를 기울이는 힘이 부족하여 상담자의 지시와 설명을 잘 이해하지 못한다. 상담자가 말하는 내용에 적합한 비언어적 행동을 함께 사용할 때 아동이 훨씬 이해하기가 쉽다. 상담자의 손동작과 몸동작은 아동이 상담자의 말을 더 잘 이해할 수 있도록 돕고 주의집중을 할 수 있도록 돕는 훌륭한 보조수단이 된다. 또한 아동은 말로 자신을 표현하는 힘이 부족하기 때문에 신체언어를 통해 내면을 표현한다. 상담자는 아동의 신체언어(body language)를 주의 깊게 살펴서 아동의 상태를 이해해야 한다.

3) 예시

(1) 주제

아동을 위한 자아탄력성 증진 프로그램

(2) 목적

이 프로그램의 목적은 지역아동센터를 이용하는 아동을 대상으로 자아탄력성을 증진시켜서 일상생활에서 겪는 스트레스를 알아차리고 효과적으로 대처할 수 있도록 돕는다. 그리고 아동 자신의 정서 조절과 자신의 감정을 타인에게 적절하게 표현하여 대인관계를 향상시키고, 문제해결 능력을 증진시키는 데 목적이 있다.

(3) 프로그램 구성

① 1회기에는 아동이 자아탄력성에 대한 인식을 자유롭게 모두 말하도록 한다. 아동에게 자아탄력성의 개념을 설명하여 이해시키고, 자아탄력성을 높이는 것이 필요함을 알려서 참여 동기를 높인다.

② 2~3회기에는 자아탄력성의 구성요인들 가운데 정서적 영역인 정서조절 요인을 먼저 다루어 상황에 따른 다양한 정서 표현 단어를 분류하는 활동을 통해 자신의 정서를 정확하게 인식하게 한다.

③ 4~8회기는 자아탄력성 구성요인 중 긍정사고에 대한 내용으로 구성되어 있다. 아동은 특정한 상황에서 다양한 태도를 취할 수 있다. 이러한 태도는 문제를 해결하는 데 중요한 요소이기 때문에 긍정사고는 긍정적 태도를 갖게 한다.

④ 9~11회기는 자아탄력성 구성요인 중 대인관계에 대한 내용으로 구성되어 있다. 아동이 어려워하는 구체적인 대인관계 상황에서 어떤 생각과 정서 및 행동을 하면 자신과 친구에게 도움이 되는지, 서로 관계가 좋아지는지를 익히도록 하는 구체적인 기법을 먼저 익히도록 구성되어 있다.

⑤ 12~14회기는 자아탄력성 구성요인 중 문제해결에 대한 내용으로 구성되어 있다. 문제해결을 위해서 창의적 환경·풍토의 조성이 중요한데, 이를 위해서 개방적이고 허용적인 집단 분위기를 만들어야 한다. 그리고 심리적인 안정감과 자율적이고 민주적인 환경을 조성해야 한다.

〈표 12-1〉 자아탄력성 증진 프로그램

단계	회기	제목	목표	활동 내용
도입	1	마음의 타임머신을 타고	자아탄력성 증진	• 강의: 자아탄력성 개념 • 활동1: 마음의 타임머신을 타고 • 활동2: 정서 원카드
정서 조절	2	마음의 액셀과 브레이크	건전한 방법으로 감정을 표현	• 강의: 욕구와 자제력의 개념 • 활동1: 감정표출 비주얼싱킹 • 활동2: 몸으로 말해요
	3	마음의 망원경으로 들여다보기	상대방의 입장 이해하고 친밀한 행동을 실천	• 강의: 대화의 소재에 따른 구분 • 활동1: 짝꿍 인터뷰 • 활동2: 마음의 망원경으로 들여다보기
긍정 사고	4	아낌없이 주는 마음 나무	공동체 생활에서 필요한 가치를 사고하고 선택	• 강의: 레드우드에서 배울 수 있는 공동체 가치 • 활동: 가치 명패 만들기
	5	마음의 근육 키우기	성공 경험 듣고 원인 행동을 분석하여 실천	• 강의: 성공한 사람들의 공통적인 마인드 • 활동1: 멘토 모델 탐구 • 활동2: 희망 메시지
	6	마음의 시야 넓히기	어려운 상황에서 긍정적인 면도 통합적으로 사고	• 강의: 페니실린의 발견 • 활동: 다시 쓰는 결말
	7	마음 뒤집어 보기	부정적으로 인식되는 어려운 상황을 긍정적 사고로 반박	• 강의: 플라세보 효과와 노시보 효과의 비교 • 활동1: 반격 노트 • 활동2: 마음 뒤집기
	8	마음의 관리자 세우기	지원받은 물적 · 인적 환경 탐색과 감사 마음 표현	• 강의: 마음의 관리자 • 활동1: 감사보물 찾기 • 활동2: 감사편지 쓰기
대인 관계	9	마음의 통로 연결하기	상대방과 의사를 주고받는 대화방법을 습득	• 강의: 상대방의 말을 들을 때 대화방법과 나의 말을 전달할 때 대화방법 • 활동1: 나 전달법 • 활동2: 긍정 시나리오 작가
	10	긍정기차 설계하기	자신의 꿈과 가치를 실현하기 위해 현재 해야 할 일을 탐색, 실천	• 강의: WDEP 계획 세우기 • 활동1: 긍정기차 설계하기 • 활동2: 돌림쪽지
	11	마음의 관절 꺾기	다른 사람의 의견을 수용하는 자세 함양	• 강의: 마음의 관절 • 활동1: 생각을 모아요 • 활동2: 마시멜로 탑 쌓기

문제 해결	12	마음의 쿠션 채우기	협업을 통해 주어진 문제를 해결	• 강의: 유대인의 하브루타 공부법 • 활동1: 디딤돌 회의 • 활동2: 인간 실타래 풀기
	13	1 더하기 1은 10보다 커요	여러 사람과의 협업을 통해 문제를 해결	• 강의: 세계 최고의 IT 기업들 • 활동: 도전! 우주특공
	14	그거, 아무것도 아니야	융통성 있게 사고하고, 대안을 시도해 보기	• 강의: 위기 속에서 기지를 발휘한 인물 • 활동: 도전! 암호 해독
종결	15	오뚝이 마음 다지기	프로그램을 마무리하고 실천의지를 다지기	• 강의: 회기별 배운 내용 요약 • 활동1: 자아탄력성 비주얼싱킹 • 활동2: 오뚝이 굿마인드상

출처: 김미래(2020). 자아탄력성 증진 프로그램 개발. 부산대학교 석사학위논문을 발췌 · 수정함.

(4) 평가

① 자아탄력성 증진 프로그램에 참여한 지역아동센터 이용 아동은 정서를 긍정적으로 조절하였는데, 이는 자신과 상대의 다양한 정서를 식별하고 건전한 감정 표출 방법을 선택하여 표현하였기 때문이다.

② 자아탄력성 증진 프로그램에 참여한 지역아동센터 이용 아동은 주어진 문제 상황에서 긍정적인 면을 인식하고 선택하여 행동함으로써 행동 계획을 실행하였다.

③ 자아탄력성 증진 프로그램에 참여한 지역아동센터 이용 아동은 다른 아동과 좋은 관계를 위해 긍정적인 대화와 행동을 하였으며, 적극적인 의사소통으로 다양한 의견을 받아들여 실천하였다.

④ 자아탄력성 증진 프로그램에 참여한 지역아동센터 이용 아동은 주어진 문제 상황을 객관적으로 분석하고 대안적인 해결방안을 시행하였다.

2 청소년을 위한 집단상담

청소년기는 주로 중 · 고등학교에 속하는 만 12세에서 19세까지의 시기로, 다른 또래 학생과 역동적인 상호작용을 통해 정서적 지지와 대인관계 기술 및 문제해결 능력을 향상시키며, 자아정체감을 형성하는 시기다. 청소년을 대상으로 하는 집단상담은 주로 학교 장면과 청소년상담복지센터, 위(Wee)센터 등의 청소년 상담기관을 통해 이루어진다. 학교 장면에서는 수업시간을 활용한 학급 단위의 대집단과 소집단이 이루어지며, 상담기관에서는 소집단이 주로 운영되고 있다.

1) 특징

집단상담은 청소년들이 다양한 공통 관심사를 여러 가지 체험적인 활동을 통해 나눔으로써 성장해 가는 중요한 활동이다. 청소년을 위한 집단상담의 주제는 학습과 관련된 동기, 기술과 전략, 진로와 관련된 탐색과 의사결정, 또래관계와 관련된 의사소통과 사회 기술, 이성교제 및 갈등관리, 자아존중감, 부모의 이혼과 재혼 문제, 분노 조절 및 우울과 같은 정서 문제 등이 유용하다. 청소년을 대상으로 한 집단상담 주제는 점차 다양해지고 있는 추세다.

집단상담이 청소년에게 제공하는 환경은 체험적인 학습의 장이다. 집단상담은 청소년에게 새로운 사회 기술을 배우고 익힐 수 있는 기회를 마련해 준다. 청소년은 또래들과 함께 집단에 참여함으로써 집단상담자라는 어른과의 만남이 주는 불편할 수 있는 분위기를 완화시킬 수 있다. 이런 완화된 분위기에서 어른과 대화하고 또래들이 집단상담자와 상호작용하는 것을 관찰하면서 사회적 기술을 배울 수 있다. 그리고 또래들과 상호작용하면서 자기주장을 하는 태도와 기술 및 분노와 질투, 미안함 등의 부정적 감정을 표현하는 기술을 배우고 익힐 수 있는 기회를 얻는다. 집단상담은 집단상담자와 집단원의 진솔한 피드백을 통해 새로운 행동을 선택하고 독립적으로 판단할 수 있는 기회를 제공한다. 청소년은 집단상담이라는 안전한 장면에서 독립을 향한 새로운 행동을 연습해 볼 수 있다.

청소년은 발달단계상 자신이 다른 사람과 다르며 다른 사람은 자신을 이해할 수 없을 것이라고 생각하는 경향이 있다. 특히 자신의 이상하고 독특한 특성 때문에 다른 친구들과 멀어지고 소외될 것 같은 두려움에 표현을 하지 않음으로써 고통스러워한다. 집단상담은 집단상담자의 도움을 받으며 자신의 생각과 느낌, 욕구를 진솔하게 소통하며 자신만이 이상한 것이 아니라 또래들이 함께 경험한다는 것을 알게 된다. 그 과정에서 안도와 위로를 얻게 되며 자신과 또래에 대한 이해의 장이 넓어진다. 청소년은 집단상담을 통해 배려하는 태도와 기술을 배우게 되고, 공감을 통해 자기중심적이고 자기애적 사고가 확장되는 경험을 하게 된다. 집단상담은 청소년에게 조망의 확대를 위한 안전하고 건설적인 장을 제공한다.

2) 구성 및 운영

(1) 집단 구성

청소년을 대상으로 하는 집단상담에서 집단원의 선발이 중요하다. 학교 장면에서 집단을 구성할 때는 수업에 불참하고 싶거나 친구와 함께 시간을 보내고 싶어 참여를 신청하는 경우가 있다는 것을 염두에 두어야 한다. 이때 친한 친구와 함께 참여할 때 하위집단이 형성될 가능성이 높다. 하위집단은 전체적인 상호작용을 힘들게 하는 경향이 있기 때문에 하위집단이 형성되는지에 대해 집단상담자는 관심을 기울여야 한다. 청소년 시기는 또래의 영향이 매우 중요한 시점이므로 선발과정에서 간단한 면담을 통해 이러한 점을 고려하는 것이 좋다.

집단을 구성할 때 집단상담자는 성별을 구별하여 동성으로 구성할 것인지 또는 혼성으로 구성할 것인지를 선택해야 하며, 같은 학년으로 구성할 것인지 다른 학년을 혼합하여 구성할 것인지를 선택해야 한다. 청소년 집단은 한두 살의 나이 차이에 매우 예민하기 때문에 집단의 목적을 고려하여 신중하게 결정해야 한다.

집단상담의 크기는 심리교육 집단의 경우는 8~12명 정도가 적당하고, 상담 집단은 6~8명 정도가 적당하다. 치료 집단의 경우는 더 적은 수의 집단원으로 구성하는 것이 좋다. 집단원 수가 적을수록 한 집단원에게 할애되는 시간이 더 크기 때문에 목적을 달성하는 데 효율적이다. 집단회기는 50~90분 정도 진행하는 것이 적합하다.

청소년을 대상으로 한 집단상담에서 청소년이 집단상담의 치료적 요인으로 가장 도움이 된다고 선택한 요인은 정화와 대인관계 학습이었다. 즉, 자신이 다른 사람에게 말하지 못하고 가슴에 억제했던 것을 털어놓는 것, 자신의 감정을 표현하는 것을 통해서 도움을 많이 받았다고 한다. 또한 다른 집단원이 자신에 대해 말하는 것을 듣는 것을 통해 자기지각을 객관적으로 하게 되는 대인관계 학습이 집단상담에서 가장 도움이 되었다고 보고하였다.

따라서 청소년을 대상으로 집단을 운영할 때 자기개방을 할 수 있는 분위기를 갖추어 자기가 평소 하지 못했던 고민스러운 감정을 표현하도록 격려해야 한다. 그러한 감정을 표현하였을 때 다른 집단원들에게 피드백하도록 하여, 다른 집단원의 지각을 들을 수 있도록 객관화하는 작업을 하는 데 중점을 두는 것이 효과적이다. 이는 청소년 시기에는 또래관계가 매우 중요하다는 발달적 맥락에서도 이해된다.

(2) 집단 진행과정

청소년을 대상으로 하는 집단상담의 진행과정에 대해 준비 단계, 초기 단계, 중기 단계 및 종결 단계로 구분하여 각 단계의 특징과 집단상담자의 역할에 대해 알아보고자 한다.

① 준비 단계

준비 단계에서는 청소년, 교사, 학부모 등 집단상담과 관련된 사람들의 요구가 무엇인지 알아본다. 관련된 사람들의 요구에 맞는 집단상담 계획서를 작성하여야 한다. 계획서에는 집단의 목적, 대상, 집단상담자, 시간, 장소, 프로그램 등에 관한 다양한 정보가 포함되어야 한다. 집단 계획에 맞는 적합한 참가자를 모집하기 위해 홍보하고, 교사와 부모 등 관련된 사람들을 통해 도움을 받는 것이 좋다. 이 과정에서 보호자의 참가 동의를 문서로 받는 것이 중요하다. 참가자 선정을 위해 사전에 집단원을 면접하여 동의를 구하고, 비밀보장에 대한 서약을 받으며 집단원의 특성에 대한 이해를 넓히는 것이 좋다.

② 초기 단계

초기 단계에서는 집단의 목적과 진행과정, 진행방법, 기본적인 규칙, 편안함을 느끼는 정도 등에 대해 이야기를 나눈다. 초기 단계에서는 집단에 대해 그리고 집단원 서로에 대해 알아 가는 과정으로 신뢰감과 안전감을 가지고 응집성을 향상시키는 것이 집단상담자의 과제가 된다. 따라서 집단상담자는 집단원들이 편안하게 자기를 개방하고 있는지, 집단 응집성이 발달되어 있는지를 중간중간 평가해야 한다.

초기 단계에서는 집단원들이 자기가 집단에 왜 왔는지, 어떤 과정을 통해 오게 되었는지에 대해 궁금해하고 때로는 불만을 토로하는 경우가 있다. 비자발적으로 집단에 참가한 경우에는 특히 불만이 많을 것이다. 초기 단계에서는 집단원들의 이러한 불만과 불안, 두려움이 있을 수 있으며, 반대로 집단상담자나 다른 집단원에 대해 기대감을 가질 수 있다. 집단상담자는 집단에서 염려하는 점과 기대하는 점에 대해 집단원들이 충분히 표현하도록 돕는 것이 필요하다. 집단원들이 기대하는 바를 목표로 전환하여 집단상담에서 각 집단원이 달성하고자 하는 목표를 명료화한다.

청소년 집단원은 또래에게 관심을 끌고 싶은 욕구가 많다. 그래서 집단상담자의 규칙과 제한을 시험하고 다른 또래의 호감을 사거나 힘을 얻기 위해 긍정적이거나 공격적인 행동, 성적인 농담과 금기시되는 말과 행동 등 다양한 행동을 보이며 집단상담자의 반응을 살핀다. 집단상담자의 반응을 보면서 집단에서 허용되는 행동과 그렇지 않은 행동을 파악해 간다. 집단상담자는 집단 초기에 집단의 규칙을 확립해 가면서 집단의 긴장과 불안을 줄이고 안전감과 편안함을 창조하는 다양한 활동을 진행해야 한다.

③ 중기 단계

중기 단계는 집단상담에서 가장 많은 시간을 할애하며 가장 핵심이 되는 단계다. 이 단계에서는 집단원이 초기 단계에서 설정한 목표를 달성하는 데 초점을 맞추어 여러 가지 활동을 한다. 여러 가지 활동이 청소년을 대상으로 한 집단상담에 유익한 이유는 다음과 같다.

첫째, 활동은 청소년에게 즐거움을 제공하고 긴장을 줄여 주어 안정감을 증가시킨다. 활동은 청소년의 몸을 움직이게 하고 마음을 움직이게 만들기 때문에 활력을 준다. 또한 활동은 집단상담자의 추상적이고 이론적인 설명이 아니라 짧은 지시로 이루어지기 때문에 집단의 분위기를 환기하고 주도권이 집단상담자가 아닌 집단원에게 넘어가서 청소년들이 통제감을 느끼도록 하는 데 도움이 된다.

둘째, 여러 가지 활동은 집단원의 주의를 집중시키거나 이동시키고 심화시키는 데 도움이 된다. 동작활동, 상상활동, 상호 피드백 활동, 놀이활동 및 발표활동 등 새로운 활동이 소개될 때 집단의 분위기가 바뀌면서 집단원들은 주의가 집중되고, 새로운 활동으로 바뀔 때 주의가 이동된다. 또한 이러한 활동을 통해 경험한 것을 집단원 간에 공유하도록 함으로써 자기이해와 타인이해 및 새로운 통찰로 주의를 심화시킨다.

셋째, 활동은 체험학습의 장을 마련해 준다. 집단상담자가 설명하고 교육해서 청소년이 아는 것보다는 활동을 통해 집단원이 스스로 "아하!" 하고 알아차릴 때 학습의 효과는 배가 된다.

넷째, 활동은 상담자에게 집단원과 집단과정에 대해 유용한 정보를 제공해 준다. 집단상담자는 참여관찰자로서 활동에 참여한 집단원의 반응을 관찰하면서 각 집단원이 어떻게 말하고, 어떻게 감정을 표현하며, 어떻게 행동하여 대응하는지를 면밀히 관찰하여 알아차릴 수 있다. 또한 집단상담자의 지시를 이해하는 수준은 어떠한지, 자신 및 타인의 실수에 어떻게 반응하는지 등 각 집단원의 패턴을 이해하는 데 도움이 되는 정보를 많이 얻을 수 있다. 또한 집단과정에서 집단원들의 신뢰와 응집성에 대한 평가에 대한 정보도 함께 얻을 수 있다는 점에서 다양한 활동은 매우 유용하다고 할 수 있다.

이 단계에서는 집단원들의 서로 다른 상호작용이 다양한 역동을 만들어 내기 때문에 집단상담자는 상호작용 방식을 잘 관찰하여, 집단원들이 서로 피드백하도록 돕는 것이 필요하다. 청소년이 치료적 요인으로 인식하는 것이 또래에게서 받는 피드백이라는 점을 기억할 필요가 있다. 따라서 집단원으로 하여금 다른 집단원의 행동에 대해 어떻게 느끼는지 피드백을 하도록 요청하는 것을 주기적으로 갖는 것이 좋다.

중기 단계에서 비밀이 지켜지지 않은 상황이 발생한다면, 집단상담자는 무슨 일이 일어났고 비밀유지가 되지 못한 이유가 무엇인지에 대해 비밀보장을 깨뜨린 사람과 얘기해야 한다. 청소년 집단상담은 주로 학교 장면에서 운영되어서 비밀이 유지되지 않으면 집단이 유지되기 어려운 상황에 처할 수 있기 때문에 집단상담자가 특별히 관심을 기울여야 한다. 비밀유지가 깨뜨려질 경우 그 이유를 정확히 파악하고 집단원을 집단에 남게 할 것인지 또는 떠나게 할 것인지 등에 대해 숙고하고 그것을 집단 안에서 논의하여 결정해야 할 것이다.

④ 종결 단계

종결 단계에서는 각 집단원이 집단에서 세운 목표를 달성하였는지, 어떤 과정을 거쳐서 어떤 방법으로 달성하였는지에 대해 요약하고 정리하도록 해야 한다. 또 여기에서 배운 것을 일상생활에서 어떻게 적용할 것인지에 대해 논의하도록 한다. 집단원들이 집단을 떠나는 아쉬움과 불안에 대해 표현하고, 비밀보장이 될 수 있도록 다시 다짐을 받아 두는 것이 좋다. 종결 단계에서 집단상담자는 지지적이어야 하고, 긍정적인 피드백을 적절하게 제공해야 한다.

3) 상담 기술

청소년을 대상으로 하는 집단상담은 재미있어야 한다. 청소년을 대상을 하는 집단상담에서 집단상담자가 사용할 중요한 기술을 구체적으로 살펴보면 다음과 같다.

첫째, 청소년을 대상으로 하는 집단상담은 흥미롭고 재미있어야 한다. 집단상담자는 유머가 있고 열정적이고 청소년과 상호작용에서 반응성이 높아야 한다. 어느 집단보다 상호작용이 활발한 에너지가 있어야 한다. 청소년들은 재미가 없으면 의미가 있다고 해도 참여 동기가 떨어지는 경향이 가장 높다. 따라서 집단상담자는 참여도를 높일 수 있는 다양한 매체와 도구를 활용하여 집단원의 호기심을 자극할 수 있어야 한다. 청소년의 주의를 사로잡을 수 있는 가장 막강한 무기는 호기심이기 때문에 집단원들이 평소에 잘 경험해 보지 못한 신선한 활동을 준비하는 것이 필요하다. 특히 비자발적으로 참여한 집단원이 많을수록 집단 초기에 더 호기심을 자극하고 재미있는 활동을 구성하는 것이 좋다.

둘째, 집단상담자는 집단의 주도권을 잡고 집단을 운영해야 한다. 청소년은 의존적이면서도 동시에 독립적이고자 하는 욕구가 가장 높은 시기다. 따라서 권위에 대항하는 것으로 또래의 인기와 부러움을 얻으려는 경향이 있기 때문에 집단상담자의 지시와 의도를 따르지 않음으로써 집단의 주도권을 흔들 수 있다. 이때 집단상담자는 집단원의 가치와 의견을 존중해 주면서도 동시에 집단의 주도권을 잡고 있어야 집단의 목표를 이루어 갈 수 있다.

셋째, 청소년을 대상으로 하는 집단상담은 각 회기의 내용을 체계적으로 구조화해서 집단이 생산적으로 진행될 수 있도록 해야 한다. 이를 위해 도입, 활동, 소감 나누기, 과제 부여하기 및 다음 회기 안내 등을 체계적으로 구조화하여 진행하여 시간과 에너지가 사소한 농담과 잡담으로 소실되지 않도록 하여야 한다.

넷째, 청소년을 대상으로 하는 집단상담은 각 회기의 활동이 구조화되어 짜임새가 있어야 하지만, 매 회기에 똑같은 구조로만 진행되면 청소년들은 금방 지루해하고 식상해한다. 따라서 변화를 통해 새로움을 유지해야 한다. 예를 들어 소감 나누기를 할 때, 한 회기는 발표한 사람이 다른 사람을 초대하는 방식을 사용하였다면, 다음 회기에서는 제비뽑기를 통해 발표자를 정한다. 또 다음 회기에서는 회전판이 멈추는 곳의 사람이 발표를 하는 등으로 소감 나누기라는 구조는 같지만 그것을 구현하는 방법은 새로움과 변화를 주는 것이 필요하다.

다섯째, 집단상담자는 중립적인 태도를 유지해야 한다. 청소년은 학교와 부모에 대해 불만을 많이 토로할 수 있다. 집단원들이 서로 그러한 불만에 동조하며 집단상담자에게도 동의하기를 바라는 때가 많다. 이때 집단상담자는 중립적인 태도를 유지하면서 불만을 토로하는 상황에서 인내를 가지고 집단원을 이해하려는 태도로 담담히 들어 주는 것이 좋다.

4) 예시

(1) 주제

청소년을 위한 대인관계 역량강화 프로그램

(2) 목적

청소년 가운데 중학생은 가장 신체 · 심리적 변화가 크지만 인지적 발달이 충분치 않아서 대인관계 능력의 조절에 어려움을 겪을 가능성이 크다. 대인관계 역량강화 프로그램은 이러한 중학생을 대상으로 대인관계 능력을 개선시키는 것을 목적으로 한다.

(3) 프로그램 구성

① 1~2회기에 해당하는 자기계발 단계의 목표는 자기개방을 통해 자기의 모습을 확인하고 다른 집단원이 자기를 탐색할 수 있도록 하는 것이다. 집단상담자는 집단원들이 참가자들의 이름과 특징 및 각 개인이 처한 상황을 알며, 다른 집단원에게 관심을 가지고 시작하는지를 관찰함으로써 이 단계의 목표에 도달했는지를 알 수 있다.

② 3~6회기에 해당하는 타인이해 및 의사소통 단계의 목표는 각 개인이 다른 집단원과 관계하는 방식과 의사소통하는 방식을 이해하고 발전시키는 기회를 갖는 것이다. 집단상담자는 집단원들이 자신의 대인관계 양식과 의사소통 방식을 알고 변화시키기 위해 노력하는지를 관찰하며 집단상담 초기에 비해 어떤 변화가 있는지를 관찰하는 것이 필요하다. 이 단계의 목표가 달성됨에 따라 집단원들은 긍정적인 대인기대를 갖게 된다.

③ 7~8회기 해당하는 관계형성 단계의 목표는 대인관계가 더 좋아지는 것이다. 대인관계를 위해 행동 변화를 시도하는 기회를 가진다. 이 단계의 목표가 달성되면 다른 사람과 함께하는 것의 즐거움을 알고, 더 나은 대인관계를 위해 자기가 어떻게 행동하면 좋은지 구체적인 행동 지침을 마련하여 생

활의 변화를 시도하게 된다.

〈표 12-2〉 대인관계 역량 프로그램 각 회기별 목표 및 활동 내용

단계	회기	제목	목표	활동 내용
자기 개발	1	우리는 왜 모였을까?	프로그램의 성격과 목적을 이해하기	• 별칭 짓기
	2	나 이런 사람이야!	자기개방하기	• 만다라를 통해 나를 알려 주기
타인 이해	3	대인관계 정도는?	타인과의 거리를 이해하기	• 김춘수의 시 '꽃'을 통해 대인관계 수준 알기 • 대인관계 지도 그리기 • 대인관계 역량 낮은 이유 찾기
	4	서로를 믿고 칭찬해!	서로를 신뢰하고 칭찬하기	• 눈 감고 누워 보기 • 친구의 얼굴을 그려 보고 친구의 매력 칭찬해 주기
의사 소통	5	잘 들었니?	경청과 정확한 전달의 중요성 알기	• 문장 귓속말로 전달하기 • 세 가지 방법의 의사소통 경험하기
	6	내가 주어!	나-전달법을 익혀 말하기	• 이혜영의 시 '모서리'를 같이 읽고 생각 나누기 • 나-전달법이 무엇인지 알기
관계 형성	7	같이 할까?	타인과의 협력의 중요성을 인식하기	• 나무 그리기 • 이야기 이어 만들기
	8	난 이렇게 바꿀 거야!	관계 형성을 위한 방법을 찾아 구체적인 행동 계획 세우기	• 관계 형성을 위한 방법 브레인스토밍하기 • 대인관계 역량 향상을 위한 구체적인 행동 계획 수립하기

출처: 전명순(2012). 청소년 대인관계역량 프로그램 개발과 효과성 연구. 명지대학교 박사학위논문을 발췌 · 수정함.

(4) 평가

① 대인관계 역량강화 프로그램은 집단에 참여한 중학생의 대인관계 역량 점수를 유의하게 높였다. 하지만 자아역량, 갈등조절 역량, 성취동기 역량, 문제해결 역량, 리더십 역량, 시민성 역량에서는 유의미한 차가 없었기 때문에 이 프로그램은 대인관계 역량강화에 특화된 프로그램으로 나타났다.

② 프로그램에 참여한 학생들이 작성한 소감문에는 대인관계 역량 프로그램의 요소들인 자기개방, 타인이해, 의사소통, 관계 형성의 특성들이 빈번하

게 진술되어 있다. 이는 대인관계 역량 프로그램이 학생들의 대인관계 역량 향상에 긍정적인 영향을 미쳤다는 것을 보여 준다.

3 대학생을 위한 집단상담

대학생 시기는 자기에 대한 정체감, 인생관 및 가치관을 확립하는 시기다. 그리고 타인과 친밀하게 지내는 능력을 개발하여 대인관계를 확장하고 성숙한 관계를 형성하는 심리사회적으로 매우 중요한 시기다. 대학생은 청소년기를 거치면서 미해결된 부모와의 갈등, 확고하지 않은 자기정체성, 대학 생활 적응에서의 어려움을 경험한다. 또한 대학생은 어려워진 학습과 학과 선택 및 전공에 대한 불만족, 취업에 대한 불확실성과 부담감, 확대된 대인관계 여건에서 경험하는 불안감과 부족한 사회적 기술, 변화된 생활 여건 등 다양한 심리적 · 사회적 · 환경적 어려움을 경험한다.

대학생을 대상으로 한 집단상담을 통해 자신이 겪고 있는 어려움을 탐색하며 문제를 해결하는 자신의 대응방식과 대인관계를 맺는 자신의 패턴을 이해할 수 있다. 또한 집단원의 공감과 지지에 힘입어 해결책을 찾아보고 실행할 용기를 얻어 일상생활에서 실행한 후 잘된 부분과 잘 안 되는 부분을 다음 회기에서 이야기하고 피드백을 받아 대처방법을 수정하거나 지속시킬 수 있는 기회를 얻게 된다.

1) 특징

대학생은 고등학생에 비해 생활환경이 더욱 자율적이고 본인이 스스로 결정하고 책임지는 것이 많아지면서 불안이 높아지게 된다. 또한 대인관계가 학과, 동아리 및 학교의 기관, 아르바이트 등을 통해 동료, 선후배, 교직원, 사장님 등으로 확대되면서 새로운 사회적 기술이 요구된다. 학습 영역에서도 전공에 대한 깊이 있는 지식과 현장에 기반한 실습이 많아지면서 부담감과 효과적인 학습방법을 찾는 것이 어렵다. 진로와 취업 영역에서도 졸업 후 취업에 대한 부담감과 전공이 자신에게 맞는지 혼란스럽고 자신감 없음을 경험하게 된다.

집단상담은 대학생활에서 경험하는 어려움을 다른 집단원과 함께 나누며 서로 공감하고 격려하며 힘을 얻는 힐링의 과정이다. 그리고 대인관계 기술, 학습기술, 진로탐색 기술, 자기관리 기술 등을 배우는 체험학습의 장, 발달과정에서 미해결된 과제가 현재에 주는 영향을 탐색하고 해결해 가는 치유의 장을 마련해 준다.

대학생을 위한 집단상담의 일반적인 목표는 ① 대학생활 적응을 위해 대인관계 향상을 위한 사회적 기술 향상, ② 청년으로서의 발달적 과제를 성공적으로 달성할 수 있도록 사회적 정체감과 가치관 형성, ③ 학습성취도를 향상시킬 수 있도록 학습동기 증진과 효과적인 학습방법 습득, ④ 취 · 창업을 위한 진로 탐색과 진로 의사결정 역량 증진, ⑤ 목표 관리, 시간 관리, 인터넷 사용 등 자기관리 능력 향상, ⑥ 대학 입학 전에 미해결된 심리적 · 사회적 적응 문제와 갈등 감소 및 해소 등이다.

2) 구성 및 운영

효과적인 집단상담을 위해서는 집단계획서가 매우 중요하다. 계획서는 앞서 언급한 아동 · 청소년 대상 집단상담에서의 내용과 비슷하다. 다른 점은 대학생은 성인이기 때문에 대학생이 집단에 참여하기 위해 부모의 동의가 필요하지 않다는 점이다. 대학생을 대상으로 집단을 계획할 때는 특히 홍보에 신경을 써야 한다. 대학생이 집단을 찾지 않는 주요한 이유로 꼽히는 것이 마케팅과 홍보의 부족이기 때문이다. 대학교는 초 · 중 · 고등학교 때처럼 담임선생님이 자세히 안내를 하지 않기 때문에 학생들이 자율적으로 집단에 대한 정보를 찾아서 접수해야 한다. 상담센터에서는 학교 홈페이지의 공지사항, 상담센터의 홈페이지 공지사항, SNS, 포스터 등 다양한 방법을 통해 학생들에게 집단에 대한 정보를 홍보해야 한다.

대학생 집단은 구조화/비구조화, 집중식(마라톤)과 분산식(위클리) 등이 모두 가능하기 때문에 집단상담자는 대학생의 다양한 요구에 맞추어 다양한 형식의 집단을 운영할 수 있도록 준비하는 것이 좋다.

(1) 집단 구성

대학생을 대상으로 한 집단상담은 각 대학의 상담센터에서 가장 많이 실시되고 있다. 대학의 상담센터에서는 주로 정해진 주제를 구조화하여 제공하는 경우가 많다. 개설되는 집단상담의 주제는 주로 진로, 대인관계 및 마음건강과 관련된 것이 주를 이루고 있다. 진로상담 프로그램은 진로 미결정자를 대상으로 진로 탐색, 진로 의사결정, 진로 준비행동을 위한 시간 관리, 자기관리 향상을 목적으로 하고 있다. 대인관계 프로그램은 동료와 선후배 및 교직원과의 관계에서 어려움을 해결하는 것으로 중·고등학교에 비해 훨씬 더 확장된 관계를 다루며, 이성관계 향상 및 다문화상담 등의 주제를 다룬다. 또한 마음건강 프로그램에서는 스트레스 대처, 정서 조절, 대학 생활 적응 등의 주제를 주로 다룬다. 집단을 구성하기 위한 좋은 방법은 캠퍼스 내에서 학생들의 요구에 대한 설문조사를 실시하는 것이다. 대학생의 요구를 반영하여 집단을 구성할 때 참여율이 높아질 것이다.

대학생을 대상으로 하는 집단상담은 한 회기에 90~120분으로 구성되며, 집중식일 때는 주로 90분, 매주 진행하는 분산식일 때는 120분으로 운영될 때가 많다. 전체 회기는 대학에서 학사 일정을 고려하여 6~10회기 정도로 구성되는 것이 주를 이룬다.

(2) 집단 진행과정

대학생을 대상으로 하는 집단상담은 자발적인 참여가 대부분이며 20대 초부터 후반까지 연령대가 다양하다. 만학도가 있어 40대, 50대가 참여하는 경우도 있고 복학생, 편입생, 전과생 등 입장이 다른 집단원도 혼합되어 있다. 집단에서 나누어지는 주제도 학습, 진로, 취업, 대인관계, 가족 문제 등 다른 대상에 비해 다양한 주제가 다루어지는 특징을 보인다. 대학생 집단이 진행될 때 집단과정에서 고려할 점을 살펴보면 다음과 같다.

① 초기 단계

집단원들은 낯선 상황이 주는 불안을 경험한다. 집단상담실 및 상담센터의 직원도 낯설고, 집단상담자와 집단원들도 매우 낯설다. 익숙하지 않은 낯선 환경과 낯선 사람과의 만남은 불안을 가져온다. 특히 집단원들 가운데 이미 아는 친구나 선후배가 함께 온 경우에는 불안이 낮지만 혼자 온 사람들은 낯설기 때문에 불안으로 경계하는 태도가 많다. 집단상담자는 가벼운 인사와 집단에 신청하게 된 계기, 아는 사람이 있는지 등에 대해 가볍게 인사하고 주변을 둘러보고 환경이 편안한지 등을 물으며 환경 및 사람과 접촉하도록 돕는 것이 불안을 감소시키는 데 도움이 된다.

대학생들은 자신이 다른 사람에게 어떻게 보이는가에 관심이 많아 자기개방에 소극적이며 활동에도 조심스럽다. 하지만 집단상담자가 자기개방을 요청하거나 활동을 지시하면 피상적인 수준에서라도 자기개방을 잘 하고, 활동에 성실히 잘 따르는 경향을 보인다. 대학생들은 자기개방과 집단에서 보이는 자기 행동에 대한 다른 집단원의 반응에 대해 민감하다. 다른 집단원의 반응에 따라 자신의 자기개방과 활동 수준을 조절해 간다. 이때 집단에 같은 학과, 동아리, 선후배 등이 있다면 비밀보장이 되지 않아 자기개방이 소문이 나거나 그 사람과 관계가 안 좋아질까 염려하여 자기개방이 위축될 수 있다. 따라서 집단상담자는 집단에 이미 아는 사람이 있는지, 있다면 어떤 관계인지 등을 파악하는 것이 좋고, 그럴 경우 비밀보장이 더욱 필요하다는 것을 강조하는 것이 필요하다.

집단상담자는 집단원들의 자기소개와 신뢰감 형성을 위한 간단한 게임 등을 통해 낯설음과 어색함을 낮추고 공통점을 부각하여 응집성이 향상되도록 하는 것이 필요하다. 집단상담자는 집단원들에게 자기를 노출하도록 압력을 행사하지 않도록 하며, 집단원들이 표면적인 주제, 가벼운 자기개방과 간단한 게임을 하면서 서로 접촉할 수 있는 기회를 만들어 집단을 안전한 느낌이 들도록 유도하는 것이 좋다.

대학생들은 집단상담자가 신뢰할 만하고 다른 집단원들 가운데 자신에게 위협이 될 만한 사람은 없는지, 집단은 안전한지 등에 대해 계속 탐색하고 시험해 본다. 대학생들은 집단에 참여하기 전에 출석 인정, 회기 진행방식 등에 대해 오리엔테이션이나 유인물을 통해 안내를 받았지만 현장에서도 확인해 보고자 한다. 따라서 집단상담자는 초기에 집단의 기본 사항과 규범 등에 대해 간략히 설명해 주는 것이 좋다.

② 과도기 단계

집단원들이 내 · 외적 갈등을 겪는 단계다. 내적으로는 집단에서 적극적으로 참여할 것인지 또는 소극적으로 참여할 것인지, 노출을 적게 할 것인지 또는 깊게 할 것인지 등에 대해 갈등하면서 집단을 시험해 본다. 또한 외적으로는 집단의 규범을 지킬 것인지 또는 자기의 욕구를 내세울 것인지, 다른 집단원의 주장에 따라갈 것인지 또는 자신의 욕구를 내세울 것인지 등에 대해 갈등하면서, 다른 집단원의 반응을 예의주시하며 결정하고자 한다. 집단상담자는 집단의 규범에 대해 안내하고, 질문에 답하여 의미를 분명히 하면서, 리더십에 대한 권위의 문제를 잘 해결해 가는 것이 필요하다.

③ 작업 단계

집단원들은 집단에서 안전감을 느끼면서 자기에 대해 깊이 노출하고 감정 경험을 하며 자기이해가 깊어진다. 집단에 대한 신뢰가 높아지면서 집단원 간에 상호작용이 활발해지고 서로에 대한 직접적인 피드백이 많아짐에 따라 응집성이 높아진다. 집단원들의 자기경험을 통해 다른 집단원에게 도움이 될 경험과 정보를 제공하기도 한다. 대학생들은 다양한 전공과 동아리, 아르바이트 경험 등을 통한 경험과 정보가 폭넓기 때문에 다른 집단원에게 실제적인 도움을 주는 경우가 많다. 이를 통해 사회적 지지의 망이 넓어지며, 도움을 주고받는 경험이 자기 정체성 형성에도 도움을 준다.

④ 종결 단계

집단과정에서 자기탐색과 집단원의 피드백을 통해 얻게 된 자기이해의 내용과 집단에서 얻은 새로운 정보를 정리하고, 이것을 대학 생활에 어떻게 적용할 것인지에 대해 계획을 세우고 다짐해 보는 시간이다. 집단상담자는 집단원과 헤어지는 마음을 표현하게 하여 잘 헤어지는 경험을 하도록 돕는 것이 중요하다. 대학에서는 집단에서 헤어지지만 캠퍼스, 강의실, 동아리 등에서 서로 마주칠 가능성이 매우 높기 때문에 집단 밖에서 서로 마주칠 때 서로를 어떻게 대하면 좋을 것인지에 대해 논의를 해 보는 것이 좋다. 이것은 집단에서 비밀유지와 관련해서 또 사회적 지지체계의 공고화를 위해서 매우 중요한 주제가 된다. 대학생들은 자발적으로 집단이 끝난 후에 서로 연락처를 교환하고, 이후에 계속 연락을 주고받으며 교류를 이어 가기도 한다. 경험상 한두 학기가 지난 후까지 사후모임을 이어 가는 집단이 많은 것을 볼 수 있다.

3) 상담 기술

첫째, 대학생은 청소년에 비해 자기성찰과 차분한 대화가 가능하기 때문에 구조화 집단뿐 아니라 비구조화 집단도 가능하다. 집단상담자는 구조화된 집단상담을 운영하면서도 집단원들의 상호작용이 원활하다면 언제든 비구조화된 형식의 나눔이 이루어질 수 있도록 유연하게 집단을 운영하는 기술을 갖추어야 한다.

둘째, 집단상담자는 집단에서 하나의 주제가 다루어질 때 이 주제에 연관된 집단원을 연결지으며 함께 작업하는 기술을 갖추어야 한다. 예를 들어, 애인과 갈등을 겪고 있는 집단원과 작업한다면, 집단원 중에 현재 애인과 갈등 중이거나 과거에 갈등을 겪었던 경험이 있는 집단원을 연결 지어 함께 다룸으로써 상호작용을 촉진하고 서로의 경험을 주고받을 수 있도록 하는 기술이 필요하다.

셋째, 대학생은 서로 다른 전공과 확장된 동아리 및 사회활동, 아르바이트 경험 등으로 인해 청소년에 비해 다양한 고민을 가지고 있다. 집단상담자는 대학생이 주로 고민하는 다양한 주제에 대해 관심을 갖고 학습해야 하며, 다양한 주제에 걸맞은 기술을 갖추도록 노력해야 한다.

넷째, 대학교 안에는 교수학습연구원, 일자리센터, 건강상담센터, 성폭력상담센터, 인권센터 등 다양한 전문기관이 있다. 집단상담자는 기관의 역할과 프로그램 및 이용방법 등에 대해 숙지하고 있는 것이 좋다. 이것은 집단원에게 필요한 전문적 도움과 사회적 지지체계에 대해 다양한 정보를 제공할 수 있는 역량을 제공한다.

4) 예시

(1) 주제

대학생을 위한 자기성장 집단상담

(2) 목적

자기성장을 '개인이 자신과 주변 세계에 대하여 자신과 타인의 있는 그대로의 모습을 이해 및 수용하고 자신을 개방 · 주장할 수 있는 태도와 능력'으로 정의한다. 이 프로그램을 통해 대학생을 최상의 심리 적응 및 잠재력을 극대화시킬 수 있는 상태로 증진시키기 위하여 자기이해, 자기수용, 타인이해, 타인수용, 자기개방 및 자기주장을 할 수 있도록 한다.

(3) 프로그램 구성

① 자기성장 프로그램은 1회기 100분으로 조직 · 구성되어 대학교의 수업시간이나 방과 후 시간에 활용할 수 있다. 또한 10~15명 정도의 소집단으로 실시하도록 구성되었다.

② 프로그램은 자기성장의 하위요소로 선정된 자기이해, 자기수용, 타인이해, 타인수용, 자기개방, 자기주장의 여섯 가지 요소와 관련된 내용으로 구성하였다.

③ 자기수용은 자기이해가 선행되어야 하며, 자기개방은 자기수용이 선행되

어야 한다. 이러한 것을 고려하여 자기이해, 자기수용, 타인이해, 타인수용 후에 자기개방, 자기주장으로 내용을 선정하였다.

④ 자기이해, 자기수용, 타인이해, 타인수용, 자기개방 및 자기주장의 요소가 골고루 분배될 수 있도록 회기 수를 분배하여 구성하였다.

⑤ 각 회기 구성은 각 회기별 목표 제시, 강의, 시범, 활동, 토의, 평가의 6단계로 구성하였다.

⑥ 프로그램의 내용을 자기성장의 하위요소의 영역별로 구성한 후, 그 하위요소를 향상시킬 수 있는 프로그램의 내용을 선정하되, 이론적 근거를 바탕으로 하여 중점적으로 구성하였다.

⑦ 각 하위요소에 대한 영역별 구분은 참가자들의 자기성장 하위요소의 의미와 전문적 기법에 대하여, 프로그램을 마친 후에도 일상생활에 적용할 수 있는 실제적인 측면을 고려하여 구성하였다.

〈표 12-3〉 **대학생용 자기성장 프로그램**

단계	회기	제목	목표	활동 내용
도입	1회기	니캉내캉 무너지기	• 자기성장의 의미 및 자기성장 구성요소 알기	• 자기성장의 의미와 구성요인 • 신뢰감 형성을 위한 신체활동하기
자기 이해	2회기	Understanding Me	• 자기이해의 개념을 알기 • 있는 그대로 자기이해하기	• 자기이해의 의미 강의 • 지금-여기, 감정 형용사 게임 • 자기각성하기(알아차림) • 긍정적 & 부정적 자기 모습 찾기
자기 수용	3회기	Accepting Me	• 있는 그대로의 자기수용하기 • 부정적 자기까지 수용하기	• 자기수용의 의미 알기 • 자기수용의 걸림돌 찾기 • I am O.K. You are O.K.
타인 이해	4회기	Understanding You	• 있는 그대로의 타인 이해하기 • 타인이해의 걸림돌 찾기	• 타인이해의 의미 강의 • 무조건적 긍정적 존중 • 공감적 이해 • You+plus
타인 수용	5회기	Accepting You	• 있는 그대로 이해한 타인을 수용하기 • 타인수용의 걸림돌 찾기	• 타인수용 의미 알기 • 타인수용의 걸림돌 찾기 • 가족의 이해와 수용 정도 체크 • 가족의 심리적 거리감 수정하기

자기 개방	6회기	Disclosing Me	• 있는 그대로의 자신을 개방하기	• Johari's Window 이해하기 • 상황별 얼굴 이모티콘 그리기 • 비밀의 화원 푯말 쓰기
	7회기	Healing Me	• 있는 그대로의 자기 모습 만나기 • 있는 그대로의 자기위로 하기	• 자기치유의 의미 • 거울에 비친 자기의 눈을 5분간 바라보기 • 자기에게 편지를 쓰기
자기 주장	8회기	Asserting Me	• 있는 그대로의 자기주장 하기 • 나-전달법 실천하기	• 나-전달법과 너-전달법의 차이점 • 나-전달법 훈련과 연습하기 • 소극적 & 적극적 자기주장 알기
	9회기	Deciding Me	• 긍정적 자기 결단을 세우기 • 실천 가능한 약속 포인트 세우기	• 나의 욕구와 행동, 만족도 체크하기 • 실천행동을 위한 구체적 행동을 정하기
종결	10회기	니캉내캉 정리하기	• 자기성장 달성 정도 평가하기	• 비밀의 화원에 한 그루의 나무 심기 • 열매 달아 주기(피드백 적어 주기) • 자기성장 달성 정도 평가하기

출처: 이혜진(2013). 대학생용 자기성장 프로그램 개발. 경북대학교 박사학위논문을 발췌 · 수정함.

(4) 평가

대학생용 자기성장 프로그램은 자기성장의 하위요소에 해당하는 자기이해, 자기수용, 타인이해, 타인수용, 자기개방, 자기주장 점수를 유의하게 향상시킴으로써 대학생의 자기성장에 도움을 주는 프로그램임이 입증되었다.

4 중년남성을 위한 집단상담

중년기는 직장과 가정에서 핵심적인 역할을 요구받는 시기다. 직장에서는 관리자의 역할로 상사와 부하의 중간에서 중요한 책임을 맡아야 한다. 또 가정에서는 부모와 자녀 사이에서 부모를 돌보고, 자녀를 양육해야 하는 역할을 수행해야 한다. 그리고 개인적으로 노화되어 가는 신체적 변화와 심리적 변화를 많이 겪는 시기이기도 한다. 또한 중년의 시기는 과거와 미래가 공존하여 지난 삶에 대해 조명하고 노후를 바라보고 준비하면서, 안정과 행복을 경험하기도 하지만 자기

연민, 좌절과 허탈감 등을 느끼기도 한다.

중년남성이 경험하는 심리적 문제는 직장 내에서 역할 변화로 인한 수행불안, 은퇴 후 노후생활에 대한 불안, 부부, 성장한 자녀들과의 의사소통의 어려움, 삶의 의미를 찾는 것에서 실패 등이다. 그리고 중년남성은 신체적인 능력의 감퇴 등이 일어나면서 '나는 누구이며, 남은 인생을 어떻게 보낼 것인가?'와 같은 자아정체감의 재확립이라는 발달과제에 마주하게 된다. 중년기 위기의 증상은 실존적 공허, 죄책감, 우울증, 자신에 대한 평가와 미래에 대한 불확실성, 부부 역할이나 부모 · 자녀 역할 갈등 등이다. 중년의 위기란 중년의 전환기에 심각한 실존에 대한 회의와 정서적 혼란 및 고통이 함께 수반될 때 일어난다.

상담현장에서 중년남성을 대상으로 한 집단상담이 점차 실시되고 있기 때문에 중년남성을 위한 집단상담의 특징, 구성 및 운영, 집단상담 예시에 대해 알아보고자 한다.

1) 특징

중년기의 범위에 대해서는 아직 논란이 있지만, 보통 40~59세 정도의 시기를 말한다. 중년남성을 위한 집단상담에서 다루어야 하는 주요 주제는, 첫째, 자아정체감 재확립이다. 중년남성은 가족과 사회관계에서 자신에게 주어진 역할을 수행하고 자신을 있는 그대로 수용하는 과정을 통해 '나는 누구인가?'를 재확립하는 것이 중요하다.

둘째, 신체적 변화에 따른 마음의 변화다. 중년기에는 신체가 변화하고 활력이 떨어지고 활동 후 피곤이 회복되는 시간이 많이 걸리는 것을 보면서 심리적으로 위기감을 경험한다.

셋째는 정서적 위기감을 잘 다루는 것이다. 중년남성은 자신이 속한 가정, 직장 및 사회의 책임자 위치에 서면서 책임의 무게감을 경험하지만 자기를 돌아보면 신체적인 능력은 감소하고, 능력의 한계와 미래에 대한 불안을 경험하면서 심리적 어려움에 처한다. 하지만 남자답게 모든 어려움을 극복하고 강인해야 한다는 남자다움에 대한 문화적 압박을 받으며 살아왔기에 감정 표현을 하지 않고 부정적 감정을 억압하면서 정서적 위기감을 잘 해결하지 못하고 있다.

넷째, 대인관계 소통을 통해 대인관계 능력이 향상되어야 한다. 중년남성은 가정에서 배우자를 포함해서 자녀와 세대 간 차이를 경험하면서 또 직장에서 세대 간 단절감과 외로움을 자주 경험한다. 따라서 가족관계에서 변화된 부모와 관계, 배우자와 관계 및 세대 차이가 나는 자녀와의 관계를 돌아봐야 한다.

다섯째, 삶의 의미를 발견하는 것이다. 중년남성은 중년기 현재의 삶뿐만 아니라 죽음을 생각하고, 죽음 이후의 삶과 남겨진 가족, 남겨야 할 유산이 무엇인가에 대해 생각하는 시기다. 따라서 살아 있는 동안 자신에게 정말 중요한 것이 무엇인지, 자신이 현재 하고 있는 일이 가족과 직장과 사회에 어떤 의미가 있는지를 발견하는 것이 매우 중요하다.

2) 구성 및 운영

(1) 집단 구성

집단상담자는 집단상담을 진행하면서 집단원들이 현재의 발달단계에서 겪는 상황적 어려움에 대해 서로 의견을 나누도록 촉진하면서 상담과정을 통해 스스로 문제의 해결책을 찾도록 격려한다. 집단상담은 보통 자발적인 참가자를 대상으로 이루어지며, 8~12명 정도로 구성한다. 구조화/비구조화, 집중식/분산식 등의 다양한 집단 구조가 모두 가능하다. 다만 아동, 청소년, 대학생에 비해 구조화를 많이 하지 않아도 된다. 집단상담자는 구조화된 프로그램을 진행하더라도 집단원 간에 원활한 의사소통이 될 경우에는 비구조화 집단상담으로 전환할 수 있는 유연성을 갖추는 것이 좋다.

중년남성들은 자신의 이야기를 드러내 놓기를 주저하는 경향이 있다. 그들은 인터뷰에서는 집단상담 프로그램에 관심을 보이지만 실제로 집단에 참석하는 경향이 적은 편이다. 이것은 심리적 어려움은 스스로 극복하고 이겨 내야 한다는 남성주의 문화의 영향도 작용하고 있는 것 같다. 중년남성에게 전통적인 개인상담 방법이 가장 좋은 방법은 아니다. 집단상담은 중년남성이 자신의 성역할을 명료화하고 삶에서 겪는 여러 문제를 해결해 가는 데 이점을 제공해 준다. 중년남성들의 집단은 자신의 실망감과 상실감을 직면하여 표현하고, 자신의 정신적 고통과 상처를 개방하여 다른 집단원의 공감과 지지를 받아 치유할 수 있는 환경을 제공해 준다.

(2) 집단 진행과정

중년남성을 대상으로 하는 집단상담의 진행과정에 대해 초기 단계, 중기 단계, 종결 단계로 구분하여 각 단계의 특징과 집단상담자의 역할에 대해 알아보고자 한다.

① 초기 단계

집단원 간의 자연스러운 상호작용을 위한 지지적인 분위기를 제공한다. 집단 초기에 성역할과 관련된 주제에 대해 나누는 것이 도움이 된다. 즉, 우리 사회에서 남성이 된다는 것의 의미, 자라면서 남성으로서 받은 메시지, 남성성에 대한 메시지가 현재를 사는 데 미친 영향에 대해 다룬다. 그리고 전형적인 남성으로 살게 하는 사회적 규범 등에 대해 논의하고, 이런 사회적 · 문화적 규범이 일상적인 자기의 생활에 미친 영향에 대해 논의하는 것이 도움이 된다.

중년남성들은 자신의 부정적인 경험을 인식하고 표현하는 것을 불편해하여 저항할 수 있다. 자신의 어려움을 방어하려는 태도가 나타나기 때문에 중년남성들이 공감할 수 있는 공통된 어려움을 주제로 시작하여, 자연스러운 상호작용을 유발하고 공감적이고 지지적인 분위기를 만들어 가는 것이 필요하다.

② 중기 단계

중기 단계에서는 중년남성이 경험하는 중년기 위기를 주로 다룬다. 중년남성들과 집단작업에서 주로 관찰되는 핵심 주제는 경쟁, 강함과 약함, 지배와 복종, 남성과의 관계, 잃어버린 꿈, 슬픔, 상처받음과 두려움, 부끄러움, 신뢰, 사랑과 미움 그리고 성에 대한 것이었으며, 원가족 문제와 죽음의 문제가 많았다. 중년남성들은 이러한 주제에 대해 터놓고 얘기할 수 있는 기회가 많지 않다. 자기 자신의 내밀하고 취약한 부분을 드러내 얘기할 기회가 적다 보니 자기이해가 부족한 경우가 많다.

집단상담자는 이러한 주제들이 다루어질 때 중년남성이 경험하는 상황 인식과 문제해결을 위한 노력과 좌절, 성공 경험과 실패 경험을 함께 나누도록 격려한다. 중년남성 집단은 자신의 경험을 나눔으로써 자신에 대해 많은 것을 배우게 된다. 이때 집단상담자가 적절하게 자기개방의 모델을 보여 주어 집단원들이 자신의 경험을 나누도록 하는 것이 강력한 개입이 된다.

③ 종결 단계

종결 단계에서는 집단상담자나 집단원 간에 일어난 사건과 경험을 회상하며, 집단원들 간에 가치 있는 피드백이 주어지며, 이에 따른 자신의 경험을 평가한다. 집단 경험이 자신에게 어떤 영향을 미쳤는지를 평가하도록 집단원을 도와주는 것이 매우 중요하다. 집단원들이 집단에서 배운 것을 직장과 가정에서 어떻게 적용할 것인지에 대한 계획을 나누고, 적용하는 데 어떤 어려움과 걸림돌이 있을 것인지 예측해 보도록 하는 것이 좋다.

3) 예시

(1) 주제

중년남성의 위기 극복을 위한 집단상담 프로그램

(2) 목적

중년남성들이 중년기에 경험하는 스트레스에 효과적으로 대처하고, 대인관계에서 원활한 의사소통이 이루어지도록 돕는다. 그리고 자신에 대한 긍정적인 평가를 할 수 있도록 하고, 고유한 자신만의 삶의 의미를 발견하게 하여, 실존적 공허감에서 벗어나 활기찬 중년기를 살아가도록 돕는다.

(3) 프로그램 구성

① 1~2회기는 도입 단계로 집단원 간 라포를 형성하도록 하며 다른 집단원의 삶에 관심을 갖고 자신의 삶의 경험을 정리하도록 하였다. 중년기에 경험하는 어려움을 서로 나누게 하였다.

② 3회기는 마음챙김 단계로 중년남성이 경험하는 스트레스에 대해 자동화된 반응을 하는 것을 깨닫고 스트레스 자극에 대해 판단을 유보하고, 있는 그대로를 알아차리고 수용하면서 현재를 경험하는 것을 목표로 하였다.

③ 4회기는 자기연민 단계로, 자신이 이뤄 온 일들을 개별적으로 하나하나 돌아보면서 잘해 온 것에 대해 긍정적으로 평가하고, 수고한 자신을 격려하고 위로하는 것을 목표로 하였다. 이 단계에서는 자신의 과거에 대해 긍정적 관점에서 평가하도록 돕는다.

④ 5회기는 의사소통 단계로, 상대방의 입장에서 생각해 보는 것과 판단과 평가보다는 이해와 공감적으로 경청하고 말하는 연습을 통해 효과적인 의사소통 역량을 키우는 것을 목적으로 한다.

⑤ 6~9회기는 삶의 의미 단계로, 일과 가정, 인생에서 피할 수 없는 고통과 죽음에 대한 의미를 생각해 보도록 한다. 그런 주제에서 적극적으로 의미를 찾아 발견해 보도록 촉진한다.

⑥ 10회기는 마무리 단계로, 전체 회기를 돌아보고 요약 정리한다. 자신이 죽기 전에 하고 싶은 일들을 작성해 본다. 집단원들이 서로를 격려하고 응원하도록 한다.

〈표 12-4〉 중년남성의 위기 극복을 위한 집단상담 프로그램

단계	회기	제목	목표	활동내용
도입	1	처음 뵙겠습니다!	• 프로그램의 목적을 이해하고 친밀감을 형성하기	• 별칭 짓기 및 자기소개 • 짝꿍을 소개합니다. (참여자들과 라포 형성)
	2	나만 그런 게 아니었어	• 지금까지 살아온 삶을 돌아보고 현재 모습 이해하기	• 인생 돌아보기 • 내 인생의 뉴스 빅 3 선정 • 내 몸의 변화 보고서
마음 챙김	3	흐르는 강물처럼	• 스트레스 반응 고리를 이해하기 • 다양한 명상 기법을 통해 심신의 이완을 경험하기	• 스트레스 반응 고리 교육 및 토론하기 • 심신 이완 경험하기
자기 연민	4	지금까지 수고했어	• 성취한 경험들을 탐색하고, 자신을 위로하기	• 자기연민 이해하기 • 삶에서 성취 경험들 찾아보기 • 자기위로하고 안아 주기
의사 소통	5	통하였느냐!	• 갈등관계에 있는 상대방의 의사소통 방식을 탐색하고, 기능적인 의사소통 방식을 배우기	• 불통 경험 나누기 • 의사소통 유형 이해하기 • 대화법에 대해 이해하고 짝을 지어 연습하기
삶의 의미	6	사막에서 길 내기	• 자신의 삶에서 활동하고 있는 행동들의 의미 찾기	• 창조적 가치 이해하기 • 현재 일, 특별활동, 취미활동 등을 탐색하고 나에게 주는 의미 찾기
	7	없어서는 안 될 존재였어	• 자신의 삶에서 소중한 관계 맺음을 한 사람을 탐색하기	• 내가 사랑했던 경험 및 행복했던 경험과 소중한 사람들을 탐색하고 나에게 주는 의미 찾기
	8	No Pain, No Gain!	• 자신이 겪은 고통스러운 상황을 탐색하기	• 고통스러운 경험 개방하고 고통이 주는 의미 찾기 • 죄책감 찾아보고 경감시키거나 긍정적인 대처방법 찾기
	9	자, 떠나자!	• 삶과 죽음의 의미를 이해하기	• 삶과 죽음에 대해 이해하기 • 죽음 간접 체험하기 • 내 삶의 의미 단어 찾기
마무리	10	그대를 응원하오!	• 의미를 추구하는 삶을 살아가도록 서로를 격려하고 응원하기	• 버킷리스트를 작성하기 • 자신만의 삶의 의미 정의하기 • 응원 및 격려 샤워하기

출처: 정유수(2019). 중년남성의 위기 극복 프로그램 개발 및 효과. 전북대학교 박사학위논문을 발췌 · 수정함.

(4) 평가

① 위기 극복 프로그램은 중년남성의 마음챙김 수준을 향상시켜서 일상생활 장면에서 신체적 불편감을 비롯해서 불쾌한 자극에 대해 회피하거나 억압하는 방식에 익숙해져 있는 자신을 발견하고 지금-여기에서 있는 그대로를 경험하게 되는 데 도움이 되었다.

② 위기 극복 프로그램은 중년남성의 삶의 의미 수준을 향상시키는 데 효과가 있었다.

③ 위기 극복 프로그램은 중년남성의 정서적 위기감 수준을 감소시키는 데 효과가 있었다.

④ 위기 극복 프로그램은 중년남성의 대인관계 문제 수준을 감소시키는 데 효과가 있었다.

⑤ 위기 극복 프로그램에 참여한 중년남성들은 스트레스를 관리하는 데 도움이 되었으며 정서를 자각하는 데 도움이 되었고, 배우자를 이해하는 시각에 변화가 있었다고 보고하였다.

요 약

1. 아동을 위한 집단상담

1) **특징:** 주로 아동의 건강한 발달과 일상생활에 적응할 수 있도록 돕는 예방과 발달 관련 문제에 초점을 맞춰 운영됨. 모래상자, 인형, 미술, 점토 등 도구를 많이 사용

2) **구성 및 운영**

① 집단 구성: 아동 집단은 미성년자이기에 부모 또는 보호자의 동의를 받아야 함. 동질 집단이 더 효과적이며, 4~8명 정도가 이상적. 아동의 주의집중 시간을 짧은 것을 고려하여 40분 정도로 구성

② 집단 운영방법

- 집단상담자가 주도적으로 집단을 운영, 다양한 도구를 사용하여 체험적으로 접근
- 차단하기와 주제에 초점 맞추기
- 주의집중을 할 수 있는 크고 활기찬 목소리 및 여러 가지 기법 사용

2. 청소년을 위한 집단상담

1) **특징:** 청소년 집단상담은 다양한 공통 관심사를 여러 가지 체험적인 활동을 통해 나눔으로써 성장해 가는 중요한 활동

2) **구성 및 운영**

① 집단 구성: 청소년 집단상담에서는 집단원의 선발이 매우 중요. 집단상담의 크기는 8~12명 정도가 적당하며, 집단회기는 50~90분 정도가 적합

② 집단 진행과정

- 준비 단계: 집단 참여자들의 요구를 파악, 요구에 맞는 집단상담 계획서를 작성
- 초기 단계: 집단과 집단원 서로에 대해 알아 가는 과정
- 중기 단계: 집단상담에서 가장 핵심적인 단계. 집단원이 설정한 목표를 달성하는 데 초점
- 종결 단계: 본인 목표를 달성했는지 확인. 집단을 떠나는 아쉬움과 불안에 대해 표현

3. 대학생을 위한 집단상담

1) **특징:** 대학생활에서 경험하는 어려움을 다른 집단원들과 함께 나누며 서로 공감하고 힘을 얻는 힐링의 과정. 대인관계 기술, 학습 기술, 진로탐색 기술, 자기관리 기술 등을 배우는 체험의 장

2) 구성 및 운영

① 집단 구성: 각 대학의 상담센터에서 집단상담을 가장 많이 실시. 한 회기에 90~120분으로 구성. 전체 회기는 6~10회기로 구성

② 집단 진행과정

- 초기 단계: 자기소개와 신뢰감 형성을 위한 시간
- 과도기 단계: 집단원들은 내 · 외적 갈등을 겪는 단계
- 작업 단계: 집단원들은 자기노출 및 자기경험을 하여 자기이해가 깊어짐
- 종결 단계: 자기이해와 집단에서 얻은 새로운 정보를 정리하고 실천할 계획을 세움

4. 중년남성을 위한 집단상담

1) **특징:** 보통 40~59세 정도의 시기. 중년남성을 위한 집단상담의 주요 주제는 자아정체감 확립, 신체적 변화에 따른 마음의 변화, 삶의 의미를 발견하는 것 등

2) 구성 및 운영

① 집단 구성: 보통 자발적 참여자를 대상으로 하며, 8~12명 정도로 구성. 구조화 · 비구조화, 집중식 · 분산식 등의 다양한 집단 구조가 가능

② 집단 진행과정

- 초기 단계: 집단원 간의 자연스러운 상호작용을 위한 지지적인 분위기를 제공
- 중기 단계: 중년남성이 경험하는 중년기 위기에 대해 주로 다룸
- 종결 단계: 집단상담자나 집단원 간에 일어난 사건과 경험을 회상. 자신의 경험을 평가

제13장

집단상담 프로그램 개발

읽기 전 나누기

- 국내 집단상담 프로그램의 개발 현황과 문제점에는 어떤 것들이 있는가?
- 집단상담 프로그램을 개발할 때 고려되어야 할 요인들은 어떤 것들이 있는가?
- 집단상담 프로그램 개발 시 어떤 절차를 거쳐야 할까?

읽고 나면

- 집단상담 프로그램 개발의 원리를 이해한다.
- 집단상담 프로그램 개발과정과 재구성과정의 차이를 이해한다.

집단상담은 국내 상담 분야에서 상담연구와 실제 현장 전반에서 가장 활성화된 상담활동으로 자리 잡고 있다. 스트레스가 과중해지고, 다양한 집단의 이해, 갈등 및 욕구가 대립하는 현대사회에서 대상이나 주제, 목적에 따라 다양하게 실시 가능하다는 장점으로 집단상담의 유용성이 인정받고 있는 것이다. 특히 치료나 단순한 성장 목적을 넘어 특정 대상이나 주제를 중심으로 단기 문제해결 또는 교육 및 훈련에 초점을 두어 신속하고 효율적인 변화나 문제해결을 도모하는 구조화 프로그램이 적극적으로 연구·활용되고 있는 추세다.

집단상담 프로그램이 성공적인 효과를 얻으려면 과학적인 근거를 바탕으로 체계적인 절차를 거쳐 개발되어야 한다. 그러나 아직도 국내에서 개발되는 많은 프로그램이 표준화 작업이나 체계적이고 객관적인 개발 절차를 밟지 않은 채 개발자의 '감'에 의존하여 제작·사용되고 있다는 점에서는 자성과 문제해결을 위한 대책이 절실히 요구된다.

이에 이 장에서는 집단상담 프로그램 개발에 대한 보다 명확한 이해를 위해 관련 문헌들을 조사하여 집단상담 프로그램 개발과정과 평가의 이론적 측면을 살펴보고자 한다.

1 집단상담 프로그램 개발의 필요성

집단상담 프로그램은 집단원들을 대상으로 집단상담의 목적과 목표를 이루고자 실시하는 모든 제반활동을 포함한다.

집단은 크게 구조화 집단과 비구조화 집단으로 분류할 수 있다. 비구조화 집단은 집단역동과 집단과정이 강조되어 상담자의 역할이 비지시적인 편이나, 구조화 집단은 구체적인 집단의 목적 달성을 위해 사전에 정해진 절차에 따라 진행되기 때문에 집단상담자의 역할이 비구조화에 비해 적극적·지시적이다. 구조화 집단은 집단과정에서 나타나는 역동에 따라 집단을 운용하는 비구조화 집단에 비해서 융통성이 부족하여 집단원 내면에 귀 기울이는 것에 한계가 있을 수 있지만, 단기간에 집단원의 당면 문제를 해결하거나 감소시키는 데에는 효과적이라는 장점이 있다.

구조화된 집단상담에서 프로그램은 구조화 집단의 필수적인 구성요소로, 목표달성을 위하여 사전에 계획한 일련의 주제들과 구체적인 집단활동들이 프로그램의 내용이라고 할 수 있다. 구조화 집단상담에서 상담자 역할은 프로그램에서 제시하는 집단활동들을 집단원들이 잘 이해하고 주제에 맞게 풀어 갈 수 있도록 도움을 주는 것이다. 즉, 체계적이고 잘 짜인 프로그램이 집단상담의 성과를 결정하는 중요한 요소라 할 수 있다.

집단상담 프로그램의 내용은 대상자들의 특성과 욕구에 적합하게 구성되어야 한다. 예를 들어, 대상자가 학생인 경우에는 진로탐색, 자기성장, 또래관계 등 학생들이 겪고 있는 어려움을 해결하고자 하는 요구에 맞추어 각각의 주제에 따라 다양한 집단상담 프로그램이 실시되고 있다. 만약 집단상담자가 검증되지 않은 프로그램을 도입하여 학생들의 수준과 요구에 맞지 않는 집단상담 프로그램을 운영할 경우 목적 달성도 힘들지만 참여한 집단원의 성장에도 도움이 되지 않는다. 좋은 집단상담 프로그램은 대상자들의 요구를 제대로 반영하고 있으며, 목표가 구체적이며 실현 가능해야 한다. 또한 대상자들이 집단 안에서 자신의 문제를 충분히 깨닫고 참여 동기를 높여 집단 내에서 안전하게 자신의 어려운 점을 개방하고 해결할 수 있도록 효과적인 집단활동을 포함하고 있고, 전체적으로 프로그램의 구성이 일관되고 자연스럽게 연결되어 있다. 이러한 집단상담 프로그램을 통하여 집단원은 당면한 문제를 해결하거나 해결하기 위한 발판을 마련할 수 있다.

따라서 복잡한 현대사회에서 다양한 문제에 직면하여 고통받고 있는 대상자들이 사회구성원으로서 제 역할을 잘 수행하고 삶의 만족도를 높이기 위해서는 이들의 요구에 구체적으로 부응할 수 있는 효과적인 집단상담 프로그램이 꾸준히 개발되어야 한다.

2 국내 집단상담 프로그램의 개발 현황과 문제점

효과적인 집단상담 프로그램 개발을 위해서는 선행연구들을 살펴봄으로써 어떠한 문제점이 있는지 확인하고 이에 대한 해결의 실마리를 찾는 것이 중요하다. 따라서 이 절에서는 프로그램 재구성과 개발에 관한 국내 집단상담 프로그램 연구의 현황에 대해서 알아보고, 특히 프로그램 개발과정에서 어떠한 문제점이 있는지 알아봄으로써 이를 보완할 수 있는 방향성을 찾고자 한다.

1) 국내 집단상담 프로그램 개발 현황

국내에서는 많은 집단상담 전문가와 학자에 의해 집단상담 프로그램 연구가 진행되고 있다. 집단상담 프로그램은 일련의 과정을 거쳐 개발되며, 국내 집단상담 프로그램 연구 현황은 프로그램 재구성과 프로그램 개발로 나누어 살펴볼 수 있다.

집단상담 프로그램 재구성은 주로 석사학위논문을 중심으로 연구가 이루어지고 있으며, 선행연구를 통해 검증되고 개발된 자료와 프로그램을 참여 대상자에게 적용하거나 새로운 방법을 도입하기 위해 참여 대상자들의 특성에 부합하도록 재구성하는 것이다. 프로그램 재구성의 절차는 연구 대상을 선정하고 선행연구 자료를 검토한 후, 회기별 목표를 설정하고 계획안과 활동 내용을 재구성하며 전문가의 검증을 통해 수정·보완하는 작업을 거친 뒤에 프로그램을 실시하게 된다. 끝으로 사전·사후 검사를 통해 프로그램의 효과를 검증하면 재구성 프로그램이 완성된다. 프로그램 재구성은 선행연구를 바탕으로 하다 보니 시행착오를 줄이고 단기간에 효과적인 프로그램으로 재구성할 수 있는 이점이 있다. 다만, 프로그램의 수정·보완 작업에서 전문가의 검증이 철저히 이루어지고 있는지 충분한 주의를 기울여야 한다. 그러나 기존의 프로그램 재구성 연구는 체계적인 프로그램 재구성 절차를 밟는 대신 흔히 연구자의 편의대로 내용을 구성함으로써 이론적 · 실제적 타당성을 떨어뜨리는 결과를 초래하고 있다.

집단상담 프로그램 개발은 관련 문헌과 자료들에 대한 조사를 바탕으로 현재 대상자들에 대한 정보를 얻고, 설문지나 면담 등을 이용한 요구조사를 진행하여 대상자들의 특성 및 개입 요소를 파악하여 체계적인 단계를 거쳐 이루어져야 한다.

프로그램 개발은 문헌조사와 요구조사 및 새로운 프로그램을 설계하고 예비 프로그램을 실시하는 등 프로그램 설계 및 개발 과정에서 프로그램 재구성보다 더 많은 시간과 노력이 투입된다. 따라서 효과적이고 체계적인 프로그램을 개발하기 위해서는 프로그램 개발 원리에 바탕을 둔 체계적인 개발 절차가 필수적이다. 국내 프로그램 개발은 변창진(1994), 박인우(1996), 김진화(2001), 김창대(2002) 등이 제시한 모형들에 따라 많은 프로그램이 개발되고 있지만 기존에 제시된 모형들은 이론적이기 때문에 현실적으로 적용하는 데 어려움이 있고, 또한 인지적인 접근을 강조하는 교육을 목적으로 개발되었기 때문에 집단상담 프로그램 개발에 적용하기에는 무리가 있다. 따라서 인지적 · 정의적 · 정서적 접근을 중요시하는 집단상담 프로그램은 교육과는 별개로 구분되고 현실 적용이 가능한 체계적인 모형을 개발하는 것이 시급하다.

2) 프로그램 개발과정의 문제점

앞서 국내 프로그램의 현황과 프로그램 개발 방향을 살펴보았는데, 여기에서는 프로그램 개발과정에 어떠한 문제점이 있으며 이를 개선하기 위한 방향은 어떻게 잡으면 좋을지 구체적으로 살펴보도록 하자.

첫째, 현행 집단상담 프로그램 개발 연구의 요구조사 과정에서의 문제점은 집단상담과 개인상담이 해결을 원하는 문제에 있어 우선순위의 차이가 존재할 수 있음을 염두에 두고 있지 못하는 것이다. 프로그램 개발자는 집단상담이 개인상담과는 다른 특성을 가지고 있으며, 비밀유지에 대한 한계가 있는 만큼 대상자들에게 민감한 사안에 대한 접근이 개인상담과는 우선순위에서 차이가 날 수 있음을 염두에 두어야 한다. 요구조사를 할 때 개발자들의 주관적인 경험에서 나오는 판단을 앞세우지 말고 대상자들의 설문조사와 면담 등을 통하여 충분한 조사가 이루어지되 이것이 집단상담이라는 방법을 거친다는 전제를 바탕으로 이루어져야 한다.

둘째, 효과성 검증의 편리를 위해 프로그램의 목적과 목표를 획일적으로 적용하여 개인의 발달적 요구를 무시하거나 이와는 반대로 집단상담의 목적과 목표가 일관되지 않고 개인의 발달적 요구도 상담 목적과 부합되지 않는 경우도 있다. 집단상담의 특성상 전체의 목적 달성은 매우 중요하며 회기별 목표와 집단원 개인의 발달적 목표는 집단상담 전체의 목적과 관련성을 가지고 구체화되어야 한다. 전체 프로그램의 목적을 근간으로 개인의 목표가 잘 실현되는 프로그램이야말로 집단의 효과성을 검증할 때 명확하고 실제적인 타당성을 확보하는 것이라고 할 수 있다. 이를 위해서는 프로그램 설계 시에 목적과 목표를 명확하게 설정하되 오리엔테이션 과정에서 집단원들이 집단상담의 목적에 대해 명확히 이해하도록 돕고 개인이 집단상담에서 이루고자 하는 목표를 설정할 때 반드시 집단상담의 목적에 초점을 맞추어 개인의 발달적 요구를 적용하도록 합의하는 과정이 필요하다. 이는 개인의 참여 동기를 높이는 과정이기도 하다. 프로그램 개발 모형에서 교육과는 다른 집단상담의 특수성을 전제로 한 모형이 필요함을 알 수 있다. 이를 위해서 개발자는 보다 구체적인 목표 설정과정에 대한 고민을 하여야 한다.

셋째, 집단상담의 목표와 이를 달성하기 위한 프로그램 구성요소들이 일치되지 않는 경우가 많다. 즉, 개발자의 주관적 판단에 의해 프로그램 구성이 이루어지는 경향이 있다. 이론적 근거가 프로그램 개발 목적과 일치하고 이를 토대로 프로그램이 구성되어야 타당성을 확보할 수 있는데, 상당수의 개발자가 이론적 근거보다 자신의 주관적인 경험을 중심으로 프로그램을 구성하고 있다. 이로 인하여 전체적인 프로그램의 구성이 이론적인 근거가 부족하거나 디소 연관성이 없고 체계적이지 못하고 애매모호하다. 프로그램 개발 시에 문헌조사를 통한 이론적 근거와 프로그램 구성 간의 비교검토 과정이 필요함을 알 수 있다.

넷째, 프로그램의 실시방법을 구체적으로 제시하고 있지 않은 경우가 많다. 프로그램의 실시방법은 매우 구체적으로 기술해야 한다. 이것은 개발된 프로그램의 효과성을 검증하는 과정에서 결과에 영향을 줄 수 있는 요인들을 객관화하는 지표가 될 수 있기 때문이다. 프로그램 실시자가 해당 분야에 얼마나 전문적 자질을 갖추고 있는지 구체적으로 기술하여야 하며, 실시 장소와 시간, 대상자들의 특성에 대한 자세한 설명이 필요하다. 이는 관련 프로그램을 개발 및 재구성하려는 연구자들이 해당 프로그램의 효과성을 조사할 때에도 중요한 판단 자료로 활용될 수 있기 때문에 간과해서는 안 되는 부분이다. 프로그램 실시에 대한 전체적이고 객관적인 평가과정을 거치는 것도 프로그램 개발과정에서 중요하다.

다섯째, 프로그램의 평가가 사전·사후 검사를 통한 참여자들의 자기보고식 평가로만 이루어져 있다. 프로그램이 얼마나 효과적인지 평가하기 위해서는 집단원들의 효과성 검증과 더불어 요구조사, 연구가설, 측정도구 등 연구설계 과정에 대한 전반적인 평가와 프로그램의 목표와 구성에 대한 평가도 이루어져야 한다. 이를 통해 향후 개선·보완되어야 할 부분이 보다 체계적으로 파악되어야 한다. 이러한 전반적이고 구체적인 평가는 프로그램 개발의 질을 한층 더 업그레이드 시키는 결과를 가져올 것이다.

따라서 이러한 문제점을 해결하고 실질적이고 현장 적용 가능한 체계적인 프로그램 개발 모형이 필요하다.

3 집단상담 프로그램의 개발 원리

집단상담 프로그램 개발의 원리는 프로그램을 개발할 때 기준이 되는 것으로, 이러한 원리를 가이드라인으로 삼아서 프로그램을 개발할 뿐만 아니라 프로그램 개발에 대한 평가를 할 때도 잣대가 된다고 할 수 있다. 따라서 여기서는 프로그램의 기본 조건을 밝히고 프로그램 개발에서 고려되어야 할 요인들을 살펴본 후 프로그램 개발 원리에 대해서 알아보고자 한다.

1) 프로그램의 기본 조건

프로그램으로서 성립되기 위한 기본 조건은 목적성, 조직성, 계획성, 통제성, 보증성의 다섯 가지로 제시할 수 있다(변창진, 1994). 첫째, 목적성이란 프로그램은 누구나 쉽게 이해할 수 있는 구체적인 목적이나 목표를 갖고 있어야 하며, 포함되는 내용이나 활동, 실시 절차가 그러한 목적이나 목표에 적합해야 함을 의미한다. 둘째, 조직성은 프로그램의 내용이나 활동을 실시하는 방법과 절차가 체계적으로 조직되어 있어야 함을 의미한다. 셋째, 계획성은 사전에 프로그램에 대한 충분한 계획과 준비과정이 전제되어야 함을 의미한다. 넷째, 통제성은 프로그램의 실시 절차가 지도자나 기타 운영 변인에 따라 가변적이지 않고, 충분히 통제되어 있어 동일한 효과를 기대할 수 있어야 함을 의미한다. 이는 프로그램의 실용성과 밀접하게 연관된다. 다섯째, 보증성이란 프로그램이 일련의 타당한 평가를 거쳐 효율성이 입증되고 공인되어야 함을 의미한다. 이와 같은 다섯 가지의 조건은 집단 프로그램이 프로그램으로서의 어떤 특성을 가지고 있는가 또는 어떤 면에서 미흡한가를 평가해 볼 수 있는 유용한 근거가 된다.

2) 프로그램 개발에서 고려되어야 할 요인

집단상담 프로그램 개발은 상담의 목적에 적합한 프로그램을 계획하고 설계하여 실행하는 일련의 체계적 과정을 의미한다. 집단 프로그램은 획일적인 형태의 교과과정 개발과 달리, 적용 범위가 목적과 유형, 이론적 접근, 대상집단, 장소, 제반 여건 등에 따라 달라지는 광범위하고 창의적인 활동이기 때문에 일률적인 개발과정을 제시하기는 어렵다. 따라서 어떤 유형의 프로그램인가에 상관없이 프로그램의 개발과정에서 공통적으로 고려되어야 할 몇 가지 사항을 정리해 보고자 한다.

(1) 프로그램 방향

프로그램 방향이란 프로그램을 개발하는 취지나 의미, 지향하고 목표하는 바에 대해 개발자가 갖는 기본 철학을 의미한다. 예를 들어, 청소년상담은 예방, 치료 등의 문제 중심적인 목적과 함께 청소년의 발달과 성장을 도모하는 인성교육 활동이 주요한 목적이 된다. 따라서 청소년상담 프로그램의 개발 시 프로그램의 기본 방향을 예방, 치료, 발달과 성장 등의 여러 방향 가운데 어디에 초점을 둘 것인가에 대한 프로그램 개발자의 방향 설정과 프로그램과 관련이 있는 관련 기관과의 논의가 있어야 할 것이다. 기존 청소년 프로그램의 경우, 프로그램의 설계 방향이 불분명하거나, 교육이나 예방 프로그램이 문제해결 및 치료 등의 목적에 맞지 않게 사용되고 있는 것을 많이 발견할 수 있다. 따라서 프로그램을 개발하고자 할 때에는 기본 방향에 대한 제고와 더불어 다른 방향으로 활용할 경우 보완되어야 할 점들에 대한 기초 연구가 수반되어야 할 것이다.

(2) 프로그램 목적과 목표

앞서 언급한 프로그램 개발의 철학을 구체화한 것이 프로그램의 목적과 목표다. 앞서 기술된 바와 같이 목적과 목표에 대한 개념적 · 실제적 구분이 필요하다고 하겠다. 목적은 보다 주관적이고 추상적인 개념인 반면, 목표는 목적을 달성하기 위한 활동과 운영에 직접적으로 관련된 계획으로 성과나 결과에 초점을 맞추어 목적을 구체적으로 명료화한 것을 의미한다. 즉, 목표는 프로그램의 활동에 참여한 결과로서 참여자들이 얻게 되는 변화된 지식, 능력, 태도 등의 참여자 특성을 기술한 것으로서, 목표에 따라 설정되어야 할 집단 경험의 범위가 정해지고 프로그램의 내용, 방법 및 평가의 방향이 정해진다. 예를 들어, 청소년의 전인적 발달을 증진하는 인성교육이 목적이라면, 그에 따른 목표는 자기조절 능력, 문제해결 능력, 의사소통 능력, 친사회적 능력 등을 습득 및 향상하는 것으로 기술될 수 있다.

(3) 프로그램 개발 모형

프로그램 개발 모형은 프로그램을 개발하는 과정 중에 순차적으로 거치게 되는 절차들을 명료하게 제시하는 개념적 틀을 의미한다. 프로그램 개발 모형은 교육과정, 교육공학, 사회교육, 산업교육 등의 분야에서 다양한 모형을 제시하고 있는데, 집단상담 분야의 경우 집단상담 활동의 고유한 교육적 · 치료적 원리를 토대로 하여 독립적으로 연구 · 개발된 모형이 없기 때문에 타 분야의 모형을 집단상담의 맥락에서 응용하거나 적용하고 있는 실정이다. 따라서 집단상담 분야의 교육적 · 치료적 원리에 기초한 프로그램 개발 모형을 개발할 필요가 있다.

(4) 프로그램 내용

프로그램에 어떤 내용을 포함시킬 것인가를 결정하는 데 고려되어야 할 준거로는 교육 목표와의 일치성, 학습자의 필요 충족, 지도 가능성의 검토, 일(一)경험 다(多)목표 달성, 참신성, 변화 가능성이 있다(김진화, 정지웅, 1998). 이를 구체적으로 살펴보면, 교육목표와의 일치성은 프로그램 내용이 목표와 일치해야 함을 의미하며, 학습자의 필요 충족이란 프로그램에서 다루어지는 내용이 참가자들의 요구나 기대, 문제해결에 직접적으로 연관되어야 함을 의미한다. 또한 지도 가능성의 검토는 프로그램의 내용이 실제로 프로그램이 실시되는 여건과 대상을 고려해 보았을 때 실시가 가능한지를 검토해야 한다는 것이며, 일경험 다목표 달성은 특정한 집단활동이나 내용을 통해 동시에 여러 가지 목표를 달성할 수 있는 내용을 선정해야 함을 의미한다. 마지막으로, 참신성이란 내용 구조 선정 시 기존의 프로그램에서 반복적으로 사용되는 내용이나 구성을 피하고 새롭고 참신한 내용을 포함해야 한다는 것이며, 변화 가능성은 변화하는 대상자의 요구나 제반 여건의 변화에 맞추어 적절하게 변화가 가능하도록 프로그램의 내용을 구성해야 한다는 것이다.

(5) 프로그램 진행방법

프로그램의 내용을 어떤 방식으로 전달할 것인가는 지도자의 전문적 지식과 경험 정도, 교육 배경과 같은 개인적 특성, 참가자의 준비도, 동기 수준, 집단의 특성, 그리고 프로그램의 내용이 지식, 개념, 기술인가에 따라 결정된다(이성호, 1984). 집단상담 프로그램에서 주로 활용되는 방법은 크게 강의, 세미나, 집단토의 등과 같은 지식중심 진행과 상호 피드백, 역할연습, 관찰, 실습, 매체 활용 등의 경험중심 진행으로 나누어 볼 수 있다. 이와 같은 전형적인 방법 외에 최근에는 대상에 따라 흥미나 동기 유발, 정서적 표현의 촉진을 위해 연극, 음악, 미술 등의 표현활동이나 신체활동을 보조활동으로 효과적으로 활용하고 있다.

3) 프로그램의 개발 원리

프로그램 개발 시에는 단순히 프로그램 개발의 도구적인 절차와 기법을 알고 있는 것만으로는 충분하지 않다. 프로그램 개발자는 프로그램이 무엇을 의미하고, 프로그램을 왜 개발해야 하며, 효과적인 프로그램을 개발하기 위한 이론과 접근방법에는 어떠한 것이 있는지에 대해 알고 있어야 한다. 또한 프로그램을 개발하는 과정은 매우 복잡한 절차와 단계로 이루어지며, 각 단계마다 합리적인 의사결정을 내려야 한다는 점에서, 상담자는 프로그램 개발 상황에 적절하게 대처해 나가기 위해 프로그램 개발 원리에 대해서 알아야 한다. 이러한 프로그램 개발 원리들을 준수한다면 효과적인 프로그램의 개발뿐 아니라 수요자나 공급자의 적극적 참여를 유발할 수 있을 것이다. 이뿐만 아니라 어떤 요인이 어떤 방법으로 적용되어 프로그램의 효과가 나타나는지 설명할 수 있기 때문에 프로그램을 수정할 때 사회적 환경이나 참여 대상에 따라 분명한 방향성을 가지고 있어서 추후 프로그램 수정과 활용에 도움을 줄 수 있을 것이다.

(1) 현실 가능성

현실 가능성이란 개발된 프로그램의 내용이 주어진 자원과 여건을 바탕으로 실현 가능한지를 고려하는 것이다. 이에 대해 김창대(2002)는 프로그램은 일차적으로 '연구'보다는 '사용'을 위한 것으로 실용성을 가져야 한다고 언급하였다. 집단상담은 실제적이고 사람의 변화를 중요하게 생각하는 작업이기 때문에 집단상담 프로그램 개발에 있어 무엇보다 고려해야 할 것은 현실 가능성이다.

(2) 개발과 평가의 연계성

체계적인 절차에 따라 프로그램을 개발한 후 그 효과를 검증하기 위해서는 사전평가, 사후평가뿐만 아니라 전문가평가나 예비연구를 통한 만족도 평가를 통한 결과들이 프로그램 개발과정에 포함되어 개발과 평가의 연계가 용이해야 한다.

이에 대해 김진화(2001)는 프로그램 평가의 핵심 대상과 영역을 최종 결과에만 국한하지 않고, 프로그램의 목적, 내용 운영, 참여자 반응도 포함되어야 한다고 언급하였다.

(3) 적합성

실용적인 프로그램 개발은 실시 대상의 요구를 정확하게 파악하고 이를 기반으로 기획될 때 이루어진다. 프로그램 대상의 요구조사가 정확해야만 그들에게 도움이 되고 효과적인 프로그램을 개발할 수 있다. 따라서 대상의 발달적 특성과 요구조사, 선행연구 개관을 통해 적용 대상에 적합한 프로그램을 만들어야 한다.

(4) 이론의 바탕 여부

이론은 프로그램의 목적과 목표가 달성되기 위한 하나의 가설을 의미한다. 프로그램 개발은 단순한 효과성을 제시하기 위한 것이 아니라 프로그램이 가진 변화의 원리를 설명할 수 있어야 한다. 따라서 선행연구나 변인과 관련된 경험적인 연구의 체계적인 분석을 통해 프로그램의 기초가 되는 이론을 개념화하고, 이러한 이론을 바탕으로 프로그램 개발이 이루어져야 한다.

(5) 피드백의 용이성

프로그램 개발 절차는 순차적으로 진행되어 실행과 평가 단계를 끝으로 종료

되는 것이 아니라, 피드백 과정을 거쳐 체계적이고 효과적이며 적용 가능한 프로그램이 될 필요가 있다. 즉, 현장전문가의 프로그램 내용에 대한 피드백, 실행과정에서의 피드백, 예비연구를 통한 대상자에 대한 피드백 등 피드백을 다양하게 받음으로써 순환적으로 수정할 필요가 있다.

4 집단상담 프로그램 개발 모형과 절차

앞서 집단상담 프로그램이 기본적으로 갖춰야 할 조건과 원리를 살펴보았다. 학자마다 집단상담의 발달과정을 다르게 구분하고 있는 것과 마찬가지로 프로그램의 개발 절차 역시 학자마다 다양하게 구성하고 있다. 이 장에서는 먼저 학자들이 제시하고 있는 다양한 프로그램 개발 모형에 대해서 확인하고 집단상담 프로그램의 단계와 절차에 대해서 구체적으로 살펴보고자 한다.

1) 선행 집단상담 프로그램 개발 모형

선행 프로그램 개발 모형은 학자에 따라서 단계와 절차에 차이가 있다. 기존의 프로그램 개발 모형을 확인하고 분석해 보는 것은 프로그램 개발을 위한 자신의 생각을 정리하고, 연구자들이 연구 문제와 상황에 적합한 프로그램 개발 모형을 선정하는 데 도움이 될 것이다. 집단상담 프로그램은 교과과정과 달리 집단상담의 목적이나 유형, 이론적 접근, 대상집단, 장소, 제반 여건 등에 따라 달라지는 광범위하고 창의적인 활동이기에 일률적인 개발과정을 제시하기 어렵지만 지금까지 비교적 체계적으로 제시된 대표적인 프로그램 개발 모형을 정리해 보면 〈표 13-1〉과 같다. 각 모형의 구체적인 단계와 특성에 대해 살펴보도록 하자.

먼저, 변창진(1994)의 모형은 여러 외국 학자의 교육과정 개발 모형이나 수업설계 모형을 면밀히 검토한 후 자신의 모형을 9단계로 제시하였다. 변창진(1994)의 모형은 프로그램 실시 대상의 요구를 실증적인 자료를 통해 파악하도록 하는

〈표 13-1〉 국내 집단상담 프로그램 개발 모형의 비교

단계	변창진(1994)	박인우(1996)	김창대(2002)	천성문 등(2017)
단계 I	요구 사정	조사	목표 수립	기획
단계 II	계획 수립	분석	프로그램 구성	요구분석
단계 III	목표 선정	설계	예비연구	구성
단계 IV	내용 선정	개발	프로그램 실시 및 수정	예비연구
단계 V	내용 구성	실시		실행
단계 VI	도구 작성	총괄평가		평가
단계 VII	전략 선정			
단계 VIII	평가			
단계 IX	관리			

단계를 중요한 개발 단계로 고려하고 있으며 개발 절차의 객관성과 엄격성, 효과의 검증 가능성을 강조하고 있다. 하지만 개발과정에서의 내용 및 절차에 대한 지속적인 평가 및 피드백에 대해서는 순환적인 과정을 상정하기보다 순차적이고 단계적인 과정으로만 보고 있다는 한계점이 있다.

박인우(1996) 역시 국내 집단상담 프로그램의 문제점을 지적하고, 보다 과학적인 절차에 따라 교육공학에서 사용되는 체계적 개발방식을 프로그램에 도입할 것을 제안하였다. 그러나 이 모형은 교육공학이나 교육과정에서 제시한 교수·학습 프로그램 개발 모형을 기초로 만들어진 것이므로 집단상담 프로그램 개발과정에 그대로 적용하는 데 어려움이 있다. 인지적인 측면을 강조하는 교육과정과 달리 집단상담은 집단 참여자의 정서적인 측면이나 행동적인 측면의 변화를 꾀하는 과정이며, 평가 역시 최종평가만 아니라 사전 요구조사, 프로그램 자체 평가 등이 필요하다.

김창대(2002)의 모형은 앞선 선행연구자들의 모형을 참조하여 구성되었으며, 여러 단계의 프로그램 개발 단계를 4단계로 간단하게 정리하면서 복잡한 프로그램 개발의 하위단계를 제시하였고, 프로그램 개발과 시행에서 중요한 평가 부분을 포함하고 있다. 더불어 집단상담 프로그램 개발과정은 순환적이며 재귀적이고 평가를 강조한다. 이 모형은 프로그램 개발 절차 그 자체를 따르기보다는 내

포된 의미, 의도를 이해하여 자신이 개발하려는 프로그램의 목적이나 내용에 맞게 창의적으로 적용이 가능함을 언급하였다. 이는 모형을 그대로 따라 프로그램을 개발하기에는 현실적으로 어려운 절차도 있어 프로그램 개발자가 전문성을 발휘하여 취사선택하고 수정해야 한다는 것을 의미한다. 만약 프로그램 개발자가 전문성이 없다면 개발자가 임의적으로 그리고 편이성에 따라 프로그램을 개발할 여지가 있다. 이것은 상담 및 심리교육 프로그램 개발에서 과학적 절차를 강조하기 위해 프로그램 개발에 대한 이론적 기초를 강조하고 있지만 실제로 모형 자체는 다소 복잡하고 피상적이라는 것을 말해 준다고 할 수 있다. 따라서 프로그램 개발 원리를 만족하면서 좀 더 단순하지만 현실성 있고 체계적인 모형이 필요하다.

천성문 등(2017)은 이전에 개발된 모형들의 한계를 극복하고 집단상담의 특성을 반영할 수 있는 개발 모형이 필요하다고 보았다. 집단상담 프로그램 개발 모형은 집단상담 프로그램 개발 과정을 단계적으로 제시해 주는 개념적 틀이다. 프로그램 개발 모형은 과학적 근거를 바탕으로 체계적인 절차를 거쳐야 하며 집단 참여자의 정서적인 측면이나 행동적인 측면의 변화를 꾀할 수 있어야 한다. 이러한 측면을 고려하여 현실적용 가능한 기획, 요구분석, 구성, 예비연구, 실행, 평가의 6단계 모형을 제시하였다. 이 모형을 기초로 하여 단계별 세부 활동과 절차를 살펴보자.

2) 집단상담 프로그램 개발 모형과 절차

프로그램 개발 모형의 세부 활동과 절차를 구체적으로 설명하기 위하여 초보상담자의 자기 문제 극복을 위한 자각증진 프로그램 개발 및 효과(안세지, 2018)에 관한 박사학위논문의 일부분을 [그림 13-1]에 제시하였고 세부적인 사항을 살펴보고자 한다.

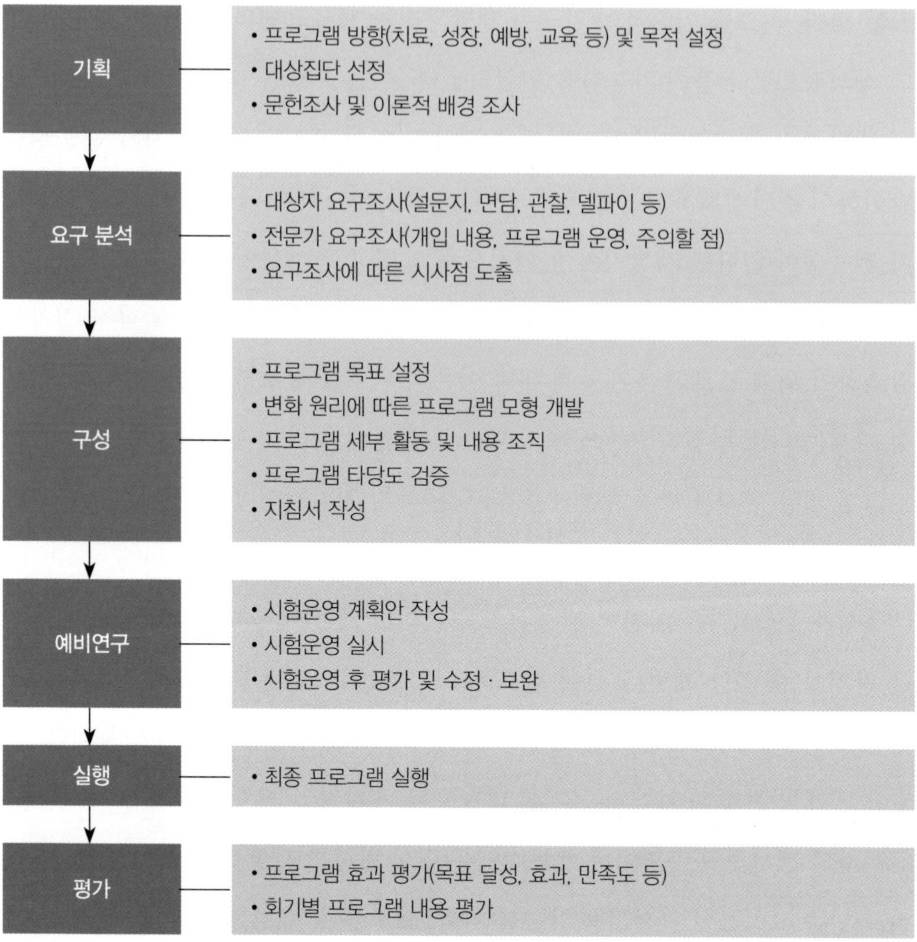

[그림 13-1] **집단상담 프로그램 개발 모형**

(1) 기획

기획은 프로그램을 개발하기 위한 준비 단계로서, 프로그램의 대상, 프로그램의 목적, 프로그램의 방법 등을 계획하는 단계다. 이 단계에서는 개발될 프로그램의 대상 범위(누구를 대상으로)와 목적 및 개발 방향과 같은 큰 틀(outline)을 결정하고 이와 관련한 문헌조사 및 이론적 배경을 조사한다. 기획 단계의 하위단계는 서로 밀접한 연관이 있기에 과정상에 진행 순서가 바뀔 수 있다. 다음에서는 기획 단계의 구체적인 활동에 대해 살펴보기로 하자.

① 프로그램 방향(치료, 성장, 예방, 교육 등) 및 목적 설정

프로그램의 방향 및 목적 설정은 프로그램 개발의 취지나 의미, 지향점을 설정하는 것이다. 예를 들어, 문제해결에 목적을 두고 교정 및 치료 등에 초점을 둘 수도 있고, 성장에 목적을 두고 예방 및 교육 등에 초점을 둘 수도 있다. 만약 프로그램의 개발 방향이 불분명하면 표적집단의 적합한 개입이 어려워지고, 프로그램의 효과가 떨어지는 결과를 초래할 수 있다. 따라서 기획 단계에서 프로그램의 방향과 목적을 뚜렷이 하는 것이 필요하다.

② 대상집단 선정

대상집단 선정은 프로그램을 적용할 대상을 선정하는 단계다. 집단의 목적이 예방이냐 치료냐에 따라서 집단 선정이 달라질 수 있다. 즉, 예방이 목적인 경우는 전체 대상이 집단원이 될 수 있기 때문에 집단이 동질하지 않아도 된다. 그러나 치료나 개입이 목적인 경우는 대상집단을 선정할 때 집단의 목적에 맞게 동질집단을 선정하여야 한다. 예를 들면, 집단상담자의 번아웃을 예방하기 위한 프로그램을 개발할 때는 일반적인 집단상담자 전체가 대상이 될 수 있지만, 초보상담자의 자기 문제 극복을 위한 자각증진 프로그램을 개발할 때는 초보상담자를 대상으로 개입이 들어가야 하기 때문에 명확한 기준으로 대상집단을 구성하여야 한다. 또한 프로그램이 적용될 대상의 발달단계 및 특성에 따라서 프로그램 내용의 구성 및 활동이 달라질 수 있으며, 집단의 선정 범위에 따라서 프로그램의 효과성이 다르게 나타날 수도 있기 때문에 정확한 프로그램의 효과 측정을 위해서도 집단의 동질성을 확보할 필요가 있다.

③ 문헌조사 및 이론적 배경 조사

프로그램이 기초할 이론적 근거, 기존의 프로그램이 존재함에도 불구하고 새로운 프로그램이 개발되어야 하는 이론적 근거, 기존 프로그램에 대한 평가, 프로그램이 기초할 원리 등을 제시하는 것이다. 프로그램 기본 원리 중 이론의 바탕 여부를 충족하기 위해서 계획 단계에서는 논리적 과정을 거쳐 프로그램의 이론적 기초가 확립되어야 한다.

- 프로그램 개발 방향: 치료
- 프로그램의 목적: 초보상담자의 자기성찰 및 무조건적 자기수용, 역전이 관리 능력 향상
- 프로그램 대상집단: K도 지역의 초보상담자
- 문헌조사 및 이론적 배경 조사: 동료상담자, 비전문가 대상으로 자각, 알아차림 프로그램 선행연구 분석을 통한 한계점과 제안점 분석

(2) **요구 분석**

요구 분석은 대상집단의 요구나 관련 전문가의 의견을 프로그램 개발과정에 반영하기 위하여 실시한다. 연구 대상 및 관련 전문가를 대상으로 연구 대상, 연구 주제, 프로그램 내용 등에 대해 설문이나 면담과 같은 방법으로 조사한 내용을 분석하여 그 시사점을 프로그램 내용에 반영한다.

① 대상자 요구조사(설문지, 면담, 관찰, 델파이 등)

프로그램의 대상이 되는 집단의 요구와 바람, 필요를 파악하고 요구의 내용이나 영역을 구체화하여 프로그램의 목표 및 전체적인 방향 설정에 중요한 자료로 활용하는 것을 의미한다. 요구 분석 방법으로는 질문지법, 관찰법, 델파이 방법 등이 있다. 대상집단의 특성과 요구를 명확하게 분석하고, 반영하는 것은 프로그램의 적합성을 높이기 위한 기본 조건이다.

- 대상: K도 지역의 초보상담자. 자각증진 프로그램에 대한 안내를 전화와 휴대폰 메시지와 SNS 메시지, 밴드 등의 홍보를 통해 참여 의사를 밝힌 24명의 초보상담자
- 방법: 인터뷰 및 설문조사

② 전문가 요구조사(개입 내용, 프로그램 운영, 주의할 점)

전문가 요구조사는 대상집단의 특성에 대해 잘 알고 있는 사람이거나 개발하려는 프로그램 내용과 관련해서 전문 지식과 경험이 축적된 전문가를 대상으로

면담이나 포커스 그룹 인터뷰(FGI), 설문 등을 통해서 프로그램 운영방식, 운영상 어려움, 프로그램 개발 시 필요한 내용 등에 대해서 조사하는 것을 말한다.

③ 요구조사에 따른 시사점 도출

요구조사에 따른 시사점 도출이란 대상자와 전문가 요구조사를 통해 나타난 결과를 분석하여 프로그램을 개발할 때 내용과 구성에 중요한 시사점을 얻는 단계를 말한다. 이러한 과정을 통해 얻은 시사점은 대상집단의 특성이 고려되고 전문가들이 제안하는 프로그램 내용 및 활동의 방향성이 고려된 효과적인 프로그램 개발의 바탕으로 삼을 수 있다. 다음의 예시는 요구조사에 따른 시사점 도출 사항 중 일부를 제시한 것이다.

1. 초보상담자들은 스스로 자기 문제에 대한 인식이 어려우므로 자기 문제를 발견하기 위한 자각활동이 필요하다.
2. 초보상담자들은 자기 문제에 대한 자각 부족으로 내담자 문제를 놓치거나 깊이 있는 이해가 어려우며 이는 부적절한 개입의 형태로 나타난다. 초보상담자 스스로 알아차리고 이해할 수 있는 개입이 필요하다.
3. 초보상담자는 내담자의 핵심 문제를 알아차리는 데 어려움을 겪으며 깊이 있는 공감이 어렵다. 이를 위해 초보상담자가 프로그램 내에서 자기 문제와 연관한 핵심 감정을 온전히 만나고 표현할 수 있는 활동이 필요하다.

(3) 구성

구성 단계는 기획 단계에서 설정한 프로그램의 방향과 목적을 이루기 위해서 이론적 근거와 요구 분석 내용을 반영하여 프로그램의 목표를 설정하고 프로그램 구성요소들을 도식화하여 변화 원리에 따른 프로그램 모형을 제시한 후, 프로그램의 운영방식 및 회기별 목표와 세부 활동 및 내용을 구체화시키는 단계다.

① 프로그램 목표 설정

요구조사를 바탕으로 기획 단계에서 설정한 목적을 달성하기 위해 활동과 조직 운영에 직접적으로 관련된 구체적인 목표를 설정하는 단계다. 목표는 목적과 달리 구체적이고 세부적이다. 목표는 프로그램을 통해 달성되는 결과로 프로그램 참여를 통해 참여자들이 얻게 되는 지적 능력의 향상, 흥미, 태도 등의 변화와 같은 학습자 특성을 표현한 것이다. 프로그램의 목표는 목적 달성을 위해 계획되어야 할 학습 경험의 범위를 명확하게 제시할 수 있는 기능, 교육의 내용, 방법, 방향을 규정해 주는 기능, 학습자의 학습활동을 촉진시키고 평가의 방향, 내용, 결과 해석의 규준을 결정하는 기능 등 다양한 기능을 가진다. 다음의 예시는 프로그램 목표를 제시한 것이다.

1. 초보상담자 스스로 자기 문제를 인식한다.
2. 자기 문제의 기원과 발생 원인 및 특성을 이해한다.
3. 자기 문제에 대한 부정적 인식을 자각하고 있는 그대로 수용한다.
4. 지속적인 자기 문제 이해와 극복을 위한 실천방안을 훈습한다.

② 변화 원리에 따른 프로그램 모형 개발

변화 원리에 따른 프로그램 모형 개발 단계는 선행연구 분석 및 요구 분석의 시사점을 바탕으로 연구자가 원하는 프로그램 대상집단의 변화와 관련된 구성요소들 간의 순환관계를 도식화하여 프로그램 모형을 설정하는 것을 말한다. 대상집단의 심리적 요인들이 어떤 변화 원리에 의해서 변화되는가가 개입에서 중요한 부분이기 때문에 변화 원리를 바탕으로 이론적이고 현장 적용 가능한 구인을 도식화하여 프로그램 모형을 일목요연하게 제시하는 것이 필요하다.

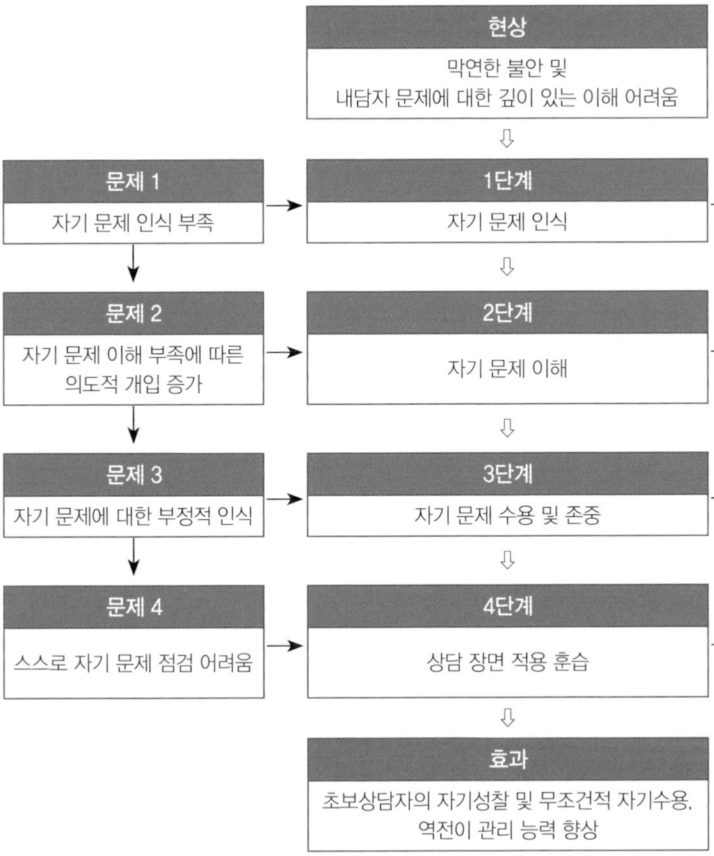

[그림 13-2] 변화 원리에 따른 자각증진 프로그램 모형

③ 프로그램 세부 활동 및 내용 조직

● 목표 및 주제에 적합한 내용이나 활동 수집

프로그램의 목표를 달성하는 데 효과적이라고 생각되는 활동을 개발하거나 수집하는 절차를 의미한다. 이를 위해 개발자는 다양한 활동의 장을 만들고 그중에서 적절한 활동을 선정해야 하는데, 적합한 활동을 찾을 수 없을 때에는 기존 활동을 수정하거나 새로운 활동을 개발해야 하기 때문에 개발자의 창의성이 요구되는 단계다. 원칙적으로는 적절한 활동을 선택하기 위해서 각 활동의 효과성에 대해 검증하는 절차를 밟아야 한다. 검증 절차에는 각 활동에 대한 전문가의 평가, 예비연구를 통한 각 활동의 효과 검증, 하위활동 간의 효과성 비교 등이 포함된다. 그러나 현실적으로 이러한 검증활동이 잘 이루어지지 못해 프로그램 개발

과정의 문제로 남아 있다.

● 동기유발 및 내용 제시 방법 조사 및 선정

각 프로그램 및 활동별로 내용을 조사하여 효과적이라고 생각되는 방법을 선택하는 것을 의미한다. 동기유발 및 활동을 제시하는 방법이란 강의를 비롯하여 상호작용을 촉진하는 게임과 같은 활동, 워밍업 활동, 컴퓨터를 활용한 활동, 비디오 촬영과 비디오를 활용한 피드백 등 다양한 방법이 포함된다. 내용 제시방법을 조사하여 선정하는 단계 역시 프로그램 개발자의 창의력이 많이 필요한 단계다.

● 프로그램 내용 구성 및 조직

프로그램 내용 구성 및 조직은 수집된 활동 요소 중 프로그램의 목적을 달성할 수 있는 내용을 선별하고, 회기별 목표에 대한 하위 구성요소를 진술하는 단계다. 다음의 예시는 프로그램 내용 구성사항 중 일부를 제시한 것이다.

〈표 13-2〉 **프로그램 내용 구성**

구분	회기	주제	목표	활동 내용
자기 문제 수용 및 존중	7	난 참 바보처럼 살았군요	• 자신의 모습을 투영하는 아바타를 통해 자신이 인식한 자기 문제에 대한 객관적인 태도를 확인한다. • 다른 집단원의 아바타로써 그 순간에 느껴지는 반응에 대해 민감하게 알아차림으로써 자각도를 높인다.	• 도입활동—명상을 통한 감각 집중 • 나의 문제, 어떻게 알고 있니?(자기 문제 인식 및 태도 확인) • 나의 아바타 세우기 • 마무리 활동—자각일지
	8	그만하면 괜찮아!!	• 초보상담자로서의 한계를 확인하고 이를 있는 그대로 수용한다. • 그동안 노력해 왔던 모습에 대해 인정해 줌으로써 결과에 상관없이 있는 그대로의 자기를 수용한다.	• 도입활동—명상을 통한 감각 집중 • 이것조차 안 되나?(초보상담자로서 느꼈던 한계 상황 나누고 그 속에서 표현하지 못했던 감정 알아차리기) • 초보상담자 십계명(초보상담자 한계 인정하기) • 마무리 활동—자각일지

④ **프로그램 타당도 검증**

프로그램 타당도 검증은 예비 프로그램 실시 이전에 프로그램 개발의 필요성 확인, 목적 및 목표 설정, 측정도구 선정 및 제작, 프로그램 내용 선정 및 내용 조직, 프로그램 구체화 등 단계 전반에 대한 전문가 평가를 말한다. 프로그램 내용의 타당도 확보를 위하여 전문가의 평가를 받고, 이에 따라 프로그램 내용을 수정 · 보완해야 한다. 다음의 예시는 전문가 자문 결과를 바탕으로 수정 및 보완한 사항 중 일부를 제시한 것이다.

〈표 13-3〉 **전문가 자문 결과 및 수정 · 보완 사항**

구분	전문가 자문 결과		수정 · 보완 사항
프로그램 내용 구성	7회기-자기 문제 수용활동으로서의 적절성 제고	→	7회기-아바타 활동 삭제, 자기 문제에 대한 긍정적 · 부정적 측면을 수용하여 통합된 시각을 가질 수 있는 활동으로 보완
	8회기-활동 내용 간소화	→	8회기-활동 간소화 및 프로그램을 통해 알아차린 자기 문제 점검활동으로 보완

⑤ **지침서 작성**

프로그램과 하위활동에 대한 기본적인 아이디어가 결정되었으면 이제는 그것을 실제 구현할 방법과 절차에 대해 기술하여 각 지도자마다 가능한 한 동일한 방식으로 그 프로그램을 운영하도록 해야 한다. 프로그램 지침서는 다양한 방법으로 기술할 수 있겠지만 가능하면 누가 봐도 프로그램을 동일하게 운영 · 실시할 수 있도록 구체적으로 기술해야 한다. 프로그램 지침서에 포함되어야 하는 내용에는 일반적으로 프로그램의 목표, 회기별 활동 목표, 운영 지침, 준비물 등이 있으며, 프로그램의 취지나 목표가 프로그램 실시자에게 제대로 전달될 수 있도록 구성해야 한다.

(4) 예비연구

예비연구 단계는 구성한 예비 프로그램을 시험적으로 실시하고 그 결과를 토대로 프로그램을 수정 · 보완하는 단계를 말한다. 즉, 예비연구는 이번 조사나 실험을 실시하기에 앞서서 미리 설정한 연구 계획, 연구 내용, 연구방법 등의 타당성을 검토하기 위하여 소규모로 하는 시험적 연구를 말한다. 일종의 연구 절차에 대한 '시연'과정으로 예비연구의 결과를 토대로 이번 연구의 절차 및 도구를 수정 · 보완한다. 예비연구에서는 주로 계획한 연구 내용은 타당한지, 사용한 질문지나 검사의 내용 및 표현은 적절한지, 검사 실시 혹은 실험 실시상의 문제는 없는지 등을 검토한다. 최종 프로그램 실시 전에 예비 프로그램의 실시를 통해 프로그램이 실행될 때 발생할 수 있는 제한점을 가능한 한 미리 발견하고 수정 · 보완하여야 한다. 이 단계에서는 시험운영을 위한 계획안을 작성하여 예비 프로그램을 실시해 보고 시험운영 후 평가를 통해 프로그램의 수정 · 보완이 이루어진다.

① 시험운영 계획안 작성

프로그램이 제작된 후 프로그램을 시험적으로 운영해 볼 필요가 있는데, 프로그램 시험운영의 목적 자체가 프로그램의 수정 · 보완에 있기 때문에 프로그램의 효과뿐 아니라 프로그램 실시가 용이한 정도, 프로그램의 난이도와 참여자들의 이해 정도, 참여자들의 만족도 등 다양한 측면에서 프로그램을 평가할 필요가 있다. 따라서 프로그램의 시험적 실행 계획서 안에는 평가 계획도 포함되어야 한다.

② 시험운영 실시

시험운영 실시란 실제 프로그램을 실시하기 전에 요구조사나 문헌조사를 통해서 도출된 프로그램의 내용이나 구성이 실제로 이들에게 적합한지를 알아보는 단계다. 예비 프로그램을 시험운영해 보면 대상집단에게 이 프로그램의 내용이 적절한지, 프로그램을 실제 운영하면서 어려움이나 문제점이 없는지를 확인할 수 있다. 그러나 대상집단을 구하기 힘들 때는 시험운영을 실시하기가 어렵다.

③ 시험운영 후 평가 및 수정 · 보완

시험운영 후 프로그램의 평가는 프로그램의 내용뿐 아니라 운영방식, 활동의 적용방식과 배열 등 다양한 측면에서 이루어진다. 시험운영 평가에 예비연구 참여자들의 평가를 바탕으로 프로그램 활동에 대한 만족도, 프로그램 진행방법에 대한 만족도, 프로그램 목표 도달 및 집단 참가 희망 권유에 대한 만족도 결과 분석을 통해 프로그램 활동 회기 수, 활동 내용, 적용방식, 회기 배열 등을 수정 · 보완해야 한다.

(5) 실행

실행은 예비연구를 통해 수정 · 보완을 거친 최종 프로그램에 대해 집단상담자가 프로그램 참여자들을 대상으로 프로그램 활동을 체계적으로 실시하여 의도한 목표를 달성해 나가는 단계다. 다음의 예시는 완성된 프로그램의 실제 중 일부를 제시한 것이다.

〈표 13-4〉 초보상담자의 자기 문제 극복을 위한 자각증진 프로그램의 실제

단계	회기	제목	목표	활동 내용
자기 문제 수용 및 존중	7	그동안 이렇게 대처해 왔어요	• 상담자 그리고 한 인간으로써 자기 문제를 어떤 시각으로 바라보고 있는지 알아차림 • 그동안 어떤 노력과 대처를 해 왔는지 점검하고 이것이 상담 장면에서 미치는 부정적 · 긍정적 영향을 자각	• 도입활동–명상을 통한 감각 집중 • 동전의 양면과도 같은 내 문제(자신의 핵심 문제가 어떤 형태인지 확인 후 자신의 대처 결과와 자신의 특성 알아차리기, 자기 문제가 가지는 긍정적 영향과 부정적 영향 알아차리기)
	8	그만하면 괜찮아!!	• 자기 문제를 '문제'로 바라보지 않고 비난이나 평가 없이 있는 그대로 받아들임 • 초보상담자로서 앞으로 취해야 할 태도에 대해 알아차림	• 도입활동–명상을 통한 감각 집중 • 초보상담자 십계명 작성하기(자신의 특성을 반영하는 단어를 적고 상담 장면에서 자신의 특성을 이해하기, 자기 문제에 대한 대처방법을 점검하고 새로운 다짐하기)

* 매 회기 마지막활동: 자각한 내용 나누기, 과제: 자각일지 작성하기로 구성.

실행 단계는 프로그램 개발과정에서 프로그램을 매개로 하여 집단상담자와 내담자가 만나는 접점이자, 프로그램의 매력성, 효과성, 효율성을 결정짓는 데 가장 중요한 과정이라 할 수 있다. 프로그램 실행의 협의는 표적집단을 대상으로 집단 프로그램을 운영하는 도입-전개-마무리 과정을 말하지만 광의적으로 해석할 때에는 설계된 프로그램을 실제로 실행하기 위하여 운영 조직을 편성하는 단계에서부터 실제로 활동을 실천하고 그 활동 내용을 기록·정리하여 평가에 이르는 단계까지를 포함한다. 즉, 실행 단계에서는 프로그램 진행과정을 기록·정리하고, 프로그램 실행에 대한 평가와 자료를 작성하고 정리하는 일련의 과제가 포함된다고 할 수 있다.

(6) **평가**

프로그램 평가는 정확하고 객관적인 과정이나 방법을 통해 프로그램의 효과를 증명하는 단계다. 사전에 세웠던 연구자의 가설을 점검·확인하고 목표 달성 정도를 파악하여, 사전 평가와 함께 프로그램을 실시한 집단에서 프로그램의 효과가 얼마나 높게 나타났는가에 대해 최종 평가하여 효과성을 검증한다. 평가방법으로는 프로그램 효과 평가와 회기별 프로그램 내용 평가 등이 있으며, 사후 평가뿐만 아니라 목표의 지속성에 대하여 추후 평가를 할 수 있다.

① 프로그램 효과 평가(목표 달성, 효과, 만족도 등)

프로그램 효과 평가를 위해서는 설문지나 면담 등의 방법을 통하여 목표 달성, 효과성, 만족도 측정 등과 같은 양적 평가와 함께 질적 내용 평가를 실시한다. 질적 내용 평가는 양적 평가에 따른 신뢰성에 대한 제한점을 보완하기 위해 실시하는 것이다. 질적 내용 평가를 하기 위한 자료수집 방법으로는 참가자들을 대상으로 실시한 인터뷰, 회기별 소감문 작성, 마지막 회기에 실시되는 최종소감문 작성 등이 있다.

② **회기별 프로그램 내용 평가**

회기별 프로그램 내용 평가는 프로그램 실시과정 중에 이루어지는 것으로 프로그램 참가자의 회기별 내용 및 활동이 적절했는지에 대한 정보를 수집하여 프로그램이 요구에 맞게 잘 진행되고 있는지, 각 회기마다 설정된 목표가 잘 달성되는지를 점검한다.

5 집단상담 프로그램 재구성 모형과 절차

프로그램 재구성은 기존의 이론 및 모형을 바탕으로 선행연구가 이루어진 프로그램을 대상집단의 특성 및 목적에 맞추어 재구성하는 것을 말한다. 효과적인 프로그램이 되기 위해서는 체계적인 재구성 절차를 따르는 것이 중요하다. 프로그램 재구성이라고 해서 프로그램을 실시하고자 하는 사람이 마음대로 프로그램 내용을 수정하거나 변경해서는 효과적인 프로그램을 구성할 수 없다.

따라서 프로그램 재구성 시에는 다음과 같은 사항을 유념해야 한다. 첫째, 프로그램을 재구성하거나 프로그램 지도안을 작성할 경우에는 대상집단에게 필요한 프로그램의 목적과 목표를 항상 염두에 두고 프로그램의 내용 및 활동을 구성해야 한다. 둘째, 프로그램에서 활용되는 활동이나 실시방법이 다양할 경우 상황 변화에 유연하게 대처할 수 있는 방안을 미리 마련해 두는 것이 필요하다. 셋째, 프로그램의 실시 시간을 결정할 때는 대상집단의 요구를 반영할 필요가 있다. 넷째, 프로그램 재구성 시 주어진 시간에 비해 너무 많은 활동을 구성하지 말아야 한다.

이러한 사항을 감안하여 체계적인 프로그램 재구성의 과정을 살펴보면 기획–재구성–실행–평가 단계로 나눌 수 있다. 프로그램 재구성의 단계는 프로그램 개발과정에서 중요한 단계인 요구 분석과 예비연구 단계가 제외된다.

다음에서는 앞서 프로그램 개발 모형과 절차에서 설명한 기획, 실행, 평가 단계를 제외하고 재구성 단계를 중심으로 설명하고자 한다. 재구성 단계의 세부 절

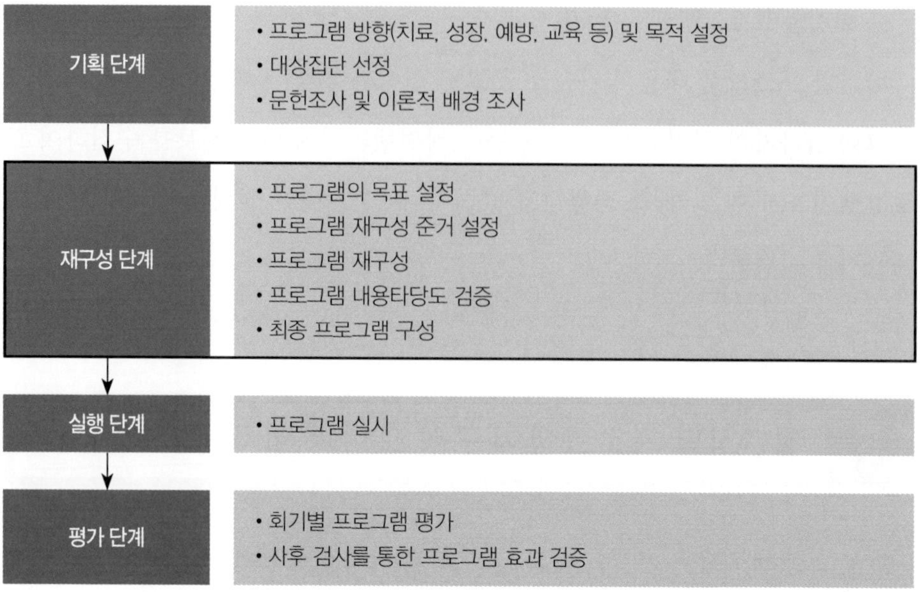

[그림 13-3] **집단상담 프로그램 재구성 모형**

차는 목표 설정, 재구성 준거 설정, 프로그램 재구성을 거친 후 전문가에 의한 프로그램 내용타당도 검증, 최종 프로그램 구성으로 이루어져 있다. 이를 구체적으로 알아보기 위해 보드게임을 활용한 집단상담 프로그램이 자살 경향성이 있는 청소년의 우울, 자기효능감 및 또래관계에 미치는 효과(강수정, 2020)에 관한 석사학위논문의 일부를 예시로 사용하고자 한다.

1) 프로그램의 목표 설정

목표는 목적과 달리 구체적이고 세부적이다. 즉, 목적에 비추어 실제로 프로그램 실행을 통해 '무엇을 성취'할 것인가에 대한 분명한 답이 목표가 된다. 흔히 프로그램의 목표는 목적과 혼용되기도 하지만 분명한 구분이 필요하다. 목표는 프로그램을 통해 달성되는 결과로 측정 가능한 구체적인 진술이어야 한다. 다음은 프로그램 목표 설정의 예시다.

1. 자신이 소중한 존재라는 것을 느낄 수 있도록 한다.
2. 자신이 잘 하는 것이 있다는 것을 경험하도록 한다.
3. 친구들과 함께 놀이하며 행복한 시간을 보내면서 친구와의 관계 형성에 관심을 가지고 관계가 개선되도록 한다.

2) 프로그램 재구성 준거 설정

프로그램의 목적 및 목표 설정을 달성하기 위한 프로그램을 재구성할 때는 다양한 요인을 점검한 후 재구성 준거를 마련해야 한다. 프로그램에서 중요한 것은 대상집단의 특성, 관련 변인과 프로그램의 내용이라고 볼 수 있는데, 이것들이 조화롭게 맞물려 구성되어야 한다. 따라서 프로그램을 재구성할 때는 연구 대상자의 연령, 심리적 변인, 활동 내용에 맞는 재구성 준거에 따라 수정하여 재구성해야 한다. 다음은 연구 대상자의 연령, 심리적 변인, 활동 내용에 맞는 재구성 준거 중 일부에 관한 예시다.

❖ 목적에 근거한 재구성 준거 예시

1. 청소년이 자신을 있는 그대로 받아들이고 자신의 소중함을 알도록 한다. 자살 경향성이 있는 청소년들이 보드게임을 활용한 집단상담을 통하여 집단원들과 집단상담자에게서 수용받는 경험을 할 수 있도록 한다.

❖ 활동 내용에 맞는 재구성 준거 예시

프로그램 단계	⇨	친밀감 및 신뢰감 형성 (1~3회기)	⇨	교류를 통한 상호작용 연습 (4~6회기)	⇨	자신과 타인에 대한 이해도 향상 (7~8회기)	⇨	협력을 통한 협동심 향상 (9~12회기)
프로그램 구성요소	⇨	프로그램 안내, 라포 형성	⇨	친밀감 향상, 상대방에 대한 이해, 주고받음에 대한 이해	⇨	다름에 대한 이해, 다름과 틀림의 구분	⇨	함께할 때의 즐거움, 행복, 함께함을 통한 친구의 소중함 깨달음
회기별 관련 요인	⇨	자기효능감	⇨	또래관계	⇨	자기효능감	⇨	또래관계

3) 프로그램 재구성

재구성 프로그램은 선행연구를 토대로 구성요소를 추출하고, 구성요소에 부합하는 활동요소를 도출하는 과정을 거친다. 선행연구에서 사용된 프로그램들을 비교·평가하여 프로그램 재구성의 근거로 활용하고, 활동요소 선정의 준거도 함께 제시한다.

프로그램 구성 단계는 이론적 구인을 추출하고, 이를 프로그램의 구성요소로 삼아 구체적인 활동요소로 잘 연결지어 조직하는 과정까지를 포함한다. 우선, 선행연구 자료를 검토하여 프로그램의 목표를 달성할 수 있는 구성요소를 산출한다. 그리고 각각의 구성요소는 다시 이를 구현할 수 있는 활동요소로 구현되는 것이다. 프로그램의 구성요소는 전체 프로그램을 통해 직선적 혹은 순환적으로 여러 회기에 걸쳐 제시되는 경우가 많다. 그렇게 되면 각 회기는 회기 전체의 활동을 통해 구현되어야 할 구성요소가 무엇인지 분명하게 포함해야 하며, 이를 구체적으로 구현하기 위해 필요한 프로그램의 활동요소를 잘 선택하고 조직적으로 배열하여야 한다. 일반적으로 프로그램의 한 회기는 2~3개의 활동요소로 구성되는 경우가 많다.

다음으로 효과적인 프로그램 활동을 선정한다. 다양한 프로그램 활동요소 중 가장 프로그램에 적절하면서도 효과적인 프로그램 활동이 무엇인지 선정 기준을 구체화하고, 다양한 평가를 거쳐 프로그램 활동을 선정한다. 그런 다음 프로그램 활동요소를 조직한다. 프로그램 활동요소의 내용뿐 아니라 각 활동의 배열 순서도 적절하게 배치되어야 한다. 프로그램의 활동 순서를 정할 때는 대상집단의 발달적 특성, 친밀감 정도, 논리적 순서 등을 고려하여야 한다. 이와 같은 과정을 통해 프로그램 참여자가 잘 몰입하고 집중할 수 있는 순서로 전체 프로그램의 활동을 구성해야 한다. 다음은 회기별 주제 및 활동 내용 재구성 중 일부를 제시한 것이다.

❖ 회기별 주제 및 활동 내용 재구성

회기	영역	주제	목표	프로그램 내용	참고 · 수정한 프로그램 및 활동 내용	수정 · 보완한 내용
1	친밀감 및 신뢰감 형성	프로그램 안내	• 참가자들이 프로그램의 목적, 활동 내용, 참여방법을 안다. • 집단원 간 신뢰를 증진시킨다.	• 프로그램 목적 및 운영방법 안내 • 자기소개 • 사전검사 실시 • 간단한 보드게임을 활용한 친밀감 형성	김채영(2019) 박경민(2018)	• 활동 전 자기소개 추가하여 수정 · 보완 • 사전검사 실시를 1회기에 추가하여 수정 · 보완
2		친구 알아 가기	• 게임하며 친구들과 친밀감을 형성한다. • 집단원 간 신뢰를 증진시킨다. • 집단상담자와의 친밀감을 형성한다.	• 지난 회기 되돌아보기 • 지난 회기 이후의 일상 나누기 • 보드게임 '힛더햇' 설명 후 게임하기 • 게임 끝난 후 느낌 나누고 소감 적기	김채영(2019) 박경민(2018)	• 시작 시 지난 회기 되돌아보기와 지난 일상 나누기 추가하여 수정 · 보완 • 신체를 함께 쓰는 게임으로 수정 · 보완

4) 프로그램 내용타당도 검증

프로그램 내용타당도 검증이란 프로그램 실시 전에 프로그램 필요성, 목적 및 목표, 내용 선정 및 내용 조직 등이 대상집단에 적절하게 구성되었는지에 대해 전문가 평가를 받는 것을 말한다. 이러한 전문가 내용타당도 검증을 통해서 프로그램 내용을 수정 · 보완한다. 프로그램 재구성에 관한 연구에서는 프로그램 개발 연구와 다르게 예비연구 단계가 생략되어 있기 때문에 전문가 타당도에 의한 평가를 면밀하고 구체적으로 받는 것이 중요하다. 다음의 예시는 전문가 내용타당도 검증을 받기 위한 프로그램 내용 재구성(안)과 전문가 내용타당도 검증 결과를 바탕으로 수정 및 보완한 사항에 관한 것이다.

〈표 13-5〉 전문가 내용타당도 검증 결과

<table>
<tr><th rowspan="2">단계</th><th rowspan="2">회기</th><th rowspan="2">주제</th><th rowspan="2">목표</th><th rowspan="2">프로그램 내용</th><th rowspan="2">참고 · 수정한 프로그램 및 활동 내용</th><th rowspan="2">수정 · 보완한 내용</th><th colspan="5">프로그램 타당도 평가</th></tr>
<tr><th>매우 부적절하다</th><th>부적절하다</th><th>보통이다</th><th>적절하다</th><th>매우 적절하다</th></tr>
<tr><td rowspan="4">친밀감 형성</td><td rowspan="2">2</td><td rowspan="2">친구 알아 가기</td><td rowspan="2">• 게임하며 친구들과 친밀감을 형성한다.
• 집단원 간 신뢰를 증진시킨다.
• 집단상담자와의 친밀감을 형성한다.</td><td rowspan="2">• 지난 회기 이후의 일상 나누기
• 보드게임 '힛더햇' 설명 후 게임하기
• 게임 끝난 후 느낌 나누고 소감 적기</td><td rowspan="2">김채영(2019)
박경민(2018)</td><td rowspan="2">• 지난 회기 이후 일상 나누기 추가
• 신체를 함께 쓰는 게임으로 수정 · 보완</td><td>1</td><td>2</td><td>3</td><td>4✓</td><td>5</td></tr>
<tr><td colspan="5">지금 기분 등을 나누는 것이 필요</td></tr>
<tr><td rowspan="2">3</td><td rowspan="2">손을 포개요</td><td rowspan="2">• 신체 접촉을 통해 친밀감을 향상시킨다.
• 친구와 어떨 때 친밀감이 느껴지는지 알고, 친밀감을 느낄 때의 마음의 변화를 느껴 본다.</td><td rowspan="2">• 지난 회기 이후의 일상 나누기
• 보드게임 '루미큐브' 설명 후 게임하기
• 게임 끝난 후 느낌 나누고 소감 적기</td><td rowspan="2">김채영(2019)
박경민(2018)</td><td rowspan="2">• 시작 시 지난 회기 되돌아보기와 지난 일상 나누기 추가하여 수정 · 보완
• 청소년들이 잘 알고 있는 게임으로 수정 · 보완</td><td>1</td><td>2</td><td>3</td><td>4✓</td><td>5</td></tr>
<tr><td colspan="5">게임을 하면서 깨닫거나 학교에서의 관계에 활용할 필요가 있음.</td></tr>
</table>

5) 최종 프로그램 구성

앞과 같은 체계적인 프로그램 재구성 절차를 거치게 되면 대상집단에게 효과적인 최종 프로그램이 구성된다. 다음의 예시는 최종 프로그램의 일부 내용을 차시별 제목, 목표, 활동 내용으로 나타낸 것이다.

〈표 13-6〉 **보드게임을 활용한 집단상담 프로그램의 실제**

단계	회기	주제	목표	활동 내용	시간
친밀감 형성	1	만나서 반가워요	• 참가자들이 프로그램의 목적, 활동 내용, 참여 방법을 안다. • 집단원 간 신뢰 증진 • 집단원 간 친밀감 형성	• 프로그램 목적 및 운영방법 안내 • 자기소개 • 보드게임 '스피디'를 활용한 친밀감 형성 • 느낌 나누기	50분
	2	친구 알아 가기	• 게임하며 친구들과 친밀감을 형성한다. • 친구의 느낌에 집중하며 친구들을 더 알아 가도록 한다.	• 지난 회기 이후의 일상 변화 나누기 • 지금 나의 느낌 나누기 • 친구와 함께 게임을 할 때 어떤 느낌인지 느껴 보기 • 보드게임 '힛더햇' 설명 후 게임하기 • 기본 게임 후 패턴마다 느낌 이름 붙여서 게임하기 • 게임 끝난 후 느낌 나누고 소감 적기	50분
	3	손을 포개요	• 신체 접촉을 통해 친밀감을 향상시킨다. • 친구와 어떨 때 친밀감이 느껴지는지 알고, 친밀감을 느낄 때의 마음의 변화를 느껴 본다.	• 지난 회기 되돌아보고, 일상 변화 나누기 • 지금 나의 느낌 나누기 • 보드게임 '스피디' 설명 후 게임하기 • 게임 끝난 후 느낌 나누고 소감 적기	50분

요 약

1. 집단상담 프로그램 개발의 필요성

현대사회에서 다양한 문제에 직면하여 고통받고 있는 대상자들의 요구에 구체적으로 부응하기 위하여 효과적인 집단상담 프로그램이 개발될 필요가 있다.

2. 국내 집단상담 프로그램의 개발 현황과 문제점

① 요구조사 과정에서 집단상담과 개인상담의 우선순위 차이를 염두에 두지 못함

② 편의성 위주의 효과성 검증으로 상담 목적이나 발달적 요구가 제대로 반영되지 못함

③ 집단상담의 목표와 프로그램 구성요소들의 불일치

④ 프로그램 실시방법이 구체적으로 제시되지 않음

⑤ 프로그램 평가의 참여자 자기보고식 평가의 한계

3. 집단상담 프로그램 개발의 원리

1) 프로그램의 기본 조건(변창진, 1994): 목적성, 조직성, 계획성, 통제성, 보증성

2) 프로그램 개발에서 고려해야 할 요인

① 프로그램 방향

② 프로그램 목적과 목표

③ 프로그램 개발 모형

④ 프로그램 내용

⑤ 프로그램 진행방법

3) 프로그램의 개발 원리

① 현실 가능성: 개발된 프로그램의 내용이 주어진 자원과 여건을 바탕으로 실현 가능한가?

② 개발과 평가의 연계성: 개발과정에서 평가 계획이 포함되고, 개발과 평가의 연계성이 있는가?

③ 적합성: 정확한 대상자 요구를 바탕으로 한 효과적인 프로그램인가?

④ 이론의 바탕 여부: 선행연구의 체계적 분석을 통한 프로그램의 이론적 근거가 뒷받침되는가?

⑤ 피드백의 용이성: 체계적, 효과적, 적용 가능한 프로그램을 위한 피드백 과정이 있는가?

제14장

집단상담 연구 동향 및 과제

읽기 전 나누기

- 집단상담 연구 유형에는 어떤 것들이 있는가?
- 집단상담에 대한 연구를 수행하고자 할 때 고려해야 할 점은 무엇인가?
- 집단상담 연구에서 중요한 요인이 있다면 무엇이라고 생각하는가?

읽고 나면

- 집단상담 연구의 동향을 파악한다.
- 집단상담 연구 동향에 따른 과제를 이해한다.

누가 당신에게 "집단상담이 정말 효과가 있나요?" "효과가 있다면 얼마나 있나요?"라고 묻는다면 당신은 무엇이라고 대답할 것인가? 거의 대부분의 사람이 주먹구구식으로 "내가 경험해 보니까 좋더라." 아니면 "누군가가 경험해 봤는데 좋다고 하더라." 또는 "상담은 대학원에서 정식으로 교육을 받은 전문가들이 하는 것이므로 효과가 있을 것이다." "미국의 유명한 ○○○ 대학교에서 개발한 프로그램이기 때문에 효과가 좋을 것이다."와 같이 막연한 대답을 늘어놓을 것이다. 그러나 적어도 당신이 집단상담에 관하여 전문적인 교육을 받은 사람이라면 상담 효과에 대한 좀 더 체계적이고 과학적인 근거를 확보해야 할 것이다. 이에 이 장에서는 집단상담과 관련된 연구방법론과 국내 집단상담의 연구 동향 및 과제에 대해 살펴보고자 한다.

1 집단상담 연구

'집단상담을 연구하면 실제로 상담을 잘할 수 있는가?'라는 질문에 대해 우리는 대부분 회의적인 태도를 취하게 된다. 왜냐하면 지금까지 연구된 연구 결과들을 우리가 아무리 잘 습득한다고 해도 지금 내 앞에 있는 집단원의 이야기에 어떻게 반응해야 하고 개입해야 하는지에 대한 구체적인 지침을 제공하지는 않기 때문이다. 그럼에도 불구하고 집단상담과 관련된 연구들은 눈에 띄는 증가 추세를 보이고 있다. 그러므로 단지 집단상담에 관한 연구가 상담 실제와 관련된 정보를 제공하지 않는다는 이유로 등한시된다면 집단상담자의 전문성 확보 및 집단상담의 발전뿐 아니라 결국 집단상담의 효용성 그 자체마저도 의심받게 될 것이다. 따라서 이 절에서는 집단상담 연구의 필요성과 집단상담 연구 유형을 통해 집단상담 연구에 대한 전체적인 밑그림을 그려 보도록 한다.

1) 집단상담 연구의 필요성

오늘날 우리나라에서의 상담은 사회의 각 분야에서 활발하게 받아들여지고 적극적으로 활용되고 있는 하나의 전문적 서비스 활동이다. 특히 집단상담은 개인상담의 역사에 비추어 볼 때 그 기간이 짧음에도 불구하고 큰 성장을 하였다. 이에 집단상담과 관련된 연구들 또한 눈에 띄게 증가하고 있다. 이러한 집단상담의 성장 경향성을 볼 때 앞으로도 집단상담의 성장은 꾸준히 지속될 것으로 보이며, 이에 집단상담에 관한 연구의 필요성은 다음 네 가지로 설명할 수 있다.

첫째, 집단상담 연구는 집단상담 관련 지식을 생산하고 축적하여 집단의 효용성에 대한 객관적인 근거를 마련하는 데 필요하다.

둘째, 상담에 관련된 지식은 경험을 통해서 얻는 경우가 많기 때문에 집단상담 연구는 미확인된 지식에서 확인된 지식으로 전환하는 데 도움이 된다. 집단상담 연구는 개인적이고 근거가 부족한 지식을 과학적이고 논리적인 절차를 거쳐서 확인되고 검증된 지식으로 전환시키기 위해 필요하다.

셋째, 집단상담 연구는 집단상담 개발 및 효과의 증진을 위해서 필요하다. 집단상담 연구를 통해 집단상담의 성과를 평가하는 성과연구나 성과를 산출하는 과정을 변화시키는 요인을 연구하는 과정연구는 과학적 엄밀성을 가진 평가방법들로서 집단상담의 효율성 유무와 경제성을 평가하고 효율성을 제고하기 위해 집단과정을 어떻게 변화시켜야 할 것인지 알 수 있게 한다.

넷째, 집단상담 연구는 집단상담자의 전문성 확보를 위해 필요하다. 집단상담 전문가의 지식과 기술의 효과가 인정되기 위해서는 '집단상담에 참여하면 그 사람의 일상생활에서 변화가 일어나는가?'라는 질문에 대해 긍정적인 대답뿐 아니라 그 근거를 제시할 수 있어야 한다. 그러므로 집단상담의 성과나 과정에 대한 과학적인 연구를 통해 상담이 효과가 있다는 주장의 타당성을 보여 주어야 한다.

2) 집단상담 연구 유형

집단상담 연구 유형을 파악하기 위해 집단상담에 관한 연구 중에서 2001~2020년까지 학술연구정보서비스(RISS4U)와 국회전자도서관의 온라인 원문 검색이 가능하고, 국내 학술지 중 등재지 또는 등재 후보지에 게재된 1,428편을 대상으로 하여 성과연구, 과정연구, 개관연구 및 이론연구를 토대로 하여 집단상담 연구 유형에 대해 구체적으로 살펴보고자 한다.[1]

특히 연구 수집을 위해 주제어와 제목에 '집단상담' 또는 '집단치료'가 포함된 자료를 기준으로 하였고, 원문을 검색한 학술지에서 원문 보기가 힘든 경우에는 대상에서 제외했다.

이를 구체적으로 살펴보면, 첫째, 성과연구의 하위영역으로는 집단상담 효과연구, 프로그램 단순개발연구와 메타분석[2]연구로 분류하였다. 그중에서 집단상담 효과연구에 대해 세부적으로는 연구 대상의 연령과 특성, 회기 구조 및 시간, 단일 실험집단원의 수, 집단상담의 성과에 따라 최종적으로 변하는 대표적 요인, 연구설계, 추수 평가 기간, 집단 배정, 처치집단 리더, 측정방법 등 총 열한 가지 항목을 중심으로 검토하였다. 둘째, 과정연구의 하위영역은 치료적 요인, 소집단 과정과 성과 연계, 집단상담자, 집단과정에 대한 사례의 질적 분석, 피드백, 내담자 특성으로부터 성과 예측의 총 여섯 가지 항목이다. 셋째, 성과연구와 과정연구에 속하지 않는 연구로는 개관 및 이론 연구가 해당된다.

이러한 연구들과 더불어 질적 연구 분석이 2007년 이후 증가 추세를 보이고 있다. 질적 연구 분석의 목적은 인간의 주관적 지각을 심층적으로 이해하는 것으로서 언어로 자료를 수집하여 연구 대상자의 이야기를 그들의 관점으로 이해하며 특정한 현상에 대해 의미를 해석하고 이론을 개발하는 것이다. 이러한 질적 연구 분석에서는 구체적으로 현상학적 분석이 가장 많았고, 근거이론 분석, 사례 분석

1) 권경인과 조수연(2010)이 분류한 기준 및 분석틀을 사용하였다.

2) 수년간에 걸쳐 축적된 연구 논문들을 요약하고 분석하는 방법. 논문들을 개관적으로 평가하고 종합하는 모든 작업을 해낼 수 있는 통계적 방법이다.

순으로 나타났다.

따라서 이 장에서는 집단상담 연구 유형의 분류에 성과연구, 과정연구, 개관 및 이론 연구와 함께 최근 증가 추세를 보이고 있는 질적 연구도 살펴보고자 한다.

2 집단상담 연구 동향 및 과제

집단상담 연구 유형을 성과연구(집단상담 효과연구, 프로그램 단순개발연구, 메타분석연구), 과정연구(과정-성과연구), 개관 및 이론 연구, 질적 연구로 분류하여 제시한 결과(〈표 14-1〉 참조)를 살펴보면, 꾸준히 집단상담 연구물이 증가하고 있다는 것을 볼 수 있다. 또한 연구 유형별로는 성과연구가 80% 이상으로 연구의 대부분을 차지하고 있고, 과정연구나 개관 및 이론 연구는 차지하는 비율이 낮음을 알 수 있다. 비중은 여전히 적으나 집단상담에 대한 질적 연구는 증가 추세에 있는 것으로 보인다.

다음은 2001년부터 2020년까지 집단상담 연구들을 대상으로, 그리고 최근

〈표 14-1〉 1990년 이전부터 2020년까지 집단상담 관련 연구의 유형

유형 분류	연구 유형	1980~2000년 학술지 논문	2001~2010년 학술지 논문	2011~2015년 학술지 논문	2016~2020년 학술지 논문
성과연구	성과연구 (집단상담 효과연구)	251(76%)	423(88%)	437(81%)	223(55%)
	프로그램 단순개발연구	27 (8%)	2 (1%)	12 (2%)	22 (5%)
	메타분석연구	0 (0%)	8 (2%)	19 (4%)	26 (6%)
과정연구	과정연구	32 (10%)	26 (5%)	29 (5%)	32 (9%)
	과정-성과연구	0 (0%)	6 (1%)	5 (1%)	16 (4%)
개관 및 이론 연구	개관 및 이론 연구	18 (6%)	10 (2%)	23 (4%)	30 (8%)
질적 연구	질적 연구	1 (1%)	3 (1%)	15 (3%)	53 (13%)
계		329	479	540	402

2011년부터 2020년까지는 5년 간격으로 집단상담의 연구 동향을 구체적으로 살펴보고 향후 연구 과제를 제시하고자 한다.

1) 집단상담 성과연구

집단상담 성과연구는 집단상담의 효과 여부를 검증하는 연구를 말한다. 집단상담 성과연구의 유형으로는, 첫째, 관심 대상이 되는 특정 집단이 효과적인지 여부를 밝히는 연구로서 상담 처치와 개입이 효과가 있는지 없는지를 검토하는 효과연구가 있다. 둘째, 연구자가 프로그램을 개발하여 그 효과를 검토하는 프로그램 단순개발연구가 있다. 셋째, 여러 개의 성과연구를 종합하여 집단상담 그 자체의 효과 여부를 검토하는 메타분석연구가 있다.

지금까지의 집단상담 연구의 많은 부분은 집단상담 프로그램의 효과를 확인하는 성과연구였다. 〈표 14-2〉에서 확인할 수 있듯이 성과연구의 하위영역 중에서 집단상담 효과연구가 연도에 상관없이 423편(98%), 437편(93%), 204(76%)으로 가장 많다. 한편, 최근 10년간은 집단상담 효과를 확인하는 성과연구가 거의 대부분을 차지하던 것에서 점점 프로그램 단순개발연구와 메타분석연구 등의 성과연구가 증가하는 경향을 나타내고 있다. 이 장에서는 2001년 이후의 연구를 기준으로 성과연구 영역에 대한 동향을 살펴보고자 한다.

〈표 14-2〉 성과연구 영역

성과연구 하위영역	집단상담 효과	프로그램 단순개발	메타분석	전체
2001~2010년	423(98%)	2(1%)	8(2%)	433
2011~2015년	437(93%)	12(3%)	19(4%)	468
2015~2020년	204(76%)	33(12%)	31(12%)	268

(1) 효과연구 동향

성과연구 중 프로그램 단순개별연구나 메타분석연구에서 효과 검증이 빠진 연구를 제외한 집단상담 효과연구 423편(2001~2010년), 437편(2011~2015년), 204

편(2015~2020년)에 대해 분석한 결과를 연구 대상, 회기 구조 및 시간, 단일 실험 집단원 인원, 대표 종속변인, 연구설계, 추수평가, 집단 배정, 처치집단 리더, 측정방법 중심으로 제시하고자 한다.

① 연구 대상

● 연구 대상의 연령

집단상담에 관한 연구에서 집단상담 참가 대상의 연령을 확인해 본 결과(〈표 14-3〉 참조), 유아부터 노인에 걸쳐 매우 다양한 연령층을 나타내고 있다. 특히 초등학생을 연구 대상으로 한 연구가 2001~2010년에는 86편(20%), 2011~2015년에는 120편(28%), 그리고 2016~2020년은 28편(14%)으로 가장 많았고 성인을 대상으로 한 연구가 그다음임을 알 수 있다. 주목할 만한 점은 유아, 초등학생, 중학생, 고등학생을 대상으로 하는 연구가 많았던 지난 10년간 연구 빈도(%)와 달리 최근 10년간 연구 빈도(%)는 대학생과 성인으로 바뀌었다는 점이다. 이는 연구자가 연구 대상자에게 접근하기 용이해서인지, 집단상담이 다른 대상자에 비해 효과적이기 때문인지, 무슨 근거에 의해 대학생과 성인을 대상으로 한 연구 빈도가 상승했는지 탐색이 필요하리라 생각된다. 그리고 노령화 사회로 평균수명이 늘어 노인 인구가 증가하면서 노인 문제가 많아지고 노인의 후반기 삶의 질에 대한 관심이 높아져서인지 노인 대상의 집단상담 연구가 높은 비중을 차지하고 있다. 이에 그 원인과 그들에게 효과적인 집단상담의 개발 및 검증이 필요하

〈표 14-3〉 연구 대상의 연령별 논문의 빈도

	연구 대상	아동	초	중	고	청소년	대학생	성인	노인	전체
2001~2010년	빈도	48	86	59	39	–	31	127	33	423
	%	11	20	14	9	–	7	30	8	100
2011~2015년	빈도	29	120	58	36	19	42	92	41	437
	%	7	28	13	8	4	10	21	9	100
2016~2020년	빈도	18	28	8	10	36	30	69	5	204
	%	9	14	4	5	17	15	34	2	100

리라 본다. 한편, 2010년 이전에는 중·고등학생을 혼합해서 집단상담을 실시한 연구자가 없었으나 2011~2015년은 19편(4%), 2016~2020년 36편(17%)을 차지하고 있다. 연구 대상 선정방법의 경우 각 시 소재의 청소년상담복지센터나 사회복지기관 등을 통해 집단상담 프로그램에 참가를 희망하는 신청자를 모집한 경우가 많았다. 특히 소년원이나 보호관찰소 비행청소년을 대상으로 한 경우나 학업중단 청소년 등 특정 환경에 처한 위기 청소년을 연구 대상으로 하였기 때문에 중·고등학생을 혼합한 집단상담을 실시한 연구자가 증가한 것으로 나타났다.

● 연구 대상의 특성

한편, 연구 대상 중에 특정 대상에 대해 구체적으로 살펴보면, 〈표 14-4〉에서 볼 수 있듯이 공통적으로 환경적 특성 중에는 부적응적 특성 문제에 초점을 맞춘 연구가 42편(10%), 48편(11%), 28(14%)편으로 가장 많았고, 다음으로 가족 측면의 영향인 결손 가정, 외상 경험(가족 내 폭력, 학대)이 많았다. 이것은 최근 적응의 어려움을 겪는 대상을 중심으로 한 연구들로, 사회성 개발, 관계 증진, 자기성장에 관한 치료적인 집단상담을 통해 학교나 사회에 부적응적인 청소년이나 부적응 병사, 그들의 비행이나 공격적 행동, 문제행동을 하는 대상으로 한 연구가 활발히 진행되고 있는 것과 밀접한 관련이 있다고 보인다. 특히 주목할 점은 특정 직업군을 대상으로 한 연구다. 보육교사, 경찰관, 병사, 구치소 재소자, 보호관찰 청소년, 보육시설, 요양시설, 다문화, NGO 시민단체, 자활사업 참여자 등을 대상으로 연구가 점차 확대되고 있으며, 최근에는 다문화 가정 부부나 자녀, 여성을 대상으로 많은 연구가 이루어지고 있다. 이는 집단상담의 대상이 다양화되었고 집단상담이 그만큼 많이 보급되어 가고 있음을 시사한다.

병리적 특성은 정신병리와 신체병리로 나눌 수 있다. 정신병리적 특성으로는 중독, 발달장애, 불안, 조현병, ADHD, 우울 등의 다양한 병리적 대상에 초점을 맞춘 연구가 포함되며, 신체병리적 특성으로는 주로 치매노인과 뇌졸중, 비만, 청각장애, 뇌병변, 혈우병 환자를 대상으로 한 집단상담 연구가 진행되는 것으로 확인되었다. 주목할 점은 최근에는 과거 술이나 약물 등만이 중독이 아니라 중독

〈표 14-4〉 연구 대상 특성에 따른 집단상담 성과연구(2001~2020년)

<table>
<tr><th colspan="3" rowspan="2">연구 대상 특성</th><th colspan="3">2001~2010년</th><th colspan="3">2011~2015년</th><th colspan="3">2016~2020년</th></tr>
<tr><th>빈도</th><th colspan="2">%</th><th>빈도</th><th colspan="2">%</th><th>빈도</th><th colspan="2">%</th></tr>
<tr><td colspan="3">일반 (연령으로만 구분)</td><td>149</td><td colspan="2">35</td><td>154</td><td colspan="2">35</td><td>110</td><td colspan="2">54</td></tr>
<tr><td rowspan="5">환경적 특성</td><td>부적응</td><td>부적응 청소년, 부적응 아동, 기타-병사</td><td>42</td><td>10</td><td rowspan="5">31</td><td>48</td><td>11</td><td rowspan="5">35</td><td>28</td><td>14</td><td rowspan="5">35</td></tr>
<tr><td>결손 가정</td><td>한부모 가정</td><td>29</td><td>7</td><td>30</td><td>7</td><td>6</td><td>3</td></tr>
<tr><td>외상 경험</td><td>가정폭력, 학교폭력, 학대, 기타 외상</td><td>26</td><td>6</td><td>34</td><td>8</td><td>8</td><td>4</td></tr>
<tr><td>저소득층</td><td>-</td><td>18</td><td>4</td><td>19</td><td>4</td><td>10</td><td>5</td></tr>
<tr><td>특정 직업군</td><td>보육교사, 경찰관, 병사, 구치소, 보육시설, 요양시설, 복지시설, 다문화, NGO, 시민단체</td><td>16</td><td>4</td><td>20</td><td>5</td><td>18</td><td>9</td></tr>
<tr><td rowspan="2">병리적 특성</td><td>정신병리</td><td>발달장애, 중독, 불안, 조현병, ADHD, 우울, 기타</td><td>93</td><td>22</td><td rowspan="2">31</td><td>89</td><td>20</td><td rowspan="2">28</td><td>10</td><td>5</td><td rowspan="2">7</td></tr>
<tr><td>신체병리</td><td>치매, 뇌졸중, 유방암, 기타: 비만, 청각장애, 뇌병변, 혈우병</td><td>37</td><td>9</td><td>36</td><td>8</td><td>4</td><td>2</td></tr>
<tr><td colspan="3">기타</td><td>13</td><td colspan="2">3</td><td>7</td><td colspan="2">2</td><td>10</td><td colspan="2">5</td></tr>
<tr><td colspan="3">전체</td><td>423</td><td colspan="2">100</td><td>437</td><td colspan="2">100</td><td>204</td><td colspan="2">100</td></tr>
</table>

대상의 연구 범위가 확대되고 있다는 사실이다. 특히 인터넷게임이나 휴대전화의 과도한 사용으로 인한 중독이 큰 영향을 미치는 것으로 보인다. 따라서 그들을 대상으로 집단상담이 근원적으로 중독 성향을 예방하거나 치료하는 대안으로 활용될 수 있는지에 대한 더 심도 깊은 탐색이 필요하리라 본다.

② 연구설계 관련

● 회기 구조 및 시간

진행 회기 구조별 논문을 구분하여 살펴본 결과를 보면(〈표 14-5〉 참조), 10~16회기로 진행되는 집단이 211편(50%), 289편(66%), 121편(59%)으로 가장 많았다. 따라서 집단상담을 통하여 특정 목적을 가지고 처치되는 집단의 거의 대부분이 10~16회 사이의 회기 구조로 정기적인 진행 구조를 갖고 있음을 알 수

〈표 14-5〉 회기 구조별 논문의 빈도

	회기 구조	9회기 이하	10~16회	17회기 이상	마라톤	미상	전체
2001~2010년	빈도	125	211	80	7	-	423
	%	29	50	19	2	-	100
2011~2015년	빈도	78	289	51	4	15	437
	%	18	66	12	1	3	100
2016~2020년	빈도	46	121	26	-	11	204
	%	23	59	13	-	5	100

있다.

한편, 회기 시간을 5단계로 나누어 한 회기별 구체적 회기 시간별 논문에 대한 분석 결과(〈표 14-6〉 참조)를 살펴보면, 50~79분을 한 회기로 진행하는 프로그램이 119편(28%), 154편(35%), 67편(33%)으로 가장 많았는데, 적용 대상은 주로 초등학생이 많았다. 대학생은 90분 또는 120분 동안 회기를 진행하는 경우가 많았으며, 성인은 상황에 따라 다양한 회기 시간으로 진행되는 것으로 나타났다.

하지만 앞에서 살펴본 바와 같이 집단상담 연구 시 가장 빈번한 연구 대상은 초등학생인 것으로 나타났다. 이를 통해 집중력이 떨어지는 초등학생을 대상으로 할 때는 1시간 이내로 구조화할 가능성이 높을 것으로 추측할 수 있다. 따라서 50~79분이라는 회기 시간이 다른 대상에게도 일반화할 수 있을 정도로 효과가 있는지, 특정 집단과 특정 집단 대상에 따라 가장 효과가 큰 회기 시간이 무엇인

〈표 14-6〉 회기 시간별 논문의 빈도

	회기 시간	50분 미만	50~79분	80~109분	110~140분	150분 이상	마라톤	미상	전체
2001~2010년	빈도	38	119	103	82	42	39	-	423
	%	9	28	24	19	10	10	-	100
2011~2015년	빈도	34	154	127	67	21	3	31	437
	%	8	35	29	15	5	1	7	100
2016~2020년	빈도	32	67	47	30	10	-	18	204
	%	16	33	23	15	5	-	9	100

지를 메타분석과 같은 방법으로 검증해 볼 필요가 있다.

● 대표 종속변인[3)]

성과연구의 대표 종속변인별 집단연구의 빈도를 분석한 결과는 〈표 14-7〉과 같다. 분석 기준으로, 연구 제목상에 표기된 첫 번째 변인을 대표 종속변인으로 삼았다. 최근 10년(2011~2020년)간의 자료를 살펴보면, 전체적으로 자아개념이 135편으로 가장 많은 연구가 이루어지고 있다. 이러한 자아개념에는 자아정체감, 자아실현, 자아존중감 등이 포함되고, 연구 대상에 관계없이 집단의 중요한 주제로 적용되고 있는 것으로 확인되었다.

연구 대상 중 유아나 초등학생 및 부적응 청소년 등 특수한 대상으로 진행된 연구에서는 공통적으로 적응을 중요한 종속변인으로 두는 연구가 많았다. 적응

〈표 14-7〉 대표 종속변인별 논문의 빈도

연도별 빈도(%) \ 종속변인		자아개념	적응	관계	자기조절	우울	스트레스	불안	자기표현
2001~2010년	빈도	102	68	55	40	36	25	24	15
	%	24	16	13	9	8	6	6	4
2011~2015년	빈도	112	57	37	44	24	29	16	15
	%	26	13	8	10	6	7	4	3
2016~2020년	빈도	23	25	28	22	8	12	6	8
	%	12	12	14	11	4	6	3	4

연도별 빈도(%) \ 종속변인		정서	가치관	공격성	진로	성격	기타	전체
2001~2010년	빈도	14	13	12	11	-	8	423
	%	4	3	3	2	-	2	100
2011~2015년	빈도	52	6	6	28	6	5	437
	%	12	1	1	7	1	1	100
2016~2020년	빈도	16	2	3	30	3	18	204
	%	8	1	1	15	1	8	100

3) 집단상담의 효과에 영향을 받아 최종적으로 변화하는 요인. 집단상담의 효과 여부를 판단하는 준거가 되기도 한다.

범주에는 학교 적응, 사회적 적응, 학급 적응 등이 포함되고, 이 영역에 속하는 연구는 82편이었다. 다음으로 정서를 다루는 집단상담 관련 연구가 68편으로 나타났다. 주목할 점은 최근 대두되고 있는 인터넷 및 다양한 영역의 중독에 대한 어려움을 겪고 있는 대상에게 자기조절을 목적으로 한 집단상담도 66편이었는데, 자기조절 변인에는 인터넷, 약물, 알코올, 섭식 등이 포함되었다.

(2) 프로그램 단순개발연구 동향

〈표 4-2〉 성과연구 영역에서 보듯이, 프로그램 단순개발연구는 2편(1%)에서 2011~2015년에는 12편(3%), 그리고 2016~2020년은 33편(12%)으로 급격하게 늘어났다. 즉, 기존의 국내 집단상담 프로그램 연구는 효과 검증에 초점을 두고 있었지만, 변화하는 시대 흐름에 따라 다양한 주제와 대상에게 개입을 시도한 프로그램 단순개발연구의 비중이 증가하는 경향을 띤다. 왜냐하면 각 프로그램은 고유한 이론적 측면과 실행적 측면이 있고, 다른 유사한 프로그램과 장단점이 비교되어야 하므로 변화하는 사회에서 새로운 문제로 대두되고 있는 특정 환경이나 대상의 욕구에 대한 올바르고 효과적인 충족을 위해서는 특수한 성격의 프로그램 단순개발연구가 우선되어야 하기 때문이다.

(3) 메타분석연구 동향

성과연구의 하위영역에 포함되는 메타분석(meta analysis)은 많은 개별연구의 결과를 하나로 종합하는 수량적인 접근방법으로서 일반적 결론을 도출해 내기 위하여 선행연구들의 통계적 분석 결과를 분석하는 '분석들의 분석(Analysis of Analysis)'으로, 특정 분야 또는 일정한 연구 주제에 관한 선행연구들을 통합하여 종합적인 결론을 내리는 통계 기법을 말한다(Glass, 1976). 즉, 서로 다른 다양한 연구를 하나의 일관된 체계적 틀 속에서 통합하여 분석해 봄으로써 연구 결과의 누적을 단순화시킬 수 있는 연구방법이며, 크기에 대한 정보를 제공할 뿐만 아니라 그 효과의 크기를 지수로 사용하여 치료법 간의 비교, 내담자 효과나 상담자의 특성 간 비교 등 다양한 분석이 가능해진다는 이점이 있다. 또한 특정 주제에 관련된 여러 연구물의 결과를 데이터로 사용하는 것이 가능하며 모집단 평가 및 연구방법, 연구 대상, 범위, 조건 등 여러 변인관계를 동시에 규명할 수 있기 때문에 체계적이며 정확한 결론을 내릴 수 있다(Jackson, 1980).

그러므로 최근 상담 및 심리치료 분야에서는 집단상담의 효과를 분석하기 위해 선행연구 논문들을 수집하고, 그 결과를 요약 · 분류 · 정리 · 분석하는 메타분석이 자주 활용되고 있다. '부록 2'는 2010~2020년까지 선행된 집단상담의 메타분석연구 동향을 나타낸 것이다.

메타분석 결과, 최근 들어 메타분석의 대상이 비행청소년, 비양친 가정 아동, 장애아동 등 다양한 영역으로 확대되고 있으며, 특히 미술치료나 독서치료 등 보조자료를 이용한 집단상담의 효과성에 대한 연구의 입증으로 메타분석연구에 관한 지식이 축적되어 가고 있다. 지난 2010년부터 2020년까지 이루어진 메타분석의 중요 주제는 청소년 자아존중감, 성과연구, 진로지도, 학업성취, 비행청소년, 자기성장, 놀이치료, 인터넷 중독과 같은 다양한 영역의 집단상담에 대한 것으로 나타났다.

(4) 성과연구 과제

2001~2020년 사이의 집단상담 성과연구 결과를 바탕으로 연구 과제를 살펴보면 다음과 같다.

첫째, 집단상담 연구 영역 중에서 성과연구에 편중 현상을 보이고 있다. 그러므로 단순히 프로그램 효과성연구가 아닌 개발 및 메타분석 연구로 성과연구의 방향이 조정될 필요가 있다.

둘째, 특정 대상에 초점을 둔 집단상담 성과연구가 양적으로 많이 증가했다는 점에서는 긍정적인 평가를 내릴 수 있다. 그러나 보다 세분화된 병리나 문제에 대한 보다 체계적인 집단상담 프로그램 개발이 필요하다.

셋째, 성과연구의 대표적 종속변인으로 높은 빈도를 나타내는 주제는 자아개념, 적응, 정리, 관계, 자기조절, 진로로 나타났다. 특히 자아개념은 꾸준히 연구되는 변인으로 나타나는데 반복되는 변인의 확인을 넘어서 다양화된 사회에서 보다 현실 적용이 가능한 구체적인 변인들을 탐색할 필요가 있다.

넷째, 연구설계에 있어 실험 · 통제집단을 설계하고 프로그램 사전 · 사후를 평가하여 프로그램 효과를 검증하는 방식이 가장 많았다. 그러나 초기 효과 검증에서 효과가 확인된 집단상담 프로그램에 대해서는 보다 정교한 설계로 비교집단을 두는 것이 필요하다.

다섯째, 추수평가를 실시한 연구가 적었고, 그 기간이 1~3개월 미만이 가장 많았다. 그러나 선행연구들에서 최소 6개월에서 12개월 정도의 추수평가를 제안한 점을 감안할 때(Piper, Ogrodniczuk, Joyce, & Weideman, 2009), 보다 긴 시간 간격을 두고 추수평가를 진행할 필요가 있다.

여섯째, 처치집단 리더로 연구자가 직접 진행한 경우가 많아 성과에 끼치는 영향을 배제하기 어렵고, 코리더의 역할이 함께 촉진 역할을 하기보다는 간단한 보조적 도움을 주는 것으로 한정되어 있다는 제한점이 있다.

2) 집단상담 과정연구

(1) 최근 연구 동향

집단상담 과정연구는 집단상담에서 무엇이 발생하는지를 기술하는 연구로서 집단회기 내에서 무엇이 발생하는가, 회기 내에서 발생하는 모든 사건과 상호작용은 시간 흐름에 따라서 어떻게 변화하는가, 그리고 그것은 다른 요인들과 어떤 관련이 있는가를 연구하는 것이다. 또한 과정-성과연구는 상담 성과의 차이를 일으키는 과정변인이 무엇인지를 알아내고자 하는 것을 목적으로 한 연구로서 상담회기 내에서 발생하는 것이 집단원의 변화와 어떻게 관련되는지를 밝히는 연구다(이형득, 김성회, 설기문, 김창대, 김정희, 2002). 여기에서는 이러한 집단상담 과정 및 과정-성과연구를 과정연구라 칭하고, 하위영역과 각 영역에 따른 연구 동향을 살펴보고자 한다.

① **치료적 요인**

치료적 요인과 관련된 연구는 2001~2010년 사이에 나온 26편 중 11편(41%), 최근 10년(2011~2020년) 간 61편 중 19편(31%)으로 가장 많이 연구된 주제다. 집단 유형에 따른 치료적 요인의 예로, 감수성 훈련 집단, 외래환자 시간제한 집단, 인성교육 집단, 인지행동 공황장애 집단, 또래 집단 등이 있다. 집단원의 특성과 관련된 치료적 요인에 대한 연구(박현경, 이영희, 2004)에서는 개인주의, 집단주의 성향, 상담자 역할기대와 치료적 요인의 관계를 탐색하였다. 또한 치료적 요인 중 다양한 구성개념을 포함하고 있는 개념들에 대한 구체적 탐색이 시도되기도 하였는데, '대인관계를 통한 학습'의 구성개념에 대한 탐색이 집단상담 전문가들을 통해 이루어졌다(최유리, 김계현, 2005).

또한 최근 치료적 요인과 관련한 주된 연구 경향인 집단 유형, 집단원 특성, 집단 발달단계 등에 집중되어 있던 연구에서 살펴보지 못했던 집단상담 활동(구조화 활동)이 촉진하는 치료적 요인에 대한 탐색도 시도되었다(권경인, 2008).

치료적 요인과 관련된 최근의 학술지에 출간된 연구에는 연구 대상과 연구 주제가 극심한 취업난과 관련된 대학생의 진로에 관한 것이 많았다. 구체적으로 살펴보면, '대학생 진로집단상담의 효과요인 분석'(천미숙, 이윤주, 2011), '장애 대학생의 취업준비도 특성: 비장애 대학생 집단과의 비교를 중심으로'(김동일, 신재현, 이기정, 김원호, 2011) 등이 있다. 이는 대학은 향후 취업을 위한 중요한 시기이므로 집단상담 효과 요인을 분석할 경우, 진로 집단상담 프로그램의 개발과 적용의 효과성을 높이는 데 도움이 될 수 있으며 특히 장애 대학생이 사회 진출을 준비하는 데 부정적인 영향을 미칠 수 있는 내·외적 요인들이 장애 대학생의 진로교육 및 진로상담에서 고려되어야 하기 때문이다. 뿐만 아니라 최근 집단상담이나 집단치료에서는 집단의 활동을 원활하게 하고 치료의 효과를 높이기 위해 놀이, 미술, 독서, 영화 등의 다양한 방법을 도입하고 있다. 이러한 집단치료를 통해 어떤 요인이 작용하여 무엇이 변화되고 무엇이 촉진되는지, 또한 다른 치료법과 다른 특성은 무엇인지, 이러한 과정에서 치료자의 역할은 무엇인지 등 집단치료의 치료적 요인을 객관적으로 파악함으로써 치료 지침을 세우는 데 기여할 수 있기 때문이다.

또한 '집단상담 프로그램이 부적응 병사의 인간관계 증진에 미치는 영향'(최혜란, 2011)은 군 복무 부적응 병사의 심리적 요인에 관한 내용으로, 현재 개인상담 중심으로 이루어지는 군 조직 내의 부적응 병사에 대한 접근이 집단상담으로 이루어졌을 때 어떤 효과가 있는지 알아보고, 집단상담 프로그램의 보다 효과적인 구안과 운영에 유용한 경험적인 자료를 제공함으로써 향후 부적응 병사에 대한 새로운 방향을 제시하고자 하였다.

② 소집단과정과 성과 연계

집단에서 무엇이 어떻게 일어나서 상담의 성과에 영향을 미치는가에 대한 이해를 가능하게 하는 연구로, 집단상담의 대표적 과정 요인인 응집력 변화 추이와 상담회기 평가 및 상담자 평가의 상관에 대한 연구가 있다(이명경, 박성희, 2001).

또한 중도탈락자와 수료자들을 대상으로 한 집단 응집력과 회기 평가, 상담자 평가를 탐색한 연구(박성주, 박재황, 2004), 사이코드라마의 회기과정과 치료적 효과를 연결한 연구도 있다(박희석, 손정락, 임수진, 2001).

집단상담에서 목표 설정 훈련이나 상위인지적 자각 증진을 통해 상담의 성과와 연결한 연구도 있는데, 예를 들면 집단상담 목표 설정 훈련을 통해 집단원들의 동기 및 회기 평가에 미치는 효과(신미라, 김창대, 2005), 집단상담에서 상위인지적 자각(meta-cognitive awareness)의 수준 변화 정도와 상담 성과의 관련성에 대한 연구도 있다(정효경, 윤호균, 2005).

또한 비구조화 집단상담 축어록에 나타난 집단원의 언어 반응 유형이 집단 발달단계, 상담 성과, 회기, 소감문에 어떻게 관련이 있는지를 HIM(Hill Interaction Matrix)[4]을 사용하여 분석한 것도 있다(이춘희, 김정희, 2002).

최근 급변하는 한국 사회에서 경제의 양극화 현상과 이혼 · 결손 가정의 증가

4) HIM(Hill Interaction Matrix, 상호작용행렬표)이란 집단원 간의 상호작용의 내용에 초점을 두고 있는 미시적 수준의 평정도구이다. 이 도구는 크게 내용(content)과 작업(work)의 두 차원으로 나뉜다. 각 차원은 4개의 하위요인과 각 하위요인들의 교차에 의해 16개의 범주로 이루어져 있다.

로 청소년은 큰 혼란을 겪고 있다. 이러한 환경 변화로 인해 청소년의 비행 문제는 심각한 상황이라 할 수 있다. 따라서 이러한 청소년에게 실제적인 도움이 될 수 있는 교육이 필요하다. 이러한 관점에서 구체적인 예를 들면, '소년수형자의 자아정체감에 미치는 한국형 에니어그램 집단상담의 과정 및 효과 분석'(김남북, 2015)은 프로그램 진행과정의 적절성과 집단원의 자아정체감 향상 변화를 살펴보고자 하였으며, '세계 문화와 역사를 활용한 범죄청소년 진로집단상담 프로그램 효과 분석–소년원과 소년교도소 집단 분석'(한영선, 최현숙, 2015)은 범죄소년을 대상으로 프로그램을 실시한 후 프로그램 과정의 적절성과 집단원의 자아정체감, 진로결정 자기효능감 향상에 어떤 변화가 있는지를 살펴보고자 하였다. 그리고 '청소년 게임중독 집단상담의 성과에 영향을 미치는 상담자변인과 상담과정변인: 성공집단과 비성공집단의 비교'(장재홍, 2011)에 관한 연구는 인터넷 중독 청소년을 대상으로 집단을 운영하는 상담자에게 집단 운영과 관련하여 다양한 시사점을 제공해 준다. 또한 '명화를 활용한 집단미술치료과정에서 나타난 HIV/AIDS 감염인의 실존적 삶의 의미 탐구'(김영애, 김갑숙, 2015)는 죽음에 대한 불안과 두려움으로 불안정한 정서를 가진 HIV/AIDS 남성 감염인을 대상으로 명화를 활용한 집단미술치료를 실시하여 그 과정을 통하여 이들의 실존적인 삶의 의미를 재창조하여 새 삶을 영위하며 살아가도록 하는 데 도움을 주기 위한 것이다. 그리고 '통합상담적 집단수련과정의 단어기반 언어분석: 한국어 글분석프로그램(KLIWC)의 탐색적 적용'(이장호, 2012)은 최근 LIWC(Linguistic Inquiry and Word Count)라는 '심리학적 글분석 프로그램'을 적용하여 사람들이 사용하는 언어 양식을 고찰하려는 시도와 관련하여, '통합상담적 집단수련' 축어록에 나타난 집단지도자와 집단구성원의 사용 언어의 특징을 집단과정의 전반부와 후반부로 구분하여 탐색적으로 비교 분석하였다.

③ 집단상담자

상담현장은 그 특성상 상담자가 사전에 통제할 수 없는 많은 변수가 존재하므로 상담자가 자신의 경험을 최대한 활용하여 다양한 상황에 유연하게 대처하는 능력을 개발할 필요가 있다. 그리고 집단상담자에 대한 탐색은 집단상담의 발전을 위해 필요한 연구로 주목받고 있다. 이는 최근 상담 관련 연구에서 상담자 요인에 대한 관심이 높아지는 것과 맥을 같이한다. 실제 상담현장에서 집단상담을 진행하고 있는 집단상담자들을 대상으로 이들의 발달적 과정과 특징을 탐색하는 시도는 다양한 측면에서 의미를 가진다. 이러한 관점에서 구체적으로 살펴보면, '음악치료 수퍼비전 형태에 따른 수퍼비전 만족도 조사'(곽은미, 장빛나, 유가을, 2012)에서는 음악치료 수퍼비전 형태, 즉 개인 수퍼비전과 소집단 수퍼비전 형태에 따른 수퍼바이지의 수퍼비전 만족도에 차이가 있는지를 알아보고자 하였으며, '미술치료 집단수퍼비전 경험에 대한 연구–포커스 그룹 인터뷰를 중심으로–'(최선남, 박미형, 2015)에서는 미술치료 집단 수퍼비전 경험이 갖는 의미를 인식하고, 더 나아가 미술치료 수퍼비전의 체계화 및 효과적인 집단 수퍼비전을 위한 구체적인 근거를 제시하고 있다. 또한 '집단수퍼비전 경험을 통한 상담자의 발달적 변화과정'(하정, 홍지영, 2011)과 '집단상담자 발달모형–전문성 발달의 단계, 주요 주제 및 특성을 중심으로–'(권경인, 지희수, 강신호, 김미옥, 2012)에서는 상담전문가가 되기까지의 집단 수퍼비전 경험과정을 탐색하여 상담자의 발달적 변화과정을 살펴보고 있으며, 집단 수퍼비전에 참여하는 수퍼바이저와 수퍼바이지 모두에게 보다 효율적인 성장을 위한 내용을 알려 준다. 또한 '집단상담자 경력에 따른 자기대화 차이 분석: 집단원의 대화독점 문제 상황을 중심으로'(김현령, 김창대, 2015)에서는 집단원의 대화독점이라는 문제 상황에서 초심 집단상담자와 숙련 집단상담자의 자기대화의 내용에 어떠한 차이가 존재하는지를 밝히고자 하였으며, 집단상담자의 자기성찰에 대한 경험적인 연구를 제공하고 경력에 따른 차이를 드러냄으로써 집단상담자 발달연구에 실증적 근거를 축적하고 집단상담자 교육 및 수퍼비전에 도움을 주고자 하였다.

(2) 연구 과제

2001~2020년 사이의 집단상담 과정연구 결과를 바탕으로 연구과제를 살펴보면 다음과 같다.

첫째, 과정연구의 수가 너무 적을 뿐만 아니라 과정–성과연구도 매우 드물게 이루어지고 있다. 특히 단순한 과정 개념들과 회기 평가를 확인하는 것이 주된 연구의 형태라는 점에서 제한점을 가지고 있다.

둘째, 치료적 요인과 관련된 연구가 전체 과정연구 중에 가장 많이 수행된 연구다. 그러므로 연구방법의 다양화가 필요하다. 예를 들면, 치료적 요인을 척도 질문지 혹은 소감문이나 인터뷰 분석 중 한 가지 방법만을 사용하여 분석하지 않고, 전문적인 훈련을 받아 집단상담과 집단의 치료적 요인에 대한 깊고 체계적인 이해를 하고 있는 평정자가 소감문이나 인터뷰 분석 내용을 척도로 평정하여 수량화하는 방법으로 연구하여 분석해 낸다면 회기별, 집단 발달단계별 치료적 요인의 추이와 양상, 특정 대상이나 목적별 치료적 요인의 특성 등을 도출할 수 있을 것이다.

셋째, 내담자 특성은 집단 과정과 성과에 영향을 미치는 중요한 요소로 확인되고 있지만 내담자 특성으로부터 과정과 성과를 예측하는 연구는 드물다. 그러므로 과정과 성과에 영향을 미치는 내담자 특성에 대한 이해를 높이기 위해 이 영역에 대한 활성화된 연구가 필요하다.

넷째, 과정연구 영역에서 집단상담자의 특징이나 효과적 리더십을 탐색하는 연구가 드물다. 그러므로 보다 다양한 경험적 연구를 통해 집단상담의 중요한 주체인 집단상담자에 대한 지속적인 연구가 필요하다. 즉, 대상별 · 초점별 집단 프로그램들에서 흔히 사용되는 활동들이 어떠한 치료적 요인을 이끌어 낼 수 있는지에 대한 세밀한 분석연구가 필요하다.

다섯째, 다양한 집단상담의 치료적 요인들을 찾고 정량적으로 측정하여 치료적 인과관계를 규명할 수 있는 연구 설계 및 방법의 개발과 특히 집단상담의 치료적 요인과 관련한 척도의 개발이 필요하다.

여섯째, 과정연구의 치료자 요인과 관련하여 집단상담 수퍼비전에 대한 관심이 커지면서 집단상담에서 다양한 이슈를 유능하게 대처할 수 있도록 집단상담의 수퍼비전을 활성화하고 활용할 수 있는 체계가 세워져야 한다.

3) 집단상담 개관 및 이론 연구

(1) 최근 연구 동향

최근의 개관 및 이론 연구를 세분해서 비교해 보면, 개관연구(outline research)가 거의 대부분을 차지하고 있고, 이론연구는 매우 드물다. 개관연구에서 다른 주제는 진로집단 관련이 우세했고 대인관계, 학습, 자기성장, 부모-자녀 관계를 다루었다. 학습장애아, 청소년, 부부를 대상으로 연구되었으며 내용적 요소로는 프로그램 개발, 치료적 요인, 수퍼비전, 집단상담 윤리에 대한 전반적인 개관연구들이 이루어지고 있다. 이처럼 집단상담과 관련한 개관연구는 다양한 주제로 진행되었다.

(2) 연구 과제

개관연구는 현재까지 진행된 집단상담 문헌 자료를 중심으로 통합적으로 검토하여 주요 요소별로 현황과 문제점을 살펴보고, 문제해결을 통한 다음 연구들을 제시한다. 이론연구는 집단상담과 관련한 이론적 기술을 토대로 한 연구다. 따라서 집단상담과 관련된 구체적인 연구가 많이 진행되면 그에 따른 개관이 다시 한 번 이루어질 것이다. 그러므로 집단상담이 활성화되고 발전하기 위해서는 앞으로 집단상담과 관련된 다양하고 구체적인 측면에서 개관 및 이론 연구가 체계적으로 발전될 필요가 있다.

4) 집단상담 질적 연구

(1) 최근 연구 동향

질적 연구는 조작되지 않은 환경에서 자료를 바탕으로 있는 그대로의 경험을 단계적 방법을 사용하여 분석하는 것이다. 국내에서 집단상담과 관련한 질적 연구는 빠른 증가 추세를 보이고 있다. 상담학 연구에 게재된 논문을 분석하여 상담학 연구 동향을 살펴본 바에 의하면(조남정, 최은미, 최희진, 장선철, 2010), 2007

년 이후 증가 추세를 보이는 질적 연구 분석은 현상학적 분석이 가장 많았고, 근거이론 분석, 사례 분석 순으로 나타났다. 제시된 질적 연구들을 범주화해 보면, 이론을 적용해서 효과성을 분석한 내용과 독서치료, 음악치료, 미술치료와 관련된 연구가 많은 비중을 차지하고 있다. 이 외에도 집단상담 대가 및 숙련전문가, 정신재활 회원, 집단 따돌림 피해 여고생, 자살 사후개입 관련 청소년, 주의력결핍 과잉행동장애 초등학생과 같은 특정 대상을 연구 대상으로 하는 경향을 보이고 있다.

(2) 연구 과제

질적 연구는 양적 연구와는 차별화된 형태로 특정 영역과 대상을 깊이 있게 연구한다. 특성화된 연구방법이라는 장점을 가지고 있는 반면, 주관적 성격으로 인하여 연구자들이 편견에 치우쳐 결론을 내린다는 단점을 갖고 있기도 하다. 그러므로 지나치게 주관적인 질적 연구가 보편적으로 인정받기에는 아직 보완해야 할 부분이 있다고 할 수 있다. 빠르게 변화하는 사회를 살아가는 현대인들을 대상으로 질적 연구의 방법을 적절히 사용하여 다양한 연구를 진행한다면 깊이 면에서는 양적 연구보다 더 의미 있고 동시에 타당성까지 갖춘 좋은 연구의 형태로 자리 잡을 수 있을 것이다. 그러므로 특정 영역과 대상에 초점을 맞춘 다양한 질적 연구가 활성화되는 것이 더욱더 필요하다.

요 약

1. 집단상담 연구

1) 집단상담 연구의 필요성

① 지식 생산과 축적

② 미확인된 지식에서 확인된 지식으로의 전환

③ 집단상담의 개선

④ 집단상담자의 전문성 확보

2) 집단상담 연구 유형: 성과연구, 과정연구, 개관 및 이론 연구, 질적 연구

2. 집단상담 연구 동향 및 과제

집단상담 연구물의 꾸준한 증가, 연구 유형별로 성과연구가 80% 이상으로 대부분을 차지, 비중은 여전히 적으나 질적 연구의 증가 추세

1) 집단상담 성과연구

(1) 효과연구 동향

① 연구 대상 및 집단 리더 관련

① 연구 대상별, 집단 배정 빈도, 단일 실험집단원 인원에 대한 분석

② 연구설계 관련

① 회기 구조 및 시간, 대표 종속변인, 실험설계

③ 평가 관련

(2) 프로그램 단순개발연구 동향: 시대 흐름에 따라 변화하는 사회에서 새로운 문제로 대두되고 있는 특수한 성격의 다양한 주제와 대상에 대한 프로그램 단순개발연구 비중의 증가 추세

(3) 메타분석연구 동향: 최근 들어 메타분석의 대상 및 주제가 다양한 영역으로 확대되고 있으며 보조자료를 이용한 집단상담의 효과성에 대한 연구의 입증으로 메타분석연구에 관한 지식이 축적되어 가고 있음

(4) 성과연구 과제

② 보다 세분화된 병리나 문제에 대한 체계적인 집단상담 프로그램 개발 필요성

③ 다양화된 사회에서 보다 현실 적용이 가능한 구체적인 변인들의 탐색 필요성

④ 실험 · 통제집단 연구설계, 사전 · 사후 평가방식에 치중, 비교집단 선정으로 보다 정교한 설계 필요성

⑤ 충분한 시간 간격을 둔 추수평가 진행의 필요성

⑥ 연구자가 집단의 리더로 직접 집단 처치로 인한 성과에 미친 영향, 코리더의 한정적 역할 극복 필요성

2) 집단상담 과정연구

(1) 최근 연구 동향: 치료적 요인에 치우쳐 있던 과정연구의 경향이 다양한 주제 중심으로 변화되어 나타남

(2) 연구 과제

① 과정연구 및 과정-성과연구의 활성화 필요성

② 치료적 요인에 관한 연구에 대부분 치중되어 있음. 연구방법의 다양화 필요성

③ 과정과 성과에 영향을 미치는 내담자 특성에 대한 연구의 활성화 필요성

④ 집단상담자의 특징이나 효과적 리더십을 탐색하는 지속적 연구의 필요성

⑤ 집단상담 치료적 요인과 관련한 척도의 개발 필요성

⑥ 집단상담 수퍼비전 활성화 및 활용할 수 있는 체계 필요성

3) 집단상담 개관 및 이론 연구

(1) 최근 연구 동향: 집단상담과 관련한 개관연구는 다양한 주제로 진행되어 왔는데, 최근의 개관 및 이론 연구를 세분해서 비교해 보면 개관연구가 거의 대부분을 차지하고 있고 이론연구는 매우 드문 편임

(2) 연구 과제: 집단상담과 관련된 다양하고 구체적인 개관 및 이론 연구의 체계적 발전 필요성

4) 집단상담 질적 연구

(1) 최근 연구 동향: 국내에서 집단상담과 관련한 질적 연구는 빠른 증가 추세임

(2) 연구 과제

① 질적 연구의 주관적 성격으로 인해 연구자들의 편견에 치우친 결론에 대한 우려와 보완을 위한 노력의 필요성

② 특정 영역과 대상에 초점을 맞춘 다양한 질적 연구의 활성화 필요성

부록

부록 1

자기성장 집단상담 프로그램

부록2

2001~2020년에 선행된 집단상담의 메타분석 결과(학술지)

〈부록 1〉

자기성장 집단상담 프로그램

과정 목표: 1. 집단원들이 서로에 대해 신뢰감을 쌓고 동기로서의 친밀감을 형성한다.
2. 자신의 감정을 솔직하게 표현하면서 감정의 정화와 함께 집단에서의 상호작용과 그 영향에 대해서 체험한다.

개인 목표: 1. 자기를 개방하고 집단원의 피드백을 받으면서 자신에 대한 이해와 수용의 폭을 넓힌다.
2. 자신의 삶을 돌아보며 자신의 강점을 발견하고 미래에 대한 낙관성과 실천력을 가진다.

단계	주 제	차시	제목	목표	활동 내용
도입	자기 소개 및 신뢰감 쌓기	1 (90분)	자기소개	• 프로그램의 목적 과 진행방식을 이해하고 집단에서의 활동에 대해 준비한다. • 자기소개하기와 집단상담에서의 목표를 설정하고 자기 개방을 준비한다.	※ 준비물: 명찰, 백지, 서약서, 사인펜, 색연필, 매직 1. 소개하기 ① 강사 소개와 주의사항(적극성, 자기개방, 실험실, 도전) 알림 ② 별칭 짓기 ③ 별칭과 함께 자기소개하기 ④ 별칭 외우기 –1단계: ~ 옆에 ~입니다. –2단계: (자기소개에서 형용사를 넣어서) ~한 ~옆에 ~입니다. 2. 신뢰감 활동 ① 벽 뚫기 ② 시방 내 느낌 3. 집단 목표와 집단 규칙 정하기 ① 약속 정하기(서약서): 비밀보장, 안전한 자기개방, 집단 목표 등 ② 집단규칙 정하기(자리 바꾸기, 반말하기, 벌칙 정하기) ③ 집단에 대한 기대감와 목표를 말하기(20분)

도입	자기 개방	2 (90분)	그대여! 나와 같다면	• 집단에서의 자기 노출이 지금 현재의 감정을 표현한다는 것을 알고 현재 느낌의 표현을 훈련한다. • 공감받았던 경험을 통해 상대의 마음을 알아주는 것이 주는 치유의 효과를 체험한다.	※ 준비물: 감정단어 목록, 동요 목록 1. 짝활동 ① 허밍으로 짝 찾기 게임(5분) ② 느낌말을 나누어 주고 지금 느끼는 감정을 질문하고 공감-기쁘다. 기쁘구나(5분) ③ 평소에 느끼는 감정단어를 5개 찾아서 체크한다(5분). ④ 공감받았던 경험을 떠올려서(5분) 그리고, 누구에게 어떤 공감을 받았는지 짝끼리 나누고 공감한다(20분). 2. 전체 활동 ① 상대가 공감해 주기를 바라는 자신의 심정에 대해 개방하고 소감을 나눈다(20분).
		3 (90분)	나의 인생 영화 만들기	• 자신의 과거, 현재를 생각해 보고 삶을 진지하게 조명해 보는 시간을 가진다. • 활동을 통해 집단원의 관심과 지지 속에서 자신의 모습을 재발견하고 수용한다.	※ 준비물: 활동지, 사인펜, 색연필, 볼펜 1. "나 이런 사람이야!" 자기개방 신체활동(40분) ① 집단지도자가 먼저 "나는 ~한 적이 있다."라고 하면 같은 경험을 한 사람은 오른쪽으로 한 자리씩 이동한다. ② 옆 사람을 기억해서 순서에 따라 개방한다. ③ 개방하고 싶은 사람이 자기개방을 한다. 2. 나의 인생 영화(활동지) ① 자신의 삶을 돌아보면서 조용히 명상한다(5분). ② 자신의 삶을 단적으로 나타내는 문장 하나를 정해서 종이에 써 본다. ③ 영화 만들기(15분) 3. 나의 영화 소개하기 ① 활동지 내용에 따라 발표한다(10분 정도 발표). ② 관객들이 피드백한다(관심과 지지). ③ 소감을 나눈다.

전개	대인 관계 이해	4 (90분)	나와 함께하는 사람들	• 현재의 대인관계에서 자신의 성격과 행동 특성을 파악하고 대인관계에서 미해결 과제를 탐색한다.	※ 준비물: A3 용지, 사인펜, 색연필, 볼펜 1. 대인관계의 패턴 탐색 신체활동 ① 서서 방을 걸으면서 서로서로 눈인사를 한다(산토끼 노래). ② 어깨에 손 올리기를 한다(영화 보고 싶은 사람, 여행 가고 싶은 사람–기분이 어떻느냐? 친근하게 느껴지는 사람). ③ 애인과 닮은 사람, 형제를 닮은 사람, 내가 닮고 싶은 사람, 아버지와 닮은 사람, 엄마를 닮은 사람 어깨에 손 올리기 ④ 엄마 닮은 사람을 찾아 업어 준다. 2. 대인관계 패턴 파악하기 ① 3분간 나와 함께하는 사람들을 떠올린다. ② 그 사람에 대한 거리감과 감정에 따라 색연필로 마음껏 표현한다. ③ 그려진 패턴을 설명하며 느낌을 나눈다.
		5 (90분)	하고픈 말 듣고픈 말	• 인생에서 가장 불편한 한 사람을 찾아내어 표현하도록 함으로써 그 정도를 경감시키며, 해결방안까지 모색하도록 한다.	※ 준비물: 활동지(당신에게 하고픈 말), 사인펜, 색연필, 볼펜 1. 하고픈 말 듣고픈 말 ① 활동지에 대한 안내사항을 설명한다. ② 가장 불편한 한 사람을 떠올리게 하고, 그 사람에게 하고 싶은 말과 듣고 싶은 말을 적게 한다. ③ 대상자를 선택하여 역할극을 한다. ④ 피드백을 한다. ⑤ 전체 소감을 간단히 나눈다.
	자기 수용	6 (90분)	칭찬샤워	• 타인에게 비친 자신의 모습을 피드백 받아 자신의 외모와 성격적인 강점을 발견한다. • 자신의 긍정적인 면을 알고 대인관계에서 자존감을 향상한다.	※ 준비물: 활동지, 볼펜 1. 칭찬샤워 ① 두 명씩 짝을 짓는다. ② 자신의 장단점을 적는다(다섯 가지씩 적고 이유도 적는다). ③ 다른 집단원이 들려주는 자신의 장단점을 짝지가 적어 준다(다섯 가지씩, 피드백할 때 무조건 "감사합니다." 대답하기). ④ 칭찬을 받고 난 소감을 말한다. ⑤ 잠시 눈을 감고 자신의 모습을 눈앞에 그려 본다. ⑥ 자신이 적은 단점을 장점으로 바꿔 본다. ⑦ 칭찬샤워를 하고 난 느낌을 나눈다.

		7 (90분)	자신에게 쓰는 편지	• 자기를 개방하고 집단원의 피드백을 돌아보며 자신에 대한 이해와 수용의 폭을 넓힌다.	※ 준비물: 활동지, 볼펜 1. 나에게 쓰는 편지 ① 명상 ② 자신에게 편지를 쓴다. ③ 명상 ④ 편지를 읽고 소감을 나눈다.
마무리		8 (90분)	사랑의 선물 & 나누기	• 롤링페이퍼를 통해 집단원들의 자신에 대한 관심과 사랑을 확인한다. • 집단을 마무리하면서 성장 및 변화의 경험을 정리한다.	※ 준비물: 활동지, 볼펜, 색연필 1. 사랑의 선물 ① 활동지(인쇄 시 여백 없이 A4 용지에 맞게 인쇄)를 접고 찢어서 책 모양으로 만든다. ② 각자 별칭을 앞 장에 써서 돌린다. ③ 선물 그림과 글을 쓴다. ④ 소감을 발표한다. 2. 나누기 ① 집단을 마무리하면서 성장 및 변화의 경험에 대해 말한다. ② 집단상담에서 가장 마음에 남는 순간을 생각하고 그때의 감정, 가치관, 깨달음을 느껴 보게 한다(집단 전 목표와 비교해서 현재 상태 나누기). ③ 고마웠던 집단원, 표현을 미진하게 해서 아쉬움이 남아 있는 집단원에게 피드백을 한다.

활동지 1

집단상담 비밀보장을 위한 약속

※ 다음 내용에 동의하는 경우에는 서명을 하시기 바라며, 모든 사항에 동의할 때에 한하여 집단에 참여할 수 있습니다. 이 모든 내용은 여러분을 보호하기 위한 것임을 양해하여 주시기 바랍니다.

1. 나는 집단에서의 깨달음과 학습한 것은 타인에게 말해도, 집단원의 인격을 기본적으로 존중하여 상담 중에 나온 개인의 사적인 내용에 대해 절대로 다른 사람에게 누설하지 않겠습니다.
2. 자신과 타인을 심하게 해치는 내용에 대해선 비밀보장이 지켜지지 않을 수도 있음을 인정하며, 이러한 경우 개인의 안전을 위해 리더나 다른 집단원이 비밀을 지킬 수 없음을 인정합니다.
3. 집단원의 기본적인 인격을 존중하여 명백한 신체적 · 언어적 폭력은 행하지 않겠습니다.
4. 기본적으로 자신과 집단원의 성장을 위해 노력하는 자세로 임할 것입니다.
5. 본 집단상담 시간 외에 일부 집단원과 집단 밖에서 집단에서 언급된 개인적인 내용이나 느낌에 관한 언급을 하지 않겠습니다. 집단에 관한 내용은 본 집단 안에서만 언급하겠습니다.
6. 집단을 중단하고 떠날 경우에는 그 사유를 집단원들에게 반드시 알려 남아 있는 집단원들에게 혼동을주지 않고, 본인도 자신과 집단원들에 대한 최소한의 책임을 다하고 떠나도록 하겠습니다.
7. 리더는 집단상담 진행 중에 본인과 다른 집단원 모두를 위해 본 집단이 도움 되지 않는다고 판단되면 해당 본인에게 집단을 중단하도록 권유할 수 있음을 인정합니다.

20 년 월 일

이름 (서명)

활동지 2-1

동요 목록

곰 세 마리 (동요) ♬ 곰 세 마리가 한 집에 있어♪ 아빠 곰 엄마 곰 애기 곰~♩	곰 세 마리 (동요) ♬ 곰 세 마리가 한 집에 있어♪ 아빠 곰 엄마 곰 애기 곰~♩	개구리송 (동요) ♬ 개울가에~ 올챙이 한 마리♪ 꼬물꼬물 헤엄치다~♩	개구리송 (동요) ♬ 개울가에~ 올챙이 한 마리♪ 꼬물꼬물 헤엄치다~♩
외톨이 (씨앤블루) ♬ 외톨이야 외톨이야 다라디리다랍두~♪ 외톨이야 외톨이야 다라디리다랍두우~♩	외톨이 (씨앤블루) ♬ 외톨이야 외톨이야 다라디리다랍두~♪ 외톨이야 외톨이야 다라디리다랍두우~♩	소원을 말해봐 (소녀시대) ♬ 소원을 말해 봐~♪ 니 맘속에 있는 작은 꿈을 말해 봐~♩	소원을 말해봐 (소녀시대) ♬ 소원을 말해 봐~♪ 니 맘속에 있는 작은 꿈을 말해 봐~♩
뽀뽀뽀 (동요) ♬ 아빠가 출근할 때 뽀뽀뽀~♪ 엄마가 안아 줄 때 뽀뽀뽀~♩	뽀뽀뽀 (동요) ♬ 아빠가 출근할 때 뽀뽀뽀~♪ 엄마가 안아 줄 때 뽀뽀뽀~♩	애국가 ♬ 동해물과 백두산이 마르고 닳도록♪ 하느님이 보우하사 우리나라 만세~♩	애국가 ♬ 동해물과 백두산이 마르고 닳도록♪ 하느님이 보우하사 우리나라 만세~♩
아리랑 (민요) ♬ 아리랑 아리랑 아라리요~♪ 아리랑 고개로 넘어간다~♩	아리랑 (민요) ♬ 아리랑 아리랑 아라리요~♪ 아리랑 고개로 넘어간다~♩	학교종 (동요) ♬ 학교종이 땡땡땡♪ 어서 모이자♩	학교종 (동요) ♬ 학교종이 땡땡땡♪ 어서 모이자♩
노바디 (원더걸스) ♬ 아원~노바디 노바디 벗츄 ♪ 아원~노바디 노바디 벗츄♩	노바디 (원더걸스) ♬ 아원~노바디 노바디 벗츄 ♪ 아원~노바디 노바디 벗츄♩	울면 안 돼 (캐롤) ♬ 울면 안 돼~울면 안 돼♬ 산타할아버지가 우는 아이에겐 선물을 안 주신대요~♩	울면 안 돼 (캐롤) ♬ 울면 안 돼~울면 안 돼♬ 산타할아버지가 우는 아이에겐 선물을 안 주신대요~♩

활동지 2-2

감정단어 목록

1	갈등하다	21	무섭다	41	서먹하다	61	우울하다	81	행복하다
2	감동하다	22	무안하다	42	설레다	62	유쾌하다	82	허무하다
3	감탄하다	23	미안하다	43	속상하다	63	의심하다	83	홀가분하다
4	거부감	24	반갑다	44	속이 타다	64	자랑스럽다	84	화나다
5	걱정하다	25	반하다	45	슬프다	65	재미있다	85	황당하다
6	경멸하다	26	배신감	46	시원섭섭하다	66	절망하다	86	황홀하다
7	고맙다	27	보람차다	47	심란하다	67	정겹다	87	후회하다
8	공감하다	28	부끄럽다	48	실망하다	68	주눅 들다		
9	괘씸하다	29	부럽다	49	싫다	69	좋다		
10	괴롭다	30	불안하다	50	싫증나다	70	죄책감		
11	귀찮다	31	불편하다	51	아쉽다	71	즐겁다		
12	그립다	32	불행하다	52	안타깝다	72	증오하다		
13	근심걱정	33	비장하다	53	애틋하다	73	지겹다		
14	기쁘다	34	비참하다	54	약 오르다	74	참담하다		
15	낯 뜨겁다	35	뿌듯하다	55	억울하다	75	창피하다		
16	놀라다	36	사랑스럽다	56	역겹다	76	초조하다		
17	답답하다	37	사무치다	57	열광하다	77	통쾌하다		
18	덤덤하다	38	상실감	58	열등감	78	편안하다		
19	만족하다	39	상큼하다	59	외롭다	79	평화롭다		
20	망설이다	40	서럽다	60	우습다	80	한 맺히다		

출처: 박인조, 민경환(2005).

활동지 3

나의 삶은 ______________________________ 이었다.

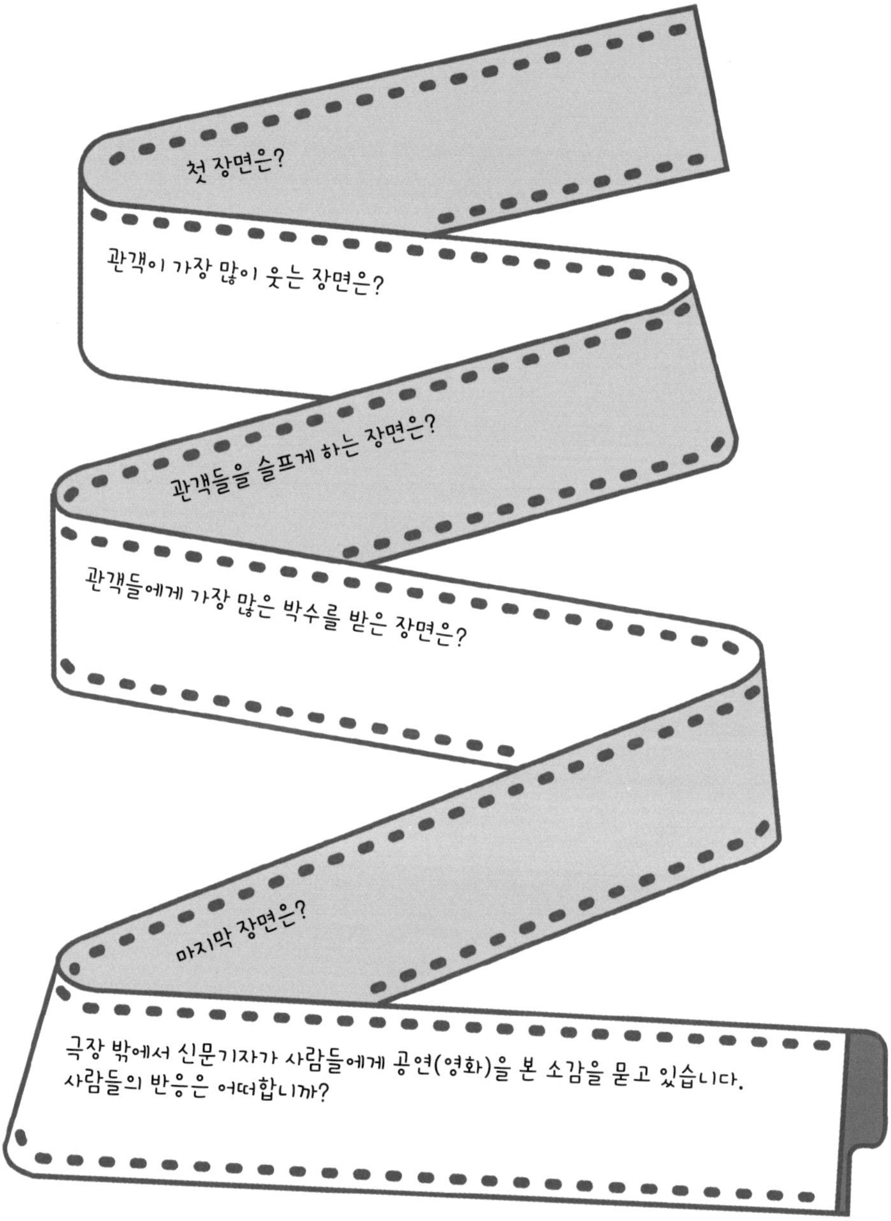

활동지 4

당신에게 하고픈 말

활동지 5

칭찬샤워

별칭(　　　　　　　　　)

내가 본 나의 장점	내가 본 나의 단점
1.	1.
2.	2.
3.	3.
4.	4.
5.	5.

별칭(　　　　　　　　　)

구성원이 본 나의 장점	구성원이 본 나의 단점
1.	1.
2.	2.
3.	3.
4.	4.
5.	5.

활동지 6

나에게 쓰는 편지

활동지 7

반가워
친구야

이름: ____________

〈부록 2〉 2001~2020년에 선행된 집단상담의 메타분석 결과(학술지)

연구자	연도	논문명	N	ES수	ES
김수진	2001	우울증에 대한 인지-행동적 집단상담 효과 메타분석	30	38	1.70
홍경자	2001	메타분석을 통한 청소년의 자아존중감을 위한 인본주의적 집단상담과 인지 행동적 집단상담 간의 효과 비교	52	54	1.04
김계현, 이윤주, 왕은자	2002	국내 집단상담 성과연구에 대한 메타분석	198	1333	.99
임은미	2003	국내 집단 진로지도 및 상담 프로그램의 효과에 관한 메타분석	93	680	.68
강진령, 손현동	2004	집단상담 프로그램이 학업성취도에 미치는 효과 메타분석	39	72	.48
노성덕	2004	국내 또래상담 성과연구에 대한 메타분석	36	157	1.18
조성은	2004	비행청소년을 위한 집단상담 효과에 대한 메타분석	52	152	1.23
김형수	2007	메타분석에 기초한 자기조절학습 프로그램의 효과적 구성탐색	37	89	.73
김형태	2007	자기성장 집단상담의 효과연구에 대한 메타분석	107	258	1.68
박승민	2009	청소년 인터넷 중독 집단상담 프로그램의 효과에 대한 메타분석	41	195	1.04
오익수	2009	인터넷 중독 예방 및 개입 프로그램의 효과에 대한 메타분석	54		1.89
조윤지	2010	비(非)양친가정 자녀를 위한 집단상담 프로그램 효과에 관한 메타분석 연구	55	99	1.19
홍성란	2010	초등학생 미술치료 효과에 대한 메타분석	91	162	1.79
고용남	2011	독서치료 집단상담 프로그램의 효과에 대한 메타분석	85	132	1.42
유수정	2011	집담상담이 아동 · 청소년의 공격성 감소에 미치는 효과에 관한 메타분석	80	240	1.15
조한익	2011	프로그램이 학업 관련 변인에 미치는 효과에 대한 메타분석	136	302	.68
구훈정	2012	국내 아동 · 청소년 심리치료 효과 검증 연구의 방법론 고찰과 메타분석	16	26	.80
남정현	2012	우울에 대한 집단미술치료효과 메타분석	53	53	2.18

유현정	2012	장애아동 미술치료 효과에 대한 메타분석	30	86	1.89
권경인, 조수연	2013	청소년 스트레스 감소 및 대처 집단상담 프로그램의 효과에 관한 메타분석	52	212	.93
안지선, 김정남	2013	비행 청소년을 대상으로 한 집단상담 프로그램의 효과에 대한 메타분석: 2001~ 2011년 국내 석 · 박사 학위논문을 중심으로	50	118	1.59
최신영, 안이환	2013	자아존중감 향상을 위한 초등학교 집단상담의 효과에 대한 메타분석	100		1.03
김희은, 이미현, 김인규	2014	국내 대학생 집단상담 프로그램의 효과에 대한 메타분석 및 연구 동향	56	180	.97
박정임	2014	초등학생을 위한 해결중심 집단상담프로그램의 효과에 관한 메타분석	18		1.26
여인주, 류정자	2014	집단미술치료 프로그램에서 자아 관련 변인의 효과에 대한 메타분석	158		.97
조수연, 권경인, 이지현	2014	용서 집단상담 프로그램의 효과에 대한 메타분석	62	395	.85
조중현, 김진숙	2014	중학생 대학생 진로집단상담 프로그램의 효과에 대한 메타분석	65	124	1.12
김희영, 조미경	2015	청소년 인터넷중독 집단치료프로그램의 효과에 대한 메타분석	25		–1.90
문은주	2015	감사집단상담 프로그램의 효과에 대한 메타분석	30	100	.95
문은주	2015	행복집단상담 프로그램의 효과에 대한 메타분석	41	97	1.14
인준기, 강근모	2015	청소년 인터넷 중독 집단상담 프로그램의 효과에 관한 메타분석	53	116	1.19
하지연, 신성만	2015	인터넷 중독 집단상담 프로그램 효과에 대한 메타분석	74	225	1.13
김영아, 김진숙	2016	중 · 고등학생 진로집단상담 프로그램의 효과 메타분석	75	307	1.23
하지연, 신성만	2016	청소년 금연 집단상담 프로그램 효과에 관한 메타분석	19	72	.77
하지연, 신성만	2016	청소년 인터넷중독 집단상담 프로그램의 효과에 관한 메타분석	53	116	–1.19
노인화, 유형근, 정연홍	2016	집단상담 프로그램이 학교적응에 미치는 효과에 대한 메타분석	166		1.22
조영화, 김세경, 천성문	2016	집단예술치료가 학교부적응 초중고생의 학교적응에 미치는 효과에 관한 메타분석	38	128	.88
서명희, 최태산	2017	NLP 집단상담 프로그램의 효과에 대한 메타분석	30	61	.70

문은주	2017	주장훈련 집단상담 프로그램의 효과에 대한 메타분석	157	273	.90
강윤경, 선혜연	2017	진로집단상담 프로그램이 고등학생의 진로발달에 미치는 효과에 대한 메타분석	109		.81
구슬이, 김진숙	2017	분노조절 집단 프로그램의 효과에 대한 메타분석	106	671	.72
김동일, 이혜은, 박은지	2017	해결중심 집단상담의 효과: 다층메타분석을 통한 효과크기 분석	37	114	1.22
문은주	2018	스트레스 대처 집단상담 프로그램의 효과에 대한 메타분석	62	122	.51
김국현, 김진숙	2018	초등학생 진로성숙 향상을 위한 진로집단상담 프로그램의 효과 메타분석	55	317	.71
이은경, 송미경	2018	메타분석에 기초한 우울과 불안증상에 대한 ACT(수용-전념치료) 기반 집단상담 효과	16	17	-.84
손강숙, 정소미	2018	경력단절 여성 취업지원 집단상담 프로그램의 효과 메타분석	12	95	.99
김보미	2018	진로집단상담 프로그램에 대한 국내 실험연구 분석	43	8	
이현경, 김진숙	2018	특성화 고등학교 학생을 대상으로 한 진로집단프로그램의 효과에 대한 메타분석	65	447	.97
정송화, 이경은, 주소희, 김미정	2019	인터넷 중독 중고등학생을 위한 집단 프로그램 효과성에 대한 메타분석	38		-1.40
남기범, 윤정민, 양도연, 김준성 천성문	2019	스마트폰 중독 집단상담 효과에 관한 메타분석	40	147	.95
문은주	2019	격려 집단상담 프로그램의 효과에 대한 메타분석	49	90	.87
김미향, 김진숙	2019	Adler 이론 기반 청소년 집단상담 프로그램 효과에 대한 메타분석	41	90	.96
김혜경, 김진숙	2019	청소년의 대인관계 향상을 위한 집단상담 프로그램 효과의 메타분석 연구	76	76	1.24
김현미, 권현용, 김현민	2019	노인의 자아통합감 집단상담의 효과에 대한 메타분석	38	183	1.98
정귀임, 김장회	2019	인터넷 및 스마트폰 중독 집단상담 프로그램 효과에 관한 메타분석	80	66	-.60
			23	20	-.77
김명연, 김장회	2019	교류분석 집단프로그램의 효과에 대한 R 메타분석	62	89	.67
손강숙, 정소미	2019	대학생 대상 진로 집단상담 프로그램의 효과 메타분석 연구: 진로결정 자기효능감을 중심으로	23	104	1.39
정재연, 김진숙	2019	아동·청소년을 대상으로 한 REBT 집단상담 프로그램 효과에 대한 메타분석	92	174	1.34
류아영, 유순화, 최정임	2020	초·중등 교사 대상 집단상담 효과에 관한 메타분석	30	66	.91

이은석, 이형국	2020	대학생 대상 진로집단상담 프로그램의 효과 메타분석 연구	30	194	1.28
김신애, 조항	2020	대학생 진로집단상담 프로그램의 연구 동향 및 효과에 대한 메타분석	41	86	1.36
박은하, 이윤주, 신율미, 권명지	2020	청소년 매체 활용 집단상담 프로그램의 최근 연구 동향	233		
김수영, 김진숙	2020	아동·청소년 집단상담 프로그램의 공격성 감소 효과 메타분석 연구	64	275	.79

참고문헌

제1장

설기문(1998). 한국집단상담 운동의 발전과정과 전망, **집단상담연구**, 1, 7-34.

윤관현, 이장호, 최송미(2012). **집단상담 원리와 실제**. 서울: 법문사.

천성문, 이영순, 박명숙, 이동훈, 함경애(2015). **상담심리학의 이론과 실제**. 서울: 학지사.

Hanson, J. C., Warner, R. W., & Smith, E. M. (1976). *Group counseling: Theory and process*. Chicago, IL: Rand McNally College Publishing Co.

Mahler, C. A. (1969). *Group counseling in school*. Boston, MA: Houghton Mifflin.

제2장

강진령(2009). **집단상담의 실제**. 서울: 학지사.

정성란, 고기홍, 김정희, 권경인, 이윤주, 이지연, 천성문(2013). **집단상담**. 서울: 학지사.

Corey, G. (2009). *Theory and practice of counseling and psychotherapy*. Belmont, CA: Brooks/Cole.

제3장

권경인(2011). 집단상담에서 집단역동의 이해와 활용. **가족과 상담**, 1(1), 89-114.

강진령(2011). **집단상담의 실제**. 서울: 학지사.

김계현, 김창대, 권경인, 황매향, 이상민(2011). **상담학 개론**. 서울: 학지사.

김은하(2016). 상담전공 학부생이 수업 중 집단상담에서 경험한 치료적 요인분석. **한국웰니스학회지, 11**(2), 245-256.

이형득, 김성회, 설기문, 김창대, 김정희(2002). **집단상담**. 서울: 중앙적성출판사.

이후경(2003). 집단정신치료: 집단역학. **신경정신의학, 42**(2), 178-188.

정성란, 고기홍, 김정희, 권경인, 이윤주, 이지연, 천성문(2013). **집단상담**. 서울: 학지사.

Bion, W. R. (1961). *Experiences in groups*. London, UK: Tavistock Publications.

Bloch, S., & Crouch, E. (1985). *Therapeutic Factor in Group Psychotherapy*. Oxford: Oxford University Press.

Bloch, S., Reibstein, J., Crouch, E., Holroyd, P., & Themen, J. (1979). A method for the study of therapeutic factors in group psychotherapy. *The British Journal of Psychiatry, 134*, 257-263.

Corey, M. S., & Corey, G. (2006). **집단상담 과정과 실제**[*Groups: process and practice. Boston: Cengage Learning*](김명권, 김창대, 박애선, 전종국, 천성문 공역). 서울: 시그마프레스. (원저는 2001년에 출판).

Corsini, R., & Rosenberg, B. (1955). Mechanisms of group psychotherapy. *Journal of Abnormal and Social Psychology, 15*(3), 406-411.

Donigian, J., & Malnati, R. (1997). *Systemic group therapy: A triadic model*. Belmont, CA: Brooks/Cole.

Earley, J. (2004). **상호작용 중심의 집단상담**[*Interactive Group Therapy*](김창대 외 공역) 서울: 시그마프레스. (원저는 2000년에 출판).

Fuhriman, A., & Burlingame, G. M. (1990). Consistency of matter: A comparative analysis of individual and group process variables. *The Counseling Psychologists, 18*(1), 6-33.

Freud, S. (1921). *Group psycgology and the analysis of the ego*. New York: Hogath Press.

Jacobs, E. D., Masson, R. L., & Harvill, R. L. (1994). *Group Counseling: Strategies and Skills* (2nd ed.). Pacific Grove, CA: Brooks/Cole.

Jacobs, E. E., Masson, R. L., & Harvill, R. L. (2003). **집단상담 전략과 기술**[*Group Counseling: Strategies and Skills*](김춘경 역). 서울: 시그마프레스. (원저는 2002년에 출판).

Kivlighan, D. M., Jr., Multon, K. D., & Brossart, D. F. (1996). Helpful impacts in group counseling: Development of a multidimensional rating system. *Journal of Counseling Psychology, 43*(3), 347-355.

Kottler, J. A. (2001). *Learning group leadership: an experimental approach*. Boston, MA: Allyn and Bacon.

Lewin, K. (1948). *Resolving social conflicts: Selected papers on group dynamics.* New York: Harper.

Yalom, I. D. (1975). *The theory and practice of group psychotherapy* (1st ed.). New York: Basic Books.

Yalom, I. D. (1985). *The theory and practice of group psychotherapy* (3rd ed.). New York: Basic Books.

Yalom, I. D. (2005). *The theory and practice of group psychotherapy* (5th ed.). New York: Basic Books.

Yalom, I. D., & Leszcz, M. (2005). *The Theory and Practice of Group Psychotherapy* (5th ed.). New York: Basic Books.

제6장

Bouhoutsos, J., Holroyd, J., Lerman, H., Forer, B. R., & Greenberg, M. (1983). Sexual intimacy between psychotherapists and patients. *Professional Psychology: Research and Practice, 14*(2), 185-281.

Corey, G. (2015). *Theory and practice of group counseling.* Boston, MA: Cengage Learning.

Fallon, A. (2006). *Informed consent in the practice of group psychotherapy. International Journal of Group Psychotherapy, 56*(4), 431-453.

Kitchener, K. S. (1986). Teaching applied ethics in counselor education: An integration of psychological processes and philosophical analysis. *Journal of Counseling & Development, 64*(5), 306-310.

Sue, D. W., & Sue, D. (2003). *Counselling the culturally diverse: Theory and practice.* Hoboken, NJ: John Wiley & Sons Inc.

제7장

김서안, 권영란(2016). 인간중심 집단미술치료가 저소득층 아동의 자아존중감 및 또래관계에 미치는 효과. **미술치료연구,** 23(2), 555-583.

권석만(1995). 대학생의 대인관계 부적응에 대한 인지 행동적 설명모형. **학생연구,** 30(1), 38-63

배성현, 박주연, 이병인(2014). 인지 · 정서 · 행동 치료 (REBT) 를 적용한 집단미술치료가

장애유아 통합교사의 직무스트레스 및 회복탄력성에 미치는 효과. **미술치료연구**, 21(6), 1449-1473.

이희백(2007). 정신역동적 부모교육 프로그램이 모의 정신건강과 양육태도에 미치는 영향. **복지상담학연구**, 2(2), 55-68.

Garnefski, N., Kraaij, V., & Spinhoven, P. (2001). Negative life events, cognitive emotion regulation and emotional problems. *Personality and Individual Differences, 30*, 1311-1327.

제8장

강민선, 이양희(2015). 현실치료를 적용한 집단상담 프로그램이 청소년의 인터넷 중독에 미치는 영향. **현실치료연구**, 4(1), 1-11.

장경혜, 김정규(2014). 도시 빈곤여성의 우울 감소를 위한 게슈탈트 집단 심리치료 프로그램 개발과 효과 연구. **한국게슈탈트상담연구**, 4(2), 23-48.

Corey, M. S., & Corey, G. (2016). *Becoming a helper*(7th ed.). Boston, MA: Cengage Learning.

제11장

권경인(2010). 집단상담 수퍼비전 사례기록 모형 개발. **상담학연구**, 11(1), 153-169.

이미선, 권경인(2009). 집단상담자 경력에 따른 집단상담 수퍼비전 교육내용 요구분석. **상담학연구**, 10(2), 911-931.

정성란, 고기홍, 김정희, 권경인, 이윤주, 이지연, 천성문(2013). **집단상담**. 서울: 학지사.

Corey, G. (2004). *Theory and practice of group counseling* (6th ed.). Belmont, CA: Thomson Brooks/Cole.

Corey, G. (2015). *Theory and practice of group counseling*. Boston, MA: Cengage Learning.

Corey, G., Haynes, R., Moulton, P., & Muratori, M. (2010). *Clinical supervision in the helping professions: A practical guide* (2nd ed.). Alexandria, VA: American Counseling Association.

Donigian, J., & Malnati, R. (1997). *Systemic group therapy: A triadic model*. Pacific Grove, CA: Brooks/Cole.

Kline, W. B. (2003). *Interactive group counseling and therapy*. Upper Saddle River, NJ: Prentice Hall.

Nicholas, M. W. (1997). Systemic Group Therapy: A Triadic Model. *International Journal of Group Psychotherapy*, *47*(1), 543.

Rubel, D., & Okech, J. E. (2006). The supervision of group work model: Adapting the discrimination model for supervision of group workers. *The Journal for Specialists in Group Work*, *31*(2), 113-134.

Yalom, I. D. (1995). *The theory and practice of group psychotherapy* (4th ed.). New York: Basic Books.

제12장

김미래(2020). 자아탄력성 증진 프로그램 개발. 부산대학교 석사학위논문.

이혜진(2013). 대학생용 자기성장 프로그램 개발. 경북대학교 박사학위논문.

전명순(2012). 청소년 대인관계역량 프로그램 개발과 효과성 연구. 명지대학교 박사학위논문.

정유수(2019). 중년남성의 위기 극복 프로그램 개발 및 효과. 전북대학교 박사학위논문.

제13장

강수정(2020). 보드게임을 활용한 집단상담프로그램이 자살경향성이 있는 청소년의 우울, 자기효능감 및 또래관계에 미치는 효과. 부경대학교 석사학위논문.

김진화(2001). **평생교육 프로그램 개발론**. 서울: 교육과학사.

김진화, 정지웅(1998). **사회교육프로그램 개발의 이론과 실제**. 서울: 교육과학사.

김창대(2002). **청소년 집단상담의 운영**. 서울: 한국청소년상담원.

박인우(1996). 효과적인 집단상담 프로그램 개발을 위한 체계적 모형. **지도상담**, **20**, 19-40. 대구: 계명대학교 학생생활연구소.

변창진(1994). **프로그램 개발**. 대구: 홍익출판사.

안세지(2018). 초보상담자의 자기문제 극복을 위한 자각증진 프로그램 개발 및 효과. 경성대학교 박사학위논문.

이성호(1994). 교육과정: 개발전략과 절차. 서울: 문음사.

제14장

곽은미, 장빛나, 유가을(2012). 음악치료 수퍼비전 형태에 따른 수퍼비전 만족도 조사. **인간행동과 음악연구**, 9(1), 21-36.

권경인(2008). **집단상담 활동**. 교육과학사.

권경인, 조수연(2010). 국내 집단상담 연구의 최근경향과 과제. **인간이해**, 31(2), 63-84.

권경인, 지희수, 강신호, 김미옥(2012). 집단상담자 발달 모형-전문성 발달의 단계, 주요 주제 및 특성을 중심으로. **인간이해**, 33(1), 73-102.

김남북(2015). 소년수형자의 자아정체감에 미치는 한국형에니어그램 집단상담의 과정 및 효과분석. **에니어그램연구**, 12(2), 43-71.

김동일, 신재현, 이기정, 김원호(2011). 장애 대학생의 취업준비도 특성: 비장애 대학생 집단과의 비교를 중심으로. **상담학연구**, 12(3), 915-929.

김영애, 김갑숙(2015). 명화를 활용한 집단미술치료과정에서 나타난 HIV/AIDS 감염인의 실존적 삶의 의미 탐구. **미술치료연구**, 22(2), 317-337.

김현령, 김창대(2013). 집단상담자 경력에 따른 자기대화 차이 분석: 집단원의 대화독점 문제상황을 중심으로. **상담학연구**, 14(4), 2125-2141.

박성주, 박재황(2004). 자기성장 집단상담 진행단계에 따른 수료자집단과 미수료자집단간의 비교분석. **상담학연구**, 5(2), 367-382.

박현경, 이영희(2004). 집단상담 참가자의 개인주의-집단주의 성향, 상담자 역할기대 및 치료적 요인 연구. **한국심리학회지: 상담 및 심리치료**, 16(4), 571-596.

박희석, 손정락, 임수진(2001). 대학생 자기성장집단을 위한 사이코드라마의 회기과정 및 치료적 효과 분석. **한국사이코드라마학회지**, 4(1), 101-116.

신미라, 김창대(2005). 집단상담에서 목표설정훈련이 집단원의 동기 및 회기평가에 미치는 효과. **상담학연구**, 6(2), 401-414.

이명경, 박성희(2001). 대학생 대상 구조화 집단상담에서 집단 응집성의 변화 추이 및 상담회기 평가, 상담자 평가와의 상관. **상담학연구**, 2(2), 197-210.

이장호(2012). 통합상담적 집단수련 과정의 단어기반 언어분석: 한국어 글분석 프로그램(KLIWC)의 탐색적 적용. **상담학연구**, 13(4), 1609-1629.

이춘희, 김정희(2002). 비구조화 집단상담 참여자의 언어반응 유형에 관한 사례연구. **한국심리학회지: 상담 및 심리치료**, 14(2), 273-284.

이형득, 김성회, 설기문, 김창대, 김정희(2002). **집단상담**. 서울: 중앙적성출판사.

장재홍(2011). 청소년 게임중독 집단상담의 성과에 영향을 미치는 상담자변인과 상담과정변인: 성공집단과 비성공집단의 비교. **미래청소년학회지**, 8(4), 1-25.

정효경, 윤호균(2005). 집단상담에서의 상위인지적 자각과 상담성과의 관계. **한국심리학회지: 상담 및 심리치료**, 17(4), 769-787.

조남정, 최은미, 최희진, 장선철(2010). 상담학의 연구 동향 분석: [상담학연구] 학회지 게재논문(창간년도~2009). **상담학연구**, 11(2), 507-524.

천미숙, 이윤주(2011). 대학생 진로집단상담의 효과요인 분석. **상담학연구**, 12(4), 1151-1171.

최선남, 박미형(2015). 미술치료 집단수퍼비전 경험에 대한 연구-포커스 그룹 인터뷰를 중심으로. **상담학연구**, 16(1), 373-392.

최유리, 김계현(2005). 집단상담의 치료적 요인으로서 '대인관계를 통한 학습' 구성개념에 대한 탐색적 연구. **상담학연구**, 6(1), 155-169.

최혜란(2011). 집단상담 프로그램이 부적응 병사의 인간관계 증진에 미치는 영향. **교육종합연구**, 9(1), 103-120.

하정, 홍지영(2011). 집단 수퍼비전 경험을 통한 상담자의 발달적 변화 과정. **아시아교육연구**, 12(3), 279-303.

한영선, 최현숙(2015). 세계문화와 역사를 활용한 범죄 청소년 진로집단 상담프로그램 효과 분석-소년원과 소년교도소 집단 분석. **한국범죄학**, 9(1), 127-157.

Glass, G. V. (1976). Primary, secondary, and meta-analysis of research. *Educational Researcher*, *5*(10), 3-8.

Jackson, F. (1980). Conditionals and possibilia. *Proceedings of the Aristotelian Society, 81*, 125-137.

Piper, W. E., Ogrodniczuk, J. S., Joyce, A. S., & Weideman, R. (2009). Follow-up outcome in short-term group therapy for complicated grief. *Group Dynamics: Theory, Research, and Practice*, *13*(1), 46.

찾아보기

인명

내용

저자 소개

천성문(Cheon, Seong-moon)

현 부경대학교 평생교육상담학과 교수(상담심리학 박사)

전 스탠퍼드 대학교 연구 및 방문 교수

서울대학교 초빙객원교수

(사) 한국상담학회 학회장

전국대학교학생상담센터협의회 회장

〈저서〉 상담심리학의 이론과 실제(4판, 공저, 학지사, 2021)

상담이론에 기초한 집단상담의 실제(공저, 학지사, 2021) 외 다수

〈자격증〉 상담심리사 1급, 전문상담사 1급, 정신보건임상심리사 외

함경애(Ham, Kyong-ae)

현 부경대학교 교육대학원 외래교수

부산 동래교육지원청 전문상담교사

한국상담심리학회 학술연구위원장

전 경성대학교 · 신라대학교 대학원 겸임교수(상담심리학 박사)

〈저서〉 상담심리학의 이론과 실제(4판, 공저, 학지사, 2021)

청소년 자살행동 치료프로그램 매뉴얼(공저, 학지사, 2015) 외 다수

〈자격증〉 상담심리사 1급, 전문상담사 1급, 청소년상담사 1급 외

박명숙(Park, Myung-sook)

현 경성대학교 교육대학원 겸임교수(상담심리학 박사)

SM심리건강연구소 자문위원

한국교육치료학회 이사

대연중학교 교사

〈저서〉 상담심리학의 이론과 실제(4판, 공저, 학지사, 2021)

학교상담 교육실습 매뉴얼(공저, 학지사, 2014) 외 다수

〈자격증〉 전문상담사 1급, 전문상담교사 1급, 교육상담전문가 1급 외

김동원(Kim, Dong-won)

현 광주대학교 심리학과 교수(상담심리학 박사)

전 한국동서정신과학회 부회장

광주전남상담학회 수석부회장

조우심리상담센터 센터장

〈저역서〉 대학생과 리더십(공저, 홍릉과학출판사, 2011)

집단의 전개과정(공역, 시그마프레스, 2005) 외 다수

〈자격증〉 전문상담사 1급, 교육치료사 1급, 교육컨설턴트 1급 외

집단상담
Group Counseling

2022년 3월 20일 1판 1쇄 발행
2023년 9월 20일 1판 4쇄 발행

지은이 • 천성문 · 함경애 · 박명숙 · 김동원
펴낸이 • 김 진 환
펴낸곳 • (주) 학지사
04031 서울특별시 마포구 양화로 15길 20 마인드월드빌딩 5층
대표전화 • 02) 330-5114 팩스 • 02) 324-2345
등록번호 • 제313-2006-000265호
홈페이지 • http://www.hakjisa.co.kr
인스타그램 • https://www.instagram.com/hakjisabook

ISBN 978-89-997-2609-5 93180

정가 24,000원

저자와의 협약으로 인지는 생략합니다.
파본은 구입처에서 교환하여 드립니다.